Der Grüne Reiseführer

J. Ch. Gérard/PHOTONONSTOP

Provence

„Das ganze schöne provenzalische
Land lebt nur durch das Licht."

Alphonse Daudet

Reise-Verlag

Michelin Reifenwerke KGaA
Reise-Verlag
Redaktion Der Grüne Reiseführer
Postfach 21 09 51
D-76159 Karlsruhe
www.ViaMichelin.de
DerGrueneReisefuehrer@de.michelin.com

Manufacture française des pneumatiques Michelin

Société en commandite par actions au capital de 304 000 000 EUR
Place des Carmes-Déchaux – 63 Clermont-Ferrand (France)
R.C.S. Clermont-Fd B 855 200 507

Jede Reproduktion, gleich welcher Art, welchen Umfangs und mit welchen Mitteln,
ist nur mit vorheriger Genehmigung des Verlages gestattet.

© Michelin et Cie, Propriétaires-éditeurs, 2000
Dépôt légal juillet 2000 – ISBN 2-06-000063-7 – ISSN 0763-1375
Printed in France 07-02/4.2

Photosatz: NORD COMPO, Villeneuve d'Ascq
Druck und Broschur: IME, Baume-les-Dames

Umschlaggestaltung: Carré Noir, F – 75017 Paris

DER GRÜNE REISEFÜHRER,
die Kunst des Reisens

Der Grüne Reiseführer hilft Ihnen dabei, Ihren Urlaub aktiv zu gestalten, Kunst und Kultur zu erleben, Land und Leute kennenzulernen. Lassen Sie Ihrer Reiselust freien Lauf. Der Grüne Reiseführer begleitet Sie und gibt Ihnen wertvolle Tips.

Unsere Redakteure besuchen alljährlich Länder, Regionen und Städte, um Ihren Urlaub vorzubereiten. Vor Ort besichtigen Sie Sehenswürdigkeiten, erarbeiten Streckenvorschläge, testen Hotels und Restaurants. Ihre Erfahrungen fließen auch in die Fertigung der detailgenauen Karten und Pläne ein.

So entsteht ein mit großer Sorgfalt recherchierter Reiseführer. Regelmäßig wird er aktualisiert und entwickelt sich stetig weiter – nicht zuletzt auch dank Ihres Feedbacks. Der Grüne Reiseführer hat immer ein offenes Ohr für Ihre Anliegen. Schreiben Sie uns! Wir freuen uns über Ihre Zuschriften.

Teilen Sie mit uns die Lust, Neues zu entdecken. Der Grüne Reiseführer begleitet Sie zu derzeit über 40 Zielen in Europa und Nordamerika. Lassen Sie sich von uns führen und erleben Sie mit uns, was die Kunst des Reisens bedeutet.

Inhalt

Bürgerin von Arles in der Tracht des
19. Jh.s (A. Hesse, Museon Arlaten, Arles).

J.-L. Mabit/Musée Arlatan, Arles

Grüne und schwarze
Oliven aus der Provence

Karten und Pläne

ZU DIESEM REISEFÜHRER EMPFEHLEN WIR:

Regionalkarten

Die Michelin-Karten Nr. 245 und 246 (Maßstab 1: 200.000) decken das Haupt- und Nebenstraßennetz ab und enthalten zahlreiche touristische Informationen, die über die üblichen Kennzeichnungen von Art und Kategorie der Straße hinausgehen. Durch entsprechende Symbole wird auf Burgen und Schlösser, Höhlen, Sakralbauten, Badestrände an Flüssen und Seen, Schwimmbäder, Golfplätze, Flugplätze und vieles mehr hingewiesen.

Detailkarten

Folgende, neu erschienene Detailkarten im Maßstab 1: 175 000 aus der Kollektion LOCAL decken das in dieser Ausgabe beschriebene Reisegebiet ab: die Michelin-Karten Nr. 331 (Ardèche, Haute-Loire), Nr. 332 (Drôme, Vaucluse), Nr. 339 (Gard, Herault) und Nr. 340 (Bouches-du-Rhône, Var).

Die Michelin-Karte Nr. 113 (Maßstab 1: 160.000) erfaßt im Detail die Städte Avignon und Marseille, während die Karte Nr. 114 (Maßstab 1:100.000) sich auf spezifische Regionen bezieht und genauere Informationen zu den Straßen enthält.

...und um in die Provence zu gelangen:

Die Michelin-Karte Nr. 989 (Maßstab 1:1.000.000) erfaßt ganz Frankreich und besitzt ein Ortsregister. Sie vermittelt einen Überblick über die gesamte Provence und die wichtigsten Straßen, die zu ihr führen. Etwas detaillierter ist die Michelin-Karte Nr. 919, die Südfrankreich abdeckt.

Die Michelin-Karte Nr. 919 schließlich zeigt das gesamte französische Autobahnnetz und weist auf alternative Strecken hin, liefert Informationen zur durchschnittlichen Fahrtdauer, Voraussagen zur Verkehrsdichte und enthält Angaben zu Raststätten und Tankstellen, die rund um die Uhr geöffnet sind.

C. Moirenc/PHOTONONSTOP

Bei Festen werden noch heute alte Instrumente wie der *Galoubet* gespielt

A. Ravix/Ville de Marseille

Teller aus Aubagne (1676), glasierter Ton mit gelbem Untergrund

5

Verzeichnis der Karten und Pläne

Internet:

Die Web-Site www.ViaMichelin.de unterstützt mit einer Vielzahl von Dienstleistungen und praktischen Hinweisen Ihre Mobilität in 43 europäischen Ländern: Online-Routenplaner, Kartenausschnitte (von der Länderkarte bis zum Stadtplan), Hotel- und Restaurantempfehlungen (Auswahl des Roten Michelin-Führers) etc.

Ihre Meinung interessiert uns:

Teilen Sie uns Ihre Kritik, Ihre Anregungen und interessante Adressen mit. Schreiben Sie an: Michelin Reifenwerke KgaA, Reise-Verlag Redaktion Der Grüne Reiseführer, Postfach 21 09 51, D-76159 Karlsruhe oder schicken Sie uns eine E-Mail: DerGrüneReiseführer@de. michelin.com.

Gute Reise!

Kreuzgang von Ste-Trophine in Arles

Zeichenerklärung

Kunst- und Naturdenkmäler

	Beschriebene Strecke
	Ausgangspunkt der Besichtigung
	Katholische Kirche
	Protestantische Kirche
	Synagoge - Moschee
	Gebäude
■	Statue, kleines Gebäude
	Bildstock
	Brunnen
	Befestigungsmauer - Turm - Tor
	Schloß, Burg
	Ruine(n)
	Staudamm
	Fabrik, Kraftwerk
	Festung
	Grotte, Höhle
	Höhlenwohnungen
	Megalith-Steindenkmal
	Orientierungstafel
	Aussichtspunkt
▲	Sonstige Sehenswürdigkeit

Sport und Freizeit

	Pferderennbahn
	Eisbahn
	Freibad - Hallenbad
	Multiplex-Kino
	Jachthafen
	Schutzhütte
	Seilschwebebahn, Kabinenbahn
	Standseilbahn, Zahnradbahn
	Museumseisenbahn, touristisch interessante Eisenbahnlinie
	Freizeiteinrichtungen
	Vergnügungspark
	Tierpark, Zoo
	Blumenpark, Arboretum
	Vogelpark, Vogelschutzgebiet
	Wanderweg
	Für Kinder besonders interessant

Abkürzungen

A	Landwirtschaftskammer (Chambre d'agriculture)
C	Handelskammer (Chambre de commerce)
H	Rathaus (Hôtel de ville)
J	Justizgebäude (Palais de justice)
M	Museum (Musée)
P	Präfektur, Unterpräfektur (Préfecture, sous-préfecture)
POL.	Polizei (Police)
	Gendarmerie
T	Theater (Théâtre)
U	Universität (Université)

	Sehens- würdigkeit	Badeort	Winter- sportort	Kurort
Ist eine Reise wert ★★★	� � �	✳✳✳	‡‡‡
Verdient einen Umweg ★★	� �	✳✳	‡‡
Besonders sehenswert ★	�	✳	‡

Sonstige Zeichen

🄸	Informationsstelle
══ ══	Autobahn oder Schnellstraße
❶ ❶	Autobahneinfahrt und/oder -ausfahrt
⊨═ ══	Fußgängerzone
ɪ═══ɪ	Gesperrte oder zeitweise gesperrte Straße
▭▭▭ ----	Treppenstraße - Weg
🚆 🚗	Bahnhof - Autoreisezug
🚐 S.N.C.F.	Omnibusbahnhof
──•──	Straßenbahn
Ⓜ	U-Bahnstation
🅿ᴿ	Park-and-Ride-Plätze
♿	Behindertengerechter Zugang
✉	Hauptpostamt
☏	Telefon
✉	Markthalle
✛✕✛	Kaserne
△	Bewegliche Brücke
∪	Steinbruch
✗	Bergwerk
Ⓑ Ⓕ	Fähre
🚢	Auto- und Personenfähre
⛴	Personenfähre
③	Kennzeichnung der Ausfallstraßen auf den MICHELIN-Stadtplänen und -Karten
Bert (R.)...	Auf den Stadtplänen vermerkte Einkaufsstraße
AZ B	Lage auf dem Plan
▶▶	Ebenfalls sehenswert

Tips und Adressen

20 Z. :	Anzahl der Zimmer
38,57/57,17€	Mindestpreis für ein Einzelzimmer/Höchstpreis für ein Doppelzimmer (bei Privatzimmern inkl. Frühstück)
Halb- oder Vollpension: 42,62€	Preis pro Person auf Doppelzimmerbasis
⇄ *6,85€*	Preis des Frühstücks (wenn nicht extra erwähnt, ist er im Zimmerpreis inbegriffen)
120 Plätze: 12,18€	Anzahl der Stellplätze/Preis für 2 Personen und 1 Auto auf Campingplätzen
12,18€ Mittagsmenü-16,74/38,05€	Preis für ein Tagesmenü mittags sowie Mindest- bzw. Höchstpreis für ein Abendessen in Restaurants (Menü oder à la carte)
Rest. 16,74/38,05€	Mindest- bzw. Höchstpreis für Tagesmenü oder Essen à la carte in Hotels, Pensionen etc.
Mahlzeit 15,22€	Mindest- bzw. Höchstpreis für eine Mahlzeit in Privatunterkünften (Menü oder à la carte)
Reserv. Reserv. empf.	Nur mit Reservierung möglich Reservierung empfohlen
⧸	Keine Kreditkarten
🅿	Für Gäste reservierter Parkplatz

Die genannten Preise beziehen sich jeweils auf die Hochsaison.

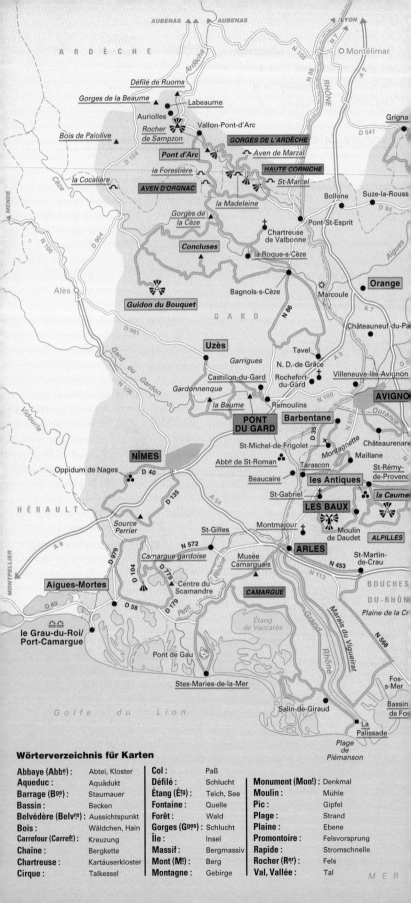

Wörterverzeichnis für Karten

Abbaye (Abbᵉ) :	Abtei, Kloster	Col :	Paß	Monument (Mon!) :	Denkmal
Aqueduc :	Aquädukt	Défilé :	Schlucht	Moulin :	Mühle
Barrage (Bᵍᵉ) :	Staumauer	Étang (Éᵗᵍ) :	Teich, See	Pic :	Gipfel
Bassin :	Becken	Fontaine :	Quelle	Plage :	Strand
Belvédère (Belvʳᵉ) :	Aussichtspunkt	Forêt :	Wald	Plaine :	Ebene
Bois :	Wäldchen, Hain	Gorges (Gᵍᵉˢ) :	Schlucht	Promontoire :	Felsvorsprung
Carrefour (Carref!) :	Kreuzung	Île :	Insel	Rapide :	Stromschnelle
Chaîne :	Bergkette	Massif :	Bergmassiv	Rocher (Rᵉʳ) :	Fels
Chartreuse :	Kartäuserkloster	Mont (M!) :	Berg	Val, Vallée :	Tal
Cirque :	Talkessel	Montagne :	Gebirge		

Hauptsehenswürdigkeiten

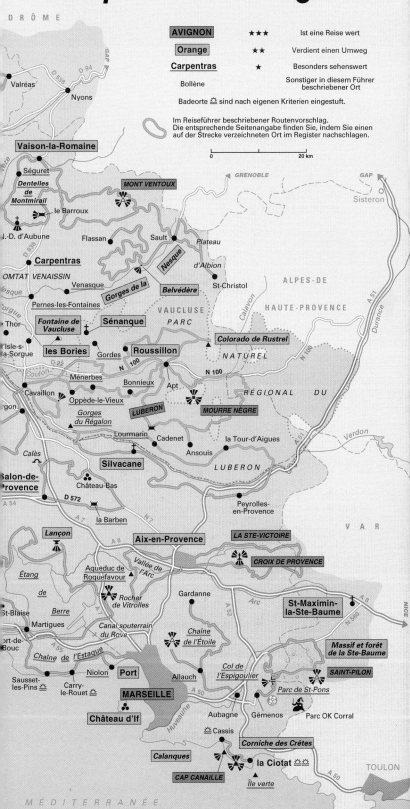

DRÔME

AVIGNON ★★★ Ist eine Reise wert

Orange ★★ Verdient einen Umweg

Carpentras ★ Besonders sehenswert

Bollène Sonstiger in diesem Führer beschriebener Ort

Badeorte ⚓ sind nach eigenen Kriterien eingestuft.

Im Reiseführer beschriebener Routenvorschlag.
Die entsprechende Seitenangabe finden Sie, indem Sie einen
auf der Strecke verzeichneten Ort im Register nachschlagen.

0   20 km

Valréas
Nyons
GAP

Vaison-la-Romaine
Séguret
Dentelles de Montmirail
le Barroux
GRENOBLE
Sisteron
GAP

MONT VENTOUX

J.-D. d'Aubune
Flassan
Sault
Plateau d'Albion

Carpentras
COMTAT VENAISSIN
Venasque
Nesque
St-Christol
ALPES-DE

Pernes-les-Fontaines
Gorges de la
Belvédère
HAUTE-PROVENCE

Thor
Fontaine de Vaucluse
Sénanque
VAUCLUSE PARC

l'Isle-s-la-Sorgue
les Bories
Gordes
Roussillon
Colorado de Rustrel

Ménerbes
Bonnieux
Apt
N 100
NATUREL

Cavaillon
Oppède-le-Vieux
LUBERON
MOURRE NÈGRE
RÉGIONAL DU

gon
Gorges du Régalon
Lourmarin
Cadenet
Ansouis
la Tour-d'Aigues

Calès
Silvacane
LUBERON
Verdon

Salon-de-Provence
Château-Bas
Peyrolles-en-Provence

D 572
la Barben
VAR

Lançon
Aix-en-Provence
LA STE-VICTOIRE

Étang
de
Aqueduc de Roquefavour
Vallée de l'Arc
CROIX DE PROVENCE

Berre
Rocher de Vitrolles
Gardanne
Arc
St-Maximin-la-Ste-Baume
NICE

St-Blaise
Martigues
Canal souterrain du Rove
Chaîne de l'Étoile
Massif et forêt de la Ste-Baume

ort-de-Bouc
Chaîne de l'Estaque
Col de l'Espigoulier
SAINT-PILON

Sausset-les-Pins
Niolon
Port
Allauch
Parc de St-Pons
Parc OK Corral

Carry-le-Rouet
MARSEILLE
Aubagne
Gémenos

Château d'If
Cassis
Corniche des Crêtes

Calanques
la Ciotat

CAP CANAILLE
Île verte
TOULON

MÉDITERRANÉE

Streckenvorschläge

Siehe gleichnamiges Kapitel in den PRAKTISCHEN HINWEISEN.

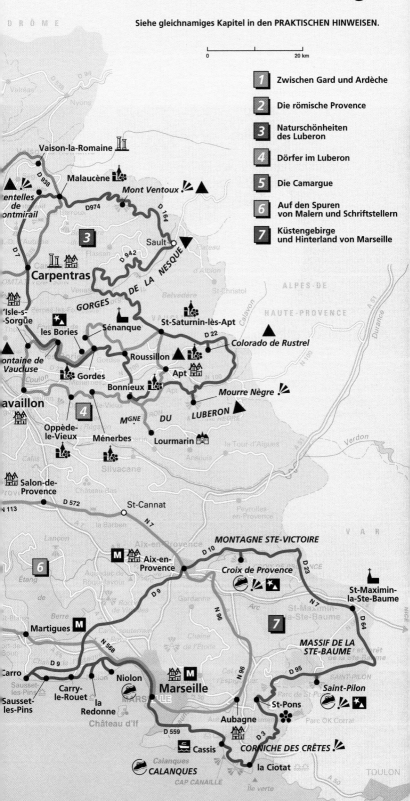

0   20 km

1 Zwischen Gard und Ardèche

2 Die römische Provence

3 Naturschönheiten des Luberon

4 Dörfer im Luberon

5 Die Camargue

6 Auf den Spuren von Malern und Schriftstellern

7 Küstengebirge und Hinterland von Marseille

Obst und Gemüse in der Provence – ein Feuerwerk der Farben

Praktische Hinweise

Reisevorbereitung

NÜTZLICHE ADRESSEN

Internet

www.franceguide.com

Die Website des Maison de France *(s. u.)* enthält Informationen über Reiseziele in ganz Frankreich, teilweise auch auf Deutsch. Die Hauptsprachen sind Französisch und Englisch. Interessante Links.

www.botschaft-frankreich.de

Website der französischen Botschaft in Berlin.

www.botschaft-frankreich.de

Website des Maison de la France in Österreich.

Französische Fremdenverkehrsverbände außerhalb Frankreichs

Informationen aller Art (Broschüren, Karten, telefonische Auskunft) halten die französischen Fremdenverkehrsbüros in Ihrem Heimatland bereit.

Deutschland

Maison de la France
60325 Frankfurt am Main, Westendstraße 47
☎ 0190/57 00 25 (0,62 €/Min.) oder 069-74 30 68 53, Fax 0190/59 90 01
E-Mail: maison-de-le-france@t-online.de

Österreich

Maison de la France
1040 Wien, Argentinierstraße 41 A, ☎ 0222/503 28 90, 0900/25 00 15 (max. 0,68 €), Fax 0222/503 28 71
E-Mail: info@maison-de-la-france.at

Schweiz

Maison de la France
8023 Zürich, Löwenstrasse 59, ☎ 01/211 30 85, Fax 01/211 16 44
E-Mail: mdlfgva@bluewin.ch

Touristeninformation in Frankreich

Die Adressen der Fremdenverkehrsverbände aller französischen Departements erhalten Sie bei der **Fédération des Comités départementaux du Tourisme**, 280 Boulevard St-Germain, 75007 Paris, ☎ 01 44 11 10 30. Wir führen hier die Adressen der Fremdenverkehrsverbände der Departements und Regionen auf, die von diesem Reiseführer erfaßt werden. Im Register wird nach jeder Stadt das diesbezügliche Departement angegeben. In der Karte der Hauptsehenswürdigkeiten am Anfang dieses Reiseführers können Sie sehen, wo sich die Departements befinden.

Fremdenverkehrsverbände der Departements

Ardèche: 4 Cours du Palais – BP 221 – 07002 Privas, ☎ 04 75 64 42 55

Bouches-du-Rhône: Le Montesquieu, 13 Rue Roux-de-Brignoles – 13006 Marseille, ☎ 04 91 13 84 13, Fax 04 91 33 01 82, Website: www.visitprovence.com

Gard: 3 Place de Arènes – BP 122 – 30010 Nîmes Cedex 04, ☎ 04 66 36 96 30

Vaucluse: 12 Rue du Collège-de-la-Croix – BP 147 – 84008 Avignon Cedex 1, ☎ 04 90 80 47 00, Fax 04 90 86 86 08, Website: www.provenceguide.com

Regionale Fremdenverkehrsverbände (Comités régionaux du Tourisme, C.R.T.)

Provence-Alpes-Côte-d'Azur: 14 Rue Sainte-Barbe – 13231 Marseille Cedex 01, ☎ 04 91 39 38 00, Fax 04 91 56 66 61

Languedoc-Roussillon: 20 Rue de la République – 34000 Montpellier, ☎ 04 67 22 81 00

Rhône-Alpes: 104 Route de Paris – 69260 Charbonnières-les-Bains, ☎ 04 72 59 21 59

Örtliche Fremdenverkehrsbüros – Vor Ort kann man sich an die *Offices de Tourisme* oder an die *Syndicats d'Initiative* wenden, um Informationen einzuholen. Die Adressen und Telefonnummern finden Sie nach dem ⊠ im Kapitel **Öffnungszeiten und Eintrittspreise**.

Botschaften und konsularische Vertretungen

Bundesrepublik Deutschland

Botschaft: 13/15 Avenue Franklin D. Roosevelt, 75008 Paris. ☎ 01 53 83 45 00

Generalkonsulat: 338 Avenue du Prado, 13295 Marseille Cedex 8. ☎ 04 91 16 75 20

Republik Österreich

Botschaft: 6 Rue Fabert, 75007 Paris. ☎ 01 40 63 30 68 oder 01 40 63 30 63

Generalkonsulat: 27 Cours Pierre Puget, 13006 Marseille. ☎ 04 91 53 02 08

Schweiz

Botschaft: 142 Rue de Grenelle, 75007 Paris. ☎ 01 49 55 67 00

Generalkonsulat: 7 Rue d'Arcole, 13291 Marseille Cedex 6. ☎ 04 96 10 14 10

REISEFORMALITÄTEN

Papiere – Für Bürger der Europäischen Union und für Besucher aus der Schweiz genügt beim Grenzübergang nach Frankreich der Personalausweis. Kinder unter 16 Jahren benötigen einen Kinderausweis oder müssen im Reisepaß der Eltern eingetragen sein.

Zollbestimmungen – Die Warenmengen, die zollfrei ein- und ausgeführt werden können, sind veränderlich. Auskünfte erteilen die Zollämter. Reisende aus den Mitgliedstaaten der EU unterliegen, was die Ausfuhr von Waren zum privaten Gebrauch betrifft, keiner Beschränkung. Eine Ausnahme bilden Alkohol und Zigaretten.

Kranken- und Unfallversicherung – **EU-Angehörige** sollten sich vor der Abreise bei der heimischen Krankenkasse den europäischen Krankenschein (Formular **E 111**) ausstellen lassen. Bedingungen und evtl. Rückzahlungen sind auf dem Beiblatt des Formulars vermerkt. Übrigens bezahlt man in Frankreich die Konsultation bei einem Arzt sofort in bar oder per Scheck.

Da es in der **Schweiz** keine gesetzliche Krankenkasse gibt, muß der Reisende in Frankreich seine Kranken- und Unfallkosten selbst zahlen. Wer privat versichert ist, kann bei seiner Krankenversicherung einen französischen Krankenschein vorlegen (die Kosten werden den Bestimmungen entsprechend vergütet).

Notrufnummern s. S. 26.

REISEZEIT

Klima

Dichter und Schriftsteller haben das schöne Wetter und die Intensität des Lichts in der Provence gerühmt. Die Klimabedingungen können indes von Jahr zu Jahr variieren; eisige Winter sind nicht selten, und Temperaturen und Wetter können, speziell im Frühling, zuweilen sehr wechselhaft sein. Im Winter gibt es auch im Laufe eines Tages manchmal heftige Temperaturschwankungen. Im allgemeinen kann man sagen, daß es in der Nähe des Meeres weniger regnet und wärmer ist als im Inneren der Provence. Festzuhalten ist aber, daß man in der Region über 2 500 Sonnenstunden pro Jahr zählt.

Bevor man sich auf einen Ausflug ins Gebirge oder aufs Meer begibt, sollte man sich über das zu erwartende Wetter informieren. Nachfolgend die Telefonnummern von Météo-France:

Regionale Wettervorhersage – ☎ 08 36 68 01 01

Wettervorhersage in den Departements – ☎ 08 36 68 02 plus Nummer des Departements (z. B. Ardèche: ☎ 08 36 68 02 07).

Küstenwetterbericht – ☎ 08 36 68 08 plus Nummer des Küstendepartements. Mittelmeervorhersage: ☎ 08 36 68 08 77

Die Jahreszeiten

Wenn man an die Provence denkt, kommt einem in erster Linie der **Sommer** in den Sinn. In drei oder vier Monaten fallen weniger als 70 mm Regen, und das Thermometer sinkt nur selten unter 30 °C. Die trockene Hitze ist auf die warme Luft aus der Sahara zurückzuführen. Das Zentralmassiv schützt vor den feuchten Tiefs des Westens.

Im **Herbst** sind die atlantischen Tiefdruckgebiete vorherrschend, und Mitte September bis Ende November setzen die ersten, zuweilen recht heftigen Regenfälle ein. So kommt es vor, daß in nur einer Stunde über 100 mm Regen niedergehen (bei einer jährlichen Gesamtniederschlagsmenge von 600 mm!).

Der **Winter** ist im allgemeinen mild und sonnig. Allerdings kann der plötzlich einfallende Mistral, ein kalter Nordwestwind des Rhonetals, die Temperatur in wenigen Stunden um 10 °C sinken lassen. Schneefälle sind äußerst selten, nur auf Bergen wie dem Mont Ventoux kann man sich der weißen Pracht erfreuen.

Im **Frühling** kehren die atlantischen Tiefs, wenn auch weniger stark als im Herbst, wieder zurück, so daß es zu schlechtem Wetter kommt, das aber immer wieder mit schönen, fast sommerlichen Sonnentagen abwechselt. Plötzliche und überraschende Temperaturschwankungen im März sind auf den Mistral zurückzuführen.

Die Winde

Das provenzalische Klima wird in erster Linie vom **Mistral** beherrscht, der von den Gipfeln des Zentralmassivs in das Rhonetal hineinbläst und über das Land fegt. Seine heftigen Böen verjagen die Wolken vom Himmel, die Luft ist klar, der Blick weit. Die Bauern nennen den Mistral „mangio-fango", d. h. Schlammfresser, denn er trocknet die Schlammpfützen aus. Wenn der Mistral loslegt, hat man es mit einem richtigen Sturm zu tun. Alphonse Daudet hat beschrieben, wie er ihn in Fontvieille erlebt hat: „Die ganze Mühle knarrte. Ziegel flogen vom Dach, das sich aufzulösen schien. In der Ferne schwankten die eng beieinander stehenden Kiefern auf dem Hügel und lärmten im Schatten. Man hatte das Gefühl, auf dem offenen Meer zu sein...". Weitere Winde in der Region sind der aus Südosten kommende *Marin*, der Nebel und Regen mit sich bringt, und der *Labech* aus dem Südwesten, der gern in Begleitung von Gewittern auftritt.

Gesetzliche Feiertage und Ferien

An folgenden Tagen können Museen und sonstige Sehenswürdigkeiten geschlossen sein oder andere Öffnungszeiten haben:

1. Januar	Neujahr *(Jour de l'An)*
Ostern	Sonntag und Montag *(Pâques)*
1. Mai	Tag der Arbeit *(Fête du Travail)*
8. Mai	Waffenstillstand 1945 *(Anniversaire 1945)*
Christi Himmelfahrt	*Ascension*
Pfingsten	Sonntag und Montag *(Pentecôte)*
14. Juli	Nationalfeiertag (Sturm auf die Bastille)
15. August	Mariä Himmelfahrt *(Assomption)*
1. November	Allerheiligen *(Toussaint)*
11. November	Waffenstillstand 1918 *(Armistice)*
25. Dezember	Weihnachten *(Noël)*

Abgesehen von den Schulferien zu Weihnachten, zu Ostern und im Juli/August sind die Schulen im Februar und Anfang November für 10 bis 14 Tage geschlossen. Im August schließen viele Geschäfte und Betriebe.

HINWEISE FÜR REISENDE MIT BEHINDERUNGEN

Die in diesem Reiseführer beschriebenen Sehenswürdigkeiten (Museen etc.), für die besondere Maßnahmen für Besucher mit eingeschränkter Beweglichkeit getroffen wurden, sind im Kapitel Öffnungszeiten und Eintrittspreise mit dem Symbol ♿ gekennzeichnet. Auskünfte über den Besuch von Museen erteilt *La Direction des Musées de France, Service Accueil des Publics Spécifiques*, 6 Rue des Pyramides, 75041 Paris Cedex 01, ☎ 01 40 15 35 88.

Nützliche Informationen zum Thema Transport, Urlaub und Sport für Behinderte erfahren Sie beim *Comité National Français de Liaison pour la Réadaptation des Handicapés* (CNRH), 236bis Rue de Tolbiac, 75013 Paris (☎ 01 53 80 66 66). Sie können auch einen Katalog der Veröffentlichungen des Nationalen Komitees für Behinderte anfordern, oder, wenn Sie Internetzugang haben, die Webseite www.handitel.org (engl., franz.) abrufen.

Der **Rote Michelin-Führer France** und der **Michelin-Führer Camping Caravaning France** führen Hotels/Restaurants und Campingplätze für Reisende mit Körperbehinderungen auf. Auch die Gîtes de France *(s. Kapitel UNTERKUNFT, GASTRONOMIE, Außerdem...)* geben eine Informationsbroschüre *(Guide des gîtes accessibles à tous)* über behindertengerechte Unterkünfte heraus.

Verkehrsmittel

ANREISE

Mit dem Flugzeug

Aéroport International de Marseille-Provence – 13727 Marignane. ☏ 04 42 14 14 14, Fax 04 42 14 20 01. Internet: www.marseille.aeroport.fr

Aéroport d'Avignon-Caumont – ☏ 04 90 81 51 51, Fax 04 90 84 17 23

Aéroport de Nîmes-Arles-Camargue – ☏ 04 66 70 49 49, Fax 04 66 70 03 00

Mit der Bahn

Informationen zu Zugverbindungen und speziellen Angeboten erhält man bei der **Deutschen Bahn** (http://www.bahn.de), bei der **Österreichischen Bundesbahn** (http://www.oebb.at) und bei den **Schweizer Bundesbahnen** (http://www.sbb.ch) sowie bei der französischen Eisenbahngesellschaft **SNCF:** ☏ 08 36 35 35 35, Website: **http://www.sncf.com** (auch deutschsprachig).

Mit dem Auto oder Motorrad

Wenn man von Norden kommt, benutzt man am besten die Autobahnen A 31 bis Beaune und dann die A 6, A 7 und A 9. Reisende aus der Schweiz und Österreich fahren die Strecke Genf–Chambéry–Valence (A 40, A 41 und A 49). In Valence stoßen sie dann auf die A 7.
Von Österreich aus (Wien, Graz, Innsbruck) bietet sich die Möglichkeit, über Italien (Verona, Brescia) zu fahren und von dort durch die Alpen (Turin, Montgenèvre-Paß, Briançon, Gap, Serres, Nyons, Bollène und Orange) oder über Venedig, Brescia, Piacenza und Genua nach Nizza und von dort in nördlicher Richtung nach Avignon zu gelangen.

UNTERWEGS DURCH DIE PROVENCE

Wenn man selbst hinter dem Steuer sitzt

Papiere – Für Kraftfahrzeuge, einschließlich Wohn- oder Gepäckanhänger, benötigt man nur die Kfz-Papiere des Heimatlandes. Die grüne Versicherungskarte wird nicht mehr verlangt, bei Schadensfällen vereinfacht sie jedoch die Abwicklung.

Routenplanung – Das in diesem Reiseführer beschriebene Straßen- und Autobahnnetz ist auf der **Michelin-Karte Nr. 911** verzeichnet; die Karte enthält zusätzlich Hinweise zu den Hauptstrecken, zu Ausweichstraßen im Falle von Staus während der Ferienzeit und zur durchschnittlichen Fahrtdauer von einer Stadt zur anderen. Im **Michelin Straßenatlas France** sind die Mautsätze der Autobahnabschnitte sowie Raststätten aufgeführt. Eine große Hilfe bei der Routenplanung ist auch der Internetservice **www.ViaMichelin.com**.

Maut – Die meisten Autobahnen in Frankreich sind mautpflichtig. Die sogen. *Péage* kann bar oder per Kreditkarte (Visa, Mastercard) bezahlt werden. Achtung: Die Schalter für Kreditkarten an den Mautstationen sind besonders gekennzeichnet (CB=Carte bancaire).

Radio – Reisende mit Französischkenntnissen können sich im Süden Frankreichs auch per Radio über Staus, Wetter, Veranstaltungen etc. informieren. Radio Traffic informiert auf UKW 107,7 darüber, regelmäßig auch auf englisch.

Sicherheitsgurt und Kindersitz – In Frankreich herrscht Gurtpflicht auf Vorder- und Rücksitzen. Kinder, die das 10. Lebensjahr noch nicht vollendet haben, dürfen nicht vorne sitzen und müssen im Kindersitz oder auf einer speziellen Sitzerhöhung reisen.

Geschwindigkeitsbegrenzung – Innerhalb von Ortschaften darf man 50 km/h nicht überschreiten. Die Höchstgeschwindigkeit auf Landstraßen beträgt 90 km/h (bei Regen 80 km/h). Auf Schnellstraßen mit getrennten Fahrbahnen sind 110 km/h (100 km/h bei Regen) und auf Autobahnen sind 130 km (110 km/h bei Regen) erlaubt.

Parken – In Städten kann man in manchen Zonen nur beschränkt oder gebührenpflichtig parken: Lösen Sie am Parkscheinautomaten *(horodateur)* einen Parkschein (Kleingeld bereithalten), und legen Sie ihn auf der Fahrerseite gut sichtbar hinter die Wind- schutzscheibe. Verkehrswidriges Parken wird mit hohem Bußgeld belegt; das Fahrzeug kann abgeschleppt werden. In manchen Städten gibt es blaue Parkzonen *(zones bleues)*, die durch eine blaue Linie oder ein blaues Schild mit einem Ⓟ und einem kleinen Viereck darunter gekennzeichnet sind. Dort können Sie mit einer Parkscheibe 1 1/2 Std. (während der Mittagszeit 2 1/2 Std.) kostenlos parken. Parkscheiben *(disques de stationnement)* sind in Supermärkten und Tankstellen erhältlich.

Parken mit Parkscheibe

Gebührenpflichtiges Parken

Pannendienst – Die orangefarbenen Notrufsäulen an den Autobahnen stehen in Abständen von 2 km. Sie sind Tag und Nacht direkt mit der Gendarmerie oder der Verkehrswacht verbunden. Bei einer Autopanne führt eine zugelassene Reparaturwerkstatt die gesamte Reparatur aus oder schleppt den Wagen zu einem Festpreis bis zur Werkstatt Ihrer Wahl ab. Bei einem Unfall schickt die Gendarmerie die Unfallhilfe sofort an die Unfallstelle.

Alkohol – 0,5 Promille sind das Maximum.

Unfall – Wenn der Unfall vom ausländischen Touristen verursacht wurde, muß man sich an das **Bureau central français**, Tour Gallieni II, 36 Avenue du Général-de-Gaulle, BP 27, 93171 Bagnolet Cedex, ☎ 01 49 93 65 50, wenden.

Autovermietung – Wie in fast allen Ländern, kann man an Bahnhöfen oder an Flughäfen ein Auto mieten. Nachfolgend die Telefonnummern der Reservierungszentralen der bekanntesten Vermieter:

Reservierungszentralen in Frankreich:

Avis: ☎ 01 46 10 60 60	Europcar: ☎ 01 30 43 82 82
Budget: ☎ 01 46 86 65 65	Hertz: ☎ 01 39 38 38 38
Citer-Eurodollar: ☎ 01 44 38 61 61	Eurorent: ☎ 01 44 38 55 55

Tanken – In Frankreich werden vier Kraftstofftypen verkauft: Super verbleit *(super)*, Super Plus *(sans plomb 98)*, Super *(sans plomb 95)* und Diesel *(diesel/gazole)*.

Die wichtigsten Hinweise im Straßenverkehr

accident	*Unfall*	gravillons	*Rollsplitt*
accolement dangereux	*Unbefestigter Seitenstreifen*	interdiction de doubler	*Überholverbot*
aire de service	*Autobahnraststätte mit Tankstelle*	poids lourd	*Lkw*
attention	*Vorsicht*	priorité	*Vorfahrt*
bouchon	*Stau*	rappel	*Wiederholung eines Verkehrshinweises*
chantier	*Baustelle*	rétrécissement	*Fahrbahnverengung*
dangereux	*gefährlich*	rond-point	*Kreisverkehr*
début	*Anfang*	rue à sens unique	*Einbahnstraße*
déviation	*Umleitung*	sortie	*Ausfahrt*
échangeur	*Autobahnkreuz*	tourner à droite	*rechts abbiegen*
entrée	*Einfahrt*	tourner à gauche	*links abbiegen*
fin	*Ende*	voiture de tourisme	*Pkw*

Unterkunft, Gastronomie

TIPS UND ADRESSEN IN DIESEM REISEFÜHRER

Damit Sie nach Ihrem Urlaub auch einen angenehmen Aufenthalt in Erinnerung behalten, hat die Redaktion der **Grünen Michelin-Reiseführer** eine Auswahl an interessanten Tips und Adressen für Sie getroffen. Unsere Redakteure sind kreuz und quer durch das Land gezogen, um für Sie Gästezimmer, Hotels, Chalets, Campingplätze, Restaurants, Cafés und Bars ausfindig zu machen. Berücksichtigt haben wir hierbei bevorzugt Adressen im Herzen besonders sehenswerter Städte, in Orten, die sich gut als Ausgangspunkt eignen, die auf einer der beschriebenen Rundfahrten liegen oder die sich in schöner Lage befinden, aber auch einfachere Häuser und solche, die durch ihren besonderen Charme hervortreten. Auch bei den Restaurants sind die Adressen breit gestreut: Sie umfassen sowohl traditionelle französische Restaurants, als auch ausgefallenere oder exotische Gaststätten und reichen vom einfachen Bistro über Landgasthäuser bis zu Feinschmeckertempeln.

Komfort und Qualität waren die wichtigsten Auswahlkriterien. Alle Adressen wurden mit großer Sorgfalt ausgesucht. Es kann allerdings vorkommen, daß sich seit unserem letzten Besuch das ein oder andere geändert hat. In diesem Fall wären wir Ihnen dankbar für Ihre Hinweise. Bemerkungen und Vorschläge sind immer willkommen. Die angegebenen **Preise gelten für die Hochsaison**. Zahlreiche Unterkünfte bieten jedoch vorteilhafte Sonderpreise außerhalb der Haupturlaubszeiten und geben gerne Auskunft darüber.

Die in Euro angegeben Preise sind meist Näherungspreise, d. h. abgerundete, von unserer Redaktion vor der Einführung des Euro durchgeführte Umrechnungen des ursprünglichen Preises in Francs (1 € = 6,55957 FF).

Das steckt dahinter

In den meisten Kapiteln im Hauptteil (Städte und andere besondere Sehenswürdigkeiten) finden Sie auf blauem Grund die Rubrik **Tips und Adressen**. Die Auswahl an Hotels und Pensionen, an Fremdenzimmern in einfachen Gasthäusern oder auf dem Bauernhof ist in der Provence natürlich mannigfaltig.

Die Adressen von Hotels und Restaurants haben wir in drei Kategorien eingeteilt – ob in malerischen Städten, belebten Vierteln, in unmittelbarer Nähe von Sehenswürdigkeiten, einfach oder besonders elegant, es gibt für jeden Geldbeutel etwas.

Unter der Überschrift **„Gut & preiswert"** finden Sie einfache Hotels, Gästezimmer und Campingplätze (bis 40 €/Übernachtung) sowie Adressen von Restaurants mit oft durchaus gastronomischen Mahlzeiten, aber zu korrekten Preisen, d. h. unter 15 €. Wenn Sie mehr Komfort anstreben und größeren Wert auf eine schöne Lage legen, werden Sie garantiert unter der Kategorie **„Unsere Empfehlung"** das Richtige finden. Hier sind überwiegend stilvoll eingerichtete Hotels oder Ferienwohnungen sowie Privatzimmer mit mehr Komfort in charmantem Ambiente (bis 75 €/Übernachtung) verzeichnet, aber natürlich auch Restaurants, darunter solche mit gehobener französischer Küche, deren Köche in ihrem Metier besonders engagiert sind (Preise bis 30 €). Für diejenigen, die sich etwas Besonderes gönnen möchten, hält die **„Spitzenkategorie"** bzw. **„Fürstlich logieren"** eine Auswahl an Adressen bereit. Dabei handelt es sich oft um exklusive Adressen, die ein hohes Maß an Komfort und Luxus bieten, um Grandhotels oder Unterkünfte in einem noblen Landhaus oder Schloß. Für das, was diese Etablissements bieten, kann der Preis manchmal durchaus interessant sein. Wem die Übernachtung zu teuer ist, der kann das traumhafte Dekor auch beim Tee oder Brunch genießen, und auch ein mit Michelin-Sternen ausgezeichnetes Restaurant kann mittags Mahlzeiten zu erschwinglichen Preisen bieten. In einigen dieser eleganten Hotels und Restaurants wird korrekte Kleidung erwartet.

Im folgenden einige spezifische Informationen zu den verschiedenen Unterkunftsmöglichkeiten:

Unterkunft

Hotels – Die Bandbreite der von uns ausgesuchten Hotels ist beachtlich. Die Preise gelten pro Übernachtung und schließen das Frühstück nicht mit ein. Der Frühstückspreis steht jeweils neben dem Tassensymbol (☕). Oft sind Hotelrestaurants auch für Gäste zugänglich, die nicht im Hotel wohnen.

Gästezimmer – Es handelt sich um Privatunterkünfte, die im Gegensatz zum Hotel eine familiäre Atmosphäre bieten. Die Preise verstehen sich pro Übernachtung inklusive Frühstück. Bei einigen besteht auch die Möglichkeit, mit Halbpension unterzukommen. Wegen der großen Beliebtheit dieser Zimmer sollten Sie möglichst früh Ihren Aufenthalt buchen.

Ferienwohnungen – Die Wohnungen werden im allgemeinen wochenweise vermietet, manche sind auch für einige Tage oder ein Wochenende zu haben. Jede Wohnung besitzt eine Küche oder Küchenzeile.

Ferienhäuser auf dem Lande – Vermietet werden sie wochenweise oder manchmal auch für ein Wochenende. Vor allem in der Hochsaison ist eine rechtzeitige Reservierung unerläßlich.

Campingplätze – Die Preise verstehen sich pro Übernachtung für zwei Personen und einen Zeltstellplatz. Auf manchen Campingplätzen kann man Bungalows oder Campingwagen mieten.

Hinweis: Das *bis* hinter der Hausnummer in den Adressen (z. B. *8bis Rue Coysevox*) entspricht der deutschen Hausnummer 8b. *8er* demnach 8c.

In einigen Hotels und Campingplätzen sind Haustiere nicht oder nur gegen Aufpreis erlaubt. Erkundigen Sie sich bei der Reservierung danach.

AUSSERDEM...

HOTELS

Der Rote Michelin-Führer France – Im jährlich aktualisierten **Hotel- und Restaurantführer** von Michelin finden Sie eine reiche Auswahl an vor Ort geprüften Hotels. Für jedes Hotel werden mehrere wichtige Informationen gegeben: Komfort, aktuelle Preise, akzeptierte Kreditkarten, Telefon- bzw. Faxnummer für die Zimmerreservierung sowie eine kurze Beschreibung. Hotels in besonders ruhiger Lage sind mit dem Symbol ৯৯ gekennzeichnet.

Preiswerte Hotelketten – Wenn Sie nur eine Verschnauf- und Schlafpause auf Ihrer Fahrt zum Urlaubsziel benötigen, können diese äußerst preiswerten Hotels (unter 38 € für ein Doppelzimmer) die Lösung sein. Sie liegen meistens in der Nähe der Hauptverkehrsstraßen und an den Autobahnen. Die Zimmer sind klein, aber mit Fernseher und Badezimmer ausgestattet. Es wird zwar ein Frühstück angeboten, ein Hotelrestaurant fehlt aber oft. Zentrale Reservierung:

Akena ☎ 01 69 84 85 17	**Mister Bed** ☎ 01 46 14 38 00
B&B ☎ 08 03 00 29 29	**Villages Hôtel** ☎ 03 80 60 92 70
Etap Hôtel ☎ 08 36 68 89 00 (0,34 €/Min.)	

Die folgenden Hotelketten sind etwas teurer (ab 46 € pro Doppelzimmer), sind dafür aber komfortabler und bieten besseren Service:

Campanile ☎ 01 64 62 46 46	**Ibis** ☎ 08 03 88 22 22
Climat de France ☎ 01 64 46 01 23	**Kyriad** ☎ 01 64 62 51 96

Logis et Auberges de France heißt ein Hotelführer, in dem kleinere Hotels, häufig Familienbetriebe, mit gutem Preis-Leistungsverhältnis verzeichnet sind. Er ist – wie auch andere Verzeichnisse (Schloßhotels, Privatpensionen usw.) – beim Französischen Tourismusverband erhältlich. **Relais et Châteaux** bietet Übernachtungsmöglichkeiten in besonders stilvollen Häusern, Schlössern oder Landsitzen: 15 Rue Galvani, 75017 Paris. ☎ 01 45 72 90 00.

„Bon week-enden ville" – Hinter der Formel „Schönes Wochenende in der Stadt", die von einigen Touristenbüros der Region angeboten wird, verbirgt sich folgendes: Man kann in einer Reihe von Hotels zwei Nächte zum Preis von einer verbringen und darüber hinaus zu bestimmten Besichtigungen und Aktivitäten der Fremdenverkehrsämter teilnehmen. Fünf Städte in der Provence haben sich diesem Programm angeschlossen: **Aix-en-Provence**, **Arles**, **Avignon**, **Marseille** und **Nîmes**. Die Liste der an der Aktion beteiligten Hotels ist bei den jeweiligen Touristeninformationen erhältlich.

Informationen im Internet: www.bon-week-end-en-villes.com

FERIENWOHNUNGEN, ZIMMERVERMIETUNG etc.

Loisirs-Accueil – Dieser in den meisten französischen Departements vertretene Reservierungsservice bietet vielfältige Urlaubsideen und Unterkunftsmöglichkeiten an: Privatunterkünfte, Ferienwohnungen, Berghütten usw. Informationen erhalten Sie bei der Pariser Zentralstelle (Service Réservation Loisirs-Accueil, 280 Boulevard St-Germain, 75007 Paris, ☎ 01 44 11 10 44). Dort sind auch die Adressen der Geschäftsstellen in den verschiedenen Regionen sowie Broschüren über einzelne Departements erhältlich (**Ardèche**: ☎ 04 75 64 42 55, **Bouches-du-Rhône-Provence**: Domaine du Vergon, 13370 Mallemort, ☎ 04 90 59 49 39, **Gard**: ☎ 04 66 36 96 30). Reservierungen im Internet: www.resinfrance.com und www.fnsla.net (mehrsprachige, auch deutsche Websites).

Die Reiseorganisation **Clévacances France** (54 Boulevard de l'Embouchure, BP 2166, 31022 Toulouse Cedex, ☎ 05 61 13 55 66, Fax 05 61 13 55 94, www.cleva-cances.com) gibt für jedes Departement einen Katalog heraus und bietet 20 000 Unterkunftsmöglichkeiten – Zimmer, Ferienwohnungen, Chalets usw. – die über ganz Frankreich verteilt sind.

UNTERKUNFT AUF DEM LAND

Die **Maison des Gîtes de France et du Tourisme vert** (59 Rue St-Lazare, 75439 Paris Cedex 09, ☎ 01 49 70 75 75) vermittelt die Adressen der örtlichen Verbände und veröffentlicht regionale Broschüren über verschiedene Unterkunftsmöglichkeiten in ländlichen

Regionen Frankreichs. Unter einem *Gîte* versteht man eine eher rustikale, im Stil der Region eingerichtete Unterkunft, ein Haus oder eine Wohnung, meist auf einem Bauernhof. Meistens werden auch Freizeitaktivitäten in der Umgebung angeboten, wie Reiten, Fischen, Wandern, Langlaufski etc. Auskunft und Reservierung im Internet: www.gites-de-France.fr

Gîtes de France gibt auch eine Informationsbroschüre über behindertengerechte Unterkünfte *(Guide des gîtes accessibles à tous)* heraus.

Telefonnummern der Gîtes de France in den Departements der Provence:

Bouches-du-Rhône: ☎ 04 90 59 49 39, Fax 04 90 59 16 75

Gard: ☎ 04 66 21 02 51

Vaucluse: ☎ 04 90 85 45 00, Fax 04 90 85 88 49

AUSGEWÄHLTE FERIENORTE

Die **Fédération des Stations vertes de Vacances et Villages de Neige**, 6 Rue Ranfer-de-Bretenières, BP 71698, 21016 Dijon Cedex (☎ 03 80 54 10 50, Fax 03 80 54 10 55, www.stationsvertes.com) ist eine Vereinigung von 581 Gemeinden, die für ihren Freizeitwert, eine besonders schöne Umgebung und umfassende Unterkunftsmöglichkeiten ausgewählt wurden.

EINFACHE UNTERKÜNFTE UND HÜTTEN

Adressen von Berghütten und einfachen Unterkünften finden Freunde von Wandern, Alpinismus, Klettern, Ski, Radwandern und Kanu/Kajak im Führer *Gîtes d'étape, refuges* von A. und S. Mouraret (Rando-Éditions, BP 24, 65421 Ibos, ☎ 05 62 90 09 90).

JUGENDHERBERGEN

In Frankreich gibt es zwei große Jugendherbergsorganisationen *(Auberges de Jeunesse)*, die **Ligue française pour les Auberges de la Jeunesse (LFAJ)**, 67 Rue Vergniaud, 75013 Paris, ☎ 01 44 16 78 78, Fax 01 44 16 78 80 und die **Fédération Unie des Auberges de Jeunesse (FUAJ)**, 27 Rue Pajol, 75018 Paris, ☎ 01 44 89 87 27, Fax 01 44 89 87 10/49 – www.fuaj.org

Die **Hostelling International/ Youth Hostel Association** (Internet www.iyhf.org) bietet für Mitglieder einen internationalen Reservierungsservice an, den man über die nationalen Jugendherbergswerke in Anspruch nehmen kann. Deutschland: ☎ 0523/17 40 10, Internet www.djh.de; Österreich: ☎ 01-533 18 33, Internet www.oejhw.or.at; Schweiz: ☎ 01 360 14 14, Internet www.youthhostel.ch. Die Jugendherbergsvereinigungen veröffentlichen jährlich ein internationales Jugendherbergsverzeichnis.

CAMPING

Der **Michelin-Führer Camping Caravaning France** enthält eine Auswahl der besten Campingplätze mit Angabe der vorhandenen Einrichtungen, der aktuellen Preise und der verschiedenen Annehmlichkeiten, die sich aus ihrer Lage ergeben. Der Campingführer wird jedes Jahr überarbeitet. Das Mitführen des Internationalen Camping-Ausweises *(Camping Carnet International)* – erhältlich bei Auto- oder Campingclubs – für Wohnwagen ist sinnvoll, aber nicht obligatorisch.

Gastronomie

Roter Michelin-Führer France – Der **Hotel- und Restaurantführer** von Michelin enthält eine breit gefächerte Auswahl an Restaurants in der Provence, in denen man feinste regionale Küche kosten kann. Wo das rot gedruckte Symbol 🍴 in der Beschreibung einer Gaststätte auftaucht, können auch Feinschmecker preiswert und gut essen. Piktogramme weisen auf Lokale mit besonderer Ausstattung, schönem Blick oder ruhiger Lage hin. Der Rote Michelin-Führer nennt nicht nur die Adressen empfehlenswerter Restaurants, sondern gibt auch eine kurze Beschreibung sowie die kulinarischen Spezialitäten an.

WAHL DES FERIENORTES

Die Karte der **Ferienorte** zeigt Städte und Dörfer, die wir Ihnen zur Übernachtung oder als Ausgangspunkt für Rundfahrten in der Umgebung empfehlen. Die traditionellen Ferienorte wurden wegen ihrer schönen Lage und der besonderen touristischen Infrastruktur ausgewählt. Städte wie Avignon, Arles, Marseille und Nîmes eignen sich besonders gut für einen mehrtägigen Aufenthalt.

Die Karte zeigt außerdem **Seebäder** und Orte, in denen im Sommer interessante Festspiele stattfinden. Darüber hinaus werden **Urlaubsetappen** aufgeführt (größere Orte mit guten Unterkunftsmöglichkeiten, die einen Besuch wert sind) sowie Städte, die aufgrund ihres historischen, künstlerischen Erbes und ihrer kulturellen Anziehungskraft wegen ein ausgezeichnetes Ziel für einen Wochenendausflug darstellen.

ESSEN UND TRINKEN

Kulinarisches Qualitätslabel

Einige Orte der Provence, deren Gastronomie sich auf qualitativ hochwertige Produkte gründet und die außerdem über ein interessantes kulturelles und touristisches Umfeld verfügen, sind mit dem kulinarischen Qualitätslabel *„Site remarquable du goût"* ausgezeichnet. So wurden z. B. **Les Baux**, ein traditionelles Anbaugebiet für Olivenbäume, für sein Olivenöl ausgezeichnet, **Apt** für seine kandierten Früchte und **Richerenches** (Vaucluse) für seine Trüffeln.

Französische Tischgewohnheiten

In Frankreich wird das Mittagessen ab 12 Uhr eingenommen, das Abendessen ab 19.30 Uhr. In den Brasserien und kleinen Restaurants empfiehlt sich das Tagesmenü *(plat du jour)*. Die Preise der Restaurants (Menü oder Karte) enthalten immer Brot und Bedienung. Dennoch gibt man meist ein Trinkgeld.

Zahlreiche Restaurants bieten neben den einzelnen Gerichten auch Menüs an, die zumeist preiswerter als ein Essen *à la carte* sind. Die Menüs enthalten eine Vorspeise, ein Hauptgericht (in gehobenen Restaurants auch zwei Hauptgerichte), Käse oder Nachtisch (manchmal wird auch beides angeboten). Es kommt vor, daß Getränke und Kaffee im Preis inbegriffen sind, doch ist dies jeweils angegeben.

Das Frühstück ist in Frankreich oft recht einfach – ganz im Gegensatz zum Mittag- und Abendessen, bei dem die Franzosen traditionsgemäß großen Wert auf eine abwechslungsreiche, gut aufeinander abgestimmte Speisenfolge, begleitet von den passenden Weinen, legen. Hast ist verpönt, beim Servieren ebenso wie beim Essen, für das man zwischen eineinhalb und zwei Stunden rechnen sollte.

Wer es eilig hat, sollte statt in ein gepflegtes Restaurant lieber in eine „Brasserie" oder eines der zahlreichen „Cafés" gehen. Das französische *Café* ist übrigens kein Café im deutschen Sinne (das heißt in Frankreich *Salon de Thé*), sondern eher eine Gaststätte oder Kneipe.

Auf dem Lande ist es ratsam, in kleinen Gaststätten zu essen, wo einen oft besondere kulinarische Genüsse, wenn auch in einfacher Aufmachung, erwarten.

Getränke – Frankreich ist für seine ausgezeichneten **Weine** bekannt. Flaschenweine sind jedoch nicht billig. Wer sparen will, kann einen Krug offenen Wein bestellen (*pichet de vin* oder *vin en carafe*), der in Portionen von 33 cl oder 50 cl ausgeschenkt wird.

Mineralwasser werden in Frankreich unter ihrem Namen verkauft. Stilles Wasser ist sehr beliebt (z. B. Contrexéville, Évian oder Vittel). Zu den leicht kohlensäurehaltigen Wässern zählen Badoit und Vichy St-Yorre; stark kohlensäurehaltig ist Perrier. In allen Restaurants kann man auch eine kostenlose Karaffe Leitungswasser (*carafe d'eau*) bestellen.

Man erhält fast überall die bekannten französischen oder ausländischen Flaschenbiere. Gezapftes **Bier** *(bière à la pression)* zu bestellen ist allerdings meistens billiger. Apropos: unter einem „demi" versteht man keinen halben Liter Bier, sondern nur 25 cl.

Trinkgeld – In den Preisen für Speisen und Unterkunft ist das Bedienungsgeld inbegriffen. Sie brauchen daher in Restaurants und Hotels kein Trinkgeld zu geben. Wenn Sie jedoch mit dem Service zufrieden waren, in einem Lokal gut gegessen haben oder einem besonders zuvorkommenden Taxifahrer begegnet sind, ist es üblich, ein Trinkgeld *(pourboire)* zu geben. Man rundet den zu zahlenden Betrag auf oder gibt 1,50 oder 2 €. In besonders luxuriösen Restaurants bedankt man sich auch beim Bedienungspersonal meist mit höheren Summen (7 € oder mehr).

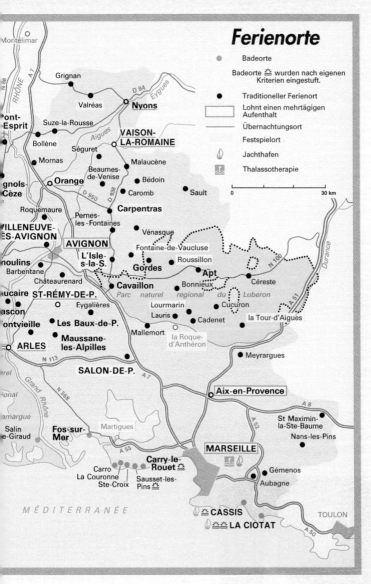

Ferienorte

- Badeorte
- Badeorte ⚓ wurden nach eigenen Kriterien eingestuft.
- Traditioneller Ferienort
- Lohnt einen mehrtägigen Aufenthalt
- Übernachtungsort
- Festspielort
- ⚓ Jachthafen
- Thalassotherapie

0   30 km

Alles, was für Sie wichtig ist

BILLIGER REISEN

Ermäßigungen bei Bahnreisen – Die Französische Staatsbahn (SNCF) bietet eine Reihe von Ermäßigungen an. Interessant ist insbesondere das Angebot *Découverte à deux*, durch das man bei einer Hin- und Rückfahrt zu zweit 25 % Ermäßigung erhält. Für junge Leute zwischen 12 und 25 Jahren gibt es die *Carte 12-25*, die Ermäßigungen zwischen 25 und 50 % ermöglicht. Für Senioren (ab 60) ist die ein Jahr gültige *Carte Senior* erhältlich (44,21 €), mit Ermäßigungen zwischen 25 und 50 %. Reisen mit Kindern wird mit der *Carte Enfant +* (53,36 €) günstiger, mit der ein Kind unter 12 Jahren sowie 4 Begleiter (Kinder oder Erwachsene, die nicht unbedingt die Eltern des Kindes zu sein brauchen) ebenfalls ein Jahr lang Ermäßigungen zwischen 25 und 50 % erhalten können. Alle diese Karten sind an französischen Bahnhöfen, Schaltern der SNCF und in einigen Reisebüros erhältlich (Personalausweis oder Paß und Paßfoto mitbringen!). Für fast alle diese Angebote gilt, daß bestimmte Tageszeiten, besonders der Freitag- und der Sonntagnachmittag, von der Ermäßigung ausgenommen sind. Die SNCF gibt hierfür Taschenkalender heraus *(Calendrier voyageur)*, in denen die blauen Zonen (*zones bleus*, Ermäßigung möglich) und die weißen Zonen (*zones blanches*, keine Ermäßigung) verzeichnet sind. Genauere Informationen zu all diesen Angeboten erhalten Sie auf der Website der SNCF www.sncf.com. Für Fahrten nach Paris mit dem Thalys gelten ähnliche Angebote: www.thalys.com.

Tanken – Benzin ist in Deutschland inzwischen fast genauso teuer wie in Frankreich. Es lohnt sich also nicht mehr, extra einen Kanister mitzunehmen. Wer dennoch etwas sparen möchte, sollte natürlich Autobahntankstellen meiden und stattdessen die Tankstellen der großen Supermarktketten *(Hypermarchés:* Auchan, Leclerc, Les Trois Mousquetaires, Cora etc.) aufsuchen. Diese befinden sich meist in Gewerbegebieten am Stadtrand, die aufgrund der vielen Leuchtreklamen etwas amerikanisch anmuten.

Touristen-Paß: 100 Sehenswürdigkeiten für 42,70 €!

Ein **Laissez-Passer** (Passierschein) gewährt nach Zahlung von 42,70 € freien Zutritt zu über hundert Denkmälern, die vom Denkmalschutzamt *Centre des Monuments Nationaux* verwaltet werden. Der Passierschein – erhältlich in den bedeutendsten Denkmälern, Bauten und Museen – ist ab Kaufdatum ein Jahr lang und in ganz Frankreich gültig. Auf der interessant gestalteten Website www.monuments-france.fr kann man weitere Informationen abrufen.

GUT ZU WISSEN

Ärzte und Apotheken

Namen und Adressen von Bereitschaftsärzten und -apotheken sind an jeder Apotheke (*Pharmacie*, erkenntlich am grünen Kreuz) angeschlagen.
EU-Angehörige sollten sich vor der Abreise bei der heimischen Krankenkasse den europäischen Krankenschein (Formular **E 111**) ausstellen lassen. Bedingungen und evtl. Rückzahlungen sind auf dem Beiblatt des Formulars vermerkt. Übrigens bezahlt man in Frankreich die Konsultation bei einem Arzt sofort in bar oder per Scheck.

Notrufnummern:			
Polizei *(Police)*	17	**Notarzt** *(SAMU)*	15
Feuerwehr *(Pompiers)*	18		

Geldgeschäfte

Einreisende dürfen Devisen in unbegrenzter Menge einführen. Bei der Devisenausfuhr darf eine Höchstsumme jedoch nicht überschritten werden, es sei denn, der Einreisende hat bei der Ankunft in Frankreich eine Devisenerklärung (Sonderformular) abgegeben.

A. ÉI/MICHELIN

Banken – Sie sind, außer an Feiertagen, Montag bis Freitag von 9-12 und von 14-17 Uhr geöffnet; Ruhetag ist Montag oder Samstag. Einige Geldinstitute bieten samstags einen eingeschränkten Schalterdienst an (nicht alle Transaktionen sind möglich). Die meisten Banken sind mit Geldautomaten *(distributeurs)* ausgestattet, die internationale Kreditkarten akzeptieren (achten Sie auf die Logos der entsprechenden Kreditinstitute). Bei der Einlösung von Schecks ist der Paß oder der Personalausweis vorzulegen. Banken verlangen im allgemeinen beim Geldwechseln eine niedrigere Provision als Hotels. Am günstigsten bekommt man Bargeld jedoch mit der Kreditkarte am Geldautomaten.

Kreditkarten – American Express, Visa, Mastercard/Eurocard und Diners Club werden in den meisten Geschäften, Hotels, Restaurants und Tankstellen akzeptiert, wie überhaupt das Bezahlen mit Kreditkarte in Frankreich sehr verbreitet ist. Kaum verbreitet ist die EC-Card, und auch Euroschecks werden so gut wie nie akzeptiert. Wenn Sie ein „Eurokonto" besitzen, können Sie jedoch Schecks in Euro ausstellen.

Bei Verlust oder Diebstahl Ihrer Kreditkarten wählen Sie umgehend eine der folgenden Hotline-Nummern (24h/24h):

American Express	☎ 01 47 77 72 00	**Visa**	☎ 08 36 69 08 80
Mastercard/Eurocard	☎ 0 800 90 23 90	**Diners Club**	☎ 01 49 06 17 50

Melden Sie den Verlust von Kreditkarte oder Reiseschecks ebenfalls der Polizei *(Commissariat de police)*, die Ihnen eine Verlustbescheinigung für Ihre Versicherung oder Kreditkartengesellschaft ausstellt.

Post und Telefon

Postämter – Die *Bureaux de Poste* sind Montag bis Freitag von 8 bis 19 Uhr geöffnet, an Samstagen von 8 bis 12 Uhr. Kleinere Postbüros schließen wochentags von 12 bis 14 Uhr und nachmittags um 16 Uhr.
Briefe und Postkarten in die EU-Mitgliedstaaten sowie nach Liechtenstein und in die Schweiz sind mit 0,46 € zu frankieren.
Briefmarken kann man auch bei Zeitungshändlern und in Tabakläden *(Tabacs)* kaufen. Sondermarken *(Timbres de collection)* gibt es in jedem Postamt.
Postlagernde Sendungen *(Poste restante)* sollten folgendermaßen gekennzeichnet werden: Name, Poste Restante, Poste Centrale, Postleitzahl des Departements, Name der Stadt. Im Roten Michelin-Führer finden Sie die Postleitzahlen.

Öffentliche Telefonzellen – Für die meisten Telefonzellen in Frankreich (es gibt so gut wie keine Münztelefone mehr) benötigt man eine Telefonkarte (*Télécarte*, 50 oder 120 Einheiten); einige Telefonzellen nehmen auch Kreditkarten an (Visa, Mastercard/ Eurocard). Telefonkarten sind in Postämtern, France Télécom-Agenturen, *Tabacs* (Verkaufsstellen für Rauchwaren, die oft einem Café oder Bistro angeschlossen sind) und manchmal bei Zeitungshändlern erhältlich. Von den Telefonzellen können Sie Inlands- und Auslandsgespräche führen; in den mit einer blauen Glocke gekennzeichneten können Sie auch angerufen werden (das Telefon klingelt nicht, also auf das Display achten).

Telefonieren in Frankreich – Französische Telefonnummern sind zehnstellig. Die Nummern in Paris und Umgebung beginnen mit 01; in Nordwestfrankreich beginnen sie mit 02; in Nordostfrankreich mit 03; mit 04 in Südostfrankreich und Korsika; mit 05 in Südwestfrankreich. Handynummern beginnen mit 06, Telefondienste mit 08 36 (je nach Service zwischen 0,15 und 0,76 € pro Minute), Gratisnummern mit 0 800. Die mit 08 beginnenden Nummern können Sie nicht vom Ausland aus anwählen, sondern nur, wenn Sie sich schon in Frankreich befinden. Da Ihnen diese Nummern jedoch vor Ort nützlich sein können, haben wir sie auch in unsere Praktischen Hinweise aufgenommen.

Internationale Telefongespräche – Wenn Sie vom Ausland nach Frankreich telefonieren möchten, wählen Sie zunächst 00, dann die Vorwahl von Frankreich (33) und die neunstellige Telefonnummer (man läßt die erste 0 weg). Möchten Sie von Frankreich ins Ausland telefonieren, wählen Sie 00, dann die Vorwahl des Landes, anschließend die regionale Vorwahl ohne die 0 und schließlich die Nummer Ihres Gesprächspartners.

Internationale Vorwahl (00 + Nummer des Landes):

Deutschland	☎ 49	Österreich	☎ 43
Liechtenstein	☎ 423	Schweiz	☎ 41

Auskunft (französischsprachig): 12

Wenn Sie ein **Handy** mieten möchten, wenden Sie sich an:

Ellinas Phone Renta	☎ 01 48 01 63 33, Fax 01 48 01 62 13
Rent a Cell Express	☎ 01 53 93 78 00, Fax 01 53 93 78 09

Minitel – Lange war das Minitel, das dem deutschen BTX-System entspricht, in Frankreich ein wichtiges und weit verbreitetes Informationsmedium. Man findet die kleinen, computerähnlichen Terminals in manchen Postämtern und Hotels. Das Minitel ist aber inzwischen vom Internet abgelöst worden und spielt eine immer geringere Rolle.

Shopping

Die meisten Kaufhäuser und größeren Geschäfte sind Montag bis Samstag von 9-19.30 Uhr geöffnet. Kleinere Geschäfte schließen oft in der Mittagszeit. Lebensmittelgeschäfte, Weinhändler und Bäckereien sind von 7-19.30 Uhr geöffnet, viele schließen jedoch mittags (1-2 Std.) und haben montags Ruhetag. Viele Lebensmittelhändler haben am Sonntagvormittag geöffnet. In belebten Straßen können insbesondere kleine Geschäfte auch wesentlich länger geöffnet haben.

Erstattung der MwSt. – Bei Einkäufen, die 200 € übersteigen, ist eine Erstattung der MwSt. möglich, jedoch nur für Reisende, die nicht aus den Mitgliedstaaten der Europäischen Union stammen. Die Mehrwertsteuer beträgt 5,5 % oder 19,6 %. In großen Geschäften oder in Luxusgeschäften, die sich in besonderem Maße an Touristen wenden, braucht man nur seinen Paß zu zeigen; das Verkaufspersonal füllt ein Formular aus, das Sie vom Zoll an der Grenze bei der Ausreise aus der EU abstempeln lassen müssen.

Strom

In Frankreich ist 220 Volt-Strom üblich. Meist benutzt man runde, zweipolige Stecker. Neuere Elektrogeräte passen im allgemeinen in französische Steckdosen, solche mit Eurostecker ohnehin. Wenn Sie alte Elektrogeräte mitführen, kaufen Sie gegebenenfalls vor der Abreise einen Zwischenstecker *(adaptateur)*, der in den meisten Drogerien und Flughäfen erhältlich ist.

Streckenvorschläge

Alle Strecken sind auf der Karte am Anfang dieses Reiseführers verzeichnet.

① Zwischen Gard und Ardèche – *198 km – Rundfahrt ab Uzès*

Ausgangspunkt dieser Rundfahrt ist die alte Herzogstadt Uzès, die mit dem Fenestrelle-Turm, dem herzöglichen Palast und dem bezaubernden Place aux Herbes einige besonders schöne Bauten und Plätze aufzuweisen hat. Diese Route führt nach Bagnols-sur-Cèze, wo man das Museum moderner Kunst besichtigen kann, und über die alte Stadt St-Esprit in die Ardèche-Schlucht, in der zahlreiche Grotten und Klüfte zu sehen und manche auch zu besichtigen sind; viele Aussichtspunkte wurden eingerichtet, damit man sich ein Bild von dieser grandiosen Schlucht machen kann. Wenn man sie bis zu dem eindrucksvollen natürlichen Felsbogen des Pont d'Arc hinaufgefahren ist und in der Höhle von Orgnac ein wenig Kühle genossen hat, geht es weiter, durch die schöne Cèze-Schlucht, nach Goudargues, zum Wasserfall Cascade du Sautadet bei La Roque-sur-Cèze und zu der „Les Concluses" genannten Schlucht des Aiguillon. Eine schöner Abschluß des Ausflugs ist die Fahrt auf den Guidon du Bouquet, von dem man die trockene und karge Garrigue-Landschaft mit ihren Schäferhütten und ihrer ganz besonderen Pflanzenwelt aus Steineichen, Thymian, Rosmarin und Erdbeerbäumen überblicken kann.

② Die römische Provence – *233 km – Rundfahrt ab Orange*

Der Triumphbogen und das wunderbare römische Theater von Orange (dessen Besichtigung man mit dem Besuch des gegenüberliegenden Museums kombinieren sollte) bilden den Anfang dieser Fahrt, die zunächst über die eindrucksvolle archäologische Stätte von Vaison-la-Romaine, Carpentras (Triumphbogen) und Avignon (einige Überreste der römischen Stadtmauer) zu der hübschen provenzalischen Stadt St-Rémy-de-Provence führt, wo man das Plateau des Antiques und, auf der anderen Seite der Straße, die berühmte historische Siedlung Glanum erkundet. Nun ist man gut vorbereitet auf den Besuch von Arles mit seinem antiken Theater, der geheimnisvollen unterirdischen Säulenhalle (Cryptoportiques), den Konstantin-Thermen, der melancholischen Totenstadt der Alyscamps und dem hervorragenden Antikenmuseum. Weiter geht es in das „französische Rom", nach Nîmes, wo man im Amphitheater, dem Tempel der Diana und im herrlichen Maison Carrée herausragende Bauten der Römerzeit bewundern kann. Interessant ist es auch, den Spuren der Stadtmauer zu folgen, deren eindrucksvollster Überrest die berühmte Tour Magne ist. Das Castellum, ein Becken, in dem das Quellwasser der Eure (bei Uzès) gesammelt wurde, leitet über zur Besichtigung des berühmten Pont du Gard, eines Teilstücks des insgesamt 50 km langen Aquädukts durch die Garrigue.

③ Naturschönheiten des Luberon – *258 km – Rundfahrt ab Carpentras*

Immer wieder weite Ausblicke und die Landschaften der Dentelles de Montmirail mit Halt im malerischen Dorf Malaucène bietet der erste Abschnitt dieses Ausflugs. Auch die Auffahrt auf den Mont Ventoux wird bei klarem Wetter mit einem umwerfenden Panoramablick belohnt. Durch die Nesque-Schlucht geht es zu den beeindruckenden Ockerbrüchen des Colorado de Rustrel, dem Tor zum Luberon. Auffahrt auf den Mourre Nègre und anschließende Erkundung des Luberon mit seinen hochgelegenen Dörfern wie z. B. Bonnieux, Roussillon (wo der Ocker alles beherrscht) und Gordes mit seinen Gassen, Passagen und dem außergewöhnlichen Steinhüttendorf (Les Bories). Fontaine-de-Vaucluse, wo die Sorgue ihr unterirdisches Bett unter dem Plateau de Vaucluse verläßt, schließen diesen Ausflug ab.

④ Dörfer im Luberon – *128 km – Rundfahrt ab Cavaillon*

Davon gibt es viele. Hat man sich in Cavaillon mit den aromatischen, nach dem Ort benannten Melonen eingedeckt (und in der Altstadt die Synagoge und das jüdische Museum angeschaut), geht es zu den Antiquitätenhändlern und Trödlern, die in L'Isle-sur-la-Sorgue an den Ufern der Sorgue ihre Kostbarkeiten feilbieten. In Saumane-de-Vaucluse kann man den Spuren des Marquis de Sade folgen; in Fontaine-la-Vaucluse, unweit der spektakulären Sorgue-Quelle, ist es Petrarca, dessen man gedenken kann, denn er lebte hier lange Jahre. Bei Gordes liegt das ungewöhnliche (restaurierte) Steinhüttendorf Les Bories; diese Bauten aus Trockenmauerwerk liegen übrigens überall verstreut im Luberon. Gordes selbst, hoch über dem Calavon gelegen, lädt mit seinen hübschen Gassen zum Flanieren ein. Nur wenige Kilometer entfernt liegt einsam in einer Talsohle inmitten von Lavendelfeldern die Zisterzienserabtei Sénanque. In Roussillon mit seinen Fassaden von Ockergelb bis Rostrot kann man die farbenfrohen Ockerbrüche entdecken und die Fabrik besichtigen, in der das Pigment in langwierigen und komplexen Prozessen gewonnen wurde. Das verträumte, von Kirschbaumplantagen umgebene St-Saturnin-lès-Aptmit seiner Windmühle, einer romanischen Kapelle und einer Burgruine liegt auf dem Weg nach Apt, das für seine kandierten Früchte und den pittoresken Samstagsmarkt bekannt ist. Nun kommt man nach Buoux mit seinen hohen Kletterfelsen, an deren Fuß ein malerisches Dörfchen liegt. Von dort geht es nach Bonnieux, in dessen unmittelbarer Umgebung ein herrlicher Zedernwald liegt, nach Lacoste und zu den malerischen Bergdörfern Ménerbes und Oppède-le-Vieux.

⑤ Die Camargue – *228 km – Rundfahrt ab Arles*

Ausgehend von Arles – wo man unbedingt das von Frédéric Mistral gegründete Museum Arlaton besuchen sollte – und nach einer Schiffahrt auf der Rhone macht diese Route mit den verschiedenen Facetten der Camargue bekannt. Ein Besuch der Domaine du Vigueirat gibt Einblicke in die inzwischen von Menschen gezähmten Sumpfgebiete der feuchten Crau. Anschließend, wenn man das Delta mit der Fähre von Bacarin erreicht hat, besucht man die Salinen von Salin-de-Giraud und spaziert auf den Pfaden der nicht eingedeichten Domaine de la Palissade, bevor man zum riesigen Strand von Piémanson in der Nähe der Mündung der Großen Rhone fährt. In der Domaine de la Capelière erkundet man Vogelwelt und Flora, in Méjanes, wo man mit einer kleinen Bahn um den Vacarès-Seeherumfahren kann, erhält man einen Einblick in die Traditionen (Stiere und Pferde) der Region. Nach dem Besuch des informativen Musée Camarguais und des Château d'Avignon (Botaniklehrpfad im Park) lohnt sich ein Streifzug durch den Ornithologischen Park Pont-de-Gau, um die Vögel aus nächster Nähe zu beobachten, die man nur in weiter Entfernung in den Teichen gesehen hat. Natürlich ist ein Camargue-Besuch ohne einen Aufenthalt in Les-Saintes-Maries-de-la-Mer unvollständig. Die weißen Häuser dieses Orts drängen sich um die mächtige Wehrkirche. Und auch das schöne, von seiner Stadtmauer eingefaßte Aigues-Mortes, das man über die Brücke von Sylvereal oder mit einer Fähre erreicht, gehört einfach dazu. Im Hafen von Le Grau-du-Rois kann man es sich bei einer Fischsuppe oder bei einer Portion Muscheln gutgehen lassen. Vorbei an dem mit Schilf überwucherten Étang de Scamandre und über St-Gilles, das mit einem Meisterwerk der romanischen Bildhauerkunst der Provence, der Portalanlage der Abteikirche, aufwartet, geht es zurück nach Arles.

⑥ Auf den Spuren von Malern und Schriftstellern – *250 km – Rundfahrt ab Les-Baux-de-Provence*

Beginnen wir diese Fahrt auf den Spuren von Künstlern in Les Baux, einem Ort, der zahlreiche Maler (wie Yves Brayer) und Schriftsteller inspiriert hat. Natürlich gehört die Wallfahrt nach Maillane dazu: Hier wurde Mistral geboren, hier lebte der Erneuerer der provenzalischen Sprache und Literatur. In Graveson gilt es, die Gemälde von Auguste Chabaud zu entdecken. Wie es am Hofe von König René zuging und wie Tartarin lebte, erfährt man bei einem Aufenthalt in Tarascon, wenn man das Schloß des Königs und das Haus des Romanhelden besucht. Auf Daudets Spuren weiterwandelnd, geht es nun nach Fontvieille, in die Landschaft und zu der Mühle, die den Schriftsteller zu seinen berühmten Mühlenbriefen inspirierten. In Arles trifft man in der Stiftung, die seinen Namen trägt und im Spital, in das er eingewiesen wurde, auf Erinnerungen an Vincent van Gogh; auf keinen Fall sollte man darüber jedoch das Musée Réattu vergessen, das die Schenkung Picasso, bemerkenswerte moderne Skulpturen und eine hervorragende fotografische Sammlung enthält. Die provenzalische Schule des ausgehenden 19. Jh.s lernt man kennen, wenn man das Musée Ziem in Martigues besucht; den großen Barockmeister Pierre Puget wiederum lernt man im Musée des Beaux-Arts von Marseille schätzen, auch wenn man vielleicht das „MAC" (Museum für zeitgenössische Kunst) der barocken Formenwelt vorzieht oder einfach nur den Tag am Strand des Prado verbringen möchte. Aix-en-Provence mit seinem unvergleichlichen Flair ist auch die Stadt von Cézanne, von Victor Vasarely und von Zola. In Salon-de-Provence kann man, warum nicht, dem Visionär Nostradamus Ehre erweisen oder auch nur den hinreißenden Moosbrunnen anschauen.

⑦ Küstengebirge und Hinterland von Marseille – *290 km – Rundfahrt ab Marseille*

Wanderschuhe und Tauchflossen sollten nicht im Gepäck fehlen, wenn man die Natur aus nächster Nähe erleben möchte! Nach einem Bummel durch das alte Marseille (Quartier du Panier) oder hinauf zur alles überragenden Notre-Dame-de-la-Garde wartet die Estaque-Kette mit schönen Buchten und herrlichem Wasser auf. In Niolon kommen die Taucher zum Zuge, an den kleinen Stränden von La Redonne kann man Seeigel sammeln. Ruhigeres Baden ist in Carry-le-Rouet, Sausset-les-Pins oder Carro möglich. Dann geht es nach Norden, nach Aix-en-Provence, wo man herrlich flanieren und die schönen alten Stadtpalais bewundern kann. Auf den Spuren von Cézanne erkunden Sie die Montagne Sainte-Victoire, auf deren oft steilen Wegen man zum Croix de Provence kommt und dort ein wunderbares Panorama genießen kann. Besonders sportliche (oder mutige) Zeitgenossen nutzen diese Höhen, um mit dem Gleitschirm nach unten zu schweben. St-Maximin mit seinem königlichen Kloster ist eine gute Einführung in die Erkundung des Ste-Baume-Massivs, das ebenso viele Pilger wie Wanderer anzieht, aber auch Kletterfans, die sich an seinen Steilfelsen messen. Im idyllischen Park von St-Pons kann man sich im Schatten der Bäume ein wenig ausruhen und dann nach La Ciotat fahren, wo man das Meer wieder erreicht. Über die Panoramastraße Corniche des Crêtes gelangt man nach Cassis und kann von dort aus per Schiff die prachtvollen Calanques entdecken.

Auf Entdeckungstour

Historische Straßen

Die jeweils ausgeschilderten Strecken der „Routes historiques" sind bestimmten Themen gewidmet. In den Fremdenverkehrsämtern liegen Faltblätter mit Beschreibungen bereit. Durch die in diesem Reiseführer behandelte Region führen drei historische Straßen.

Via Domitia – Association Via Domitia, CRT, 20 Rue de la République, 34000 Montpellier (☎ 04 67 22 81 00).

Route Historique du Patrimoine Juif du Midi de la France (Route des Jüdischen Kulturerbes in Südfrankreich) – Comité départementale du tourisme du Vaucluse (☎ 04 91 54 92 66 und www.Provenceguide.com).

Route Historique des Vaudois en Luberon (Route der Waldenser im Luberon) – Mairie in Mérindol (☎ 04 90 72 91 76, Fax 04 90 72 90 66).
Ein Teil der historischen Straße, die vom **Gévaudan zum Golfe du Lion** verläuft, führt ebenfalls durch die Provence (Auskunft: Château de Flaugergues, 1744 Avenue Albert Einstein, 34000 Montpellier (☎ 04 99 52 66 37/46).

Weitere Themenstraßen

Auf den Spuren der Maler – Die **Route des peintres de la lumière en Provence** führt zu Orten der Provence, die von der zweiten Hälfte des 19. Jh.s bis zum frühen 20. Jh. zahlreiche Maler inspiriert haben (Auskunft: Comité régional de tourisme Provence-Alpes-Côte d'Azur).
Die Fremdenverkehrsämter von Aix-en-Provence und Saint-Rémy-de-Provence bieten die Rundfahrten „**Cézanne**" und „**Sur les lieux peints par Van Gogh**" an. Auf diesen Ausflügen kommt man zu Orten und Landschaften, die von den beiden Künstlern gemalt wurden.

Auf den Spuren der Schriftsteller – Auf den vom Fremdenverkehrsamt Aubagne organisierten **Circuits Marcel Pagnol** geht es zu Orten im Umland von Aubagne, die mit Kindheitserinnerungen des Schriftstellers und Filmregisseurs verbunden sind oder bei Verfilmungen seiner Bücher als Drehorte gedient haben.
Das Fremdenverkehrsamt Fontvieille hat einen **Circuit Alphonse Daudet** geschaffen. Dieser führt zu Plätzen und Gebäuden, die den Verfasser der berühmten *Briefe aus meiner Mühle* beeinflußt haben.

Das Reich der Olivenbäume – Zwei Strecken, die **Route de l'Olivier** (im Umkreis von Nyons und Buis-les-Baronnies) und die **Route de l'Olivier** (Alpilles und Tal von Les Baux), durchqueren Olivenhaine, die sich ins Unendliche fortzusetzen scheinen. Man kann Produktionsstätten von Olivenöl und auch einige Museen besuchen, die an den Straßen liegen. Informationen bei den Fremdenverkehrsämtern der Departements Drôme und Bouches-du-Rhône.

Lavendel – Die **Route de la lavande** führt zu Lavendelbauern und zu Betrieben (Mont Ventoux, Luberon, provenzalischer Teil der Drôme), die die blauvioletten Blüten dieser Heilpflanze zu Öl, Lavendelwasser usw. verarbeiten. Eine Broschüre zum Lavendel (in französischer Sprache) mit den Daten der dieser Pflanze gewidmeten Feste ist bei der Association „Routes de la Lavande„, 2 Avenue de Venterol, 26111 Nyons Cedex, ☎ 04 75 26 65 91, erhältlich.

Wein – In den provenzalischen Weingegenden kann man überall Genossenschaftskellereien (*caves coopératives*) besichtigen. Die Weinbaugebiete liegen rechts und links der Rhone und in den Regionen um Aigues-Mortes (Listel-Kellereien), Aix-en-Provence, Les Baux, Cassis, Luberon und Beaumes-de-Venise. Diesbezügliche Informationen erhält man bei den Fremdenverkehrsämtern.

Olivenhain im Silberglanz

Die Provence aus der Vogelperspektive

Freunde des Paragliding können von den Felsen von **Rustrel** hinunterschweben und dabei den Blick auf die Colorado-Schlucht und ihre Ockerbrüche genießen. Örtliche Paragliding-Schule: ☎ 04 90 04 96 53.

Wenn Anfänger und Fortgeschrittene Daudets Mühle von oben betrachten möchten: Aéro-Club von Romanin in **Saint-Rémy-de-Provence** (☎ 04 90 92 08 43).

Weitere Segelflugzentren:

Association vélivole de Carpentras (BP 129, 84204 Carpentras Cedex, ☎ 04 90 60 08 17)

Association vélivole du Luberon (26 Avenue de la Fontaine, 13370 Mallemort, ☎ 04 90 57 43 86)

Centre de vol-à-voile de la Crau (Aérodrome Salon-Eyguières, BP 81, 13651 Salon-de-Provence, ☎ 04 90 42 00 91)

Eine besonders originelle Art, die Region aus der Höhe zu entdecken, ist ein Flug im Heißluftballon. Den **Luberon** kann man ab Roussillon (☎ 04 90 05 41 66 oder 04 90 04 67 49), und ab Joucas (Montgolfière-Provence, ☎ 04 90 05 76 77) überfliegen. Im **Uzège** wende man sich an Jean Bonnet in Capelle-Masmolène (☎ 04 66 37 11 33).

Die Provence auf dem Wasserweg

Auf dem Meer – Ab Marseille, Besichtigung des Château d'If, der Îles du Frioul und der Calanques; ab Cassis, Fahrt zu den Calanques von Port-Miou, von Port-Pin und von En-Vau; ab La Ciotat Fahrt zur Île Verte.

Die Calanques von La Ciotat, Cassis und Marseille können auch in einem Katamaran mit transparentem Boden besichtigt werden (Les Amis des Calanques, 6 Place de la Liberté, 13600 La Ciotat, ☎ 06 09 35 25 63).

Auf den Kanälen der Petite Camargue – Ab Aigues-Mortes (Pescalune, BP 76, 30220 Aigues-Mortes, ☎ 04 66 53 79 47 und Isle de Stel, 2 Place Saint-Louis, ☎ 04 66 53 60 70) kann man an Bord eines Schiffes die Tier- und Pflanzenwelt des Flusses Vidourle, der Teiche und des Rhone-Sète-Kanals entdecken.

Auf der Rhone – Tagesausflüge oder einwöchige Kreuzfahrten im Hotelschiff ab Avignon (Informationen: Office du tourisme in Avignon, ☎ 04 90 82 65 11). Von Mitte März bis Mitte November kann man auch ab Saintes-Maries-de-la-Mer (Tiki III, 13460 Les Saintes-Maries-de-la-Mer, ☎ 04 90 97 81 68) die Camargue per Schiff erkunden (1 bis 5 Fahrten pro Tag, je nach Saison).

Sport und Freizeit

Jachtsport

Die meisten Küstenorte *(s. Karte der Ferienorte)* zwischen Le Grau-du-Roi und La Ciotat besitzen einen gut ausgestatteten **Freizeithafen**. Die bedeutendsten sind, von Westen nach Osten: **Aigues-Mortes**, Port-Camargue in **Le Grau-du-Roi**, Port-Gardian in **Les Saintes-Maries-de-la-Mer** (☎ 04 90 97 85 87), Port-Napoléon in **Port-St-Louis-du-Rhône** (☎ 04 42 48 41 21), Ferrières in **Martigues** (☎ 04 42 07 00 00), Port-Renaissance in **Port-de-Bouc** (☎ 04 42 06 38 50), die Häfen von **Sausset-les-Pins** (☎ 04 42 44 55 01), **Carry-le-Rouet** (☎ 04 42 45 25 13) und l'**Estaque** (☎ 04 91 46 01 40), der Alte Hafen *(Vieux Port)* von **Marseille** (☎ 04 91 33 25 44), der Hafen von **Frioul** (☎ 04 91 59 01 82) und der Port de la Pointe Rouge in **Marseille** (☎ 04 91 73 13 21) sowie die Häfen der Calanque von **Port-Miou** (☎ 04 42 01 04 10), von **Cassis** (☎ 04 42 01 24 95) und von **La Ciotat** (☎ 04 42 08 62 90).

Les Saintes-Maries/Port Gardian und Port Camargue wurden mit der **Blauen Europaflagge** (Pavillon Bleu d'Europe) ausgezeichnet, die nach strengen Kriterien vergeben wird, die von der Wasserqualität über die vorhandene Ausstattung, die allgemeine Sicherheit, die Müllverwertung bis zur Umweltaufklärung der einzelnen Teilnehmer reichen.

Motonautica – Ligue de Provence Motonautisme, Yacht Motor Club, quai de Rive-Neuve, 13001 Marseille. ☎ 04 91 33 72 00.

Segeln

Das bedeutendste Segelzentrum befindet sich in **Martigues**, das ganz in der Nähe zahlreicher Wasserflächen und des Sees von Berre liegt. Aber auch in den meisten anderen wichtigen Badeorten gibt es Segelschulen, die Kurse anbieten und während der Saison Segelboote mit oder ohne Mannschaft vermieten..

Informationen gibt es bei allen Hafenämtern oder bei der Fédération de Voile, 55 avenue Kléber, 75784 Paris Cedex 16, ☎ 01 44 05 81 00.

Tauchen

Am besten läßt es sich in den Calanques zwischen **Marseille** und **La Ciotat** tauchen, im Parc Naturel Aquatique du Mugel (Informationen: Atelier bleu du cap de l'Aigle, ☎ 04 42 08 65 78). Die Taucher können darüberhinaus sechs Tauchstätten besuchen – die Wracks „Le Chaouen", ein marokkanischer Frachtdampfer, der vor Marseille auf Grund lief, „La Drôme", das in 51 m Tiefe liegt, und „Le Liban", ein 1903 vor der Insel Maïre gesunkener Dampfer, sowie drei außergewöhnlich schöne Stätten mit reicher Unterwasserflora und -fauna.

Eine Liste der Tauchclubs ist erhältlich bei der Fédération Française d'Études et de Sports Sous-Marins, 24 quai de Rive-Neuve, 13284 Marseille Cedex 07, ☎ 04 91 33 99 31 oder unter www.ffessm.fr.

Das Tal der Ardèche, hier am Pont-d'Arc, bietet grandiose Naturwunder und Freizeitmöglichkeiten en masse

Kanu-Kajak

Mit dem Kanu bzw. Kajak erreicht man auch die entlegensten Stellen in den Tälern von **Ardèche, Cèze, Gardon, Durance und Sorgue**.
Für die Ardèche finden Sie Informationen im Kapitel *Öffnungszeiten und Eintrittspreise* unter „Gorges de l'ARDECHE". In der Ardèche-Schlucht ist der Abschnitt zwischen **Charmes** und **Sauze** Naturschutzgebiet. Das führt zu besonderen Auflagen für die Besucher (Verbot von Surfbrettern und von Booten für mehr als 3 Personen, obligatorisches Tragen einer Schwimmweste). Nur in **Gaud** und **Gournier** kann übernachtet werden, der Aufenthalt im Naturschutzgebiet ist jedoch auf zwei Nächte beschränkt. Praktische Auskünfte erteilt die Informationsstelle des Naturschutzgebiets in Gournier, ☎ 04 75 38 63 00.
Die Fédération Française de Canoë-Kayak gibt zusammen mit dem Französischen Kartographischen Institut IGN eine mit Kunststoff beschichtete Karte heraus, auf der die Kanu-Strecken nach Schwierigkeitsgraden aufgelistet sind.

Baden

Es gibt für jeden etwas! Schöne flache Standstände (Le Grau-du-Roi, La Ciotat), steiler Strand (Les Stes-Maries-de-la-Mer), Felsenbuchten (Calanques, Chaîne de l'Estaque, Frioul-Inseln) oder Kieselstände (Marseille ...). Alle Strände an der Küste werden im Juni auf ihre Wasserqualität geprüft: 4 Kategorien, von A (gut) bis D (letzte Kategorie). Zum Baden im Fluß eignen sich der Gardon (in der Nähe von Collias und des Pont du Gard), die Cèze und die Ardèche. Achtung! Bei Gewitter besteht Hochwassergefahr!

Wandern

Die lichterfüllten Landschaften der Provence, ihre unberührten einsamen Gegenden, aber auch die vom Menschen geprägten, lassen sich vor allem beim Wandern in ihrer ganzen Schönheit erschließen. Wer hier auf sein Auto verzichtet, findet den Lebensrhythmus vergangener Tage wieder und erfaßt das einzigartige Wesen dieser Region.
Zahlreiche **Fernwanderwege** (Sentiers de Grande Randonnée; **GR**) durchziehen das in diesem Reiseführer behandelte Gebiet. Der GR 4 führt durch das südliche Vivarais bis zum Ventoux; der GR 42 verläuft am Rhonetal entlang; der GR 6 folgt dem Lauf des Gard bis Beaucaire und durchquert dann die Alpilles und den Luberon. Auf dem GR 9 umgeht man die Nordflanke des Ventoux, wandert durch das Plateau von Vaucluse, den Luberon, das Ste-Victoire- und das Ste-Baume-Massiv. GR 63, 92, 97 und 98 sind Varianten der Hauptwanderwege. Daneben gibt es eine Vielzahl weniger langer Wege (Sentiers de Petite Randonnée), die für eine Wanderdauer von ein paar Stunden bis zu zwei Tagen ausgelegt sind. Auskunft über die kürzeren Wanderwege geben die Fremdenverkehrsämter.
Topografische Führer werden von der Fédération Française de la Randonnée pédestre (C.N.S.G.R.) herausgegeben: 14 rue Riquet, 75019 Paris, ☎ 01 44 89 93 90. Sie enthalten den genauen Streckenverlauf, eine detaillierte Beschreibung der Wege und geben dem Wanderer viele unentbehrliche Hinweise.

Reiten

Das Comité National du Tourisme Équestre de la Fédération Française d'Équitation, 9 Boulevard Mac-Donald, 75019 Paris, ☎ 01 53 26 15 50, www.ffe.com, gibt jährlich die Broschüre *Tourisme et Loisirs Équestres en France* mit Anschriften der regionalen Reitvereine und Reitzentren heraus.
Association Régionale de Tourisme Équestre de Provence, 28 place Roger-Salengro, 84300 Cavaillon, ☎ 04 90 78 04 49.
Im Pferdeland Camargue bieten sich viele Möglichkeiten, die Seen und Sümpfe auf dem Rücken von Pferden kennenzulernen. Der Service Loisirs Accueil der Bouches-du-Rhône, ☎ 04 90 59 49 39, organisiert Wanderritte, auf denen man die Region aufs beste erkunden kann.

Angeln und Fischen auf dem Meer, an Bach, See oder Teich

Auch wenn das Mittelmeer nicht so fischreich ist wie der Atlantik, so leben hier doch sehr viele Arten, deren Lebensraum Felsküsten sind, so z. B. Drachenkopf (Grundlage einer *Bouillabaisse*), Knurrhahn, Seeaal und Muräne; daneben gibt es Tintenfische, Seespinnen, verschiedene Weichtiere und vereinzelt Langusten. Bei Sandboden findet man den Rochen, die Seezunge und die Rotzunge. Schwärme von Sardinen, Sardellen oder Thunfischen halten sich im tiefen Wasser auf ebenso wie der Goldbarsch, der Wolfsbarsch und die Seebarbe. Das **Meeresangeln** ist ohne besondere Genehmigung erlaubt, wenn der Fang nur für den persönlichen Verzehr bestimmt ist.
Die Freunde des **Süßwasserangelns** müssen sich darüber im klaren sein, daß es in der Provence relativ wenige Flüsse und Bäche gibt. Oft ist ihre Wasserführung sehr unregelmäßig, wenn sie nicht sogar im Sommer ganz austrocknen. Viele Bäche führen nur bei Regen Wasser.

Die bedeutendsten Wasserläufe sind Ardèche, Gard, Durance und natürlich die Rhone. Daneben gibt es Kanäle und Stauseen (Cadarache, Brinon). Sie sind mit ihren Forellen, Weißfischen, Karpfen, Schleien und Hechten für Angler durchaus attraktiv. Im allgemeinen wird der Oberlauf eines Flusses als 1. Kategorie, der Mittel- und Unterlauf als 2. Kategorie ausgewiesen. Zum Angeln in Seen und Flüssen müssen die nationalen und örtlichen Regelungen beachtet werden. Außerdem muß man für das laufende Jahr einem zugelassenen Angel- und Fischzuchtverband im Departement des Aufenthaltsortes beitreten und Gebühren zahlen (je nach Angelart) oder eventuell eine Tageskarte kaufen.

Eine Karte – *La Pêche en France* – mit erläuterndem Text wird vom Conseil Supérieur de la pêche, 134 Avenue de Malakoff, 75116 Paris, ☎ 01 45 02 20 20, herausgegeben. Auch die Fédérations départementales pour la pêche et la protection du milieu aquatique geben Karten mit Informationen heraus.

Auf der Rückfahrt vom Fischfang

Klettern

Klettern kann man in der Provence zu jeder Jahreszeit, in der **Montagnette**, in den **Calanques**, in den Kalkfelsen der **Dentelles de Montmirail**, in der **Gardon-Schlucht** bei Collias und in der **Ardèche-Schlucht**, im **Luberon**, entlang den Steilfelsen von **Buoux** sowie im **Ste-Victoire-** und im **Ste-Baume-Massiv**.

Allgemeine Informationen über den Alpinismus in Frankreich gibt es bei der Fédération française de la Montagne et de l'Escalade, 10 quai de la Marne, 75019 Paris, ☎ 01 40 18 75 50. Website: **www.ffme.fr**.

Höhlenforschung

Die vielen in diesem Führer beschriebenen Karsthöhlen sind ein abwechslungsreiches Terrain für erfahrene Speläologen und interessierte Amateure. In **Fontaine-de-Vaucluse** kann man versuchen, in die Mysterien der Sorgue einzudringen; im Felsen des Cap Canaille gilt es, den Grand Draouin, eine 200 m tiefe Kluft, zu erkunden.

Allgemeine Information gibt es bei der Fédération française de spéléologie, 130 rue Saint-Maur, 75011 Paris, ☎ 01 43 57 56 54.

Radsport

Es gibt in der Provence zahlreiche Strecken, die mit dem Fahrrad bzw. mit dem Mountainbike befahren werden können. Im Vaucluse ist eine Route um die Papstenklave ausgewiesen (37 km um Valréas) sowie eine Strecke zum Thema Wein (im Oberen Vaucluse), die sich durch zahlreiche Steigungen auszeichnet. Auskunft erteilt das Office du tourisme von Bollène, ☎ 04 90 40 51 45.

Die Strecke Cavaillon-Apt-Forcalquier (100 km), an der den Radfahrern zahlreiche Hotels offenstehen, ist touristisch aufbereitet und mit Schildern versehen, die Informationen über die Region enthalten (Association vélo-loisirs en Luberon, ☎ 04 92 79 05 82).

Besonders gut trainierte Radsportler können ab Bédoin den Mont Ventoux erklimmen. Allgemeine Informationen hält die Fédération française de Cyclotourisme: 5, rue Jean-Marie-Jégo, 75013 Paris, ☎ 01 44 16 88 88, bereit.

Skisport

Langlauf und Abfahrtslauf sind auf dem **Mont-Serein**, dem Nordhang des Mont Ventoux (Hütte, Auskunft ☎ 04 90 63 42 02), möglich.
Auskunft (dienstags, donnerstags und freitags) im Rathaus von 84340 Beaumont-du-Ventoux, ☎ 04 90 65 21 13.

Golf

Golfspieler finden ohne weiteres einen (9 oder 18 Loch-) Platz, der ihren Anforderungen entspricht – in **Nîmes**, **Uzès**, **Orange**, Morières-Châteaublanc und Vedène in der Nähe von **Avignon**, **Saumane** bei Fontaine-de-Vaucluse, **Marseille** (la Salette), **Baux-de-Provence**, **Mouriès** (Alpilles), **Salon-de-Provence**, **Miramas**, im Golf-Club von **Aix-Marseille** (Gewerbegebiet Les Milles) und in **Fuveau**.

Wellness

Die Thalassotherapie nutzt die wohltuenden Eigenschaften des Meerwassers, des Meerschlamms, der Algen und des Sandes zur Vorbeugung von Krankheiten oder zur Heilung. Diese Anwendungen werden in verschiedenen Kuren angeboten: Fitneß, Entspannung, Schönheit, für Mütter vor und nach der Geburt, bei Rückenschmerzen, zum Abbau von Streß und wenn man sich das Rauchen abgewöhnen will. Das milde Mittelmeerklima ist besonders bei Erschöpfungszuständen zu empfehlen. Thalassotherapie-Zentren gibt es in Grau-du-Roi und in Stes-Maries-de-la-Mer. Infos im Internet: www.mer-et-santé.asso.fr

Veranstaltungskalender

Jahrmärkte (Kunsthandwerk und Gastronomie)

1. Sonntag im Februar
Nyons .... „Alicoque" – Fest des neuen Olivenöls

1. und 2. Februar-Wochenende
Carry-le-Rouet .... „Oursinades" – Verkosten von Meeresfrüchten, insbesondere von Seeigeln

Letztes oder vorletztes Wochenende im April
Villeneuve-lès-Avignon........ Fest des hl. Markus (Patron der Winzer). Ein mit Bändern geschmückter Weinstock wird durch die Stadt gefahren.

Pfingstmontag
Saint-Rémy-de-Provence....... Fest der Transhumanz

Um den 14. Juli
St-Quentin-la-Poterie.......... „Terralha" – Biennale der Töpferei (in geraden Jahren)
Nyons .... „Les Olivades" – Olivenbaumfest
Châteaurenard.................... Tag der alten Berufe – Hufschmied, Schafscherer und Waschfrau

1. Samstag und 1. Montag im August
Valréas................................. Lavendelfest mit abendlichem Korso

2. Wochenende im August (ungerade Jahre)
Aubagne .... „Argilla" – Keramikfest

Um den 15. August
Aubagne .... Santon- und Keramikmarkt
Sault................................... Lavendelfest (blumengeschmückte Festwagen, Wettbewerb im traditionellen Schneiden)

2. Sonntag im August
Séguret............................... Provenzalisches Fest und Weinfest

Ende Oktober-Anfang November
Vaison-la-Romaine.............. Gastronomie-Festival

3. Wochenende im November
St-Maximin-la-Ste-Baume .... Santon- und Kunsthandwerkmesse im Couvent Royal

Letztes Wochenende im November
Tarascon.............................. Santon-Markt

Ende November
Arles .... „Provence Prestige" – *Salon de l'art de vivre* (Möbel, Kunsthandwerk etc.)

Ende November bis Ende Dezember
Marseille............................. Santon-Markt an der Canebière

Mitte Dezember bis Mitte Januar
Arles .... Internationale Ausstellung der *Santonniers* im Kreuzgang von St-Trophime

Traditionelle Feste

2. Februar
Marseille............................. Maria Lichtmeß in der Basilika St-Victor (Prozession, grüne Kerzen und *Navettes-Gebäck)*

Wochenende vor und nach Fastnachtsdienstag
Graveson.............................. Karnevalsumzug

1. Mai
Arles .... Fest der *Nacioun Gardiano* – Messe für die *Gardians (Rinderhirten)* in provenzalischer Sprache in Notre-Dame-de-la-Major, Umzug mit *Gardians* und Arleserinnen, traditionelle Spiele

Sonntag nach dem 16. Mai
Monteux.............................. Fest des hl. Gens – Trachtenumzug und Messe in provenzalischer Sprache

Le Beaucet	St-Gens-Wallfahrt. Weitere Wallfahrten finden an allen Sonntagen im September statt.

24., 25. und 26. Mai

Les Saintes- .... **Maries-de-la-Mer**	24.5.: Wallfahrt der Zigeuner *(Pélérinage des Gitans)*; 25.5.: Wallfahrt der Heiligen *(Pélérinage des Saintes)* mit Prozession zum Strand und Segnung des Meeres. 26.5.: Gedächtnistag für den Marquis de Baroncelli-Javon (Farandole, Loslassen der Stiere, Gardians-Spiele und Pferderennen).

Wallfahrt in Les Saintes Maries de la Mer

1. Juni

Boulbon	Flaschen-Umzug – Gesang zu Ehren des hl. Marcellin, Segnung des Weines

23. Juni

Valréas	Fest des „Petit-St-Jean" (Johannesknaben), eine Tradition seit fünf Jahrhunderten!

Um den 24. Juni

Allauch	Johannisfeuer, Folkloregruppen, Wagenumzug

Letztes Wochenende im Juni

Tarascon	Trachtenumzüge (angeführt von Tartarin), Stierrennen etc.
Arles	„Pegoulado" – nächtlicher Umzug in alten Trachten

Ende Juni

Martigues	Petrus- und Fischerfest – Segnung der Schiffe und Wettkämpfe zu Wasser
Courthézon	Fest des Weinstocks – Kinderkorso, Tanz und Gesang des Danklieds von 1493

1. Wochenende im Juli

Châteaurenard	Fest des hl. Eligius – Wagenumzug (20-50 Pferde mit „Sarazenen"-Beschirrung)

Anfang Juli

Martigues	Venezianisches Fest und Feuerwerk
Carpentras	Nächtlicher Korso

2. Woche im Juli

Marseille	„Boules"-Wettbewerb im Park Borély (gerade Jahre)

Letztes Wochenende im Juli

Graveson	Fest des hl. Eligius

Erstes Wochenende im August

Châteaurenard	Fest der hl. Magdalena – blumengeschmückte Festwagen

Ferias und Stierkämpfe

Nachstehend die Daten der traditionellen „Ferias". Es handelt sich um große Volksfeste, zu denen ein oder mehrere Stierkämpfe (*Corridas* oder *Novilladas*) gehören. Außer diesen bedeutenden Veranstaltungen gibt es zu verschiedenen Zeiten Stierspiele und Stierkämpfe in den Arenen der Städte Fourques, Grau-du-Roi, Bellegarde, Aramon, Vergèze, St-Martin-de-Crau, Istres und St-Gilles-du-Gard.

Letztes Wochenende im Februar

Nîmes .... „Feria de Primavera" – Frühlingsferia mit *Novilladas* in den überdachten Arenen

Auf der Feria in Nîmes wird nicht nur Stierkampf geboten

Arles .... „Feria pascale" – Osterferia mit *Corridas*, *Novilladas* und *Abrivados* (Loslassen der Stiere auf den Straßen)

Nîmes .... Pfingstferia – *Corridas*, *Abrivados*, „Pegoulado" (Trachtenumzug) auf den Boulevards, Bodegas, Konzerte etc.

Arles .... Rennen der „Cocarde d'Or"

Les Saintes-Maries-de-la-Mer Pferdeferia – Trophäe des *Réjon d'Or* in Méjanes (Camargue), Corridas zu Pferde

Beaucaire .... Corridas der Feria im Rahmen des Sommerfestivals

Saint-Rémy-de-Provence ..... Feria – Kunsthandwerk, typische Camargue-Rennen, *Abrivados*, blumengeschmückte Festwagen

Arles .... Feria der Reisernte (Freitag bis Sonntag)

Nîmes .... Feria der Weinlese (Donnerstag bis Sonntag)

Festivals

Neben den großen Klassikern (Avignon, Aix, Orange) erfreuen sich die provenzalischen Festivals mit qualitätvollen Programmen immer größerer Beliebtheit. Nachfolgend eine Auswahl der bedeutendsten Festivals.

Avignon .... Tanzfestival (www.festival-avignon.com)

Marseille .... Musikfestival (klassische Musik) in St-Victor (☎ 04 91 05 84 48)

St-Maximin-la-Ste-Baume ... Orgelkonzerte (Sonntag um 17 Uhr). ☎ 04 94 59 84 59

Nîmes .... „Le printemps du jazz" – Jazzfestival

Apt .... Musikfestival. ☎ 04 90 74 03 18

Orange .... Sommerfestival im antiken Theater: Lyrik, Tanz, Variétés

Salon-de-Provence .... „Les Nostradamiques" – Historische Szenen in Kostümen. ☎ 04 90 56 40 17

Orange .... „Chorégies" – Opern und Sinfoniekonzerte im antiken Theater. ☎ 04 90 34 24 24

Aix-en-Provence .... Internationales Musikfestival. ☎ 04 42 17 34 34

Fontaine-de-Vaucluse, ..., „Festival de la Sorgue" – Musik, Theater und Tanz
L'Isle-sur-la-Sorgue,
Lagnes, Le Thor

Avignon .... Theaterfestival. ☎ 04 90 27 66 50

Vaison-la-Romaine .... Konzerte, Theater und Tanz. ☎ 04 90 28 84 49

Villeneuve-lès-Avignon .... Sommertreffen im Kartäuserkloster. ☎ 04 90 15 24 24

Marseille .... Internationales Folklorefestival von Château-Gombert. ☎ 04 91 05 15 65

Nîmes .... „Festival Horas Latinas" – Flamenco, Salsa, Tango. ☎ 04 66 67 29 11

Carpentras .... „Les Estivales" – Theater, Jazz, Variétés.
☎ 04 90 60 46 00

Bollène .... „Polymusicales". ☎ 04 90 40 51 17

Uzès .... Musikabende. ☎ 04 66 22 68 88

Juli-August

Aix-en-Provence .... Tanzfestival. ☎ 04 42 96 05 01

St-Maximin-la-Ste-Baume ... Musikabende des Couvent Royal. ☎ 04 94 59 84 59

Arles .... Internationale Fotomesse

St-Rémy-de-Provence .... „Festival Organa" – Orgelkonzerte. ☎ 04 90 92 05 22

Nîmes .... Musik, Theater, Tanz, Ausstellungen. ☎ 04 66 58 38 00

Mitte Juli bis Mitte August

La Tour-d'Aigues .... „Festival du Sud Luberon". ☎ 04 90 07 50 33

Valréas .... Musik- und Theaterabende „Enclave des Papes".
☎ 04 90 28 12 51

Ende Juli bis Anfang August

Martigues .... Internationales Theaterfestival (Kulturen der Welt).
☎ 04 42 42 12 01

Ende Juli-August

La Roque-d'Anthéron, ... Internationales Klavierfestival. ☎ 04 42 50 51 15
Abbaye de Silvacane

August

Cabrières d'Avignon, ... Internationales Streichquartett-Festival des Luberon.
Fontaine-de-Vaucluse, ☎ 04 90 20 32 22
Goult, Roussillon, Abbaye
de Silvacane

1. Hälfte August

Vaison-la-Romaine .... Internationale „Choralies" (alle drei Jahre, nächstes Mal
2004). ☎ 04 72 19 83 40

Orange .... Abendveranstaltungen im antiken Theater (Oper, Ballett
und Varieté)

2. Woche im August

Pont-St-Esprit .... Musiktreffen (klassische Musik). ☎ 04 66 39 44 45

Theater-Festival von Avignon – Szene aus *Andromaque*

Buchtips

Vielleicht haben Sie Lust, sich schon vor der Reise in provenzalische Stimmung zu versetzen oder, wenn Sie wieder zuhause sind, im Geiste weiterzureisen! Dies ist eine Auswahl von Titeln zur Provence, die z. Zt. auf dem deutschsprachigen Buchmarkt zu finden sind:

Allgemeine Reisebücher

Richner, W. **Sehnsucht Provence – Im Land des Lichtes und der Düfte** (Herder)

Henke, G. **Wandern & Erleben - Provence** (Bruckmann)

Land des Lichtes. Ein Provence-Lesebuch (Goldmann)

Bednorz, A. **Provence, Côte d'Azur. Architektur, Kunst, Landschaft** (Könemann)

Kunst

Aue, W. **Die Augen sind unterwegs. Spurensuche in Frankreichs Süden** – (Auf den Spuren von Schriftstellern und Künstlern) (Anabas)

Becks-Malony, U. **Cézanne** (Taschen)

Boehn, G. **Cézannes Montagne Ste-Victoire. Eine Kunst-Monographie** (Insel)

Boime, A. **Vincent van Gogh: Sternennacht. Die Geschichte des Stoffes. Der Stoff der Geschichte** (Fischer)

Chauvet, J.-M., Brunel Deschamps, E., Hillaire, Ch. **Grotte Chauvet bei Vallon-Pont d'Arc. Altsteinzeitliche Höhlenkunst im Tal der Ardèche** (Thorbeke)

Clottes, J., Curtin, J. **Grotte Cosquer bei Marseille. Eine im Meer versunkene Bilderhöhle** (Thorbeke)

Nemeczek, A. **Van Gogh in Arles** (Prestel)

Valery, M.-F., **Gärten der Provence** (Taschen)

Literatur

Flügge, M. **Wider Willen im Paradies. Deutsche Schriftsteller im Exil in Sanary-sur-Mer** (Aufbau)

Wunderlich, H. **Spaziergänge an der Côte d'Azur der Literaten** (Die Arche)

Daudet, A. **Die wunderbaren Abenteuer des Herrn Tartarin aus Tarascon** (Reclam u. a.); **Briefe aus meiner Mühle,** auch als Hörbuch (Reclam, Hörbuchverlag u. a.)

Giono, J. **Der Mann, der die Bäume pflanzte** (Fischer)

Izzo, Jean-Claude. **Marseiller Trilogie – Total Cheops/Chourmo/Solea** – Krimis (Unionsverlag)

Kirsch, S. **La Pagerie** (DVA)

Magnan, P. **Tod unter der Glyzinie. Mord in der Provence** - Krimi (Scherz)

Mayle, P. **Mein Jahr in der Provence** (Droemer Knaur)

Mistral, F. **Mireille** (verschiedene Ausgaben; vergriffen)

Pagnol, M. **Eine Kindheit in der Provence; Marcel und Isabelle** (Piper, Niemeyer)

Petrarca, F. **Die Besteigung des Mont Ventoux** (lat./dt. Reclam); **Die schönsten Liebesgedichte** (it./dt. Reclam)

Rilke, R.-M. **Mit Rilke durch die Provence** (Insel)

Sobin, G. **Der Trüffelsucher** (Berlin Verlag)

Provenzalische Küche

S. Gouloumès & D. Cherel. **Kulinarische Reise Provence und Côte d'Azur** (Edition Reise Art)

Jouanin, F. **Mini-Culinaria Provence** (Könemann)

Lichtner, M. **La cuisine provençale** (Weingarten)

Wildeisen, A. **Provence: Die besten Rezepte** (AT Verlag)

Zogbaum, A. **Provence, Kräuterküche aus dem Süden** (Hädecke Verlag)

Filme

Die Provence spielt eine bedeutende Rolle in der Geschichte des französischen Films. Besonders hervorzuheben sind in diesem Zusammenhang Marcel Pagnol und Jean Giono, deren literarisches Werk zahlreichen Filmemachern als Inspiration diente. Marcel Pagnol hat einige seiner Romane selbst verfilmt. Eine Marcel Pagnol-Entdeckungsreise ab Aubagne macht mit den verschiedenen Drehorten bekannt (s. AUBAGNE, Tips und Adressen). Unter den ganz oder teilweise in der Provence gedrehten Filmen sind vor allem zu nennen:
Marius (1931) von Alexandre Korda nach einem Stück von Marcel Pagnol; Fanny (1932) von Marc Allégret nach einem Stück von Marcel Pagnol; Die Frau des Bäckers (nach einem Roman von Jean Giono, gedreht in Salon-de-Provence; auch unter dem Titel Zum Goldenen Anker (erste Version 1938 mit dem hervorragenden Schauspieler Raimu). Nach Werken von Pagnol: Die Tochter des Brunnenmachers (La fille du Puisatier; 1940 und 1952), Jean de Florette, Manons Rache (1986) von Claude Berri (Cuges-les-Pins, Mirabeau, Plan-d'Aups-Sainte-Baume), César (1936), Regain (1937), Der Ruhm meines Vaters, Das Schloß meiner Mutter (1990) von Yves Robert (Marseille, Allauch, Grambois). Weitere Filme, die in der Provence gedreht wurden, sind Toni (1934, Martigues) von Jean Renoir, Liebe bis zum Tod von Alain Resnais (1984, Uzès), Vogelfrei von Agnès Varda (1985, Nîmes). Der traurig-heitere Film Marius und Jeanette von Robert Guédiguian (1997) beschreibt das Glück der kleinen Leute in einem Marseiller Arbeiterviertel.

Mitbringsel

In den zahlreichen Geschäften und Ateliers für **Kunsthandwerk**, die in den Tips und Adressen aufgeführt sind, findet man mit Sicherheit ein schönes Mitbringsel. Besonders typisch sind natürlich die „kleine Heilige" genannten Krippenfiguren, die Santons, die vor allem in Aubagne, in Marseille und in Aix-en-Provence hergestellt werden. In der Advents- und Weihnachtszeit kann man diese kleinen Figuren auch auf Märkten kaufen.

Süße Spezialitäten der Provence sind die berühmten Calissons (Konfekt aus Mandelpaste) aus Aix-en-Provence, die kandierten Früchte von Apt, der Honig aus dem Luberon und aus Sault, die Berlingots (Bonbons) aus Carpentras, Mandelplätzchen, die Navettes (traditionelles Gebäck mit Orangenblütenwasser in Form eines Schiffchens) aus Marseille, die Fougasse (eine Art Kuchen mit Orangenblütenwasser) von Aigues-Mortes und der türkische Honig (frz. nougat) aus Allauch und Sault.

Wer lieber **Herzhaftes** mit nach Hause nehmen möchte, kann eine Salami aus Schwein, Esel oder, in Arles und der ganzen Camargue, aus Stierfleisch erwerben. Oliven und Olivenöl aus Nyons, Tapenade (Paste aus schwarzen oder grünen Oliven) und Anchoïade (Spezialität aus Anchovis) bringen südliche Aromen an den heimischen Tisch.

Ein provenzalischer Aperitif gefällig?

Der berühmte *Pastis*, ein **Aperitif** auf der Grundlage von Anis, ist überall in der Provence zu finden, sei er von der weltbekannten Marke Ricard, die es in jedem Supermarkt gibt, oder aber in seiner traditionellen Variante, die man eher in Feinschmeckerläden suchen muß.

Wenn man sein Heim originell dekorieren möchte, bieten sich die bedruckten **Stoffe** in den Läden Souleïado und Les Olivades an.

Oder malt der eine oder die andere unter Ihren Freunden? In Roussillon kann man sich mit herrlichen **Ockerfarben** und natürlichen Pigmenten eindecken.

Liebhaber von **Antiquitäten** finden sicher das Richtige in Isle-sur-la Sorgue. Dort haben sich nicht weniger als 160 Antiquitätenhändler niedergelassen. Ihre Geschäfte sind über fünf „Dörfer" *(villages)* verteilt, deren ausgedehntestes das Village des Antiquaires de la Gare ist.

Die Calanque de Sormiou, eine der einsamen Buchten bei Marseille

G. Magnin/MICHELIN

Einführung

Landesnatur

Erdgeschichte

Vor 600 bis 220 Millionen Jahren etwa, zu Beginn des **Paläozoikums**, bedeckte ein Meer das Gebiet der heutigen Provence. Es umgab einen Kontinent aus kristallinem Gestein, Tyrrhenis, der gleichzeitig mit dem Zentralmassiv entstanden war und dessen höchste Erhebungen heute noch zu sehen sind: das Massif des Maures, Korsika, Sardinien und die Balearen.

Während des **Mesozoikums**, vor etwa 220 bis 60 Millionen Jahren, wurde Tyrrhenis allmählich durch Erosion eingeebnet; das Gestein lagerte sich als Sediment schichtweise auf dem Meeresboden ab (Kalk, Lehm, Tonschiefer und Sandstein). Es entstand eine in Ostwest-Richtung verlaufende, von Meer umgebene Barriere, der „Isthmus der Durance".

Im **Tertiär**, vor ca. 60 bis 2 Millionen Jahren, hob sich durch tektonische Druckwirkung (pyrenäische, dann alpine Faltung) diese Sedimentschicht; sie bildete Falten in Ostwestrichtung, und es entstanden die Bergketten im Norden von Marseille (Sainte-Baume, Sainte-Victoire, Mont Ventoux, Baronnies, Alpilles, Luberon), Toulon und Draguignan. Das Meer reichte bis zum heutigen Rhonetal, die Alpilles erhoben sich, und die Crau-Ebene sank ab. Im **Quartär** (vor ca. 2 Millionen Jahren) setzte sich diese Entwicklung fort: Tyrrhenis verschwand und hinterließ nur einige Spuren (Canaille-, Mauren-, Esterel-Gebirge); das heutige Mittelmeer bedeckte nun den ehemaligen Kontinent. Allmählich gewann die Landschaft das uns vertraute Gesicht: die Rhone-Ebene wurde zum großen Flußtal; die Durance änderte ihren Lauf durch das Absinken der Crau und mündete nun in die Rhone statt ins Meer. Die großen Eiszeiten formten die Calanques.

Vielfalt der Landschaften

Fruchtbare Ebenen ... — Sie bildeten sich auf Kosten des Meeres, durch Schwemmland, das sich rechts und links der Rhone ausbreitete. Diese fruchtbaren Landstriche werden landwirtschaftlich genutzt. Auf kleinen, regelmäßig angelegten Feldern, die von Zypressenreihen vor dem oft starken Wind geschützt werden, baut man, insbesondere im **Comtat Venaissin** und in der **Petite Crau**, Obst und Gemüse an.

Auf dem linken Rhone-Ufer dehnt sich die **Grande Crau** aus, eine wüstenartige Landschaft, in der zwischen Kieseln eine karge Vegetation *(coussous)* gedeiht und die traditionsgemäß als Weide für große Schafherden diente. Aufgrund der Ausbreitung des Industriegebietes von Fos und infolge die Verbesserung des Bodens ist von ihrem ursprünglichen Reiz nicht mehr viel übriggeblieben; heute wachsen in diesem Gebiet Oliven- und Mandelbäume sowie Wein.

Die **Camargue** ist ein erdgeschichtlich junges, durch das Schwemmland der Rhone entstandenes Delta. Ihr Boden, den ursprünglich das Meer bedeckte, ist mit Salz gesättigt *(sansouires)*.

... und dürre Gebirge — Die Ebene des Comtat Venaissin, östlich der Rhone, wird von dem eindrucksvollen Kalksteinmassiv des **Mont Ventoux** beherrscht. An seinen Ausläufern erheben sich die einzigartigen gezackten Felsgrate der **Dentelles de Montmirail**. Gegen Osten öffnet sich das **Plateau de Vaucluse**, ein großes trockenes Gebiet, das von Klüften und Schluchten sowie von einem unterirdischen Wasserwegenetz durchzogen wird. Vom **Luberon**, einem Höhenzug von wilder Schönheit, und seinen alten Bergdörfern geht es weiter zu der kargeren, aber dennoch malerischen Kette der **Alpilles** mit ihren steilen Kalkfelsen, den nackten Flanken und der ausgezackten Kammlinie. Östlich von Aix erhebt sich über dem Flachland das von Höhlen und Klüften durchsetzte Kalksteingebirge **Montagne Sainte-Victoire**. Südlich vom Étang de Berre liegt an der Küste die **Estaque**-Bergkette, die eine natürliche Sperre zwischen dem See und der Bucht von Marseille bildet. Am Horizont ragt die lange Felsbarriere des **Sainte-Baume-Massivs** auf. Westlich der Rhone liegen die Cevennenausläufer, die sich über das Hügelland von Nîmes zum Fluß und zu dem Weinbaugebiet hin abflachen. Es folgt stufenförmig eine Reihe öder Kalksteinplateaus, die von Schluchten und zuweilen riesigen Höhlen durchsetzt sind.

Flüsse und Bäche — In ihrem provenzalischen Abschnitt fließen der Rhone von Westen Wasserläufe aus den Cévennen (Ardèche, Gard) und im Osten Gebirgsbäche aus den Alpen (Aigues, Ouvèze, Durance) zu. In Trockenzeiten sind diese Wasserläufe nur dünne Rinnsale in einem zu breiten Bett; bei Gewittern aber wachsen sie zu wahren Sturzbächen an.

In den Cevennen kann es zu gewaltigen Niederschlägen kommen: So stieg die Ardèche einmal an einem Tag um 21 m und die Durchflußmenge von 2,5 m^3 auf 7 500 m^3 pro Sekunde! Die östlichen Nebenflüsse der Rhone hingegen schwellen durch die Schneeschmelze in den Alpen an — die Durance beispielsweise im Verhältnis 1:180.

Buchtenreiche Küste — Von der Küste des Languedoc bis zum Golf von Marseille dehnt sich das vom Wasser beherrschte Gebiet der **Camargue** aus. Küstennahe Strömungen formten das von der Rhone angeschwemmte Land zu Landstreifen, hinter denen Lagunen und weite Seen mit Sandbänken entstanden. Ehemalige Häfen wie

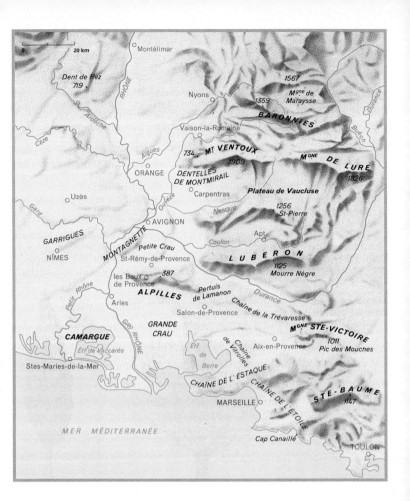

Aigues-Mortes liegen durch diesen Vorgang heute kilometerweit im Landesinneren. Mit der Estaque-Kette tauchen wieder Kalksteinhöhen auf. Zwischen Marseille und La Ciotat besitzt die Küste zahlreiche Felsbuchten, unter denen die **Calanques** genannten, die von hohen, je nach Tageszeit rötlich-braun schimmernden Felsen umgeben sind, am tiefsten ins Land einschneiden.

Das Mittelmeer – Das Wasser des Mittelmeeres leuchtet in den unterschiedlichsten Farbtönen, die von nachtblau über smaragdgrün zu türkis reichen. Die Wassertemperatur variiert an der Oberfläche zwischen 20°-25° C im Sommer und 12°-13° C im Winter. Infolge der hohen Verdunstung ist das Wasser des Mittelmeeres deutlich salziger als das des Atlantiks. Die Gezeiten sind nur schwach ausgeprägt. Doch kann dieses ruhige Meer plötzlich heftig werden, wenn der Mistral innerhalb weniger Stunden riesige Wellen verursacht.

Eine typisch mediterrane Natur

Neben der Schönheit ihrer Landschaften unter der (fast immer) strahlenden Sonne besitzt die Provence als ureigenes Erbe eine artenreiche Fauna und Flora.

Bäume und Sträucher – Dank des milden Klimas gedeiht der vor etwa 2 500 Jahren von den Griechen eingeführte **Olivenbaum** in großer Zahl auf den kalk- und silikathaltigen Böden der Provence. 60 Arten wachsen in den verschiedenen Regionen, an der Küste, in den Tälern und am Fuße der Berge, oft in Gemeinschaft mit **Feigen-** und **Mandelbäumen**, deren herrliche Blütenpracht die Provence im Frühling besonders reizvoll macht.

Unterschiedliche **Eichenarten** gibt es in der Provence, darunter die **Flaumeiche** (Quercus pubescens), deren Blätter an der Unterseite mit weichen, weißlichen Haaren bedeckt sind (daher im Französischen *chêne blanc, dt. weiße Eiche*).

Olivenbaum

M. Janvier/MICHELIN

Strandkiefer

Da sie viel Wasser braucht, findet man sie in Tälern und an Berghängen mit hoher Niederschlagsmenge; zuweilen erscheint sie zusammen mit Ahorn, Mehlbeerbaum und Eberesche. Unter ihrem Blätterdach wachsen zahlreiche Büsche und Blumen (vor allem Orchideen) sowie der von Feinschmeckern sehr geschätzte Schlauchpilz Trüffel.

Die drei häufigsten **Kiefernarten**, die in der Provence wachsen, unterscheiden sich deutlich durch ihre Silhouette. Die **Seestrand-** oder **Sternkiefer** (Pinus pinaster) wächst auf Kalkböden; sie hat eine rotviolette Rinde und dunkelblaugrüne Nadeln. Die **Pinie** (Pinus pinea), einer der typischsten Bäume des Mittelmeerraums, steht häufig einzeln und ist an ihrer auffälligen, schirmförmigen Krone leicht erkennbar. Die Rinde der **Aleppokiefer** (Pinus halepensis) ist silbergrau, die Nadeln sind hell und paarweise angeordnet.

Die Silhouette der dunklen, meist kegelförmigen **Zypresse** (Cupressus sempervirens), eines immergrünen Nadelbaums, ragt in den blauen Himmel des Südens und prägt die mediterrane Landschaft; in dichten Reihen gepflanzt, dient sie als Windschutz. Schattenspendende **Platanen** und **Zürgelbäume** (Celtis australis) säumen häufig Straßen und Dorfplätze.

Die Garrigue – Mit diesem Namen bezeichnet man das weite, oft sanft gewellte Heideland der Provence. Auf dem mageren Kalkboden wächst zwischen viel Gestein und Fels eine typische Vegetationsgemeinschaft aus Steineichen, winzigen Kermeseichen, Disteln, Stechginster und Zistrosen, zu denen sich Lavendel, Thymian und Rosmarin gesellen. Auf dieser Heide grasen vielerorts Schafe.

M. Janvier/MICHELIN

M. Janvier/MICHELIN

Mandelbaum

Zypresse

Feuer, der Feind Nr. 1

Der Fremdenverkehr, die ans Mittelmeer und in die Provence strömenden Touristen sowie die Entwicklung der Industriegebiete und Ballungsräume greifen beständig in die natürliche Umwelt ein.

Der provenzalische Wald ist wegen der häufigen Waldbrände, die Jahr für Jahr unzählige Hektar seines Bestandes zerstören, ganz besonders gefährdet. Fahrlässigkeit und Brandstiftung sind die häufigsten Ursachen, Trockenheit und Wind kommen als natürliche Faktoren hinzu. In der sommerlichen Hitze bieten das trockene Unterholz und die Kiefernnadeln den Flammen reichlich Nahrung, und die leicht brennbaren ätherischen Öle, die manche Pflanzen absondern, entflammen bei der geringsten Unachtsamkeit oder auch durch Selbstentzündung, was bei starkem Wind zu einer Katastrophe führt.

Bis zu 30 m hohe Flammenwände rücken dann mit 5-6 km/h vor und lassen nur schwarze Baumskelette und eine weiße Ascheschicht zurück. Oft genug, sofern der Wind nicht plötzlich nachläßt oder die Richtung wechselt, dringt das Feuer bis zum Meer vor. Nach und nach verändern diese Brände das ökologische Gleichgewicht. Der Eichenbestand geht weiter zurück, und der Boden bleibt für lange Zeit unfruchtbar. Die zahlreichen Maßnahmen zur Feuerbekämpfung (durch Löschfahrzeuge der Feuerwehr, aber auch aus der Luft unter Einsatz von Spezialflugzeugen mit Wassertanks, den sog. Canadairs) genügen nicht, um dieser Geißel Einhalt zu gebieten. Vorbeugung (systematische Brandwacht, Reinigung des Unterholzes, Anlage von Schneisen) sowie die Sensibilisierung der Öffentlichkeit und vor allem der Touristen sollten zu besseren Ergebnissen führen.

Die stetig dichter werdende Besiedelung und Industrialisierung der Provence hat die Schönheit mehrerer Gebiete bereits merklich beeinträchtigt: so vereinnahmt der Industriekomplex Fos-sur-Mer die Crau; die östliche Umgebung des Sees von Berre ist inzwischen industrialisiert und gehört zu Marseille (Flughafen, Erdölraffinerien usw.). Wegen der Wasserverschmutzung ist seit 1957 der Fischfang im See von Berre verboten. Durch das wachsende Verkehrsaufkommen wird das Straßennetz ständig vergrößert und folglich das Landschaftsbild erheblich verändert.

Blumen und Kräuter der Provence

Salbei — P. Galan/JACANA

Oleander — A. Carrara/JACANA

Schopflavendel — P. Cauchoix/JACANA

Mittelmeer-Strohblume — M. Viard/JACANA

Rosmarin — P. Galan/JACANA

Kugeldistel — Y. Szymczac/JACANA

Zistrose — P. Pilard/JACANA

Thymian — M. Viard/JACANA

Höhlen und Klüfte

Einen Kontrast zu den tief eingeschnittenen, fruchtbaren Tälern bildet die graue, steinige Einsamkeit der Hochebene des südlichen Vivarais, deren trockener Kalksteinboden sämtliche Niederschläge wie ein Schwamm aufnimmt und regelrechte unterirdische Flußläufe entstehen läßt.

Erosion durch Versickern von Wasser – Auf den Hochebenen nimmt die oberste Schicht des Kalksteins Regen auf. Die Folge ist eine chemische Reaktion, die das Gestein zersetzt und zur Formation von runden Vertiefungen **(Dolinen)** führt.

Dringt das Regenwasser durch unzählige feine Risse und Spalten tiefer in den Fels ein, entstehen natürliche Klüfte bzw. Schlünde, die sog. **Avens**, die sich vergrößern, fortsetzen, verzweigen und sich zu einem Höhlensystem miteinander verbinden.

Das versickerte Oberflächenwasser bahnt sich schließlich unterirdische Gänge und sammelt sich zu einem Fluß mit mehr oder minder starker Strömung, die sein Bett verbreitert und sich häufig in Kaskaden ergießt. Zuweilen entstehen kleine Stauseen vor natürlichen (teilweise durch Kalkablagerung gebildeten) Hindernissen *(gours)*.

Über der Wasserfläche wird u. U. das poröse Gestein weiter gelöst, so daß sich die Höhlenkuppel der Erdoberfläche nähert (wie z. B. bei dem 50 m hohen Oberen Saal von Orgnac) und bei starker Erschütterung einbrechen kann. Manchmal kann der Fluß als Karstquelle wieder zutage treten und auf undurchlässigem Boden oberirdisch seinen Lauf fortsetzen.

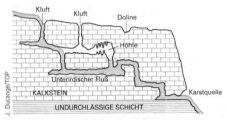

Unterirdischer Wasserlauf – Entstehung einer Karstquelle

Skulpturen der Natur – Auf seinem Wege durchs Gestein reichert sich das Wasser mit Kalk (genauer Kalziumkarbonat) an, der sich in den Höhlen ablagert Bei einer Wachstumsrate von etwa 1 cm pro Jahrhundert entstehen so die verschiedensten Tropfste-informationen, am häufigsten **Stalaktiten** und **Stalagmiten**. Erstere bilden sich an der Decke durch langsam tropfendes Sickerwasser, das jeweils einen Teil seines Kalkgehaltes ablagert, bevor es zu Boden fällt, wo der restliche Kalk zu Stalagmiten kristallisiert, die allmählich mit ihrem Gegenstück zu einer Säule (Stalagnat) zusammenwachsen. Andere Tropfsteine nehmen die Form von Gardinen oder bizarren Gebilden an, die durch Kristallisation entstanden sind und den Gesetzen der Schwerkraft zu widersprechen scheinen; teilweise, wenn das Wasser zusätzlich gelöste Minerale enthält, sind sie sogar bunt gefärbt. Bemerkenswerte Exemplare dieser Art gibt es in den Höhlen Orgnac, Marzal und Madeleine.

Diese unterirdische Welt, deren wissenschaftliche Erforschung zur Entdeckung einzigartiger Schätze geführt hat, birgt noch zahllose Reichtümer.

Wirtschaftliche Aktivitäten in der Provence

Die landwirtschaftliche Revolution, eine intensive Industrialisierung vor allem an der Küste, Anpassung an die Erfordernisse des Massentourismus und zunehmende Urbanisierung haben die provenzalische Wirtschaft in den letzten Jahrzehnten geprägt.

Facetten der Landwirtschaft

Das Landleben ruhte früher auf drei Säulen – Weizen, Wein, Oliven – die, zusammen mit der Schafzucht und ihren Folgeprodukten, einer Vielzahl von Kleinbauern als Existenzgrundlage dienten. Diese traditionelle, vielseitige Landwirtschaft ist praktisch verschwunden; heute nutzt man den „Garten Frankreichs" zum systematischen Anbau von Nutzpflanzen wie z. B. Raps, Reis und Mais.

In den Ebenen baut man einen eher einfachen Wein an, der mit dem auf den Hügeln gedeihenden edleren „Côte du Rhône" nicht vergleichbar ist.

Gewürz- und **Heilkräuter** wie Thymian, Rosmarin, Salbei, Basilikum, Majoran, Bohnenkraut und Fenchel wachsen teils wild, teils werden sie angebaut (vor allem in der Gegend von Saint-Rémy und im Departement Vaucluse). Hinzu kommen **Lindenblüten**, die getrocknet einen aromatischen Tee ergeben, wie auch **Mandelblüten**, die von den Mandelbäumen an der Mittelmeerküste stammen.

Ganz wichtig ist natürlich auch der **Lavendel** (und die weniger stark duftende Art des Lavandin), der wie ein Mantel große Kalkflächen in der Provence überzieht und seinen betörenden Duft aussendet. Nach der Ernte im Sommer werden die Blüten zunächst getrocknet, dann gewinnt man durch Destillation die ätherischen Öle (1 Liter pro 100 kg Lavendelblüten), die in der Kosmetikindustrie Verwendung finden.

Was die Viehzucht betrifft, so züchtet man in der Provence, wie in allen Mittelmeerländern, hauptsächlich Schafe – da sich die Produktion von Wolle nicht mehr lohnt, fast ausschließlich zur Fleischerzeugung. Die Herden weiden in der Garrigue oder in der Crau-Ebene. Sie müssen sich mit mageren Weiden begnügen und durchziehen daher ein weites Gebiet; den Sommer verbringen sie in den kühleren Regionen des Larzac und im Lozère-Gebirge, oder sie werden mit Transportern geradewegs in die Alpen gefahren.

Frühobst und Frühgemüse – In der Rhone-Ebene bieten Schwemmland, mildes Klima und ein gutes Bewässerungssystem günstige Voraussetzungen für den Anbau von Frühgemüse und Frühobst, teilweise mit mehreren Ernten jährlich. Typisch sind die verhältnismäßig kleinen Felder mit Windschutz aus Zypressen- bzw. Schilfgürteln. Hier wachsen Frühkartoffeln, Kohl, Tomaten, Spargel, Melonen, Erdbeeren, Kirschen, Tafeltrauben, Pfirsiche, Birnen und Aprikosen. Die morgendliche Ernte wird zum großen Teil in genossenschaftlichen Betrieben, die meist in der Nähe von Großmärkten und Güterbahnhöfen liegen, versandfertig gemacht. Von dort gelangt sie schnellstmöglich nach Paris und auf die Märkte des In- und Auslandes.

Trüffeln – Die Trüffel, ein knollenförmiger Pilz, wächst unterirdisch an den Wurzeln von Eichen (insbesondere von Flaumeichen). Eichenplantagen, sog. Truffières, findet man im südlichen Tricastin, im Comtat Venaissin und auf der Claparèdes-Hochebene. Ein leicht gelockerter Boden und sorgfältiges Schneiden der Bäume fördern die Entwicklung der Pilze, die in der Zeit zwischen November und April geerntet werden. Bedeutende Trüffelmärkte finden beispielsweise in Apt, Carpentras, Richerenches, Uzès und Valréas statt, wo jährlich mehrere Tonnen Trüffeln zum Verkauf angeboten werden.

Fischfang

Heute spielt der Fischfang, z. T. wegen der Wasserverschmutzung, nur noch eine Nebenrolle in der regionalen Wirtschaft. Trotzdem werden jährlich mehrere tausend Tonnen Sardinen, Sardellen, Makrelen und Aale gefangen. Das Kommen und Gehen der Fischer, die ihre Boote entladen und ihre Netze trocknen, ist nach wie vor ein interessantes Schauspiel an den Häfen.

Industrie

Seit den 1930er Jahren erlebt die Provence eine spektakuläre industrielle Entwicklung, indem sie ihre für Handelsbeziehungen günstige geographische Lage nutzte.

Die Industriegebiete zwischen Marseille und Aix-en-Provence decken die ganze Bandbreite der modernen – Erdölraffinerie, chemische Industrie, Flugzeugbau, Kernforschung, Elektronik – und der traditionellen Industriezweige – Schiffsbau, Lebensmittelindustrie, Seife, Salz usw. – ab.

J. Ducange/TOP

Ehemalige Ockerbrüche von Roussillon: ein staubig-schönes Naturschauspiel

Ein typisches provenzalisches Produkt ist das **Olivenöl**, das seit Jahrhunderten hier hergestellt wird. Im allgemeinen werden die Oliven noch grün gepflückt. Man verarbeitet sie allerdings erst dann zu Öl, wenn sie reif sind und eine dunkelviolette Farbe erlangt haben. Die Früchte werden mit Kern zu einer Paste zerkleinert, die automatisch auf übereinander angeordnete Scheiben verteilt wird. Unter dem Druck (100 kg/cm2) einer hydraulischen Presse tritt ein Öl-Wasser-Gemisch aus, das im Zentrifugen getrennt wird. Diese erste Kaltpressung ergibt das sog. „Jungfernöl" (huile vierge oder extra-vergine); zurück bleibt der Preßkuchen. Früher wurde die Paste mit der Hand auf große Scheiben aus Kokosfasern aufgetragen, die man übereinanderstapelte und preßte, wobei ein Pferd oder Esel den Mühlstein bewegte. Auch damals wurde der Preßkuchen unter Zusatz von lauwarmem Wasser ein zweites Mal gepreßt, was ein qualitativ minderes Öl ergab. Heute setzt man dem Preßkuchen chemische Lösungsmittel zu, um das restliche Öl zu gewinnen, das zum Verschnitt und zur Seifenherstellung verwendet wird.

Ein weiteres althergebrachtes Industrieprodukt der Provence ist **Ocker**. Das lockere Gemenge aus Ton und Eisenoxid, das überwiegend als Grundstoff für Farbe dient, wird im Gebiet zwischen Apt und Roussillon abgebaut und ist in der ganzen Welt für seine hervorragende Qualität bekannt. **Ockererde** durchläuft einen langen Verarbeitungsprozeß: Mehrfach gewaschen und gefiltert, wird die sog. Ockerblüte schließlich getrocknet, geschnitten, gemahlen und zuweilen gebrannt, um dunklere Farbtöne zu erzielen. So entsteht ein fettiger, hauchzarter Puder, der als Grundsubstanz für verschiedene Farben und Tünche verwendet wird.

Leben in der Provence

Die provenzalische Spielleidenschaft

Das Boule-Spiel – Das populärste Spiel Südfrankreichs ist das dem italienischen *Boccia* ähnliche Boule-Spiel mit Metallkugeln. Die Partien können entweder mit drei *(triplettes)* oder vier Spielern *(quadrettes)* ausgetragen werden. Zahlreiche Zuschauer stehen rund um das Spielfeld und nehmen durch Zurufe und Bemerkungen leidenschaftlich Anteil. Die Angreifer *(pointeurs)* müssen ihre Kugeln möglichst nah bei der zuerst geworfenen kleinen Kugel *(cochonnet* oder *bouchon)* plazieren, die am Ende des Spielfeldes liegt. Die Verteidiger *(tireurs)* versuchen, die gegnerischen Kugeln mit den eigenen wegzurollen. Geübte Spieler können dabei genau auf den Platz der gegnerischen Partei kommen.

Man unterscheidet zwei Hauptvarianten des Spiels:
– **Pétanque** wird über Entfernungen von 6 bis 10 m gespielt, wobei die Spieler beim Auswerfen ihrer Kugel den am Boden markierten Kreis nicht verlassen dürfen.

Beim Boule-Spiel

– Die **Jeu Provençal** oder **Jeu de boule à la longue** genannte Spielart wird auf einem mindestens 25 m langen Spielfeld ausgetragen; die kleine Zielkugel wird 15 bis 21 m weit geworfen. Die Angreifer treten einen Schritt aus dem Kreis heraus, verlagern ihr Gewicht auf das linke Bein (bei Rechtshändern) und heben den rechten Fuß dann beim Werfen ihrer Kugel an. Die Verteidiger nehmen vom Kreis aus mit drei Schritten Anlauf und werfen ihre Kugel am Ende des dritten Schrittes aus.

Kartenspiele – Auch das Kartenspiel ist ein beliebter Zeitvertreib dieses liebenswürdigen Menschenschlags. Man muß wissen, daß die Spielkarten in Frankreich zum ersten Mal in der Provence erwähnt wurden, und zwar in der Originalurkunde eines Notars aus Marseille, der einem Händler am 30. August 1381 verbot, *Nahipi* oder *Naïbi* zu spielen. Dabei handelte es sich um das sog. „Spiel der sieben Familien" für venezianische Kinder, das sich im letzten Viertel des 14. Jh.s zu einem beliebten Zeitvertreib entwickelt hatte und heute als Vorläufer des Tarot betrachtet wird.

Die ersten Spielkarten entstanden wahrscheinlich am chinesischen Kaiserhof und kamen während des 13. Jh.s im Gefolge der Tartaren bzw. durch venezianische Reisende, Bankiers und Händler ins Abendland. Venedig bildete den Mittelpunkt bei der Verbreitung des Kartenspiels in Europa. Die dortigen Maler religiöser oder profaner Motive auf Karton oder Pergament stellten sich eifrig auf die neue Mode um. Durch seine Verbindungen zum Mittelmeerraum und zum Orient verfiel Marseille schon bald dem Reiz dieses neuen Zeitvertreibs, zusammen mit dem Comtat Venaissin, das ebenfalls enge Beziehungen zu Italien unterhielt.

Im 15. Jh. kam das Spiel der „Fünfhundert" oder „Marseillais" auf. Das Kartenspiel erfreute sich großer Beliebtheit, und gegen 1630 gab es die ersten Meister der Kartenherstellung. Ihre Zahl schwankte in Abhängigkeit von den jeweiligen Steuern und Gesetzen. Die Kartenproduktion allerdings, die nach der schrittweisen Einführung der Xylographie (Holzschneidekunst) und des Buchdrucks sowie dank der Verwendung von Druckformen aus Kupfer statt aus Holz in Großserien erfolgte, wuchs unaufhörlich an und belief sich Ende des 17. Jh.s auf 180 000 Spiele pro Jahr.

Im 18. Jh. spielte man in Marseille vor allem das in Italien entstandene **Tarot**. Abgesehen von dem Spiel von Jean Noblet, das im 17. Jh. in Paris gefertigt wurde, entstanden die ältesten, sog. **„Marseiller Tarotspiele"**, gegen 1713 in Avignon, wo die Kartenhersteller Steuerfreiheit genossen. 1754 wurde diesem Privileg ein Ende gesetzt; nunmehr gewann die Marseiller Produktion die Oberhand. Das Marseiller Tarot, die französische Version des venezianischen Tarot, wurde zum Vorbild für die noch heute üblichen Karten. Ihr Schöpfer war der Tarot-Meister **Nicolas Conver**, der 1760 eine besonders schöne Serie schuf.

D. Clément/EXPLORER

Karte des Marseiller Tarot

Das Marseiller Tarot, dessen 78 Karten auch von Wahrsagern und Hellsehern zum Kartenlegen benutzt werden, war darüber hinaus auch die Grundlage des damals in Südfrankreich beliebten „Portrait de Marseille". Ende des 18. Jh.s war die Marseiller Kartenfertigung ziemlich gleichmäßig auf acht Kartenhersteller verteilt.

Ein Jahrhundert später hatte die Firma Camoin ihre Konkurrenten mit einer Jahresproduktion von mehr als einer Million Kartenspielen weit hinter sich gelassen. Das Unternehmen exportierte in die ganze Welt und stützte sich dabei auf das in mehr als 200 Jahren erworbene handwerkliche Können. 1974 stellte die Firma ihre Tätigkeit ein; ihre farbenfrohen Kreationen sind aber in einer Ausstellung des Musée du Vieux-Marseille zu sehen.

Trachten, Volkskunst und Folklore

Die Provenzalen hatten schon immer Sinn fürs Feiern. Neben der traditionellen Kirchweih, die das ganze Jahr hindurch gefeiert wird, gibt es eine Reihe weiterer Volksfeste, zu denen viele Menschen in einer typisch provenzalischen Atmosphäre zusammenkommen.

Zwischen April und September finden in Nîmes und Arles die berühmten Ferias – Stierkämpfe – statt. Die tödlich endende Corrida spanischer Art oder aber die unblutige provenzalische Variante *(course à la cocarde)*, bei der die *razeteurs* die zwischen den Hörnern des Stiers befestigte Kokarde abreißen müssen, *sind wahre Zuschauermagnete.* In der Camargue begeht man die *Ferrade,* den Zeitpunkt, an dem die Rinder mit dem Brandzeichen ihres Besitzers markiert werden, mit einem Fest; außerdem gibt es Pferderennen der Gardians, wie die Cowboys in der Camargue heißen.

Seit einigen Jahrzehnten ist die Provence zum Land der Festivals geworden: Avignon, Aix, Orange, Vaison, Carpentras, Salon-de-Provence, Arles – in fast jeder Stadt gibt es alljährlich künstlerische Veranstaltungen von hoher Qualität.

Trachten und Tänze – Bei den meisten Festen kann man traditionelle Trachten sehen und alte Instrumente wie Pfeifen und Tamburine hören. Dank der Handelsbeziehungen zwischen Marseille und den Mittelmeerhäfen der Levante kamen orientalische Stoffe und Muster in die Provence. Vom ausgehenden 17. Jh. an bedruckte man Baumwollstoffe mit diesen Mustern und nannte sie „Indiennes" (indische Stoffe). Die heute unter der Bezeichnung „Imprimés provençaux" (bedruckte Stoffe der Provence) bekannten Stoffe mit ihren bunten Streublumenmustern sind das aktuelle Ergebnis einer Jahrhunderte während Entwicklung der Herstellungsverfahren und der Moden.

Die Arleser Tracht, die als die interessanteste der Provence gilt, ist nur eine der vielen provenzalischen Trachten. Diese wurden früher von allen Gesellschaftsschichten getragen; so gibt es die Tracht der Fischverkäuferinnen (eine mit breiten Rüschen verzierte Haube) des Alten Hafens von Marseille, die Trachten der Blumenmädchen, die der „Bastide",-Bewohnerinnen sowie die Tracht der Bäuerinnen mit gestreiftem Rock, einer großen Schürze aus indigoblauem Baumwollstoff und der typischen, *Capucho* bzw. *Capelino* genannten Kopfbedeckung.

Die von den Frauen aus **Arles** getragene Tracht (das Museon Arlaten in Arles besitzt eine wunderschöne Kollektion) besteht aus einem langen, bunten Rock und einem schwarzen Mieder mit langen, engen Ärmeln; über einem kunstvoll gefältelten Tülleinsatz liegt ein großes Brusttuch, entweder aus weißer Spitze oder aus einem anderen

Tracht aus Arles

zum Kleid passenden Stoff. Die Haube bedeckt den dicken Haarknoten. Entweder besteht sie aus bedrucktem Baumwollstoff, der zu „Hasenohren" geknotet wird, oder sie wird von einem breiten, mit Spitzen besetzten Samtband gehalten, so daß vorne eine (durch Pappe versteifte) Fläche entsteht, während das Tuch hinten lose herabhängt; eine Variante ist das zu „Schmetterlingsflügeln" gebundene Spitzentuch. Ein Fächer vervollständigt die Tracht.

Die Kleidung der Männer ist schlichter: ein weißes Hemd, eine dünne Kordel oder ein Band um den Kragen, manchmal eine dunkle Weste mit Uhrkette; ein breiter Gürtel aus roter oder schwarzer Wolle hält die Leinenhose. Dazu gehört ein Filzhut mit breiter, nach oben gebogener Krempe. Auch die Bauerntracht kommt wieder zu Ehren – die Frauen tragen hübsche bunte Umschlagtücher und eine weiße Haube mit flachem Strohhut, die Männer ebenfalls einen Strohhut und eine Samtweste.

Zum Fest gehört aber auch Musik. Die im Raum Arles weit verbreitete **Farandole** ist ein Tanz der Mittelmeervölker, der bis ins Mittelalter, wenn nicht gar bis in die Antike, zurückreicht. Die Tänzer halten sich an der Hand oder an einem Tuch und tanzen ihre Figuren in einem lebhaften Rhythmus. Typisch provenzalische Instrumente sind der Galoubet und das Tamburin. Der **Galoubet** ist eine kleine, etwa 30 cm lange Flöte mit drei Löchern, die einen recht schrillen Klang hat. Das **Tamburin** (ca. 75 cm hoch und 35 cm Durchmesser) wird mit einem Schlegel mit der rechten Hand geschlagen, damit die linke Hand für den Galoubet freibleibt. Über das Oberteil (aus der Haut totgeborener Kälber) spannt sich eine Violin- oder Hanfsaite, die einen knirschenden Ton hervorbringt.

Sagen und Legenden

und sind wahre Illustrationen der provenzalischen Geschichte: Diese Erzählungen beschreiben Glauben, Sitten und Alltag der Menschen im Laufe der Jahrhunderte, sind mit Institutionen, Monumenten und Plätzen eng verbunden.

Das griechisch-lateinische Erbe in der provenzalischen Tradition wird in den Überlieferungen deutlich. In der Provence verband man in besonderem Maße das Unwahrscheinliche mit der Realität, gehörte das Wunder zum ganz banalen Alltagsleben. Jedenfalls sahen die Menschen vergangener Zeiten überall Zeichen des göttlichen Willens und dessen wunderbare Auswirkung.

Antike Sagen – Für die Griechen waren die Ufer des westlichen Mittelmeers ein geheimnisvolles Land, schrecklich und wunderbar zugleich – dorthin verschwand allabendlich der Sonnenwagen Apollos. **Herkules**, der Sohn Jupiters, hatte dank seiner ungeheuren Kraft Passagen in die Alpenkette gebrochen. Als er bei seiner Rückkehr aus Spanien seinen Vater gegen Feinde zu Hilfe rief, ließ dieser einen Steinregen niedergehen, der noch heute als Wüste Crau zu sehen ist.

Später übte das westliche Mittelmeer auf die Phokäer eine solche Anziehungskraft aus, daß sie in dieser Gegend eine Kolonie gründeten – ein Ereignis, das sich in der Legende von **Protis und Gyptis** widerspiegelt *(s. MARSEILLE)*. Auch bei den Abenteuern des Marseillers **Pytheas** ist es nicht leicht, Dichtung und historische Wahrheit zu unterscheiden. Der kühne Seefahrer und Geograph soll im 4. Jh. v. Chr. die Säulen des Herkules (Meerenge von Gibraltar) passiert haben und bis Cornwall und Island gelangt sein.

Heiligenlegenden – Eine tausendjährige Tradition schreibt die Christianisierung der Provence (ab 1. Jh.) Lazarus, Maria Magdalena und Martha zu, die mit ihren Begleitern in einem Boot aus Judäa kamen *(s. Les SAINTES-MARIES-DE-LA-MER)*. Zahlreiche Wundertaten werden von ihnen berichtet: Martha z. B. soll die Stadt Tarascon von dem Tarasque-Ungeheuer befreit haben *(s. TARASCON)*.

Rührende Zeugnisse des Volksglaubens sind die Berichte über einzelne provenzalische Heilige. **Elzéar de Sabran** *(s. ANSOUIS)* kasteite sich bereits im zartesten Kindesalter, indem er freitags die Milch seiner Amme zurückwies. Der **hl. Mitre** hingegen „nahm nach seiner Enthauptung seinen blutigen Kopf in die Arme, küßte (!) ihn und legte ihn auf den Altar der Kathedrale." Der **hl. Césaire** soll in seinem Handschuh eine Brise Seewind eingefangen und nach Nyons gebracht haben, das in einem tiefen Bergkessel liegt. Von da ab blies in dieser Gegend ein stetiger Wind, so daß die Bewohner Mut schöpften und anfingen, den Boden zu bestellen. Aus jener Zeit stammt das günstige Klima, das sogar Ölbäume gedeihen läßt und der Region zu Wohlstand verhalf.

Das Erbe der Troubadoure – Andere provenzalische Sagen haben ihren Ursprung in mittelalterlichen Epen oder in der höfischen Literatur, im provenzalischen Minnesang. **Pierre de Provence**, ein tapferer Ritter und begnadeter Troubadour, lebte bei seinem Vater auf Schloß Cavaillon. Er verliebte sich in das Porträt der Prinzessin Maguelone, der Tochter des Königs von Neapel. Also machte er sich auf die Reise, wurde bei Hofe empfangen und ging bei zahlreichen Turnieren als Sieger hervor. Eine heimliche Liebe entstand zwischen Pierre und Maguelone, die sich Treue schworen. Eines Tages jedoch wurde der Ritter nach Tunis verschleppt. Erst nach sieben Jahren gelang ihm die Rückkehr, doch vor Aigues-Mortes erlitt er Schiffbruch. Man brachte ihn lebensgefährlich verletzt in das städtische Spital, das von Prinzessin Maguelone geleitet wurde, die in diesem Werk der Nächstenliebe Vergessen suchte. Die Liebenden erkannten sich wieder, Pierre wurde geheilt – und wenn sie nicht gestorben sind...

Nicht immer ist das Ende so glücklich. **Guillem de Cabestaing**, ein Sohn aus vornehmem Hause und bekannter Troubadour, sang am Hofe des Herrn von Castel-Roussillon, der – selbst häßlich, alt und ungebildet – die schöne, junge Sérémonde zur Frau hatte. Schnell entbrannte die Liebe zwischen den beiden jungen Leuten, was dem Ehemann nicht entging: Er tötete Guillem meuchlings, riß ihm das Herz aus dem Leibe und gab es seiner Frau zu essen. Als er sich seiner Rache rühmte, entgegnete sie: „Mein Herr, Sie haben mir ein so delikates Mahl serviert, wie ich es in Zukunft niemals mehr kosten werde. Ich schwöre zu Gott, jede andere Nahrung zu verweigern, um den Geschmack mit in den Tod zu nehmen." Verzweifelt sprang sie von einer der steilen Felswände Roussillons in die Tiefe, und als ihr Blut die Erde färbte, entstand der Ocker!

Hexerei und Magie – Nicht selten gab es wenigstens einen „Masc" oder eine „Masco" im Dorf, also jemanden, der Mensch und Tier verhexen konnte. Verweigerte ein Säugling die Brust, scheuten Pferde ohne ersichtlichen Grund oder verloren Jagdhunde ihren Geruchssinn, so waren sie behext.

Der Ort Méthamis im Vaucluse gilt sogar noch heute als Hochburg provenzalischer Hexerei. Im Kampf gegen die Verzauberung suchte man Hilfe bei einem „démascaire", einem „Entzauberer". Das war häufig ein Hirt, der übernatürliche Kräfte besaß, die Geheimnisse der Natur kannte und Erzfeind der Hexenmeister war. Mit seinen Kräften löste er den bösen Zauber, renkte Glieder ein und heilte mit Hilfe von ausgewählten Pflanzen.

Auch andere Methoden halfen. Gegen Hexerei mußte man ein Kleidungsstück verkehrt herum tragen, Salz ins Feuer werfen, Beschwörungsformeln aufsagen, sich zu einem ganz bestimmten Zeitpunkt bekreuzigen usw. Um ein Haus vor dem „Bösen Blick" zu schützen, mauerte man gewöhnlich einen verglasten Kiesel ein; über die Tür einer Schäferhütte nagelte man eine „magische Distel".

Manche Orte sind ganz durchdrungen vom Geheimnisvollen und Wunderbaren, so z. B. die bei Vauvenargues gelegene Garagai-Kluft (Gouffre du Garagaï) – ein endloser Schlund, in dem merkwürdige Dinge geschehen. Zwischen Arles und Montmajour gibt es das von übernatürlichen Wesen bevölkerte „Feenloch" (Trou des fées)!

Viele provenzalische Geschichten erzählen von den Großtaten ungewöhnlich begabter Kinder, die von Gott bzw. von einem Heiligen verliehene oder durch Magie erworbene besondere Kräfte oder Klugheit besaßen. Zu ihnen gehören z. B. der kleine **Bénézet** aus Avignon oder **Jean de l'Ours**, der zusammen mit einem Bären aufgewachsen war. Mit 12 Jahren brach Jean zu einer Reise durch Frankreich auf. Zunächst war er Lehrling bei einem Schmied, bei dem er sich einen riesigen eisernen Spazierstock schmiedete. Mit dieser Waffe erschlug er später die schrecklichen Drachen, die eine junge Prinzessin in einem verwunschenen Schloß bewachten.

Das **Waisenkind Guihen** besaß eine weiße Henne. Streichelte er sie und sagte dabei einen Zauberspruch, so vermochte er sich unsichtbar zu machen. Auf diese Art befreite er einen König und dessen Tochter aus der Gewalt eines bösen Barons. Zum Dank versprach der König dem Zauberer Guihen die Hand seiner Tochter.

Traditionelle Hausformen

Die provenzalischen Bauernhöfe und Wohnhäuser haben, unabhängig von ihrer Größe, eine Reihe gemeinsamer Merkmale:
– ein nur wenig geneigtes, mit „Mönch-Nonnen-Ziegeln" gedecktes Dach, dessen Gesims durch mehrere, in Mörtel eingebettete vorspringende Ziegelreihen gebildet wird;
– Steinmauern, die mit einer dicken, grob geglätteten Schicht von Kalkputz in den warmen Farbtönen Rosa oder Malve bedeckt sind. Dabei ist die dem Wind zugekehrte Nordseite fensterlos, während die anderen Seiten kleine Fenster aufweisen, die genügend Licht, nicht aber die Hitze eindringen lassen;
– eine Ausrichtung nach dem Wind (Nord-Süd-Richtung) mit leichter Neigung nach Osten, um sich vor dem Mistral zu schützen. Eine dichte Zypressenreihe hält den Nordwind ab, während schöne Platanen oder Zürgelbäume die Südfassade beschatten;
– die Böden der Räume sind mit roten oder braunen Terrakottafliesen *(mallons)* belegt;
– die Gewölbe sind mörtellos gefügt oder gemauert.

Mas – Ein Mas ist ein gedrungenes rechteckiges Gebäude, das unter einem Dach Wohnhaus und Nebengebäude vereint. Die Mauern bestehen aus Feldsteinen oder den glatten Kieseln der Crau-Ebene; Hausteine werden nur für die Einfassung der Fenster- und

Provenzalischer Mas

Türöffnungen verwendet. Ein Mas besteht aus zwei Teilen, die durch einen Gang miteinander verbunden sind und dem Wohnbereich des Besitzers bzw. dem des Landarbeiters *(bayle)* entsprechen. Erdgeschoß und 1. Stock sind geteilt.

Die Küche liegt ebenerdig zum Hof und ist trotz ihrer geringen Größe der Hauptraum; sie enthält mehrere fest installierte Einrichtungen wie einen Spülstein, einen Kamin und einen gemauerten Herd; außerdem stehen hier verschiedene Möbel (Tisch und Stühle, Schränke, Büfetts, Regale und z. T. kunstvoll gearbeitete Brotschränke).

Im 1. Stock befinden sich die Schlafzimmer – mit gefliesten Böden – und der Speicher. Je nach Größe des Hofs und der Art der landwirtschaftlichen Nutzung variiert die Anlage des Gebäudes und seiner Räume. Im Erdgeschoß gibt es teilweise auf der Nordseite einen gemauerten, überwölbten Vorratsraum, einen Pferdestall, einen Schuppen, einen Schafstall (manchmal in einem separaten Bau), einen Backofen, einen Raum für die Backvorräte und eine Zisterne. In anderen Gegenden befand sich früher im 1. Stock neben den Speicherräumen die Seidenraupenzucht *(magnanerie)*. Über dem Schafstall lag die Scheune, und es gab zumeist auch ein Taubenhaus.

Der **Mas des Bas Vivarais** besitzt oft ein zusätzliches Stockwerk. Das Erdgeschoß wird vom Stall für das Kleinvieh, dem Raum für landwirtschaftliches Gerät und Abstellkammern eingenommen. Im 1. Stock befindet sich eine meist überdachte Terrasse *(couradou)*, an der die Zimmer, die Küche und die *magnanerie* liegen; eine kleine Holztreppe führt zum Speicher.

Der **Oustau**, das provenzalische Bauernhaus par excellence, ist kleiner als der Mas, doch nach demselben Schema angelegt. Im oberen Comtat Venaissin nennt man es *Grange* (dt. Scheune).

Bastide – Eine Bastide ist ein Landhaus mit quadratischem Grundriß und Zeltdach. Sie ist aus Hausteinen gebaut und weist regelmäßige Fassaden mit symmetrischen Fenster- und Türöffnungen auf; dazu kommen dekorative Elemente wie schmiedeeiserne Balkongeländer, Freitreppen, Skulpturen.

Cabane de gardian – Die für die Camargue typische Gardianhütte hat einen rechteckigen Grundriß und umfaßt oft nur eine Fläche von 10 x 5 m. Es ist weiß getüncht, mit Schilfrohr gedeckt und auf der Rückseite (Nord-Nordwest, woher der Mistral bläst), abgerundet. Die relativ niedrigen Wände sind aus Stampflehm, und nur die Fassade ist gemauert. Das stark geneigte Dach ruht auf einem langen Balken, der den First überragt und durch ein Holzstück quer verriegelt ist, was wie ein geneigtes Kreuz aussieht. Auf dem First verhindern eine Schicht gebrannten Kalks und eine Ziegelreihe das Einsickern von Regenwasser. Das Innere ist äußerst schlicht und nur mit dem Notwendigsten ausgestattet; die beiden Räume trennt eine Schilfwand.

Gardianhütte

Möbel

Das 18. und das frühe 19. Jh. stellen die Blütezeit des provenzalischen Mobiliars dar. Während schlichte Linienführung (Renaissance und Louis-quinze) in der Haute-Provence vorherrschend waren, gewann der Louis-quinze-Stil in den anderen Regionen an Bedeutung.

Die Möbelhersteller verarbeiteten mit Vorliebe Nußbaum und gelegentlich Buchsbaum, Olivenbaum, Kirsch- oder Birnbaum. Die Möbel sind im allgemeinen zierlich und haben geschweifte, bauchige Formen; die Füße sind mit Rollwerk verziert. Ganz typisch sind die vielen kleinen Kästen und Schränke, beispielsweise der **„Paniero"** für das Brot, der durch ein Gitter aus gedrechselten Säulchen luftig gestaltete Vorratsschrank **„Manjadou"**, der den Zinngegenständen vorbehaltene **„Estagnié"**, der **„Verriau"** für Gläser, das **„Saliero"** oder Salzfach, usw. Weitere typisch provenzalische Möbel sind das **Buffet** mit seitlich herausziehbaren Platten, die große Sitzbank **„Radassié"** mit einer Sitzfläche aus Stroh, Spartogras oder Roggenhalmen und der **„Fauteuil à la capucine"** genannte Armstuhl mit trapezförmigem Sitz, nach hinten versetzten Armlehnen und einer Rückenlehne mit geschweiften Querstreben.

Die Verzierung besteht aus stark profilierten Wülsten und Kehlen sowie aus Schnitzerei mit der Natur entlehnten Motiven (Akanthus, Blumenkörbe, Oliven- oder Eichenzweige):

die Ecken und den Giebel markieren zierliche, spindelförmige Aufsätze *(bobèches)*.

Am bekanntesten ist in diesem Zusammenhang der Stil von Arles. Tatsächlich war diese Stadt ein besonders kreatives Produktionszentrum. Hier wurden u. a. der Brotschrank, die ersten beweglichen Schränke der Provence und die bereits erwähnten Armstühle („fauteuils à la capucine") erfunden. In der Oberen Provence blieb der Stil rustikal und das Mobilar dem Renaissance- und Louis-treize-Stil verpflichtet; es hatte klare Linien und war relativ schlicht. Die Tischlermeister

Brotschrank
(Museon Arlaten, Arles)

R. Mazin/PHOTONONSTOP

verarbeiteten hier mit Vorliebe Maulbeerbaum bzw. Kiefern- und Lindenholz. Gelegentlich dienten auch einfache Vertiefungen in der Wand als Kasten oder Schränkchen.

Fayencen

Da die Provence reich an Tonlagerstätten ist, gibt es viele Orte, in denen Keramik hergestellt wird. Besonders bekannt wurden die Fayencen aus **Apt** und **Avignon** (jaspisartige Sprenkelungen), **Allemagne-en-Provence** und **Moustiers, Tour-d'Aigues** und vor allem aus **Marseille**. Die Entdeckung der ältesten französischen Töpferwerkstatt in Olliers belegt die Pionierrolle **Marseilles** bei der Keramikherstellung.

Als die Kriege Ludwigs XIV. die Staatskassen geleert hatten und Gold- und Silbergeschirr eingeschmolzen werden mußten, wurde das Interesse an Fayencen und Steingut zunehmend größer. 1679 stellte die in **Saint-Jean-du-Désert** (zwischen Aubagne und Marseille) ansässige Töpferei Fabre auf die Fayenceherstellung um. Hier schuf der aus Aubagne gebürtige Joseph , dessen Familie nach Moustiers gezogen war, mit chinesischen Motiven

bemalte Fayence in verschiedenen Blautönen, die – wie in Nevers und Rouen – vom ersten in Frankreich eingeführten chinesischen Porzellan inspiriert war. Nach der großen Pestepidemie verlor Saint-Jean-du-Désert an Bedeutung.

Ab 1730 wurden die Unterglasur- bzw. Scharffeuerfarben benutzt (Blautöne, Grün, Braun, Violett, Gelb, Rot). **Fauchier** kreierte das Streublumenmuster und führte eine gelbe Glasur als Fond ein. Die Blumen des Fayencekünstlers **Leroy** umgeben wie ein Sternenregen die Kompositionen aus Phantasiefiguren. Die zweite Hälfte des 18. Jh.s. fällt mit der Blütezeit der Marseiller Fayence zusammen. Dies

J. Guillard/SCOPE

Fayence aus St-Jean-du-Désert
(Musée Cantini, Marseille)

ist dem Talent der in Lyon geborenen Pierrette Candellot zu verdanken. Sie war die energische Gattin des Marseiller Fayenceherstellers Claude Perrin und leitete das Unternehmen nach dem Tod ihres Mannes (1748). Die **Veuve Perrin**★ arbeitete mit den nuancenreichen Aufglasurfarben und hatte besonders mit ihren dem Marseiller Repertoire entlehnten Dekors (Fische, Seestücke) großen Erfolg. In ihrer Werkstatt wurden Formen aus der Goldschmiedekunst übernommen und eine ungewöhnliche, wassergrüne Lasur entwickelt.

Die letzten bedeutenden Marseiller Hersteller nach der Veuve Perrin waren Gaspard **Robert** und Antoine **Bonnefoy**. Sie verzierten die Fayence mit künstlerisch gestalteten Dekors in wunderschönen, nuancenreichen Farben, wie man sie vorher nur bei Porzellan finden konnte. Der erste kreierte ein Blumenmuster mit schwarzem Schmetterling und Goldeinfassungen, der zweite einen Dekor mit feinen „Bouillabaisse"-Motiven in Medaillons und Hirtenszenen im Stil Bouchers. Die Konkurrenz der Porzellanmanufakturen, die Revolution und die Blockade durch die englische Flotte leiteten das Ende der Marseiller Fayencekunst ein, deren letzte große Kreationen die Teller mit blau-weiß-rotem Rand von Gaspard Robert waren.

Provenzalische Krippen

Das Aufstellen von Weihnachtskrippen hat in der Provence eine lange Tradition. Im 18. Jh. verbreitete sich dieser Brauch in größerem Umfang und nahm seine typisch provenzalische Form an. Es entstanden sehr schöne und originelle Krippen, von denen einige bei Sammlern und in Museen (Heimatmuseen Aix, Marseille, Museon Arlaten in Arles, Volkskundemuseum in Paris) erhalten sind.

Kirchenkrippen – Ein christliches Weihnachtsfest mit Krippe soll erstmalig im 4. Jh. in Rom gefeiert worden sein. Hier gab es auch eine Basilika mit dem Beinamen „Von der Krippe". Eine Darstellung der Geburt Christi ist auf einem (wahrscheinlich noch vor dem 7. Jh. angefertigten) Sarkophagdeckel in der Kirche von Saint-Maximin zu sehen. Nach dem Konzil von Trient (1543-63) fanden die Weihnachtskrippen allgemeinere Verbreitung. Die Bewegung ging von Italien aus und erreichte die Provence im 17. Jh. Damals wurden die – zumeist aus Holz geschnitzten Krippenfiguren – in den Kirchen aufgestellt. Eine besonders schöne Krippe aus dieser Zeit, deren Figuren orientalische Trachten tragen und eine Höhe von 50 cm erreichen, gibt es noch in der Kirche von Saint-Maximin. Im 18. Jh. tauchten Wachsfiguren mit Glasaugen, Perücken und prächtigen Gewändern auf. Dabei waren nur Kopf, Arme und Beine modelliert und an einem Metallgestell befestigt. Als Material wurden manchmal auch Karton, Glas, Kork und sogar Brotkrumen verwendet. Als die Kirchen während der Revolution von 1789 geschlossen wurden, hielten die Krippen ihren Einzug in die Privathäuser, und nun entstanden die typisch provenzalischen Weihnachtskrippen mit den bemalten Figuren, den *Santons (s. u.).*

„Lebende Krippen" – Während zahlreicher Mitternachtsmessen – so z. B. in Séguret, Allauch, L'Isle-sur-la-Sorgue und Marseille – werden zu Weihnachten Krippenspiele aufgeführt. In Gémenos legen als „Santons" verkleidete Kinder das Jesuskind in seine Krippe. Diesen Aufführungen ähnelt auch der **Pastrage**-Brauch von Les Baux-de-Provence, bei dem ein Schäfer ein lebendes Lamm in einem von einem Widder gezogenen Karren zum Altar bringt. Trommler und als Engel verkleidete Kinder schreiten dem Zug voraus; man singt alte provenzalische Weihnachtsgesänge.

Provenzalische Weihnachtskrippe

P. Briolle/RAPHO

Die Santons
der Provence

Gaspard

Der Schäfer und seine Schafe

Der Müller und sein Esel

Die Zigeuner

Bartoumieu

Grasset und Grasseto

Der Trommler

Der Dorftrottel

Santons – nach alten Modellen der Ateliers Marcel Carbonel, Marseille

59

„Sprechende Krippen" – So nannte man in der Provence Krippen mit mechanisierten Figuren bzw. Marionetten, die – von Gesängen begleitet – ein Krippenspiel aufführten. Die Vorliebe des 18. Jh.s für alle Arten von Automaten machte sich auch hier bemerkbar. Die Menschen kamen von weither, um die Sprechenden Krippen von Aix oder Marseille zu sehen. Dabei siegten Lokalkolorit und Fantasie oft über die historische Genauigkeit: es gab Rentiere, Giraffen, Nilpferde – der Papst entstieg einer Kutsche, um die Heilige Familie zu segnen (!). Im Ersten Kaiserreich erlebte man Napoleon, französische Soldaten und ein Kriegsschiff in Aktion. Später zeigte eine Krippe in der Nähe des Marseiller Bahnhofs die Heiligen Drei Könige, die einem Zug mit Dampflok entstiegen! Die Sprechenden Krippen waren noch bis ins 19. Jh. hinein sehr beliebt.

Die Santons – Die typisch provenzalischen Krippenfiguren der Santons entstanden während der Französischen Revolution. Da die Kirchen geschlossen wurden, hatte man keine Gelegenheit mehr, sich in der Weihnachtszeit Krippen anzuschauen. Nun schlug die Stunde des **Jean-Louis Lagnel** (1764-1822) aus Marseille. Er hatte als erster die Idee, preiswerte Tonfigürchen in Gipsformen herzustellen und sie, statt mit Stoff, mit Farben zu „bekleiden". Der Name „Santon" kommt vom provenzalischen Wort *santoùn*, was „kleiner Heiliger" bedeutet; er ist insofern leicht irreführend, als sich die provenzalischen Krippen gerade durch eine Vielzahl „unheiliger", in der Weihnachtsgeschichte nicht erwähnter Personen auszeichnen. Man findet hier z. B. einen Scherenschleifer, einen Trommler und andere Typen aus dem Volk wie Marktfrauen, Milchfrauen, den Blinden mit seinem Sohn, manchmal auch den Bürgermeister. Sie alle sind auf dem Weg zur Krippe.

Die tönernen Krippenfiguren hatten solch großen Erfolg, daß der Beruf des *Santonnier* entstand. So wurden in Marseille wie auch andernorts Santonmärkte ins Leben gerufen wurden, die man noch heute in der Weihnachtszeit abhält.

Auch Aubagne – es entstanden regelrechte „Santonnier-Dynastien" in der Provence – wurde für seine Santons berühmt. Es entwickelte sich der bis heute lebendige Brauch, daß jede Familie ihre eigene Krippe aufstellt, mit bunten Santons, die sich zum Stall von Bethlehem begeben, um das Jesuskind anzubeten und ihm ihre Gaben zu bringen.

Ihre Blütezeit erreichte diese Kunst während der Restauration; deshalb sind die Santons häufig nach der Mode des frühen 19. Jh.s gekleidet. Heute sind provenzalische Santons in der ganzen Welt bekannt.

Die provenzalische Küche

Knoblauch *(ail)* und **Olivenöl** sind die charakteristischen Elemente der provenzalischen Küche. Der Knoblauch ist von seinen Liebhabern als „Trüffel der Provence", als „göttliches Gewürz" oder auch als „Freund des Menschen" gepriesen worden. Was das Olivenöl betrifft, so wird es in der Provence überall da verwendet, wo man in nördlicheren Breiten Butter nehmen würde (eine provenzalische Redensart lautet: „Der Fisch lebt im Wasser und stirbt im Öl").

Köstliche Spezialitäten

Bouillabaisse – Diese Fischsuppe ist die berühmteste Spezialität der Provence. Sie muß die drei Fische Drachenkopf *(rascasse)*, Knurrhahn *(grondin)* und Seeaal *(congre)* enthalten; beliebig können weitere Meeresfische (Wolfsbarsch, Steinbutt, Seezunge u. a.) oder Krustentiere (Krebse, Seespinnen, Muscheln usw.) hinzukommen; Langusten findet man jedoch nur in der Luxus-Variante der Bouillabaisse.

Fast ebenso wichtig wie die Fische sind die Gewürze: Pfeffer, Salz, Zwiebeln, Safran, Knoblauch, Thymian, Lorbeer, Salbei, Fenchel, Orangenschale; hinzu kommen Tomaten und manchmal auch ein Glas Weißwein oder Cognac. Diese Zutaten verleihen der Brühe, die man zuletzt über Scheiben von geröstetem Weißbrot gießt, einen kräftigen Geschmack, der durch die rote *Rouille*-Soße noch verstärkt wird. Über die Güte der Bouillabaisse entscheiden in erster Linie der Fisch (er muß ganz frisch sein) sowie die Qualität des Olivenöls (kalt gepreßt) und des Safrans.

Aïoli – Dieser Mayonnaise aus Olivenöl wird viel im Mörser zerstoßener Knoblauch beigefügt, der im übrigen sanfter ist als der anderer Regionen. Der provenzalische Dichter Frédéric Mistral sprach nur mit Verachtung von der Mayonnaise anderer Gegenden, die für ihn „fader Marmelade" vergleichbar war. Man reicht **Aïoli** zu kalten Vorspeisen, zu Gemüse oder auch zur Bourride, der einfacheren Variante der Fischsuppe – aus Seeteufel *(baudroie)*, Wolfsbarsch *(loup, bar)* und Seehecht *(merlan)* –, die manche Zeitgenossen der Bouillabaisse sogar vorziehen.

Weitere typische Gerichte – Unter den zahlreichen provenzalischen Spezialitäten seien hier nur die bekanntesten erwähnt. Da sind die z. B. die **Pieds-paquets** von Marseille zu nennen, eine Art Kuttelgericht, das aus kleingeschnittenen Schafsdärmen und -füßen in Weißwein gekocht wird. **Hartwurst** *(saucisson d'Arles)* ißt man in Arles. In der Camargue sollte man den Rindfleisch-Eintopf *(bœuf „gardian")* probieren. In Avignon gibt es kandierte Melonen und **Papalines** (mit Likör gefüllte Schokoladenkugeln); in Carpentras werden die **Berlingot-Bonbons** hergestellt. Die süßen *Caladons* und *Croquants*

Bouillabaisse, die Marseiller Fischsuppe

C. Fleurent/TOP

aus Nîmes sowie die *Calissons* aus Aix bestehen überwiegend aus Mandeln. Tarascon bietet gefüllte Schokoladenkugeln als *Tartarinades* an, Sault hat sich auf **Nougat** (türkischer Honig) spezialisiert und Apt auf kandierte Früchte.

Fische und Muscheln – Einer der schmackhaftesten Mittelmeerfische ist die Rote Meerbarbe *(rouget-barbet)*; auch der mit Fenchel oder jungen Weinranken gegrillte Wolfsbarsch *(loup au fenouil)* ist ein Leckerbissen.

In Saint-Rémy-de-Provence gibt es das *Catigau*, ein aus gegrillten oder geräucherten Flußaalen bestehendes Frikassee; *Brandade de morue* ist ein sämiges Gericht aus zerkleinertem Stockfisch, das mit Milch, Olivenöl, einigen Knoblauchzehen und Trüffeln zubereitet wird.

In Marseille sollte man in den Lokalen beim Alten Hafen Venusmuscheln und Seescheiden, Miesmuscheln und Seeigel probieren, in der Camargue die köstlichen Tellmuscheln *(tellines) kosten*, die mit einer scharfen Soße serviert werden.

Spaziergang auf den provenzalischen Märkten

Obst und Gemüse – Die provenzalische Küche zeigt eine Vorliebe für rohe Zwiebeln und die hier „Liebesäpfel" genannten Tomaten. Auch Artischocken, Fenchel, Paprika, Zucchini, Auberginen, Wassermelonen und die süßen, aromatischen Zuckermelonen werden gern verwendet. Weit verbreitet ist die Grüne oder Marseiller Feige, die klein, saftig und süß ist. Pfirsiche, Aprikosen, Erdbeeren, Kirschen und Trauben sind von guter Qualität.

Kräuter der Provence

Düfte der Gärten, Wohlgerüche der Märkte, Aroma der traditionellen Gerichte – die Kräuter der Provence gehören, ob sie nun angebaut wurden oder direkt aus der Garrigue stammen, genau wie Knoblauch und Olivenöl zu den Grundlagen der provenzalischen Küche und sind Teil des Zaubers dieser Landschaft .

Bohnenkraut *(sarriette)* verwendet man zum Würzen bestimmter Ziegen- und Schafskäse; Thymian *(thym* oder *farigoule)* und Lorbeer *(laurier)* werden kombiniert mit den Zutaten der beliebten Ratatouille (Tomaten, Auberginen, Zucchini, Paprika, Zwiebeln) oder zu gegrillten und gebratenen Gerichten gegeben; Basilikum *(basilic)*, zerstoßen mit Knoblauch, Olivenöl und eventuell etwas Speck oder Parmesan, gehört in den berühmten Pistou; die hellen, samtigen Blätter des Salbei *(sauge)* ergeben, mit Knoblauch gekocht, die traditionelle *„aigo boulido"*-Bouillon, die mit Olivenöl und Brotscheiben gereicht wird; Rosmarin *(romarin)* ist ein ausgezeichnetes Gewürz für Gemüsegratins und für im Ofen gedünsteten Fisch (als Aufguß ist Rosmarin verdauungsfördernd).

Feldthymian *(serpolet)*, der vor allem für die Zubereitung von Wildkaninchen verwendet wird, rundet auch Gemüsesuppen und Tomatengerichte ab; Wacholder *(genièvre)* verleiht den Füllungen von Pasteten und den Wildgerichten ein unvergleichliches Aroma; Majoran *(marjolaine)* dient zum Würzen von Ragouts, Estragon zum Abschmecken von Mehlschwitzen; der leicht nach Anis schmeckende Fenchel *(fenouil)* paßt ausgezeichnet zu Fischgerichten.

Die Oliven sind fleischig, fein im Geschmack und unterscheiden sich durch ihre geringe Größe von jenen anderer Mittelmeerländer. In der Gegend von Nîmes werden sie unreif, d. h. grün gepflückt und eingelegt; die reifen schwarzen Oliven kommen häufig aus Carpentras und Nyons.

Zwei traditionelle Rezepte

Tapenade – Die Tapenade wird als Brotaufstrich zum Aperitif oder als Vorspeise gereicht. Zu gleichen Teilen schwarze entkernte Oliven, Sardellenfilets und Kapern (*tapèno* auf Provenzalisch) in einem Mörser zerstoßen, einen Teelöffel Senf hinzugeben und gleichmäßig verrühren, dabei langsam etwas Olivenöl in die Mischung gießen.

Artischocken „à la barigoule" – Für 4 Personen: Ein Dutzend frische, kleine Artischocken auswählen, die größten Blätter entfernen, von den übrigen Blättern nur das untere Drittel verwenden; zusammen mit kleingeschnittenen Karotten und Zwiebeln in einen Kochtopf geben, mit Olivenöl übergießen und bei schwacher Hitze im geschlossenen Topf kochen lassen. Nach 20 bis 25 Minuten zwei Glas trockenen Weißwein, zwei Glas Bouillon, zwei Knoblauchzehen und etwas Speck hinzugeben; mit Salz und Pfeffer abschmecken, erneut abdecken und weitere 50 Minuten dünsten lassen. Die Artischocken mit der Soße bedeckt servieren.

Wein

Die Griechen bauten als erste Wein auf den Hügeln bei Massalia, dem heutigen Marseille, an; auch im unteren Rhone-Tal wurde schon sehr früh Weinbau betrieben. Im Mittelalter – bevor König René die Herstellung von Roséweinen förderte – gründete der gute Ruf der Provence-Weine auf den Rotweinen, die man wegen ihres kräftigen, vollmundigen Aromas schätzte.

Nach der Zerstörung der Weinberge durch die Reblaus blühte der Weinbau in der Provence ab 1918 wieder auf. Dank sorgfältiger Auslese und Kombination von Rebsorten (13 im Châteauneuf-du-Pape) hat sich die Qualität dieser Weine in den letzten Jahrzehnten deutlich verbessert.

Die Mischung mehrerer Rebsorten ist kennzeichnend für die Herstellung der Provence-Weine. Damit schützen sich die Weinbauern gegen das provenzalische Klima mit seinen längeren Trockenperioden und gegen den Mistral. So kamen nach und nach zu den mediterranen französischen Rebsorten spanische und italienische hinzu. Ein Nachteil dieser Weinerzeugung ist, daß Qualität und Lagerungsfähigkeit nicht immer gewährleistet sind.

Die angenehmen und fruchtigen Roséweine mit ihrer schillernden Farbe, die gleichbedeutend sind mit Sonne und Urlaub, erfreuen sich ganz besonderer Beliebtheit. Dank der Einführung spezieller Keltermethoden sind sie ausgewogen, verfügen über ein angenehmes Bukett und schmecken ausgesprochen frisch, vor allem, wenn sie sehr jung sind.

Die Weißweine sind im allgemeinen trocken und haben ein feines Bukett; sie passen ausgezeichnet zu Fischgerichten und Muscheln.

Die Rotweine zeichnen sich durch ihre große Vielfalt aus. Je nach ihrer Herkunft sind sie vollmundig und kräftig oder weich und subtil.

Rechts der Rhone ist besonders der **Tavel** zu nennen, ein klarer, ausgesprochen süffiger Roséwein. Den feinen und recht vollmundigen **Lirac** (nördlich von Tavel) gibt es als Rot- oder Roséwein; der **Listel** aus der Nähe von Aigues-Mortes ist ein auf Sandboden wachsender Roséwein; die **Costières de Nîmes** bringen einen eleganten, kräftigen Rotwein hervor.

Links der Rhone ist der **Châteauneuf-du-Pape** mit robustem Körper einer der besten Weine mit der Herkunftsbezeichnung Côtes du Rhône. **Gigondas** und **Vacqueyras** bauen kräftige Rotweine und elegante Weißweine an. **Rasteau** ist vor allem für seine lieblichen honiggelben und roten Weine bekannt, ebenso wie **Beaumes-de-Venise**, das einen milden Muscat hervorbringt.

In der Hügellandschaft der Unteren Provence ist besonders **Cassis** für seinen trockenen Weißwein mit dem blumigen Aroma bekannt, doch auch der samtige Rotwein ist bemerkenswert. Vor den Toren von Aix-en-Provence liegt das kleine Weinbaugebiet von **Palette**, das sich durch seinen lieblichen Rotwein auszeichnet, der gelegentlich als „Bordeaux der Provence" bezeichnet wird. Die **Coteaux d'Aix-en-Provence** bringen angenehme, charaktervolle Rotweine hervor; die **Côtes de Provence** schließlich, die (im Rahmen dieses Führers) die Gegend um das Massiv von Ste-Baume abdecken, sind berühmt für ihre Roséweine.

M. Guillot/MICHELIN

Geschichtlicher Überblick

Die Provence war seit jeher Schauplatz von Kriegen und Annexionen, aber auch Bühne fruchtbarer kultureller und wirtschaftlicher Beziehungen. Die Spuren, die die Römer und die Griechen in der Region hinterlassen haben, sind in Landwirtschaft, Kunst und Architektur noch heute erkennbar.

Von der Vorgeschichte zur römischen Herrschaft

Vor Chr.	
um 6000	Jungsteinzeit (Neolithikum): Anfänge der Töpferei und verschiedener landwirtschaftlicher Aktivitäten; Menschen siedeln sich in Châteauneuf-les-Martigues und Courthézon an.
um 3500	Chassey-Kultur: Die ersten richtigen Landwirte und Viehzüchter leben in dörflichen Siedlungen.
1800-800	Bronzezeit – Ligurer bevölkern die Gegend.
8.-4. Jh.	Kelten siedeln sich allmählich an.
um 600	Die griechischen Phokäer aus Kleinasien gründen Massalia *(Marseille)*.
4. Jh.	Blütezeit Massalias; Pytheas der Seefahrer erforscht die Nordmeere.
218	Hannibal zieht durch die Provence und überquert die Alpen.
125-122	Eroberung des südlichen Galliens durch die Römer; Zerstörung von Entremont und Gründung von *Aquae Sextiae* (Aix-en-Provence).
102	Marius schlägt die Teutonen bei Aquae Sextiae (Aix-en-Provence).
58-51	Julius Cäsar erobert ganz Gallien.
27	In der Regierungszeit des Augustus verbreitet sich die römische Kultur in der **Gallia Narbonensis** genannten Provence.
Nach Chr.	
284	Die Provinz wird zweigeteilt, in die Provincia Narbonensis auf dem rechten Rhone-Ufer und die Provincia Viennensis auf dem linken Ufer.
4. Jh.	Blütezeit von Arles; Errichtung von Diözesen
416	Johannes Cassianus gründet die Abtei Saint-Victor in Marseille.

Die Grafschaft Provence

471	Die Westgoten erobern Arles.
476	Fall des Weströmischen Reiches
536	Abtretung der Provence an die Franken
843	Durch den Vertrag von Verdun gelangen die Provence, Burgund und Lothringen an Lothar, den Enkel Karls des Großen.
855	Karl, der dritte Sohn Lothars, wird König der Provence.
2. Hälfte des 9. u. 10. Jh.s	Wiederholte Einfälle von Sarazenen, Normannen und Ungarn.
879	Boso von Vienne, Schwager Karls d. Kahlen, ist König von Burgund und der Provence.
1032	Die Provence fällt an das Hl. Römische Reich, wobei die Grafen jedoch weitgehende Unabhängigkeit behalten; die Städte expandieren und behaupten ihre Autonomie.
1125	Die Provence wird zwischen dem Grafen von Barcelona und dem Grafen von Toulouse aufgeteilt. Die Provence lebt in engem Kontakt zu den Ländern des Okzitaniens, d. h. mit Ländern, die ähnliche Sitten haben und in denen dieselbe Sprache gesprochen wird *(langue d'oc)*. Der Kreuzzug gegen die Albigenser bringt – angesichts der Bedrohung der „Eindringlinge aus dem Norden" – die späte Einigung der Katalanen und der Toulouser, die sich bis dahin die Provence streitig gemacht hatten. Die Niederlage von Muret (1213) macht jedoch jede Hoffnung auf ein vereintes Okzitanien zunichte.
um 1135	Die Städte sind zu lokalen Machtfaktoren geworden; seit Beginn des 12. Jh.s wählen sie Konsuln, deren Macht auf Kosten der traditionellen Herren (Bischöfe, Grafen und Vizegrafen) zunimmt. Im 13. Jh. sind die Städte auf dem Weg zur Unabhängigkeit.
1229	Durch den Kreuzzug Ludwigs VIII. (1226) und den Vertrag von Paris (1229) wird in Beaucaire ein königlicher Amtsbezirk (Sénéchaussée) geschaffen. Das rechte Rhone-Ufer ist nunmehr königliches Gebiet. Im

LAUROS-GIRAUDON

Siegel Raymonds VI.,
Graf von Toulouse

	Osten hält der katalanische Graf Raimund Berengar V. seinen Machtbereich aufrecht. Er baut eine provenzalische Verwaltung auf und residiert selbst oft in Aix.
1246	Karl I. von Anjou, ein Bruder Ludwigs d. Heiligen (Ludwig IX.), heiratet Beatrix der Provence, die Tochter des Grafen von Barcelona, und wird Graf der Provence.

In der Provence schätzt man seine Regierungszeit, die Sicherheit ist wiederhergestellt, eine integere Verwaltung regelt die öffentlichen Angelegenheiten, und man gelangt erneut zu Wohlstand.

1248 Ludwig d. Heilige schifft sich in Aigues-Mortes zum 7. Kreuzzug ein.

1274 Das Comtat wird an die Päpste abgetreten.

Die Nachfolger Karls I., Karl II. und Robert, verfolgen in der 1. Hälfte des 14. Jh.s eine Politik der Ruhe und Ordnung.

Ludwig d. Hl. schifft sich in Aigues-Mortes zum Kreuzzug ein

1316-1403 Bischof Jacques Duèse, der 1316 zum Papst – Johannes XXII. – gewählt wird, macht Avignon zu seiner Residenz. Die Stadt ist nun die bedeutendste der Grafschaft. Schon Klemens V. residierte seit 1309 in der Provence und profitiert vom Schutz des französischen Königs. Die Wahl Johannes XXII. wird durch seinen Nachfolger Benedikt XII., der den Bau der neuen päpstlichen Residenz unternimmt, bestätigt. Der Aufenthalt der Päpste in Avignon wird nahezu ein Jahrhundert dauern und den außergewöhnlichen Aufschwung der Stadt bewirken.

1348 Johanna I. von Anjou verkauft Avignon an Papst Klemens VI. Mit der 2. Hälfte des 14. Jh.s brechen für die Provence schwere Zeiten herein: Hunger und Pest (1348), Verwüstungen durch Räuberbanden sowie politische Unsicherheit, bedingt durch die Schwäche der Königin Johanna (Enkelin König Roberts, die 1382 umgebracht wird) destabilisieren das Land zusehends. Nach heftigen Erbfolgestreitigkeiten schafft Ludwig II. von Anjou (Neffe des französischen Königs Karl V.) wieder geordnete Verhältnisse. Dieser Befriedungsprozeß wird vorübergehend durch die Machenschaften des Vicomte Raymond de Turenne gestört, der mit seiner Bande von den Festungen Les Baux und Roquemartine aus zu unzähligen Raubzügen (1389-1399) aufbricht und plündernd durch das Land zieht. Erst zu Beginn des 15. Jh.s kehrt endgültig Ruhe ein.

1409 Gründung der Universität von Aix. Aix wird Verwaltungshauptstadt; ein Seneschal und der *Cour des Maîtres rationaux*, der sich um die finanziellen Angelegenheiten der Grafschaft kümmert, stehen an der Spitze der Verwaltung.

1434-1480 René von Anjou, Onkel Ludwigs XI., wird Graf der Provence; die Regierung des „guten Königs René" gilt als Goldenes Zeitalter. René, Sohn Ludwigs II. von Anjou (gest. 1417), erbt beim Tod seines Bruders 1434 die Provence. Seine Regierungszeit bleibt in guter Erinnerung, da sie mit einer Periode politischer und wirtschaftlicher Restauration einhergeht, die in ganz Frankreich spürbar ist. Der Fürst, selbst Dichter und Kunstliebhaber, zieht zahlreiche Künstler nach Aix, das in gewisser Weise die Nachfolge der Papstresidenz Avignon antritt.

1450 Jacques Cœur errichtet Handelsniederlassungen in Marseille.

1481 Karl von Maine, der Neffe König Renés, vermacht die Provence testamentarisch dem französischen König Ludwig XI.

Das „Parlement" der Provence

1486 Die drei Stände der Provence (Vertreter von Klerus, Adel und Bürgertum) ratifizieren in Aix den Anschluß der Provence an das Königreich Frankreich.

1501 Ludwig XII. gründet das Parlement der Provence; es handelt sich um einen unabhängigen Gerichtshof, der später auch gewisse politische Rechte beansprucht.

1524-36 Auseinandersetzungen zwischen Karl V. und Franz I.; die kaiserlichen Truppen kämpfen auch in der Provence.

1539 Das Edikt von Villers-Cotterêts bestimmt Französisch zur Verwaltungssprache der Provence.

1545	Massaker der Waldenser des Luberon. Ab 1530 verbreitet sich die Reformation durch Bibelverkäufer und Händler über das Rhonetal, das Vivarais und das Durancetal im ganzen Süden. Gefördert wird diese Entwicklung durch das Wirken der Waldenser, die in den Dörfern des Luberon beheimatet sind.
	Petrus Waldes, ein reicher Lyoner Kaufmann, hatte 1170 die nach ihm benannte Sekte gegründet, die für Armut und eine Rückbesinnung auf das Evangelium eintrat, die Sakramente sowie die Kirchenhierarchie ablehnte. So gerieten die Waldenser in Widerspruch zum Katholizismus. 1184 wurden sie exkommuniziert und seitdem als Ketzer verfolgt. 1530 wurden sie zur Zielscheibe der Inquisition, und 1540 erließ das (1501 gegründete) Parlament von Aix gegen 19 Waldenser das „Dekret von Mérindol". Zünächst gewährte Franz I. einen Aufschub. Nachdem einige Häretiker 1544 die Abtei Sénanque verwüstet hatten, kam es vom 15.–20. April 1545 zu einem furchtbaren Blutbad: Dörfer (Cadenet, Ménerbes, Mérindol und 20 andere) wurden geplündert und in Brand gesteckt, 3 000 Menschen auf grausamste Art getötet; 600 Männer schickte man auf die Galeeren.
1555	Nostradamus (geb. in St-Rémy-de-Provence) veröffentlicht seine astrologischen Weissagungen, die „Centuries".
1558	Adam de Craponne, ein Ingenieur aus Salon-de-Provence, baut einen Kanal zur Bewässerung der Crau.
1567	Massaker der *Michelade* in Nîmes, bei dem 200 Priester und katholische Notabeln getötet werden.
	Der Protestantismus verbreitet sich, vor allem westlich der Rhone (Vivarais, Cévennen, Nîmes und Uzès) und im Fürstentum Orange (im Besitz des Hauses Nassau seit 1559). 1560 wird die Konfrontation unausweichlich: Eine Reihe von Kirchen und Abteien (Saint-Gilles, Kartause von Valbonne) werden von den Hugenotten geplündert, die Gewalt eskaliert auf beiden Seiten. Hier nun gehen Provence und Languedoc-Cé_vennen getrennte Wege: Die Provence entscheidet sich für den Katholizismus, und die katholische Liga gewinnt in Städten wie Aix oder Marseille (das den Status eines Stadtstaates anstrebt) überzeugte Anhänger. Auf der westlichen Rhoneseite sieht die Situation anders aus: Dort überwiegen in der Bevölkerung die Anhänger der Reformation, deren Zentrum Nîmes ist.
	So stehen sich am Ende der erbittert geführten Religionskriege im Süden zwei Bevölkerungsgruppen konträrer Überzeugung gegenüber, die sich im Kamisardenaufstand (1702-04) noch einmal befehden und diese entscheidende Episode ihrer Geschichte niemals völlig vergessen werden.
1622	Ludwig XIII. besucht Arles, Aix und Marseille.
1660	Ludwig XIV. zieht feierlich in Marseille ein.
1685	Widerrufung des Ediktes von Nantes; Unterdrückung des Protestantismus: Flucht von etwa 300 000 bis 500 000 Hugenotten in protestantische Länder.
1713	Das Fürstentum Orange, ehemals Besitzung des Hauses , gelangt durch den Vertrag von Utrecht an das französische Königshaus.
1720	Erneute Pestepidemie, die sich von Marseille aus verbreitet und zahllose Opfer unter der Bevölkerung fordert.
1771	Auflösung des „Parlement" genannten Gerichtshofs von Aix.

Von der Revolution bis in unsere Tage

1790	Die Verfassunggebende Versammlung beschließt die Gründung von drei Departements in Südostfrankreich (Basses-Alpes, Hauptstadt Digne; Bouche-du-Rhône, Hauptstadt Aix; Var, Hauptstadt Toulon).
1791	Avignon und die Grafschaft Venaissin werden Frankreich einverleibt.
1792	500 Freiwillige aus Marseille marschieren in Paris nach den Takten der „Marseillaise".

M. Serre – Die Pest vor dem Rathaus
von Marseille
(Musée de Beaux-Arts, Marseille)

J. Bernard/Musée des B.-A. de Marseille

1815	Sturz Napoleons
	Fanatische Royalisten ermorden Marschall Brune in Avignon.
1854	Gründung des provenzalischen Dichterkreises „Le Félibrige"
1859	Frédéric Mistral veröffentlicht das provenzalische Epos „Mireille".
1933	Gründung der „Compagnie Nationale du Rhone", Beginn der Kanalisierung.
1942	Am 11. November marschieren deutsche Truppen in der Provence ein.
1944	Landung der Alliierten an der Côte d'Azur (15. August); Befreiung Marseilles (23.-28. August).
1962	Inbetriebnahme der ersten Wasserkraftwerke an der Durance
1965	Baubeginn des Industriehafens Fos
1970	Verbindung Marseille–Paris durch die Autobahnen A 6 und A 7.
	Der Parc naturel régional de Camargue entsteht.
1977	Erste U-Bahnstrecke in Marseille
	Der Parc Naturel Régional du Luberon wird geschaffen.
1981	Marseille wird an das Netz des „TGV" (Hochgeschwindigkeitszug) angeschlossen.
1991	In der *Calanque Sormiou* südlich von Marseille entdeckt man die Cosquer-Grotte mit zahlreichen Felszeichnungen.
1993	„Olympique de Marseille" wird als erster französischer Fußballklub Europameister.
1994	Entdeckung der Grotte Chauvet in der Ardèche-Schlucht
1999	Marseille begeht seine 2600-Jahr-Feier.

Die Provence in der Antike

Ligurer und Kelten

Während der Bronzezeit (1800-800 v. Chr.) wird die Gegend von Ligurern bewohnt, wahrscheinlich Nachkommen der neolithischen Urbevölkerung. Ab dem 7. Jh. erscheinen die ersten Kelten, und die ersten Griechen werden seßhaft. Doch erst im 5. und 4. Jh. kommt eine größere Zahl von Kelten ins Land: hieraus ergibt sich das kelto-ligurische Völkergemisch der antiken Provence. Es entstehen sog. Oppida – befestigte Siedlungen auf Anhöhen: Nages bei Nîmes, Saint-Blaise über dem Golf von Fos und Entremont bei Aix waren regelrechte Städte. Die Menschen wohnten innerhalb eines Befestigungsrings in einheitlichen kleinen Häusern aus Stein und ungebrannten Ziegeln; sie lebten von Landwirtschaft, Viehzucht und Jagd.

Die kelto-ligurische Bildhauerkunst widmete sich weitgehend dem Kult des toten Kriegers, der als Held der Stadt angesehen wurde. Die abgeschlagenen Köpfe besiegter Feinde wurden am steinernen Türsturz befestigt bzw., wenn die „Originale" nicht vorhanden waren, stilisiert eingemeißelt.

Handel und griechischer Einfluß – Siedler aus Rhodos gaben dem großen provenzalischen Fluß ihren Namen (Rhodanos); die Phokäer aus Kleinasien (Ionien) waren aber die ersten, die (um 600) eine ständige Kolonie gründen, **Massalia**, das heutige Marseille. Schnell wird die phokäische Siedlung zu einer mächtigen Handelsstadt, die ihrerseits zahlreiche provenzalische Niederlassungen gründet (Glanum, Avignon, Cavaillon). Dennoch trüben sich die Beziehungen zwischen der Urbevölkerung und der Phokäerstadt im 2. Jh., und der Saluvische Bund (eine Vereinigung der provenzalischen Stämme) wehrt sich gegen den „Imperialismus von Massalia".

Rom und Massalia

Im Jahre 154 wird Massalia, das die gallische Bedrohung fürchtet, dem Schutz Roms unterstellt. Um 130 bedroht das mächtige arvernische Reich die Sicherheit des südlichen Galliens, das die wichtigste Verkehrsverbindung zwischen Italien und Spanien besitzt. 125 v. Chr. folgt Rom dem Ruf Massalias: seine Legionen unterwerfen die Vocontier, dann die Saluvier, deren Hauptstadt Entremont zerstört wird. Im Jahre 122 wird Aquae Sextiae (Aix) gegründet; die Römer bereiten den Arvernern und Allobrogern eine blutige Niederlage.

B. Kaufmann/MICHELIN

Kelto-Ligurische Köpfe, Funde aus dem Oppidum von Entremont (Musée Granet, Aix-en-Provence)

118 v. Chr. werden die Grenzen einer neuen römischen Provinz festgelegt; es entsteht die **Transalpina**, die später, nach der ersten römischen Kolonie Narbonne, **Gallia Narbonensis** genannt wird. Massalia behält seine Unabhängigkeit und erhält eigenes Territorium.

Wege, die nach Rom führen – Kaum hatten sie sich in der Provence niedergelassen, bauten die Römer zahlreiche Verkehrswege, deren Trassen denen der alten – von den Galliern oder Griechen genutzten – Straßen folgten. Die Straßen in den Städten wurden gepflastert, jene außerhalb der Siedlungen auf dem Land dicht mit Steinplatten belegt und mit zahlreichen Holz- oder Steinbrücken, Meilensteinen und Rastplätzen versehen.

Bedeutende Römerstraßen verliefen durch die Provence. Die Via Aurelia verband Rom mit der Rhone; sie verlief an der Küste entlang, vorbei an Antibes, Fréjus, Aix und Salon-de-Provence und erreichte bei Tarascon die Via Domitia. Diese verband Italien mit Nordspanien, an ihrer Trasse lagen Briançon, Gap, Sisteron, Apt, Cavaillon, Tarsacona, Nîmes, Béziers, Narbonne und Perpignan. Die Straße des Agrippa schließlich nahm in Arles ihren Ausgang und folgte dem linken Rhone-Ufer in Richtung Lyon, vorbei an Avignon und Orange.

Marius und Cäsar – Pax Romana – Im Jahre 102 v. Chr. schlägt Marius in der Nähe von Aix die Kimbern und Teutonen und macht so die Niederlage der römischen Legionen bei Orange, drei Jahre zuvor, wieder wett. Die neue Provinz fügt sich nun schnell dem römischen Reich ein und unterstützt während der Gallischen Kriege (58-51 v. Chr.) aktiv Prokonsul Cäsar. Da Marseille im Streit zwischen Cäsar und Pompejus für letzteren Partei ergriffen hat, wird die Stadt belagert (49 v. Chr.), muß kapitulieren und verliert ihre Unabhängigkeit; die führenden Städte sind seither Narbonne, Nîmes, Arles und Fréjus.

Unter Augustus beschleunigt sich die Romanisierung; Gallia Narbonensis wird 27 v. Chr. neu organisiert. Die Epoche des Antoninus Pius (2. Jh.), dessen Familie mütterlicherseits aus Nîmes stammte, ist die Blütezeit gallo-römischer Kultur. Weiterhin bleibt die Landwirtschaft in der Provence die wichtigste Aktivität; Handel bringt den Städten Wohlstand, vor allem Arles, das von der Zurücksetzung Marseilles profitiert. Wie man an den zahlreichen Überresten erkennen kann, war die Lebensweise in den Städten vorwiegend von Komfort, Luxus und Zerstreuung bestimmt.

Stadtgründungen

Die meisten Städte der Provence gehen auf zum Teil hellenisierte Siedlungen der Urbevölkerung zurück. Die Gründung einer Römerstadt erfolgte nach genauen Regeln: Nachdem der Mittelpunkt festgelegt war, wurden zwei Hauptachsen gezogen, nämlich der *Cardo maximus* in Nordsüdrichtung und der in Ostwestrichtung verlaufende *Decumanus maximus*. Danach wurden die Straßen in einem regelmäßigen Schachbrettmuster angelegt, dessen einzelne Quadrate etwa 100 m Seitenlänge hatten. Außer Nîmes, Arles und Orange, die das Recht erhielten, ihr Gebiet mit einer Mauer zu umgeben, waren die Städte offen.

Das Forum, das Herz der Stadt – Dieser große, von Kolonnaden umgebene Platz war gesellschaftlicher und geschäftlicher Mittelpunkt der römischen Stadt. Hier befanden sich die öffentlichen Gebäude, ein dem Kaiser geweihter Tempel, eine Basilika (für profane, d. h. juristische und kommerzielle Angelegenheiten), die Kurie (Stadtverwaltung) und manchmal auch ein Gefängnis.

Apollo-Kopf
(Vaison-la-Romaine – Maison des Messii)

Straßen – Die Hauptstraßen hatten Bürgersteige und waren von Säulengängen gesäumt, die die Fußgänger vor Sonne und Regen schützten. Aus der mit großen Steinplatten belegten Fahrbahn ragten in Abständen einzelne mit dem Bürgersteig gleichhohe Steine heraus; sie bildeten gewissermaßen Stege, auf denen die Fußgänger trockenen und sauberen Fußes die Straße überqueren konnten – Pferde und Wagenräder passierten ebenfalls ungehindert. Rinnsteine säumten die leicht gewölbte Fahrbahn.

Stadthäuser – Bei den Ausgrabungen von Vaison-la-Romaine, Glanum und Nîmes (Fontaine-Viertel) wurden bescheidene Bürgerhäuser, mehrstöckige Mietshäuser, Läden und große, luxuriöse Patrizierhäuser freigelegt. Letztere wirkten von außen durch ihre schlichten Mauern und die wenigen Fenster einfach; in der Innenausstattung entfaltete sich jedoch – in den Mosaiken, Statuen, Malereien und Marmorarbeiten – der Reichtum und Repräsentationswille des Besitzers.

Das römische Haus – Von der Pförtnerloge kam man durch eine Vorhalle und einen Flur zum **Atrium (1)**, einem großen, seitlich überdachten Innenhof, wo sich das Sammelbecken für Regenwasser, das **Impluvium** befand. Rundum schlossen sich die Zimmer an, darunter ein Empfangsraum **(2)**, das **Lararium** (privates Oratorium) und das **Tablinum**, der Arbeitsraum und die Bibliothek des Hausherrn. Der von Kolonnaden umgebene zweite Innenhof, das **Peristyl (3)**, war ganz der Familie vorbehalten und meist mit Springbrunnen als Garten angelegt. Um ihn gruppierten sich der Speisesaal – das **Triklinium (4)** –, der große Salon – **Oecus** – sowie die Schlafräume.

Die Wirtschaftsgebäude enthielten die Küche mit gemauertem Backofen und Anschluß an die städtische Kanalisation, Latrinen und Bäder, Zimmer für die Sklaven, Speicher, Vorratskammern, Ställe u. ä.

R. Corbel/MICHELIN

Römische Villa

„Triumphbögen" – Die Bezeichnung Triumphbogen ist nicht ganz korrekt. Die in Orange, Les Antiques (unweit von St-Rémy), Carpentras und Cavaillon erhaltenen Bögen gleichen zwar den Bögen, die man in Rom zu Ehren siegreich heimkehrender Generäle errichtete, sind hier jedoch Bauwerke, die an die Gründung bzw. Einnahme der Stadt erinnern.

Dorische   Ionische   Korinthische
Ordnung   Ordnung   Ordnung

Säulenordnungen – Die Säulenordnungen der römischen Baukunst sind von den griechischen abgeleitet und unterscheiden sich nur in einigen Details. Die römische (oder toskanische) Version der **dorischen** Ordnung ist die einfachste und solideste Säulenform. Sie wurde im untersten Stockwerk der Gebäude verwendet, ist jedoch relativ selten, vielleicht, weil man sie als zu schlicht empfand. Die elegante **ionische** Ordnung wurde von den römischen Baumeistern verschmäht. Am beliebtesten waren die reich ornamentierten **korinthischen** Säulen oder die **Kompositordnung**, eine Mischung aus ionischen und korinthischen Elementen.

Aquädukte und Thermen – Zur Wasserversorgung der Städte bauten die Römer **Aquädukte**, die zuweilen, wie z. B. der berühmte Pont du Gard, monumentale Ausmaße annahmen.

Diese Wasserleitungen versorgten natürlich auch die öffentlichen **Thermen**, die mehr waren als einfache Badeanstalten. Sie waren Orte des Zerstreuung und der Erholung, Ausdruck verfeinerter Lebensart. Man hielt sich häufig und lange dort auf, um sich zu entspannen, Freunde zu treffen, sich körperlich zu ertüchtigen, spazieren zu gehen, zu lesen oder Vorträge zu hören. Der luxuriöse Rahmen dieser weitläufigen Gebäude – bunte Säulen und Kapitelle, Mosaiken, Marmorverkleidung, kassettierte Gewölbe, Wandfresken und Standbilder – diente dem körperlichen und geistigen Wohlergehen.

Die Erwärmung von Wasser und Räumen gewährleisteten Öfen und die sog. Hypokausten im Untergeschoß: heiße Luft, die durch die Verbrennung von Holz oder Holzkohle entstand, heizte den auf Ziegelpfeilern ruhenden Boden und stieg durch Tonröhren in den Wänden auf.

Der „Badende" hielt sich an eine bestimmte Abfolge. Nachdem er seine Kleidung im Umkleideraum abgelegt hatte, ölte er sich ein; danach wärmte er sich durch körperliche Übungen in der Palästra auf. Anschließend besuchte er das **Tepidarium**, das lauwarme Bad, wo er sich gründlich reinigte, indem er die Haut mit kleinen gebogenen Metallspateln *(strigiles)* schabte. Dann nahm er im **Caldarium** ein Dampfbad und tauchte danach in das Becken mit warmem Wasser, in dem auch andere Thermenbesucher badeten. Nach einer Massage kehrte er ins lauwarme Bad zurück, bevor er sich ins **Frigidarium** (Kaltwasserbad) begab, dessen eiskaltes Wasser belebend und anregend auf den Kreislauf wirkte. Hinterher zog er sich an und zerstreute sich in den verschiedenen Nebengebäuden der Thermen.

Gebäude für Veranstaltungen – Die Römer liebten Kämpfe und Theatervorstellungen. Im **Zirkus**, einem langgezogenen Gebäude mit abgerundeten ovalen Enden, wurden Wagen- und Pferderennen ausgetragen. Das **Amphitheater** (oder die Arena) war

Schauplatz der blutigen Gladiatoren- und Raubtierkämpfe. Die Außenseite der Amphitheater bestand aus zwei übereinander angeordneten Arkadenreihen; darauf war das niedrigere Attikageschoß gesetzt, auf dem das riesige Sonnensegel *(velum)* an Pfosten befestigt war. Innen umgab eine Schutzmauer die Arena. Das Halbrund der Zuschauertribünen war meist in vier Segmente geteilt, die jeweils ein Gang trennte. Die einzelnen Ränge waren jeweils bestimmten sozialen Schichten vorbehalten; ganz oben saßen z. B. die Freigelassenen und die Sklaven. Das römische **Theater** hatte die Form eines Halbkreises, an den sich eine tiefe Bühne anschloß. Es bestand aus drei Teilen, aus dem Halbrund der Sitzreihen, der *Cavea*, aus der *Orchestra*, einem halbrunden Platz vor der Bühne, auf dem Sessel für die Würdenträger aufgestellt wurden, und aus der *Scena*, der Bühne. Der Bühnenhintergrund wurde von einer hohen Mauer gebildet, mit drei Türen, durch welche die Schauspieler auf die Scena traten. Diesen schönsten Teil des Gebäudes zierten mehrere Säulenreihen, Nischen mit Standbildern (in der mittleren die Kolossalstatue des Kaisers), Marmorverkleidung und Mosaiken. Dahinter lagen Schauspielerlogen und Requisitenkammern. Eine Säulenhalle öffnete sich zum Garten, in dem sich die Zuschauer in den Pausen aufhielten. Die Kulissen ließen sich dank eines ausgetüftelten Systems schnell ändern. Manche waren fest installiert, andere konnten verschoben werden. Eine komplizierte Maschinerie unter der Bühne erlaubte schon damals Effekte wie Rauch, Blitz und Donner bzw. den wirkungsvollen Auftritt eines Schauspielers aus den Wolken oder aus den Tiefen der Unterwelt.

Die Mundöffnung in den Masken der Schauspieler wirkte wie ein Megaphon. Das schräge Dach war ein Teil des ausgeklügelten akustischen Systems; Säulen im Bühnenhintergrund verminderten den Nachhall, hohe hohle Holztüren dienten als Resonanzkörper (wenn ein Schauspieler seine Stimme verstärken wollte, brauchte er sich einfach nur anzulehnen), große Vasen fungierten zwischen den Sitzreihen als Lautsprecher (Resonatoren).

Tempel – Die Römer übernahmen Götter aller Mythologien und erhoben auch ihre Kaiser in göttlichen Rang. Ihre Tempel entsprachen dem griechischen Vorbild. Meist standen sie erhöht, so daß der Zugang über eine große Treppe führte. Ein Satteldach deckte das langgestreckte Gebäude, das ganz oder teilweise von Säulen umgeben war; am vorderen Ende bildete die zweite Säulenreihe eine offene Vorhalle, durch die man zu dem zentralen, verschlossenen Heiligtum mit dem Götterbild **(Cella)** gelangte.

Das perfekteste Beispiel eines klassischen Tempels in der Provence ist das „Maison Carrée" in Nîmes.

Die Vormachtstellung von Arles

Nach dem unsicheren 3. Jh. (Invasionen von Alemannen, Wandalen u. a., Verarmung der Landbevölkerung) brachten die 4. und das 5. Jh. beträchtliche religiöse und politische Veränderungen. Das Christentum, das offenbar erst gegen Ende des 2. Jh.s aufkam (entgegen den mittelalterlichen Legenden über die Landung von Lazarus, Martha und Magdalena an der Küste der Camargue), setzt sich nach der Bekehrung Konstantins in der Provence durch. Der Kaiser machte Arles zu seiner Lieblingsstadt im Abendland, ließ einen kaiserlichen Palast und Thermen errichten. Als Handelszentrum, das sich auf Stoffe, Goldschmiedearbeiten und auf die Herstellung von Sarkophagen, Waffen und Booten spezialisiert hatte, wurde *Arelate* ein bedeutendes politisches Zentrum (395 Präfektur von Gallien) und spielte auch in religiöser Hinsicht eine wichtige Rolle: die Stadt war Schauplatz von 19 Konzilien. Bis ins Jahr 471, als Arles von den Westgoten eingenommen wurde, hielt dieser Wohlstand an.

In der Provence finden sich noch recht viele antike Theater, wie hier in Vaison-la-Romaine

536 wurde die Provence ins fränkische Reich eingegliedert und war, wie die übrigen Provinzen, der Teilung durch die Nachfolger der merowingischen Dynastie unterworfen. Der Niedergang beschleunigte sich.

Die 1. Hälfte des 8. Jh.s brachte nur Wirren und Tragödien: Araber und Franken machten die Gegend zum Schlachtfeld; Karl Martell unterwarf sie zwischen 736 und 740 mit unerhörter Härte. Eine ständige Bedrohung stellten die Sarazenen dar. 855 wurde ein Königreich Provence errichtet, das in etwa der Rhoneebene entsprach. Durch die Sarazenen- und Normannengefahr geschwächt, fiel es den Königen von Burgund zu, deren Besitzungen sich nun vom Jura bis zum Mittelmeer erstreckten. Ab 1032 war es locker an das Hl. Römische Reich gebunden, während das Gebiet westlich der Rhone den Grafen von Toulouse unterstand.

M. Lacanaud/Musée de l'Arles Antique

Elfenbeinerne Gürtelschnalle des hl. Césaire,
Bischof von Arles
(Musée de l'Arles antique, Arles)

Illustrationen zur Baukunst

Römische Antike

ORANGE – Théâtre antique (Anfang 1. Jh. v. Chr.)

Tür für die Darsteller der Nebenrollen

Tür für die Hauptdarsteller

Bühnenwand *(Scena frons)* mit Schauarchitektur und Drehkulissen. Die Bühnenwand von Orange ist die einzige erhaltene Bühnenwand im Gebiet des einstigen römischen Westreichs.

Zweigeschossige **Kolonnade**

Empfangsräume für das Publikum, entsprechend dem heutigen Foyer

Scena oder *Proscenium:* Bühne mit Holzfußboden

Orchestra: direkt vor der Bühne gelegener Platz, auf den die Sessel der Ehrengäste (hohe Beamte und Würdenträger) gestellt wurden

Halbkreisförmig ansteigende **Sitzreihen** *(Cavea)*, in Segmente *(Maeniae)* geteilt und über Umgänge und Treppen zu erreichen

NÎMES – Maison carrée (Ende 1. Jh. v. Chr.)

Das „Maison carrée" war ein dem Kult der Adoptivsöhne des Augustus geweihter Tempel. Eine Freitreppe führt zum Podium. Nur die Säulen des Portikus sind freistehend; an den Längsseiten des Heiligtums (Cella) sind es der Wand vorgelegte Halbsäulen.

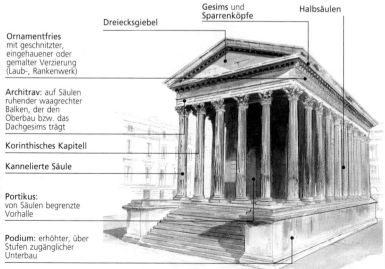

Gesims und Sparrenköpfe

Halbsäulen

Dreiecksgiebel

Ornamentfries mit geschnitzter, eingehauener oder gemalter Verzierung (Laub-, Rankenwerk)

Architrav: auf Säulen ruhender waagrechter Balken, der den Oberbau bzw. das Dachgesims trägt

Korinthisches Kapitell

Kannelierte Säule

Portikus: von Säulen begrenzte Vorhalle

Podium: erhöhter, über Stufen zugänglicher Unterbau

Sakralbau

VAISON-LA-ROMAINE – Ancienne cathédrale Notre-Dame-de-Nazareth (11. Jh.) (Grundriß)

Die Kirche ist typisch für die Romanik in der Provence. Wie die römischen Basiliken ist es ein langgestreckter Bau, den Pfeilerstellungen in drei Schiffe unterteilen; ein halbrunder Ausbau befindet sich an der dem Haupteingang gegenüberliegenden Seite.

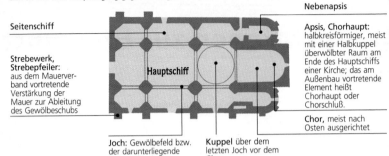

Seitenschiff

Strebewerk, Strebepfeiler: aus dem Mauerverband vortretende Verstärkung der Mauer zur Ableitung des Gewölbeschubs

Hauptschiff

Nebenapsis

Apsis, Chorhaupt: halbkreisförmiger, meist mit einer Halbkuppel überwölbter Raum am Ende des Hauptschiffs einer Kirche; das am Außenbau vortretende Element heißt Chorhaupt oder Chorschluß.

Chor, meist nach Osten ausgerichtet

Joch: Gewölbefeld bzw. der darunterliegende Raum oder dessen Grundfläche

Kuppel über dem letzten Joch vor dem Chor

Provenzalische Romanik (Querschnitte)

Die Abbildung zeigt die beiden in der Provence häufigsten Bauschemas.

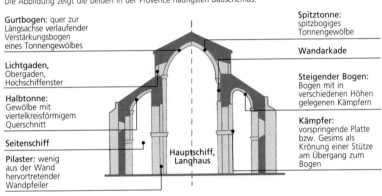

Gurtbogen: quer zur Längsachse verlaufender Verstärkungsbogen eines Tonnengewölbes

Lichtgaden, Obergaden, Hochschiffenster

Halbtonne: Gewölbe mit viertelkreisförmigem Querschnitt

Seitenschiff

Pilaster: wenig aus der Wand hervortretender Wandpfeiler

Hauptschiff, Langhaus

Spitztonne: spitzbogiges Tonnengewölbe

Wandarkade

Steigender Bogen: Bogen mit in verschiedenen Höhen gelegenen Kämpfern

Kämpfer: vorspringende Platte bzw. Gesims als Krönung einer Stütze am Übergang zum Bogen

Abbaye de SILVACANE – Gewölbe des Kapitelsaals (13. Jh.)

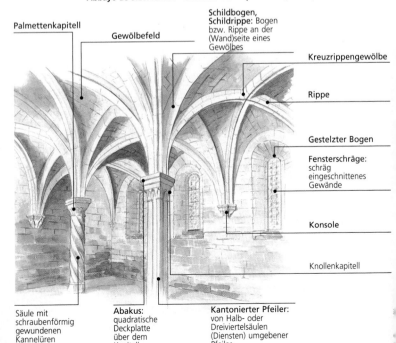

Palmettenkapitell

Gewölbefeld

Schildbogen, Schildrippe: Bogen bzw. Rippe an der (Wand)seite eines Gewölbes

Kreuzrippengewölbe

Rippe

Gestelzter Bogen

Fensterschräge: schräg eingeschnittenes Gewände

Konsole

Knollenkapitell

Säule mit schraubenförmig gewundenen Kannelüren

Abakus: quadratische Deckplatte über dem Kapitell

Kantonierter Pfeiler: von Halb- oder Dreiviertelsäulen (Diensten) umgebener Pfeiler

Abbaye de MONTMAJOUR – Chapelle Sainte-Croix (12. Jh.)

Die Vierkonchenanlage findet sich an mehreren zur gleichen Zeit errichteten Kapellen der Provence.

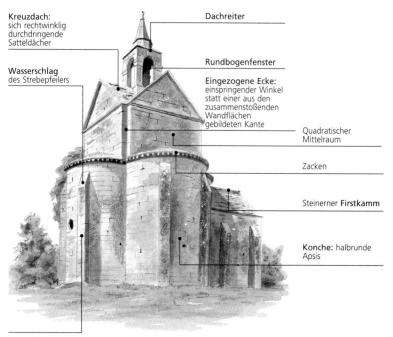

Kreuzdach: sich rechtwinklig durchdringende Satteldächer

Wasserschlag des Strebepfeilers

Strebepfeiler

Dachreiter

Rundbogenfenster

Eingezogene Ecke: einspringender Winkel statt einer aus den zusammenstoßenden Wandflächen gebildeten Kante

Quadratischer Mittelraum

Zacken

Steinerner **Firstkamm**

Konche: halbrunde Apsis

CARPENTRAS – Südportal von Saint-Siffrein (Ende 15. Jh.)

Das Südportal, auch Porte Juive (Judenpforte) genannt, entspricht der Endphase der französischen Gotik, Flamboyant genannt. Man erkennt diesen Stil an der „flammenden" Maßwerkform, die im Deutschen prosaischer „Fischblase" genannt wird.

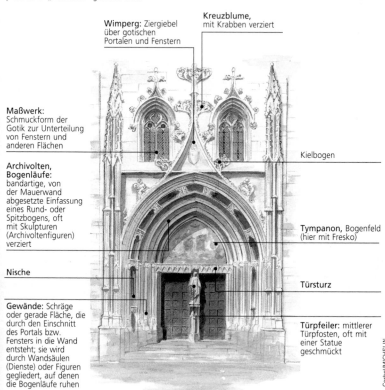

Wimperg: Ziergiebel über gotischen Portalen und Fenstern

Kreuzblume, mit Krabben verziert

Maßwerk: Schmuckform der Gotik zur Unterteilung von Fenstern und anderen Flächen

Archivolten, Bogenläufe: bandartige, von der Mauerwand abgesetzte Einfassung eines Rund- oder Spitzbogens, oft mit Skulpturen (Archivoltenfiguren) verziert

Nische

Gewände: Schräge oder gerade Fläche, die durch den Einschnitt des Portals bzw. Fensters in die Wand entsteht; sie wird durch Wandsäulen (Dienste) oder Figuren gegliedert, auf denen die Bogenläufe ruhen

Kielbogen

Tympanon, Bogenfeld (hier mit Fresko)

Türsturz

Türpfeiler: mittlerer Türpfosten, oft mit einer Statue geschmückt

Abbaye de SAINT-MICHEL-DE-FRIGOLET
Altar der Chapelle Notre-Dame-du-Bon-Remède (17. Jh.)

Die im 11. Jh. errichtete Kapelle wurde im 17. Jh. barock ausgestattet. Aus dieser Zeit stammt der riesige Altaraufsatz (Retabel).

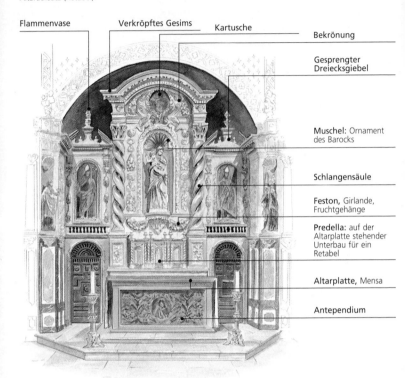

Flammenvase

Verkröpftes Gesims

Kartusche

Bekrönung

Gesprengter Dreiecksgiebel

Muschel: Ornament des Barocks

Schlangensäule

Feston, Girlande, Fruchtgehänge

Predella: auf der Altarplatte stehender Unterbau für ein Retabel

Altarplatte, Mensa

Antependium

UZÈS – Orgel von Saint-Théodorit (18. Jh.)

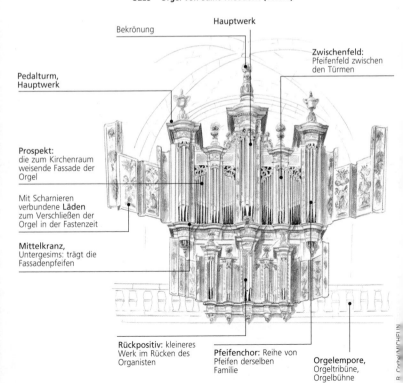

Bekrönung

Hauptwerk

Zwischenfeld: Pfeifenfeld zwischen den Türmen

Pedalturm, Hauptwerk

Prospekt: die zum Kirchenraum weisende Fassade der Orgel

Mit Scharnieren verbundene Läden zum Verschließen der Orgel in der Fastenzeit

Mittelkranz, Untergesims: trägt die Fassadenpfeifen

Rückpositiv: kleineres Werk im Rücken des Organisten

Pfeifenchor: Reihe von Pfeifen derselben Familie

Orgelempore, Orgeltribüne, Orgelbühne

R. Corbel/MICHELIN

Wehrbauten

TARASCON – Burg (14., 15. Jh.)

Maschikulis, Pechnasen: Gußlöcher unter dem vorkragenden Zinnenkranz für heißes Pech, Öl, Wasser

Schlüssellochscharte: Schießscharte für Bogenschützen

Brustwehr

Stufenzinnen

Stückscharte: Schießscharte mit breiter Nische auf der Innenseite; sie erlaubt es, Handschußwaffen in einem weiten Winkel einzusetzen.

Unterer Hof, Vorhof: Der vor der Burg im Schutz der Umfassungsmauer liegende Hof war ursprünglich gepflastert. Er konnte bei einem Angriff als Zufluchtsort für die Bevölkerung dienen. Hier befanden sich die Wirtschaftsgebäude.

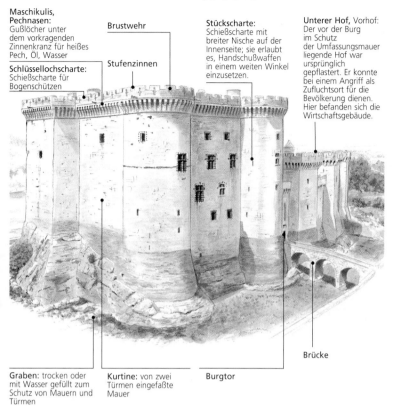

Brücke

Graben: trocken oder mit Wasser gefüllt zum Schutz von Mauern und Türmen

Kurtine: von zwei Türmen eingefaßte Mauer

Burgtor

PORT-DE-BOUC – Festung (17. Jh.)

Die Festung wurde 1664 von Vauban erbaut. Ihr winkliger Grundriß mit vorspringenden Bastionen schließt tote Winkel aus und gewährleistet überall Feuerschutz.

Rondengang

An die Mauer gebaute steile **Treppe**

Kaserne

Schilderhäuschen der Wache

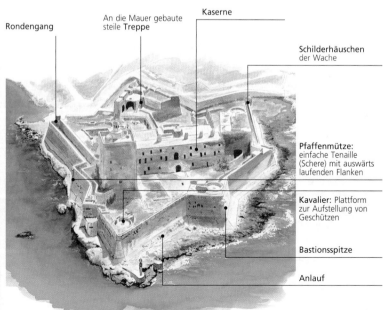

Pfaffenmütze: einfache Tenaille (Schere) mit auswärts laufenden Flanken

Kavalier: Plattform zur Aufstellung von Geschützen

Bastionsspitze

Anlauf

Bürger- und Kommunalbauten

AIX-EN-PROVENCE – Pavillon Vendôme (17., 18. Jh.)

Die Fassade ist entsprechend der „Harmonischen Proportionslehre" Palladios durch übereinanderstehende dorische, ionische und korinthische Pilaster gegliedert.

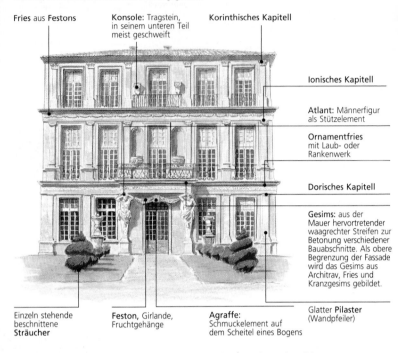

Fries aus Festons

Konsole: Tragstein, in seinem unteren Teil meist geschweift

Korinthisches Kapitell

Ionisches Kapitell

Atlant: Männerfigur als Stützelement

Ornamentfries mit Laub- oder Rankenwerk

Dorisches Kapitell

Gesims: aus der Mauer hervortretender waagrechter Streifen zur Betonung verschiedener Bauabschnitte. Als obere Begrenzung der Fassade wird das Gesims aus Architrav, Fries und Kranzgesims gebildet.

Glatter Pilaster (Wandpfeiler)

Einzeln stehende beschnittene Sträucher

Feston, Girlande, Fruchtgehänge

Agraffe: Schmuckelement auf dem Scheitel eines Bogens

MARSEILLE – Château d'eau du palais Longchamp (19. Jh.)

Zu dieser monumentalen Brunnenanlage mit Wasserturm in der Mitte wurde Henri Espérandieu von Berninis Kolonnade des Petersdoms inspiriert. Die Dekoration ist der Welt des Wassers entlehnt.

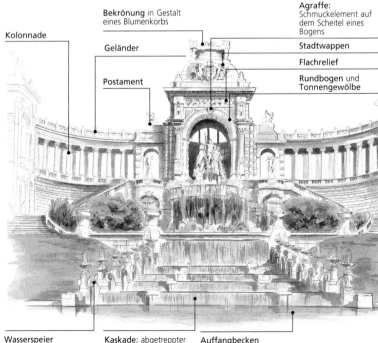

Bekrönung in Gestalt eines Blumenkorbs

Agraffe: Schmuckelement auf dem Scheitel eines Bogens

Kolonnade

Geländer

Stadtwappen

Flachrelief

Postament

Rundbogen und Tonnengewölbe

Wasserspeier in Volutenform

Kaskade: abgetreppter Wasserfall

Auffangbecken für das Wasser der oberhalb liegenden Brunnen

Romanik in der Provence

Im 12. Jh. erlebte die Provence eine einmalige Blütezeit und Renaissance ihrer Baukunst. Im Gebiet zwischen Rhone, Drôme, Alpen und Mittelmeer entwickelte sich damals ein Stil, der verschiedene Einflüsse zu einer originellen Neuschöpfung verband.

Kirchen und Kapellen

Die romanischen Kirchen der Provence haben sich aus den römischen Basiliken und den karolingischen Sakralbauten entwickelt. Meist sind sie nur einschiffig, haben schmale Fenster und kein Querhaus. In den Wandnischen unter den Entlastungsbögen sind Kapellen eingerichtet. Die Apsis endet in einem Halbrund und wird von Chorkapellen flankiert, wenn Seitenschiffe vorhanden sind. Außer in großen Wallfahrtskirchen wie Saint-Gilles oder Saint-Trophime gibt es keinen Chorumgang. Einige kleinere Bauten (die Kapellen Sainte-Croix von Montmajour und Saint-Sépulcre in Peyrolles) besitzen einen Vierpaß als Grundriß.

Reicher Skulpturenschmuck im Kreuzgang von St-Trophime in Arles

In der Fassadengestaltung wird oft römischer Einfluß deutlich. Das Portal von St-Trophime in Arles z. B. erinnert an einen Triumphbogen, das von St-Gilles-du-Gard an die Bühnenrückwand eines römischen Theaters. Die Kapelle St-Gabriel in der Nähe von Tarascon hat ein Geschoß des Amphitheaters von Nîmes zum Vorbild, während die Gliederung und die Proportionen des Haupteingangs von Notre-Dame-des-Doms in Avignon dem Triumphbogen von Orange ähnelt.

Alle diese Bauten, von der einfachen ländlichen Kapelle bis zur großen Pilgerkirche, zeichnen sich durch die hervorragende Qualität der sorgfältig behauenen Werksteine nach römisch-antiken Vorbildern aus. Die Schönheit der Fundamente, die durch die Schmucklosigkeit der Wände noch betont wird, ist allein schon Ausdruck eines nach Eleganz strebenden Ästhetizismus. Das Innere der Kirchen beeindruckt durch die Schlichtheit des Mittelschiffs, dessen Verzierungen sich im Halbdunkel zu verlieren scheinen.

Die Kreuzgänge sind mit den schönsten Exemplaren korinthischer Kapitelle geschmückt, die schon ab dem 11. Jh. in zahlreichen Variationen auftreten: in St-Trophime wie in St-Paul-de-Mausole sind tummeln sich Fabeltiere in Akanthusblättern.

Auf dem **Jakobspilgerweg** liegen die Kirchen St-Trophime (Arles) und St-Gilles-du-Gard, deren überreicher Fassadenschmuck sich ganz auf den Kircheneingang konzentriert. Die drei Portale von St-Gilles schildern die Leidensgeschichte Jesu; in den Wandnischen stehen herrliche Apostel- und Erzengelfiguren, die deutlich von der Antike inspiriert sind.

Abteien

In der Provence gibt es mehrere schöne Abteien. Ein erstrangiger Baukomplex, der die Entwicklung der romanischen Formen zwischen dem 11. und 13. Jh. zeigt, ist die im 10. Jh. gegründete Benediktinerabtei **Notre-Dame-de-Montmajour** bei Arles. Sie besteht aus einer Ober- und einer Unterkirche, zwei Kapellen und einem Kreuzgang mit Nebengebäuden. Das schlichte Äußere, die von der Antike beeinflußten Proportionen, ein Skulpturenschmuck, der an Saint-Trophime erinnert, und ein regelmäßiger Mauerverband sind typisch für die provenzalische Romanik.

Die **Baukunst der Zisterzienser** – sie ließen überall nach demselben Plan bauen und leiteten die Arbeiten selbst – wird in den drei Schwesterabteien Sénanque, Silvacane und Le Thoronet *deutlich*. Hier entsprechen Schlichtheit, Strenge und Schmucklosigkeit den Vorstellungen des hl. Bernhard: weder Fabeltiere noch Dämonen noch andere Skulpturen sollten die Mönche vom Gebet ablenken! Die Abteien waren ein Ort der Besinnung und der Stille ... nur unterbrochen vom Gesang der Zikaden und den Chören der Mönche, die bisweilen in den Steingewölben widerhallen.

Gotik, Barock, Klassik und 19. Jh.

Die „Gotik der Päpste"

Kirchen und Kapellen – Um die Mitte des 14. Jh.s entwickelt sich in Avignon am Hof der Exilpäpste eine Variante der Gotik, die man „Gotik der Päpste" nennt. Die Kirchenfürsten zogen Maler und Bildhauer aus den verschiedenen Provinzen Frankreichs sowie aus Deutschland, Flandern und Italien an ihren Hof; so konnten ganz unterschiedliche Einflüsse wirksam werden. Im Laufe des 15. Jh.s erhielt Villeneuve-lès-Avignon einen fürstlichen Charakter, denn die Kardinäle ließen hier ihre Palais, Kirchen und Klöster erbauen. Zur selben Zeit wurden anderen Kirchen Seitenschiffe und Kapellen hinzugefügt (in Saint-Trophime ersetzte man die romanische Apsis durch einen Chorumgang mit Kapellenkranz).
Die bedeutendsten gotischen Kirchen der Provence sind die Klementinische Kapelle im Papstpalast, Saint-Didier, Saint-Pierre, Saint-Agricol und das Zölestinerkloster in Avignon, Saint-Laurent in Salon-de-Provence, die ehemalige Kathedrale Saint-Siffrein in Carpentras, die Basilika von Saint-Maximin-La-Sainte-Beaume, die Kirche von Roquemaure und vor allem die Kartause und die Marienkirche von Villeneuve-lès-Avignon.
Kreuzrippengewölbe und der Gebrauch des Spitzbogens charakterisieren die **gotische Architektur**. Diese von Nordfrankreich ausgehende Neuerung ist eine regelrechte Revolution der Baukunst, da nun das Gewicht des Dachs über Bögen auf die Pfeiler übertragen wird. Gibt es keine Strebebögen (typisch für die Gotik Nordfrankreichs), dienen massive Strebepfeiler als Widerlager des Gewölbes; dazwischen sind Kapellen eingebaut. Ende des 14. Jh.s dringt durch die nunmehr hohen Fenster Licht in den Innenraum und vor allem in den Chor (Kirche des Zölestinerklosters in Avignon), und in St-Martial (Avignon) erhellt eine wahre Lichtflut das Maßwerk.
Neben den Sakralbauten entstehen **Paläste**, die zwar ihren Wehrcharakter nicht leugnen können, aber dennoch als Residenzen von Kirchenfürsten allen Komfort bieten. Einer der schönsten und weitläufigsten Paläste des 14. Jh.s ist der Papstpalast in Avignon, der den Erfordernissen von Luxus und Sicherheit gleichermaßen Rechnung trägt.

DASPET

Taddeo di Bartolo – *Mariä Verkündigung*
(Musée du Petit Palais, Avignon)

Malerei

Im 14. Jh. riefen die Exilpäpste zahlreiche italienische Künstler nach Avignon, das „Nova Roma". Die berühmtesten – **Simone Martini** aus Siena und **Matteo Giovanetti** aus Viterbo – schufen herrliche Wandmalereien, die noch erhalten sind. Auch in der Kartause von Villeneuve finden sich Werke Giovanettis.
Nachdem die Päpste ihr Exil in Avignon verlassen hatten, trat Aix-en-Provence die Nachfolge der internationalen gotischen Malerei an. Künstler aus dem Norden oder aus Flandern schufen monumentale Kompositionen wie den *Verkündigungsaltar* (1443-1445) in der Kirche Marie-Madeleine (Aix), die *Marienkrönung* (1453-1454) von Enguerrand Quarton (heute im Museum von Villeneuve-lès-Avignon) und das berühmte Triptychon des *Brennenden Dornbuschs* von Nicolas Froment in der Kathedrale von Aix. Das Museum des Petit Palais in Avignon besitzt eine sehenswerte Sammlung von Gemälden des 14. und 15. Jh.s (italienische Schule und Schule von Avignon).

Provenzalischer Barock

Sakralbauten – Überschwengliche Dekoration ist das prägende Merkmal dieses Kunststils. Statuen und Reliefs zieren Bruderschaftskapellen wie z. B. die der „Schwarzen Büßer" (Pénitents Noirs) in Avignon. In der ehemaligen Rekollektenkirche in Marseille kontrastiert das überreich verzierte Schiff mit dem sehr schlichten Äußeren. Quelle und Ursprung dieser barocken Prachtentfaltung war der in Rom wirkende Bernini (1598-1680). Beispielhaft für diesen Stil ist die von **Jacques Bernus** geschaffene Allegorie des Ruhms *(Gloire)* im Chor der Kathedrale von Carpentras. Krönung der illusionistischen Raumanordnung ist die Ende des 17. Jh.s von **Pierre Puget** entworfene Chapelle de la Charité in Marseille.

Stadtarchitektur und Urbanismus – Die Raumanordnung des Barockstils hält manche Überraschung bereit. So entdeckt man an dem von Pierre Pavillon entworfenen Rathaus (hôtel de ville) in Aix-en-Provence eine der ältesten französischen „Kaisertreppen". In dieser Stadt führte die Stadtplanung zu einer Umgestaltung des Stadtviertels Mazarin. Neu im Stadtbild waren damals die sog. „Hôtels", Stadtpalais, die sich der traditionelle Adel, der Geldadel, hohe Beamte und zu Reichtum gekommene Bürger errichten ließen. Einige sind noch in Avignon und Nîmes zu sehen, und die schönsten säumen die Straßen von Aix-en-Provence. Diese Patrizierhäuser besitzen oft prächtige, von Karyatiden oder Atlanten flankierte Portale. Der aus Marseille stammende **Pierre Puget** war einer der größten Barockbildhauer des 17. Jh.s. Puget machte seine ersten Erfahrungen als Schnitzer und Bildhauer von Dekorationsmotiven für Schiffe, für die er später mächtige Heckskulpturen schuf. Als junger Mann ging er nach Italien und wurde Schüler von Pietro da Cortona. Während seines Aufenthalts in Versailles gewann er die Gunst Colberts, der ihn zum „Direktor der Dekoration der Schiffe von Toulon" ernannte. Aufgrund von Eifersüchteleien und Intrigen fiel Puget beim Hof in Ungnade, und fortan widmete er sich der Ausgestaltung mehrerer provenzalischer Städte. Die Hauptmerkmale seiner Bildwerke sind pathetische Ausdruckskraft und Dynamik. Damit steht er den italienischen Barockbildhauern Bernini und Pietro da Cortona nahe und unterscheidet sich von den Tendenzen des französischen Kunstschaffens seiner Zeit.

Französische Klassik

Ab Ende des 17. Jh.s begannen einige Architekten, sich wieder an klassischeren Modellen, insbesondere denen der römischen Gegenreformation, zu orientieren. Kirchen wie St-Julien in Arles oder die Kartäuserkirche in Marseille sind Beispiele dieses Stils. Die provenzalische Klassik mit ihren an Paris orientierten Stadtpalais, wie sie vor allem im 18. Jh. en vogue waren, wird von Pierre Mignard vertreten.

18. und 19. Jh.

Im 18. Jh. fuhr man fort, die Städte zu verschönern. So legte der Ingenieur J.-P. Mareschal in Nîmes den herrlichen Stadtpark „Jardin de la Fontaine" an. Unter den Malern sind zwei besonders erwähnenswert, nämlich Carle van Loo, der sehr empfänglich für die Schönheiten der Provence war, und Joseph Vernet, der vor allem Häfen und Seestücke malte.
Im 19. Jh. wirkten Architekten und Ingenieure vor allem im Raum Marseille, wo **Espérandieu** nach der Mode des späten 19. Jh.s in byzantinisch inspirierter Neuromanik die neue Kathedrale La Major und die Basilika Notre-Dame-de-la-Garde sowie das Palais Longchamp errichtete.
Zwei großartige Leistungen der Ingenieurskunst der Zeit stellen der nach dem Vorbild des Pont du Gard erbaute Aquädukt von Roquefavour und der unterirdische Rove-Kanal dar.
In jener Zeit gab es auch eine Reihe talentierter Maler, die die lichterfüllte Schönheit der Provence zu ihrem Thema machten. J.-A. Constantin (1756-1844), F.-M. Granet (1775-1849), Émile Loubon (1809-1863) und Paul Guigou (1834-1871) kündigten in ihren Werken schon van Gogh und Cézanne an.

Land der Maler

Van Gogh – Vincent van Gogh, der Sohn eines kalvinistischen holländischen Pfarrers, wurde 1853 geboren. Zunächst war er bei Kunsthändlern in London und Paris beschäftigt. Allerdings war van Gogh nicht gerade mit Begeisterung bei der Sache, er widmete sich lieber der Bibellektüre und besuchte gern Kunstmuseen und Galerien. Ihm gefielen vor allem Corot und das niederländische 17. Jh.

Van Gogh in der Provence

Im Februar des Jahres 1888 ließ sich van Gogh in Arles nieder. Fern seiner Heimat gelangte er zur künstlerischen Vollendung. Bis 1890 lebte er in der Provence, deren „anderes Licht" ihn faszinierte, und schuf seine vielleicht eindrucksvollsten Werke *(Selbstbildnisse, Zimmer in Arles, Olivenbäume, Weizenfeld mit Zypressen, Sternennacht u. a.)*. In einem neuen, sehr bewegten Stil mit starken Farben drückte er seine seelischen Leiden, seine Unruhe aus.

Im Oktober 1888 lud van Gogh seinen Freund Gauguin nach Arles ein; im Dezember kam es zu einem heftigen Streit, bei dem van Gogh sich in einem schweren Anfall von Geistesverwirrung ein Ohr abschnitt. Er kam in eine Heilanstalt bei Saint-Rémy, malte aber weiterhin, wenn sein Gesundheitszustand es erlaubte. 1890 kehrte er nach Paris zurück und beging bald darauf Selbstmord.

Cézanne – **Paul Cézanne** (1839-1906), der Bankierssohn aus Aix-en-Provence, wandte sich bald entgegen elterlichen Plänen der Malerei zu. Sein Freund Émile Zola führte ihn in den Pariser Kreis der Impressionisten ein. Zunächst studierte er als Romantiker Delacroix, dessen Farbentheorie er übernahm; von den Impressionisten entlehnte er die Technik. 1879 begann seine konstruktive Periode, die ihn zum Vorläufer der Kubisten machte. Er setzte Farbtupfer nebeneinander und nutzte geometrische Formen, um die Natur darstellen, malte Stilleben und Porträts, die sich aus einfachen Volumen und Farbe zusammensetzen. Nach 1890 verließ Cézanne die Provence kaum noch. Er widmete sich vor allem der Darstellung des Sainte-Victoire-Gebirges, das er etwa sechzigmal malte, ohne jemals ganz zufrieden zu sein.

20. Jahrhundert – Der Süden zog weiterhin zahlreiche Künstler an. Sie kamen im Gefolge von Cézanne nach L'Estaque – als einer der ersten Signac (1863-1935), der seine pointillistische Technik den Farben der Provence anpaßte. Statt kleiner Farbtupfer für Licht und Farben des Nordens setzte er hier größere quadratische und rechteckige Farbflecken, die der Lichterfülle des Südens besser gerecht wurden. In l'Estaque, das zum beliebten Treffpunkt der Avantgarde geworden war, entstanden die ersten kubistischen Kompositionen von Braque und Picasso. Die Fauvisten Matisse, Dufy und Derain, ließen sich ebenfalls von der Provence inspirieren.

Nach dem Ersten Weltkrieg entwickelten sich Strömungen wie Expressionismus und Surrealismus. **André Masson**, der Vater der surrealistischen „automatischen" Malerei, lebte von 1947 bis 1987 im Raum Aix und malte hier seine *Provenzalischen Landschaften*. Mit der Provence verbunden waren auch **Max Ernst**, **Nicolas de Staël**, Yves Brayer und **Victor Vasarely**, der in Aix in der nach ihm benannten Stiftung seine geometrischen und kinetischen Arbeiten vorstellte.

Auch heute arbeiten zahlreiche Künstler in der Region; viele haben die Marseiller Kunstschule Luminy absolviert. Das Musee d'Art Contemporain von Marseille und das Carré d'Art in Nîmes haben durch ihre kühne und selbstbewußte Ausstellungspolitik von sich reden gemacht.

H. Lewandowski/RMN

Paul Cézanne –
Blick auf L'Estaque und den Golf von Marseille

Provenzalische Sprache und Literatur

Die geschichtsträchtige Provence und lebendige Kulturlandschaft, die auf der griechisch-römischen und später okzitanischen Zivilisation ruht, hat seit jeher Dichter und Schriftsteller fasziniert. Eine besondere Gruppe bilden die Autoren, die in provenzalischer Sprache schrieben und schreiben.

Die Kunst der Troubadoure

Das Französische ging, wie die anderen romanischen Sprachen, aus dem Vulgärlatein hervor, das Ende des 4. Jh.s in den Gebieten römischer Kultur gesprochen wurde. Das Provenzalische verbreitete sich ab dem 10 Jh. in der Literatur. Im Süden (Midi) verbreitete sich die **Langue d'oc** bzw. Okzitanisch, weiter im Norden die **Langue d'oïl**, je nachdem, ob man das Wort *oui* (Ja) „*oc*" oder „*oïl*" aussprach.

Das goldene Zeitalter des Okzitanischen

Durch die höfische Dichtung im 12. Jh. erlebte das Okzitanische zwischen Bordeaux und Nizza (Okzitanien) durch die Troubadourdichtung eine Blütezeit und verbreitete sich über die Grenzen Frankreichs hinaus, wo es in höfischen Kreisen bekannt war. Die **Troubadoure**, die als fahrende Sänger von Ort zu Ort zogen und ihre selbst gedichteten Minnelieder an den Höfen vortrugen, verherrlichten eine von Leidenschaft freie Liebe zu einer oft unerreichbaren verheirateten Frau und brachten ihre Hoffnungen, Zweifel und Sehnsüchte in kunstvolle Versformen. Bekannte Minnesänger aus der Provence waren Raimbaut d'Orange, die Comtesse de Die (Minnesängerin!), Folquet de Marseille und Raimbaut de Vaqueiras.
Im 13. Jh. änderten sich Inhalt und Thematik der Dichter und Schriftsteller. Es entstanden satirische Gedichte *(sientès)*, und in der Prosa wurde das Leben der Troubadoure in den *vidas* verherrlicht.
Das Okzitanische – von der europäischen Elite gelesen und verstanden – blieb neben dem Lateinischen die Verwaltungssprache, und am Papsthof in Avignon sprach man Okzitanisch.

Petrarca in der Provence

Der toskanische Dichter Petrarca (1304-1374), der in Avignon im Exil lebte, verliebte sich 1327 unsterblich in Laura de Noves. Nach dem Tode des Mädchens fand Petrarcas unerfüllte Liebe im berühmten *Canzoniere*, einer Sammlung herrlicher Sonette, Ausdruck. Der Dichter, der sich nach Fontaine-de-Vaucluse zurückgezogen hatte, interessierte sich für das Leben in der Provence. In mehreren Briefen sprach er von den Hirten, den Fischern der Sorgue und von seiner Besteigung des Mont Ventoux.

Trotz des Ediktes von Villers-Cotterêts (1539), in dem das Nordfranzösische (Dialekt der Île-de-France) zur Amtssprache erhoben wurde, war das Okzitanische in Legenden, Chroniken, Dichtungen und in volkstümlichen oder wissenschaftlichen Werken bis ins 19. Jh. hinein lebendig. Im 17. Jh. war es noch weitgehend die Umgangssprache des Volkes, denn der aus Nordfrankreich stammende Jean Racine berichtete von Schwierigkeiten, sich verständlich zu machen, als er bei seinem Onkel in Uzès eingeladen war. Nur die Oberschicht sprach französisch.

Folquet de Marseille,
Manuskript aus dem 13. Jh.

Der Dichterkreis Félibrige

Eine Neubelebung des Provenzalischen wurde Mitte des 19. Jh.s von einer Dichtergruppe eingeleitet, die sich nach einem alten Volkslied „Félibres" nannte. Ihr gehörten Th. Aubanel, J. Roumanille und **Frédéric Mistral** (1830-1914) an. Insbesondere der letztgenannte machte sich um Sprache und Traditionen seiner Heimat sehr verdient. Er wurde durch das 1859 erschienene Volksstück *Mirèio* bekannt. Außerdem gab er ein Werk über provenzalische Weihnachtsbräuche (*Calendau*, 1867) und 1912 *Les Olivades* heraus, eine Hymne an die Provence. Mit seinem Wörterbuch der „Langue d'oc" (*Trésor du Félibrige*, 1878-1886) ist er als Sprachwissenschaftler noch heute in der Fachwelt anerkannt. 1904 wurde Mistral mit dem Nobelpreis für Literatur ausgezeichnet.

Auf den Spuren der Félibrige – Provenzalische Schriftsteller wie Alphonse Daudet *(Briefe aus meiner Mühle; Tartarin aus Tarascon)*, Paul Arène, Félix Gras, Baptiste Bonnet, Joseph d'Arbaud, Charles Rieu, Dom Xavier de Fourvière, Jean-Henri Fabre, Folco de Baroncelli-Javon und Charles Maurras, der royalistische Theoretiker, setzen die Tradition der Félibres, wenn auch nicht immer in provenzalischer Sprache, fort.

In derselben Zeit wurden zwei weitere „Provenzalen" durch ihre in französischer Sprache geschriebenen Werke bekannt: Émile Zola (der in Aix studierte) zeichnete in den *Rougon-Macquart* die Geschichte einer südfranzösischen Familie nach, und Edmond Rostand (der in Marseille zur Welt kam) schrieb sein bewegendes Drama *Aiglon*, bevor er mit dem *Cyrano de Bergerac* zu Weltruhm gelangte.

Büste Frédéric Mistral
(Museon Mistral, Maillane)

Das 20. Jahrhundert

20. Jh. – Mehrere Schriftsteller aus der Provence gehörten zur Spitze der französischen Literatur des 20. Jh.s. Zu nennen sind **Jean Giono** aus Manosque, **Marcel Pagnol** *(Marius, Jean de Florette, Manon des Sources)* aus Aubagne, René Barjavel aus Nyons, **René Char** (einer der größten Dichter Frankreichs) aus Isle-sur-la-Sorgue, **Henri Bosco** aus dem Luberon *(Le Mas Théotime)* und auch **André Gide**, der in *Si le grain ne meurt* (dt. *Stirb und Werde*) von seinen provenzalischen Wurzeln spricht.

In der Nachfolge Mistrals gibt es auch heute noch Vereinigungen und Gruppierungen, die sich der Pflege der provenzalischen Sprache und Kultur verschrieben haben. Paradoxerweise geht das Provenzalische als gesprochene Sprache jedoch zurück, während es als Kultursprache inzwischen „staatlich anerkannt" ist. So besitzt die Universität Aix-Marseille ein Institut für provenzalische Studien. Die Zentralstelle für das Studium des Okzitanischen befindet sich in Toulouse und unterhält Sprachakademien in verschiedenen großen Städten Südfrankreichs, wo Okzitanisch auch an den höheren Schulen als Wahlfach gelehrt wird.

Deutsche Literatur im Exil

Die Provence war Zuflucht und Fluchtetappe zahlreicher deutschsprachiger Künstler und Schriftsteller, die Deutschland nach der Machtergreifung Hitlers verlassen mußten. Walter Benjamin, Lion Feuchtwanger, Heinrich Mann, Thomas Mann, Franz Werfel und Alma Mahler-Werfel, Anna Seghers und viele andere ließen sich hier (vor allem in Marseille und Sanary-sur-Mer) nieder, bevor sie zu neuen Exilorten aufbrachen.

Vom Hafen von Cassis aus lassen sich die Calanques erkunden

G. Magnin/MICHELIN

Sehenswürdigkeiten

AIGUES-MORTES★★

6 012 Einwohner
Michelin-Karte Nr. 245 Falte 27 und Nr. 339 K7

Am flachen Horizont erhebt sich die von mächtigen Rundtürmen unterbrochene, lange Wehrmauer, hinter der sich Aigues-Mortes verbirgt – bei Sonnenuntergang ein besonders schöner Anblick. Die mittelalterliche Wehranlage ist noch sehr gut erhalten. Der Schriftsteller Châteaubriand verglich Aigues-Mortes mit einem Schiff, das hier, inmitten von Salinen, Teichen und Sümpfen, gestrandet sei.

Aigues-Mortes verfügt noch über eine vollständig erhaltene mittelalterliche Stadtmauer

HINTERGRUNDINFOS

Eine Gründung des hl. Ludwigs – Aigues-Mortes, dessen aus dem lateinischen *Aquae mortuae* gebildeter Name „tote Wasser" bedeutet, war eine Gründung Ludwigs IX. Der später heilig gesprochene König, der damals einen Kreuzzug plante, schuf damit den ersten befestigten Platz der französischen Krone, der als Ausgangspunkt zum Mittelmeer dienen konnte.
Ludwig IX. hatte das Fischerdorf im Sumpfland im Jahre 1240 von den Mönchen der nahen Abtei von Psalmody erhalten und ließ alsbald den Tour de Constance und die Kirche Notre-Dame-des-Sablons errichten. Um neue Siedler anzuziehen, gewährte man Steuererleichterungen und Handelsprivilegien. Die Stadt entstand nach einem regelmäßigen Grundriß im Inneren eines 550 x 300 m großen Rechtecks, das der Länge und der Breite nach von jeweils fünf Straßen durchschnitten wurde.

Aufbruch zum Kreuzzug – Am 28. August 1248 brach Ludwig IX. von hier aus mit 1 500 Schiffen und 35 000 Mann Besatzung zum 6. Kreuzzug nach Zypern auf, wo die Kreuzfahrer 23 Tage später eintrafen. Die Expedition zog sich 8 Jahre hin, ohne große Erfolge zu zeitigen, so daß der König sich 1270 erneut zu einem Kreuzzug einschiffte, kurz darauf jedoch in Tunis an der Pest starb.

Makabre Bestattung – 1421, während des hundertjährigen Krieges, hatten sich die Burgunder der Stadt bemächtigt. Da gelang es, nach einer vergeblichen Belagerung, einer Handvoll von Anhängern der Armagnaken, welche die Stadt vergeblich belagerten, die Wachen an einem Tor zu töten und die Belagerer in die Stadt zu lassen. Sie metzelten die Burgunder im Schlaf nieder. Die Zahl der Toten war so hoch, daß man sie, statt sie zu beerdigen, in einen Turm warf und einsalzte, um die Zersetzung der Leichen zu verhindern. Seither wird dieser Turm „Turm der Burgunder" genannt.

Niedergang – Im 14. Jh. zählte die bedeutende Festung noch 15 000 Einwohner. Damals schon begannen die Fahrrinnen zu versanden, das Meer zog sich zurück, und auch der Bau eines Kanals zum Meer konnte den Niedergang von Aigues-Mortes nicht verhindern.
In den Religionskriegen hielten die Hugenotten den Platz. Nach dem Widerruf des Edikts von Nantes (1685) wurden viele von ihnen im Tour de Constance *(s. u.)* eingekerkert. Die Gründung von Sète im Jahre 1666 bedeutete für den Hafen von Aigues-Mortes das endgültige Aus.
Heute ist Aigues-Mortes durch den sog. Chenal Maritime und den Rhône-Sète-Kanal mit dem Meer verbunden. Der Ort lebt hauptsächlich von Weinbau und Meersalzgewinnung.

86

TIPS UND ADRESSEN

Gastronomie

Gut und preiswert

Le Café de Bouzigues – *7 Rue Pasteur* – ☎ *04 66 53 93 95* – *Mitte Jan.-Mitte März, Di-abend und Mi von Okt.-Ostern geschl.* – *22/27 €*. In diesem Café serviert man in farbenfrohem Ambiente eine aromatische regionale Küche. Bei schönem Wetter bietet sich der originell mit Vogelkäfigen und Krügen dekorierte Gastgarten im Hof an.

Unsere Empfehlung

Les Arcades – *23 Boulevard Gambetta* – ☎ *04 66 53 81 13* – *6.-22. März, 12.-29. Nov., Mo außer abends in den Monaten Juli-Aug., So-abend von Nov.-März geschl.* – *26,68/38,11 €*. Aus dem 16. Jh. stammt dieses Haus, das zur Straße hin mit Arkaden geschmückt ist. Im Gastraum, mit hübschen Terrakottafliesen und Steinmauerwerk, gibt es eine schmackhafte, auf der Grundlage von frischen Zutaten sorgfältig zubereitete Küche. Einige geräumige Zimmer mit provenzalischem Mobiliar stehen zur Verfügung.

Unterkunft

Unsere Empfehlung

Royal Hôtel – *1,5 km nordöstl. von Aigues-Mortes, Route de Nîmes* – ☎ *04 66 53 66 40* – *2.-31. Jan. geschl.* – 🅿 – *44 Z: 42,38/45,89 €* – ☕ *4,88 €* – *Restaurant 9,91/25,92 €*. Das moderne Hotel im Stil der Architektur der Camargue bietet zweckmäßig ausgestattete Zimmer, die auf den Swimmingpool weisen. Manche liegen am Garten, andere besitzen einen Balkon. Im Restaurant rustikale Möbel, Kamin und Nischen. Terrasse. Einfache Küche.

St-Louis – *10 Rue Amiral Courbet* – ☎ *04 66 53 72 68* – *Nov.-März geschl.* – 🅿 – *22 Z: 48,02/82,32 €* – ☕ *7,62 €* – *Restaurant 18/30 €*. Das charmante Gebäude aus dem 17. Jh. innerhalb der Stadtmauern und unweit des Tour de Constance wartet mit renovierten, farbenfrohen Zimmern auf. Im Winter kann man sich in dem gemütlichen Restaurant mit Kamin und ansprechendem provenzalischem Dekor niederlassen. Im Sommer bietet sich der hübsche, schattige Innenhof an. Traditionelle Küche und ausgewählte Weine der Region.

Cafés, Kneipen, Bars

Le Tac Tac – *19 Rue de la République* – ☎ *04 66 53 60 29* – *Juni-Sept.: tgl. 13-2 Uhr; Okt.-Mai: Do-Di 13-1 Uhr* – *Mitte bis Ende Okt. geschl.* Über 130 Biersorten und 65 Whisky-Varietäten bietet dieser kleine gemütliche Pub. Der Wirt hält für seine hungrigen Gäste eine riesige Platte mit Wurstwaren für einen wirklich geringen Preis bereit, und essen kann man soviel man möchte. Eine sehr gute Adresse, mit Billard und Darts. Im Sommer Piano-Bar, am Donnerstag und jeden zweiten Freitag des Monats Konzert.

Stadtbesichtigung

Stadtführungen – *s. Öffnungszeiten und Eintrittspreise.* Besichtigung der Kapellen der Weißen und Grauen Büßer nur im Rahmen dieser Führungen möglich.

Fahrt mit der Touristenbahn (Petit-Train d'Aigues-Mortes) – *SEPTAM, 30220 Aigues-Mortes* – ☎ *04 66 53 85 20* – *tgl. Apr.-Okt.* – *Dauer: 1/2 Std.* – *3,51 € (Kinder: 2,29 €)*. Abfahrt alle 30 Min. an der Porte de la Gardette.

Salinen (Salins d'Aigues-Mortes) – *Apr.-Sept.* – *5,34 € (Kinder: 3,05 €)* – ☎ *04 66 53 85 20* – *Abfahrt am Eingang der Fabrik.* Kommentierte Führung (1 Std.) durch die „Salins du Midi" an Bord des „Petit Train des Sauniers".

Sport und Freizeit

Schiffsausflüge (Péniche Pescalune) – *M. Griller, BP 76, 30220 Aigues-Mortes* – ☎ *04 66 53 79 47* – *im Sommer tgl. außer So 10.30 und 15 Uhr.* Abfahrt am Tour de Constance. Kommentierter Ausflug (2 1/2 Std.) durch den Seekanal Grau-du-Roi, den Vidourle und den Rhone-Sète-Kanal.

Rive de France – *Route du Grau-du-Roi* – *Péniche St-Louis* – ☎ *04 66 53 81 21* – *Reserv.* ☎ *01 41 86 01 01* – *www.rivedefrance.com*. Bootsverleih (2 bis 9 Personen) ohne Schiffsführerschein. Rhone-Sète-Kanal.

Cinema 3-D Relief – *Place de Verdun (in der Nähe des Bahnhofs)* – ☎ *04 66 53 68 50*. Film (1/2 Std.) über die Camargue, Zigeuner und Stiere.

Shopping

Salz – **Maison du Sel**, *5 Rue de la République* – *Juni-Ende Sept.* Ausstellung zur Geschichte der Salzgewinnung und Verkauf.

Wein (Vin des sables) – **Domaine de Jarras** (Domaines Listel) – *Quai de Jarras* – ☎ 04 66 51 17 00. Weingut an der Straße nach Le Grau-du-Roi.

Kunsthandwerk – **Galerie Z**, *4 Place Saint-Louis* – ☎ 04 66 53 61 98

Gardian-Trachten – **La Bandido**, *12 Rue Pasteur* – ☎ 04 66 53 72 31. Hier kann man die typischen Kleidungsstücke eines Gardian kaufen: bedruckte Hemden, Jacken aus schwarzem Samt, Hosen aus Maulwurfsleder, Stiefel und Lasso *(seden)*. Große Auswahl an Satteln.

Markt – *Mi und So.* Traditioneller Markt.

Besondere Termine

Fest Ludwigs d. Hl. – *Letztes Wochenende im August.* Mittelaltermarkt, Umzüge in historischen Gewändern, Turniere, Jongleure, Minnesänger ... und Einschiffung des Königs.

Votivfest – *Anfang Okt.* Die Besonderheit dieses Festes liegt in seinen typischen Stierrennen *(courses camarguaises)*, die am Fuße der Stadtmauer durchgeführt werden. Jede Familie besitzt ihr eigenes „Theater", eine kleine, 2 m breite Stufe, die zusammen mit denen der anderen Familien zu einer Arena zusammengesetzt wird. Vorher finden *Abrivados* und *Bandidos* statt, bei denen die ganze Stadt mitmacht oder mitfiebert.

AUF ENTDECKUNGSTOUR

Stadtzentrum *Besichtigung etwa 1 Std.*

Hohe Mauern schützen Aigues-Mortes vor dem salzhaltigen Wind. Die Zeit scheint an dem Städtchen vorbeigezogen zu sein. In den Vierteln um den Place St-Louis und in den Hauptstraßen herrscht buntes Leben. Zahlreiche Cafés, Galerien, Kunstgewerbe- und Souvenirgeschäfte laden zum Bummeln und Flanieren ein.

Zugang über die Porte de la Gardette, dann links in die Rue de la République einbiegen.

Chapelle des Pénitents Blancs ⊘ – In dieser Barockkapelle der Weißen Büßer findet nur noch am Palmsonntag Gottesdienst statt. Hier werden zahlreiche

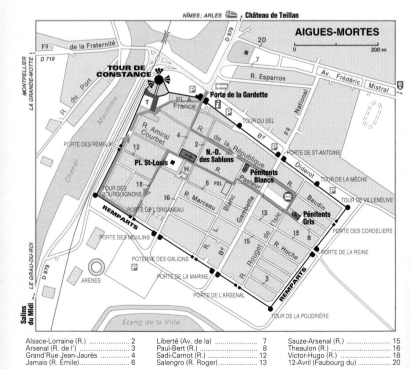

Erinnerungsstücke (liturgische Gewänder u. a.) dieser Brüdergemeinde aufbewahrt, die 1622 in Aigues-Mortes gegründet wurde.

Chapelle des Pénitents Gris ⊘ – In der Kapelle der Grauen Büßer aus dem 17. Jh. steht ein eindrucksvoller Altar, der 1687 von Sabatier geschaffen wurde.

★**Église Notre-Dame-des-Sablons** – Diese gotische Kirche wurde bisweilen geplündert, immer wieder umgebaut und diente sogar als Salzspeicher! Sie besitzt einen offenen Dachstuhl und ist nur sparsam ausgestattet; von besonderem Interesse sind das Kruzifix aus dem 14. Jh., das Altarbild aus der ehemaligen Abteikirche von Psalmody und die Kapelle des hl. Ludwig. Zeitgenössische Glasmalereien von **Claude Viallat** filtern das in die Kirche einfallende Licht.

Place Saint-Louis – Dieser schöne schattige Platz liegt im belebten Zentrum von Aigues-Mortes. Die Statue Ludwigs IX. von Pradier (1792-1852) wurde 1849 errichtet. Die aus dem 17. Jh. stammende Chapelle des Capucins diente bis zu ihrer Umwandlung zum Ausstellungszentrum als Markthalle.

Zur Stadtmauer gelangt man, wenn man der Rue Victor-Hugo bis zur Porte de Organeau folgt Dort biegt man rechts in den Boulevard Sud ein und nimmt dann den Boulevard Ouest, zwei Straßen, auf denen die Soldaten der Garnison schnell zu ihren Zielen kommen konnten. Schließlich erreicht man wieder die Porte de la Gardette.

Befestigungen und Stadtmauer (Fortifications ⊘)

3/4 Std. – Zugang über den Place Anatole France

★★**Tour de Constance** – Der mächtige Donjon ist (mit seinem Türmchen) 40 m hoch und hat einen Durchmesser von 22 m; er liegt etwas außerhalb des Mauerrechtecks und ist seit dem 16. Jh. durch eine Brücke mit diesem verbunden. Mit 6 m dicken Mauern und den beiden aufeinanderfolgenden, durch Fallgitter und Wurfschächte gesicherten Toren diente er als streng bewachte „Durchgangs-Schleuse".
Seine beiden übereinanderliegenden Räume werden von Rippengewölben abgeschlossen. Anstelle des Schlußsteins sieht man in der Decke eine Öffnung, durch die der Lastenaufzug ging. Ein Wehrgang führt um den Raum, vorbei am Brunnen, den Wurfschächten und den Vorrichtungen für die Fallgitter. Im Wachraum (Salle des Gardes) ist noch ein Backofen zu sehen.
Eine Wendeltreppe führt hinauf in die Betkapelle Ludwigs des Heiligen und weiter in den Rittersaal (Salle des Chevaliers), wo in Vitrinen Fotokopien alter Dokumente und Briefe, insbesondere zur Sache Durand *(s. u.),* ausgestellt sind.
Der auch als Leuchtturm dienende Wohnturm war fünf Jahrhunderte lang Gefängnis, in dem u. a. Mitglieder des Templerordens und Hugenotten inhaftiert waren.
Er soll nach einer Gräfin der Provence benannt sein. Man kann seinen Namen jedoch auch poetischer mit „Turm der Beständigkeit" deuten, so wie es **Gertrud von Le Fort** in der gleichnamigen Novelle tat, in der sie das Geschick einer tapfer im Glauben ausharrenden Hugenottin schildert. Diese **Marie Durand** zeigte während der jahrelangen Haft eine solche Charakterstärke, daß sich die Autoritäten schließlich veranlaßt fühlten, sie und ihre zehn Glaubensgenossinnen freizulassen (1768). Sie soll das Wort *résister* (widerstehen) in den Brunnenrand geritzt haben. Aus dem Jahre 1705 ist eine Flucht in Erinnerung geblieben: Hierbei gelang es dem Hugenottenführer **Abraham Mazel**, mit Hilfe eines aus zusammengeknoteten Decken gefertigten Seils zu fliehen. Er konnte auf diese Weise auch 16 Mithäftlingen in die Freiheit verhelfen; beim siebzehnten rissen die Decken, und 14 weitere Gefangene mußten weiterhin im Turm schmachten.

Bis zum Türmchen hinaufsteigen *(53 Stufen)*, das von einem schmiedeeisernen Käfig gekrönt ist, der vom 13. bis 16. Jh. das Leuchtfeuer schützte. Eine herrliche **Aussicht**★★ bietet sich von der Plattform auf den Ort mit den geradlinig verlaufenden Straßen und auf die umliegende Gegend, wo sich von rechts nach links die Cevennen, die pyramidenförmigen Apartmenthäuser von La Grande Motte, die Hügel von Sète, die Salzgärten und die Camargue abzeichnen.

★★**Remparts** – Die Stadtmauer von Aigues-Mortes wurde nach 1272 mit Steinen aus Beaucaire und Les Baux errichtet und ist noch heute

G. Magnin/MICHELIN

Der Tour de Constance ist der mächtigste Turm der Stadtbefestigung

gut erhalten; sie ist das beste Beispiel einer Verteidigungsanlage des 13. Jh.s. An der Innenseite der Mauer befindet sich ein breiter Gang; er gestattete den Soldaten der Garnison, schnell an jede Stelle der Mauer zu gelangen, um die Angreifer abzuwehren.

Bei einem Spaziergang um das Städtchen kommt man an den verschiedenen Türmen und Toren vorbei, deren Namen auf die frühere Zweckbestimmung schließen lassen: Porte de l'Organeau, wo die Schiffe an Eisenringen ankerten, Porte des Moulins (Mühlentor), Poterne des Galions (Ankerplatz der Galeonen), Porte de la Marine, Tour de la Poudrière (Pulverturm), Tour de Villeneuve, Tour de la Mèche, in dem ständig ein Öllämpchen zur Zündung der Feuerwaffen brannte, Tour du Sel (Salzturm).

UMGEBUNG

Salins du Midi und Caves de Listel ⊙ – *3 km südlich von Aigues-Mortes über die Route du Grau-du-Roi.* Die Besichtigung der Salzgärten der Compagnie des Salins du Midi bietet einen Einblick in die verschiedenen Etappen der Salzgewinnung (alte und moderne Verfahren). Ein Rundgang durch die Kellereien des Weinguts Jarras informiert über die Herstellung des Listel, eines auf Sandboden wachsenden Roséweins.

Tour Carbonnière – *3 km nördl., Richtung St-Laurent-d'Aigouze.* Dieser Turm ist dreihundert Jahre alt und gehörte zum Verteidigungssystem der Stadt. Er liegt an der auf einem Deich inmitten von Teichen und Schilf erbauten Straße und diente als Vorposten für die Stadt. Im 1. Stock (Kamin, Brotbackofen) lebte eine kleine Garnison. Von der Plattform (66 Stufen) Blick über die Teiche.

Château de Teillan ⊙ – *13 km nordöstl. über die D 979; hinter St-Laurent-d'Aigouze links auf die D 288 abbiegen.* Das auf dem Gelände eines gallorömischen Lagers errichtete Schloß war einst ein Priorat des Klosters von Psalmody. Im 17. Jh. gelangte es in Privatbesitz und wurde Schritt um Schritt vergrößert. Ein Wachtturm (15. Jh.) überragt den Haupttrakt; von der Terrasse bietet sich ein schöner Blick. Im Schloßpark mit schönem Baumbestand sind römische Altäre und Meilensteine sowie ein interessantes Schöpfwerk *(noria)* in einem kleinen, überwölbten Raum zu sehen.

AIX-EN-PROVENCE★★

134 222 Einwohner
Michelin-Karten Nr. 114 Falten 15, 16, Nr. 245 Falte 31,
Nr. 246 Falte J und Nr. 340 H4

Aix, die Hauptstadt der Provence, besitzt alte elegante Adelspalais aus goldgelbem Kalkstein, von Platanen beschattete Plätze, majestätische Straßen und zahlreiche Brunnen. Aix gilt als eine der schönsten Städte Frankreichs. Kurbetrieb, Studenten (1409 gegründete Universität) und die bekannten Musikfestspiele im Sommer bestimmen den heiteren Lebensrhythmus der Stadt.

Die Umgebung von Aix ist von intensivem Oliven- und Mandelanbau geprägt; kein Wunder also, daß Mandeln der Hauptbestandteil der bekannten **Calissons**, der süßen Spezialität der Stadt, sind.

HINTERGRUNDINFOS

Die alte römische Kolonie Aquae Sextiae war mit prachtvollen Bauten geschmückt und von einer Stadtmauer umgeben; im 4. Jh. wurde sie zur Hauptstadt der Provincia Narbonensis Secunda ernannt. Leider gibt es aus dieser Zeit nur wenige Überreste (Musée Granet). Eine Glanzzeit von Aix begann Ende des 12. Jh.s, als die Grafen der Provence die Stadt zu ihrer Residenz erkoren und dort ein kultiviertes und elegantes Hofleben entstand. Bis zum Ausgang des 13. Jh.s erlebte die Stadt eine Zeit des Wohlstands; im 14. Jh. ging ihre Fläche jedoch zurück. Im Jahre 1409 gründete Ludwig II. von Anjou eine Universität. Die prestigeträchtigste Epoche von Aix fiel in die zweite Hälfte des 15. Jh.s. Damals herrschte König René.

Der gute König René (1409-1480) – König René, Herzog von Anjou, Graf der Provence, theoretisch König von Neapel und Sizilien, sprach Latein, Griechisch,

König René

B.N., Paris

TIPS UND ADRESSEN

Gastronomie

Gut und preiswert

À la Cour de Rohan – *10 Rue Vauvenargues* – ☎ *04 42 96 18 15* – *13,72/22,87 €*. Es ist nicht einfach, an diesem von Restaurants geradezu wimmelnden Platz der Altstadt eine Wahl zu treffen. Wir haben uns für dieses Haus aus dem 17. Jh. entschieden, für seinen reizenden Gastraum und den Innenhof. Außerhalb der Mahlzeiten kann man hier auch Tee, Kuchen und Patisserien bekommen.

Unsere Empfehlung

Vieille Auberge – *63 Rue Espariat* – ☎ *04 42 27 17 41* – *7.-20. Jan. und Mommittag geschl.* – *18,14/39,64 €*. An einem abends sehr belebten kleinen Platz liegt dieses rustikale Lokal mit Holzbalken, Säulen und einem mächtigen Kamin aus dem Gestein von Rognes. Individuelle Küche, gute Auswahl an Menüs.

Yôji – *7 Avenue V.-Hugo* – ☎ *04 42 38 48 76* – *Mo geschl.* – *19,06/31,25 €*. Haben Sie Appetit auf Exotisches? Im Yôji gibt es traditionelle japanische Küche und koreanische Grillgerichte, die auf zwei Stockwerken serviert werden. Schlichter Dekor in kontrastierenden Farbtönen. Sushi-Bar und Terrassen-Laube.

Le Poivre d'Ane – *7 Rue de la Couronne* – ☎ *04 42 93 45 56* – *14 Tage im Aug., an Feiertagen mittags, So und Mo geschl.* – *Reserv.* – *15,24 € Mittagsmenü* – *25,15 €*. Eines der Lieblingslokale der Bewohner von Aix. In dem kleinen gemütlichen Gastraum dieses Restaurants, das seinen Erfolg seiner schmackhaften Marktküche und seinen frischen Erzeugnissen verdankt, sitzt man dicht gedrängt beieinander und läßt es sich gutgehen. Besonderer Service des Hauses: Man kann Reiseführer und andere Bücher über die Umgebung konsultieren.

Unterkunft

Unsere Empfehlung

Manoir – *8 Rue Entrecasteaux* – ☎ *04 42 26 27 20* – *4.-28. Jan. geschl.* – 🅿 – *40 Z: 54,88/74,70 €* – ☕ *6,10 €*. Das schöne alte Gebäude war einst eine Hutfabrik. Die besondere Attraktion ist im Sommer der Teil eines Kreuzgangs, der als Terrasse genutzt wird.

Prieuré – *3 km nördl. von Aix-en-Provence, Route de Sisteron* – ☎ *04 42 21 05 23* – 🅿 – *22 Z: 60,98 €* - ☕ *6,10 €*. Das ehemalige Priorat aus dem 17. Jh. erfreut sich einer sehr ruhigen Lage. Die romantisch eingerichteten Zimmer zeigen auf einen eleganten, vom berühmten Lenôtre entworfenen Park.

Hôtel St-Christophe – *2 Avenue Victor-Hugo* – ☎ *04 42 26 01 24* – 🅿 – *58 Z: 67,08/95,28 €* - ☕ *7,62 €*. Zimmer im Stil der 1930°r Jahre oder nach Art der Provence bietet dieses Hotel mitten im Stadtzentrum, nur wenige Schritte vom Cours Mirabeau entfernt. Hübsche „Art deco"-Ausstattung in der oft belebten Brasserie Léopold, in der regionale Spezialitäten und typische Brasserie-Gerichte auf dem Speisezettel stehen. An schönen Tagen Terrasse auf dem Bürgersteig.

Spitzenkategorie

Hôtel des Augustins – *3 Rue Masse* – ☎ *04 42 27 28 59* – *29 Z: 106,71/228,67 €* - ☕ *9,91 €*. Steinerne Gewölbe und Glasmalereien erinnern daran, daß dieses Hotel ganz in der Nähe des Cours Mirabeau in einem ehemaligen Kloster aus dem 15. Jh. eingerichtet wurde. Modern eingerichtete Zimmer, davon zwei mit Terrasse und Blick über die Dächer.

Cafés, Kneipen, Bars

Café des Deux Garçons – *53 Cours Mirabeau* – ☎ *04 42 26 00 51* – *tgl. 6-2 Uhr*. Der von Platanen gesäumte Cours Mirabeau mit seinen 13 Cafés ist ein Lieblingsziel der Bewohner von Aix, die hier ein wenig Frische und Kühle suchen. Das allgemein „2 G" genannte Café ist das älteste (1792) und berühmteste – Cézanne und Zola trafen sich hier jeden Nachmittag.

Café du Cours – *43-45-47 Cours Mirabeau* – ☎ *04 42 26 10 06* – *www.cafe-bastideducours.com* – *tgl. 5.30-4 Uhr*. Spuren mehrerer Epochen fand man an diesem historischen Ort. Bevor das Haus Nr. 45 in ein Café umgewandelt wurde, wirkten hier bis 1807 ein Hufschmied und zu Beginn des 20. Jh.s. ein Friseur. Seit mehr als zehn Jahren begeistert jeden Abend ein DJ die Gäste, Touristen und Einheimische. Zur Zeit steht alles im Zeichen der elektronischen Musik – Acid Jazz, House usw.

Château de la Pioline – *260 Rue Guillaume-du-Vair* – ☎ *04 42 52 27 27 – www.chateau.la.pioline.fr – tgl. rund um die Uhr.* Der Dekor der weitläufigen Bar des Hotels und Restaurants (das Château stammt aus dem 16. Jh.) ist überaus prachtvoll. Besonders erwähnt seien der Medici-Salon (in Erinnerung an Katharina von Medici) und der Salon Louis XVI. Nicht versäumen sollten Sie die weite Terrasse mit Blick auf einen 4 ha großen französischen Barockgarten.

Le Bistrot Aixois – *37 Cours Sextius* – ☎ *04 42 27 50 10 – Mo-Sa 6.30-4 Uhr – feiertags geschl.* Vor allem Studenten treffen sich in dieser meistbesuchten „bar-dancing" von Aix – wegen des allabendlich wirkenden Diskjockeys und der Terrasse an einer belebten Straße. Die Wandmalereien führten junge Künstler aus.

Shopping

Maison L. Béchard – *12 Cours Mirabeau* – ☎ *04 42 26 06 78 – tgl. 7-20 Uhr.* Hier gibt es die berühmten *Calissons* (Süßigkeit mit Marzipan) und *Biscotins* (Gebäck) von Aix.

Stadtbesichtigung

Stadtführungen – *s. Öffnungszeiten und Eintrittspreise.* Abgesehen von den üblichen Führungen gibt es Faltblätter und Broschüren zu Rundgängen, die unter einem bestimmten Thema („Brunnen" oder „Auf den Spuren Cézannes") stehen. Von Mai bis September werden Führungen durch die Bastiden und Gärten der Gegend um Aix, in den Tälern des Arc und der Pinchinats, angeboten. Genauere Informationen erhält man beim Fremdenverkehrsamt.

Besondere Termine

Festival d'Art Lyrique et de Musique – Das 1948 von Gabriel Dussurget gegründete Festival findet jeden Sommer im Hof des Bischofspalasts statt, der aus diesem Anlaß in ein Theater verwandelt wird (herrliche Sitzreihen aus Teakholz!). Konzerte und konzertante Aufführungen werden in der Kathedrale, im Kreuzgang von St-Sauveur und im Hôtel Maynier-d'Oppède durchgeführt. Das Programm der Festspiele konzentriert sich auf Opern, besonders beliebt sind Mozartopern; Barockopern und auch zeitgenössischer Musik wird ein großer Stellenwert eingeräumt. Unter den großen Namen, die durch ihre Teilnahme zum Glanz des Festivals beigetragen haben, sind Dirigenten wie Hans Rosbaud und Carlo Maria Giulini und renommierte Sänger (Teresa Berganza), Regisseure (Jorge Lavelli, Pier Luigi Pozzi), Maler und Bühnenbildner (Balthus, Derain, Masson).

Freizeit

Cité du Livre – *8-10 Rue des Allumettes.* Die **Stadt des Buches** umfaßt ein ganzes Ensemble von kulturellen Einrichtungen. Dazu gehört die fantastische Bibliothèque Méjanes, die in einer Metall- und Glaskonstruktion untergebracht ist. Die spezialisiertere **Fondation St-John-Perse** besitzt Dokumente und Werke, die mit diesem Dichter in Zusammenhang stehen (dessen wirklicher Name Alexis Léger war). ♿ *Tgl. außer Sa, So und Mo 14-18 Uhr – an Feiertagen geschl. – Eintritt frei –* ☎ *04 42 25 98 85.*
Opernliebhaber kommen in der **Videotheque Internationale d'Art Lyrique et de Musique** (Opern- und Musikvideos) auf ihre Kosten. *Tgl. außer So und Mo 13-18 Uhr; Sa 10-12 und 13-18 Uhr; an Feiertagen geschl. –* ☎ *04 42 37 70 89.*
Das „Centre de Documentation Historique sur l'Algérie" und Ausbildungseinrichtungen für „Buchberufe" sowie Ausstellungsräume ergänzen diesen Komplex.

Shopping

Märkte – Traditioneller Markt: tgl. Place Richelme; Di, Do und Sa Place des Prêcheurs und Place de la Madeleine.
Blumenmarkt: Di, Do und Sa Place de l'Hôtel-de-Ville, an den anderen Tagen Place des Prêcheurs.
Bio-Markt: Do Place de la Croix-Verte in Jas-de-Bouffan
Trödelmarkt: Di, Do und Sa Place Verdun.

Calissons – Der Legende nach wurden die Calissons erdacht, um Königin Jeanne am Tag ihrer Hochzeit mit König René aufzuheitern. Anscheinend zeigte die junge Frau keine große Begeisterung. Das änderte sich schlagartig, als man ihr diese Süßigkeiten brachte, die jeweils zu einem Drittel aus Mandeln, Zucker und eingemachter Melone bestehen. Hier kann man sie kaufen:

Maison L. Béchard – *12 Cours Mirabeau* – ☎ *04 42 26 06 78*; **Calissons du Roy René**, *7 Rue Papassaudi*. Besichtigung einer Produktionsstätte: **Calissons du Roy René**, *La Pioline, 13545 Aix-en-Provence*, ☎ *04 42 39 29 89*.

Santons – Die kleinen Krippenfiguren kann man von Ende November bis Ende Dezember auf dem Santonmarkt am Cours Mirabeau kaufen; ganzjährig zu besichtigen ist das Atelier **Fouque**, *65 Cours Gambetta*, ☎ *04 42 26 33 38*.

Provenzalische Stoffe – Eine traditionelle Adresse: **Tissus de Carcassonne**, *13 Rue Chabrier*. Dort kann man die Stoffe kaufen mit Mustern, die im 17. Jh. in Aix erdacht wurden.

Antiquitäten – Trödelmarkt: Mai, Aug., Okt. und Dez. Cours Mirabeau; Antquitätenmarkt: Mitte Mai Cours Mirabeau, Ende Sept. Cité du Livre.

Village des Antiquaires du Quartier de Lignane, *RN 7, Lignane, 13540 Puyricard*, ☎ *04 42 92 50 03*.

Kunsthandwerk – *Ende März, Mitte Mai, Mitte Juni, Mitte Okt. und Mitte Nov.* Cours Mirabeau: Töpfer, Keramiker, Weber, Korbmacher und Schmuckkreateure.

Wellness

Thermes Sextius – *55 Cours Sextius*, ☎ *04 42 23 81 81*. In diesen Thermen nutzt man ein 36 °C warmes Wasser zur Heilung von Rheuma, Rückenschmerzen, Hautproblemen, schweren Beinen usw.

Hebräisch, Italienisch und Katalanisch, war Musiker und Komponist, Miniaturmaler, Dichter und in Mathematik, Astrologie und Geologie bewandert – kurz, er war ein Mann des Geistes und der Künste. Als solcher ging er in die Geschichte ein, als Mäzen, der sich mit Künstlern umgab. Er lud viele, insbesondere flämische Maler nach Aix ein, und so kam es, daß Ende des 15. Jh.s etwa vierzig Maler in der Stadt lebten, die im Auftrag des Königs und der Notabeln herausragende Werke schufen und an der Ausstattung von Festen und Mysterienspielen beteiligt waren. In jener Zeit entstanden auch der *Verkündigungsaltar* von Barthélemy van Eyck und der *Altar des Brennenden Dornbuschs* von Nicolas Froment (der aus dem Languedoc stammte, seine künstlerische Ausbildung aber in Flandern und Burgund erhielt).

Auch wenn er als Liebhaber von Kunst und Luxus bekannt wurde, so vernachlässigte René seine Aufgaben als Herrscher dennoch nicht: Er erließ Gesetze, förderte den Handel und die Landwirtschaft. König René war es, der die Muskatellertraube in der Provence einführte; er scheute sich nicht, selbst in seinen Weingärten Hand anzulegen. René kümmerte sich um die medizinische Betreuung der Bevölkerung, indem er eine staatliche Institution aus Ärzten und Chirurgen gründete, gesundheitspolitische Maßnahmen und Regelungen verfügte und den Befehl zur Sauberkeit in den Stadtvierteln gab. Die Steuerbelastung der Bürger war jedoch enorm, und das Geld, das der König prägen ließ, genoß keinen guten Ruf.

Mit 12 Jahren hatte René Isabella von Lothringen geheiratet, die ihr reiches Herzogtum mit in die Ehe brachte. Zwei Jahre nach dem Tode seiner ersten Gemahlin ehelichte er, im Alter von 44 Jahren, die nur 21jährige Jeanne de Laval. Auch diese Ehe war glücklich. Königin Jeanne wurde in der Provence genauso beliebt wie ihr Gemahl.

Die neuen Gesichter von Aix – Nachdem die Provence 1486 Frankreich einverleibt worden war, vertrat ein Gouverneur mit Sitz in Aix den französischen König. Im Jahre 1501 wurde das „Parlement" gegründet, das ebenfalls in Aix residierte, und im 17. Jh. erlebte Aix eine weitere Blütezeit mit dem Aufstieg der sog. „gens de robe". Das waren Juristen und hohe Verwaltungsbeamte, die, auf großem Fuße lebend, in der Stadt die herrlichen Palais und Villen bauen ließen, die wir heute noch bewundern. Die gesamte städtische Landschaft veränderte sich, neue Viertel entstanden, wie z. B. das Mazarin-Viertel im Süden, die alte Stadtbefestigung wurde geschleift, statt dessen ein „Korso für Kutschen", der heutige Cours Mirabeau, angelegt. Im 18. Jh. setzte sich die Stadterneuerung fort, breite Straßen und Plätze wurden gebaut, Brunnen und neue Repräsentationsgebäude errichtet (der alte gräfliche Palast wurde abgerissen, um dem neuen Justizpalast Platz zu machen).

Nach der Französischen Revolution und mit dem Aufstieg Marseilles fiel Aix auf den Status einer Unterpräfektur herab, behielt aber den Appellationshof und seine Universität.

In den 1970er Jahren entwickelte sich Aix zu einem Zentrum der Hightech-Industrie (Les Milles; Plateau d'Arbois) sowie, dank den inzwischen weltbekannten Musikfestspielen und der renommierten Universität, zu einem kulturellen und akademischen Mittelpunkt.

Die Bevölkerungszahl steigt – und das große städtebauliche Projekt, das auf einem ehemaligen, an den Cours Sextius und den Cours Mirabeau grenzenden Industriegelände realisiert wird (so z. B. die Cité du Livre), zeigt Wege in die Zukunft.

AUF ENTDECKUNGSTOUR

Auf den Spuren von Cézanne

Paul Cézanne wurde 1839 in Aix geboren, wo er auch zur Schule ging und lange mit dem gleichaltrigen Émile Zola befreundet war. Auf väterlichen Wunsch begann er ein Jurastudium, ging aber 1861 nach Paris, um sich ausschließlich der Malerei zu widmen. Hier entwickelte sich bei ihm, unter dem Einfluß Monets und Pissaros, eine bleibende Vorliebe für die Freilichtmalerei. Er lernte die Malweise der Impressionisten kennen, wandte sich jedoch bald von ihr ab. Zurück in der provenzalischen Heimat, arbeitete er an neuen Farbabstufungen und Farbkombinationen und beschäftigte sich intensiv mit Volumen und geometrischen Formen. Nach einem Aufenthalt in **L'Estaque**, der ihm zu umwälzenden künstlerischen Erkenntnissen verhalf, wurde er, recht spät, im Jahre 1904 auf dem „Salon d'Automne" von der beherrschenden Pariser Kunstwelt anerkannt.

Circuit Paul-Cezanne (Paul Cézanne-Rundgang) – Auf diesem Rundgang, der vom Office de tourisme organisiert wird, lernt man die Stätten in Aix kennen, die im Leben Cézannes von Bedeutung waren, sowie, in der Umgebung von Aix, die Landschaften, insbesondere die **Montagne Sainte-Victoire** *(s. dort)*, von denen er sich inspirieren ließ.

Atelier Paul-Cézanne ⊘ – *9 Avenue Paul-Cézanne, im Norden der Stadt über die Avenue Pasteur.* 1897 ließ Cézanne in 500 m Entfernung von der Kathedrale ein einstöckiges Haus mit Atelier bauen. Das „Atelier des Lauves", in dem er seine *Großen Badenden* schuf, ist in dem Zustand erhalten, wie Cézanne es bei seinem Tode 1906 hinterlassen hatte; es enthält vor allem Erinnerungsstücke und Gegenstände aus dem persönlichen Besitz des Künstlers.

★★ Altstadt

Etwa 1/2 Tag. Die Besichtigung beginnt an der Rotonde (Place Charles-de-Gaulle), auf der sich ein monumentaler Brunnen erhebt.

Mehrere Ringstraßen und Alleen, die dem Verlauf der ehemaligen Befestigung folgen, umschließen die Altstadt. Sie liegt zwischen Kathedrale und Place d'Albertas nördlich des Cours Mirabeau und lädt mit ihren Fußgängerzonen zum Flanieren ein.

★★ Cours Mirabeau – Diese breite Platanenallee wurde im 17. Jh. angelegt. Sie ist die Prachtstraße von Aix: Ein dichtes Blätterdach und Brunnen auf dem Mittelstreifen sorgen auch im Sommer für angenehme Kühle. Auf der einen Seite laden Geschäfte und Cafés (darunter das berühmte „Café des Deux Garçons") zum Bummeln und Verweilen ein, während die andere Seite von den vornehmen Fassaden alter Adelshäuser gesäumt wird, die mit geschnitzten Türflügeln und schmiedeeisernen, von Atlanten und Karyatiden aus der Schule Pugets gestützten Balkonen verziert sind.

Hôtel d'Isoard de Vauvenargues – *Nr. 10.* Um 1710 erbaut. Sehenswert sind der schmiedeeiserne Balkon und der kannelierte Türsturz. In diesem Haus ermordete der Parlamentspräsident Marquis d'Entrecasteaux seine Gattin Angélique de Castellane.

Hôtel de Forbin – *Nr. 20.* 1656 erbautes Palais mit schönem Balkongeländer.

Fontaine des Neuf Canons – Der „Neun-Kanonen"-Brunnen in der Mitte des Cours Mirabeau geht auf das Jahr 1691 zurück.

G. Magnin/MICHELIN

Atlanten am Cours Mirabeau

Fontaine d'eau thermale – In Höhe der Rue Clemenceau. Der bemooste Thermalbrunnen existiert seit 1734. Sein 34 °C warmes Wasser wurde wegen seiner wohltuenden Wirkung bereits vor 2000 Jahren von den Römern geschätzt.

Hôtel Maurel de Pontevès – Nr. 38. 1660 beherbergte dieses Haus Anne-Marie de Montpensier, die „Grande Mademoiselle". Heute ist hier ein Teil des Berufungsgerichts von Aix-en-Provence untergebracht.

Fontaine du Roi René – Dieser Brunnen, ein Werk von David d'Angers (19. Jh.), liegt am Ende des Cours Mirabeau. König René ist mit einer Muskatellertraube dargestellt.

Hôtel du Poët – Das aus dem Jahre 1730 stammende Stadtpalais schließt den Cours Mirabeau im Osten ab. Die dreigeschossige Fassade ist mit Maskaronen geschmückt; schöne Kunstschmiedearbeiten zieren den Balkon des 1. Stocks.

In die Straße rechts vom Hôtel du Poët einbiegen.

Rue de l'Opéra –. Schön sind das Hôtel de Lestang-Parade *(Nr. 18)*, das aus dem 18. Jh. stammende Hôtel de Bonnecorse *(Nr. 24)*, und das Hôtel de Grimaldi, das 1680, wahrscheinlich nach Plänen von Puget, errichtet wurde *(Nr. 26)*. Haus *Nr. 28* ist das **Geburtshaus von Paul Cézanne**.

AIX-EN-PROVENCE

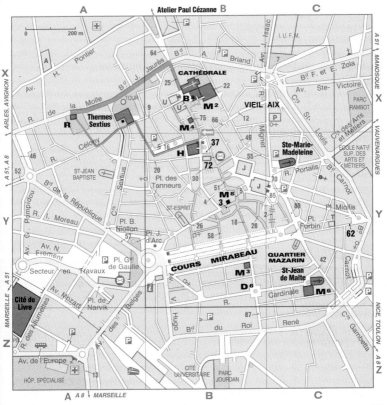

Nun in Richtung des Théâtre du Jeu de Paume gehen, nach rechts abbiegen und dann links die Rue Émeric-David nehmen.

Hôtel de Panisse-Passis – *16 Rue Émeric-David.* Das Gebäude aus dem Jahre 1739 besitzt mit schmiedeeisernen Gittern verzierte Balkons, die auf Konsolen mit Phantasiefiguren ruhen, sowie ein herrliches Portal.

Ein kleiner Abstecher nach rechts führt vor die mächtige Fassade der **Ancienne Chapelle des Jésuites** (ehemalige Jesuitenkapelle). *Anschließend rechts in die Rue Portails einbiegen.*

Église Sainte-Marie-Madeleine – 17. Jh. Hinter der unscheinbaren Fassade verbergen sich einige Kunstwerke, insbesondere eine **Marienstatue★** (Chastel, 18. Jh.) aus Marmor in der 4. Kapelle rechts und im linken Seitenschiff der mittlere Flügel des **Verkündigungstriptychons★** (1445), das Barthélemy van Eyck (ein Verwandter des berühmten Jan van Eyck?) zugeschrieben wird.

Fontaine des Prêcheurs – Den Predigerbrunnen auf dem Place des Prêcheurs schuf Chastel (18. Jh.). Das Portal des **Hôtel d'Agut** (Nr. 2) ist mit Atlanten verziert. *In die Rue Thiers einbiegen.* Das **Hôtel de Roquesante** (Nr. 2) stammt aus dem 17. Jh. Die Rue Thiers führt zur Spitze des Cours Mirabeau, auf dessen rechtem Gehweg es nun weitergeht. Am Haus Nr. 55 erkennt man das Schild eines Hutgeschäfts, das 1825 von Cézannes Vater gegründet wurde.

Rechts in die Rue Fabrot einbiegen.

Nun erst dringt man in die eigentliche Altstadt ein. Die Fußgängern vorbehaltene Rue Fabrot mit ihren vielen Geschäften führt zum Place St-Honoré.

In die Rue Espariat einbiegen.

Hôtel Boyer d'Éguilles – *Nr. 6.* Hier ist das Naturkundemuseum untergebracht. Auch wenn Sie dieses Museum nicht besichtigen, sollten Sie durch das Kutschenportal in den Ehrenhof gehen und die Fassade des Gebäudes betrachten, das 1675 wahrscheinlich von Puget errichtet wurde.

★**Place d'Albertas** – Der von noblen Häusern gesäumte Platz wurde 1745 im Stil der Pariser Plätze angelegt und 1912 mit einem Brunnen geschmückt. Hier finden im Sommer Konzerte statt. Das **Hôtel d'Albertas** *(Nr. 10)*, Baujahr 1707, besitzt Verzierungen, die von dem Bildhauer Toro aus Toulon stammen.

Rechts in die Rue Aude gehen, in der man das **Hôtel Peyronetti** *(Nr. 13)*, einen Renaissancebau aus dem Jahre 1620, bewundern kann. Durch die *Rue du*

Maréchal-Foch – schöne Atlanten rahmen das Portal des **Hôtel d'Arbaud** *(Nr. 7)* – gelangt man auf den **Place Richelme**, der von der Südfassade des ehemaligen Kornspeichers gesäumt ist. Hier wird allmorgendlich Markt abgehalten.

★**Place de l'Hôtel-de-Ville** – Am Nordwestende dieses hübschen Platzes erhebt sich der **Tour de l'Horloge** (Uhrturm), der einstige Belfried der Stadt (16. Jh.); sein schmiedeeiserner Glockenkäfig ist mit den Figuren der vier Jahreszeiten geschmückt.

Der Pariser Architekt Pierre Pavillon erbaute das **Hôtel de Ville** (Rathaus) zwischen 1655 und 1670; wunderschöne schmiedeeiserne Gitter schmücken den Balkon und den Eingang. Im kieselgepflasterten **Hof**★ haben die Gebäude Wandpfeiler in klassischer Ordnung; die Innenseite der Fassade schmückt eine Nische mit Voluten. Der alte Kornspeicher **(Ancienne Halle aux Grains)** an der Südseite des Platzes wurde Mitte des 18. Jh.s errichtet. Über dem zentralen Vorbau erkennt man einen Giebel mit Allegorien der Flüsse Rhone und Durance (Werk von Chastel).

Der Rue Gaston-de-Saporta folgen.

Am Place des Martyrs-de-la-Résistance erhebt sich, im hinteren Bereich, der alte erzbischöfliche Palast **(Ancien Archevêché)** aus dem 17. Jh. Im Innenhof finden die berühmten Aixer Musikfestspiele statt, die Gebäude beherbergen das **Tapisseriemuseum**★ *(s. Besichtigungen weiter unten).*

★**Cloître Saint-Sauveur** ⊙ – Anders als die Kreuzgänge von Arles und Montmajour hat dieser ein Flachdach: So brauchen die Arkaden kein stützendes Strebewerk, wodurch der schöne romanische Bau zierlich und elegant wirkt. Viele von den mit Blättern bzw. Figuren geschmückten Kapitellen über gekuppelten Säulchen sind schadhaft.

Im Nordwesten des Kreuzgangs gewährt eine Tür Zugang zur Kathedrale.

Cathédrale St-Sauveur

★**Cathédrale Saint-Sauveur** – In dieser Kirche sind sämtliche Baustile vom 5. bis zum 17. Jh. vereint. Um das berühmte Triptychon zu sehen, sollten Sie Ihre Besichtigung auf einen Dienstag zwischen 15 und 16 Uhr legen.

Im gotischen Mittelschiff sind zwei Triptychen aus dem 15. Jh. ausgestellt; bei dem ersten, dem Triptychon der Leidensgeschichte, ist nur die mittlere Tafel original. Das **Triptychon des Brennenden Dornbusches**★★, ein Meisterwerk von Nicolas Froment, zeigt König René und Königin Jeanne kniend neben Maria mit dem Kind. Hinter dem Hauptaltar, in der St-Mitre-Kapelle, befindet sich ein Tafelbild (Martyrium des hl. Mitrias) aus der Werkstatt Nicolas Froments. Das linke Seitenschiff wurde im 17. Jh. umgestaltet. Guiramand aus Toulon schnitzte 1504 die meisterhaften **Flügel**★ des Hauptportals aus Nußbaumholz *(durch Läden geschützt)*; die Figuren stellen die vier Propheten und 12 heidnische Sibyllen dar.

An der Fassade erkennt man rechts ein kleines romanisches Portal, in der Mitte ein spätgotisches Mauerstück und links einen gotischen Glockenturm.

Zum Place de l'Hôtel-de-Ville zurückgehen. Von dort gelangt man durch die Straßen (Rues) Vauvenargues, Méjanes, des Bagniers und Clemenceau zum Cours Mirabeau.

Mirabeaus Hochzeit

Graf von Mirabeau, berühmter Staatsmann und Publizist, heiratete 1772 in Aix, wurde 1783 ebendort geschieden und später ebenfalls hier in die Versammlung der Generalstände gewählt.

Der junge Mirabeau, der wegen seines wilden Lebenswandels von seiner Familie auch „Orkan" genannt wurde, hatte die 23jährige Mademoiselle de Marignane, eine reiche Erbin, mit ungeheurer Dreistigkeit verführt und demonstrativ seine Kutsche vor dem Palais stehen lassen, in dem er die Nacht verbrachte. Um die Ehre der jungen Frau zu retten, mußte nun Hochzeit gefeiert werden, auch wenn der Schwiegervater mit dieser Ehe nicht einverstanden war und dem jungen Paar die Unterstützung versagte. Mirabau focht das nicht an, ganz im Gegenteil: er machte bei den Aixer Kaufleuten Schulden über Schulden. Schließlich wurde er im Chateau d'If bei Marseille unter Arrest gestellt. Als Mirabeau wieder frei war, gelang es ihm, eine junge verheiratete Frau zu verführen, mit der er nach Holland floh. 1783 mußte er in Aix vor Gericht erscheinen, seine Frau hatte die Trennung beantragt. Dort verteidigte er sich selbst, und dank seiner herausragenden Rednergabe schaffte er es sogar, in erster Instanz zu gewinnen.

Hôtel d'Arbaud-Jouques – *19 Cours Mirabeau*. Die um 1700 entstandene Fassade ist reich verziert.

Nach links in die Rue Laroque einbiegen und dann wieder nach links in die Rue Mazarine gehen, die zum Quartier Mazarin führt.

★**Quartier Mazarin** - Diesen Stadtteil ließ Erzbischof Michel Mazarin, ein Bruder des berühmten Kardinals, 1646-1651 im Süden von Aix anlegen. Das **Hôtel de Marignane** *(12 Rue Mazarine)* war Ende des 17. Jh.s das Haus der Schwiegereltern Mirabeaus.

Hôtel de Caumont – *3 Rue Joseph-Cabassol*. Die Fassade dieses eleganten Wohnhauses von 1720 zieren Balkone und übereinander angeordnete Giebel. Heute ist es Sitz des Darius Milhaud-Konservatoriums für Musik und Tanz.

Église Saint-Jean-de-Malte – *Am Ende der Rue Cardinale*. Die Kirche der ehemaligen Malteser-Komturei war im späten 13. Jh. das erste gotische Bauwerk in Aix; der Turm ist 67 m hoch. Im Langhaus★ kommt die einfache Eleganz der frühgotischen Architektur – weite Bögen, Obergadenfenster ohne Triforium, vierteilige Gewölbe – gut zur Geltung.

BESICHTIGUNGEN

Muséum d'Histoire naturelle ⊙ – Das Naturkundemuseum zeigt interessante Mineralien, provenzalische Fossilien und insbesondere eine Sammlung von **Dinosauriereiern**, die an den Hängen des Berges Sainte-Victoire gefunden wurden. Weiterhin ein Kuriositätenkabinett, schöne Portale des 17. Jh.s, Gemälde und Skulpturen.

★**Musée des Tapisseries** ⊙ – Das Museum der Wandteppiche besitzt 19 wertvolle Stücke aus der Werkstatt von Beauvais (17. und 18. Jh.) und eine neunteilige Teppichfolge mit Szenen aus dem Leben des Don Quijote nach Natoire.

★**Musée Granet** ⊙ – Das in der ehemaligen Malteser-Komturei (17. Jh.) untergebrachte Museum der schönen Künste enthält eine schöne Gemäldesammlung, die aus zahlreichen Hinterlassenschaften, u. a. aus der des Malers F.-M. Granet (1775-1849) besteht. Neben frühen Avignoneser (Flügel des *Triptychons der Königin Sanche von Matteo Giovanetti*), italienischen und flämischen Werken sind Gemälde der großen europäischen Schulen vom 16. bis zum 19. Jh. ausgestellt. Frankreich ist mit Werken von Philippe de Champaigne, Le Nain, Rigaud, Largillière, Greuze, Géricault und zahlreichen Bildern der provenzalischen Schule, insbesondere von Granet, Loubon und Emperaire, vertreten. Weiterhin Gemälde von Guercino, Rubens und aus der Rembrandtschule sowie, in einem speziell **Cézanne** gewidmeten Raum, acht seiner Werke, darunter *Frauenakt mit Spiegel* (1872), *Badende* (1895) und ein *Stilleben* (1865).

Musée du Vieil Aix ⊙ – *17 Rue Gaston-de-Saporta*. Die Sammlung des Aixer Heimatmuseums enthält Marionetten, die bei den „Sprechenden Krippen" und den Fronleichnamsprozessionen eine Rolle spielten, Fayencen aus Moustiers, Santons u. v. m.

Musée bibliographique et archéologique Paul-Arbaud ⊙ – *2a Rue du 4-Septembre*. Im bibliographischen und archäologischen Museum findet der Besucher Literatur über die Provence, Fayencen aus Moustiers, Marseille und Allemagne-en-Provence sowie Gemälde und Skulpturen.

Pavillon de Vendôme ⊙ – Das 1667 erbaute Landhaus des Kardinals und Herzogs von Vendôme birgt provenzalische Möbel und Kunstgegenstände.

★Fondation Vasarely ⊘ – *2,5 km westlich von Aix.* Die Vasarely-Stiftung liegt im Westen der Stadt auf einer Anhöhe im Weiler Jas de Bouffan, wo einst das Haus von Paul Cézanne stand. Der Maler und Plastiker Victor Vasarely (1906 –1997) suchte sich diesen Ort aus, weil er den Aixer Meister sehr bewunderte.

Der weitläufige Komplex besteht aus sechzehn hexagonalen Gebäudeteilen, deren schlichte Fassaden mit Kreisen auf abwechselnd weißen und schwarzen Quadraten verziert sind und sich überraschend harmonisch in die landschaftliche Umgebung einfügen. Die Stiftung macht mit dem Werk des in Ungarn geborenen Künstlers bekannt, der wegen seiner ab 1955 betriebenen Beschäftigung mit kinetischen Effekten als Pionier der Op-art gilt.

UMGEBUNG

Oppidum d'Entremont ⊘ – *Aix in nördl. Richtung über die Avenue Pasteur und die D 14 verlassen. Nach 2,5 km zweigt rechts ein Weg zum Plateau d'Entremont ab.* Im 2. vorchristlichen Jahrhundert war Entremont ein befestigter Ort mit einer Gesamtfläche von 3,5 ha, der durch steile Felsen und im Norden durch eine Mauer mit Zwischenwall und in regelmäßigen Abständen vorspringenden Rundtürmen geschützt war. Innerhalb des Mauerrings befand sich eine regelmäßig angelegte, hochgelegene Siedlung, die „Oberstadt" *(ville haute)*. In der „Unterstadt" *(ville basse)* lebten wahrscheinlich überwiegend Handwerker (Reste von Öfen und Ölmühlen).

Die Saluvier

Im 3. Jh. war die Basse Provence vom keltoligurischen Volk der Saluvier besiedelt, die das Oppidum von Entremont zu ihrer Hauptstadt machten. Auch wenn die Ausgrabungsfunde (so z. B. die Statuen im Musée Granet) auf eine recht fortgeschrittene städtische Zivilisation schließen lassen, so waren die Bräuche und Sitten dieses Volkes doch von einer gewissen Grausamkeit geprägt. Laut Berichten des griechischen Historikers Strabon pflegten die Saluvier ihren Feinden den Kopf abzuschlagen und diesen auf dem Hals ihres Pferdes nach Hause zu tragen, wo er dann als Trophäe über der Tür des Hauses befestigt wurde. Die Massalioten, die ihre Handelsbeziehungen von diesen „wilden" Nachbarn beeinträchtigt sahen, riefen im Jahre 124 v. Chr. Rom zu Hilfe. Die Römer kamen, versklavten unter dem Oberbefehl des Sextius die gesamte saluvische Bevölkerung, zerstörten die Stadt und gründeten ein Lager in der Nähe der Thermalquellen, das sie Aquae Sextiae nannten. Damit war der Grundstein zu Aix-en-Provence gelegt.

Die **Ausgrabungen** bezeugen den verhältnismäßig hohen Entwicklungsstand dieser Siedlung sowie deren Zerstörung durch die Römer (Steingeschosse, vergrabene Münzschätze). Kunstgeschichtlich bedeutsam sind die Skulpturen von Entremont – Opferszenen, Krieger (reitend oder im Schneidersitz) und Frauenfiguren –, die sich heute im Musée Granet befinden *(s. o.)*.

Viadukt von Ventabren: Mit dem TGV ist Paris nur noch 3 Std. von Marseille entfernt!

Vom Rand des Plateaus aus bietet sich von einem **Aussichtspunkt** (Orientierungstafel) ein weiter Blick auf das Becken von Aix, das Sainte-Victoire-Gebirge, die Étoile-Bergkette und das Sainte-Baume-Massiv.

Éguilles – *10 km westlich von Aix-en-Provence über die N 7 in Richtung Salon-de-Provence. Nach 2,5 km links in die D 543 einbiegen und bis Éguilles weiterfahren.* Hoch über dem Arc-Tal liegt das Dorf im Verlauf der ehemaligen Römerstraße Via Aurelia, der heutigen D 17. Das Rathaus (einst Schloß der Boyer d'Éguilles, die es im 17. Jh. erwarben) hat eine schöne, eindrucksvolle Fassade mit Kreuzstockfenstern auf vier Etagen. Von der Esplanade ergibt sich ein weiter **Blick** über die Chaîne de l'Étoile und Les Milles. Bei einem Rundgang durch das Dorf entdeckt man mehrere alte Waschplätze.

Jardins d'Albertas ⊘ – *11 km ab Aix-en-Provence über die N 8 in Richtung Marseille. In Luynes links die D 59ᴬ Richtung Bouc-Bel-Air nehmen.* Der vom Marquis Jean-Baptiste d'Albertas 1751 geschaffene Park vereinigt italienische (Terrassen, antike Statuen, künstliche Grotten oder kühle Räume, Tritonen-Bassin), französische (Blumenrabatten, Kanal, Perspektive) und provenzalische (Querreihen von Platanen) Elemente zu einem harmonischen Bild. Vom Belvedere auf der rechten Seite hat der Besucher einen schönen Blick über die gesamte Anlage.

AUSFLUG

Vallée de l'Arc *43 km – etwa 2 Std.*
Ausfahrt aus Aix auf der D 9; man fährt durch das Gewerbegebiet Les Milles.

Château de la Pioline – In der Sommerresidenz der Mitglieder des „Parlement" von Aix (die ältesten Bauteile stammen aus dem 16. Jh.) wurde Karl V. im Jahre 1536 empfangen. Vor dem von zwei Flügeln flankierten Wohntrakt liegt der Ehrenhof mit einem Wasserbecken.

Nachdem man am **Réservoir du Réaltor** (schönes Staubecken von 58 ha in üppiger Vegetation) entlanggefahren ist, rechts auf die D 65ᴰ abbiegen und den Canal de Marseille überqueren.

Hinter La Mérindolle links abbiegen.

★**Aqueduc de Roquefavour** – Der Kanal überquert das Arc-Tal 12 km westlich von Aix auf einem schönen, dreistöckigen Aquädukt, der 1842-1847 von dem Ingenieur Montricher erbaut wurde. Der Aquädukt ist 375 m lang und 83 m hoch (Pont du Gard: 275 m lang, 49 m hoch); die 1. Ebene hat 12 Bögen, die zweite 15; die dritte, die aus 53 Bögen besteht, trägt die Leitung, die das Wasser der Durance nach Marseille bringt.
Um den Aquädukt von oben zu betrachten, kann man 2,1 km auf einem unbefestigten Weg rechts *(in Richtung Petit Rigouès)* entlangfahren und dann rechts in Richtung Wärterhaus abbiegen und parken. Man erhält einen **eindrucksvollen Blick** auf die oberste Ebene mit der Wasserleitung unter freiem Himmel. Vom Rand der Plattform bietet sich auch eine gute Aussicht auf das Becken von Aix, das Sainte-Victoire-Gebirge und die Étoile-Kette.

Zur D 64 zurückkehren und rechts abbiegen.

Ventabren – Das kleine Dorf mit seinen malerischen Gassen wird vom verfallenen Schloß der Königin Jeanne überragt. Am Fuß der Ruine – zu Fuß erreichbar über die Rue du Cimetière – bietet sich ein herrlicher **Blick**★ auf den See von Berre, Martigues und die Vitrolles-Bergkette.

Über die D 64ᴬ und die D 10 nach Aix zurückfahren.

Les ALPILLES★★

Michelin-Karte Nr. 245 Falte 29 und Nr. 340 D3-E3

Die Gebirgskette aus Kalkstein im Herzen der Provence, zwischen Avignon und Arles, erreicht eine Höhe von 300-400 m. Weiß zeichnen sich die stark zerklüfteten Berge gegen den blauen, besonders bei Mistral sehr klaren Himmel ab. Sie sind in ihren oberen Zonen kahl und nur mit den Kräutern dunkel betupft. An geschützten Stellen haben sich Kermeseichen und Pinien angesiedelt und bilden runde Schattenflecken auf dem steinigen Boden, den eine magere Grasnarbe unregelmäßig bedeckt. Die große Helligkeit gibt den Konturen Schärfe, absorbiert die Farben und läßt die immer bewegten Blättchen der rundlichen Olivenbäume silbrig flimmern.

AUSFLÜGE

★★① Alpilles des Baux
Rundfahrt ab St-Rémy-de-Provence – 40 km – etwa 4 Std.

★**Saint-Rémy-de-Provence** – *s. dort*
Saint-Rémy in südwestl. Richtung auf dem Chemin de la Combette verlassen, dann rechts auf den Vieux Chemin d'Arles abbiegen.

TIPS UND ADRESSEN

Gastronomie

Gut und preiswert

La Pitchoune – *21 Place de l'Église* – *13520 Maussane-les-Alpilles* – ☎ *04 90 54 34 84* – *19. Nov.-10. Jan., Fr-mittag und Mo geschl.* – *Mittagsmenü 11 € – 14/23 €*. Das Bürgerhaus des 19. Jh.s direkt neben der Kirche birgt hübsche Speiseräume mit mosaikartigen Bodenfliesen. Terrasse im Schatten von Pinien; Hausmannskost.

Unsere Empfehlung

Table du Meunier – *42 Cours Hyacinthe Bellon* – *13990 Fontvieille* – ☎ *04 90 54 61 05* – *In den Februar- und Novemberferien, 20.-27. Dez., Di-abend Sept.-Juni, Mi außer abends Juli-Aug. und Di geschl.* – *19,06/27,44 €*. An der „Tafel des Müllers" genießen zahlreiche Gäste das rustikalen Dekor und vor allem die schmackhafte, in der Region verwurzelte Küche. Die Terrasse weist als Besonderheit einen Hühnerstall aus dem Jahre 1765 auf.

Le Relais du Coche – *Place Monier* – *13430 Eyguières* – *9 km nordwestl. von Salon über die D 17* – ☎ *04 90 59 86 70* – *2.-21. Jan., Di-mittag in den Monaten Juli-Aug., So-abend Sept.-Juni und Mo geschl.* – *24,09/31,71 €*. In dem ehe-maligen Postkutschenrelais gibt es schon lange keine Pferde mehr. Unter den Deckenbalken des ehemaligen Pferdestalls mit seinem Steinmauerwerk stehen nun die Tisches dieses Lokals. Schattige Terrasse im hinteren Bereich.

Unterkunft

Gut und preiswert

Chambre d'hôte Canto Cigalo – *Quartier du Pin* – *13430 Eyguières* – *9 km nordwestl. von Salon über die D 17* – ☎ *04 90 59 89 85* – ⊡ – *3 Z: 39/47 €*. Modernes Gebäude mit Blick auf Wiesen und die Garrigue. Die sehr gepflegten Zimmer sind einfach dekoriert, auf alte Art möbliert und mit farbigen Vorhängen geschmückt. Kinderspielplatz.

Unsere Empfehlung

Chambre d'hôte Le Mas du Petit Puits – *Chemin Mario Prassinos* – *13810 Eygalières* – *0,5 km an der Route St-Rémy-de-Provence über die D 74ᴬ* – ☎ *04 90 95 91 18* – *6 Z: 65/222 €* – ⊡ *11,45 €* – *Mahlzeit 23 €*. Bevor Sie Ihr Gepäck in eines der traditionell eingerichteten Zimmer dieses hundertjähri-gen Bauernhauses bringen, halten Sie am Swimmingpool an und genießen Sie den Blick auf die Bergkette der Alpilles! An manchen Abenden bietet man pro-venzalische Gerichte an.

Im Kontakt mit der Natur

Naturliebhaber, die ihre Kenntnisse vertiefen möchten, können an Führungen durch das Gebiet der Caume teilnehmen. Das Office de tourisme von St-Rémy-de-Provence informiert.

Sport und Freizeit

Lufttaufe – Der **Aéroclub de Romanin** (☎ *04 90 92 08 43*) befindet sich in der Nähe der D 99 und des Canal des Alpilles. Wer also Lust auf Höhenflüge hat, das Fliegen erlernen oder seine fliegerischen Fähigkeiten verbessern möchte, trifft dort auf die richtigen Leute.

Wanderungen – Eine 15 km lange Strecke auf dem Alpilles-Kamm, von Glanum nach Eygalières über das Val Saint-Clair, folgt dem Fernwanderweg GR 6.

Tour du Cardinal – Hübscher Landsitz aus dem 16. Jh. mit Renaissance-Balkon. *Links auf die D 27 abbiegen.*

Gegen Ende der Steigung bietet eine Höhenstraße (links) eine herrliche **Aussicht**★★★ auf Les Baux.

Die D 27, auf der man nun weiterfährt, führt kurvenreich durch das **Val d'Enfer** (Höllental).

★★★**Les-Baux-de-Provence** – *s. dort*
Der D 27 folgen.

Weingärten am Fuße der Alpilles des Baux

Man fährt durch Le Paradou und nimmt dann die D 78ᴱ, die sich durch Olivenhaine schlängelt.

Aqueducs de Barbegal – 🚶 *1/4 Std.* Ruinen von zwei gallorömischen Wasserleitungen, die eine große Strecke weit parallel zueinander angelegt waren. Eine Leitung versorgte die Stadt Arles mit dem Wasser von Eygalières, die andere führte zu einer hydraulischen Getreidemühle (4. Jh.), deren Fundamente eines der wenigen Beispiele römischer Industriebauten sind, die sich in unsere Zeit gerettet haben.

Fontvieille – Der kleine Ort lebte lange vom Kalksteinabbau, bei dem der sog. „pierre d'Arles" abgebaut wurde.
Fontvieille ist jedoch vor allem durch eine Mühle, die **Moulin de Daudet** ☉, untrennbar mit der Erinnerung an den Dichter **Alphonse Daudet** (1840-1897) verbunden, der hier die Inspiration zu seinem berühmten Werk „Briefe aus meiner Mühle" fand. Eine von herrlichen Schirmkiefern gesäumte Straße führt zu dieser Mühle. Der Raum im 1. Stock zeigt das Funktionsprinzip einer Getreidemühle. In Höhe des Daches sind die lokalen Winde und ihre Herkunft verzeichnet. Im Untergeschoß bewahrt ein kleines **Museum** Erinnerungen an den Schriftsteller (Manuskripte, Porträts, Fotografien und seltene Ausgaben seiner Werke).
Daudet hielt sich, wenn er in Fontvieille war, bei Freunden auf Schloß Montauban am Fuß des Hügels auf. Seine Erzählungen entstanden zwar in Paris, aber der Schriftsteller ging gerne in dieser Gegend spazieren; er lauschte den Geschichten des Müllers und genoß den **Ausblick**★ von der Mühle über die provenzalische Landschaft, den Blick auf die Alpilles, auf die Schlösser von Beaucaire und Tarascon, auf das breite Rhonetal und auf die Abtei Montmajour.

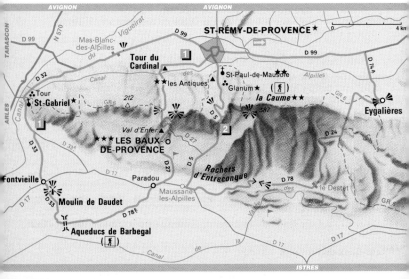

Der D 33 nach Norden folgen, durch eine Landschaft aus Olivenhainen, Pinienwäldchen und von Pappeln eingefaßten Feldern mit Frühgemüse.

★**Chapelle Saint-Gabriel** ⓥ – Die kleine Kapelle (Ende 12. Jh.) hat eine bemerkenswerte, von Steinmetzarbeiten geschmückte Fassade. Das schlichte Innere, ein schönes Beispiel romanischer Baukunst, beeindruckt durch die Harmonie seiner Proportionen.

Auf der D 33 nach Saint-Rémy zurückfahren.

G. Magnin/MICHELIN

Daudets Mühle

★★ 2 Alpilles d'Eygalières

Rundfahrt ab St-Rémy-de-Provence – 42 km – etwa 3 Std. Ausfahrt aus Saint-Rémy auf der D 5 in Richtung Maussane.

Die Straße führt an dem ehemaligen Kloster Saint-Paul-de-Mausole und am Mausoleum von Les Antiques *(s. ST-RÉMY-DE-PROVENCE)* vorbei in die Bergkette der Alpilles durch eine von Kiefern geprägte Landschaft.

Nach 4 km den Wagen parken und links auf dem ansteigenden Weg den Berg hinaufgehen.

★★**Panorama de la Caume** – Vom Südrand des Plateaus (387 m), jenseits der Fernseh-Relaisstation, hat man einen weitreichenden Blick auf die Alpilles (im Vordergrund), die Crau-Ebene und die Camargue; vom Nordrand sieht man die Rhone-Ebene, den schnabelförmigen Berg Guidon du Bouquet, den Mont Ventoux und das Durance-Tal. Hier ist das Reich der Raubvögel. Um die Adler, Geier und Eulen nicht in ihrem Lebensraum zu stören, weichen Sie bitte nicht von den ausgeschilderten Pfaden ab.

Auf der D 5 weiterfahren.

Nachdem man kleine Schluchten durchquert hat, erblickt man links der stillgelegten Bauxitsteinbrüche die roten **Rochers d'Entreconque**. Dann folgen Obstplantagen (Aprikosen, Mandeln, Kirschen) und Olivenhaine.

Am Ortseingang von Maussane-les-Alpilles links die D 17 und dann sofort wieder links die D 78 nehmen.

Die Straße führt durch Olivenhaine am Fuß der Alpilles und steigt dann langsam zu einer kleinen Paßhöhe an: schöner Blick auf Opiès, das von einem Turm überragt wird. *In Le Destet links auf die D 24 abbiegen.* Von der Straße ist das Caume-Plateau zu sehen.

Nach 7,5 km rechts auf die D 24^B in Richtung Eygalières abbiegen.

Eygalières – Der kleine Ort mit seinen winkeligen Gassen liegt terrassenförmig an einem Hügel, auf dem ein alter Bergfried in den Himmel ragt. Der Platz war schon in der Jungsteinzeit bewohnt. Die römische Legion, die später nach Éygalières kam, leitete von hier das Wasser nach Arles. Oben im Dorf bietet sich ein schöner Blick auf das Caume-Plateau, die Alpilles-Kette und das Tal der Durance.

Auf der D 74^A weiterfahren bis zur D 99, die links nach Saint-Rémy-de-Provence zurückführt.

ANSOUIS

1 033 Einwohner
Michelin-Karte Nr. 114 Falte 2, Nr. 245 Falte 31 und Nr. 332 F11
Kartenskizze s. Le LUBERON

Ansouis liegt zwischen der Durance und den ersten Ausläufern des Grand Luberon auf einem Felsvorsprung im Schutz des prachtvollen Schlosses der Familie Sabran-Pontevès.

BESICHTIGUNGEN

★**Château** ⊘ – Zu Beginn des 12. Jh.s errichteten die Freiherren von Ansouis auf einer sehr alten Befestigung eine Burg, die ihren wehrhaften Charakter (vor allem im südlichen Teil) im 17. und 18. Jh. verlor. Das Schloß wird seit mehreren Jahrhunderten von der Familie Sabran-Pontevès bewohnt und hat den Reiz alter Gebäude, in denen Generationen derselben Familie einander ablösen, wobei jede das ihre zur Verschönerung des Anwesens beiträgt.

Mehrere Stufen und eine Rampe führen auf die mit Kastanien bestandene Esplanade, die von einer monumentalen, harmonischen Fassade aus gelblichem Stein beherrscht wird. Das mit Glaserdiamant verzierte und vom Wappen der Sabran gekrönte Portal verdient besondere Aufmerksamkeit.

Durch das mit einem Kassettengewölbe abgeschlossene Treppenhaus aus der Zeit Heinrichs IV. gelangt man zum Waffensaal, in dem Rüstungen (17. bis 19. Jh.) zu sehen sind. Ein enger Gang führt zur Kapelle und dann zum Speisesaal, der mit flämischen Wandteppichen aus dem 17. Jh. geschmückt ist. Durch den Salon Charles X gelangt man ins Schlafgemach mit Erinnerungsstücken der beiden Heiligen Elzéar und Delphine de Sabran, die einander ewige Keuschheit gelobten. Zum Abschluß werden die provenzalische Küche mit ihrem blitzenden Kupfergeschirr, das Gefängnis und die Kirche besichtigt.

Die **Kirche** wurde im 13. Jh. in der ersten Burganlage errichtet. So denkt man beim Anblick der schmalen Schießscharten in der Südwand eher an ein Bauwerk mit Verteidigungsfunktionen als an einen Sakralbau.

Von der **Terrasse** bietet sich ein schöner **Blick** auf das Durchbruchstal der Durance und die Bergkette des Grand Luberon. Besonders hübsch ist der Park, dessen Anlagen man gut überschauen kann.

Musée Extraordinaire ⊘ – Dieses kleine, in den Kellergewölben aus dem 15. Jh. eingerichtete „außergewöhnliche" Museum mit einer Meeresgrotte ist, in Erinnerung an jene Zeiten, da die Region noch vom Meer bedeckt war, der Unterwasserwelt gewidmet. Weiterhin sind Gemälde und Keramik von G. Mazoyer zu sehen.

Schloß Ansouis

APT

11 172 Einwohner
Michelin-Karte Nr. 114 Falte 2, Nr. 245 Falte 31 und Nr. 332 F10

Das lebendige Städtchen im Calavon-Tal ist das französische Zentrum der Ockerproduktion; außerdem werden hier kandierte Früchte, Marmeladen und Lavendelöl hergestellt sowie Trüffeln gewonnen. Samstagmorgens findet ein bunter, malerischer Markt statt.

Die „Colonia Julia Apta" war eine wohlhabende römische Kolonie an der Via Domitia und im 3. Jh. Sitz eines Erzbischofs. In der Kathedrale, dem ersten der hl. Anna geweihten Gotteshaus in Frankreich, werden die Reliquien dieser Heiligen aufbewahrt. Am letzten Julisonntag findet ihr zu Ehren eine traditionelle Wallfahrt statt.

AUF ENTDECKUNGSTOUR

Etwa 1 Std., an Markttagen 2 oder mehr ...

Ausgangspunkt ist der Place de la Bouquerie. Der Rue de la République bis zum Place du Septier folgen, an dem schöne Stadtpalais stehen. Nun zum Place Carnot gehen und in die Rue Ste-Anne einbiegen.

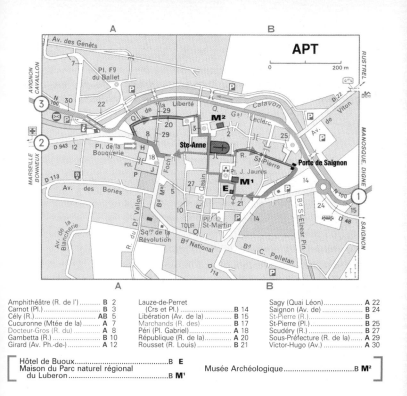

Tip

Spitzenkategorie

Le Moulin de Mauragne – *Route de Marseille – 3 km südl. von Apt in Richtung Lourmarin, dann 800 m nach dem Verkehrskreisel die Straße links nehmen –* ☎ *04 90 74 31 37 – www.moulin-de-mauragne.com – 4 Z: 91,47/129,58 €.* Das charmante provenzalische Bauernhaus (mas) mit seinen Möbeln und Nippes von überallher, seinen eleganten Salons und kuscheligen, farbenfrohen Zimmern mit bestickter Bettwäsche bietet einen exquisiten Rahmen für Ihre Erholung. Uralte Kellergewölbe, Swimmingpool und weitläufiger Park.

Cathédrale Ste-Anne ⊘ – Das Gotteshaus wurde im 11. oder 12. Jh. errichtet und in der Folgezeit häufig umgebaut. Das rechte Seitenschiff ist romanisch, das linke gotisch (14. Jh.); das Hauptschiff wurde im 17. Jh. erneuert. Ähnlich wie bei Notre-Dame-des-Doms in Avignon ruht die Vierungskuppel auf Trompen. In der Apsis ist auf einem Glasfenster aus dem 15. Jh. eine Anna selbdritt dargestellt.

Chapelle Sainte-Anne – Die Kapelle wurde 1662 gebaut, nach der Wallfahrt von Anna von Österreich nach Apt. Sie birgt das große Büstenreliquiar der hl. Anna, eine Skulpturengruppe aus Carrara-Marmor, die die hl. Anna und die Jungfrau Maria als Kind darstellt (von Benzoni) sowie die Reliquien des hl. Elzéar von Sabran *(s. ANSOUIS)* und jene des hl. Castor, des 422 verstorbenen Bischofs von Apt. Jedes Jahr wird die hl. Anna, die Schutzpatronin der Fruchtbarkeit, am letzten Julisonntag in einer Wallfahrt geehrt.

Trésor ⊘ – Der Kirchenschatz umfaßt liturgische Handschriften aus dem 11. und 12. Jh., Reliquienschreine mit Emailarbeiten aus Limoges (12. und 13. Jh.), vergoldete Florentiner Holzkästchen aus dem 14. Jh. und eine arabische Standarte, die 1097 in Damiette bestickt wurde.

Krypta – Die Krypta besteht aus zwei übereinanderliegenden Räumen. Der obere Raum gleicht einer winzigen romanischen Kirche und enthält einen Altar aus dem 5. Jh.; der untere geht auf die Epoche der Karolinger zurück.

Durch die Rue des Marchands, unter dem Glockentor hindurch, bis zum Place du Postel weitergehen.

Die Rue St-Pierre führt zum mittelalterlichen Stadttor **Porte de Saignon**.

Rechts dem Cours Lauze-de-Perret bis zur Rue Louis-Rousset folgen, auf der man wieder in die Altstadt gelangt.

An der Ecke der Rue Paul-Achard zieht das aus dem 16. Jh. stammende **Hôtel de Buoux** den Blick auf sich. In einem ehemaligen Stadtpalais am Place Jean-Jaurès ist das **Maison du Parc du Luberon** untergebracht.

Die Rue Casin (rechts) führt zur Rue des Marchands, in die man links einbiegt.

Am Place Gabriel-Péri verdient die schöne klassizistische Fassade der Unterpräfektur *(sous-préfecture)* Beachtung. Sie ist von zwei Brunnen mit Delphinen flankiert.

Über die Rue du Dr-Gros erreicht man wieder den Place de la Bouquerie.

BESICHTIGUNGEN

Musée archéologique ⊙ – Das interessante archäologische Museum ist in einem Palais aus dem 18. Jh. untergebracht. Es zeigt Exponate aus der Vor- und Frühgeschichte und aus gallorömischer Zeit (Mosaiken, Keramik, Glas, Grabbeigaben, Schmuck) sowie Grabungsfunde aus dem Oppidum von Le-Chastellard-de-Lardiers in der Nähe von Banon (Alpes-de-Haute-Provence). Im 2. Stock sind Fayencen aus dem 17. bis 19. Jh., Werke des Apter Keramikers Léon Sagy (1863-1939), sowie zahlreiche Votivtafeln ausgestellt.

Maison du Parc naturel régional du Luberon ⊙ – Bevor Sie auf Entdeckungstour durch den Luberon starten, erhalten Sie hier eine hervorragende Einführung (interaktive Bildschirme, Lichttafeln, Dioramen, Ausstellungen, Dokumente, regionale Erzeugnisse, Wandermöglichkeiten) über das vielfältige Angebot im regionalen Naturpark des Luberon. Im Untergeschoß wird man auf spielerische Weise mit der Geologie und der Entwicklung der Arten vertraut gemacht; im Erdgeschoß entdeckt man die Naturschönheiten, die Bergdörfer und vieles mehr.

AUSFLUG

★★ Fahrt zu den Ockerbrüchen

49 km – etwa 3 1/2 Std. Apt auf der N 100 in Richtung Cavaillon verlassen.

Pont Julien – In drei weiten Bögen überspannt die etwa 70 m lange Brücke aus dem Jahre 3 v. Chr. den Coulon (oder Calavon). Sie ruht auf breiten Pfeilern, die durch Rundbogenöffnungen gegliedert sind und dadurch bei Hochwasser das rasche Abfließen der Wassermengen ermöglichen.

★★ Roussillon – *s. dort*

Das Dorf auf der D 227 verlassen, von der sich schöne Blicke auf die zerklüfteten Ockerbrüche und den Luberon (rechts) sowie auf das Plateau von Vaucluse (links) ergeben. Die D 4 überqueren, rechts auf die D 2 und dann wieder rechts auf die D 101 fahren.

Man kommt an etwa 20 Klärbecken *(rechts der Straße)* vorbei, in denen der in der Nähe gewonnene Ocker weiterverarbeitet wird.

Am Ortseingang von Gargas (bedeutendes Zentrum der Ockergewinnung; handwerkliche Herstellung von kandierten Früchten) links die D 83 und dann wieder links die D 943 nehmen.

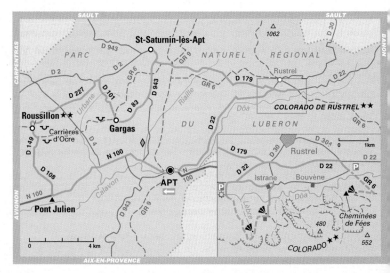

Saint-Saturnin-lès-Apt – Eine Burgruine überragt das Dorf, das in den Ausläufern des Plateaus von Vaucluse liegt. Die romanische Kapelle und die Windmühle bieten ein typisch provenzalisches Bild. Das im Oberdorf erhaltene Tor (Porte Ayguier) hat noch Reste seiner Befestigung aus dem 15. Jh. bewahrt. Die engen, winkligen Gassen, die Häuser und ihre Trockenmauern und die Ruhe des Ortes (der sich auf den Anbau von Kirschen spezialisiert hat), haben aus Saint-Saturnin einen angenehmen Ausgangspunkt für Wanderungen gemacht. Ein Wanderwegenetz von insgesamt 200 km, das vor allem die alten Wege der Transhumanz nutzt, steht Naturliebhabern zur Verfügung.

Auf der D 943 in südlicher Richtung fahren; dann links der D 179 in Richtung Rustrel folgen.

Die Straße führt durch Kirschbaumpflanzungen.

★★**Colorado de Rustrel** ⊘ – [⚒] – Mehrere Wege ermöglichen die Besichtigung von einigen der schönsten Stellen dieser riesigen Schlucht, in der ein Ockersteinbruch auf den anderen folgt. Wir empfehlen Ihnen die beiden folgenden:

– 1 Std. hin und zurück: Den Wagen auf den gebührenpflichtigen Parkplätzen abstellen, die am Ufer der Dôa, entlang der D 22, und ein wenig weiter, vor dem Dorf Bouvène an der Straße eingerichtet wurden. Das Flüßchen überqueren und der gelben Markierung folgen. Nach einem recht steilen Anstieg zu Beginn kommt man zu mehreren Aussichtspunkten. Diese vermitteln einen Überblick über die alten Lagerstätten, an denen von Erde bedeckter Brauneisenstein klippenartig aufragt oder sich als gelbe Wand ausgezackt vom Himmel abhebt. Auf dem gleichen Weg zurückgehen.

– 2 Std. hin und zurück: Von der D 22 in Richtung „Camping du Colorado" fahren; dort den Wagen abstellen und der gelben Markierung folgen. Rechts läßt man die Gebäude der alten Fabrik (Usine de fer de Rustrel) hinter sich. Der steile, in die Lèbre-Talmulde hinabführende Weg ist von zinnoberroten Felsen gesäumt. Im Talgrund bis an den Fuß der ehemaligen Phosphatgrube weitergehen, die „Terres vertes" („Grünes Land") genannt wird. Man durchquert dann eine mit Kiefern und Heidekraut bedeckte Landschaft und erreicht den einstigen Steinbruch von Istrane mit seinen rosaroten Felswänden. Anschließend geht man auf der alten Verbindungsstraße zwischen Rustrel und Caseneuve und einer Landstraße zum Ausgangspunkt zurück.

Nach einer wohlverdienten Pause in Rustrel fährt man auf der D 22 wieder nach Apt zurück.

Bizarre Felsformationen am Colorado de Rustrel

Michelin-Karte Nr. 245 Falten 1, 2, 14, 15, Nr. 246 Falte 23 und Nr. 331 I7-J8

Die Ardèche-Schlucht, die von einer Straße mit kühner Trassenführung beherrscht wird, gilt als eine der eindrucksvollsten Natursehenswürdigkeiten Südfrankreichs; der größte Teil der Ardèche-Schlucht wurde 1993 zum Naturdenkmal erklärt und steht unter Naturschutz.

HINTERGRUNDINFOS

Ein launischer Fluß – Die Ardèche entspringt im Mazan-Massiv in 1 467 m Höhe und mündet nach 119 km stürmischem Verlauf 1 km oberhalb von Pont-Saint-Esprit in die Rhone. Im Oberlauf hat sie ein starkes Gefälle und fließt in vielen Windungen. Der Unterlauf ist wegen seiner Erosionsformen interessant. Hier bahnt sich der Fluß nämlich seinen Weg durch die Kalksteinschichten eines Plateaus, das bereits durch viele unterirdische Wasserläufe ausgehöhlt ist. Er hat dadurch eine sehr unregelmäßige Wasserführung, die noch durch mehrere aus dem Gebirge kommende Nebenflüsse verstärkt wird; maximale Wasserstände in Frühjahr und Herbst, ganz geringe in Sommer und Winter sind ein Phänomen, das kennzeichnend für den ganzen Mittelmeerraum ist. So kann die Wassermenge der Ardèche im Herbst von 2,5 m³/Sek. bis auf über 7 000 m³/Sek. anwachsen, die Fließgeschwindigkeit beträgt dann bis zu 20 km/h. Plötzlich wie das Hochwasser setzt auch das Niedrigwasser ein.

Blick vom Cirque de la Madeleine in das Tal der Ardèche

AUSFLUG

Von Vallon-Pont-d'Arc nach Pont-Saint-Esprit

88 km – einen ganzen Tag veranschlagen. Vallon-Pont-d'Arc in Richtung Pont d'Arc verlassen.

Auf dieser Route lernt man die Ardèche-Schlucht über die D 290 kennen, die als Panorama- und **Höhenstraße** auf dem linken Ufer des Flusses verläuft. Nachdem man den Fluß in St-Martin-d'Ardèche überquert hat, kehrt man auf dem Hochplateau von Orgnac wieder nach Vallon zurück.

Die Straße verläuft unterhalb der Burg von Vieux-Vallon; man überquert die Ibie und erreicht dann die Ardèche. Links öffnen sich die sog. „**Grotte des Tunnels**", durch die früher ein unterirdischer Bach floß, und die „**Grotte des Huguenots** ⊙", in der eine Ausstellung zu den Themen Höhlenforschung und Vorgeschichte gezeigt wird.

★★**Pont-d'Arc** – ⓟ *Parkplatz zu beiden Seiten des Aussichtspunkts. Ein Fußweg beginnt 150 m vom Aussichtspunkt in Richtung Vallon und führt zum Fuß des Pont d'Arc.* Dieser erstaunliche, von Naturgewalten geformte Bogen überspannt in 34 m Höhe und 59 m Breite den Fluß.
Ab dem Pont d'Arc wird die Landschaft grandios. Der Fluß zeichnet auf dem Grund einer 30 km langen Schlucht schöne, hin und wieder von Stromschnellen unterbrochene Mäander. Die bis zu 300 m hohen Steilwände bilden mit ihren ständig wechselnden, phantastischen Formen und Farben eine unvergeßliche Kulisse. Hinter Charmes folgt die Straße in einer großen Schleife dem eindrucksvollen **Kessel★** des **Vallon de Tiourre** und führt dann an den Rand des Plateaus zurück.

TIPS UND ADRESSEN
Gastronomie

Gut und preiswert

L'Esplanade – *Place de l'Église – 30430 Barjac* – ☎ *04 66 24 58 42 – Nov., Dez. und Di 5. Jan.-1. Juni geschl. – 11,89/21,34 €.* Kleines Steinhaus aus dem 18. Jh., dessen blumengeschmückte Terrasse einen schönen Blick auf die Umgebung bietet. Der gewölbte Innenraum ist mit alten landwirtschaftlichen Geräten und Gegenständen von Trödelmärkten geschmückt.

L'Auberge Sarrasine – *Rue de la Fontaine – 30760 Aiguèze* – ☎ *04 66 50 94 20 – 14,94/44,21 €.* Beim Bummel durch die alten Gassen des Dorfes entdeckt man dieses kleine Restaurant in drei überwölbten Räumen aus dem 11. Jh. Der aus Burgund stammende Wirt weiß hervorragend die Aromen aus seiner Region mit jenen der Provence zu verquicken.

Unterkunft

Unsere Empfehlung

Hôtel Le Clos des Bruyères – *Route des Gorges – 07150 Vallon-Pont-d'Arc* – ☎ *04 75 37 18 85 - Okt.-März geschl.-* 🅿 – *32 Z: 48,78/54,88 €* - ☒ *6,10 €* – Restaurant 48 €. Die herrliche Fahrt durch die Ardèche-Schlucht ist mit ihren Serpentinen auch recht anstrengend. Eine erholsame Übernachtungspause bietet dieses im regionalen Stil errichtete Haus, dessen Arkaden sich zu einem Swimmingpool hin öffnen. Zimmer mit Balkon oder zum Garten hin. In der Region verwurzelte Küche und Restaurant mit Terrasse.

Chambre d'hôte La Sérénité – *Place de la Mairie – 30430 Barjac – 6 km westl. der Höhle von (Aven d') Orgnac über die D 317 und die D 176* – ☎ *04 66 24 54 63 - Jan. und Feb. geschl. –* ✄ *– 3 Z: 59,46/105,19 €.* Das aus dem 17. Jh. stammende, mit Weinlaub bewachsene Haus mit seinen blauen Fensterläden steht mitten im Dorf. Jedes Zimmer ist mit alten Möbeln, Nippes, der Patina der Wände, Kacheln und Terrakottafliesen individuell eingerichtet. Köstliches Frühstück, das vor dem Kamin oder, in der schönen Jahreszeit, auf der blumengeschmückten Terrasse serviert wird. Ein richtiges Schmuckstück!

Flußabfahrt im Boot oder Kanu

Von März bis Ende November kann man die Ardèche im Boot oder Kanu hinabfahren. Wer es ermöglichen kann, sollte einen solchen Ausflug aber im Mai oder im Juni unternehmen. Da sind die Tage lang und die Touristenströme noch überschaubar.

Bootsvermietung – Es gibt etwa fünfzig Stellen in Vallon-Pont-d'Arc, Salavas, Ruoms, St-Martin und St-Remèze, wo man für 1 oder 2 Tage, mit oder ohne Begleiter, ein Boot oder Kanu mieten kann (18,29 € bis 22,87 € pro Person). Eine Liste der Bootsvermietungen ist bei den Fremdenverkehrsbüros in Ruoms, Vallon-Pont-d'Arc und St-Martin-d'Ardèche erhältlich.

Vorsicht – Kanufahrer müssen wissen, daß die Vermietung von Booten unterbrochen wird, wenn das Wasser den Pegel von 0,80 m unter der Brücke von Salavas übersteigt. Die Abfahrt sollte zwischen 6 und 9 Uhr beginnen (Abfahrt nach 18 Uhr verboten), und man sollte sich genau über die schwierigen Passagen mit Stromschnellen informieren, die nur für erfahrene Kanuten geeignet sind. Das Tragen einer Rettungsweste ist unerläßlich; man muß unbedingt schwimmen können. Besorgen Sie sich die Karte mit Informationen über die Ardèche-Schlucht, die von der Vereinigung Tourena herausgegeben wird, und machen Sie sich mit den aktuellen Bestimmungen der Abfahrt bzw. Bootsfahrt auf der Ardèche vertraut; sie sind bei allen Kanuvermietern, in den Gemeindeverwaltungen, bei den Fremdenverkehrsämtern und bei der Gendarmerie zu haben.

Biwak – Kurze Picknickpausen am Ufer des Flusses sind erlaubt; Übernachtung im Freien ist aber nur auf den Plätzen von Gaud und Gournier (3,81 € bis 5,34 € pro Nacht und Person) gestattet. Längere Aufenthalte sind auf den Zeltplätzen Camping des Templiers (FKK) und Camping des Grottes de St-Marcel möglich.

Wanderwege

Wer durch die Schlucht wandern möchte, muß sich vor Antritt der Wanderung über die Wasserstände informieren. Nur so kann man man die Ardèche sicher überqueren; es gibt zwei Passagen („des Champs" und „de Guitard"), wenn man auf dem linken Flußufer in St-Martin der Charmes aufbricht.

Auskünfte erteilen die Gendarmerien oder der Hochwasserdienst des Departements (Service d'Alerte des Crues), ☎ *04 75 64 54 55.* Auf dem rechten

Ufer kann man ab Salavas oder Aiguèze trockenen Fußes an der Ardèche entlang wandern. Die Karte der Vereinigung Tourena, die zahlreiche Informationen enthält, ist ein wertvoller Begleiter.

Naturschutz

Das Naturschutzgebiet der Ardèche-Schlucht (der Abschnitt zwischen Charmes und Sauze) verlangt zur Erhaltung dieses sensiblen Ökosystems angemessenes Verhalten. Es ist verboten, Feuer anzuzünden, Abfälle zu hinterlassen, Pflanzen zu pflücken, Zweige von Bäumen abzureißen oder sich von den ausgewiesenen Wegen zu entfernen. Camping und Biwak sind nur an den dafür vorgesehen Plätzen erlaubt; Windsurfen ist nicht gestattet. Auskunft zu allen praktischen Fragen erteilt das Maison de la Réserve naturelle in Gournier (☎ 04 75 38 63 00).

★★**Belvédère du Serre de Tourre** – Man befindet sich hier 200 m hoch über der Ardèche und hat einen herrlichen **Blick** auf den Mäander am **Pas-du-Mousse-Felsen** mit der Burgruine Ebbo (16. Jh.).
Die Panoramastraße folgt bergauf und bergab dem zerklüfteten linken Steilufer und führt durch die Steineichenwälder von Bouchas und Malbosc.

★★**Belvédères de Gaud** – **Blick** flußauf über einen Teil der Gaud-Schleife und auf die Türme eines kleinen Schlosses aus dem 19. Jh.

★**Belvédères d'Autridge** – In einem Bogen führt die Straße zu den beiden Aussichtspunkten, von denen man die Morsanne-Spitze sieht, die sich wie ein Schiffsbug über die Ardèche erhebt.
500 m hinter dem Agrimont-Tal bieten sich schöne **Ausblicke**★★ stromauf über die Ardèche-Schleife mit der Morsanne-Spitze.

★★**Belvédères de Gournier** – In 200 m Tiefe sieht man, wie die Ardèche sich ihren Weg durch die Felsen der Toupine de Gournier bahnt.

In die bergabführende Straße einbiegen, die von der D 290 abzweigt und zum Eingang der Grotte de la Madeleine führt (Parkplatz).

★**Grotte de la Madeleine** ⊙ – Die 1887 entdeckte Höhle wurde von einem unterirdischen Wasserlauf gegraben, der durch die versickernden Niederschläge des Plateaus von Les Gras entstanden war. Durch die „Dunkle Grotte" und einen Tunnel *(steile Treppe)* gelangt man in den „Salle du Chaos": Eine herrliche weiße „Kaskade" zwischen zwei roten Draperien und Gebilde in Form von Sandrosen erfreuen das Auge. Die Wände sind über und über mit Kristallisierungen in Form von Korallen bedeckt.

Auf der Straße, die das Hochplateau von Les Gras überquert, geht es nun zum Aven de Marzal (D 590, gegenüber der Zufahrtsstraße zur Grotte de la Madeleine).

★**Aven de Marzal** ⊙ – Die Tropfsteinhöhle liegt im Les-Gras-Plateau und enthält zahlreiche, durch Oxide schneeweiß bis ockerbraun gefärbte Kalzitformationen.

Auf einer Metallleiter steigt man hinunter und gelangt in den Großen Saal, auch „Saal des Grabmals" genannt. Ganz in der Nähe sind die Knochen von Tieren zu sehen, die in die Höhlenöffnung gestürzt waren (Bären, Hirsche, Bisons). Der **Saal des Hundes**, über dessen Eingang sich weiße Kalksteindraperien geformt haben, enthält die verschiedensten Tropfsteine in Form von farbenfrohen Orgelpfeifen, Scheiben und Trauben. Der **Saal des Pinienzapfens** beeindruckt vor allem durch seine Farbenpracht. Im **Diamantensaal** (in 130 m Tiefe) glitzern Tausende von Kristallen in märchenhaften Farben.

Die Entdeckung

Das provenzalische Wort Marzal bezeichnet ein wildwachsendes Gras. Marzal war auch der Spitzname, den man dem Waldhüter von St-Remèze gab. Dieser hatte seiner eigenen Frau ein Strafgeld verpaßt, weil sie diese Pflanze auf dem Feld eines Nachbarn gepflückt hatte, um damit ihre Kaninchen zu füttern. Nun, kurz danach wurde Marzal von einem Dorfbewohner umgebracht. Der Mörder warf die Leiche in eine tiefe, schachtartige Kluft, die nach der Entdeckung der Schandtat „Marzal-Kluft" (Aven de Marzal) genannt wurde. Wirklich bekannt wurde die Höhle jedoch erst 1892, als Édouard Martel (1859–1938) sie zum ersten Mal erforschte. Eine Neuentdeckung erfolgte 1949.

Ein **Musée du Monde Souterrain** (Höhlenkundliches Museum) ⊘ erinnert an die großen Namen und Etappen der Höhlenforschung in Frankreich und zeigt Ausrüstungsgegenstände und Dokumente verschiedener Speläologen (Martel, Robert

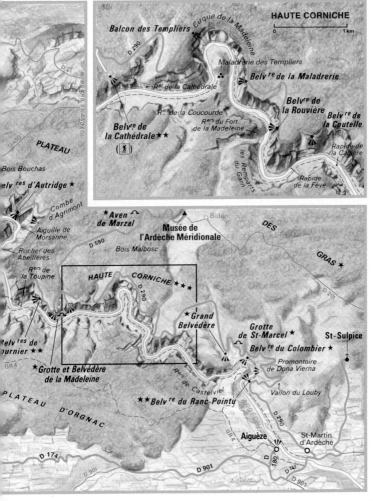

de Joly, Elisabeth und Norbert Casteret und Guy de Laveur u. a.). Im **Zoo préhistorique** ⊘ entdeckt der Besucher auf einem schattigen Rundgang von 800 m mehr oder weniger glaubwürdige Nachbildungen von vorzeitlichen Tieren in Lebensgröße (Riesenechsen aus dem Mesozoikum bis hin zum Mammuth aus dem Quartär).

Zur großen Kreuzung de la Madeleine zurückkehren und zu den Parkplätzen am Belvédère de la Madeleine fahren.

***La Haute Corniche – Interessantester Streckenabschnitt, dessen Aussichtspunkte *(belvédères)* unvergleichliche Ausblicke in die Schlucht bieten.

*Belvédère de la Madeleine – Schöner Blick flußab auf den Riegel des „Madeleine-Forts", mit 300 m die höchste Felswand der Schlucht.

**Belvédère de la Cathédrale – ⌿ *1/4 Std.* Hier bietet sich eine herrlich freie Aussicht auf die „Kathedrale", einen mächtigen Felsen mit zwei hoch aufragenden Türmen.

Balcon des Templiers – Von der Kathedrale talwärts gesehen beschreibt die Ardèche eine enge Schleife; auf dem Felsvorsprung sind noch die Reste eines Lepraspitals der Tempelritter zu sehen.

Belvédère de la Maladrerie – Blick flußaufwärts auf die „Kathedrale".

Belvédère de la Rouvière – Gegenüber erhebt sich die gewaltige Felswand „Remparts du Garn".

Belvédère de la Coutelle – Schwindelerregender Blick auf die 180 m tiefer fließende Ardèche mit den Stromschnellen Fève und Cadière. Links tauchen in der Längsachse der Schlucht die Felsen von Castelvieil auf.

*Grand Belvédère – Blick auf den Ausgang der Schlucht und die letzte Windung der Ardèche.

200 m talwärts vom Grand Belvédère befindet sich links von der D 290 das Eingangsgebäude der Grotte de St-Marcel.

*Grotte de St-Marcel ⊘ – Die von einem unterirdischen Fluß gegrabene Höhle wurde 1835 von einem Jäger aus Aiguèze entdeckt. Sie besteht aus einem System von Gängen, die insgesamt 32 km lang sind und zu denen lange Zeit nur Wissenschaftler Zugang hatten. Heute ist ein Teil für die Öffentlichkeit zugänglich. Durch einen in den Felsen gegrabenen Stollen erreicht man eindrucksvolle Gänge mit Stalaktiten, Stalagmiten, Draperien und anderen bizarr gewachsenen Tropfsteingebilden. Der Weg führt an Stellen vorbei, deren Phantasienamen die Form der hier anzutreffenden Sinterbildungen wiedergeben: Saal des Brunnens der Jungfrau, Galerie der Maler mit weißen (Kalzit), roten (Eisenoxid) und schwarzen (Mangan) Streifen, Königssaal, Kathedrale usw.

⌿ In der Umgebung der Höhle wurde ein Fußweg angelegt, auf dem man die lokale Pflanzenwelt (Steineichen, Buchsbäume, Zistrosen usw.) sowie zwei megalithische Steindenkmäler entdecken kann *(Faltblatt an der Kasse erhältlich).*

Auf die D 290 zurückkehren.

*Belvédère du Colombier – Schöne Aussicht auf eine ganz von Felsufern eingefaßte Flußschleife. Die Straße macht dann einen Abstecher in ein Trockental und führt am Dona-Vierna-Felsen vorbei ins Louby-Tal, bevor sie den nächsten Aussichtspunkt und die letzte Flußschleife in der Schlucht erreicht.

**Belvédère du Ranc-Pointu – Von hier überblickt man die letzte Ardèche-Schleife zwischen gestreiften Felswänden, die alle möglichen Erosionsformen aufweisen.

Hinter Ranc-Pointu ändert sich die Landschaft: Auf die scharf eingeschnittene Schlucht folgt ein mit Feldern bedecktes Tal, das sich weit zur Rhône hin öffnet. Auf der rechten Seite thront das Dorf **Aiguèze** auf einem Felsgrat über der Ardèche. Das folgende **Saint-Martin-d'Ardèche** ist seit Vallon der erste Ort am Nordufer.

Chapelle Saint-Sulpice – *Von Saint-Martin-d'Ardèche aus eine kleine Straße in Richtung Trignan nehmen.* Die blendend weiße romanische Kapelle (12., 17. Jh.) steht von Weinbergen umgeben auf einer Anhöhe.

Grotte de St-Marcel –
Lichterspiel auf den Sinterterrassen

B. Kaufmann/MICHELIN

Die Ardèche auf der Hängebrücke von Saint-Martin überqueren und rechts auf die D 901 abbiegen. Dann wieder rechts auf die D 180 fahren.

Aiguèze – Dieses mittelalterliche Dorf mit seinen gepflasterten Gassen ist auf den letzten Felsen der Schlucht angesiedelt. Man durchquert einen Felsbogen und gelangt in die alte Festung aus dem 14. Jh. Der Wehrgang bietet einen schönen **Ausblick★** auf den Ausgang des Canyons bis hin zum Mont Ventoux, auf die Turmruinen und tief unten auf die Hängebrücke zwischen Aiguèze und Saint-Martin-d'Ardèche.

Auf die D 901 zurückkehren und bis Laval-St-Ronan fahren; nun rechts in die D 174 einbiegen. In der Gemeinde Orgnac-l'Aven links die kleine D 317 nehmen, die zum Aven führt.

★★★Aven d'Orgnac – *s. Aven d'ORGNAC*

Ab Orgnac auf der D 217 weiterfahren. Kurz danach geht links eine kleine Straße zum Aven de la Forestière ab.

★Aven de la Forestière ⊘ – Die verschiedenen, raffiniert beleuchteten Räume dieser Karsthöhle enthalten eine Fülle besonders feiner Tropfsteingebilde in phantastischen Formen: Blumenkohlköpfe, lange Makkaroni, seltsame Auswüchse, Stalaktitendraperien in verschiedenen Farben und vor allem ein eindrucksvoller Boden, auf dem angeleuchtete Stalagmiten hochragen. Im Höhlenzoo sind Schalentiere, Fische, Froscharten und Insekten zu sehen.

Kurz vor Labastide führt rechts eine Straße zum Dorf **Les Crottes**. Ein Gedenkstein erinnert an den 3. März 1944. An diesem Tag zerstörten deutsche Truppen das Dorf und erschossen die Einwohner.

★★Belvédère du Méandre de Gaud – Von diesem Aussichtspunkt eröffnet sich ein wunderschöner **Blick** auf die Ardèche und den Kessel von Gaud.

Labastide-de-Virac – Nördlich dieses befestigten Dorfs, das ein günstiger Ausgangspunkt für Ausflüge zur Ardèche-Schlucht und zum Plateau d'Orgnac ist, erhebt sich das **Château du Roure** ⊘, ein Schloß aus dem 15. Jh. Seine beiden Rundtürme wurden in den Religionskriegen (1629) geschleift. Seit 1825 ist es im Besitz der Familie des Bildhauers **James Pradier**, dessen Vorfahren Pächter der Grafen von Roure waren. Die Besichtigung führt über den Hof (im Florentiner Stil) und die Wendeltreppe zum Festsaal mit Kamin im 1. Stock und zur Seidenraupenzucht (Ausstellung von vor Ort hergestellter Seide).

EIN BESONDERES HIGHLIGHT

★★★Durch die Ardèche-Schlucht auf dem Wasserweg

Von Vallon-Pont-d'Arc nach St-Martin-d'Ardèche. Vorsichtsmaßnahmen und Infos s. Tips und Adressen.

Abfahrt im Boot oder im Kanu – Die Ardèche, zunächst eine ruhige Wasserfläche, fließt in einer Schleife in die Schlucht. Bald schon, kaum hat man die eindrucksvolle, vom gleichnamigen Felsen beherrschte Charlemagne-Stromschnelle überwunden, passiert der Fluß den natürlichen Bogen des berühmten Pont d'Arc. Auf der linken Seite taucht der Estre-Kessel auf, in dem sich die Chauvet-Grotte öffnet. Weiter unten sieht man dann rechts die geschmückte Ebbo-Grotte und den Pas de Mousse, einen schmalen Durchgang im Felsen, durch den man auf das Hochplateau gelangen kann; links erhebt sich der Aiguille-Felsen.

Nach den Felsen von Saleyron ist die Dent Noire-Stromschnelle zu überwinden; im Mäander des Cirque de Gaud wird's dann wieder ruhiger. Dann wechseln sich Stromschnellen und herrliche, von mächtigen Felsen beherrschte Wasserflächen ab; links erhebt sich die schlanke Spitze der Aiguille de Morsanne, und rechts sieht man die roten und schwarzen Steilhänge der Abeillères. Hat man die Felsen und Löcher der Toupine de Gournier hinter sich gelassen – das Wasser ist hier bis zu 18 m tief –, taucht in der Ferne, nach etwa 4 Std. Fahrt, der gewaltige Felsblock „Cathédrale" auf; links liegt einer der natürlichen Eingänge der Grotte de la Madeleine. Im weiteren Verlauf der Abfahrt umfährt man die „Halbinsel der Templer", heute ein

Kanufahrt durch die Ardèche

B. Kaufmann/MICHELIN

113

FKK-Paradies. Der Cirque de la Madeleine mit seinen mächtigen Felsen bietet eines der spektakulärsten Landschaftsbilder der Schlucht. Nun folgen Engpässe, Stromschnellen und ruhige Wasserspiegel aufeinander, vor einer Kulisse, in der Anhöhen mit Steineichen einen interessanten Kontrast zu den nackten Felswänden bilden. Nach dem einzigartigen Coucourde-Felsen (*coucourde* bedeutet soviel wie „Kürbis" oder „Schädel") und dem Felsvorsprung von Castelvieil sieht man links den Eingang zur Grotte de St-Marcel. Es folgen der Felsen der Dona Vierna, der Belvédère du Ranc-Pointu und die Klippen des letzten Teils der Schlucht. Rechts erkennt man den Turm von Aiguèze, und das Tal weitet sich.

Auf Schusters Rappen

🚶 Nur auf dem rechten Ufer kann man ab Salavas oder ab Aiguèze die Schlucht trockenen Fußes durchwandern. Wählt man das linke Ufer (ab St-Martin oder ab Charmes), so muß man zweimal den Fluß durchqueren, was aber nur bei Niedrigwasser möglich ist.

ARLES★★★

Großraum 53 057 Einwohner
Michelin-Karte Nr. 245 Falte 28, Nr. 246 Falte 26 und Nr. 340 C3

Das bezaubernde Arles am Rhone-Delta unter einem vom Mistral blankgeputzten blauen Himmel blickt auf eine glanzvolle Vergangenheit zurück, von der noch die herrlichen gallorömischen Bauwerke und reiche Kunstschätze aus dem Mittelalter zeugen. Maler, Künstler und Poeten verherrlichten die Ferias und die Tracht der Frauen von Arles, der „Arlésiennes".

HINTERGRUNDINFOS

Von Hand zu Hand – Ursprünglich lag Arles auf felsigem Untergrund wie eine Insel inmitten der Sümpfe, so daß die Stadt die Schiffahrt auf dem Rhone-Delta kontrollieren konnte. 1975 entdeckte man bei Ausgrabungen unter dem „Wintergarten" (*Jardin d'hiver*) die Reste der keltoligurischen Siedlung Théline, die im 6. vorchristlichen Jh. zu einer Kolonie der Griechen aus Marseille wurde. Die „Arelate" genannte Stadt erfuhr einen wirtschaftlichen Aufschwung, als Konsul Marius im Jahre 104 v. Chr. einen Kanal bauen ließ, der die Rhone mit dem Golf von Fos verband. Nach der Eroberung Marseilles durch Julius Cäsar (49 v. Chr.) wurde Arelate eine wohlhabende römische Kolonie, Knotenpunkt von insgesamt sieben Straßen und ein großer Fluß- und Seehafen.

Die Römer – Als Residenz der Veteranen der 6. Legion genoß Arles das Privileg einer schützenden Stadtmauer um die 40 ha umfassende „Cité". Arles besaß ein Forum, zahlreiche Tempel, eine Basilika, Thermen und ein Theater. Aquädukte brachten sauberes Wasser aus den Alpilles in die Stadt. Ende des 1. Jh.s war Arles eine wohlhabende Stadt geworden, mit einem Amphitheater, einer Werft und einem Wohnviertel im Osten. Auf dem rechten Rhone-Ufer belebten Hafenarbeiter, Schiffer und Kaufleute das Viertel Trinquetaille, das über eine Schiffsbrücke mit der Stadt verbunden war.

Goldenes Zeitalter – Im 5. Jh. war die Stadt ein lebendiges Handwerkszentrum, in dem Stoffe, Goldschmiedearbeiten, Schiffe, Sarkophage und Waffen produziert wurden. Es gab fünf Marine- bzw. Schiffergilden, darunter die der Schiffsausrüster für Mittelmeerschiffe, die der Flußschiffer auf der Rhone und der Durance und die der Binnenschiffer, die mit Flößen und Segeln aus aufgeblasenen Tierhäuten auf den Teichen der Umgebung fuhren. Eine kaiserliche Werkstatt prägte Münzen. Ausfuhrartikel waren Wurstwaren, Olivenöl und Wein.

Bald gesellte sich zur der wirtschaftlichen Bedeutung von Arles die politische: Kaiser Konstantin ließ sich in der Stadt nieder, was umfassende Bauarbeiten zur Folge hatte. Auf Befehl des Kaisers wurden das Viertel im Nordwesten der Stadt umgestaltet, ein kaiserlicher Palast errichtet und die Trouille-Thermen erbaut. 395 wurde die Stadt zur Präfektur Galliens (Spanien, das eigentliche Gallien und die Bretagne) ernannt. Aufgrund des weitreichenden Einflusses der Arleser Bischöfe, darunter der des hl. Cäsarius, fanden in der nunmehr bedeutenden Kirchenstadt Arles insgesamt 19 Konzilien statt.

Der Niedergang – Im 8. Jh. kämpften Franken und Sarazenen um den Besitz der Region. Sie hinterließen ein verwüstetes Gebiet. Als Arles im 9. Jh. zur Hauptstadt des gleichnamigen Königreichs wurde (es umfaßte Burgund und einen Teil der Provence), war es nur noch ein Schatten seiner selbst. Erst im 12. Jh. erfuhr die Stadt einen neuen wirtschaftlichen und politischen Aufschwung, der durch die Krönung des Kaisers Friedrich Barbarossa zum König von Arles (1178) in der neuen Kathedrale St-Trophime ausgelöst wurde.

Im Jahre 1239 verbündeten sich die Bürger von Arles mit dem Grafen der Provence; von nun an war das Schicksal der Stadt an das der Provence geknüpft. Aix-en-Provence übernahm nun die Rolle der politischen Hauptstadt, während Marseille sich

TIPS UND ADRESSEN

Gastronomie

Gut und preiswert

Le Criquet – *21 Rue Porte-de-Laure* – ☎ *04 90 96 80 51* – *20. Dez.-28. Febr. und Mi geschl.* – 🍴 – *12,04/17,53 €*. Lassen Sie sich im Gastraum dieses kleinen Restaurants am Amphitheater nieder. Mit seinem sichtbaren Steinmauerwerk und den schönen Holzbalken hat er bei weitem mehr Charme als die Terrasse. In aller Ruhe können Sie dann die Bourride-Fischsuppe des jungen Chefs des Hauses und andere Spezialitäten genießen.

Jardin de Manon – *14 Avenue des Alyscamps* – ☎ *04 90 93 38 68* – *In den Februarferien, 27. Okt.-13. Nov. und Mi geschl.* – *15,24/33,54 €*. Dieses außerhalb des Stadtzentrums angesiedelte Restaurant trägt seinen Namen, „Manons Garten", zurecht. Die mit Bäumen und Blumen geschmückte Terrasse im Innenhof bietet sich für ein schönes Abendessen unter freiem Himmel geradezu an. Aber auch die beiden getäfelten Gasträume sind einladend. Regionale Küche mit marktfrischen Produkten, gutes Preis-Leistungsverhältnis.

Unsere Empfehlung

La Charcuterie – *51 Rue des Arènes* – ☎ *04 90 96 56 96* – *Restaurant.la-charcuterie@wanadoo.fr* – *1.-15. Aug., 23. Dez.-6. Jan., So und Mo außer im Juli und Sa/So im Mai geschl.* – *21,17/30,78 €*. Einen besseren Ort als diese alte Schweinemetzgerei mit ihren marmornen Theken konnte der freundliche Eigentümer des Lokals, ein waschechter Feinschmecker, nicht finden, um die Liebhaber von Wurstwaren zu erfreuen. Hier ist alles – von den Arleser Würsten (saucissons d'Arles) bis zu den Lyoneser Schweinsfüßen (pieds de cochon de Lyon) – sorgfältig ausgewählt.

La Gueule du Loup – *39 Rue des Arènes* – ☎ *04 90 96 96 69* – *7. Jan.-7. Febr., 17. Nov.-2. Dez., Mo und So außer abends im Sommer geschl.* – *23 €*. Man betritt dieses Haus aus dem 17. Jh. über seine Küche, die mit provenzalischen Kacheln geschmückt ist. Dort bereitet die Chefin des Hauses ihre köstlichen Gerichte mit den Düften und Aromen des Südens zu. Ihr Mann, seines Zeichens und zu gewissen Stunden auch Magier, verkürzt und versüßt hin und wieder den Gästen die Zeit zwischen zwei Bestellungen mit einem Zaubertrick.

Unterkunft

Gut und preiswert

Hôtel Le St-Trophime – *16 Rue Calade* – ☎ *04 90 96 88 38* - *16. Nov.-14. Febr. geschl.* – 🅿 – *22 Z: 34,30/54,88 €* – ☕ *5,49 €*. Dieses alte Stadtpalais aus dem 12. und 17. Jh. befindet sich in einer Gasse unweit des antiken Theaters, der Kirche und des Kreuzgangs von St-Trophime. Eine imposante Treppe führt zu den geräumigen, in unterschiedlichen Stilen eingerichteten Zimmern. Hübscher Innenhof, in dem ein kleiner Brunnen plätschert.

Unsere Empfehlung

Hôtel Calendal – *5 Rue Porte-de-Laure* – ☎ *04 90 96 11 89* – *38 Z: 44,21/80,80 €* – ☕ *6,40 €*. Dieses Hotel hat den Charme provenzalischer Häuser. Die farbige Fassade, der hübsche, schattige Garten im Innenhof und der gemütliche Salon sind sehr einladend. Im Inneren dominieren die Farben Blau und Gelb, man findet sie in den Fayencen, auf Möbeln und Stoffen. Kleiner Teesalon.

Mireille – *2 Place St-Pierre, in Trinquetaille* – ☎ *04 90 93 70 74* – *2. Nov.-28. Febr. geschl.* – 🅿 – *34 Z: 60,83/105,19 €* – ☕ *9,45 €* – *Restaurant 18,29/27,44 €*. Sie werden die Ruhe genießen, wenn Sie sich im Swimmingpool dieses etwas außerhalb gelegenen Hotels erfrischen. Die Zimmer haben eine angenehme Größe, sind mit fröhlichen Farben und provenzalischen Möbeln ausgestattet. Der helle Gastraum ist mit roten und gelben Stoffen dekoriert.

Hôtel D'Arlatan – *26 Rue Sauvage, in der Nähe des Place du Forum* – ☎ *04 90 93 56 66* – 🅿 – *34 Z: 76,22/129,58 €* – ☕ *9,91 €*. Dem Zauber dieses Stadtpalais' aus dem 15. Jh. kann man sich nicht entziehen! Umwerfend sind schon allein die römischen Überreste, die man durch den Glasboden der Bar und des Salons sehen kann. Die Zimmer sind auf alte Art möbliert und mit hübschen Stoffen ausgestattet. Im kleinen begrünten Hof wird im Sommer das Frühstück serviert.

Cafés, Kneipen und Bars

Arles begnügt sich nicht damit, seine Vergangenheit touristisch auszunutzen. Die Stadt ist sehr lebendig, aktiv und versteht es, Tradition und Modernität miteinander zu verbinden. Corridas, die Internationale Fotomesse, der große Markt mit kunsthandwerklichen Gegenständen und Erzeugnissen aus der Region, die schöne Bandbreite an musikalischen Ereignissen – und die Terrassen der großen Cafés, denen Van Gogh ein Denkmal setzte – bieten mannigfaltige Möglichkeiten, sich zu vergnügen, neue Erfahrungen zu sammeln oder sich ganz einfach zu entspannen.

• **L'Entrevue** – *23 Quai Marx-Dormoy* – ☎ *04 90 93 37 28* – *Okt.-Mai.: Mo-So-abend 8.30-24 Uhr; Juni-Sept.: tgl. 8.30-2 Uhr.* In Arles ist das kreative und aktive französische Verlagshaus „Actes Sud" zu Hause. Die Verleger, die sich sehr um die Verbreitung ausländischer Literatur in Frankreich verdient gemacht haben, gründeten dieses sympathische Café-Restaurant, das als kultureller Mittelpunkt der alten Römerstadt gilt. Auf der anderen Seite des Platzes befindet sich ein Veranstaltungssaal, in dem Konzerte, Lesungen und Fotoausstellungen stattfinden.

Bar de l'Hôtel Nord Pinus – *Place du Forum* – ☎ *04 90 93 44 44* – *www.nord-pinus.com* – *tgl. 10-1 Uhr.* Der kleinen Bar des aus dem 17. Jh. stammenden Hotels muß man einfach einen Besuch abstatten, wenn man in Arles ist. Hier trifft man auf ein bunt gemischtes Publikum. Künstler, Schriftsteller, Stars aus der Welt des Films und des Stierkampfs – Picasso, Jean Cocteau, Yves Montand, Nimeno 2, Ruiz Miguel, Jean Giono – gaben sich hier ein Stelldichein. Der Zauber des Ortes ergibt sich aus vielen kleinen Details wie z. B. den Schiffsleuchtern, der Stierbar, den einladenden Sesseln und der rassigen Flamenco-Musik, die im Hintergrund läuft.

Café Van Gogh – *11 Place du Forum* – ☎ *04 90 96 44 56* – *Juli-Aug.: tgl. 9-2 Uhr; außerhalb der Saison: 9-24 Uhr.* Das Café und seine große Terrasse verdanken Vincent van Gogh ihre Berühmtheit, denn sie sind Gegenstand eines seiner bekanntesten Werke (1888). Der Maler schrieb an seine Schwester Wilhelmine: „ Das ist ein Nachtbild ohne Schwarz, allein ein schönes Blau, Violett, Grün machen es aus, und in dieser Umgebung färbt sich der erleuchtete Platz in blassem Schwefelgelb und Limonengrün. Ich liebe es sehr, nachts auf dem Platz zu malen ..." (September 1888).

Cargo de Nuit – *7 Avenue Sadi-Carnot* – ☎ *04 90 49 55 99* – *www.cargode-nuit.com* – *Fr-Sa 20-3 Uhr* – *Juli-Aug. geschl.* Man begibt sich an Bord dieses „Nachtschiffs" und kann unter den angebotenen Kreuzfahrten sicher das Richtige finden: z. B. Weine oder Bier à la carte kosten oder im klimatisierten, 300 Plätze umfassenden Konzertsaal französische und internationale Musikgruppen entdecken, darunter die Flamenco-Gruppe Pepe Linarés.

Shopping

Maison Chave – *14 Rond-point des Arènes* – ☎ *04 90 96 15 22* – *www.santons_chave.com* – *Mai-Sept.: Di-Sa 9-19 Uhr; außerhalb der Saison: 9-12.30 Uhr, 14-19 Uhr* – *Jan. geschl.* Vier Personen fertigen in diesem Atelier die berühmten Santons an, kleine Krippenfiguren, die in großer Vielfalt zum Kauf angeboten werden. Eine Besonderheit sind die handgemachten Santons aus zwei oder drei Tonsorten. Das Maison Chave stellt diese typisch provenzalischen Figuren seit drei Generationen her.

Huiles Jamard – *46 Rue des Arènes* – ☎ *04 90 49 70 73* – *pjamard@aol.com* – *Di-Sa 11-12.30 Uhr, 16-18 Uhr* – *In Flaschen abgefülltes Olivenöl wird zu Preisen zwischen 6,10 € und 18,29 € verkauft.* Die provenzalischen, aber auch spanischen, griechischen und italienischen Olivenöl-Varietäten sind in Geschmack und Beschaffenheit sehr unterschiedlich. Pierre, der *Maître huilier*, läßt Sie verschiedene Sorten kosten, erzählt manche Geschichte und führt Sie in die Geheimnisse der Olivenölherstellung ein.

Märkte – Traditioneller Markt: Mi Boulevard Émile-Combes, Sa Boulevard des Lices und Boulevard Clemenceau. Trödelmarkt: jeden Monat am 1. Mi, Boulevard des Lices.

Provenzalische Stoffe – **Les Étoffes de Romane** (Maison Carcassonne) – *10 Boulevard des Lices.*

Patisserie De Moro – *24 Rue du Prés.-Wilson* (in der Nähe des Espace Van-Gogh). Spezialität des Hauses sind köstliche Mandelplätzchen (Croquants).

Provenzalische Möbel – **Melani et Fils**, *Route d'Eyguières, Pont-de-Crau, 13 200 Arles*, ☎ *04 90 93 61 09.* Besichtigung der Werkstatt nach Terminabsprache möglich.

Mode und Schmuck – **Christian Lacroix**, *52 Rue de la République.*

Bücher und CDs – CDs: **Harmonia Mundi**, *Rue du Prés.-Wilson*; Bücher: **Actes Sud** im *Espace Van-Gogh* und am *Place Nina-Berberova* sowie in der **Librairie du Palais**, *Plan de la Cour.*

Stadtbesichtigung

Stadtführungen – s. *Öffnungszeiten und Eintrittspreise*

Monumente und Museen in Arles – Alle Sehenswürdigkeiten der Stadt kann man mit dem Museums-Paß besichtigen, den man in jedem Monument oder Museum (mit Ausnahme des Museon Arlaten) erwerben kann.

Besondere Termine

Rencontres internationales de la Photographie – Die Internationalen Fotografie-Tage finden im Juli statt. In dieser Zeit gibt es unterschiedliche Veranstaltungen im antiken Theater sowie Ausstellungen und Kolloquien in der ganzen Stadt. Information: *10 Rond-Point des Arènes*, ☎ *04 90 96 76 05*.

Fête des Gardians – 1. Mai; provenzalische Messe in der Église de la Major, Pferdesegnung, typische Spiele der Camargue, Tänze und hübsche Arleserinnen, die an der Wahl der Königin von Arles teilnehmen.

Stierkämpfe – Wenn man die Arena besichtigt, erhält man einen guten Überblick über die architektonische Leistung, die hier vollbracht wurde. Hat man aber die Möglichkeit, einer „Corrida" oder einer *„Course camarguaise" (s. u.)* beizuwohnen, so ist man mitten drin einer Atmosphäre, die derjenigen, die in der Antike herrschte, wahrscheinlich sehr ähnlich ist. Neben Veranstaltungen aus bestimmten Anlässen finden die **Corridas** – hier versammeln sich die Großen der Großen der Tauromachie – während der Oster-Feria (Osterwochenende), der Sommer-Feria (1. Juliwochenende) und der „Prémices du Riz" (1. Septemberwochenende) statt. Im Frühling beginnt eine Reihe von **Courses camarguaises**. Bei diesen typischen Camargue-Veranstaltungen versuchen junge Leute in der Arena, dem Stier eine Kokarde zu entreißen. Die bedeutendsten sind die **Cocarde d'Or** (Anfang Juli) und das Finale der **Trophée des As**, das alle zwei Jahre, abwechselnd mit Nîmes, in Arles stattfindet.
Platzreservierung im Bureau des Arènes (rechts vom Haupteingang der Arena). ☎ *04 90 96 81 18 – www.label-camargue.com*

Ausgehtips

Die Zeitschrift **Le César**, die beim Fremdenverkehrsamt und an anderen Orten des kulturellen Lebens kostenfrei erhältlich ist, informiert über Veranstaltungen in der Stadt.

Théâtre de la Calade – *Grenier à sel – 49 Quai de la Riquette* – ☎ *04 90 93 05 23*

Kino – **Cinema Le Méjan Actes Sud** – *23 Quai Marx Dormoy*. Programmkino des Kulturzentrums **Actes-Sud**

zum wirtschaftlichen Zentrum der Region entwickelte. Solange die Rhone der Hauptverkehrsweg blieb, konnte auch Arles sich einer gewissen Prosperität erfreuen, zumal seine Umgebung durch die Bewässerung der Crau und durch die Trockenlegung der Sümpfe an fruchtbarem Boden gewann. Mit der Eisenbahn aber, die dem Flußverkehr den Rang ablief, sank Arles für lange Zeit in wirtschaftliche Bedeutungslosigkeit. Nunmehr ist Arles nur der Umschlagplatz für die landwirtschaftlichen Produkte der Camargue, der Crau und der Alpilles.

Das heutige Arles – Das Festival von Arles bietet mit Folklore, Konzerten, Dichterlesungen, Tanz und Theater hohe künstlerische Qualität und provenzalische Originalität. Hinzu kommen die typischen Stierkampf-Ferias der Camargue, darunter die Oster-Feria (Fest der Gardians). Jahr für Jahr finden die Internationalen Treffen der Fotografen statt (Arles ist Sitz der Französischen Hochschule für Fotografie).

AUF ENTDECKUNGSTOUR

Historisches Zentrum *Besichtigung: 1 Tag*

Die Bewohner von Arles lieben es, auf dem Boulevard des Lices mit seinen schattenspendenden Platanen und den breiten Bürgersteigen spazierenzugehen oder in eines der vielen Terrassencafés einzukehren. Am Samstagvormittag findet hier der farbenfrohe und belebte Markt statt.

Durch den angenehmen Sommergarten und die Rue Porte-de-Laure mit ihren zahlreichen Restaurants gelangt man in das antike Arles. Geradeaus liegt das imposante Amphitheater, und links, zwischen Pinien und Lärchen, erheben sich die Säulen des römischen Theaters.

★★ Théâtre antique ⊘ – Das in den Jahren 27-25 v. Chr. unter Augustus errichtete römische Theater ist in einem recht traurigen Zustand. Im Mittelalter benutzte man es als Steinbruch, im 9. Jh. diente es als befestigtes Reduit, und später verschwand es gewissermaßen unter Häusern und Gärten, bis die Fundamente 1827 durch Ausgrabungsarbeiten freigelegt wurden. Bei einem Durchmesser von 102 m stützte sich das Bauwerk – im Gegensatz zum Theater von Orange, das an einer natürlichen Anhöhe anlehnt ist – auf einen Portikus mit 27 Bögen, von dem heute nur noch ein Bogenfeld übrig ist. Von der Bühnenwand existieren noch zwei herrliche Säulen, die sich von der umgebenden Vegetation abheben und ein sehr romantisches Bild abgeben. Weiterhin zu sehen sind die Bühne, die Grube für den Vorhang, das Orchester und ein Teil der Zuschauertribüne.

Rechts der Arena gelangt man zum Vorplatz der romanischen Stiftskirche **Notre-Dame-de-la-Major**, die zu den heiligen Stätten der Bruderschaft der *Gardians* gehört. Von der Terrasse bietet sich ein Blick über die in rosa Orange leuchtenden Ziegeldächer, auf das Kloster Montmajour, die Montagnette und die Alpilles sowie auf die in der Ferne in zartem Blau liegenden Cevennen.

Rechts bis zur Treppe weitergehen, die zum Amphitheater führt.

★★ Arènes ⊘ – Das Amphitheater (136 m x 107 m) entstand wahrscheinlich gegen Ende des 1. Jh.s. Die Arena (69 m x 40 m) war von den Zuschauertribünen durch eine Schutzmauer getrennt und von einem Holzboden bedeckt; darunter befanden sich die Maschinerie, die Kulissen und die Käfige der Raubtiere. Im Mittelalter siedelte sich unter den Arkaden, auf den Galerien und in der Arena ein kleiner Ort mit über 200 Häusern und zwei Kapellen an. Als Baumaterial verwendete man Teile des Amphitheaters (vor allem das 3., inzwischen ganz abgetragene Attikageschoß), das so jedoch wenigstens der völligen Zerstörung entging. 1825 begannen Aufräumungs- und Restaurierungsarbeiten.

Vom Turm über dem Eingang bietet sich ein weiter Blick über die gesamte Anlage und auf die Stadt. Einen guten Eindruck von der Architektur und ihren Dimensionen erhält man, wenn man unter den oberen Gewölben in der Mitte der Ellipse steht und dann durch die unteren Gänge geht. Gladiatorenkämpfe wurden im Jahre 404 unter dem Einfluß des Christentums verboten. Heute knüpfen die äußerst beliebten Stierkämpfe in gewisser Weise an diese Tradition an.

Römisches Amphitheater in Arles

Am Amphitheater entlang zum Palais de Luppé gehen. Das aus dem 17. Jh. stammende Gebäude beherbergt heute die „Fondation Vincent Van Gogh" *(Beschreibung s. Besichtigungen).*

Rechts vom Palais in die Rue des Arènes und dann in die zweite Straße rechts einbiegen.

Man kommt an dem ehemaligen Priorat der Malteserritter vorbei. Das schöne Gebäude (15. Jh.) birgt heute das **Musée Réattu** *(Beschreibung s. Besichtigungen). Gegenüber lohnt sich ein Blick in den Innenhof der Commanderie de Sainte-Luce (heute sozialpädagogisches Zentrum).*

★ Palais Constantin (**Thermes de la Trouille**) ⊘ – *Zugang über die Rue Maïsto.* Die zur Zeit Konstantins (4. Jh.) gebauten Thermen (98 m x 45 m) sind die größten noch erhaltenen Thermen der Provence. Heute sieht man noch den halbrunden Abschluß

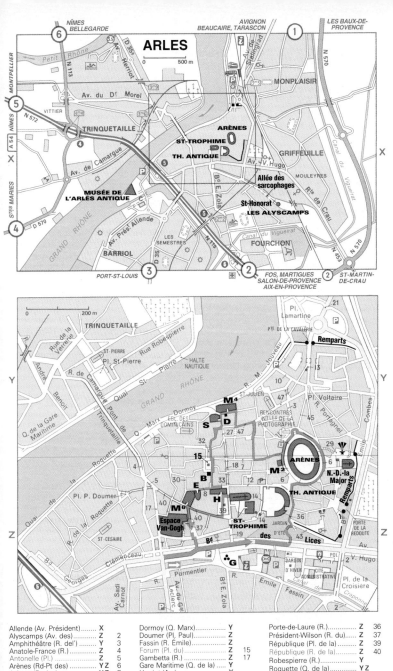

der *Piscina* (Schwimmbecken), die Grundmauern des *Tepidariums* (lauwarmes Bad) sowie die des *Caldariums* (Heißwasserbad); auch die Hypokausten sind noch erhalten.

Auf der linken Seite die Rue Maïsto entlanggehen, dann links weiter zum Place und zur Rue du Sauvage.

Sehr schöne Häuser sind hier zu sehen, darunter der Palast der Grafen von Arlatan de Beaumont (15. Jh.), in dem sich heute das Hotel Arlatan befindet.

Bis zum Place du Forum weitergehen.

Place du Forum – Das alte Forum lag südlich dieses heute belebten Platzes mit seinen vielen Terrassencafés. In der Platzmitte erhebt sich die Statue von Frédéric Mistral. Die beiden korinthischen Säulen eines Tempels aus dem 2. Jh. sind heute Teil der Fassade des Hotels Nord-Pinus.
Über die kleine Straße links gelangt man zum Plan de la Cour, einem kleinen Platz, der von alten Stadtpalais gesäumt ist.

Hôtel de ville – Das Rathaus wurde im 17. Jh. von dem Arleser Architekten Peytret nach Plänen von Hardouin-Mansart umgebaut. Der Uhrturm stammt aus dem 16. Jh. Das flache **Gewölbe**★ in der Eingangshalle galt früher als ein Meisterstück der Handwerkskunst und wurde von Handwerksgesellen besichtigt und studiert.

Über die Rue Balze (links) gelangt man zur Jesuitenkapelle, in der sich eine unter-irdische Säulenhalle befindet.

★**Cryptoportiques** ◷ – Von der ehemaligen Jesuitenkapelle (17. Jh.) gelangt man in einen doppelten, unterirdischen Säulengang, der Ende des 1. Jh.s v. Chr. ange-legt wurde. Diese hufeisenförmige, 90 m lange und 60 m breite Anlage befand sich unter dem Forum. Eine Reihe massiver Pfeiler trennt die beiden überwölbten Gänge, die durch Kellerfenster Tageslicht erhalten. Über die Funktion dieses unter-irdischen Portikus ist wenig bekannt. Tatsächlich stützt sie die Gebäude auf dem Forum; möglicherweise diente sie als riesiger Kornspeicher oder einfach als Wandelhalle.
Durch den Durchgang im Rathaus gelangt man wieder auf den Plan de la Cour. Von dort geht es zum Place de la République, in dessen Mitte ein **Obelisk** steht, der aus dem römischen Zirkus von Arles stammt und im 17. Jh. hier aufgestellt wurde. Der Obelisk, die klassizistische Rathausfassade und das prachtvolle Portal von St-Trophime ergeben ein schönes Bild.

★**Église St-Trophime** – Der hl. Trophinus soll um 250 der erste Bischof von Arles gewesen sein. Er gilt als Missionar der Provence.
An der Stelle des heutigen Baus stand bereits in karolingischer Zeit eine Basilika (Bruchsteinmauerwerk im unteren Teil der Fassade), die im 11. Jh. (Vierung) und im 12. Jh. (Hauptschiff) er-neuert wurde, um die Reli-quien des hl. Trophimus aufzunehmen.
Gegen 1190 entstand das herrliche **Portal**★★, ein Mei-sterwerk der südfranzösi-schen Spätromanik. Seine Gestaltung erinnert an ei-nen Triumphbogen, ein Mo-dell, von dem man sich in der Provence des 12. Jh.s sehr oft inspirieren ließ.

> **Rettung des Portals**
>
> Dank einer umfassenden Restaurierung er-strahlt das Portal der Kirche St-Trophime, als Weltkulturerbe in die UNESCO-Liste auf-genommen, wieder im alten Glanz. Regen, Wind und Umweltverschmutzung hatten es stark beschädigt und drohten, das Meister-werk der provenzalischen Romanik vollständig zu vernichten.

Schmale Seitenschiffe flan-kieren das 20 m hohe romanische Mittelschiff, das von einem gotischen Chor abgeschlossen ist. Besonders sehenswerte Kunstwerke sind die *Sarkophage* aus dem 4. Jh., insbesondere der als Altar dienende Sarkophag mit der Darstellung der *Durchquerung des Roten Meeres*, und die herrliche *Verkündigung* von Ludovicus Finsonius im linken Querhaus.

★★**Cloître Saint-Trophime** ◷ – Die Schönheit und Vielfalt der Schmuckmotive sowie die harmonischen Proportionen machen diesen Kreuzgang zum berühmtesten der Provence. An der Herstellung des reichen, vielfältigen Skulpturenschmucks waren mit großer Wahrscheinlichkeit auch Bildhauer von Saint-Gilles beteiligt. Der ro-manische Nordflügel (links vom Eingang) mit seinen herrlichen skulptierten Kapi-tellen ist der interessanteste; am nordöstlichen Pilaster befindet sich ein Meister-werk der provenzalischen Romanik, die Statue des hl. Paulus. Die Skulptur mit den tiefen, langen Falten ist das Werk eines Künstlers, der mit Sicherheit das Mittel-portal von Saint-Gilles kannte. Die Kapitelle und Pfeiler des später erbauten Ost-flügels illustrieren die wichtigsten Stationen aus dem Leben Jesu. Im Südflügel fin-det man Motive aus dem Leben des hl. Trophimus, der Westflügel behandelt typisch provenzalische Themen (z. B. die Legende der hl. Martha und des Taras-que-Ungeheuers). Vom Südflügel aus ergibt sich ein guter Überblick über den

Kreuzgang, die ehemaligen Kapitelräume, das Kirchenschiff und den – alles beherrschenden – gedrungenen Turm. Am Ostflügel liegen das Refektorium und das Dormitorium, in denen Wechselausstellungen und der jährliche *Santon*-Markt stattfinden.

Rechts in die Rue de la République einbiegen und anschließend die Rue du Prés.-Wilson nehmen, die zum alten Hôtel-Dieu führt.

Espace Van Gogh ⊘ – In dem ehemaligen Krankenhaus (Hôtel-Dieu), einem schönen Gebäude mit einem von Säulengängen umgebenen Innenhof, wurde Vincent van Gogh im Jahre 1889 behandelt.

Das Portal von St-Trophime mit seinen berühmten romanischen Skulpturen

Heute ist es der Sitz mehrerer kultureller Einrichtungen, darunter eine Mediathek, ein Universitätsinstitut und eine Vereinigung von Literaturübersetzern.

Van Gogh in Arles

Vincent van Gogh traf am 21. Februar 1888 in Arles ein. Zunächst wohnte er im Hôtel-Restaurant Carrel in der Rue de la Cavalerie, dann bezog er eine Wohnung in einem kleinen Haus (dem „gelben Haus") am Place Lamartine. Beide Gebäude wurden im Zweiten Weltkrieg zerstört.

Van Gogh lebte sich schnell ein, sein gesundheitlicher Zustand besserte sich, und bald hatte er einige Freunde. Im Oktober besuchte ihn sein Freund Paul Gauguin. Nach einer schweren Krise van Goghs, in der er sich ein Ohr abschnitt, trennten sich die Wege der beiden Maler. Im Februar 1889 kam van Gogh in ein psychiatrisches Krankenhaus. Schließlich beschloß er selbst, sich in der Klinik von St-Paul-de-Mausole bei Saint-Rémy-de-Provence behandeln zu lassen, wo er am 3. Mai 1889 eintraf.

In seiner Arleser Zeit malte van Gogh fieberhaft – Landschaften, Ansichten von Arles und Umgebung *(u. a. Alyscamps, Brücke von Langlois, Arleserin, La Crau)*; etwa 200 Gemälde und 100 Zeichnungen sind erhalten.

★★★Les Alyscamps ⊘ *Besichtigung: 1/2 Stunde*

Die Avenue des Lices auf der Höhe der Ausgrabungen der Esplanade verlassen.

Das Gräberfeld „Alissii Campi" (Gefilde der Seligen) war schon bei den Römern ein Friedhof, der damals an einer der großen Ausfallstraßen lag. Auch die frühe christliche Gemeinde ließ sich hier bestatten, denn der in Arles enthauptete hl. Genès war

dort beerdigt worden, und man hatte auf seinem Grabe eine Kirche errichtet. Man sprach von Wundern, die sich an diesem Ort ereigneten; auch der hl. Trophimus sollte einer Legende nach dort begraben sein.

Im Mittelalter gehörten die Alyscamps zu den größten und begehrtesten Begräbnisstätten der Christenheit. Es heißt, daß die Toten von weither sogar in ihren Särgen oder in Salzfässern die Rhone heruntergeschwommen sein sollen. In Arles wurden sie dann aufgefischt und beigesetzt – gegen Zahlung des Goldes, das ihnen ihre Angehörigen zwischen die Zähne gesteckt hatten … In der Renaissancezeit begann der Niedergang der Alyscamps,

Die Allée des Sarcophages in der Nekropole der Alyscamps

nicht etwa durch Krieg oder Revolution, sondern durch die Freigebigkeit der Stadt-
väter, die ihren Gästen von Rang die schönsten Sarkophage schenkten. Die Mönche, die den Friedhof betreuten, verwendeten Grabsteine zum Bau ihrer Klöster
oder Gartenzäune. Glücklicherweise konnte das Museum des antiken Arles einige
Exemplare retten, so daß man sich noch eine Vorstellung von den früheren Aly-
champs machen kann.

Fouilles de l'Esplanade – An dieser Ausgrabungsstätte sind Überreste eines gallorömischen Viertels zu sehen, das im 3. Jh. zerstört und nur teilweise wieder
bewohnt wurde – Häuser, Thermen und Läden (herrliches Mosaik mit Leda und
dem Schwan).

Durch die Rue Émile-Fassin zur Allee der Sarkophage gehen.

Allée des sarcophages – Man erreicht diese Allee durch ein Portal des 12. Jh.s
(Überrest der Abtei St-Césaire). Viele der Steinsärge zeigen nach griechischem
Vorbild zweiseitig abgeschrägte Bedachungen oder nach römischer Art eine flache
Steinplatte als Deckel. Auf einigen der Steinsärge sind ein Senkblei, eine
Wasserwaage (Symbole für die Gleichheit aller vor dem Tod) und eine Art Axt
(Schutz vor Diebstahl und Plünderung) zu erkennen.

Église Saint-Honorat – Mönche von St-Victor in Marseille – in ihren Händen lag
die Aufsicht über die Nekropole – bauten die Kirche im 12. Jh. wieder auf. Sie
wird von einem zweigeschossigen Laternenturm mit acht durchfensterten
Rundbögen beherrscht. Daneben sind nur der Chor, mehrere hinzugefügte Kapellen
und ein skulptiertes Portal erhalten.

BESICHTIGUNGEN

★★**Musée de l'Arles antique** ⊘ – *Zufahrt über den Boulevard Georges-Clemenceau.*
Das kühne, von Henri Ciriani entworfene dreieckige Gebäude an der Rhone birgt
hinter seiner Fassade aus blauem Émalit (Glasplatten) die reichen städtischen
Sammlungen antiker Kunst.
Der Besucher, der von dem **Löwen von Arcoule** (1. Jh. v. Chr.) empfangen wird, ent-
deckt alsbald die Werke der römischen Bildhauerkunst – Tänzerinnen, dem Gott
Apollo geweihte Altäre, ein Abguß der berühmten **Venus von Arles** (Replik eines
Meisterwerks der griechischen Bildhauerkunst, das sich im Louvre befindet) und
der große **Votivschild des Augustus** (26 v. Chr.), ein typisches Zeugnis für die tiefge-
hende Romanisierung, die sich in Arles sehr schnell vollzogen hat.
Es werden Bebauungspläne gezeigt, auf denen die großartigen Bauwerke der
augusteischen (Forum, Theater), flavischen (Amphitheater), antoninischen (Zirkus)
und konstantinischen (Thermen) Epoche dargestellt sind.
Das tägliche Leben der Bewohner von Arles (Haushaltsgeräte, Schmuck, Medizin)
wird parallel zu ihren traditionellen Aktivitäten (Landwirtschaft, Tierzucht,
Handwerk, Gewerbe) anhand von Gegenständen (Werkzeug von Webern,
Bronzegeschirr, Glas und Tonwaren) bzw. von Sarkophagen (Jagdszenen und
Darstellungen der Olivenernte) präsentiert. Die wirtschaftliche Rolle der Stadt Arles
wird am Beispiel ihres Straßennetzes (Meilensteine) und ihres Handels – sowohl
zu Lande als auch zu Wasser (Serie von Amphoren, Schiffsanker, Blei-, Zinn- und
Kupferbarren) – deutlich. Ein Teil der Ausstellung ist dem religiösen Brauchtum
vorbehalten: kleiner Faun aus Bronze (1. Jh. v. Chr.), Torso des Sarapis (2. Jh.),
um den sich eine Schlange windet.
Der Prunk der Kaiserzeit findet seinen Ausdruck in den prächtigen **Mosaiken** aus
den reichen Villen von Trinquetaille (Ende 2. Jh.), deren Motive und Farben von
einem Laufsteg aus bewundert werden können. Neben geometrischen Mustern
sieht man erzählerische Szenen (Entführung der Europa, Orpheus; Vier
Jahreszeiten). Im zentralen Medaillon des Aiôn-Mosaiks ist der Gott der Zeit mit
dem Rad der Tierkreises in der Hand abgebildet.
Neben zahlreichen Cisten (Aschenurnen) kann man eine Sammlung herrlicher
Sarkophage★★ aus heidnischer und christlicher Zeit bewundern, die zum großen Teil
aus der Nekropole Les Alyscamps stammen, wunderbare Werke, die zumeist im
3. und 4. Jh. von Bildhauern aus Arles in Marmor gehauen wurden. Neben dem
„Phädra und Hippolyt-Sarkophag" sind auch der Sarkophag der „Dreifaltigkeit"
und der „Ehegatten-Sarkophag" bemerkenswert. Der Rundgang endet bei der
spätantiken Elfenbeinschnalle des hl. Caesarius aus dem 6. Jh., auf der die schla-
fenden Soldaten vor dem Grabe Christi abgebildet sind.

★**Musée Réattu** ⊘ – Bevor das Gebäude 1867 städtischer Besitz wurde, gehörte
es dem Maler Réattu (1760-1833), dem fünf Räume gewidmet sind. Das Museum
birgt Gemälde italienischer, französischer, niederländischer und provenzalischer
Meister aus dem 16. bis 18. Jh. In den anderen Räumen befindet sich eine bedeutende Sammlung moderner und zeitgenössischer Kunst: Aquarelle, Lithographien,
Gemälde von Dufy, Prassinos, Vlaminck, Sarthou, Alechinsky u. a.; Skulpturen von
César, Germaine Richier, Zadkine, Bourdelle.
Die **Stiftung Picasso★** umfaßt 57 Zeichnungen, ein Gemälde (1971) und eine bedeu-
tende Sammlung von Fotografien.

★**Museon Arlaten** ⊘ – Dieses interessante volkskundliche Museum wurde zu Beginn des 20. Jh.s auf Initiative von **Frédéric Mistral** geschaffen. Der Dichter und Nobelpreisträger (1904), durch den die Provence und ihre vom Untergang bedrohte Sprache zu neuem Stellenwert kamen, hat hier zusammengetragen, was die Volkskunst seiner Heimat hervorgebracht hat. Rahmen der Sammlungen ist ein Adelspalais aus dem 16. Jh., das Mistral mit dem Geld des Nobelpreises erwerben konnte. Im Hof sieht man die Reste einer kleinen römischen Basilika aus dem 2. Jh. Das Museum, das auf Wunsch Mistrals von einer Arleserin in Tracht betreut wird, umfaßt etwa 30 Räume, die vorwiegend der Region Arles gewidmet sind und jeweils ein Thema behandeln. Möbel, Trachten, Keramik und Dokumente illustrieren Sitten, Handwerk, Musik und Geschichte der Provence. Die mit alten Möbeln und Hausrat geschaffenen Interieurs aus dem Alltagsleben (z. B. ein Weihnachtsabend in einem „Mas") sind besonders reizvoll.

Fondation Vincent Van Gogh-Arles ⊘ – Die Sammlung enthält Werke, die zu Ehren dieses berühmten Malers von den größten Vertretern der zeitgenössischen Kunst geschaffen wurden. Dazu gehören so bekannte Maler wie Francis Bacon, David Hockney, Fernando Botero und Olivier Debré, Bildhauer wie Karel Appel und César, Fotografen wie Lucien Clergue und Robert Doisneau, Schriftsteller wie Viviane Forrester und Michel Tournier, Musiker wie Henri Dutilleux und sogar Modemacher wie Christian Lacroix. Alljährlich, wenn die Sammlung der Stiftung durch Frankreich und das Ausland reist, stellt jeweils einer dieser Künstler hier aus.

Van Gogh – Selbstporträt mit abgeschnittenem Ohr und Pfeife (Privatbesitz)

Malborough/ARTEPHUT

★**Abbaye de Montmajour** – *2 km von Arles in Richtung Fontvieille (s. Abbaye de MONTMAJOUR).*

AUSFLUG

La Crau

Die Steinwüste der Crau, deren Geröllschicht stellenweise bis zu 15 m stark ist, erstreckt sich über 50 000 ha zwischen Rhone, Alpilles, den Höhen von St-Mitre und dem Meer.

Landwirtschaft auf Steinen – Im Nordteil der Crau wurden zwei Regionen durch Bewässerungstechniken fruchtbar gemacht: Die erste dehnt sich von Arles bis hinter St-Martin-de-Crau aus, während die zweite sich im Westen von Salon-de-Provence erstreckt. Diese beiden Zonen, die nun von mit Zypressen- oder Pappelreihen geschützten Plantagen bedeckt sind, entwickeln sich aufeinander zu, so daß man sich heute kaum mehr den wüstenähnlichen Zustand der bewässerten Crau vergangener Zeiten vorstellen kann. Das Heu der Crau ist von hervorragender Qualität; jährlich werden in drei Ernten über 100 000 Tonnen erzeugt; der Rest der Produktion (der „4. Schnitt") wird direkt vor Ort an die Schafzüchter verkauft.

Schafzucht – Die Große Crau gleicht eher einer Steppe und dient mit ihren weiten Flächen traditionsgemäß als Schafweide. Etwa 100 000 Arleser Merinoschafe (Kreuzung zwischen dem einheimischen Schaf und dem Anfang des 19. Jh.s aus Spanien importierten Merinoschaf) weiden alljährlich von Mitte Oktober bis Anfang Juni in der Crau, in der das feine *Coussouls-Gras* wächst.
Manche Schafzüchter, die eine Herde, aber kein Land besitzen, pachten im Frühling Weideland, zu dem jeweils ein Schafstall *(jasse)* und ein Brunnen gehören. Diese Ställe (es gibt noch etwa 40) wurden alle zwischen 1830 und 1880 nach gleichem Schema errichtet: Aus Steinen schuf man im Fischgrätmuster einen 40 x 10 m großen, nach zwei Seiten offenen Bau. Der Schäfer wohnt in der Nähe in einer aus einem Raum bestehenden Hütte; der steinerne Brunnen ist aus einem Stück gefertigt. Im Herbst und Frühwinter weidet ein Teil der Herde die Grasbüschel des Steppenlandes und den „4. Schnitt" *(regain)* der bewässerten Wiesen ab; gegen Winterende muß der Schäfer zufüttern (Luzerne, Klee etc.), er läßt jedoch den anderen Teil der Herde in der Crau weiden, bis Anfang Juni das Gras vertrocknet und das Wasser knapp wird. Früher zogen dann die Herden – Schafe, Ziegen, Hunde und Esel – auf den alten Herdenwegen in etwa 12 Tagen zu den Hochweiden der Alpen von Savoyen und Briançon *(Transhumanz)*; wenn

Weidende Schafe in der Crau

der erste Schnee fiel, kehrten sie zurück. Obwohl die Tiere heute in Viehwagen transportiert werden, ist die Zucht der Merinoschafe von Arles nicht mehr rentabel, es gibt kaum noch Hirten, und die Weideflächen schrumpfen.

Leider ist damit auch die legendäre Figur des Hirten vom Aussterben bedroht. Der Gavot (Mann der Berge) kannte die Geheimnisse der Natur, insbesondere ihre Heilkräfte, und war als Waldarbeiter, Maurer, Schreiner, Sattler und nicht zuletzt als Künstler, der die herrlichen Holzketten für die Glocken der Tiere schnitzte, ein überaus vielseitiger Mensch.

Fahrt durch die Crau

93 km – etwa 3 Std. ohne Besichtigung des Vigueirat. Arles auf der N 453 verlassen.

St-Martin-de-Crau – Im Dorf informiert das **Écomusée de la Crau** ⊘ über die Besonderheiten dieser Gegend. Führungen durch das Naturschutzgebiet von Peau de Meau bieten Gelegenheit, dieses Ökosystem aus der Nähe zu betrachten.

La Grande Crau – Das grüne Landschaftsbild verblaßt in Richtung Süden, wo die Gegend zur Wüste wird. Hier gibt es keine Dörfer, Bauernhäuser oder Anbauflächen und nur einige wenige Schäfereien, die von der (abnehmenden) Hirtentätigkeit in der Region zeugen. Die Hafenzone von Fos bildet jetzt den Horizont, den Mistral früher poetisch besingen konnte, und mehr und mehr nehmen Landwirtschaft und Flugplätze die „provenzalische Wüste" in Besitz.

In La Fossette rechts der N 268 bis Port-St-Louis-du-Rhône folgen; anschließend wieder rechts die D 35 in Richtung Mas-Thibert und Arles nehmen.

Coustière de Crau – In diesem Sumpfgebiet in der Nähe der „Grand Rhône" gibt es noch Zuchtbetriebe für Kampfstiere der spanischen Rasse, die bei den *Novilladas* der Region zum Einsatz kommen.

★Marais du Vigueirat ⊘ – Das kontrollierte Sumpfgebiet zwischen den Kanälen Arles–Bouc (1827) und Vigueirat (1642) ist das Werk eines holländischen Ingenieurs und bezeugt auf eindrucksvolle Weise vom Kampf des Menschen gegen die Naturelemente. Dank eines ausgetüftelten Ent- und Bewässerungssystems können Wasserspiegel und Salzgehalt kontrolliert und unterschiedliche Biotope der Camargue aufrechterhalten werden.

Auf der D 35 nach Arles zurückkehren. Rechts in eine kleine beschilderte Straße einbiegen.

Pont de Langlois – Die Originalbrücke, die Vincent van Gogh zu seinem berühmten Gemälde inspirierte, wurde 1926 zerstört. Nur wenige Meter von ihrem ursprünglichen Standort wurde die Klappbrücke am Kanal zwischen Arles und Fos wieder aufgebaut.

Die Stadt im heute industrialisierten Huveaune-Tal verdankt ihre tonkeramische Tradition den schon in gallorömischer Zeit genutzten Tonvorkommen. Im Mittelalter spezialisierte man sich auf die Fertigung von Tonziegeln, und seit dem 19. Jh. werden in Aubagne die typisch provenzalischen Krippenfiguren (Santons) hergestellt.
Aubagne, das im Nordwesten von dem Étoile-Massiv beherrscht wird, ist heute praktisch eine Vorstadt von Marseille.

AUF ENTDECKUNGSTOUR

Altstadt

Im historischen Stadtkern von Aubagne sind Reste der Befestigung erhalten. Von den einst sieben Stadttoren steht noch die Porte Gachiou (14. Jh.). Zwischen Boutiquen und Werkstätten kann man einen Blick auf den dreieckigen Turm der Chapelle de l'Observance (Ende 17. Jh.) werfen, auf den Uhrturm mit seinem schmiedeeisernem Aufsatz oder auf die schöne Barockfassade der Betkapelle der Schwarzen Büßer (Chapelle des Pénitents Noirs; 1551) am Chemin de Saint-Michel.

Ateliers Thérèse Neveu ⊘ – Die Werkstatt der berühmten Santon-Herstellerin Thérèse Neveu wurde zum Ausstellungsraum umgebaut. Hier kann man sich über die Geschichte der Töpferei in Aubagne informieren, sich eine Ausstellung über **Keramik** (wechselnde Themen) anschauen oder einfach die typisch provenzalischen Krippenfiguren *(Santons)* betrachten.

UMGEBUNG

Musée de la Légion étrangère ⊘ – *Anfahrt über die D 2 (Richtung Marseille) und die D 44ᴬ (rechts).* Von der Halle im Erdgeschoß erreicht man den „Ehrensaal" mit Exponaten und Erinnerungsstücken zum Leben der bedeutendsten Generäle der **Fremdenlegion**. An diesen Raum schließt sich die Krypta mit der Namensliste der

TIPS UND ADRESSEN

Shopping

Santons und Fayence – Im Stadtzentrum gibt es etwa 20 Werkstätten und Ateliers von Santonniers und Keramikern, die täglich außer sonntags besichtigt werden können. Hier lebt eine lokale Tradition fort, die schon lange in Aubagne beheimatet ist. Adressen erhält man beim Office de tourisme.
In den ungeraden Jahren findet im August ein großer Töpfermarkt (Argilla) statt. Im Mai (gerade Jahre) werden „Fayence-Tage" (Journées nationales de la Faïence) veranstaltet; im Sommer und im Dezember belebt sich der Cours Maréchal-Foch mit dem großen Santon-Markt.

Marius Chave – *8 Cours Mar.-Foch –* ☎ *04 42 03 86 33 – www.santons-chave.com – Mo-Sa 8-12.30 Uhr, 14-19 Uhr, So 9-12 Uhr.* Marius Chave, ein Freund Marcel Pagnols, hat das berühmte Kartenspiel, das der französische Schauspieler Raimu und seine Freunde im Film *Marius* spielten, mit Santons nachgestellt. Heute führt sein Enkel die Familientradition der kleinen, handgefertigten provenzalischen Figuren fort.

Atelier d'Art-Maison Sicard – *2 Boulevard Émile-Combes – tgl. außer So 9-12 und 14-19 Uhr –* ☎ *04 42 70 12 92.* Santons und Keramik, darunter die typischen Zikaden.

Poterie Ravel – *Avenue des Goumes –* ☎ *04 42 82 42 00 – Mo-Sa von 8-12 und 14-18 Uhr – Eintritt frei.* Provenzalische Krüge, Töpfe etc. für den Garten und Geschirr.

Märkte – Traditioneller Markt: Di, Do, Sa und So Cours Voltaire; Trödelmarkt: letzter Sonntag des Monats in La Tourtelle.

Ausgehtip

La Belle Époque – *4 Cours Foch –* ☎ *04 42 03 13 66 – tgl. 7-21 Uhr.* Es gibt zahllose Gründe, dieses beliebte, kulturell aktive Lokal aufzusuchen. Der Wochenplan ist dicht gefüllt. Mittwoch ist Schachtag, freitags oder samstags gibt's Rock-Konzerte; an einem Montag pro Monat widmet man sich philosophischen Fragen, und hin und wieder verwandelt sich La Belle Époque in eine Kleinkunstbühne.

Besichtigungen

Auf den Spuren Marcel Pagnols – Das Haus Nr. 16 am Cours Barthélemy ist das Geburtshaus von Marcel Pagnol (1895-1974), dem bekannten Schriftsteller, Schauspieldichter, Filmemacher und Mitglied der Académie française. Das Fremdenverkehrsamt veranstaltet jeden Sonntag *(Juni-Sept., 12,20 €)* Wanderungen durch Landschaften und Orte, die in seinen Filmen oder Werken vorkommen. Es empfiehlt sich, diese Wanderung am Sonntag vor dem Todestag Pagnols (18. April) zu unternehmen. Dann kommen nämlich die Anhänger des Schriftstellers, der als eine der Symbolfiguren der Provence angesehen wird, nach Aubagne, um ihm Ehre zu erweisen.

Atelier eines Santonniers

D'Hérouville/PIX

Kommentierte Rundfahrt im Bus (2 1/2 Std.): *Mi und Sa, 16 Uhr, Juli-Aug., 7,62 €).* **Rundfahrt im Bus und Mittagessen:** *24,39 €.*

In der Ausstellung **Le petit monde de Marcel Pagnol** sind Romanfiguren und Filmhelden Marcel Pagnols als Santons in Szene gesetzt worden. Im Dezember müssen sie allerdings den traditionellen Krippenfiguren weichen. *9-12.30 und 14.30-18 Uhr – Eintritt frei – 1. Mai, 1.-15. Febr. und Mitte-Ende Nov. geschl.* – ☎ *04 42 84 10 22.*

gefallenen Legionäre an. Im 1. Stock zeigt das Museum historische Dokumente, Fotografien, Waffen und Uniformen. Im Ehrenhof ist die „Voie Sacrée" der Viénot-Kaserne von Sidi-Bel-Abbès rekonstruiert. Das Kriegerdenkmal für die gefallenen Legionäre wurde aus Algerien hierher gebracht.

Chapelle Saint-Jean-de-Garguier – *5,5 km nordöstl. über die D 2 in Richtung Gémenos, die N 396 (links) und die D 43° (rechts).* Die Kapelle wurde im 17. Jh. neu erbaut und Johannes dem Täufer geweiht; am 24. Juni ist sie Ziel einer Wallfahrt. Etwa 300 auf Holz, Leinen oder Zink gemalte Votivtafeln schmücken die Wände. Einige stammen aus dem 15. Jh., die meisten jedoch aus dem 18. und 19. Jh.

Camaron

Der 30. April ist für die Fremdenlegionäre ein Feiertag. Man gedenkt an diesem Tag des heroischen Kampfs um den mexikanischen Ort Camaron (heute Villa Tejeda) im Jahre 1863, in dem 64 Mann einer Übermacht von 2 000 Mexikanern über 9 Stunden lang Widerstand leisteten. Es ist Tradition, daß der jüngste Offizier seinen strammstehenden Kameraden an diesem Tag den Kampfablauf vorträgt.

Parc d'attractions OK Corral – ⬚ *16 km östlich über die N 8 (s. La CIOTAT, Umgebung)*

AVIGNON ★★★

Großraum 253 580 Einwohner
Michelin-Karte Nr. 245 Falte 16, Nr. 246 Falte 25 und Nr. 332 B10

Die Stadt der Päpste und des Theaters wird vom „Rocher des Doms" überragt, an den sich der wehrhafte Gebäudekomplex des Papstpalastes lehnt. Avignon, dessen Innenstadt noch von einer etwa 4,5 km langen Stadtmauer umgeben ist, wirkt am eindrucksvollsten vom gegenüberliegenden Villeneuve-lès-Avignon aus, vor allem gegen Abend, wenn das Licht der untergehenden Sonne die rosafarbenen Ziegeldächer, die Türme und Zinnen vergoldet und sich die funkelnde Schönheit in der Rhone spiegelt.

Avignon – Pont Saint-Bénézet und Palais des Papes

Die Festspiele von Avignon – Das 1947 von **Jean Vilar** gegründete **Festival annuel d'Art dramatique** ist weit über Frankreichs Grenzen hinaus bekannt und zieht Jahr für Jahr die Freunde von Schauspiel, Ballett, Musik und Film in die Stadt an der Rhone. Die Festspiele von Avignon verursachten eine regelrechte Kulturexplosion und machten auch in anderen Städten der Provence Schule. Neben den großen Theateraufführungen gibt es im Rahmen des Festivals auch Veranstaltungen, die an die Volksfeste des Mittelalters erinnern. Die verschiedenen Vorstellungen finden im Papstpalast (Palais des Congrès), im Petit Palais, in der Livrée Ceccano (Mediathek), im Maison Jean-Vilar oder auch auf Plätzen vor den historischen Bauwerken statt.

HINTERGRUNDINFOS

Avignon vor der Papstzeit – Nur wenig ist von den Monumenten der blühenden gallo-römischen Stadt Avenio erhalten. Weniges ist auch aus der Folgezeit bekannt. Die Stadt ergriff Partei für die islamischen Invasoren und wurde deshalb im Jahre 737 von den Truppen Karl Martells verwüstet. Während des 11. und 12. Jh.s nutzte Avignon Rivalitäten zwischen den Fürstenhäusern Toulouse und Barcelona und wurde nach italienischem Vorbild eine unabhängige Stadtrepublik, später aber der Oberhoheit des Hauses Anjou unterstellt.

Die „Babylonische Gefangenschaft" – Bis zum Beginn des 14. Jh.s blieb Avignon recht unbedeutend. Dann rückte die Stadt für einige Jahrzehnte (1309-1377) in den Mittelpunkt der christlichen Welt, als sie während des Schismas der Kirche zum Sitz der Exilpäpste gewählt wurde. Als der Erzbischof von Bordeaux, Bertrand de Got, 1305 als **Klemens V** den Papstthron bestieg, nahm er die in Rom herrschende Unsicherheit zum Vorwand, sich in Frankreich niederzulassen, wo der heilige Stuhl schon seit 1274 die Grafschaft Venaissin besaß. 1309 zog er feierlich in Avignon ein. Er residierte aber nicht ständig in der Stadt, sondern zog vielmehr die Ruhe des Priorats Groseau bei Malaucène oder der Burg Monteux bei Carpentras vor. Sein Nachfolger Jacques Duèse – er ging als Papst **Johannes XXII** (1316-34) in die Geschichte ein – war es, der Avignon definitiv zum Sitz des Papsttums erkor. So wirkten von 1309 bis 1377 sieben Päpste in der Stadt. **Benedikt XII** ließ den Palast erbauen, und **Klemens VI** erwarb von seiner Vasallin, Königin Johanna von Neapel und Gräfin der Provence, das Gebiet um Avignon.

TIPS UND ADRESSEN
Gastronomie

Gut und preiswert

La Vache à Carreaux – *14 Rue de la Peyrolerie* – ☎ *04 90 80 09 05* – *März, Sa-mittag und So geschl.* – *14,31/18,47 €*. Unweit des Papstpalastes, in einer ruhigen Straße, befindet sich dieses Käse-Restaurant. Hübscher Gastraum mit sichtbarem Steinmauerwerk und Parkett. Der junge Chef des Hauses ist obendrein Weinkenner und bietet seine guten Weine auch im Glas an.

Le Grand Café – *Cours Maria-Casares, La Manutention* – ☎ *04 90 86 86 77* – *Jan., So und Mo außer in den Monaten Juli-Aug. geschl.* – *Reserv. empf.* – *16 € Mittagsmenü* – *25 €*. Man kann diese ehemalige Kaserne, die an den Strebepfeilern des Papstpalastes lehnt, nicht umgehen, wenn man in Avignon weilt. Studenten, Kaufleute und Touristen kommen hierher, um ein Gläschen zu trinken oder aber die kreative Küche mit provenzalischem Touch kennenzulernen. Der Dekor ist eine Mischung aus Bistro-Ambiete und Wiener Kaffeehaus. Angenehm ist auch die Terrasse.

Unsere Empfehlung

La Cloître des Arts – *Le Cloître des Arts* – *83 Rue J.-Vernet* – ☎ *04 90 85 99 04* – *1.-6. Jan., 1.-11. Nov., So und Mo geschl.* – *16,77/28,20 €*. Das Restaurant befindet sich in einem Flügel dieses Kreuzgangs aus dem 15. Jh., der ebenfalls eine Buch- und eine Kunsthandlung, eine Kunstschule und ein Blumengeschäft beherbergt. Im Dekor der beiden Gasträume vermischen sich auf angenehme Weise Altes und Neues. Die Terrasse ist im Hof. Moderne provenzalische Küche.

Entrée des Artistes – *1 Place des Carmes* – ☎ *04 90 82 46 90* - *21. Dez. bis 2. Jan., 17. Aug.-8. Sept., Sa und So geschl.* – *22 €*. Im Ambiente eines Pariser Bistros mit alten Reklameschildern, Plakaten, Postern und Gegenständen aus der Welt des Kinos sitzt man dicht gedrängt beieinander und genießt die traditionellen Gerichte, die hier serviert werden. Gastfreundliche Atmosphäre, ein Hauch von Mittelmeer schwebt in der Luft.

Le Moutardier – *15 Place du Palais-des-Papes* – ☎ *04 90 85 34 76* – *3.-20. Febr., 19. Nov.-16. Dez. geschl.* – *22,87/36,59 €*. Im außergewöhnlichen Rahmen dieses aus dem 18. Jh. stammenden Gebäudes, das auf der Liste des Weltkulturerbes steht, läßt sich die einfache, frische Küche des Hauses noch einmal so gut genießen. Im ansprechenden Gastraum erzählen die Fresken an den Wänden die Geschichte des „päpstlichen Senfmachers", und von der Terrasse des Restaurants blickt man auf das Palais Neuf.

Bloomsbury's – *11 Rue de la Balance* – ☎ *04 90 82 91 56* – *Febr. und So geschl.* – *28/36 €*. Britisches Ambiente mitten in der Provence! Es gibt natürlich englische Gerichte, einige mit leicht orientalischem Akzent, und zum Five o'clock tea serviert die Chefin des Hauses Gebäck und Kuchen. Angenehme Terrasse bei schönem Wetter.

Unterkunft

Gut und preiswert

Hôtel Médiéval – *15 Rue de la Petite-Saunerie* – ☎ *04 90 86 11 06* – *7.-27. Jan. geschl.* – *34 Z: 38,11/54,88 €* – ☲ *5,79 €*. Einfaches Hotel in einer kleinen Straße des Stadtzentrums. Interessante Angebote für Aufenthalte von einer Woche und länger; für Festivalgäste stehen Apartments mit Küchenzeile zur Verfügung, und das nur wenige Schritte vom Papstpalast entfernt.

Unsere Empfehlung

Hôtel Garlande – *20 Rue Galante* – ☎ *04 90 80 08 85* – *So von Nov.-Mai geschl.* – *12 Z: 54,88/76,22 €* – ☲ *6,10 €*. Kleines familiäres Hotel in einer ruhigen Straße wenige Schritte von der Kirche St-Didier entfernt. Die Verbindung zweier alter renovierter Häuser brachte eine verwinkelte, malerische Anordnung der Innenräume hervor. Die Zimmer sind individuell und zurückhaltend im provenzalischen Stil eingerichtet.

Chambre d'hôte La Prévoté – *354 Chemin d'Exploitation* – *84210 Althen-les-Paluds* – *17 km nordöstl. von Avignon, Richtung Carpentras* – ☎ *04 90 62 17 06* – *www.la-prevote.com* – *Nov.-1. März geschl.* – ⌧ – *5 Z: 61/84 €*. Nach einer erholsamen Nacht in einem der geräumigen und farbenfrohen Zimmer dieses alten Bauernhauses werden Sie das Frühstück genießen, das im Schatten des Weinspaliers oder unter dem Kastanienbaum serviert wird. Lassen Sie Ihren Blick über die Apfelbäume schweifen, tauchen Sie in das Wasser des Swimmingpools ein und beginnen Sie in aller Ruhe den Tag.

Spitzenkategorie

Chambre d'hôte La Ferme Jamet – **Domaine de Rhodes** – *Île de la Berthelasse* – *5 km nordöstl. von Avignon über die Brücke E.-Daladier und die D 228* – ☎ *04 90 86 88 35* – *www.avignon-et-provence.com/ferme-jamet* – *Mitte Okt.-April geschl.* – *8 Z: 89,94/167,69 €*. Das Gebäude aus dem 16. Jh., das an einem hübschen Park ganz in der Nähe des Stadtzentrums von Avignon liegt, strahlt gelassene Ruhe aus. Die provenzalische, unverfälschte Atmosphäre des Ortes macht den Aufenthalt zu einem Vergnügen. Drei „Cottages" stehen für diejenigen zur Verfügung, die etwas Abgeschiedenheit suchen.

Hôtel Cloître St-Louis – *20 Rue Portail Boquier* – ☎ *04 90 27 55 55* – 🅿 – *77 Z: 129,58/228,67 €* – 🛏 *13,72 €* – *Restaurant 23/34 €*. Stahl und Glas beherrschen den alten Kreuzgang aus dem 16. Jh. und sein von dem Architekten Jean Nouvel entworfenes Nebengebäude. Die Zimmer sind von schlichter Eleganz. In den überwölbten Gasträumen und in den Bogengängen werden klassisch-provenzalische Gerichte gereicht. Schwimmbad und Sonnenterrasse auf dem Dach. In der Hotelkapelle wird sonntags die Messe zelebriert.

Ausgehtips

Le César, ein Veranstaltungskalender, der alle 14 Tage erscheint, gibt Tips, Adressen und Daten von kulturellen und anderen Ereignissen im „goldenen Dreieck" Arles–Avignon–Nîmes. Man erhält ihn kostenfrei beim Office de tourisme und in anderen kulturellen Stätten.

Le Rouge-Gorge – *10bis Rue Peyrolerie* – ☎ *04 90 14 02 54* – *www.le rouge-gorge.fr* – *Di-So 20.30-3 Uhr* – *Juli-Aug. geschl.* Das einzige Variététheater Avignons, das „Rotkehlchen", hat sich schamhaft hinter dem Papstpalast versteckt und lädt jeden Freitag und Samstag ab 20.30 Uhr zu seiner Revue. An zwei Sonntagen pro Monat gibt's ein Mittagsmahl in Operettenambiente. Aber auch an den anderen Tagen ist etwas los, denn immer wieder organisiert man Themenabende (korsische, lateinamerikanische, orientalische usw.).

Cafés, Kneipen und Bars

Place de l'Horloge – Dieser Platz ist einfach unumgänglich in Avignon. Wenn die Beine schwer werden vom Gehen und Stehen – hier kann man sich in einem der zahlreichen Cafés stärken und die schönen Fassaden des Rathauses und des Opéra-Théâtre bewundern.

Café In&Off – *Place du Palais-des-Papes* – ☎ *04 90 85 48 95* – *www.cafeinoff.com* – *Im Sommer: tgl. 7.30-22 Uhr, bis 3 Uhr während des Festivals; in den übrigen Monaten: 7.30-20 Uhr* – *Mitte Nov.-Ende Febr. geschl.* An dem einzigen Café, das einen herrlichen Blick auf den Papstpalast bietet, kommt man nicht vorbei. Das Innere des Lokals ist nett, der Clou ist aber seine Terrasse.

Cloître des Arts – *83 Rue Joseph-Vernet* – ☎ *04 90 85 99 04* – *Di-Sa 10-19 Uhr* – *Aug. geschl.* Der bezaubernde Rahmen des Teesalons, in dem man delikate Patisserien und 25 Teevarietäten (auch zum Mitnehmen) kosten kann, ist ein *Kreuzgang und sein mit blühenden Rosen geschmückter Innenhof.*

Gambrinus – *62 Rue Carreterie* – ☎ *04 90 86 12 32* – *www.avignon-et-provence.com/gambrinus/* – *Mo-Sa 7-1.30 Uhr; während des Festivals: 7-3 Uhr* – *Jan. geschl.* Etwa sechzig traditionell gebraute Biere verschiedenster Herkunft und eine entspannt-lockere Atmosphäre machen dieses Lokal zum Treffpunkt von Bierliebhabern jeden Alters.

Georges Poutet – *15 Rue des Trois-Faucons* – ☎ *04 90 82 08 31* – *7.30-20 Uhr, So bis 18 Uhr* – *In den Februarferien und Ende Aug. geschl.* Spezialität des Hauses sind die sogen. „Papalines", eine Avignoneser Delikatesse, die der Vater des heutigen Besitzers der Konfiserie im Jahre 1960 kreierte – köstliche, mit Oregano-Likör gefüllte Pralinen.

Woolloomooloo – *16bis Rue des Teinturiers* – ☎ *04 90 85 28 44* – *www.wooll.com* – *tgl. 12-1 Uhr.* Ein wilder Schrei ist der Name dieses Lokals, das sich in einer der ältesten Straßen der Stadt in einer ehemaligen Druckerei angesiedelt hat. Die zahllosen Objekte, die der Chef des Hauses von seinen Reisen rund um den Globus mitgebracht hat, passen zu diesem Ort, an dem alles – von den musikalischen Abenden in der Bar bis zu den exotischen (stets auf der Grundlage von marktfrischen Zutaten zubereiteten) Gerichten im Restaurant – an die große weite Welt erinnert.

Stadtbesichtigung

Stadtführungen *s. Öffnungszeiten und Eintrittspreise*

Fahrt in der Touristenbahn – Abfahrt Place du Palais-des-Papes. *40 Min. mit Kommentar. Mitte März-Mitte Okt. 10-19 Uhr. 5,34 € (Kinder 3,81 €).* ☎ *04 90 82 64 44.*

Spazierfahrten auf der Rhone – Rhone-Überfahrt von Avignon nach Villeneuve-lès-Avignon. *Juli und Aug., 6,10 € (Kinder: 3,05 €).*

Schiffsausflüge auf der Rhone ab Avignon nach Arles, Châteauneuf-du-Pape, in die Camargue usw. *Man wende sich an „Grands Bateaux de Provence", Allée de l'Oulle.* ☎ *04 90 85 62 25 (Office de tourisme).*

Touristenpaß – Mit der **Carte-Pass** erhält man beim Besuch von Avignon und Villeneuve-lès-Avignon 15 Tage lang interessante Ermäßigungen (Museen, Stadtführungen, Schiffsausflüge, Touristenzug, Busausflüge). Man muß nur für eine der Sehenswürdigkeiten oder Veranstaltungen, die auf der Karte verzeichnet sind, den vollen Eintritt zahlen. Informationen: Office de tourisme in Avignon.

Das Festival

Festival „in" und „off" – Festival „in": Theatervorführungen, Ballett, Lesungen, Ausstellungen, Treffen und Konzerte im Ehrenhof des Papstpalasts, im Théâtre municipal und in zahlreichen Kreuzgängen und Kirchen der Stadt und der Umgebung (z. B. in Villeneuve-lès-Avignon, im Steinbruch von Boulbon, in Montfavet oder Châteaublanc). Festival „off": überall in der Stadt.

Das Festival bietet, abgesehen vom Veranstaltungsprogramm, sozusagen nebenbei, auch die Gelegenheit, Orte kennenzulernen, die normalerweise der Öffentlichkeit nicht zugänglich sind oder die fernab der üblichen Wege liegen wie z. B. der Kreuzgang Cloître des Célestins oder das Hôtel-Dieu.

Buchungen – Programm und Eintrittskarten erhält man beim Bureau du Festival d'Avignon, *8bis Rue de Mons*, ☎ *04 90 27 66 50*, Platzreservierung unter ☎ *04 90 14 14 14*. In den ersten beiden Juniwochen kann man auch bei der Vorverkaufsstelle der FNAC, St-Louis d'Avignon (Rue Portail-Bocquier), oder im Empfangsgebäude der Kartause von Villeneuve-lès-Avignon Karten kaufen.

Weitere kulturelle Veranstaltungen

Hivernales d'Avignon – Im Februar findet dieses Festival statt, das in erster Linie der Choreographie gewidmet ist. Die Atmosphäre ist etwas anders als im Sommer, vor allem, weil die Aufführungen (Gott sei Dank!) nicht unter freiem Himmel stattfinden.

Cheval en fête – Ein Fest zu Ehren des Pferdes mitten im Januar (Zureiten, Dressur, Hohe Schule, Wettbewerbe, Vorführungen und Show im Palais des Sports).

Shopping

Georges Poutet – *15 Rue des Trois-Faucons* – ☎ *04 90 82 93 96* – *tgl. 7.30-20 Uhr, So bis 18 Uhr – In den Februarferien und den ersten drei Augustwochen geschl.* Bei Georges Poulet sollte man die *Papalines* kosten. 1960 kreierte der Vater des heutigen Besitzers diese mit Oreganolikör gefüllte, rosafarbene Köstlichkeit.

Honig – **Miellerie des Butineuses**, *189 Rue de la Source, 84450 St-Saturniṇ-lès-Avignon*, ☎ *04 90 22 47 52*. Honig, Pollen, Gelée royale usw.

Märkte – Traditioneller Markt: tgl. außer Mo in der Markthalle (Halles). Blumenmarkt: Sa-vormittag Place des Carmes. Flohmarkt: So Place des Carmes. Trödelmarkt: Sa und So Rempart St-Michel.

Das Avignon der Päpste – Die Stadt veränderte damals ihr Gesicht. Überall entstanden Klöster, Kirchen und Kapellen, aber auch die prächtigen, *Livrées* genannten Kardinalsresidenzen *(s. VILLENEUVE-LÈS-AVIGNON)*, während der Papstpalast weiter ausgebaut wurde. Avignon glich zu jener Zeit einer einzigen Baustelle. An der 1303 von Bonifatius VIII. gegründeten Universität waren Tausende von Studenten eingeschrieben. Der Papst wollte als mächtigster der weltlichen Fürsten gelten. Zum Schutz vor Neidern und Räubern wurde der Palast zur Festung ausgebaut, die Stadt mit einer Mauer umgeben.

Dennoch herrschte in Avignon ein recht freiheitliches Klima. Das päpstliche Asylrecht gewährte politischen Flüchtlingen (unter ihnen z. B. Petrarca) und Juden gegen eine geringe Abgabe Obdach und Schutz. Doch auch entflohene Häftlinge, Galeerensträflinge und Übeltäter aller Art gaben sich hier ein Stelldichein und lebten ungeschoren im Schutze der Papstkrone. Schmuggel und Falschmünzerei waren an der Tagesordnung, das Glücksspiel blühte, und die Freudenhäuser hatten volle Kassen. Die Bevölkerungszahl stieg von 5 000 auf 40 000 Einwohner.

Eine wirkliche Plage waren die Söldnerhorden, die – wenn sie nicht Krieg führten – als Räuberbanden durch die Lande zogen. Hatten Könige oder Fürsten sie aus ihrem Dienst entlassen, blieben die Truppen zusammen und lebten nur noch vom Raub. Sie belagerten auch Avignon und entfernten sich erst nach Empfang des päpstlichen Segens und einer Geldsumme.

Die Stadt der Legaten. – Im Jahre 1377 kehrte Papst **Gregor XI** nach Rom zurück, doch residierten noch bis 1403 Gegenpäpste im Palast. Die Spaltung der Kirche wurde erst mit der Wahl Martins V. und der Absetzung der Gegenpäpste durch das Konzil von Konstanz (1414-1418) endgültig beseitigt.

Nachdem die Päpste Avignon verlassen hatten, regierten Legaten (Gesandte) die Stadt und das Comtat Venaissin. Sie prägten das lockere, recht ausschweifende Leben und ließen zahlreiche Palais nach italienischem Vorbild errichten. Zu Beginn des 18. Jh.s gab es 80 000 Einwohner. Die Juden wurden im allgemeinen weiter toleriert, wenn sich auch gewisse Schikanen verschärften: Sie lebten in einem eigenen Viertel, dessen Tore allabendlich verschlossen wurden, mußten einen gelben Hut als Erkennungsmerkmal tragen, eine Gebühr entrichten und obligatorische Bekehrungspredigten anhören. Sie durften keine Christen besuchen und nur bestimmte Berufe ausüben: Schneider, Trödler, Geldverleiher, Händler; außerdem wurden sie ständig überwacht. Nach der Französischen Revolution (1791) wurde der päpstliche Besitz mit Frankreich vereint.

EIN BESONDERES HIGHLIGHT

★★★Palais des Papes ⊘ *Besichtigung: 1-2 Std.*

Man stelle sich das rege Treiben vor, das hier einst herrschte, das Kommen und Gehen der Prälaten und Diener, der Advokaten und Bittsteller, der Fürsten und Diplomaten, der uniformierten Wachsoldaten und der zahllosen Pilger, die auf den päpstlichen Segen warteten oder auch einfach nur hofften, den Papst einmal zu sehen, wenn er den Palast verließ.

15 000 m² ist die fürstliche Wohnburg groß; sie besteht als dem **Palais Vieux** (Alter Palast) im Norden und aus dem **Palais Neuf** (Neuer Palast) im Süden – dessen Errichtung fast dreißig Jahre in Anspruch nahm.

Der Zisterziensermönch Benedikt XII. hatte seinen Landsmann Pierre Poisson de Mirepoix beauftragt, an der Stelle des abgerissenen alten Bischofspalais den Alten Palast zu erbauen. Dessen vier, einen Kreuzgang umgebenden Flügel sind von Türmen flankiert. Der größte Turm, der Tour de Trouillas im Norden, diente als Donjon und Gefängnis zugleich.

Der große Kirchenfürst, Mäzen und Künstler Klemens VI. betraute den Architekten Jean de Louvres mit dem Bau des Neuen Palasts. Der **Tour de la Garde-Robe** und zwei neue Gebäude schlossen nun den Ehrenhof (Cour d'Honneur) ab, der bis dahin ein öffentlicher Platz war. Die Ausschmückung der Innenräume führte eine Gruppe italienischer Künstler unter der Leitung von Simone Martini und später Matteo Giovanetti durch, die Säle wurden mit prachtvollen Fresken versehen. Bis 1363 dauerten die Bauarbeiten an; später wurden einige Bauteile hinzugefügt.

Während der Belagerungen von 1398 und 1410-1411 erlitt der Palast erheblichen Schaden. 1433 wurde er Sitz der päpstlichen Gesandten. Trotz der Restaurierungsarbeiten von 1516 verfiel der Papstpalast immer mehr. Zur Zeit der Französischen Revolution war er schon in erbärmlichem Zustand, wurde nun aber auch noch geplündert, sein Statuen- und Skulpturenschmuck zerstört.

Die wuchtige Fassade des Palais des Papes

R. Mazin/TOP

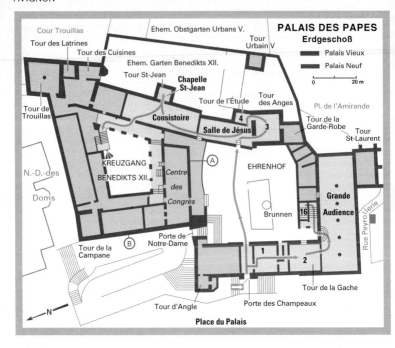

Nach den blutigen Ereignissen im Jahre 1791 konnte der Palast nur überleben, weil er danach in eine Kaserne und ein Gefängnis umgewandelt wurde. Glücklicherweise sind einige der Fresken erhalten, dank einer Regelung, die das Kalken der Wände verfügte. In vielen Räumen kam diese Maßnahme aber zu spät, denn einige Soldaten schnitten Teile der Fresken aus der Wand, weil sie im Verkauf der Kunstwerke ein probates Mittel sahen, ihren bescheidenen Sold aufzustocken.

Erdgeschoß

Hat man die Porte de Champeaux mit dem Wappen Klemens VI. durchquert, betritt man eine ehemalige Wachstube (heute Kasse), deren Wände Malereien aus dem 17. Jh. schmücken **(1)**.

Petite Audience (2) – Im 17. Jh., als der Kleine Audienzsaal als Arsenal diente, wurden die Gewölbe mit Grisaille-Malereien verziert, die Trophäen darstellen.

Zum Ausgangspunkt zurückkehren und erneut durch das Champeaux-Tor gehen.

Ehrenhof – Der Hof wird im Norden von dem mit Pechnasen verzierten **Konklave-Flügel** Ⓐ abgeschlossen, in dem heute das Kongreßzentrum untergebracht ist. Der gotische Südflügel weist unregelmäßige Fensteröffnungen auf. Im 1. Stock erkennt man das **Ablaßfenster** (Fenêtre de l'Indulgence) **(15)**. Im Ehrenhof finden im Sommer im Rahmen der Festspiele Theateraufführungen statt.

Trésor Bas und Grande Trésorerie – Die Untere Schatzkammer **(Trésor Bas)**, ist ein einen schöner, überwölbter Raum in der Grundmauer des „Engelturms" (Tour des Anges). Unter dem Steinfußboden befanden sich früher Verstecke, in denen mit Gold- und Silbermünzen gefüllte Säcke, Goldschmiedearbeiten und andere wertvolle Gegenstände aufbewahrt wurden. In den an den Wänden befestigten Schränken stapelten sich die päpstlichen Rechnungsbücher. Der Reichtum der Päpste war beträchtlich – ein Gebäude wie der Papstpalast von Avignon, das in weniger als 20 Jahren errichtet wurde, ist der beste Beweis dafür. Die Höhe des päpstlichen Einkommens erklärt, weshalb der höchste Würdenträger des Papsthofes kein anderer als der Kämmerer, d. h. der Finanzminister, war. Ihm zur Seite stand der Schatzmeister, ebenfalls eine wichtige Persönlichkeit.

Die **Grande Trésorerie** besitzt einen herrlichen Kamin, der die ganze Wand einnimmt. Von ihrem oberen Teil gelangt man über eine Treppe in den „Salle de Jésus", das Vorzimmer der Privatgemächer der Päpste.

Chambre du Camérier (3) – Die Wohnung des Kämmerers liegt direkt unter dem Schlafgemach des Papstes und besitzt eine herrliche bemalte Balkendecke aus dem 14. Jh. Ein Teil der Wände ist mit sehr schönen Rankenmotiven verziert. Acht Verstecke sind in den Steinfußboden eingelassen.

Im 2. Stock des Studienturms (Tour de l'Étude) liegt das **Revestiaire pontifical,** der Umkleideraum **(4)**, in dem der Papst die Konsistorialgewänder anlegte. Dieses kleine Zimmer wurde im 17. Jh. in eine Kapelle umgewandelt. Die Wände sind mit Holztäfelungen aus dem 18. Jh. verkleidet, die aus dem ehemaligen Rathaus stammen.

Consistoire – Im Konsistorium versammelte der Papst die Kardinäle, um über die großen Themen der Christenheit zu diskutieren. Hier empfing er auch mit großem Prunk Fürsten, Könige und Gesandte. Der große, rechteckige Saal wurde 1413 durch Feuer beschädigt. Er enthält heute **Fresken von Simone Martini**, die aus der Vorhalle der Kathedrale Notre-Dame-des-Doms stammen.

Chapelle Saint-Jean oder Chapelle du Consistoire – Die Konsistoriumskapelle ist mit gut erhaltenen, zwischen 1346 und 1348 ausgeführten **Fresken von Matteo Giovanetti** geschmückt. Diese haben Johannes den Täufer und den Evangelisten Johannes zum Thema. Giovanetti da Viterbo gilt als der Hofmaler des Papstes Klemens VI.

Beim Verlassen des Konsistoriums der unteren Galerie des Kreuzgangs Benedikts XII. folgen und die Treppe zum Grand Tinel hinaufgehen. Schöner Blick auf den Wohntrakt der Bediensteten **(Aile des Familiers)** Ⓑ, den Campane-Turm und die Kapelle Benedikts XII.

Erster Stock (Palais Vieux und Palais Neuf)

Grand Tinel oder Salle des Festins – Mit 48 m Länge und 10,25 m Breite gehört der Große Festsaal zu den größten Palasträumen überhaupt. **Gobelins** aus dem 18. Jh. schmücken die Wände. Die getäfelte Zimmerdecke stellt das Himmelsgewölbe dar.

In der **oberen Küche (5)**, die im letzten Stock des Küchenturms (Tour des Cuisines) eingerichtet wurde, befindet sich ein mächtiger Kamin in Form einer achteckigen Pyramide. Sie diente auch als Vorratsraum.

Der anschließende Latrinenturm *(keine Besichtigung)* besaß in jeder Etage Latrinen für die Soldaten und das Personal.

Chapelle Saint-Martial oder Chapelle du Tinel – Leuchtende Blau-, Grau- und Brauntöne kennzeichnen die 1344-1345 gemalten **Fresken** von Matteo Giovanetti. Lateinische Inschriften erklären die 35 Szenen aus dem Leben des heiligen Martial, der Missionar im Limousin (der Heimat Papst Klemens VI.) gewesen war.

Chambre de Parement (Paramentenkammer) – Im Vorraum des Schlafgemachs warteten einst die zu einer Privataudienz beim Papst Geladenen. An der Wand hängen zwei Gobelins aus dem 18. Jh. Der angrenzende Studienturm enthielt das private Studierzimmer Benedikts XII. **(6)** mit einem wunderschön gefliesten Boden. 1810 wurden der private Speisesaal (Petit Tinel) **(7)** und die geheime Küche **(8)** abgerissen.

Chambre du Pape (9) – Die Wände des päpstlichen Schlafgemachs sind verziert mit Rankenwerk aus Weinreben und Eichenzweigen, an denen Eichhörnchen hinaufklettern; in die Fensterschrägen sind Vogelkäfige gemalt.

Chambre du Cerf (Hirschzimmer) (10) – Das ehemalige Arbeitszimmer Klemens' VI. wurde von italienischen Künstlern mit eleganten Fresken ausgemalt, die Szenen aus Jagd (darunter der Hirsch, der dem Raum seinen Namen gab), Fischerei und

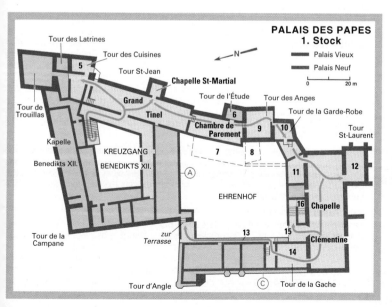

PALAIS DES PAPES
1. Stock

Landwirtschaft darstellen. Auch die Holzdecke ist schön verziert. Von einem Fenster bietet sich ein schöner Blick auf Avignon, vom anderen ein Blick auf den Garten. Auf dem Weg zur Großen oder Klementinischen Kapelle durchquert man die **Nordsakristei (11)**, die in zwei mit Kreuzrippengewölben überspannte Joche unterteilt ist. Hier sind Gipsrepliken von Skulpturen bedeutender geistlicher Würdenträger aus der Zeit der Päpste von Avignon aufgestellt. Im östlichen Joch endete einst die für Innozenz VI. errichtete Brücke, die den Privaten Speisesaal mit der Klementinischen Kapelle verband

Chapelle Clémentine oder Grande Chapelle – Rechts vom Altar führt ein Durchgang zum Umkleideraum **(Revestiaire)** der Kardinäle **(12)** im St-Laurent-Turm; hier stehen Nachbildungen der Grabmäler der Päpste Klemens V., Klemens VI., Innozenz VI. und Urban V.

In der Klementinischen Kapelle versammelten sich die Kardinäle des Konklaves zur Messe und kehrten durch die wunderschön überwölbte Konklave-Galerie **(13)** in den **Konklave-Flügel** Ⓐ zurück. „Konklave" bedeutet soviel wie „unter Verschluß", und in der Tat waren alle Türen und Fenster so lange verschlossen, bis ein neuer Papst mit Zweidrittelmehrheit gewählt worden war.

Chambre neuve du Camérier (14) – Die **Neue Wohnung des Kämmerers** liegt am südlichen Ende des **„Flügels der Hohen Würdenträger"** Ⓒ, in dem sich einst auch die **Notarkammer** und die Wohngemächer des Schatzmeisters befanden.

Terrasse des Grands Dignitaires – Die im 2. Stock des Flügels der Hohen Würdenträger gelegene Terrasse bietet einen weiten **Blick★★** auf die oberen Teile des Papstpalastes, den Uhrturm, die Kuppel der Kathedrale Notre-Dame-des-Doms, das Petit Palais sowie, in der Ferne, auf die Saint-Bénézet-Brücke und die historischen Bauwerke von Villeneuve-lès-Avignon (Philippe-le-Bel-Turm, Fort Saint-André).

Geht man wieder zurück, erkennt man gegenüber dem Portal der Klementinischen Kapelle das hohe, erneuerte Maßwerkfenster (Fenêtre de l'Indulgence) **(15)**, von dem aus der Papst der im Hofe versammelten Menge seinen Segen spendete.

Erdgeschoß (Palais Neuf)

Über die Große Treppe (Grand Escalier) **(16)** mit ihrem bemerkenswerten, für die damalige Zeit kühnen Kreuzgewölbe gelangt man zum Großen Audienzsaal im Erdgeschoß.

Grande Audience – Der Große Audienzsaal ist durch eine Reihe von Pfeilern geteilt, aus denen die Rippen eines mächtigen Kreuzgewölbes aufsteigen. Früher trat hier das Kirchengericht der „Sacra Rota" zusammen, das nach der runden Bank, auf der die Richter saßen (heute unter dem letzten östlichen Joch) so genannt wurde. An den Gewölbezwickeln verdienen einige farbkräftige **Fresken mit Prophetenfiguren** (1352) von Matteo Giovanetti Beachtung.

Man durchquert nun den Kleinen Audienzsaal (2) und die Wachstube und verläßt den Palast durch das Champeaux-Tor.

AUF ENTDECKUNGSTOUR

1 Place du Palais und Quartier de la Balance

Rundgang um den Place du Palais – etwa 4 Std.

„Promenade des Papes" – Der „Spaziergang der Päpste" führt rund um den Palast und erlaubt dem Besucher, dessen monumentale Proportionen von außen zu ermessen. Dazu die schmale, malerische Rue Peyrollerie nehmen, die an der Südwestecke des Palastes vorbei und unter dem mächtigen Strebebogen der Klementinischen Kapelle hindurch zu einem Platz führt, an dem ein schönes Stadtpalais aus dem 17. Jh. steht. Weiter geht es über die Rue du Vice-Légat zum Obstgarten (Verger) Urbans V. und dann, durch einen überwölbten Gang, zum Trouillas-Hof. Die Sainte-Anne-Treppe bietet neue Ausblicke auf den Palast. Sie führt zum „Rocher des Doms".

★★Rocher des Doms – Auf diesem Kalkfelsen wurde ein hübscher Park angelegt, von dem sich herrliche **Ausblicke★★** auf die Rhone mit der alten Saint-Bénézet-Brücke, auf Villeneuve-lès-Avignon mit dem Philippe-le-Bel-Turm und dem Fort Saint-André, auf die Dentelles de Montmirail, den Mont Ventoux, das Plateau von Vaucluse, den Luberon und die Alpilles ergeben.

Petit Palais – 1335 erwarb der Papst dieses Palais, die frühere Residenz *(Livrée)* des Kardinals Arnaud de Via, und machte es zum Bischofssitz. Während der verschiedenen Belagerungen, die der Papstpalast erlitt, wurde es stark beschädigt. Restaurierungsarbeiten und Umbauten erfolgten im ausgehenden 15. Jh., insbesondere unter Kardinal della Rovere, dem späteren Papst Julius II. Hier residierten berühmte Gäste – Cesare Borgia (1498), Franz I. (1533), Anna von Österreich und, während des Besuchs Ludwigs XIV. in Avignon, der Herzog von Orléans (1660). *Heute ist im Petit Palais ein* **Museum★★** *untergebracht (s. BESICHTIGUNGEN).*

Cathédrale Notre-Dame-des-Doms – Das Gotteshaus stammt aus dem 12. Jh., wurde jedoch zwischen dem 14. und 17. Jh. mehrfach verändert. Im 15. Jh. stockte man den Turm ab der 1. Etage auf; 1859 krönte man ihn mit einer mächtigen Marienstatue. Die Ende des 12. Jh.s angebaute Vorhalle ist der römischen Antike nachempfunden; ihre beiden übereinanderliegenden Bogenfelder waren einst mit Fresken von Simone Martini (heute im Papstpalast) verziert.

A. Guerrand/Musée du Petit Palais, Avignon

Sandro Botticelli – *Maria mit dem Kind*

Das tonnengewölbte romanische Kirchenschiff wurde später in seiner Wirkung durch den Anbau von Seitenkapellen (14.-17. Jh.) sowie durch den Neubau einer Apsis und die Hinzufügung barocker Emporen (17. Jh.) verändert. Sehenswert ist die architektonisch meisterhafte romanische **Vierungskuppel**★. Links im Chor steht ein Bischofsstuhl aus weißem Marmor (12. Jh.), dessen Seiten Evangelistensymbole zieren (der Löwe des Markus und der Stier des Lukas). In der Kapelle neben der Sakristei erhebt sich das spätgotische Grabmal von Papst Johannes XXII., dessen Liegefigur während der Revolution verlorenging und durch die eines Bischofs ersetzt wurde.

Hôtel des Monnaies – Die Alte Münze (17. Jh.; heute Musikhochschule) besitzt eine reich verzierte **Fassade**★ (Drachen und Adler, Putten und Fruchtgirlanden).

Durch die Straße rechts vom Hotel des Monnaies geht man zum Balance-Viertel.

In diesem Stadtviertel, das sich bis zur Stadtmauer und zur „Brücke von Avignon" erstreckt, wohnten im 19. Jh. Zigeuner. In den 1970er Jahren wurde es von Grund auf saniert und renoviert.

Vom Place du Palais (beim Hôtel des Monnaies) der Rue de la Balance folgen.

Rue de la Balance – In der bedeutendsten Straße des gleichnamigen Viertels kontrastieren alte Adelshäuser mit modernen Gebäuden mediterranen Stils; unter den Arkaden befinden sich elegante Geschäfte, immer wieder sieht man einen blumengeschmückten Innenhof.

★★ **Pont Saint-Bénézet** ⊘ – Die früher 900 m lange Brücke verband Avignon mit Villeneuve, wo sie am Fuß des Philippe-le-Bel-Turms endete. Von ihren 22 Bögen stehen heute nur noch vier. Auch auf der Seite von Avignon wurde der Zugang zur Brücke durch einen Turm (Tour du Châtelet, 14. und 15. Jh.) kontrolliert.

Ihre Geschichte beginnt 1177 mit der Legende vom Hirten **Bénézet**, der von himmlischen Stimmen beauftragt wurde, eine Brücke über die Rhone zu schlagen: Ein Engel führte ihn zu der Stelle, wo sie errichtet werden sollte. Nachdem Bénézet bei der Obrigkeit kein Gehör gefunden hatte, konnte er die Bevölkerung von der Wahrhaftigkeit seiner Vision überzeugen, indem er ohne Mühe sehr große, schwere Steine aufhob. Er gründete die Bruderschaft der Brückenbauer „Frères Pontifes" und fand Mittel und Wege, den Bau in acht Jahren fertigzustellen. Dieser Brücke ist auch der Chanson „Sur le Pont d'Avignon, on y danse on y danse ..." gewidmet. Die starke Strömung der Rhone sowie Kriege zerstörten die Brücke oft, und so wurde sie schließlich, d. h. um die Mitte des 17. Jh.s, im heutigen Zustand belassen. Auf einem der Brückenpfeiler erhebt sich die zweistöckige **Chapelle Saint-Nicolas**; ein Stockwerk ist romanisch, das andere gotisch.

Nachdem man die Wachstube des Châtelet-Turms verlassen hat, kann man durch den Hundeturm (Tour des Chiens) im nördlichen Abschnitt der Stadtmauer zum Doms-Felsen gehen.

★ **Remparts** – Die 4,3 km lange Stadtmauer wurde im 14. Jh. von den Päpsten errichtet, auch wenn sie im Grunde genommen nur wenig Schutz bot: die Päpste wollten einfach nur den Zugang zu ihrem Palast durch ein Hindernis erschweren. Den interessantesten Abschnitt der Mauer sieht man, wenn man der Rue du Rempart-du-Rhône bis zum Place **Crillon** folgt (im Osten erkennt man die hübsche Fassade des alten Theaters aus dem 18. Jh.).

Durch die von alten Wohnhäusern gesäumte Rue Saint-Étienne gehen, dann rechts die Rue Racine nehmen und links der Rue Molière bis zum Place de l'Horloge folgen.

② **Altstadt** – *Ab Place de l'Horloge – etwa 1/2 Tag*

Dieser Rundgang führt südlich und östlich des Papstpalastes an zahlreichen Kirchen, Museen und Stadtpalais vorbei. Man erhält einen guten Eindruck von den Kontrasten der zugleich alten und jungen, auf jeden Fall aber lebendigen Stadt Avignon.

Place de l'Horloge – Schattenspendende Platanen stehen an diesem Platz, an dem sich nicht nur das Rathaus und das Theater befinden, sondern auch mehrere Terassencafés zu einer Pause einladen. In den Gassen um den „Platz des Urturms" erinnern die mit Porträts berühmter Schauspieler bemalten Fenster an die Theatertradition der Stadt.

Hôtel de ville – Zu dem im 19. Jh. errichteten **Rathaus** gehört auch der **Uhrturm**, ein ehemaliger Beffroi (14. und 15. Jh.), mit Stundenschlägern.

Links vom Rathaus durch die Rue Félicien-David und um das Chorhaupt der Kirche Saint-Agricol gehen.

Reste einer Stadtbefestigung aus gallorömischer Zeit sind zu sehen.

Église Saint-Agricol – 14.-16. Jh. Eine breite Treppe führt zum Vorplatz, an dem sich die schöne, mit Steinmetzarbeiten geschmückte Fassade aus dem 15. Jh. erhebt. Im Inneren der Kirche befinden sich zahlreiche Kunstwerke: ein Weihwasserbecken aus weißem Marmor (Mitte 15. Jh.), Gemälde von Nicolas Mignard und Pierre Parrocel sowie, im rechten Seitenschiff, nahe der Sakristeitür, ein Steinaltar von Boachon (1525) mit der Verkündigungsszene.

Während des Theaterfestivals sind nicht nur die Cafés am Place de l'Horloge gut besucht

Rechts in die Rue Bouquerie einbiegen.

Rue Jean-Viala – Zwei Adelspalais aus dem 18. Jh. stehen einander gegenüber; sie beherbergen heute die Präfektur und den Departementsrat. Das nördliche ist das **Hôtel de Forbin de Ste-Croix**, das südliche das **Hôtel Desmarez de Montdevergues**.

Palais du Roure ⊙ – *3 Rue du Collège-du-Roure*. Der frühere Adelshof der Familie Baroncelli-Javon beherbergt heute die Stiftung Flandreysy-Espérandieu, ein Zentrum provenzalischer Studien.

Hôtel de Sade – *5 Rue Dorée*. Das Haus wurde im 16. Jh. erbaut. Den Hof ziert ein hübsches, fünfeckiges Treppentürmchen.

Die Rue Bouquerie und die Rue Horace-Vernet führen zur Rue Joseph-Vernet.

Rue Joseph-Vernet – Rechts stehen zwei herrliche Adelshäuser, in denen das Musée Calvet und das Muséum Requien *(s. Besichtigungen)* untergebracht sind.

Rue de la République – Die Verlängerung des Cours Jean-Jaurès ist eine der Hauptgeschäftsstraßen des Stadtzentrums. Wenn Sie das Lapidarium *(s. Besichtigungen, Musée lapidaire)* besichtigen möchten, nach links abbiegen. Das Museum ist in der ehemaligen Kapelle des Jesuitenkollegs (herrliche Barockfassade) untergebracht.

Ansonsten rechts auf dem **Cours Jean-Jaurès** bis zum Office de tourisme weitergehen (die Arkaden auf dem kleinen Platz sind die einzigen Überreste der alten Abtei **St-Martial**). Anschließend links in die Rue Agricol-Perdiguier einbiegen. Man erreicht ein im Stil der nordfranzösischen Gotik errichtetes Zölestinerkloster (Couvent des Célestins). Die Kirche mit ihrem wunderbaren Chorhaupt und der Kreuzgang (in dem auch Aufführungen des Festivals stattfinden) wurden restauriert.

In nördlicher Richtung weitergehen und rechts in die Rue des Lices einbiegen.

Diese Straße folgt dem Verlauf der ehemaligen Stadtmauer aus dem 13. Jh. Auf der linken Seite, in der alten Aumônerie (18. Jh.) mit übereinanderliegenden Galerien, ist heute die Kunsthochschule untergebracht.

Rue des Teinturiers – *Am Ende der Rue des Lices rechts.* Die mit Kieselsteinen gepflasterte und von Platanen gesäumte „Straße der Färber" liegt an der Sorgue, die hier überirdisch fließt. Die großen Schaufelräder erinnern an die Färbereien, die hier bis Ende des 19. Jh.s in Betrieb waren. Bis Ende des 19. Jh.s wurde die Färberröte in der Gegend von Avignon angebaut und zum Färben von Baumwollstoffen, den sogen. „Indiennes", benutzt. Rechts erhebt sich ein Glockenturm; er gehörte zu einem Franziskanerkloster, in dem Petrarcas viel besungene und beweinte Laura bestattet worden sein soll.

Zur **Chapelle des Pénitents Gris** *(Nr. 8)* ⊙ führt eine kleine Brücke. Sehenswert in der „Kapelle der Grauen Büßer" sind die Gemälde von Nicolas Mignard, Pierre Parrocel und Simon de Châlons sowie, über dem Altar, ein schöner vergoldeter Strahlenkranz von Péru (17. Jh.).

Stadt der Büßer

Die Bruderschaften der Büßer, die seit dem 13. Jh. existieren, erlebten ihren Höhepunkt im 16. und 17. Jh. Ihre Mitglieder waren zu gegenseitiger Hilfe verpflichtet, mußten öffentlich Buße tun und sich in gottesfürchtigen Werken hervortun. Die Büßer der einzelnen Bruderschaften unterschieden sich in der Farbe ihrer sackleinenen Gewänder und in den Kapuzen, mit denen sie während der Prozessionen ihr Haupt bedeckten. Avignon war besonders „bunt", denn in der Stadt gab es graue, weiße, blaue, schwarze, violette und rote Büßer. Jede Bruderschaft besaß eine Kapelle. Die Französische Revolution beeinträchtigte die Aktivitäten dieser Kongregationen zwar sehr, dennoch gelang es einigen, zu überleben.

Bis zur Rue de la Masse (links) zurückgehen.

Das **Hôtel de Salvan Isoard** *(Nr. 36)* mit seinen hübsch gerahmten Fenstern stammt aus dem 17. Jh., das **Hôtel Salvador**, ein großer weitläufiger Bau *(Nr. 19)*, aus dem 18. Jh.

Rue du Roi-René – An der Ecke der Rue Grivolas steht das **Haus des Königs René (Maison du Roi René)**, in dem René I. bei seinen Aufenthalten in Avignon wohnte. Einige Schritte weiter befinden sich vier **Adelspalais**★ aus dem 17. und 18. Jh.: Das Hôtel d'Honorati und das Hôtel de Jonquerettes *(Nr. 10 und 12)* haben schlichte, giebelgeschmückte Fassaden; das **Hôtel Berton de Crillon** *(Nr. 7)* hingegen zeigt reichen Fassadenschmuck – Masken, Medaillons, Blumengirlanden und einen zierlichen, schmiedeeisernen Balkon – sowie im Hof eine schöne Treppe mit steinernem Geländer; das gegenüber liegende Hôtel Fortia de Montréal *(Nr. 8)* hat eine einfachere Fassade mit kleinen Ziergiebeln.

Église Saint-Didier – In der Kirche (14. Jh.) ist besonders das **Retabel**★ (15. Jh.) der Leidensgeschichte Jesu von Francesco Laurana sehenswert. Wie vom Schmerz versteinert scheinen die Gesichter der Personen, die Christus auf seinem letzten Gang begleiten. Die **Fresken** in der Taufkapelle werden italienischen Künstlern der Sieneser Schule zugeschrieben.

Livrée Ceccano – Gegenüber der Südseite der Kirche St-Didier erhebt sich der mächtige Turm der Residenz, die Kardinal von Ceccano im 14. Jh. errichten ließ und die später in das Jesuitenkolleg miteinbezogen wurde. Heute ist in dem restaurierten Gebäude die **Mediathek von Avignon** untergebracht.

Durch die Rue des Fourbisseurs bis zum Place Carnot gehen.

Das **Hôtel de Rascas** (15. Jh.) an der Ecke zur Rue des Marchands ist ein stattliches Stadtpalais mit Erker.

Vom Place Carnot rechts in Richtung des kleinen Place Jérusalem spazieren.

Auf diesem Platz befindet sich die Synagoge, die bis zum 19. Jh. das Herz des jüdischen Viertels von Avignon (auch „Carrière" genannt) war.

Place Saint-Jean-le-Vieux – Der hohe quadratische Turm (14. Jh.) auf dem Platz ist Rest einer im 19. Jh. zerstörten Komturei des Johanniterordens.

Durch die Rue St-Jean-le-Vieux geht es nun zum Place Pignotte, von dem man links in die Rue P.-Saïn einbiegt.

AVIGNON

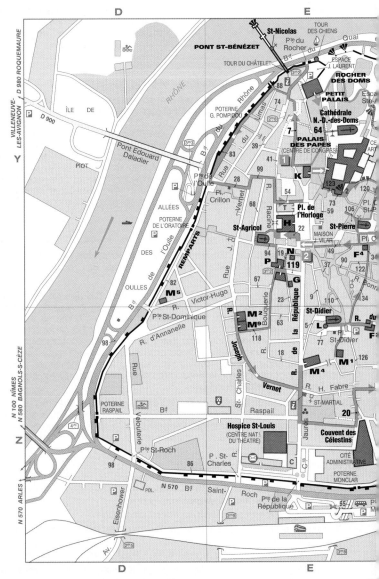

Église de la Visitation – 17. Jh. Die Fassade der ehem. Klosterkirche zeigt feinen Skulpturenschmuck.

Durch die Rue Carreterie zum Place des Carmes gehen.

Place des Carmes – Der Platz wurde nach dem alten Kloster der Barfüßigen Karmeliter benannt, von dem noch Kirche und Kreuzgang (14. Jh.) erhalten sind. Der schmiedeeiserne Glockenstuhl des Kampanile wurde im 16. Jh. hinzugefügt. Die **Karmeliterkirche Saint-Symphorien** verdient einen Besuch. Sehenswert sind (in der 1. Kapelle links) drei schöne, farbig gefaßte Holzstatuen aus dem 16. Jh. und Gemälde von Parrocel, Nicolas Mignard und Guillaume Grève (in den folgenden Kapellen). Links neben der Kirche kann man durch ein Gitter einen Blick auf den Kreuzgang des 14. Jh.s werfen.

Im Norden des Platzes die Rue des Infirmières nehmen (links), dann sofort rechts in die Rue des Colombes einbiegen.

Chapelle des Pénitents Noirs – Die prachtvoll verzierte Fassade mit dem Haupt des Täufers erinnert daran, daß die Bruderschaft der Schwarzen Büßer bei ihrer Gründung Johannes dem Täufer geweiht wurde. Der barocke Innenraum ist mit Marmor und Holz verkleidet und enthält Gemälde von Levieux, Nicolas Mignard, Pierre Parrocel.

Rue Banasterie – Die Straße erhielt ihren Namen nach der Zunft der Korbflechter (das provenzalisch Wort *banasta* bedeutet Korb). Die Fassade des Hôtel de Madon de Châteaublanc *(Nr. 13)* aus dem 17. Jh. ist mit Girlanden, Früchten, Adlern und Masken verziert.

Église Saint-Pierre – An der Fassade fallen die von Antoine Valard meisterlich gearbeiteten **Türflügel★** im Renaissancestil (1551) auf; rechts sind die Jungfrau Maria und der Engel der Verkündigung dargestellt, links die Heiligen *Hieronymus* und *Michael*. Die Tafelbilder im Chor sind von elegantem **Schnitzwerk** aus dem 17. Jh. gerahmt. Schönes Pult aus dem 14. Jh.

Vom Place Carnot links in die Rue des Marchands einbiegen und zum Place de l'Horloge zurückkehren.

BESICHTIGUNGEN

★★Petit Palais – Die ersten beiden Säle dieses Museums enthalten **romanische und gotische Skulpturen**. Man beachte im hinteren Bereich des Raumes die Figur, die als Basis für das **Grabmal des Kardinals de Lagrange** (Ende 14. Jh.) diente. Der Realismus der skelettierten Leiche nimmt die makabren Darstellungen des 15. und 16. Jh.s vorweg.

In den folgenden Räumen ist die Sammlung **Campana**, ein außergewöhnliches Ensemble italienischer Gemälde vom 13. bis zum 16. Jh., ausgestellt. An der Präsentation der Werke läßt sich die Entwicklung der italienischen Malerei ablesen. Ein Höhepunkt der Ausstellung ist **Botticellis** *Madonna mit dem Kind*, ein Jugendwerk des Florentiner Meisters.

Die letzten drei Räume *(17, 18 und 19)* sind den Gemälden und Skulpturen der **Schule von Avignon** gewidmet, die sich stilistisch zwischen dem flandrischen Realismus und der italienischen Schule ansiedeln läßt. Ein Highlight des Museums ist der *Requin-Altar* (1450-1455) von **Enguerrand Quarton**. Weiterhin Heiligenfiguren *(Lazarus, Martha)* von Juan de la Huerta, die *Engel* von Antoine le Moiturier und eine *Pietà* aus dem Jahre 1457.

★Musée Calvet – Das Museum ist nach dem Arzt Esprit Calvet benannt, dessen Sammlungen bei seinem Tod in den Besitz der Stiftung Calvet übergingen. In den erst kürzlich restaurierten Räumen befinden sich Werke der französischen, spanischen, flämischen und

Musée Calvet, Avignon

Joseph Vernet – *Matin à la mer*

italienischen Malerei (16. bis 19. Jh.) sowie Goldschmiedearbeiten und Fayencen (Stiftung Puech). Man beachte insbesondere den pathetischen *Tod des Joseph Bara von David*, die Werke *von* Nicolas Mignard *(Vier Jahreszeiten)*, Élisabeth Vigée-Lebrun, Victor Leydet und Corot sowie die großen Seestücke des Avignoneser Malers **Joseph Vernet** (1714-1780).

★★**Fondation Angladon-Dubrujeaud** ⊙ – Das Malerehepaar Jean Angladon-Dubrujeaud (1906–1979) und Paulette Martin (1905-1988) erwarb im Jahre 1977 dieses Stadtpalais aus dem 17. Jh., um seine Sammlungen auszustellen. Die moderne Sammlung, die der Pariser Couturier Jacques Doucet stiftete, umfaßt Gemälde von Cézanne *(Stilleben mit Tonkrug)*, Sisley, Manet, Degas, Derain, Vuillard, Picasso, Modigliani, Fujita sowie die während des Aufenthalts in Arles gemalten *Eisenbahnwagons* von van Gogh, das einzige in der Provence befindliche Werk des Malers.

Die Räume im Obergeschoß sind nach dem Wunsche des Eigentümers so ausgestattet, daß der Besucher den Eindruck hat, die Hausherren seien gerade ausgegangen. Man zeigt – in den ausgestellten Möbeln und Gemälden – ein Panorama der Kunst vom Mittelalter bis in unsere Tage: Renaissance-Speisezimmer; Bibliothek aus dem 17. Jh. mit einem Gemälde von Joseph Vernet; im Chinesischen Saal herrliches Porzellan aus der Zeit des Kaisers Kangxi (1662-1722); das Atelier mit Werken des Malerpaares Angladon-Dubrujeaud-Martin.

★**Musée lapidaire** ⊙ – In der ehemaligen Jesuitenkirche (17. Jh.), einem prachtvollen einschiffigen Bau mit einer herrlichen Barockfassade, sind zahlreiche Zeugnisse vergangener Kulturen ausgestellt, die in der Umgebung von Avignon gefunden wurden: Bestiarium aus der Keltenzeit, zu dem auch die in Noves entdeckte Darstellung der menschenfressenden *Tarasque* gehört, griechische Statuen, griechisch-römische Statuen (Kopie des *Apollon Sauroktonos* von Praxiteles) und Bildwerke aus der Region *(gallische Krieger von Vachères und Mondragon)*, Bildnisbüsten von römischen Kaisern (Tiberius und Mark Aurel) und Unbekannten, Flachreliefs (z. B. die Treidelszene aus Cabrières d'Aigues), Sarkophage sowie eine bemerkenswerte, aus Vaison stammende Maskensammlung.

Musée Louis-Vouland ⊙ – Ein sehenswertes Museum zum französischen 18. Jh., das vorwiegend **Mobiliar** enthält. Besondere Beachtung verdienen ein Spieltisch mit Einlegearbeiten, die Kasse eines Geldwechslers und ein Reisenecessaire mit dem Wappen der Gräfin Du Barry. Porzellan und **Fayencen**★ aus Moustiers und Marseille sind in zwei Sälen ausgestellt; zahlreiche Tapisserien aus Flandern, Aubusson und Gobelins *(Rückkehr Dianas von der Jagd)* schmücken die Wände. Unter den Gemälden fällt das kleine Bild *(Kirschen essendes Kind)* aus der Schule von Joos van Cleve, genannt Mabuse, auf; daneben gibt es eine bedeutende Asiatika-Sammlung mit chinesischen Vasen und Tellern sowie einer Reihe farbig gefaßter Elfenbeinfigürchen.

Muséum Requien ⊙ – Das Gebäude neben dem Calvet-Museum trägt den Namen eines bekannten Naturwissenschaftlers aus Avignon. Zu sehen sind eine bedeutende Bibliothek und ein Herbarium mit 200 000 Pflanzen aus aller Welt sowie geologische, zoologische und botanische Sammlungen aus der Region.

UMGEBUNG

★**Villeneuve-lès-Avignon** – *Am rechten Rhone-Ufer – Avignon über die Édouard-Daladier-Brücke verlassen. Beschreibung s. VILLENEUVE.*

★★**Château de Barbentane** – *9 km über die N 570, dann rechts über die D 35. Beschreibung s. BARBENTANE.*

Parc du Soleil et du Cosmos ⊙ – *Nach Villeneuve-lès-Avignon im großen Kreisel die 1. Straße rechts in Richtung Les Angles nehmen und anschließend links in Richtung der Steinbrüche (carrières) abbiegen.* Dieser inmitten von Kiefern und Steineichen gelegene Freizeitpark zum Thema der Astronomie lädt zu einer Reise durch Raum und Zeit ein. Die Architektur der Gebäude mit übereinanderliegenden Terrassen erinnert an die Zikkurats (Tempeltürme) des alten Mesopotamien, von denen man annimmt, daß sie die Vereinigung von Himmel und Erde symbolisieren. Der wie ein Labyrinth angelegte Rundgang führt an Nachbildungen von Planeten, Sternen und anderen Asteroiden vorbei und bietet auf unterhaltsame Weise einen Überblick über die Kenntnisse des Menschen vom Universum im Laufe der Zeit.

Montfavet – *6 km über die N 100 und die N 7⁶ (rechts).*
Der Ort besitzt eine eindrucksvolle **Kirche**, Überrest eines Klosters, das im 14. Jh. von Kardinal Bertrand de Montfavet errichtet wurde. Skulpturen schmücken den Architrav des Portals. Das sehr schlichte Kirchenschiff wird von herrlichen gotischen Gewölben überspannt.

AUSFLUG

Zwischen den Alpilles und der Durance

Etwa 2 Std. Avignon auf der D 571 verlassen.

Châteaurenard – Von der Burg des Seigneur Reynard sind nur zwei Türme auf dem Hügel über dem Städtchen übriggeblieben. Der Ort ist Zentrum eines bedeutenden landwirtschaftlichen Gebietes, das sich auf Obst und Frühgemüse spezialisiert hat. Die Burg erreicht man zu Fuß *(über eine Treppe rechts der Kirche)* oder mit dem Auto *(1 km auf der Avenue Marx-Dormoy, danach rechts in eine gekennzeichnete Straße abbiegen)*. In den Türmen wurde ein Heimatmuseum, das **Musée d'histoire locale** ⊙, eingerichtet. Vom sogen. Griffon-Turm bietet sich ein schöner **Rundblick★** auf die Umgebung.

In östlicher Richtung auf der D 28 weiterfahren.

Les Charrettes

Wenn Sie an den Festen von Saint-Eloi (Anfang Juli), von Sainte-Madeleine (Anfang August) oder von Saint-Omer (Mitte September) in Châteaurenard oder Umgebung weilen, sollten Sie auf keinen Fall die Umzüge mit den prächtig geschmückten, von Pferden gezogenen Wagen verpassen!

Noves – Das alte Dorf besitzt zwei Tore seines mittelalterlichen Mauergürtels, die Porte Agel und die Porte Aurose. Seine romanische Kirche (12. Jh.) ist mit Steinplatten gedeckt.

Noves auf der N 7 in Richtung Avignon verlassen; nachdem man die Autobahn hinter sich gelassen hat, rechts in Richtung Cavaillon fahren. Das Hinweisschild auf die Kartause von Bonpas befindet sich auf der linken Seite der Straße.

Chartreuse de Bonpas – Kirche und Klostergebäude wurden im 13. Jh. von den Tempelrittern in der Nähe einer kleinen Kapelle errichtet. Im 17. Jh. erlebte die Kartause ihre Blütezeit; damals entstand der Kapitelsaal. Die herrlich restaurierten Gebäude beherbergen heute einen landwirtschaftlichen Betrieb; die Gärten sind im französischen Stil angelegt. Von der Terrasse aus reicht der Blick über die Durance, die von einer 500 m langen Brücke überspannt wird, bis zu den Alpilles im Hintergrund.

Auf der N 7 kann man nach Avignon zurückkehren.

BAGNOLS-SUR-CÈZE

18 103 Einwohner
Michelin-Karte Nr. 245 Falte 15, Nr. 246 Falte 24 und Nr. 339 M4

Das alte Bagnols, dessen Ringstraße den Verlauf der ehemaligen Befestigung nachzeichnet, hat einen ganz eigenen Charme. Es bietet alte Gemäuer (besonders in der Rue Crémieux und am Place Mallet) und ein interessantes Museum für zeitgenössische figurative Kunst. Naturliebhaber werden in dem friedlichen Cèze-Tal die ersehnte Erholung finden.

BESICHTIGUNGEN

★Musée d'Art moderne Albert-André ⊙ – Das im 2. Stock des Rathauses, einem noblen Bau aus dem 17. Jh., eingerichtete Museum zeigt Werke zeitgenössischer figurativer Malerei und Kunst, die der Maler Albert André (1918-1954 Kustos des Museums) zusammengetragen hat. Die Bestände des Museums setzen sich aus Gaben von mit André befreundeten Malern wie Monet, Marquet, Signac, Bonnard, und vor allem Renoir sowie aus der Sammlung George und Adèle Besson, die Gemälde, Zeichnungen und Sklupturen von Renoir, Valadon, Bonnard, Matisse, Marquet und van Dongen umfaßt, zusammen.

Musée d'Archéologie Léon-Alègre ⊙ – Das archäologische Museum enthält Fundstücke verschiedener Epochen aus dem Rhonetal. Zwei Säle sind der keltisch-ligurischen Kultur und dem Einfluß Griechenlands gewidmet (6.-1. Jh. v. Chr.) und zeigen Gegenstände aus Terrakotta und Bronze. In einer Galerie sind gallorömische Objekte – Keramik, Amphoren, Glas, Gebrauchsgegenstände – ausgestellt.
Ein Raum ist dem Oppidum Saint-Vincent-de-Gaujac *(s. unten)* gewidmet und enthält die Nachbildung des *Caldariums* der Thermen.

TIPS UND ADRESSEN
Gastronomie

Gut und preiswert

Paul Itler – *30300 Connaux – 13 km südl. von Bagnols-sur-Cèze über die N 86 – ☎ 04 66 82 00 24 – In den Februarferien geschl. – 16,01/26,68 €.* Kleines Restaurant am Rande (etwas zurückgesetzt) der Nationalstraße. Schlichter ländlicher Gastraum, der sich in einer von einem Wetterdach geschützten Sommerterrasse fortsetzt. Klassische Küche.

Unsere Empfehlung

La Ferme du Gubernat – *Route de Salazac – 30200 St-Laurent-de-Carnols – 12,5 km nordwestl. von Bagnols-sur-Cèze über die N 86, die D 298 Richtung Barjac und die D 23 – ☎ 04 66 82 21 27 – 7.-31. Juli, 20. Dez.-26. Jan., Samittag, Di und Mi geschl. – ▱ – Reserv. – 27,44 €.* Auf den Fundamenten einer mittelalterlichen Mühle, die zur Kartause von Valbonne gehörte, siedelte man dieses Gut an, auf dem Weinbau und Entenzucht betrieben werden. Natürlich kommen die Eigenprodukte auch auf den Tisch!

Unterkunft

Gut und preiswert

Chambre d'hôte La Tonnelle – *Place des Marronniers – 30200 La Roque-sur-Cèze – 17 km nordwestl. von Bagnols-sur-Cèze über die N 86, die D 298, Richtung Barjac, und die D 166 – ☎ 04 66 82 79 37 – ▱ – 6 Z: 45,73/56,41 €.* Die Zimmer tragen unterschiedliche Blumennamen. Beim Frühstück in der Laube können Sie Ihren Blick über das Dorf und den von Zypressen gekrönten Bergrücken schweifen lassen.

Sport und Freizeit

Kanu-Kajak – **Cap Canoë**, *Route de Barjac – 30500 St-Ambroix – www.canoe-France.com – ☎ 04 66 24 25 16.* Angeboten werden vier Strecken (4, 8, 15 oder 30 km) durch die Schlucht der Cèze.

UMGEBUNG

★**Belvédère de Marcoule** – *Zufahrt über die D 138 östlich von Chusclan.* Mitten in der Garrigue steht die Wiederaufbereitungsanlage von Marcoule. Schon von weitem sieht man die hohen Schornsteine. Im **Centre d'information de Marcoule** ⊙ werden die Funktionsweise der Anlage erläutert sowie unterschiedliche Energien und Aspekte des Umweltschutzes präsentiert. Auf der **Terrasse** zwischen den beiden Ausstellungsräumen kann man sich anhand einer Orientierungstafel mit den einzelnen Anlagen vertraut machen. Von hier reicht der **Blick** weit über das Land und umfaßt die Rhone, die Ebene des Comtat, Orange mit seinem antiken Theater, den Mont Ventoux, die Alpilles, die Stahlwerke von Ardoise und den Unterlauf des Gard.

AUSFLÜGE

Bas-Vivarais *Rundfahrt 153 km – 1 Tag*

Bagnols-sur-Cèze auf der N 86 in nördl. Richtung verlassen, dann links auf die D 980 abbiegen. Nach 10 km links die D 166 nehmen.

La Roque-sur-Cèze – *2 km.* Auf einem von Zypressen dunkel betupften Bergrücken, in friedvoller schöner **Landschaft**★, scharen sich die Häuser des alten La Roque um eine romanische Kapelle; eine alte Bogenbrücke überspannt den Fluß.

Dem Weg am linken Flußufer folgen, ohne die Brücke zu überqueren.

★**Cascade du Sautadet** – Ein sehenswerter Wasserfall in Aushöhlungen des Flußbetts und tiefen Spalten der Cèze. Jenseits des ehemaligen Mühlbachs gelangt man näher an die Klamm, in die der Fluß hinabstürzt. Vom Südende des Wasserfalls hat man nochmals einen hübschen Blick.

Auf die D 980 zurückkehren und gegenüber die D 23 nehmen. Nach 5 km links abbiegen.

Chartreuse de Valbonne ⊙ – Das 1203 gegründete und im 17. und 18. Jh. wiederaufgebaute Kartäuserkloster mitten in einem Wald beherbergt heute ein medizinisches Institut. Das lange, von zwei provenzalischen Türmchen flankierte Gebäude ist mit lackierten Holzschindeln gedeckt. Durch ein Portal aus dem 17. Jh. gelangt man zum Ehrenhof, an dem die Barockkirche steht.

Die **Innenausstattung**★ mit ihren reichen Stuckverzierungen und gedrehten Säulen ist beeindruckend. Rechts führt eine Tür zu dem großen verglasten Kreuzgang, an dem einst die Zellen lagen. In einer rekonstruierten **Zelle** veranschaulichen Möbel und Gebrauchsgegenstände das Leben der Kartäusermönche in früheren Zeiten.

Goudargues – Kanäle, kleine Brücken und riesige Platanen in der Umgebung machen den Charme dieses Ortes aus, über dem die ehemalige Abteikirche wacht. Ihre hohe romanische Apsis ist im Innenraum mit einer doppelten Bogenreihe verziert.

Bei der Weiterfahrt erblickt man rechts das Bergdorf **Cornillon**. Von der Kreuzung der D 980 mit der D 901 bietet sich eine hübsche **Aussicht**★ auf das alte Dorf **Montclus** mit seinem Turm.

Links auf die D 901, anschließend rechts auf die D 712 und D 417 abbiegen.

★★★**Aven d'Orgnac** – *s. ORGNAC*

Zur D 901 zurückkehren, in die D 980 einbiegen, dann kurz vor St-André-Roquepertuis rechts weiter auf der D 167, die eine rauhe, öde Hochebene durchquert.

In Méjannes-le-Clap ergeben sich von der D 979 schöne **Ausblicke**★ auf die Cèze-Schlucht.

Weiter auf der D 167. Das Dorf Tharaux rechts liegen lassen, dann auf der D 16 in Richtung Rochegude fahren; links führt die D 7 nach Brouzet-lès-Alès.

★★**Guidon du Bouquet** – Eine steile Straße führt durch Steineichengehölz und an der Ruine von Burg Bouquet vorbei zum höchsten Punkt des Bouquet-Kammes, dessen charakteristische Schnabelform weit über das Land ragt. Der weite **Blick**★★ vom Gipfel umfaßt die Flüsse Gard und Ardèche, den Übergang der Causses in die Cevennen und die Bergzüge des südlichen Vivarais, den Mont Ventoux und die Alpilles. Bei der Madonnenstatue überblickt man die Garrigue-Landschaft um Uzès, und hinter der Relaisstation erstreckt sich die Bouquet-Kette.

Nach Brouzet zurückfahren, der D 7 folgen und rechts auf die D 37 abbiegen.

Während der Bergfahrt sieht man die **Ruine**★ der Burg Allègre und später das Dorf **Lussan**, das auf einem Felsen hoch über der Garrigue thront.

In Lussan auf die D 143 und danach links auf die D 643 abbiegen. Die Straße führt durch Garrigue-Landschaft zu der „Les Concluses" genannten Schlucht des Aiguillon.

Den Wagen am Ende der Straße parken, vorzugsweise auf dem 2. Parkplatz, der zugleich als **Aussichtspunkt** dient: Im oberen Teil der Schlucht sind deutlich riesige ausgewaschene Mulden erkennbar.

★★**Les Concluses** – 🚶 *1 Std. hin und zurück*. Der Bergbach Aiguillon, der im Sommer völlig versiegt, hat in das Kalksteinplateau eine etwa 1 km lange Klamm gegraben, die sich stromauf im sogen. Portail öffnet. Diesen Spaziergang kann man nur im Sommer machen.

Rechts dem gekennzeichneten Weg zum Portail folgen.

Beim Abstieg entdeckt man am gegenüberliegenden Ufer verschiedene Höhlen, u. a. die „Beaume di Biou" bzw. „Grotte des Bœufs" (Rinderhöhle). Dann sieht man das bewaldete Beauquier-Becken, das von großartigen Felsformationen umgeben ist. In der Steilwand befinden sich drei verlassene Adlerhorste.

Der Weg endet am **Portail**, einem natürlichen, vom Aiguillon durch die Felswände ausgehöhlten Torbogen. Unter dem „Portal" hindurchgehen und dem hier sehr engen, felsigen Bachbett etwa 200 m weit folgen ... der Eindruck ist überwältigend! Entweder an dieser Stelle auf dem gleichen Weg zurückgehen, oder, wenn Sie ein geübter Wanderer sind, das Bachbett bis zur „Grotte des Bœufs" hinaufgehen *(1/4 Std. zusätzlich)* und von dort auf einem sehr steilen Weg zum Parkplatz zurückkehren.

Die Rückfahrt nach Bagnols erfolgt über die D 143 und St-André-d'Olérargues.

Sabran – Das Dorf liegt auf einer Bergkuppe. Am Fuß der riesigen Marienstatue inmitten der Burgruine hat man einen weitreichenden **Rundblick**★.

Garrigue und Weinberge

Rundfahrt 50 km – etwa 3 Std.

Bagnols-sur-Cèze auf der N 86 in südl. Richtung (Remoulins) verlassen, bis Gaujac fahren und dort rechts auf die D 310 abbiegen, die unterhalb von Gaujac verläuft; dann einem unbefestigten, sehr holprigen Weg zum Oppidum (ausgeschildert) bergauf folgen.

Oppidum de Saint-Vincent de Gaujac – Die bewaldete Anhöhe war mit Unterbrechungen vom 5. vorchristlichen Jh. bis zum 6. Jh. n. Chr. und dann wieder zwischen dem 10. und 14. Jh. besiedelt. In gallorömischer Zeit befand sich hier ein Heiligtum mit Tempeln und Thermen. Durch ein befestigtes Tor (Überreste einer

Stadtmauer) gelangt man zu den Ruinen der mittelalterlichen Siedlung (Zisterne) sowie auf gallorömische Funde (1.-3. Jh.). Im oberen Teil liegt die Ruine eines kleinen, vorrömischen, später romanisierten Tempels *(fanum)*. Weiter unten lagen die Thermen, von denen Überreste der Kanalisation erkennbar sind. Das Heiligtum wurde im 3. Jh. aus unbekannten Gründen verlassen.

Zurück zur N 86 fahren; hinter Pouzilhac links auf die D 101 abbiegen.

Die schmale, kurvenreiche Straße führt durch charakteristische Garrigue- und Waldlandschaft. Kurz vor St-Victor-la-Coste bietet sich ein hübscher Blick auf die Ruine einer mittelalterlichen Burg, die während der Albigenserkriege geschleift wurde.

Saint-Victor-la-Coste – Ein malerisches Dorf zu Füßen seiner Burg, zwischen der Garrigue und den Weinbergen.

Links der D 101 führt eine Nebenstraße zu einer abgelegenen Kapelle inmitten der Weinberge der „Côte du Rhône" (die bekanntesten AOC-Weine dieser Weinbauregion sind Lirac und Tavel).

Saint-Laurent-des-Arbres – In dem kleinen Ort, der einst den Bischöfen von Avignon gehörte, gibt es noch sehenswerte Spuren des Mittelalters. Die romanische **Kirche** wurde im 14. Jh. befestigt: man erhöhte die Mauern und krönte sie mit einer zinnenbesetzten Brustwehr. Die Kuppeln im Innenraum sind mit Evangelistensymbolen verziert. Nahe der Kirche erhebt sich der zur einstigen Burg der Herren von Sabran gehörende viereckige Donjon: Seinen unteren Teil, der im 14. Jh. mit einem versetzten Geschoß aufgestockt wurde, datiert man auf das 12. Jh. Oberhalb des Dorfes steht ein weiterer quadratischer Turm (12. Jh.).

Wenn Sie die Winzerorte **Lirac** und **Tavel** besuchen möchten, müssen Sie auf die D 26 abbiegen.

Die Rückfahrt nach Bagnols-sur-Cèze erfolgt ab Saint-Laurent über die N 580.

BARBENTANE

3 645 Einwohner
Michelin-Karten Nr. 245 Falte 29, Nr. 246 Falte 25 und Nr. 340 D2

Das Dorf am Nordhang der Montagnette breitet sich unterhalb des mittelalterlichen Wohnturms mit dem klingenden Namen Angelica aus. Von Barbentane überblickt man die fruchtbare Ebene am Zusammenfluß von Rhone und Durance. Hauptattraktion des Ortes ist jedoch das **Schloß** aus dem 17. Jh.

BESICHTIGUNG

★★Château ⊘ – Ein eleganter Bau aus dem 17. Jh. Die gartenseitige Fassade – Terrassen, mit Löwen und Blumenkörben verzierte Balustraden – öffnet sich zu einem Wasserbecken und einem Park im italienischen Stil. Die überaus reiche Dekoration der Innenräume mit der häufige Verwendung von farbigem Marmor und Stuck verraten die Vorliebe des Erbauers, eines Marquis de Barbentane, für Italien, wo er lange als Gesandter Ludwigs XV. gelebt hatte. Möbel im Louis-quinze und Louis-seize-Stil, Chinaporzellan und Fayencen aus Moustiers verleihen den Räumen einen vornehmen Charakter.

Schloß Barbentane

AUF ENTDECKUNGSTOUR

Altes Dorf – Von der ehemaligen Befestigung stehen nur noch das **Calendale-Tor** und das **Séquier-Tor**. Eine schöne Renaissancefassade mit einem Türmchen, zwei hohen Arkaden und einer Säulengalerie darüber zeigt das **Maison des Chevaliers**. Die gegenüberliegende Kirche (12. Jh.) wurde häufig verändert. Der Donjon – **Tour Angelica** – der nicht mehr existierenden mittelalterlichen Burg überragt den Ort. Von seiner Plattform blickt man auf Avignon, Châteaurenard und in der Ferne auf den Mont Ventoux.
Ein kurzer Spaziergang durch ein Pinienwäldchen führt zur **Moulin de Bretoul**, einer gut erhaltenen Mühle aus dem 18. Jh. Sie ist die letzte noch vorhandene der einst zahlreichen Mühlen dieser Gegend. Schöner Blick auf das Rhonetal.

Les BAUX-DE-PROVENCE★★★

434 Einwohner
Michelin-Karte Nr. 245 Falte 29, Nr. 246 Falte 26 und Nr. 340 D3

Auf einem nackten Felsrücken, der 900 m lang und 200 m breit steil aus der Hügelkette der Alpilles emporragt, dehnt sich in einmaliger **Lage★★★** das Dorf Les Baux aus. Eine Burgruine und verlassene Häuser erinnern an die stolze Vergangenheit der mittelalterlichen Festung.
Das Bauxit, das 1822 in dieser Gegend entdeckt wurde, ist nach dem Dorf benannt.

HINTERGRUNDINFOS

Ein kriegerisches Geschlecht – Die Herren von Stadt und Burg waren im Mittelalter ein mächtiges, weitverzweigtes Adelsgeschlecht, das seinen Stammbaum auf Balthasar, den König aus dem Morgenland, zurückführte. Im 11. Jh. besaß die Familie mehr als 79 Burgen und Dörfer. Der Herrensitz Les Baux war auch Ziel zahlreicher **Troubadoure**, die von überall hierher kamen, um ihre Dichtungen zu rezitieren und zu singen. Von 1145 bis 1162 führten die Herren von Les Baux Krieg gegen das Haus Barcelona, dessen Rechte auf die Provence sie bestritten. Nachdem sie eine Zeitlang vom deutschen Kaiser unterstützt worden waren, mußten sie schließlich nach einer Belagerung aufgeben. Die einen wurden nun Fürsten von Orange, die anderen Vizegrafen (Viscontes) von Marseille, wieder andere kamen in Italien zu Titel und Ehren.

Ein reizendes Bürschchen – 1372 kam der ehrgeizige und grausame **Raymond de Turenne** als Vormund seiner Nichte Alix hier an die Herrschaft. Er nutzte den Platz zu unzähligen Raubzügen und soll sich immer wieder an der Angst seiner Gefangenen geweidet haben, die er beim Donjon den Felsen hinunterstürzen ließ. Schließlich zogen der Papst, der Graf der Provence und der König von Frankreich mit Hilfe von Söldnern gegen diese „Geißel der Provence" zu Felde. Im Jahre 1399 wurde Raymond de Turenne in Les Baux umzingelt. Es gelang ihm jedoch, zu entkommen und nach Frankreich zu fliehen.

Besitzerwechsel – Nach dem Tod von Prinzessin Alix (1426) wurde das Gebiet der Herren von Les Baux eine einfache Baronie. König René schenkte sie seiner zweiten Frau Jeanne de Laval, die mit großer Zuneigung an dem Ort hing. Zusammen mit der Provence fiel Les Baux an Frankreich. 1483 rebellierte es gegen Ludwig XI., der die

Die Festung der Baux-de-Provence war nur schwer zu erstürmen

TIPS UND ADRESSEN

Gastronomie

Gut und preiswert

Café Cinarca – *26 Rue du Trencat* – ☎ *04 90 54 33 94* – *6. Jan.-6. Febr., 12. Nov.-20. Dez., abends vom 15. Sept.-30. April und Di geschl.* – *15/23 €.* Nur noch ein paar Schritte, und dann haben Sie es geschafft! Sie werden nicht enttäuscht sein, wenn Sie das Café am Weg zur Burg erreicht haben. Man serviert solide, stärkende Kost auf alte Art, und der originelle Dekor, der sich aus Postern und Plakaten, Fotos und altem Werkzeug zusammensetzt, trägt auch zum Wohlbefinden bei. Terrasse unter Maulbeerbäumen.

Unsere Empfehlung

Margaux – *1 Rue P.-Revoil – 13520 Maussane-les-Alpilles* – ☎ *04 90 54 35 04* – *7. Jan.-15. Febr., 15. Nov.-7. Dez., Di und Mi-mittag geschl.* – *25,15/32,78 €.* Hinter der Kirche verbirgt sich dieses kleine, geschmackvoll eingerichtete provenzalische Haus mit seinen blauen Fensterläden. Im Sommer weiß man den schattigen Innenhof zu schätzen. Südländische Küche.

Unterkunft

Gut und preiswert

Hostellerie de la Tour – *Route d'Arles – 13990 Fontvieille – 9 km westl. von Les Baux über die D 78F und die D 17* – ☎ *04 90 54 72 21 - Nov.-15. März geschl.* – 🅿 – *10 Z: 35,06/55,64 €* – ⌕ *6,86 €* – Restaurant 13/14 €. In diesem gut geführten Gasthof wird man freundlich und aufmerksam bedient. Kleines Restaurant in provenzalischen Farben. Hausmannskost und Weine aus der Region.

Unsere Empfehlung

Auberge de la Benvengudo – *2 km südwestl. von Les Baux an der D 27* – ☎ *04 90 54 32 54 – 2. Nov.-14. März geschl.* – 🅿 – *17 Z: 106,71/153,97 €* – ⌕ *10,67 €* – Restaurant 41 €. Am Fuß der Zitadelle steht dieses zauberhafte, von Weinlaub umrankte Landhaus umgeben von Olivenbäumen mitten in der Garrigue (immergrüne Strauchheide in Südfrankreich). Die Zimmer sind von zurückhaltendem Luxus und zeigen auf einen Garten. Provenzalischer Dekor im Speisesaal und in der Veranda. Terrasse am Swimmingpool. Ein einziges Menü mit marktfrischen Zutaten.

Spitzenkategorie

Hôtel Mas de l'Oulivié – *2,5 km südwestl. von Les Baux an der D 27* – ☎ *04 90 54 35 78 – Mitte Nov.-Mitte März geschl.* – 🅿 – *23 Z: 118,91/221,05 €* – ⌕ *9,15 €.* Das hübsche Landhaus inmitten eines Olivenhains ist genau richtig für Liebhaber des Dolcefarniente. Der freundliche Empfang und die schöne Umgebung – Swimmingpool, provenzalischer Dekor in überwiegend mandelgrünen Farbtönen, herrlicher Garten – lassen nichts zu wünschen übrig.

Cafés, Kneipen und Bars

Le Rendez-Vous des Arts – *Rue de l'Orme* – ☎ *04 90 54 40 00 – Helene.liotar@wanadoo.fr – tgl. 9-19 Uhr; Juli-Aug. 9-20 Uhr.* Die Eigentümerin dieser Galerie, Hélène Liotar, stellt ihre eigenen Werke aus, bietet aber auch den Skulpturen, Keramiken und Schmuckstücken anderer Künstler eine Plattform.

Besichtigungen

Das Weinbaugebiet von Les Baux – Es dehnt sich rund ums Dorf aus und bringt Weine hervor, die unter der Bezeichnung „Les Baux de Provence" verkauft werden. Dank des hier herrschenden Mikroklimas und der besonderen Beschaffenheit des Bodens (von einer kieselhaltigen Lehmschicht bedeckter Kalksteinboden) werden charaktervolle Weine ausgezeichneter Qualität erzeugt, die bereits in der Antike bekannt waren, jedoch inzwischen dank besonders sorgfältiger Anbaumethoden – einige Winzer betreiben einen biologischen Anbau – noch verbessert wurden. Es werden vor allem Rot- und Roséweine hergestellt; Weißweine sind seltener, jedoch ebenfalls sehr gut. *Bei Interesse an einer Führung durch das Weingebiet wende man sich an das Syndicat des Vignerons* des Baux-de-Provence, Château Romanin, 13210 St-Rémy-de-Provence, ☎ 04 90 92 45 87, oder an die Fremdenverkehrsämter von Les Baux-de-Provence und St-Rémy-de-Provence.

Cathédrale d'Images★ – An der D 27, 500 m nördlich des Ortes, liegt die „Kathedrale der Bilder", die der Journalist Albert Plécy (1914-77) in einem seit über 100 Jahren stillgelegten Steinbruch einrichtete. Die hohen, in Halbdunkel getauchten Räume mit den glatten Kalksteinwänden und Pfeilern dienen als dreidimensionale Riesenleinwand. Bei der Diavorführung (1/2 Std.) werden bis zu 100 m² große Lichtbilder, von Musik untermalt, auf die Wände projiziert (jährlich wechselndes Programm). ♿ Mitte Jan.-Mitte Febr.: 10-18 Uhr; März-Sept.: 10-19 Uhr. 6,56 € (Kinder 4,12 €). ☎ 04 90 54 38 65

Fondation Louis-Jou – Das Renaissance-Palais **Hôtel Jean de Brion** wurde von dem Graveur, Drucker und Verleger Louis Jou (1881-1968) von 1940 bis zu seinem Tode bewohnt. Zwischen Frühdrucken, alten Bucheinbänden, Stichen von Dürer und Radierungen von Goya findet man hier Holzschnitte und andere Werke von Louis Jou. Auf der anderen Straßenseite befindet sich die noch heute funktionstüchtige **Druckerei** mit Handpressen. Führungen (3/4 Std.) auf Anfrage: Do-Mo 13-17 Uhr. 3,05 €. ☎ 04 90 54 34 17

Besondere Termine

Zu Weihnachten zieht die Mitternachtsmesse in der Kirche St-Vincent zahllose Besucher an. Zum Ritus der Mette gehört der Einzug der Hirten. Den Auftakt bilden Trommler und Flötenspieler, ihnen folgen die Hirten in ihren weiten Mänteln. Ihre Opfergabe ist ein neugeborenes Lamm, das in einem kleinen, von einem Widder gezogenen Wagen liegt.

Burg zerstören ließ. Ab 1528 ließ der Connétable Anne de Montmorency umfassende Restaurierungsarbeiten durchführen, und der Ort erlebte eine Epoche des Aufschwungs. Unter der Familie Manville entwickelte sich Les Baux zu einem Zentrum des Protestantismus. 1632 aber ließ Richelieu die Burg (wie viele andere protestantische Festungen) einnehmen und schleifen.
Heute ist sie im Besitz der Grimaldi von Monaco.

AUF ENTDECKUNGSTOUR

★★★ Alter Dorfkern etwa 1 Std.

Ein Bummel durch die Gassen von Les Baux ist voller Zauber, vor allem dann, wenn die Straßen noch nicht (oder nicht mehr) voller Touristen und Souvenirstände sind.
Der Spaziergang beginnt an der Porte Mage; dort links in die Straße einbiegen, die zum Place Louis-Jou führt.

Ancien hôtel de ville – Das **ehemalige Rathaus** war ursprünglich eine Kapelle (16. Jh.). In den drei überwölbten Räumen ist heute ein **Santon-Museum** untergebracht.

Porte Eyguières – Durch eine Gasse (rechts) gelangt man zu diesem Tor, das früher der einzige Zugang zur Stadt war.

★ **Place Saint-Vincent** – Der reizvolle, von alten Bäumen beschattete Platz bietet eine hübsche Aussicht auf das Vallon de la Fontaine und das Val d'Enfer (Höllental). Das **Hôtel des Porcelet** (16. Jh.) an der Ecke des Platzes beherbergt das Musée Yves Brayer (herrliche Fresken aus dem 17. Jh. in der Nähe der Kasse).

Chapelle des Pénitents Blancs – Die im 17. Jh. errichtete **Kapelle der Weißen Büßer** wurde 1936 restauriert. Yves Brayer bemalte die Wände des Innenraums mit bukolischen Szenen (Landschaften der Alpilles und des Val d'Enfer).

★ **Église St-Vincent** – An dem romanischen Bau aus dem 12. Jh. fällt links die elegante „Totenleuchte" auf. Die teilweise in den Felsen gebaute Kirche hat ein schlichtes Inneres, das durch seine Helligkeit beeindruckt. Fenster von Max Ingrand.

Ancien temple protestant – Die ehemalige evangelische Kirche war in einem 1571 errichteten Haus untergebracht und beherbergt heute das Fremdenverkehrsamt. Am Sturz eines der schönen Fenster ist der kalvinistische Leitspruch Post tenebras lux (Nach dem Dunkel das Licht) zu lesen.

Hôtel de Manville – Dieses im 16. Jh. erbaute Adelspalais mit schönen Kreuzstockfenstern ist ein Geschenk des Fürsten von Manville an die Gemeinde. Heute dient es als Rathaus.

Anciens fours banaux – Grande Rue. Die ehemaligen Backöfen der Gemeinde standen den Dorfbewohnern zum Brotbacken zur Verfügung.
In der Grande Rue fällt das **Renaissance-Palais** (Hôtel Jean de Brion) auf, in dem der Graveur, Drucker und Verleger Louis Jou (1881-1968) von 1940 bis zu seinem Tod wohnte.

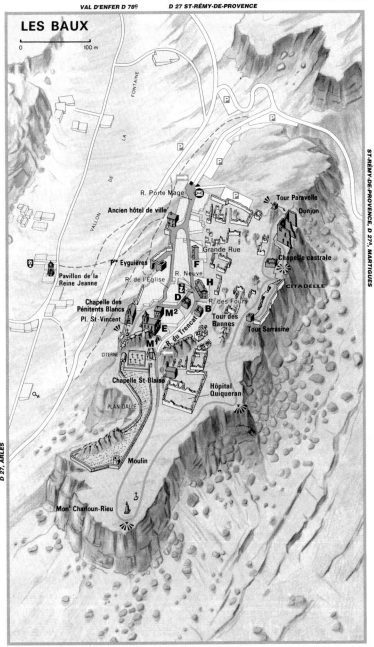

LES BAUX

VAL D'ENFER D 78ᴳ   D 27 ST-RÉMY-DE-PROVENCE

0   100 m

R. Porte Mage
Ancien hôtel de ville
Tour Paravelle
Donjon
Grande Rue
Pᵗᵉ Eyguières
R. Neuve
Chapelle castrale
R. de l'Église
F
Pavillon de la Reine Jeanne
H
CITADELLE
Chapelle des Pénitents Blancs
D
R. des Fours
Pl. St-Vincent
M²
B
M¹
E
R. du Trencat
Tour des Bannes
CITERNE
Tour Sarrasine
Chapelle St-Blaise
Hôpital Quiqueran
PLAN DALLÉ
Moulin
Monᵗ Charloun-Rieu

ST-RÉMY-DE-PROVENCE, D 27ᴬ, MARTIGUES
D 27, ARLES

Anciens fours banaux	B	
Ancien temple protestant	D	
Église St-Vincent	E	
Fondation Louis-Jou	F	
Hôtel de Manville	H	
Musée d'Histoire des Baux	M¹	
Musée Yves-Brayer	M²	

Rue du Trencat – Diese Straße, die direkt in den Felsen gebaut wurde, führt zur Burganlage *(Eingang zur Burganlage durch das Musée d'Histoire des Baux)*.

BESICHTIGUNG

★Burganlage *3/4 Std.*

Seit 1991 werden die historische Bausubstanz des Orts sowie die Burgruine im Rahmen eines umfangreichen, auf insgesamt 20 Jahre veranschlagten Projekts restauriert und saniert.

Dank der letzten, im Jahre 1992 durchgeführten Ausgrabungen konnte man drei wichtige Epochen in der Besiedlungsgeschichte des Bergsporns ausmachen: 2. und 1. Jh. v. Chr., 5. und 6. Jh. (Bau eines Festungswalls und einiger verstreut liegender Behausungen) und Mittelalter (Errichtung des Donjons).

Musée d'Histoire des Baux ⊘ – Das ehemalige Wohnhaus der einflußreichen Familie de la Tour du Brau beherbergt im schönen, mit Kreuzrippengewölben verzierten unteren Saal eine Ausstellung über die wichtigsten Kapitel der Geschichte von Les Baux. Zwei Modelle der Festung im 13. und 16. Jh. verdeutlichen die architektonische Entwicklung der Anlage.

Chapelle Saint-Blaise – Vom 12. Jh. an diente die Kapelle des hl. Blasius als Sitz der Wollkämmer- und der Weberzunft. Heute ist hier ein kleines Olivenbaum-Museum untergebracht. Es wird eine audiovisuelle Vorführung zum Thema „Van Gogh, Gauguin und Cézanne im Lande der Olivenbäume" gezeigt.

Burgruine und Chapelle St-Blaise

Hôpital Quiqueran – Das im 16. Jh. von Jeanne de Quiqueran, der Frau des Gouverneurs von Les Baux, errichtete Krankenhaus war bis 1787 in Betrieb. Das völlig verfallene Gebäude soll wieder aufgebaut werden.

Moulin – Die ehemalige Gemeindemühle, für deren Nutzung eine Steuer an den Lehnsherren von Les Baux entrichtet werden mußte, grenzt an eine mit Platten belegte abschüssige Fläche, von der das Regenwasser in eine 1 000 m³ fassende, in den Felsen gebaute Zisterne lief.

Monument Charloun-Rieu – Am Denkmal für den provenzalischen Dichter **Charloun Rieu** (1846-1924) bietet sich ein weiter **Blick★** über die Abtei von Montmajour, Arles, die Crau, die Camargue (bei klarer Sicht kann man in der Ferne sogar Les Saintes-Maries-de-la-Mer und Aigues-Mortes erkennen) und die Ebene bis zum See von Berre.

Zitadelle – Die beeindruckenden Ruinen erheben sich an der Ostflanke des Bergsporns. Im Süden sind zwei Türme erhalten: **Tour Sarrasine** (von dessen Spitze man einen schönen **Blick** auf das Dorf und die Zitadelle hat) und **Tour des Bannes** (dieser Turm überragt mehrere kleine Gebäude aus dem 16. Jh.). In der **Burgkapelle** (*Chapelle castrale*; 12., 16. Jh.) blieben mehrere schöne Spitzbögen erhalten.
Die **Zitadelle** und den Bergfried **erreicht man über eine steile Treppe** *(nur für schwindelfreie Personen geeignet).* Am Felsrand beim Donjon (13. Jh.) bietet sich ein herrlicher **Rundblick★★** auf die Umgebung von Aix, den Luberon, den Mont Ventoux und die Cevennen. Im Vordergrund bilden die Konturen des zerklüfteten Val d'Enfer im Norden einen Kontrast zum lieblichen Erscheinungsbild des Vallon de la Fontaine im Westen.
Der an den nördlichen Festungswall angrenzende **Tour Paravelle** bietet einen schönen **Blick★** auf Les Baux und das Val d'Enfer.

★Musée Yves-Brayer ⊘ – Das Museum vermittelt einen Überblick über das Gesamtwerk des Malers Yves Brayer (1907-1990), der auf dem Dorffriedhof seine letzte Ruhestätte fand. Die zunächst in Spanien, dann in Marokko und Italien entstandenen Frühwerke des Künstlers zeichnen sich durch ihre kontrastierenden Farben (Schwarz, Rot, Ockergelb) aus – Stierkampfszenen, auf Reisen gemalte Aquarelle usw. Seine schönsten Bilder wie *Les Baux* oder *Mandelbäume* sind vom Licht der Provence durchflutet.

UMGEBUNG

★★★**Aussichtspunkt** – *Der D 27 folgen und nach etwa 1 km rechts abbiegen. (mit „Panorama" ausgeschildert, Parkplatz)*
Von diesem Felsvorsprung (Orientierungstafel) bietet sich ein umfassender **Rundblick** über Arles und die Camargue, das Rhone-Tal und die Cevennen, Aix, den Luberon und den Mont Ventoux. Hier genießt der Besucher die beste Aussicht auf Les Baux und die bizarre Steinlandschaft der Umgebung.

Val d'Enfer – *Zu erreichen ab der D 27 über die D 78ᴳ.*

🚶 Ein Pfad *(1/4 Std. hin und zurück)* durchquert das enge, von zerklüfteten Felsen und karger Vegetation gekennzeichnete „Höllental", dessen Höhlen in grauer Vorzeit bewohnt waren. Zahlreiche Legenden ranken sich um diesen Ort, der bei den Vorfahren als Welt der Hexen, Kobolde und anderer Fabelwesen galt.

Pavillon de la Reine-Jeanne – *Zu erreichen über die D 78ᴳ oder direkt von Les Baux auf einem Fußweg (ab Porte Eyguières).* Der reizvolle Renaissance-Pavillon am Anfang des Vallon de la Fontaine wurde um 1581 von Jeanne des Baux errichtet. Mistral ließ sich in Maillane ein Mausoleum nach dem Vorbild des Pavillons errichten.

BEAUCAIRE★

13 748 Einwohner
Michelin-Karte Nr. 245 Falte 28, Nr. 246 Falte 25 und Nr. 339 M6

Die Zitadelle der Grafen von Toulouse bildet das stolze Gegenstück zur Burg des Königs René in Tarascon auf der anderen Seite der Rhone. Vom 13. bis ins 19. Jh. war Beaucaire als Stadt eines großen Jahrmarkts weit über Frankreich hinaus bekannt. Das Städtchen besitzt einen Jachthafen und wird von dem Rhône-Sète-Kanal durchflossen.

HINTERGRUNDINFOS

Der Jahrmarkt von Beaucaire – In seiner Blütezeit (18. Jh.) lockte der Jahrmarkt 300 000 Besucher in die Stadt, die einen Monat lang kaufen und verkaufen, sich aber auch vergnügen wollten. Dieser Jahrmarkt hatte ein solches Ansehen, daß die Preise der dortigen Händler im ganzen Königreich als Maßstab galten. Jede Straße der Stadt war auf eine bestimmte Warengruppe spezialisiert. So gab und gibt es die Rue du Beaujolais (Wein), die Rue des Bijoutiers (Juweliere), die Rue des Marseillais (Öl und Seife). In den anderen verkaufte man Wolle, Seide, Leinen, indische Stoffe, Spitzen, Baumwollstoffe aus Rouen, Waffen, Eisenwaren, Sattel. Am Flußufer und auf Booten konnte man Fischkonserven, Zucker, Kakao, Kaffee, Zimt, Vanille, Zitronen, Orangen und Datteln finden. Auf dem riesigen Marktplatz bot man Spielzeug, Ringe, Pfeifen, Parfums, Hüte, Schuhe, Keramik, Porzellan, Korbwaren, Korken und Werkzeuge feil; Pferde, Esel und Maultiere konnte man ebenfalls erwerben. Wie kam es zu dieser herausragenden Stellung? Ein Grund war sicher die günstige Lage der Stadt am Knotenpunkt von Fluß- und Landstraßen. Von größerer Bedeutung war jedoch das Dekret Ludwigs XI., das Beaucaire zum Freihafen machte. Die Veränderung der

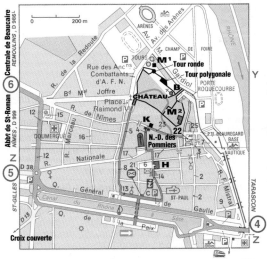

BEAUCAIRE

Barbès (R.)	Z	2
Bijoutiers (R. des)	YZ	3
Charlier (R.)	Y	4
Château (R. du)	Y	5
Clemenceau (Pl. Georges)	Z	6
Danton (R.)	Y	7
Denfert (R.)	Z	8
Écluse (R. de l')	Z	9
Foch (Bd Maréchal)	YZ	12
Gambetta (Cours)	Z	13
Hôtel-de-Ville (R. de l')	Z	14
Jaurès (Pl. Jean)	Y	15
Jean-Jacques-Rousseau (R.)	Y	16
Ledru-Rollin (R.)	Z	17
Nationale (R.)	Z	16
Pascal (R. Roger)	Z	21
République (Pl. de la)	Y	22
République (R. de la)	Z	23
Victor-Hugo (R.)	Y	25

Chapelle romane	Y	**B**
Hôtel de ville	Z	**H**
Maison des cariatides	Y	**K**
Le Monde merveilleux de Daudet	Y	**M¹**
Musée Auguste-Jacquet	Y	**M²**

TIPS UND ADRESSEN

Gastronomie

Gut und preiswert

Auberge l'Amandin – *Quartier St-Joseph* – *3 km südl. vom Ortszentrum über die D 15 Richtung Fourques und Z.I. (Zone Industrielle) Sud* – ☎ 04 66 59 55 07 – *Ende Juli-31. Aug., Sa-mittag und So geschl.* – *13,40 € Mittagsmenü* – *18,14/23,63 €.* Rustikales Mobiliar und Gemälde verleihen dem provenzalisch eingerichteten kleinen Gasthaus, das in den früheren Stallungen eines Bauernhofs (Mas) eingerichtet wurde, sein Gepräge. Traditionelle Küche und Grillgerichte (Holzfeuer). Terrasse am Garten.

Unterkunft

Unsere Empfehlung

Les Doctrinaires – *Quai du Général-De-Gaulle* – ☎ 04 66 59 23 70 – 🅿 – *32 Z: 50,31/68,60 €* – ⌷ 8,38 € – *Restaurant 22/46 €.* Das ehemalige, 1650 erbaute Kolleg der Partei der Doktrinäre steht heute am Rand des Rhône-Sète-Kanals. Es besitzt eine schöne Fassade, überwölbte Räume und einen hübschen Innenhof, der im Sommer als Gastgarten dient. Die leicht verwohnten Zimmer können mißfallen. Das Gebäude selbst jedoch ist beeindruckend.

Stadtbesichtigung

Die Stadtführungen sind im Kapitel „Öffnungszeiten und Eintrittspreise" beschrieben.

Besondere Termine

Estivales – Das Sommerfestival findet in den letzten zehn Julitagen statt. Das Programm steht, wie könnte es anders sein, im Zeichen des Stieres; es gibt *Abrivados* in den Straßen, *Courses camarguaises* in der Arena (Preis der „Palme d'or"), *Novilladas* und *Corridas* am letzten Juliwochenende. Hinzu kommen ein Jahrmarkt, Bälle, Feuerwerk, „Casetas" (Zelte), in denen man bei sevillanischer Musik dem Wein von Xérès zuspricht.

Falknervorführungen – Von Ende März bis Anfang November finden auf der Esplanade der Burg **Vorführungen von Raubvögeln** statt. Drei Falkner in mittelalterlicher Kleidung lassen, unter einem jährlich wechselnden Motto und musikalisch untermalt, Milane, Bussarde, Adler und andere Raubvögel in die Lüfte ziehen. Am Ende der Vorführung kann man die Vögel in ihren Käfigen am Fuße des „Tour polygonale" aus der Nähe betrachten. *Juli-Aug.: 15, 16, 17 und 18 Uhr; März-Juni: tägl. außer Mi (mit Ausnahme der Schulferien und von Feiertagen) 14.30, 15.30 und 16.30 Uhr. Nov.-März geschl.* – *6,86 € (Kinder 4,42 €)* – ☎ 04 66 59 26 72.

Handelsbeziehungen, die mit der Industriellen Revolution und der Erfindung der Eisenbahn einherging, führte allerdings im 19. Jh. zum Niedergang der Stadt. Heute lebt dieser Jahrmarkt nur noch in den „Estivales" dem Sommerfestival von Beaucaire, fort. Das traditionelle Handwerk ist in der Altstadt weiterhin präsent.

AUF ENTDECKUNGSTOUR

★ Altstadt

Parkplätze stehen an beiden Ufern des Kanals zur Verfügung. Der Parkplatz am Cours Gambetta bietet im Sommer Schatten unter den Platanen. *Ausgangspunkt des Stadtspaziergangs: Place Georges-Clemenceau.*

Hôtel de ville – Das elegante Rathaus wurde Ende des 17. Jh.s nach Plänen von Jules Hardouin-Mansart errichtet. Abgesehen von der Fassade, deren Fenster mit Blumengirlanden verziert sind, ist der Innenhof mit seinem doppelten Portikus vor der großen Treppe einen Blick wert.

Église Notre-Dame-des-Pommiers – Die im Jesuitenstil des 17. Jh.s errichtete Kirche hat eine schöne geschweifte Barockfassade. Von der Rue Charlier sieht man einen Fries, der in den oberen Teil der östlichen Mauer eingelassen ist. Auf diesem einzigen Überrest der romanischen Vorgängerkirche sind das Abendmahl, der Verrat des Judas, die Geißelung, die Kreuztragung und die Auferstehung dargestellt. Im Innenraum beeindruckt die prachtvolle Hängekuppel über der Vierung.

Eine kleine Arkade gewährt Zugang zur Rue de la République, in die man rechts einbiegt.

Hôtel des Clausonnettes – Dieses Palais aus dem 18. Jh., das direkt an der Burg steht, besitzt eine schöne klassizistische Fassade *(werfen Sie, wenn möglich, einen Blick auf den Innenhof).*

Hôtel des Margailliers (Maison des cariatides) – *23 Rue de la République.* Das herrliche Stadtpalais mit seiner skulptierten Fassade wird auch „Haus der Karyatiden" genannt. Diese flankieren nämlich sein Portal.

Nördlich der Rue de la République führt ein Weg zur Burg hinauf.

★**Château** ⊘ – Die Burg wurde im 11. Jh. am Standort eines römischen Castrum errichtet, im 13. Jh. (nach einer Belagerung im Jahre 1216, im Laufe derer der junge Sohn von Raimund VI. die Kapitulation der französischen Garnison erreichte) umgebaut und 1632 auf Anordnung Richelieus geschleift. Der Bau stand auf dem Gipfel des Hügels und war von einer Befestigungsmauer umgeben, deren Verlauf man heute noch folgen kann. Man kommt an einem ungewöhnlichen Turm **(Tour polygonale)** auf einem Felsvorsprung, an der **Kurtine** über dem Abgrund sowie an einem runden Eckturm **(Tour ronde)** vorbei.

Ins Innere der Festung gelangt man vom Place du Château aus über eine Treppe, vorbei an der kleinen **romanischen Burgkapelle**, deren Fassade ein reizvolles skulptiertes Tympanon besitzt. Anschließend erreicht man das Burgmuseum.

BESICHTIGUNGEN

Musée Auguste-Jacquet ⊘ – Das Museum wurde in der Burgmauer eingerichtet. Es zeigt eine archäologische Sammlung mit Exponaten von der Vorgeschichte bis zur gallorömischen Periode und vermittelt einen Überblick über das Leben in Beaucaire in der Vergangenheit (Nachbildung eines bürgerlichen Interieurs, Trachten und Kopfbedeckungen, provenzalische Gerätschaften und Keramik aus Saint-Quentin-la-Poterie, Dokumente mit Bezug zum Jahrmarkt).

Le Monde merveilleux de Daudet ⊘ – 🖬 In einem ehemaligen Postkutschenrelais am Fuße der Burg befindet sich die **Wunderbare Welt Daudets**, in der Kinder (und Erwachsene) die Verkehrsmittel der Vergangenheit kennenlernen und auf dem Rücken friedlicher Pferde kurze Spazierritte unternehmen können. Die Pferde werden von Personen geführt, die geradewegs den Erzählungen Alphonse Daudets entstiegen zu sein scheinen.

UMGEBUNG

★**Abbaye de Saint-Roman** ⊘ – 5 km auf der D 999, *dann rechts auf eine Nebenstraße abbiegen. Den Wagen auf dem Parkplatz abstellen und dem Weg (1/4 Std. zu Fuß hin und zurück) durch die Garrigue zur Abtei folgen.* Das auf einem Kalkfelsen liegende Kloster unterstand im 12. Jh. der Abtei von Psalmody (bei Aigues-Mortes). Im 16. Jh. wurde es von den Mönchen verlassen. Es folgte der Bau einer Festung, als Baumaterial dienten z. T. die Steine der Abtei. Von der 1850 zerstörten Burg sind nur noch wenige Reste der Befestigungsanlagen zu sehen.

Ein gekennzeichneter Weg führt zu der in den Felsen gebauten Kapelle, die das Grabmal des hl. Roman birgt. Von der Terrasse aus weiter **Blick**★ über die Rhone, den Stausee von Vallabrègues, Avignon, den Mont Ventoux und den Luberon, die Alpilles-Kette sowie auf Tarascon und seine Burg. Beim Abstieg sieht man einen großen Saal, der einst aus drei Ebenen bestand, sowie die in den Felsen gehauenen Zellen der Mönche. Ein magischer Ort von ergreifender Schlichtheit.

Mas gallo-romain des Tourelles ⊘ – *4 km westlich. Beaucaire über die Route de Bellegarde verlassen. Nach 4 km rechts in Richtung Mas des Tourelles abbiegen.* Zwischen dem 1. und dem 3. Jh. n. Chr. befand sich hier eine **gallorömische Villa** mit einem Wohnbereich, einem landwirtschaftlichen Betrieb und einer Töpferwerkstatt. Rund um den schönen Hof stehen heute

G. Magnin/MICHELIN

Abbaye de Saint-Roman:
in den Felsen gehauene Gräber

Gebäude aus dem 17. Jh. (Schafstall, Keller, Bauernhaus), in denen archäologische Funde aus der Töpferei und Schautafeln zum Weinbau in der gallorömischen Zeit gezeigt werden. In der *Cella Vinaria*, dem originalgetreu rekonstruierten römischen Weinkeller, sieht man einen Zuber zum Traubenstampfen *(calcatarium)*, einen Bottich *(lacus)*, eine Presse *(torcula)* sowie große Tonkrüge *(dolia)*. Gegenwärtig werden hier neben den AOC-Weinen „Costières de Nîmes" auch „historische" Weine produziert, wie der nach Honig schmeckende „Mulsum", der „Turriculae", der in Anlehnung an die Texte von Columelle gekeltert wird, und der „Defrutum" (Traubensaft). Die Besichtigung schließt mit einer Weinprobe ab.

Étang de BERRE★

Michelin-Karte Nr. 245 Falten 30, 43, Nr. 246 Falten 13, 14 und Nr. 340 F5

Der riesige Salzsee war einst das Reich der Fischer, bis die Industrialisierung diese Landschaft grundlegend veränderte. Heute sieht man hohe Destillierkolonnen, Fabrikschlote, Abgasfackeln und silbrige Aluminiumtanks der Mineralölindustrie. Außerdem haben sich am See von Berre Flugzeug- und Schiffbau angesiedelt.

HINTERGRUNDINFOS

Lage – Die 15 530 ha große Wasserfläche des Sees von Berre (Umfang: 75 km; maximale Tiefe: 9 m) ist von verschiedenen kleineren Höhenzügen aus Kalkstein umgeben (Lançon, Vitrolles, Estaque, Saint-Mitre) und nur nach Nordwesten, zur Crau-Ebene hin, offen. Der „Canal de Caronte" und der „Canal de Marseille au Rhône" verbinden den See mit dem Mittelmeer. Die Flüsse Arc und Touloubre sowie der EDF-Kanal fließen ihm zu und bringen Süßwasser.

Schon früh waren die Ufer des Sees von Berre besiedelt, was die Funde von Saint-Blaise, die Reste einer Römerbrücke (Pont Flavien), das mittelalterliche Dorf Miramas-le-Vieux sowie die aus dem 17. Jh. stammende Stadtmauer von Port-le-Bouc bezeugen.

Allgegenwärtiges – Mit seinen wenig besiedelten Randzonen, der Nähe des Mittelmeeres und seiner leichten Zugänglichkeit für Tankschiffe vom Golf von Fos aus bot sich der See von Berre nach dem Ersten Weltkrieg als Standort für die entstehende Mineralölindustrie an. So siedelten sich in den Jahren 1922-1935 Raffinerien in Lavéra, Berre, La Mède und Fos an. Schon 1938 waren die Löschanlagen bei Port-de-Bouc zu klein geworden, so daß man nach dem Zweiten Weltkrieg die gewaltigen Hafenbecken von Lavera errichtete. 1962 nahm man die Südeuropa-Pipeline in Betrieb, die Rohöl von Fos in ein Dutzend Raffinerien in Europa leitet. Seit 1973 wurde die Kapazität der Raffinerien dem merklich gesunkenen Verbrauch angepaßt. Die petrochemische Industrie jedoch erlebte einen Aufschwung und veränderte die Landschaft um den See von Berre noch einmal erheblich.

Flugzeuge und Flughäfen – Die unbesiedelte Crau-Ebene und die weite Wasserfläche des Sees sind ideale Gebiete für die Luftfahrt. **Berre** war lange die bedeutendste französische Militärbasis für Wasserflugzeuge. In Marignane befindet sich der internationale Flughafen von Marseille, der mit täglichen Flugverbindungen in 62 Städte der Welt der zweitgrößte Verkehrsflughafen Frankreichs ist.

AUSFLUG

Rundfahrt ab Martigues – *113 km – etwa 1 Tag*

Martigues – *s. dort*

Martigues auf der D 5 verlassen.

Saint-Mitre-les-Remparts – Der Ort besitzt noch seine im 15. Jh. errichtete Stadtmauer mit zwei Toren. Durch ein Netz kleiner Gassen gelangt man zur Kirche, von der man einen schönen Blick auf den See von Engrenier hat.

Ab St-Mitre geradeaus auf die D 51 fahren.

Rechts Ausblick auf den See von Berre. Die Straße verläuft an dem kleinen See von Citis und dann am Fuße einer Hügelkuppe entlang, auf der zwischen Kiefern das Chorhaupt der Kapelle Saint-Blaise zu erkennen ist.

Site archéologique de Saint-Blaise – *s. SAINT-BLAISE*

Istres – Die Altstadt von Istres hat trotz der spektakulären Entwicklung, die der Ort genommen hat, ihren provenzalischen Charakter bewahrt. Das **Museum** ⊙ besitzt interessante Sammlungen aus den Bereichen Paläontologie, Zoologie, Vorgeschichte, Unterwasserarchäologie (bedeutende Amphorensammlung) und Zeitgeschichte (wirtschaftliche Entwicklung von Istres, Fos und Miramas). Nördlich von Istres liegen auf einer felsigen Anhöhe mit reizvollem Blick die Reste des griechisch-ligurischen Oppidums Le Castellan.

TIPS UND ADRESSEN

Gastronomie

Unsere Empfehlung

Le St-Martin – *Au Port des Heures-Claires – 13800 Istres – 3 km südöstl. vom Ortszentrum* – ☎ *04 42 56 07 12 – Di-abend und Mi geschl. – 19,06/24,39 €*. Von dem sympathischen Restaurant blickt man auf den See von Berre und den Freizeithafen. Der gemütliche Gastraum ist mit alten Möbeln ausgestattet. Dachterrasse.

Sport und Freizeit

Parc aquatique de la Pyramide – *In Istres* – ☎ *04 42 56 99 99*. Die Wasserlandschaft mit seinem Wellenbad, mehreren Rutschen und unterschiedlichen Becken gefällt nicht nur Kindern.

Besondere Termine

Feria de la Saint-Étienne – *In Istres (Anfang August)*: *Corridas*, *Bandas* und *Bodegas*. Jedes Jahr im Oktober organisiert die Marseiller Vereinigung *Arte y Toros* ein Festival in der Arena von Istres, bei dem man Berühmtheiten aus der Welt des Stierkampfs sehen kann.

Feste zu Wasser – *In Istres*: Wasserstechen auf dem See im Juli, Wasser-Flohmarkt im März und, Ende Juni, die 24 Stunden von Istres, ein Tretbootwettbewerb!

Die D 53 umrundet den Étang de l'Olivier; dann weiter auf der D 16.

Miramas-le-Vieux – Eine Stadtmauer umringt das hübsche, auf einem Felsen liegende Dorf mit der alten Burg (13. Jh.).

Zur D 10 zurückkehren, gegenüber die D 16 und dann die D 70ᵖ nehmen. In Pont-de-Rhaud rechts auf die D 70ᵏ abbiegen.

Die Straße führt oberhalb des schönen Touloubre-Tals entlang.

Cornillon-Confoux – In der Mitte des auf einer Anhöhe gelegenen Dörfchens steht eine kleine romanische Kirche, die moderne Glasfenster von Frédérique Duran aufweist. Vom Kirchplatz aus führt ein Spazierweg um die Ortschaft herum und bietet schöne **Ausblicke★** auf den See von Berre, St-Mitre, St-Chamas, auf den Luberon, den Ventoux und auf die Alpilles.

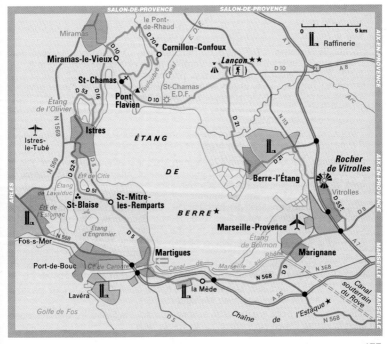

Der D 70 folgen, dann rechts nach Saint-Chamas abbiegen.

Saint-Chamas – Das von einem kleinen Aquädukt beherrschte Dorf besitzt eine Kirche (17. Jh.) mit schöner Barockfassade.

Pont Flavien – Diese einbogige Brücke überquert im Süden von St-Chamas die Touloubre.

Die D 10 führt am See entlang und am Wasserkraftwerk (Centrale) vorbei, das am EDF-Kanal liegt. Links auf die D 21 abbiegen; nach 1,7 km links dem unbefestigten Weg folgen. Das Auto auf einem kleinem Platz abstellen.

★★**Aussichtspunkt Lançon** – 🚶 *1/4 Std. hin und zurück.* 48 Stufen führen auf einen Felsen, von dem sich ein schöner Blick auf See von Berre und die Umgebung bietet.

Umkehren und auf der D 21 nach Berre-l'Étang fahren.

Zwei Triumphbögen stehen auf jeder Seite des Pont Flavien

Berre-l'Étang – Der frühere Fischereihafen lebt heute von der Herstellung chemischer Produkte. Im Inneren der Kapelle **Notre-Dame-de-Caderot** sind der Hochaltar und sein Aufsatz aus farbig gefaßtem Holz (16. Jh.) sehenswert. Eine kleine Nische der Kapelle birgt eine kostbare römische Kristallvase, die eine Locke der Heiligen Jungfrau enthalten haben soll.

Auf der D 21 weiterfahren, dann rechts auf die N 113 abbiegen und anschließend links in Richtung Vitrolles fahren.

Rocher de Vitrolles – *Das Auto am* Haupteingang des Friedhofs abstellen. Eine Treppe mit 75 Stufen hinaufsteigen. Vitrolles, heute eine große Industriestadt, verdankt seine Bekanntheit dem bizarren, ruinenförmigen Felsen, auf dem sich ein Sarazenen-Turm aus dem 11. Jh. und die der Schutzpatronin der Flieger geweihte Kapelle Notre-Dame-de-Vie erheben. Das weite **Panorama**★ vom Felsen erfaßt den See von Berre, die Raffinerien und Fabriken von Lavéra, den Hafen von Fos und die Raffinerie von La Mède.

Vitrolles auf der D 55ᶠ verlassen. An der Kreuzung mit der N 113 gegenüber die D 9 nehmen, die am Flughafen Marseille-Provence vorbeiführt.

Marignane – Der Ort wurde im 17. Jh. zum Marquisat erhoben. Aus dieser Zeit ist ein Schloß erhalten, das heute als Bürgermeisteramt *(mairie)* dient. Das **Château des Covet** ⊘ geht auf eine im 13. Jh. von Guillaume des Baux errichtete Burg zurück. Diese wurde im 17. Jh. von der Kaufmannsfamilie Covet erworben, umgebaut und vergrößert. Den Covets ist die harmonische, durch Dreiecks- und Segmentgiebel gegliederte Fassade zu verdanken. Boudoir und Badezimmer im Louis-quinze-Stil können besichtigt werden; das einstige Schlafzimmer von Jean-Baptiste Covet dient heute als Trauungssaal (Salle des Mariages). Das kleine **Musée des Arts et Traditions populaires** (Heimatmuseum) ⊘ erinnert in seiner rekonstruierten Fischerhütte und in der Szene einer Bläßhühnerjagd an das Alltagsleben vergangener Zeiten am See von Berre. In der **Église St-Nicolas** bewundert man das Hauptschiff aus dem späten 11. Jh.

Die N 568 überquert den Marseille-Rhone-Kanal (auch Canal du Rove genannt) und führt am Kanal entlang nach Martigues zurück.

Auf der rechten Seite ergeben sich schöne Ausblicke auf den See und auf eigenartig geformte Felsen am Hafeneingang von **La Mède**.

BOLLÈNE

14 130 Einwohner
Michelin-Karten Nr. 245 Falte 16, Nr. 246 Falte 23 und Nr. 332 B8

Das Städtchen war einst im Besitz der Päpste von Avignon – alte Häuser und einige schöne Portale zeugen von seiner geschichtlichen Bedeutung. Heute ist der Ort ein wichtiger Markt für Frühobst und Frühgemüse. Mit seinen engen Gassen und von Platanen beschatteten Boulevards hat er sich seinen provenzalischen Charakter bewahrt.

Gastronomie

Unsere Empfehlung

Lou Bergamoutié – *Rue de l'Abbé-Prompsault* – ☎ *04 90 40 10 33* – *So-abend und Mo geschl.* – *30,49/48,78 €.* In einer Gasse des Altstadtviertels, unweit der Tore der längst abgerissenen Stadtmauer, wartet dieses große Restaurant auf seine Gäste. Diese können im klassizistisch gestalteten Gastraum auf gepolsterten Stühlen oder auf der luftigen, blumengeschmückten Terrasse des Patios Platz nehmen. Man wird freundlich bedient; Karte mit Gerichten nach Marktangebot.

Tip

In Mornas: Der Heimatverein „Les Amis de Mornas" veranstaltet jeden Sommer einen mittelalterlichen Abend **(Soirée au Moyen Age)**, an dem Schauspieler in Kostümen des 12. Jh.s durch die Straßen ziehen. Auskünfte: ☎ *04 90 37 01 26.*

AUF ENTDECKUNGSTOUR

Von den zahlreichen Terrassen oberhalb des Rhonetals erkennt man den Kanal von, das Wasserkraftwerk von Bollène und den großen Kernforschungskomplex Tricastin; in der Ferne erstreckt sich das Bergland der Ardèche und des Bas-Vivarais. Der beste Blick auf die Stadt bietet sich vom **Belvédère Pasteur**, einem kleinen Park, der rund um die ehemalige romanische Dreikreuzkapelle (Chapelle des Trois-Croix) angelegt wurde.

Collégiale Saint-Martin ⊘ – Die alte Stiftskirche besitzt ein schönes Renaissance-Portal. Der weitläufige, einschiffige Innenraum mit dem beidseitig abgeschrägten, offenen Dachstuhl bildet heute den Rahmen für Ausstellungen.

UMGEBUNG

Mornas – *11 km südlich über die D 26 (die durch den von einer Burgruine überragten Ort Mondragon führt) und die N 7.* Von dem im Mittelalter befestigten Ort zeugen die Stadttore, die alten Häuser an einer steilen Felswand (137 m) und die Ruinen einer mächtigen Festung. *Zugang über eine steile Gasse (Parkplatz) und einen Fußweg.*

BOLLÈNE

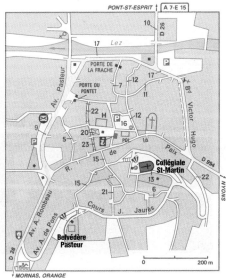

Die Festungsanlage **(Forteresse** **)** besteht aus einer 2 km langen, von halbrunden oder quadratischen Türmen flankierten Ringmauer. Den höchsten Punkt nehmen die Reste des Wohnturms und einer Kapelle ein. Die Festung von Mornas gehörte einst den Bischöfen von Arles, wurde 1197 Lehen der Grafen von Toulouse und durch diesen vollständig neu erbaut. Während der Religionskriege fiel der Ort, der von den Katholiken gehalten wurde, in die Hände des **Baron des Adrets**, der sämtlichen Einwohnern befahl, sich vom Felsen zu stürzen.

Suze-la-Rousse – *7 km östlich über die D 994.* Der malerische Ort an einem Hügel auf dem linken Lez-Ufer war im Mittelalter die bedeutendste Stadt des Tricastin. Das alte Rathaus (Maison de la Ville) besitzt eine schöne Fassade aus dem 15. und 16. Jh.

Ein mächtiges **Château** beherrscht den Ort. Der Weg nach oben führt durch eine 30 ha große Anpflanzung von Steineichen, zwischen deren Wurzel Trüffel gedeihen. Die burgähnliche Anlage stammt im wesentlichen aus dem 14. Jh., bietet aber dennoch ein beredtes Beispiel mittelalterlicher Wehrbauten. In der Renaissance wurden die Fassaden am Ehrenhof und die Innenräume umgestaltet.

Im Erdgeschoß befinden sich Pferdeställe und die Küche aus dem 12. Jh. Ein großes Treppenhaus führt zu den Gemächern: Sehenswert sind der Saal der Vier Jahreszeiten *(Salle des Quatre Saisons)* und der Rittersaal *(Salle d'armes)* mit einer Decke im französischen Stil und einem großen Kamin, der von zwei restaurierten Fresken (Belagerung von Montélimar) eingerahmt wird. In einem der Ecktürme befindet sich ein achteckiger Raum: schöner Blick auf den Mont Ventoux, das Lance-Gebirge und die Dauphiné-Voralpen.

Das Schloß beherbergt heute die von Fachleuten der Branche gegründete „Weinuniversität" **(Université du Vin** **)**, die über ein Labor und einen Saal für Weinproben verfügt und Önologie-Kurse anbietet.

BONNIEUX★

1 422 Einwohner

Michelin-Karte Nr. 114 Falte 1, Nr. 245 Falte 31´, Nr. 246 Falte 11 und Nr. 332 E11

Dieses recht große, malerische Bergdorf über dem Calavon-Tal liegt mit den Überresten seiner Befestigungsmauer zwischen dem kleinen und dem großen Luberon und bietet einen idealen Ausgangspunkt zur Erkundung der Umgebung.

AUF ENTDECKUNGSTOUR

Haut-Bonnieux – *Parkplatz auf dem Place de la Liberté.* 🚶 Von hier führt die steile, überwölbte Rue de la Mairie in den oberen Ortsteil. Man gelangt zu einer Terrasse unterhalb der Alten Kirche (Église vieille).

Wem der Anstieg zu steil ist, kann mit dem Auto hinauffahren: Route de Cadenet, dann links eine kleine Straße bergan.

Von der **Aussichtsterrasse** nach Norden umfaßt der **Blick★** von links nach rechts das Calavon-Tal, das Luberon-Dorf Lacoste und das Vaucluse-Plateau mit den Orten Gordes und Roussillon, deren ockerfarbene Häuser von der Umgebung kaum zu unterscheiden sind.

Bonnieux, eines der sog. provenzalischen *villages perchés*

TIPS UND ADRESSEN

Gastronomie

Unsere Empfehlung

Le Fournil – *Place Carnot* – ☎ *04 90 75 83 62 – 25. Nov.-2. Febr., Di außer abends von Apr.-Sept. und Mo geschl. – Reserv. – 22,11/39,64 €.* Das erhöht gelegene Restaurant im Bistro-Stil besitzt einen originellen, in den Hügel gegrabenen Gastraum, der an heißen Tagen angenehm kühl ist. Wer aber die Sonne auf keinen Fall missen mag, der kann die Sommerterrasse auf dem Platz aufsuchen. Karte mit überwiegend regionaltypischer Küche.

Unterkunft

Unsere Empfehlung

Chambre d'hôte Le Clos du Buis – *Rue Victor-Hugo* – ☎ *04 90 75 88 48 – www.luberon.news.com/le-clos-du-buis – Mitte Jan.-Anfang Febr. und Mitte Nov.-Mitte Dez. geschl. – 6 Z: 58/87 € – Mahlzeit 20 €.* Die Pension liegt ganz in der Nähe der Kirche und wurde in einem ehemaligen Lebensmittelgeschäft mit Bäckerei eingerichtet – daher der Backofen im Salon. Die mit Terrakottafliesen ausgestatteten Zimmer sind hell und elegant. Hinter dem Haus sehr schöner Garten mit Swimmingpool.

Shopping

Établissement Vernin – *Quartier du Pont-St-Julien – RN 100 –* ☎ *04 90 04 63 04.* Herstellung von handbemalten Terrakottafliesen *(carreaux d'Apt).*

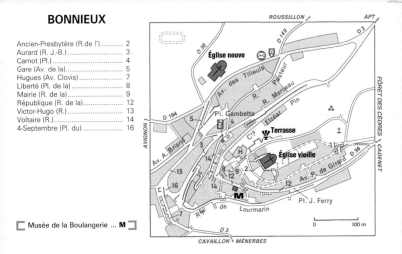

BONNIEUX

Musée de la Boulangerie ... **M**

Von der Terrasse gelangt man über eine Treppe zur Alten Kirche **(Église vieille)**, die von herrlichen Zedern umgeben ist.

An der D 36 liegt das interessante **Musée de la Boulangerie** ⊘, ein Bäckereimuseum, in dem anhand von Gerätschaften und Dokumenten das Bäckerhandwerk veranschaulicht wird.

UMGEBUNG

Zedernwald – *2 km auf der Straße nach Cadenet – etwa 2 Std.* Die aus dem marokkanischen Atlasgebirge importierten Zedern wurden 1862 oberhalb von Bonnieux gepflanzt. Ein botanischer Pfad macht an 8 Informationsstationen mit den typischen Pflanzengattungen des Luberon bekannt.

Les CALANQUES★★

Michelin-Karte Nr. 114 Falten 41,D 42, Nr. 245 Falten 44, 45 und Nr. 340 H6-I6

Das Calanques-Massiv, dessen höchster Gipfel mit 565 m der Mont Puget ist, erstreckt sich über fast 20 km zwischen Marseille und Cassis. Das aus hartem und schneeweißem Kalkstein gebildete Massiv zieht mit seiner unberührten Schönheit zahlreiche Naturliebhaber an. Aber die Einzigartigkeit und der außergewöhnliche Reiz dieser Landschaft liegen vor allem in den tiefen und engen Buchten, die den ganzen Küstenstreifen der Calanques säumen und ein Naturschauspiel bieten, in dem Meer, Himmel und Felsen einmalig schön zusammenklingen.

HINTERGRUNDINFOS

Was versteht man unter Calanques? – Das Wort Calanque (vom provenzalischen *cala*, steiler Hang) bezeichnet ehemalige Flußtäler mit schroffen Hängen, die nach den großen Eiszeiten des Quartärs durch den ansteigenden Meeresspiegel überschwemmt wurden. Solche Schwankungen des Meeresspiegels ergaben sich aus dem Wechsel von Eiszeit und Zwischeneiszeit in den vergangenen zwei Millionen Jahren. Vor 10 000 Jahren stieg das Wasser letztmalig auf eine Durchschnittshöhe von 100 m an und überflutete dabei die von den Urmenschen bewohnten Höhlen. Die Calanques sind meist nicht länger als 1,5 km und setzen sich auf dem Meeresboden fort. Sie sind mit den sogen. „Abers" der Bretagne vergleichbar, dürfen jedoch nicht mit Fjorden verwechselt werden, die von Gletschern gebildet wurden.

Eine einzigartige, gefährdete Landschaft – Die Durchlässigkeit des Kalksteins, die vielen Verwerfungen und die geringe Niederschlagsmenge bedingen die Trockenheit und das Fehlen von Wasserläufen im Gebiet der Calanques. Aufgrund der Wärmeregulierung durch das Meer, der Sonneneinstrahlung auf die hohen kahlen Felswände und dank der vor dem Mistral geschützten Lage herrscht am Südhang des Massivs ein ausgesprochen warmes Mikroklima. So ist es hier an bestimmten Wintertagen um 10 °C wärmer als am Nordhang. Seltene tropische Pflanzenarten haben hier die Kälteperioden des Quartärs überstanden und bilden heute einen botanischen Bestand von großem wissenschaftlichen Wert – und das paradoxerweise bei nur noch spärlichem Bewuchs. Trockenheit, Kahlschlag zum Befeuern der Kalköfen, das übermäßige Abweiden und die häufigen Waldbrände sind Hauptursachen dafür. Beginnend mit dem von Cäsar angeordneten Brand im Jahre 49 v. Chr. bis hin zur Feuersbrunst vom 21. August 1990 hat der Wald des Calanques-Massivs zu allen Zeiten Katastrophen erleben müssen. In den letzten Jahrzehnten wurden daher zahlreiche Schutzmaßnahmen ergriffen. So ist diese Gegend seit 1975 Naturschutzgebiet. Seit 1990 wurde das Verkehrs- und Wanderverbot in den Sommermonaten ausgeweitet. Gegenwärtig wird ein Aufforstungsprojekt geprüft, das die Verwendung von Klärschlamm vorsieht. Leider sind bei einigen Ökosystemen die Schäden schon nicht mehr wiedergutzumachen; die erhaltenen Flächen sind weiterhin stark gefährdet.

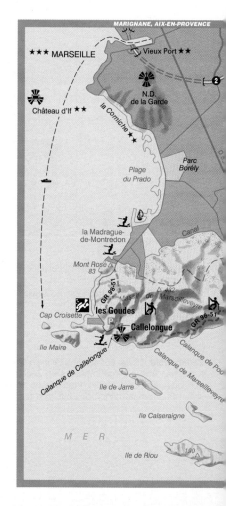

Entdeckungen beim Wandern – In diesem trockenheißen Klima setzt sich der Baumbestand im wesentlichen aus Aleppo-Kiefern, Unterholz oder Kermeseichen-Dickicht, Schneebällen, wilden

Olivenbäumen, Myrten und Mastixsträuchern zusammen. Am häufigsten trifft man auf Garrigue mit Kermeseichen, auf Heideland aus Rosmarin und Erika oder, an besonders kargen Stellen, lediglich auf einen Kriechpflanzenteppich. In Küstennähe findet man verschiedene Heidekrautgewächse, darunter das sogen. Schwiegermutter-Kissen mit seinen spitzen Stacheln.

In den Calanques sind die größte Eidechse und die längste Schlange Europas beheimatet. Die in den Calanques vorkommende Perleidechse erreicht eine Länge von 60 cm, die Eidechsennatter eine Länge von 2 m.

Die Vögel nisten vor allem auf den Klippen der Küste und auf den Inseln. Am häufigsten kommt die Silbermöwe vor, die sich von den Abfällen des Großraums Marseille ernährt. Die seltenste Vogelart ist der Bonelli-Adler (ungefähr 15 Pärchen), ein schöner Tagraubvogel mit dunkelbraunem, weißem und grauem Gefieder.

Kleine Wörterliste der Calanques-Fischer

Machen Sie sich mit der Sprache der „Pescadous" vertraut, die noch immer stark vom Provenzalischen geprägt ist. Nachstehend einige gebräuchliche Bezeichnungen für den Fang oder das Restaurant:

Arrapède: Schüsselschnecke (Schnecke in Form eines Chinesenhuts)
Esquinade: Meerspinne
Favouille: kleine Krabbe
Fielas: Meeraal
Galinette: Rötling
Pourpre: Tintenfisch
Supion: Kalmar
Totène: Tintenfisch
Violet: Seescheide (köstliche kartoffelförmige Meeresfrucht)

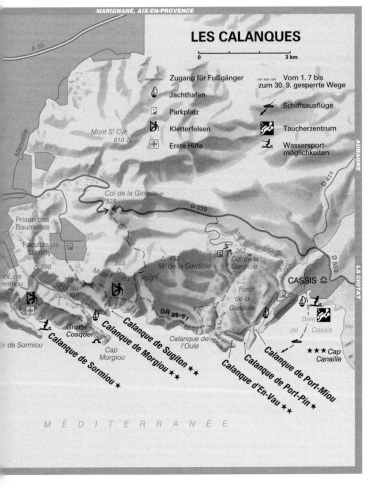

TIPS UND ADRESSEN

Zufahrt – Mit Ausnahme der direkten Zugangswege zu den Calanques ist das Autofahren und Wandern im Massiv vom 1. Juli bis zum 30. September und an Tagen, wenn der Mistral bläst, untersagt. Darüber hinaus kann der Zugang zu den Calanques aus meteorologischen Gründen auch in dem übrigen Zeitraum untersagt sein.

Naturschutz – Das ganze Jahr über darf man hier weder Blumen noch andere Pflanzen abpflücken oder gar ausreißen; man darf die Wanderwege nicht verlassen, darf nicht rauchen und natürlich kein Feuer machen. Präzise Karten sind unverzichtbar. Da es keine Trinkwasserstellen gibt, muß man einen reichlichen Vorrat an Getränken mitnehmen. Sehr wichtig ist es auch, geeignete Wanderschuhe zu tragen und sich vor Hitzschlag und Sonnenbrand zu schützen.

Die Calanques per Schiff – Ein Schiffsausflug bietet die einmalige Gelegenheit, die Calanques im Sommer zu sehen, wenn der Zugang auf dem Landweg strengstens verboten ist. Dabei werden auch die Inseln des Riou-Archipels angesteuert: **Maire**, dessen Felsen bis auf den letzten Grashalm von Ziegen abgeweidet wurde, **Jarre** und **Jarron** – wo Pestschiffe in Quarantäne lagen und die Pestepidemie von 1720 ihren Ausgang nahm – sowie **Riou**, die steilste Insel und Nistplatz großer Vogelkolonien.

Ab Marseille – **Groupement des Armateurs Côtiers Marseillais** – *1 Quai des Belges – Vieux-Port* – ☎ *04 91 55 50 09 – Juli-Aug.: Calanque-Fahrt mit Erläuterungen (4 Std.) tgl. 14 Uhr; Sept.-Juni: Mi, Sa und So um 14 Uhr. 18,29 €.* Besichtigung der meisten Calanques ohne Badeaufenthalt.

Ab Cassis – *Ab dem Hafen* – ☎ *04 42 01 71 17 (Office de tourisme).* Bootsausflüge (3/4 Std.) ohne Zwischenstop zu den Calanques von Port-Miou, Port-Pin und En-Vau. *9,15 €.*

Ab La Ciotat (Les Amis des Calanques) – *Chermin de la Louisiane, 13600 Ceyreste,* ☎ *06 09 35 25 68.* Ausflug im Katamaran mit Glasboden zu den Calanques von La Ciotat, Cassis und Marseille.

Auf Schusters Rappen – Mit dem Auto erreicht man nur die Calanques von Goudes, Callelongue und Port-Miou, die nicht die eindrucksvollsten sind. Die anderen kann man nur erwandern. Erfahrene Wanderer werden den Fernwanderweg GR 98-51 wählen, der auf einer wunderbaren, 28 km langen Strecke (11-12 Std.) zwischen Callelongue und Cassis an gewaltigen Steilfelsen entlang und durch die verstecktesten Calanques führt. Informationen: **Les Excursionnistes marseillais** – ☎ *04 91 84 75 52*

Klettern – Nadelspitzen und steile Klippen am Meer bieten herrliche Klettermöglichkeiten, die jedoch überwiegend erfahrenen Kletterern vorbehalten sind. Es gibt aber auch einige Stellen, an denen Anfänger erste Erfahrungen sammeln können.
Kletterausflüge organisiert der **Club Alpin Français**, *12 Rue Fort-Notre-Dame, 13007 Marseille.* ☎ *04 91 54 36 94*

Tauchen – Noch vor 30 Jahren zählten die Meeresgründe der Calanques zu den schönsten im westlichen Mittelmeer. Heute ist das natürliche Gleichgewicht dort durch die Einleitung von Schadstoffen, die Unterwasserjagd, die vor allem den berühmten schwarzen Riesenbarsch bedroht, und durch die Plünderung von Wracks mit hohem archäologischen Wert gestört. Dennoch üben die Calanques mit ihren bunt schillernden Fischen, Korallen, Schwämmen, violetten Seeigeln, Langusten, Perlmutt usw. noch immer eine große Anziehungskraft auf Taucher aus.
Auskünfte: **Comité régional des sports sous-marins** – ☎ *04 91 09 36 31*
Bücher und anderes Info-Material zum Tauchen: **Librairie maritime**, *26 Quai de Rive-Neuve, 13007 Marseille* – ☎ *04 91 54 79 26*

Gastronomie

Unsere Empfehlung

Le Lunch – *13009 Calanque de Sormiou* – ☎ *04 91 25 05 37 – Nov.-Mitte März geschl.* – ✆ – *Reserv.* – *25/30 €.* Ein Mittagessen direkt am Wasser in freier Natur bietet dieses Lokal, in dem fangfrische Fische und Meeresfrüchte auf den Tisch kommen. Im Sommer unterliegt die Zufahrt zur Bucht besonderen Bestimmungen. Nur die Gäste, die im Restaurant reserviert haben, können mit dem Auto dorthin fahren.

AUSFLÜGE

Les Goudes – *Marseille über die Promenade de la Plage verlassen.* Ehemaliges Fischerdorf in grandioser Felslandschaft. Kein Strand. Dennoch kommen die Marseiller gern hierher, um sich in den typischen kleinen Kneipen zu erfrischen. *Weiter bis Callelongue fahren, wo die asphaltierte Straße endet.*

Calanque de Callelongue – In dieser ausgesprochen schönen Miniatur-Calanque gibt es einige „Cabanons" *(s. Kasten)* und einen kleinen Hafen mit mehreren Booten.

★**Calanque de Sormiou** – *Ab Marseille aus über die Avenue de Hambourg und den Chemin de Sormiou. Den Wagen auf dem Parkplatz am Anfang der für den Verkehr gesperrten, asphaltierten Straße abstellen.*
🚶 Abstieg 1/2 Std., Rückweg 3/4 Std. Zahlreiche „Cabanons", ein kleiner Hafen, ein Strand und Fischrestaurants – die beliebteste Calanque der Marseiller. Die Calanque de Sormiou ist durch das **Cap Morgiou** von der Calanque de Morgiou getrennt. Von diesem Kap bietet sich ein wunderschöner Blick auf die beiden Calanques und die Ostküste des Massivs. 37 m tief unter dem Meeresspiegel öffnet sich die Grotte Cosquer.

★★**Calanque de Morgiou** – *Ab Marseille zunächst auf der gleichen Route wie nach Sormiou; beim Intermarché nach links abbiegen und den Schildern „Calanque Morgiou" folgen. Man kommt am berühmten Gefängnis Baumettes vorbei. Den Wagen in der Nähe des Durchfahrtverbotsschildes parken.*
🚶 Abstieg 3/4 Std., Rückweg 1 Std. (Teerstraße). Kleine Badebuchten, kristallklares Wasser, mehrere „Cabanons" im Talgrund, Restaurant, kleiner Hafen. Ein Besuch dieser einsam gelegenen Calanque ist wirklich zu empfehlen.

„Un petit cabanon ..."

Ein Tag im Cabanon, dem kleinen Häuschen am Meer, das sich viele Städter bzw. Marseiller gönnen, ist wie ein Ausflug ins Paradies. Nach dem Fischen oder einfach nach dem Marktbesuch trifft sich die ganze Familie im Schatten der Terrasse auf einen kühlen Pastis. Das ist der Moment zum Plaudern, Erzählen und Witzeln. Die köstliche Aïoli-Sauce, die zum Mittagessen gereicht wird, hat die hervorragende Eigenschaft, die Menschen genau in den Zustand zu versetzen, in dem eine Siesta, vor allem wenn sie vom einlullenden Gesang der Zikaden begleitet wird, nur zum Erfolg führen kann. Danach geht es weiter, denn beim Angelus-Läuten sollte man auf dem Pétanqueplatz sein, um das rituelle abendliche Spiel mitsamt den Kommentaren von Spielern und Zuschauern – die zuweilen geradezu poetische Höhen erreichen – nicht zu verpassen. Zum Abendessen nimmt man dann klugerweise etwas „Leichtes" zu sich, will heißen, man verzichtet auf die zweite Portion Pistou, um beim *Belote-Spiel* (Kartenspiel), auch verbal, in bestmöglicher Form zu sein.

★★**Calanque de Sugiton** – *Ab Marseille über den Boulevard Michelet nach Luminy fahren, den Wagen auf dem Parkplatz in der Nähe der Kunst- und Architekturhochschule (École d'Art et d'Architecture) parken.*
🚶 Hinweg 1 Std., Rückweg 1 1/2 Std. (Waldweg). Kleine Calanque mit türkisblauem Wasser in geschützter Lage, da rundum von hohen Felsen umgeben. Kein Wunder, daß sie bei FKK-Anhängern besonders beliebt ist.

★★**Calanque d'En Vau** – *Zufahrt entweder (1) über den Col de la Gardiole (die Route Gaston Rebuffat beginnt gegenüber dem Truppenübungsgelände Carpiagne) – den Wagen auf dem Parkplatz La Gardiole parken; oder (2) ab Cassis (über Port-Miou und Port-Pin).*
🚶 *(1):* 2 1/2 Std. hin und zurück; *(2):* 2 Std. hin und zurück. Mit ihren steil abfallenden Felswänden und ihrem smaragdgrünen Wasser ist En-Vau die reizvollste und bekannteste Calanque, eingerahmt von Felsnadeln, von denen der „Finger Gottes" *(Doigt de Dieu)* die höchste ist. Kieselstrand.

★**Calanque de Port-Pin** – *Zufahrt entweder (1) über den Col de la Gardiole (s. oben) oder über (2) ab Cassis (an der Calanque von Port Miou entlang).*
🚶 *(1):* 3 Std. hin und zurück; *(2):* 1 Std. hin und zurück. Diese recht breite Calanque hat nicht so steile Felswände wie die von En-Vau; es gibt einen von Kiefernwald gesäumten Sandstrand, der sich ideal für Familien mit Kindern eignet.

Traumhafte Mittelmeer-Impression ganz nah bei Marseille: die Calanque de Port Miou

Calanque de Port-Miou – *1,5 km westlich von Cassis. Zufahrt mit dem Wagen möglich, der Parkplatz ist im Sommer aber oft überfüllt.*
Die längste der provenzalischen Calanques wird von zahlreichen Ausflugsbooten angesteuert (die Römer besaßen hier den Hafen Portus Melius). Der inzwischen stillgelegte Steinbruch – hier wurde früher ein in der Gegend bekannter Stein *(pierre de Cassis)* abgebaut – beeinträchtigt das Landschaftsbild.

La CAMARGUE★★★

Michelin-Karte Nr.°245 Falten 40 bis 42, Nr. 246
Falten 26 bis 28 und Nr. 340 B4 bis D5

Die weiten Flächen, auf denen der Himmel jeden Tag mit dem Meer Hochzeit feiert, auf denen die stolzen schwarzen Stiere mit ihren Hörnern in Lyraform weiden oder weiße Pferde galoppieren, von denen plötzlich Schwärme von Flamingos aufsteigen und den Himmel rosa färben ... die Camargue ist eine Welt für sich, ein Erlebnis, das in Erinnerung bleiben wird.

HINTERGRUNDINFOS

Parc naturel régional de Camargue – Der im Rhone-Delta gelegene, 85 000 ha große Naturpark erstreckt sich über die Gemeinden Arles und Les Stes-Maries-de-la-Mer. Hauptziel des Parks ist es, der Bevölkerung durch eine allgemeine Naturschutzpolitik zu ermöglichen, in einer natürlichen Umgebung zu leben und ihre landwirtschaftlichen Aktivitäten beizubehalten. Außerdem sollen das Gleichgewicht des Wasserhaushalts geschützt und der Tourismus kontrolliert werden.

Das Rhonedelta – Die Camargue ist das Produkt der gegenläufigen und zusammenwirkenden Kräfte von Rhone, Mittelmeer und Winden. Vor etwa 10 000 Jahren reichte das Meer noch bis zum Nordufer des Vaccarès-Sees. Jahrhundertelang wechselte der Verlauf der Rhone (erst seit dem 15. Jh. entstand das heutige Flußbett), die durch mitgeführtes Geröll Wälle zwischen den Sümpfen aufschob, während Küstenströmungen durch Anschwemmungen Lagunen bildeten. Alljährlich trägt die „Große Rhone" (9/10 der gesamten Wassermenge) etwa 20 Mio. m³ von seinen Ufern losgerissenes Geröll, Sand und Lehm ins Mittelmeer. Während des Zweiten Kaiserreiches (1852-1870) gelang es durch den Bau eines großen Deichs, des **Digue à la mer** und mehrerer Rhone-Dämme, diese Naturkräfte in gewissem Maß unter Kontrolle zu bringen. Indessen schiebt sich die Küstenlinie an verschiedenen Punkten **(Pointe de l'Espiguette)** jährlich um 10-50 m ins Meer vor. An anderen Stellen holt sich das Wasser seinen Tribut: Der Faraman-Leuchtturm, **Phare de Faraman**, der 1840 noch 700 m weit im Landesinneren errichtet wurde, lag schon 1917 im Meer und wurde von Stürmen und Wasser zerstört. Ein neuer Leuchtturm hat ihn ersetzt. Der Ort **Les Saintes-Maries-de-la-Mer** war früher mehrere Kilometer von der Küste entfernt, jetzt mußte man zu seinem Schutz Deiche errichten.

Parc régional de Camargue

Die Landschaften der Camargue – Die Camargue wirkt recht einheitlich, läßt sich jedoch in drei Zonen unterteilen.

Die landwirtschaftlich genutzte Zone – Im Norden ihres Deltas und an den beiden Mündungsarmen hat die Rhone feines Schwemmland abgelagert, auf dem sich das beste Ackerland befindet. Diese sogen. „Obere Camargue" wurde bereits im Mittelalter urbar gemacht, was einen ständigen Kampf gegen Wasser und Salz bedeutete. Nach dem Zweiten Weltkrieg weitete man die Anbauflächen durch Trockenlegung der Salzsümpfe und Drainage des Wassers erheblich aus. Heute werden in extensiver Landwirtschaft vor allem Getreide, Wein, Obst, Gemüse, Mais, Raps und Futterpflanzen angebaut. Der **Reisanbau** sollte zunächst nur dem Boden Salz entziehen, um ihn für andere Nutzpflanzen vorzubereiten. In den 1960er Jahren wurde die Produktion intensiviert, sank dann jedoch wegen der ausländischen Konkurrenz erheblich. In dieser Region gibt es immer wieder kleine Wälder aus Flaumeichen, Eschen, Ulmen, Pappeln, Robinien und Weiden.

G. Magnin/MICHELIN

Ein Boot, eine Roubine und Schilf – Aalfischen in der Camargue

TIPS UND ADRESSEN

Besichtigung der Camargue

Auskunft: Centre d'Information de Ginès – *Pont de Gau – 13460 Les Saintes-Maries-de-la-Mer –* ☏ *04 90 97 86 32*

Musée Camarguais – *Mas du Pont de Rousty – 13200 Arles –* ☏ *04 90 97 10 82*

Beste Reisezeit – Es empfiehlt sich, die Camargue im Frühling oder im Frühherbst zu besuchen – auch der Winter kann herrliche Tage bereithalten – wenn die Touristenströme noch nicht, bzw. nicht mehr im Land sind. Dann kann man die reiche Tierwelt der Region beobachten, auch die zahlreichen Stiere, die (noch nicht oder nicht mehr) im Bas-Languedoc sind, sondern hier auf den Weiden in der Nähe der Teiche grasen.

Nicht vergessen! – Nehmen Sie ein Mittel gegen Mückenstiche mit, die lieben Tierchen sind zwischen April und November recht aggressiv. Trinkwasser (nur in den Ortschaften Le Sambuc, Gageron und Salin-de-Giraud erhältlich) sollte man auch mitführen, und natürlich ein Fernglas.

Sport und Freizeit

Wandern – Die ideale Weise, die Tier- und Pflanzenwelt kennenzulernen, insbesondere, wenn man dem GR 953 oder den weiter unten beschriebenen Erkundungspfaden folgt.

Reiten – Auf den berühmten Camargue-Pferden kann man in Begleitung eines Führers herrliche Ausritte zwischen Stierherden, durch die Sumpfgebiete und an den Stränden unternehmen: **Promenade des Lys**, *Route d'Arles, 13460 Les*

Saintes-Maries-de-la-Mer, ☎ *04 90 97 86 27.* Informationen gibt es auch be der **Association camarguaise de Tourisme équestre,** ☎ *04 90 97 86 32.*

Achtung! Die „Promenades à Cheval" mancher Anbieter bestehen aus einem Rit auf einem alten Ackergaul, der einmal eine Runde um einen ausgetrockneter Teich macht!

Mountainbiking – Es gibt drei große Mountainbike-Strecken: die Route de Landschaften und der Flamingos (Digue à la Mer, Étang du Fangassier, 22 km) die Salz-Route (Salzgärten) und die Reis-Route (landwirtschaftliche Zone de Camargue).

Schwimmen – Zwischen Les Saintes-Maries und der Großen Rhone dehnt sich ein riesiger Strand aus. Der offizielle FKK-Strand befindet sich am Strand vor Piémanson, südlich von Salin-de-Giraud; es gibt aber zahlreiche andere Plätze an denen nackt gebadet wird.

Schiffsausflüge auf der Kleinen Rhone (Petit Rhône) – Man fährt die Klein Rhone bis zum Bac du Sauvage hinauf und erhält einen Einblick in die Camargue der *Gardians:* Auf den Weiden grasen Stiere, am Ufer rauschen Tamarisken und in der Luft ziehen Reiher ihre Runden. *Mitte März-Mitte Nov.: 1 bis 5 Abfahrte je nach Saison. 9,15 € (Kinder 4,57 €).*

Auskunft und Platzreservierung: Tiki III, 13460 Les Saintes-Maries-de-la-Mer ☎ *04 90 97 81 68.*

Vogelbeobachtung – Wer Vögel beobachten möchte – zwischen April und Oktober –, muß früh aufstehen (alles spielt sich vor 10 Uhr ab) oder bis zur Abenddämmerung warten. Man ist leise, bewegt sich nicht und ver sucht, per Fernglas (kann an manchen Orten gemietet werden) die gefiederten Freunde zu erfassen. Gute Vogelbeobachtungsstellen sind die Naturerkundungspfade *(sentier de découverte)* la Capelière und Domaine de la Palissade, Digue à la Mer sowie der Ornithologische Park *(Parc ornitho logique)* Pont-de-Gau. Auch hier sollten Sie versuchen, Zeiten starker Andrangs zu vermeiden.

Besondere Termine

Tauromachie – *Corridas* und *Novilladas, Corridas de rejoneo* (zu Pferde), por tugiesische *Corridas* (zu Pferde, ohne Tötung des Stieres und mit Beteiligung von *Forcados,* die die Tiere mit blanken Händen stoppen) in Les Saintes-Maries de-la-Mer, Arles, Dalin-de-Giraud und Méjanes. Zahlreiche *Courses camarguaises Gardian-Spiele in der Arena* von Méjanes am Sonntagvormittag.

Fêtes des gardians – Am 1. Mai treffen sich die Mitglieder der „Naciour Gardiano" in Arles zu einer Prozession mit ihrem Schutzheiligen zur Église de la Major. Dort feiert man nach dem Segen eine Messe in provenzalischer Sprache.

Gastronomie

Unsere Empfehlung

Domaine de la Tour de Cazeau – *13200 Le Sambuc – 24 km südöstl. vor Arles über die D 570 und die D 36 –* ☎ *04 90 97 21 69 - 1.-15. Febr geschl. –* ✉ *– Reserv. – 24,39 €.* Dieser typische Camargue-Bauernhof aus dem 18. Jh. liegt inmitten von Reisfeldern. Stiere und Pferde weiden in der Umgebung, und vom Turm überwachte man einst die Schiffe auf der Grand Rhône. Lohnend ist ein kleiner Rundgang, bevor Sie sich in den ehemaliger Stallungen niederlassen und ein traditionelles Gericht der Region genießen. Zwei Gästezimmer.

Unterkunft

Spitzenkategorie

Hôtel Le Mas de Peint – *13200 Le Sambuc – 24 km südöstl. von Arles über die D 570 und die D 36 –* ☎ *04 90 97 20 62 – 8. Jan.-9. März und 26. Nov. 21. Dez. geschl. –* ▯ *– 11 Z: 190,56/347,58 € –* � *16,01 € – Restaurant 39 €.* Stiere, weiße Pferde und Gardians streifen durch das 500 ha große Gut, in dem sich dieses außergewöhnliche Wohnhaus aus dem 17. Jh. befindet. Der Chef des Hauses bereitet vor Ihren Augen in der Küchenecke des Speisesaal ein Menü zu, dessen Zutaten aus dem Garten und vom Gut kommen. Rund um den Swimmingpool serviert man kleine Gerichte.

Die Salinen – Zwei große Salinen sind in der Camargue in Betrieb, eine im Süden von Aigues-Mortes, die andere südlich von Salin-de-Giraud (10 000 bzw. 11 000 ha), wo bereits im 13. Jh. von Mönchen Salz gewonnen wurde. Der Abbau erreichte im 19. Jh. einen Höhepunkt, um dann nachzulassen. Zwischen März und September wird Meerwasser, das hier 36 g Salz/l enthält (davon 29 g Kochsalz) durch große, sehr flache Becken gepumpt, bis nach einer Strecke von etwa 50 km der Sättigungsgrad erreicht ist und Chlornatrium ausfällt. Dies geschieht in 12 cm tiefen Becken (Salzgärten), die sich über 9 ha erstrecken. Von Ende August bis Anfang Oktober, vor der Regenzeit, findet die Ernte statt. Das Salz wird zu 21 m hohen Bergen, den sogen. **Camelle**, aufgetürmt, bis es in Fabriken veredelt bzw. zu Brom und Magnesiumsalz verarbeitet wird. Das größte Unternehmen für die Herstellung von Camargue-Meersalz ist heute La Compagnie des Salins du Midi.

Die Naturlandschaft – Im Süden des Deltas liegt eine unfruchtbare Ebene. Sie ist durchsetzt mit Seen, Lagunen und Sümpfen, die durch zahllose Wasserrinnen *(graus)* mit dem Meer verbunden sind; kleine Dünen säumen die Küste. Diese Naturlandschaft bildet ein eigenes Ökosystem, das vor willkürlichen Eingriffen geschützt wird, da die traditionelle Weidewirtschaft erhalten werden soll. Man kann sie per Auto durchqueren; reizvoller ist es jedoch, sich diese eigentümliche Landschaft auf markierten Wegen zu erwandern. Der Boden dieser ausgedehnten Ebene ist rissig vor Trockenheit, weiß durch das ausblühende Salz und nur mit einer kargen Vegetation *(sansouire)* bedeckt, die im Frühling grün, im Sommer grau und im Winter rot ist. Es sind Pflanzen, die auch salzhaltige Erde vertragen, vor allem die kugeligen Büsche des Quellers *(salicornia)*, die den wilden Rinderherden als Nahrung dienen. Schilf *(sagno)* ist das Rohmaterial für die Matten zum Abdecken der Kulturen und für die Dächer der Cabanes der Gardians. Die von schmalen Kanälen *(roubines)* durchzogenen Sümpfe sind das typischste Gebiet der Camargue. Auf den Rièges-Inseln – **Îlots des Rièges** – südlich des Vaccarès-Sees blühen im Frühling viele, auch seltene Blumen und Pflanzen (u. a. Kugeldisteln, Stechginster, Iris, Tamarisken, Affodill und Narzissen).

R. Corbel/MICHELIN

Silberreiher

Die Tierwelt – In der Camargue leben – wenn auch nur zeitweise – über 400 verschiedene Vogelarten, davon etwa 160 Zugvögel, die teilweise aus Nordeuropa (Sibirien und Finnland) zum Überwintern hierher fliegen. An den von Binsen gesäumten **Brackwasserseen** nisten die verschiedensten Entenarten (Pfeif-, Knäk-, Stockenten). Im Winter werden am Vaccarès bis zu 100 000 Enten gezählt. Außerdem haben hier Schnepfen und Wasserläufer, verschiedene Stelzvögel wie Wasserrallen, Rohrdommeln, Silber- und Purpurreiher ihren Lebensraum.

Die Salzseen sind das Reich der Flamingoschwärme, die hier in Fülle kleine Salzkrebse *(artemia salina)* finden, ihre Hauptnahrung. Außerdem gibt es Säbelschnäbler und Rotschenkel-Wasserläufer und besonders viele Seeschwalben, Lach- und Silbermöwen, Kormorane sowie Austernfischer. Die Ablagerungen an den Rändern ehemaliger Flußläufe der Rhone haben höherliegende Gebiete entstehen lassen, in denen zum Teil **Süßwasser** vorhanden ist. Hier kommen, wenn auch selten, Fischotter und Biber vor. Grasmücken, Bachstelzen, Kiebitze und Lerchen sind häufig; manchmal kann man auch Bienenfresser antreffen. In den Wäldchen bauen Falken, Weihe, Bussarde und der Schwarze Milan ihre Nester. Überall sieht man die Elster.

Die Camargue ist sehr fischreich. Zander, Karpfen, Brassen und vor allem Aale gibt es reichlich in den Süßwasserkanälen; man fängt sie in Reusen. Früher lebten die Menschen hier ausschließlich vom Fischfang. Auch Sumpfschildkröten und Nattern kommen in den Feuchtgebieten vor.

Pferde und Stiere – Die **Herden** *(manades)* sind häufig aus Stieren und Pferden gemischt und vereinen im allgemeinen etwa 200 Rinder und 10 Pferde.

Das **Camargue-Pferd** ist eine uralte Rasse, deren Abbilder man in den Höhlenmalereien von Solutré erkannt haben will. Es wird schwarzgrau oder braun geboren und bekommt erst im 5. oder 6. Lebensjahr sein weißes Fell. Äußere Merkmale sind eine gewisse stämmige Gedrungenheit (es erreicht ausgewachsen nur 1,30 -1,45 m), ein eckiger Kopf und eine dichte Mähne. Das Pferd zeichnet sich durch große Ausdauer und Zähigkeit aus und ist den Hirten ein unentbehrlicher Helfer, da es mit sicherem Instinkt gefährliche Stellen im Sumpfland vermeidet und beim Zusammentreiben der Stiere Hörnerstößen geschickt aus dem Wege geht.

Die schwarzen Stiere der Camargue sind durch ihre lyraförmigen Hörner gekennzeichnet. Sie werden aus Leidenschaft gezüchtet und haben keinen anderen Zweck als den, beim unblutigen südfranzösischen Stierkampf angriffslustige Partner zu sein. **Die Ferrade**, die Markierung der Jährlinge (Stiere und Pferde) mit dem Brenneisen, ist ein besonderes

Ereignis im Leben der Herde. Dabei werden die Jungtiere von den Reitern zusammengetrieben, jeweils eines ausgesondert und den Leuten zugetrieben, die mit dem Brenneisen warten. Dem am Boden liegenden Tier werden dabei manchmal auch die Ohren eingekerbt. Nach der „Ferrade" folgt häufig ein fröhliches gemeinsames Essen.

Gardians – Der *Gardian* ist der Cowboy der Camargue. Er sammelt täglich seine Herde, um die kranken Tiere zu überwachen und zu pflegen oder Stiere für den Kampf auszuwählen. Seinen traditionellen breitrandigen Filzhut und den Dreizack sieht man allerdings fast nur noch an Feiertagen und bei Festen, so z. B. bei der im Frühjahr stattfindenden „Ferrade". Natürlich ist er ein ausgezeichneter Reiter. Sein Sattel aus hochwertigem Leder ist gut gepolstert und bietet einen sicheren Sitz; die Seitenblätter rechts und links tragen zum Komfort bei und schützen die Flanken des Pferdes; vorn ein Sattelknopf, hinten der Hinterzwiesel. Unüblich sind die vorne durch einen Steg geschlossenen Steigbügel.

AUSFLUG

Im Umkreis von Vaccarès

Rundfahrt 160 km – 1 Tag. Arles in südwestlicher Richtung (Saintes-Maries-de-la-Mer) verlassen.

★**Musée Camarguais** ⊙ – Das volkskundliche Museum ist in der ehemaligen Schäferei des Mas du Pont de Rousty untergebracht und führt in der Art eines Ökomuseums durch die Geschichte der Camargue seit der Entstehung des Rhonedeltas (5000 v. Chr.). Es wird an die Antike (Besiedlung durch die Ligurer, Griechen und Römer), das Mittelalter (Urbarmachung des Deltas im 11. Jh. durch Mönche) und insbesondere an das 19. Jh. erinnert. Der Besucher erhält so einen Überblick über die traditionellen Aktivitäten der Camargue. Interessant ist auch das Modell des **Mas** genannten provenzalischen Bauernhofs mit stark hierarchisierter Sozialstruktur.
🚶 Ein von Bewässerungskanälen gesäumter, 3,5 km langer Lehrpfad führt durch bebautes Land, Weiden oder Sumpfgebiet, wie man sie bei einem Mas der Camargue vorfindet.

Albaron – Die ehemalige Festung, von der noch ein stolzer Turm (13.-16. Jh.) existiert, ist heute eine wichtige Pumpstation zur Entsalzung des Bodens.

Château d'Avignon ⊙ – Dieses im klassizistischen Stil erbaute, große Schloß wurde Ende des 19. Jh.s von Louis Prat, einem Industriellen aus Marseille, umgebaut. Es ist ein gutes Beispiel für den Geschmack des Bürgertums jener Zeit (Aubusson-Teppiche und echte Gobelins aus dem 18. Jh. zieren die Wände). Ein Botanik-Lehrpfad (500 m) im Schloßpark macht mit den zahlreichen hier wachsenden Pflanzen bekannt.

Centre d'information de Ginès ⊙ – Das am Pont de Gau beim See von Ginès eingerichtete Informationszentrum des Naturparks Camargue hat sich zur Aufgabe gestellt, die Besucher auf die Verletzlichkeit der durch den Park geschützten Natur

Pferde der Camargue

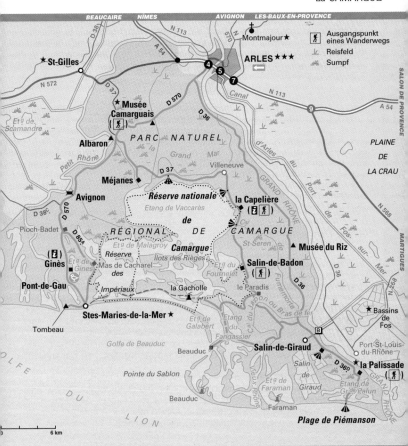

aufmerksam zu machen. Die ständige Ausstellung des Zentrums ist dem Brauchtum sowie der Tier- und Pflanzenwelt der Camargue gewidmet. Große Panoramafenster öffnen sich auf den See und das umliegende Sumpfgebiet und erlauben hin und wieder einen Blick auf vorbeiziehende Vögel. Im 1. Stock werden mit audiovisuellen Mitteln Themen wie die Salzgewinnung, die Flamingos und die Aktivitäten des Parks behandelt.

Parc ornithologique du Pont de Gau ⊘ – Der 60 ha umfassende Vogelpark grenzt an das Informationszentrum von Ginès. 🚶 Auf den von Erläuterungstafeln und Beobachtungsposten gesäumten Weg kann man mit ein bißchen Glück die meisten Vogelarten der Camargue in ihrem Lebensraum kennenlernen: Tag- und Nachtraubvögel wie die Rohrweihe, Schreitvögel wie Säbelschnäbler oder Austernfischer, Fischreiher, verschiedene Entenarten, Flamingos usw. Von dem um den See herumführenden Weg aus sind in der warmen Jahreszeit auch die auf den Uferweiden grasenden Stierherden zu sehen. In den ursprünglich für verletzte Tiere gedachten Volieren werden heute Vögel gezüchtet.

★**Les Saintes-Maries-de-la-Mer** – *s. SAINTES-MARIES-DE-LA-MER*

Gegenüber der Arena in westlicher Richtung auf die D 38 einbiegen. Nach 1 km links einen befestigten Weg nehmen.

Auf der linken Seite erhebt sich am Standort seines einstigen Gutshofs (Mas du Simbèu) das Grabmal von Folco Marquis de Baroncelli-Javon.

Nach Les Stes-Maries-de-la-Mer zurückkehren und dort die D 85ᴬ nehmen.

Die Straße durchquert die Couvin-Sümpfe, eine eigenartige Landschaft aus Salzwasserteichen, kümmerlicher Vegetation und überschwemmter Erde. Hübsch ist der Blick zurück auf Saintes-Maries und seine Kirche.

In Pioch-Badet rechts die D 570 nehmen; vor Albaron zweigt rechts die D 37 ab und führt durch Reisfelder. Nach 4,5 km wieder rechts abbiegen und nach Méjanes fahren.

Méjanes ⊘ – Ein Freizeitpark mit zahlreichen Attraktionen wie einer Arena, Ausritten und einer Kleinbahn (3,5 km am Vaccarès-See entlang).

Weiterhin der D 37 folgen.

Die Straße durchquert flaches Land mit ein paar Baumgruppen, Schilf und einzelnen Gehöften. Rechterhand bietet ein kleiner Aussichtspunkt einen Blick auf den Vaccarès-See und die Inseln des Vogelschutzgebietes Îlots des Rièges.

In Villeneuve rechts in Richtung „Étang de Vaccarès" fahren.

Von der Straße, die am See entlangführt, bieten sich nun herrliche **Ausblicke★** auf die einsame und wilde Landschaft der Camargue.

La Capelière ⊘ – Hier ist das Informationszentrum des 13 000 ha großen Naturschutzgebiets Camargue (**Réserve nationale de Camargue**) untergebracht. Das Gebiet erstreckt sich im Herzen des Rhone-Deltas um den Vaccarès-See. Die in diesem komplexen Ökosystem lebenden Tiere (besonders die Zugvögel) und Pflanzen sind streng geschützt. Zum besseren Verständnis der Landschaft kann man sich im Informationszentrum eine ständige Ausstellung ansehen. Außerdem gibt es Spazierwege *(1,5 km)* und drei Beobachtungsstände.
Links liegt das Sumpfgebiet Saint-Seren, wo das Häuschen eines Gardians ins Blickfeld kommt. Die Straße führt dann am Fournelet-See entlang.

Salin-de-Badon ⊘ – 🚶 Auf dem Gebiet dieser ehemaligen königlichen Saline kann man auf ausgeschilderten Spazierwegen (didaktische Hinweistafeln) und von Beobachtungsposten aus die hier lebenden Vogelarten in ihrem Lebensraum beobachten.

Wanderungen, wenn es nicht regnet!

🚶 Von **Le Paradis** aus kann man zwei Wanderungen unternehmen, die besonders gut mit der Vogelwelt der Camargue bekannt machen.
Die erste Wanderung führt nach Pertuis de la Comtesse und über den Deich (**Digue à la mer,** *für PKW gesperrt*) zum Leuchtturm La Gacholle (in einer Schutzhütte ist ein Fernrohr zum Beobachten der Vögel aufgestellt).
Die zweite Wanderung führt über den Damm zwischen den Seen Fangassier und Galabert. Das Eiland Galabert ist der einzige Nistplatz von Flamingos in Frankreich.
Am Ende des Damms wurde ein **Informationszentrum** eingerichtet, das man übrigens auch mit dem Auto erreichen kann (ab Salin-de-Giraud und in La Bélugue auf den Chemin de Beauduc abbiegen) – aber Achtung! – die Stoßdämpfer werden stark belastet, so daß es mancher Autofahrer bereuen wird, nicht auf ein Mountainbike umgestiegen zu sein.

Salin-de-Giraud – Ein großer Teil der Bevölkerung des kleinen Ortes am rechten Ufer der Rhone arbeitet in den chemischen Fabriken Solvay (belgische Firma) und Pechiney (Salzherstellung u. ä.), nach denen die Wohnviertel benannt sind.
Wenn man hier ankommt, fühlt man sich angesichts der rosafarbenen Backsteinhäuser und Schrebergärten in ein anderes Land (Flandern) versetzt ... nur stehen hier an den sich rechtwinklig schneidenden Straßen Platanen, Akazien und Trompetenbäume. Im Umland werden Reis, Klee und Spargel angebaut.
Am „Grand Rhône" entlang in Richtung „Plages d'Arles" fahren.

Blick auf die Saline – Neben einem „Salzberg" überblickt man die von kleinen Dämmen durchschnittenen, glitzernden Flächen der Salzteiche von Salin-de-Giraud, ein magischer Anblick, wenn die Sonne untergeht!

★Domaine de la Palissade ⊘ – Dieses 702 ha umfassende Gelände (in 4 km Entfernung von der Mündung der „Großen Rhone") ist im Besitz des Küstenschutzvereins *(Conservatoire du littoral)* und der einzige nicht eingedeichte Bereich des Mündungsgebiets, wodurch die ursprüngliche Landschaft weitgehendst erhalten werden konnte. Die Landschaft weist daher die ursprünglichen Merkmale der Unteren Camargue auf.
🚶 Drei **Entdeckungspfade** durchziehen das Gebiet. Der eine (1,5 km) ist mit Erläuterungstafeln versehen. Die beiden anderen (3 km und 7,5 km) sind weniger touristisch und erlauben es, so richtig in die Welt der Camargue einzutauchen (Flora, Fauna und traditionelles Leben der Bewohner).
In Richtung Strand von Piémanson weiterfahren.

Die Straße verläuft nun auf einem Damm durch eine von Salzablagerungen geweißte Landschaft. Wer Lust hat, kann sich am langgezogenen **Plage de Piémanson** (25 km) auf dem feinen Sand ausruhen oder im Mittelmeer baden.
Über Salin-de-Giraud in Richtung Arles fahren (D 36).

Musée du Riz ⊘ – Im **Reismuseum** der Domäne Petit Manusclat werden die in der Camargue angewandten Anbaumethoden erläutert. Im 1. Stock sieht man Krippenfiguren *(Santons)*, die in einem Modell des römischen Theaters von Arles aufgestellt sind.

Rückfahrt nach Arles über die D 36 und (rechts) die D 570.

CARPENTRAS★

Michelin-Karte Nr. 245 Falte 17, Nr. 246 Falte 10 und Nr. 332 D9

Carpentras, das auf eine keltisch-ligurische Siedlung zurückgeht und auch in der gallo-römischen Zeit besiedelt war, lädt heute zu einem Bummel auf den von Platanen beschatteten Boulevards ein, oder durch die belebten Gassen der Altstadt, in der Bauwerke und Monumente an die Blütezeit der Papststadt erinnern. Auf der breiten „Allée des Platanes" steht ein großer, kostenloser Parkplatz zur Verfügung.

HINTERGRUNDINFOS

Die Papststadt – Carpentras war von 1320 bis zur Revolution Hauptstadt des zum päpstlichen Besitz gehörenden Comtat Venaissin. Klemens V. hielt sich zwischen 1309 und 1314 häufig in Carpentras auf. Unter Papst Innozenz VI. umgab sich Carpentras mit einer mächtigen Mauer, die 32 Türme und 4 Tore besaß, von denen nur die Porte d'Orange übriggeblieben ist. Wie in Avignon, Cavaillon und l'Isle-sur-la-Sorgue gab es ein Judenviertel *(carrière)*, das jeden Abend verschlossen wurde.
Bischof Malachie d'Inguimbert war die bedeutendste Persönlichkeit des 18. Jh.s in Carpentras. Er gründete das Spital und die berühmte Inguimbertinische Bibliothek (1745), die auch heute noch seinen Namen trägt. Auf diesen Bischof gehen auch der Aquädukt und der Bischofspalast zurück.

Die Marktstadt – Nach der Vereinigung mit Frankreich (1791) erlebte Carpentras eine neue Blütezeit durch die 1768 in großem Umfang angebaute und genutzte Färberröte. Der wirtschaftliche Aufschwung setzte sich fort, nachdem die Garrigue um Carpentras durch den 1860 fertiggestellten Kanal mit dem Wasser der Durance zu einem fruchtbaren Garten werden konnte. Carpentras entwickelte sich zu der Marktstadt, die es noch heute ist.

TIPS UND ADRESSEN

Stadtbesichtigung

Stadtführungen – *s. Öffnungszetien und Eintrittspreise.*

Wenn man die Stadt auf einem **ausgeschilderten Rundgang** allein erkunden möchte, kann man beim „Office de tourisme" ein Faltblatt erhalten, auf dem die Sehenswürdigkeiten – erkenntlich an den *berlingots* (den typischen Bonbons aus Carpentras) – verzeichnet sind.

Gastronomie

Gut und preiswert

Restaurant des Halles – *41 Rue Galonne* – ☎ *04 90 63 24 11* – *Während der Ferien im Febr. und Okt. bzw. Nov. und So geschl.* – *10,50 € Mittagsmenü* – *12/20 €.* Das alte Bistro liegt beschaulich an einem charmanten kleinen Platz im Stadtzentrum. Hübsche Terrasse unweit des Steinbrunnens. Bei einem einfachen, nach den Aromen der Provence duftenden Gericht läßt es sich hier ausnehmend gut aushalten.

Unsere Empfehlung

L'Atelier de Pierre – *30 Place de l'Horloge, am Anfang der Rue des Halles* – ☎ *04 90 60 75 00* – *2.-17. Jan., 11.-20. Nov., So und Mo geschl.* – *22,87/40,40 €.* Hinter einer Fassade aus bemaltem Holz verbirgt sich dieses reizende, zentral gelegene Restaurant. Die runden, hübsch gedeckten Tische stehen in einem provenzalisch eingerichteten Raum mit Balkendecke. Hinter dem Haus gibt es eine ruhige Terrasse. •Klassische Küche und regionaltypische Gerichte.

Unterkunft

Unsere Empfehlung

Chambre d'hôte Bastide de Ste-Agnès – *1043 Chemin de la Fourtrouse* – *3 km nordöstl. über die D 974 Richtung Bédoin und die D 13 Richtung Caromb* – ☎ *04 90 60 03 01* – *5 Z: 62/81 €.* Dieses alte Landhaus, seine in Ocker gehaltenen Zimmer, die alten Fliesen und der heitere Garten mit seinen provenzalischen Düften üben einen unwiderstehlichen Zauber aus. Schöner Swimmingpool in der ehemaligen Zisterne.

Für zwischendurch

Café du Siècle – *13 Place du Général-De-Gaulle* – ☎ *04 90 63 58 52 – Im Sommer: Mo-Sa 7-22.30 Uhr; in den übrigen Monaten: 7.15-22 Uhr – In den November- und Februarferien jeweils eine Woche geschl.* Ein wahres Vergnügen ist es, in diesem Café eine Pause einzulegen. Von seiner Terrasse blickt man direkt auf die Fassade der Kathedrale St-Siffrein, und die Innendekoration ist alten Zügen wie dem Orient Express nachempfunden.

Shopping

Confiserie du Mont Ventoux – *288 Avenue N.-D.-de-Santé* – ☎ *04 90 63 05 25 – Di-Sa: 8-12 Uhr, 14-19 Uhr – An Feiertagen außer Weihnachten geschl.* Auf keinen Fall sollten Sie es versäumen, die „Berlingots" dieser Konfiserie zu kosten. Hier gestaltet man mit den Bonbons unterschied-lichster Geschmacksrichtun-gen ein hinreißendes Farb-schauspiel. Jeden Vormittag und nach Terminvereinba-rung kann man zuschauen, wie die Leckereien herge-stellt werden.

Pâtisserie-chocolaterie Cla-vel – *30 Rue Porte-d'Or-ange* – ☎ *04 90 63 07 59 – Im Sommer: tgl. 9.30-19 Uhr; im übrigen Jahr: tgl. außer So-nachmittag und Mo-vormittag 9.30-19 Uhr – 2. Jan.-woche und 1. Nov.-woche geschl.* René Clavel ist stadtbekannt. Er stellte mit einem Gewicht von 56,7 kg den größten Berlingot der Welt her und wurde 1993 ins *Guiness Buch der Re-korde* aufgenommen. „König René" hat immer neue Ideen, kreiert ständig neue

Berlingots aus Carpentras

süße Versuchungen – die berühmtesten sind die „Rocailles de Provence". Ko-sten Sie auch die feinen Schokoladen, Trüffel mit Lavendel oder Süßigkeiten aus Marzipan in allen Formen und Farben.

Markt – *Fr-vormittag.* Auf diesem großen Markt in den Straßen der Altstadt sind alle Köstlichkeiten und Erzeugnisse der Provence zu finden. Es herrscht ein buntes, lebendiges Treiben, und das Einkaufen und Betrachten macht so richtig Spaß.

Besondere Termine

Sommerfestival – Im Juli finden die „Estivales" mit vielfältigen kulturellen Veranstaltungen (Musik, Tanz, Theater, Ausstellungen) unter der Leitung des Schauspielers Jean-Pierre Darras statt. Auskunft: *La Charité, 77 Rue Cottier,* ☎ *04 90 60 46 00.*

AUF ENTDECKUNGSTOUR

Altstadt – *3/4 Std.*

Ausgangspunkt: Rue Cottier rechts vom Office de tourisme.

La Charité – Das Palais wurde 1669 errichtet, um Bedürftigen zu helfen. Heute dient es als Ausstellungsgebäude.

Durch die Rue St-Jean (rechts) gehen und anschließend links in die Rue Vigne ein-biegen.

Diese Straße folgt dem Verlauf der einstigen Stadtmauer. Ihre Fortsetzung ist die **Rue des Halles**, die von schönen Arkaden und zahlreichen Geschäften gesäumt ist. Gegenüber dem Rathaus steht der **Tour de l'Horloge** (Uhrturm), ein Überrest des ersten Gemeindehauses (15. Jh.).

Am Place Maurice-Charretier befand sich einst ein Teil des ehemaligen Ghettos. Links erhebt sich die Fassade der **Synagoge**.

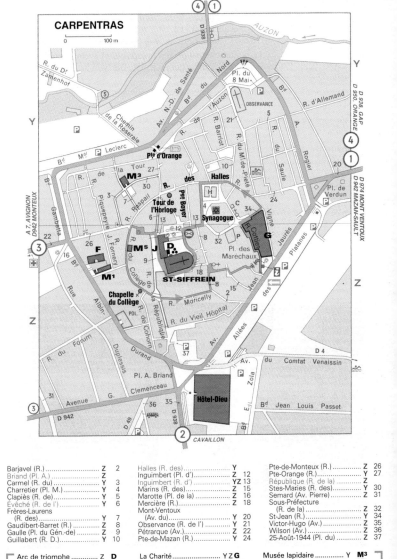

CARPENTRAS

Passage Boyer – Diese mit einem Gasdach gedeckte Passage wurde 1848 von ehemaligen, arbeitslos gewordenen Angehörigen der Ateliers Nationaux errichtet.
Zum Place d'Inguimbert gehen, an dem sich die alte Kathedrale erhebt.

In der Nähe des Justizpalasts steht der **Arc de triomphe**, der etwa gleichzeitig mit dem *Triumphbogen* von Orange entstand. Die besonders interessante Dekoration der Ostfassade zeigt zwei Gefangene. Der eine trägt eine Tunika, der andere ist in ein Fell gehüllt. Unweit des Chorhaupts der heutigen Pfarrkirche sind Reste der alten romanischen Kathedrale mit einer reich verzierten Kuppel erhalten. Wenn Sie um das Chorhaupt der Kirche herumgehen, werfen Sie einen Blick auf das **spätgotische Südportal** (Ende 15. Jh.s) der Kathedrale: Durch dieses Portal (Porte Juive) gingen die bekehrten Juden, um die Taufe zu empfangen.

★**Ancienne cathédrale Saint-Siffrein** – Der Bau wurde 1404 auf Veranlassung von Papst Benedikt XIII. begonnen und zu Beginn des 16. Jh.s fertiggestellt. Das Gotteshaus ist ein gutes Beispiel für die südfranzösische Gotik. Die zu Beginn des 16. Jh.s vollendete Fassade erhielt im 17. Jh. ein Barockportal.
Die Empore an der hinteren Wand des Hauptschiffes führte zum Gemach des Bischofs, der dem Gottesdienst von der kleinen Loggia oberhalb des ersten Jochbogens beiwohnte. Die Kapellen enthalten Bilder von Parrocel und Mignard; im Chor befinden sich mehrere Werke des bekannten provenzalischen Künstlers **Jacques Bernus**, darunter ein geschnitzter und vergoldeter Heiligenschein. Links zeigt ein Retabel aus dem ausgehenden 15. Jh. die Marienkrönung.

Der Kirchenschatz ist in einer Kapelle links vom Chor ausgestellt und enthält insbesondere Holzstatuen aus dem 14.-16. Jh., liturgische Gewänder, einen mit schöner Emailarbeit verzierten Bischofsstab sowie Skulpturen von Bernus.

Direkt an die Kirche grenzt das ehemalige Bischofspalais (17. Jh.), in dem heute der Gerichtshof **(Palais de Justice** ☉**)** untergebracht ist. Die Säle sind mit Malerei im Stil jener Zeit verziert.

Durch die Rue d'Inguimbert links in die Rue Raspail einbiegen; die Verlängerung ist die Rue du Collège.

Musée Sobirats ☉ – Das Museum enthält die Rekonstruktion eines Stadtpalais aus dem 18. Jh.

Chapelle du Collège – Die im 17. Jh. im Jesuitenstil erbaute Kapelle beherbergt Ausstellungen zeitgenössischer Kunst.

Am Place Ste-Marthe und in der Rue Moricelly stehen schöne Häuser aus dem 17. und 18. Jh.

BESICHTIGUNGEN

Hôtel-Dieu ☉ – In diesem Krankenhaus, das auf das 18. Jh. zurückgeht, befindet sich eine Apotheke, deren Schränke mit Landschaftsmotiven und drolligen Figuren bemalt sind; sie enthalten eine bedeutende Sammlung von Moustiers-Fayencen. In der im Barockstil erbauten Kapelle befindet sich links vom Chor das Grab des Bischofs d'Inguimbert, der das Hôtel-Dieu errichten ließ.

G. Magnin/MICHELIN

Hôtel-Dieu – Apothekerschrank

★Synagogue ☉ – Die Synagoge wurde 1367 errichtet; der heutige Bau stammt aus dem 18. Jh. (Restaurierungen 1929 und 1958). Im 1. Stock befindet sich der dem Gottesdienst vorbehaltene Saal. An einer Seite erblickt man eine Empore mit schmiedeeisernem Geländer und siebenarmigen Leuchtern. Holztäfelung und Stuck schmücken den Raum. Im Erdgeschoß befinden sich ein Backofen zur Herstellung von Matzebrot sowie verschiedene Räume. Das Untergeschoß birgt eine Mikwe des 14. Jh.s (rituelles Tauchbad für Frauen).

Museen ☉ – Neben dem Musée Sobirats gibt es noch drei Museen, die Sammlungen von überwiegend regionalem Interesse zeigen. Die ersten beiden (Comtadin und Duplessis) sind in einem Gebäude am Boulevard A.-Durand untergebracht, das Lapidarium weiter nördlich.

Das **Musée comtadin** *(im Erdgeschoß)* enthält regionale Erinnerungsstücke, darunter eine kuriose Sammlung von in Carpentras hergestellten Viehglocken – Carpentras war ein Transitort auf dem Wege der Transhumanz – sowie Kopfbedeckungen, Münzen und Siegel des Comtat Venaissin. Im **Musée Duplessis** *(1. Stock)* sind Gemälde verschiedener Epochen und Schulen ausgestellt (u. a. von Parrocel, Rigaud und den beiden aus Carpentras gebürtigen Maler Duplessis und J. Laurens).

Das **Musée lapidaire** ist in der 1717 geweihten Kapelle der Grauen Büßer untergebracht. Zu sehen sind einige Säulen und Kapitelle des romanischen Kreuzgangs der Kathedrale.

UMGEBUNG

Monteux – *4,5 km westl. über die D 942*. Kleiner, überwiegend vom Gemüseanbau lebender Ort. Aus dem 14. Jh. stammen der **Tour Clémentine**, der einzige Überrest einer Burg, in die sich Papst Klemens V. bisweilen zurückzog, sowie zwei Tore der alten Stadtmauer. Der hl. Gens, Schutzpatron der provenzalischen Bauern, weil er ein „Regenmacher" war, wurde in Monteux geboren.

Mazan – *7 km nördl. über die D 942*. Der kleine Ort im Auzon-Tal liegt in der Nähe von Mormoiron, dem größten Gipsvorkommen Europas. Mazan ist der Geburtsort des Bildhauers **Jacques Bernus** (1650-1728).
Im Norden und Nordwesten des **Friedhofs** stehen 62 gallorömische Sarkophage, die früher die Römerstraße von Carpentras nach Sault säumten. Die halb unterirdische Kirche Notre-Dame-de-Pareloup datiert aus dem 12. Jh. Schöner **Blick**★ auf die Dentelles de Montmirail, den Mont Ventoux und das Lure-Gebirge.
Unweit der Kirche, in der Kapelle der Weißen Büßer (17. Jh.), ist das Heimatmuseum (**Musée communal** ⊘) untergebracht. Die Sammlungen umfassen Urkunden, Trachten, Möbel, Ackerbaugerät, eine Skulptur von Jacques Bernus sowie steinzeitliche Funde vom Südhang des Mont Ventoux. Im Hof befindet sich ein Backofen aus dem 14. Jh.
Das Schloß Mazan, Schauplatz einiger Abenteuer des Marquis de Sade, ist heute ein Seniorenheim *(keine Besichtigung)*.

CASSIS ⌂

8 001 Einwohner
Michelin-Karte Nr. 245 Falte 45, Nr. 246 Falte M und Nr. 340 I6

Der beliebte Badeort zwischen dem Cap Canaille im Osten und den Calanques im Westen erfreut sich einer reizvollen **Lage**★ in einer geschützten Bucht. Nach einigen Stunden an einem der beiden kleinen, abschüssigen Sandstrände oder dem Kieselstrand finden sich die Urlauber bei untergehender Sonne im Fischerhafen ein, um Meeresfrüchte, Fisch und Schalentiere zu genießen. Der klare Himmel und das besondere Licht inspirierten seinerzeit die Maler Derain, Vlaminck, Matisse und Dufy zu herrlichen Gemälden.

BESICHTIGUNG

Musée d'Arts et Traditions populaires ⊘ – Das kleine Heimatmuseum im „Maison de Cassis" enthält eine archäologische Sammlung (Cippus aus dem 1. Jh., griechische und römische Münzen, Keramik, Amphoren), Manuskripte zur Stadtgeschichte sowie Gemälde und Skulpturen heimischer Künstler.

G. Magnin/MICHELIN

Beschaulicher Hafen von Cassis

TIPS UND ADRESSEN

Gastronomie

Gut und preiswert

Romano – *Port de Cassis* – ☎ *04 42 01 08 16* – *26.-30. Nov., So-abend von Sept. bis März geschl. – 20,58 €.* Die großen Fensterflächen dieses Fischrestaurants im marinen Bistro-Stil zeigen zum Hafen hin, und aus der Küche kommen verlockende provenzalische Düfte.

Unsere Empfehlung

La Boulangerie – *19 Rue Michel-Arnaud* – ☎ *04 42 01 38 31* – *1. Nov.-15. Febr., in der Woche mittags und Mi (außer Juli-Aug. abends) geschl. – 21,34/31,10 €.* Die „Bäckerei", ein Restaurant in einer ruhigen Gasse, verbirgt hinter ihrer blumengeschmückten Fassade drei kleine, in Ocker gestaltete Räume mit hübscher Einrichtung. Ein Backofen und ein Brotschrank erinnern an die Vergangenheit des Lokals. Die junge Köchin bereitet mit marktfrischen Zutaten schmackhafte Speisen zu. Terrasse.

La Presqu'île – *2 km südwestl. von Cassis, Richtung Port-Miou* – ☎ *04 42 01 03 77* – *11. Nov.-28. Febr., So-abend von Sept.-Mai und Mo geschl. – 25,15/37,35 €.* Hier, an der Straße der Calanques, direkt gegenüber dem Cap Canaille, genießen Sie die herrliche Landschaft mit den Klippen, die ins türkisblaue Wasser hinabzustürzen scheinen. Wenn Sie in der Abendkühle frösteln, ziehen Sie sich einfach in den in provenzalischen Farben gestalteten Gastraum zurück.

Unterkunft

Unsere Empfehlung

Hôtel Le Clos des Aromes – *10 Rue Paul-Mouton* – ☎ *04 42 01 71 84* – *3. Jan.-28. Febr., Di-mittag, Mi-mittag und Mo geschl. – 14 Z: 48/72 € –* ☲ *8 €* – Restaurant 27 €. Altes Gebäude mit dem Erscheinungsbild eines Herrenhauses im Zentrum des Dorfes. Die schmackhafte, provenzalisch angehauchte Küche wird im Sommer auf der blumengeschmückten Terrasse serviert. Die eher kleinen Zimmer sind farbenfroh und gemütlich. Mittelmeeratmosphäre.

Cafés, Kneipen und Bars

Casino – *Avenue du Prof.-Leriche* – ☎ *04 42 01 78 32* – *casino-cassis@libertysurf.fr – Juli-Aug.: tgl. 10-4 Uhr; außerhalb der Saison: tgl. 10-3 Uhr, Sa/So und am Vorabend von Feiertagen bis 4 Uhr.* Zwischen den Spielautomaten und den Tischen mit den traditionellen Spielen vibriert dieses Casino im Rhythmus der Spielleidenschaft seiner Besucher. Aber auch Themenabende und Sportereignisse haben hier ihren Platz. Wenn die Fußballmannschaft Olympique de Marseille ein Meisterschaftsspiel absolviert, kann man die Begegnung am Großbildschirm verfolgen.

Le Bar de la Marine – *5 Quai des Baux* – ☎ *04 42 01 76 09* – *tgl. 7-2 Uhr – Mitte Jan.-Mitte Febr. geschl.* Einfach und gastfreundlich geht es zu in diesem Lokal, das gerne von Künstlern und Schauspielern aufgesucht wird, die hier den Sommer verbringen. Auf der Terrasse kann man hinter dunklen Ray-Ban-Gläsern inkognito bleiben und den Blick auf den Hafen genießen. Ab 22 Uhr ist die Diskothek „K6" geöffnet, die ebenfalls zur Bar de la Marine gehört.

Shopping

Weine aus Cassis – Die Weinmesse von Cassis (*Foire aux vins*, 1. Sonntag im September) ist eine ideale Gelegenheit, die köstlichen Weine (v. a. Weißweine) der Region zu probieren, die von 14 Winzern auf den Weinbergen der Umgebung angebaut werden.

Sport und Freizeit

Freizeitschiffahrt – Im Hafen von Cassis (☎ *04 42 01 24 95*) stehen Besuchern 30 Plätze zur Verfügung. Ein weiterer Hafen für Freizeitschiffer ist der von Port-Miou (40 Plätze). ☎ *04 42 01 04 10*

Schiffsausflüge zu den Calanques – 3-4 Std. ohne Zwischenstop zu den Calanques von Port-Miou, Port-Pin und En-Vau. *9,15 €* – ☎ *04 42 01 71 17 (Office de tourisme).*

Cosquer-Grotte

Diese unterseeische Höhle unweit der Spitze von Cap Morgiou wird seit 1985 von **Henri Cosquer**, einem Taucher aus Cassis, erforscht. Am 3. September 1991 wurde die „versunkene Kathedrale der Höhlenmalerei" mit ihren sensationellen altsteinzeitlichen Zeichnungen und Gravuren entdeckt. Eine Zeitlang bestanden Zweifel an der Seriosität der Entdeckung, aber die Echtheit der Abbildungen wurde schon bald wissenschaftlich nachgewiesen. Nach der Datierungsmethode durch Neutronenaktivierung, anhand derer auch winzige Mengen organischer Materie analysiert werden können, sind die Negativabdrücke von Händen 27 000 Jahre v. Chr. und die Tierzeichnungen um 17 000 Jahre v. Chr. entstanden. Sie sind damit ein- bis zweitausend Jahre älter als die in der Höhle von Lascaux, denen sie in Technik und Stil ähneln. Die völlig ungewöhnliche Darstellung von Meerestieren, wie zum Beispiel Robben, großen Seevögeln und Fischen, steigert den Wert dieser Höhle noch.

AUSFLUG

★★ Corniche des Crêtes

Von Cassis nach La Ciotat – 19 km – etwa 4 Std.

Diese Strecke führt an einer eindrucksvollen Steilküste entlang, zu der mit Cap Canaille (362 m) und Grande Tête (399 m) die höchsten Klippen Frankreichs gehören. An der herrlichen Panoramastraße wurden mehrere Aussichtspunkte angelegt, von denen man die schwindelerregenden Steilfelsen betrachten kann.

Cassis in Richtung Toulon (D 559) verlassen, in der Steigung rechts abbiegen (Wegweiser) und am Pas de la Colle links abbiegen.

Mont de la Saoupe – Von der Plattform mit Fernseh-Relaisstation bietet sich ein herrlicher **Rundblick★★**: im Westen auf Cassis, die Insel Riou, das Marseilleveyre-Massiv und die Saint-Cyr-Kette, im Norden auf die Étoile-Berge und das Sainte-Baume-Massiv, im Südosten auf La Ciotat, Cap de l'Aigle und Cap Sicié.

Zum Pas de la Colle zurückkehren und der ansteigenden Straße folgen.

★★★**Cap Canaille** – Beim Geländer bietet sich ein atemberaubender **Blick★★★** in die Tiefe, auf das Puget-Massiv mit seinen Buchten sowie auf das Marseilleveyre-Massiv und die Inseln, die es umgeben.

Nachdem man die Klippe Grande Tête umfahren hat, rechts abbiegen.

Sémaphore – In der Nähe des Signalmastes hat man nochmals einen herrlichen **Blick★★★** auf La Ciotat und seine Werften, auf den Aigle-Felsen und auf die Embiez-Inseln mit Cap Canaille und Cap Sicié (Fernrohr).

Zur Küstenstraße zurückfahren und rechts in Richtung La Ciotat abbiegen.

Die Talfahrt führt an großen Steinbrüchen und aufgeforsteten Hängen sowie an einem natürlichen Kalkstein-„Brückenbogen" vorbei, der auf einem Sockel aus Puddingstein ruht.

Blick vom Mont de la Saoupe auf Cassis

CAVAILLON

24 563 Einwohner
Michelin-Karte Nr. 245 Falte 30, Nr. 246 Falte 11 und Nr. 332 D 10

Cavaillon ist für seine Felder mit Frühgemüse und Frühobst bekannt, die sich weit um den Ort ausdehnen. Die aromatischen, nach der Stadt benannten „Melons de Cavaillon" werden in Gewächshäusern und direkt auf den Feldern gezogen. Die rund 800 000 t Obst und Gemüse, die hier jährlich auf den Großmarkt kommen, machen diesen zum bedeutendsten in Frankreich und einem der wichtigsten in Europa.

Cavaillon geht auf eine keltische Siedlung namens Cabellio zurück, die auf dem Saint-Jacques-Hügel im Westen der Stadt lag und lange unter der Herrschaft von Marseille stand. Später entwickelte sich am Fuße des Hügels eine wohlhabende römische Kolonie.

TIPS UND ADRESSEN

Stadtbesichtigung

Das Fremdenverkehrsamt (Office de tourisme, *s. Öffnungszeiten und Eintrittspreise*) bietet Stadtführungen und Themenrundfahrten durch den Luberon an.

Gastronomie

Gut und preiswert

Côté Jardin – *49 Rue Lamartine* – ☎ *04 90 71 33 58* – *cotejard@club-internet.fr* - *Mo-abend, Di-abend und (im Winter) So geschl.* – *11 €* Mittagsmenü – 20/24 €. In diesem hübschen kleinen Restaurant mit seiner ockerfarbenen Fassade und den mit Friesen verzierten Wänden läßt es sich aushalten. Es liegt etwas abseits des Stadtzentrums. Im Sommer stehen die Tische in dem begrünten Innenhof rund um einen kleinen Brunnen. Provenzalische Küche.

Unterkunft

Unsere Empfehlung

Chambre d'hôte Le Mas du Souleou – *5 Chemin St-Pierre-des-Essieux – 84300 Les Vignières – 7 km nördl. von Cavaillon über die D 938 Richtung Carpentras und die D 22* – ☎ *04 90 71 43 22* – *www.souleou.com* – *Febr. geschl.* – ☑ – *4 Z: 69,36/73,18 € – Mahlzeit 19,82 €*. Das hübsche kleine Bauernhaus aus dem 19. Jh. in ländlicher Umgebung wurde sorgfältig restauriert und bietet seinen Gästen elegante, geräumige Zimmer mit geschmackvollen Möbeln. Schönes Bibliothekszimmer mit Kamin. Im Sommer speist man mit noch größerem Vergnügen unter schattigem Weinlaub. Swimmingpool.

Ausgehtip

La Gare – *Place du Marché-Coustellet – 84660 Maubec* – ☎ *04 90 76 84 38* – *mit.lagare@wanadoo.fr* – *Fr-Sa 21-2 Uhr, So 8-14 Uhr – Juli geschl.* Der „Bahnhof", heute eine Musikkneipe mit vielfältigem Programm – Theater, Diskussionen, Konzerte und andere Events – und allen Musikrichtungen gegenüber offen, hat noch einige Elemente seiner früheren Bestimmung bewahrt, so z. B. die alte Uhr und das Stationsschild „Maubec".

Shopping

Délice de Melon – Dabei handelt es sich um einen Aperitif auf der Grundlage von Melonenmus, das in Alkohol eingelegt wurde. Schmeckt köstlich, kalt serviert und mit zerstoßenem Eis. **Cellier de la Poste**, *20 Place Roger-Salengro*, ☎ *04 90 71 05 63*.

Besondere Termine

Das Fest der Melone – Um den 14. Juli findet das Fest statt, bei dem es Ausstellungen und Verkostungen, einen Buchverkauf, einen Umzug blumengeschmückter Wagen, die Nachbildung eines alten Marktes und ein Feuerwerk ... zum Thema der Melone gibt. Als Gäste kommen auch Vertreter der kandierten Früchte von Apt und des Muskatellers von Beaumes-de-Venise!

CAVAILLON

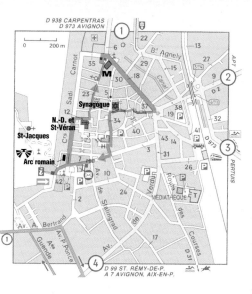

AUF ENTDECKUNGSTOUR

Unterstadt

Vom Place Tourel zum direkt anschließenden Place du Clos gehen, auf dem über Jahre der Melonenmarkt abgehalten wurde.

Auf dem Platz sind noch die Reste eines kleinen, hübsch skulptierten **römischen Bogens** zu sehen, der 1880 an diesem Standort aufgestellt wurde.

In den Cours Sadi-Carnot einbiegen und rechts die Rue Diderot nehmen.

Cathédrale St-Véran – Die romanische Kirche ist dem Schutzpatron der Hirten geweiht, der im 6. Jh. Bischof von Cavaillon war. Das Bauwerk wurde zwischen dem 14. und 18. Jh. durch Seitenkapellen vergrößert. Die Fassade erneuerte man im 18. Jh. nahezu vollständig. Man betritt die Kirche an der Südseite (rechts) und durchquert den kleinen romanischen **Kreuzgang**. Der dunkle Innenraum enthält einige Gemälde von Nicolas Mignard.

Die Grand'Rue führt durch das Altstadtviertel.

Man kommt an der Fassade des Grand Couvent vorbei und durchquert dann die Porte d'Avignon, einen Überrest der alten Stadtmauer.

Nun rechts in den Cours Gambetta einbiegen, der zum gleichnamigen Platz führt und dann wieder rechts in die Rue de la République, Fußgängerzone und Geschäftsstraße, gehen.

Man erreicht die sogen. „Carrière", das frühere jüdische Ghetto. Rechts geht die Rue Hébraïque ab, in der sich die **Synagoge befindet**.

Zum Place Tourel gelangt man wieder zurück, wenn man durch die Rue Raspail und dann rechts durch den Cours Brissac spaziert.

Colline St-Jacques

Anfahrt mit dem Wagen: D 938 (Richtung Carpentras), hinter einer großen Kreuzung links bergauf fahren.

Man kann auf einem gekennzeichneten und mit Erläuterungstafeln versehenen Weg, der am römischen Bogen seinen Ausgang nimmt, zu Fuß auf den Hügel gehen (etwa 3/4 Std.).

Vom Gipfel des Hügels bietet sich ein schöner **Rundblick★** *(Orientierungstafel)* auf die Stadt, den Mont Ventoux, das Coulon-Tal, die Hochebene von Vaucluse, den Luberon, das Tal der Durance und die Alpilles. Die dem hl. Jakobus geweihte, ursprünglich romanische Kapelle **(Chapelle St-Jacques)** liegt in einem hübschen Park mit Zypressen, Pinien und Mandelbäumen.

BESICHTIGUNGEN

Musée de l'Hôtel-Dieu ⊘ – Das Museum des alten Spitals enthält eine Sammlung verschiedener Steindenkmäler (in der Kapelle), eine Abteilung, die der Geschichte des Spitals gewidmet ist (Salbentöpfe aus Fayence und Glas) sowie, im 1. Stock, eine bedeutende **archäologische Sammlung★** mit interessanten Funden vom Saint-Jacques-Hügel – Keramik, Münzen, Graburnen.

Torah-Möbel – Musée juif comtadin

Musée de Cavaillon

Synagoge und Musée juif comtadin ⓥ – Die Synagoge wurde von 1772-74 neu errichtet. Sie ist, wie die Synagoge von Carpentras, im provenzalischen Barockstil gestaltet. Die älteste Synagoge Frankreichs (14. Jh.) besitzt einige bemerkenswerte Kunstwerke: eine hübsche graugrundige, mit blauen und gelben Motiven bemalte Täfelung, ein schönes schmiedeeisernes Gitter, Manuskripte, Grabstelen und liturgische Gegenstände. Im Untergeschoß liegen die den Frauen vorbehaltenen Reinigungsbäder.

AUSFLUG

Rundfahrt um das Massif des Plaines

51 km – etwa 3 Std.

Cavaillon auf der D 99 in Richtung St-Rémy-de la Provence und Tarascon verlassen und, nachdem man die Durance und die Autobahn hinter sich gelassen hat, links die D 26 nehmen.

Orgon – Der Ort in der Durance-Ebene liegt zwischen den Alpilles und dem Luberon. Die interessante **Kirche** birgt links im Kirchenschiff einige schöne Tafelbilder. Vom Vorplatz der **Chapelle Notre-Dame-de-Beauregard** auf der Anhöhe südlich des Ortes *(Straße mit reglementierter Benutzung)* bietet sich ein schöner Blick auf das Tal der Durance und den Luberon.

Napoleon auf der Flucht

Am 25. April 1814 kam Napoleon auf der Flucht nach Elba durch Orgon, wo er in einem Gasthaus einkehrte. Die Nachricht verbreitete sich schnell, und eine aufgebrachte Menschenmenge versammelte sich um die Kutsche. Man verbrannte eine Puppe mit den Zügen Napoleons und schrie: „Stirb, Tyrann!" Napoleon konnte nur durch das Eingreifen des Bürgermeisters und eines russischen Kommissars seine Fahrt fortsetzen. Nach einigen Kilometern zog er die Gewänder seines Boten an, um nicht nochmals erkannt zu werden. In dieser Kleidung erreichte er die Auberge de la Calade (an der N 7) bei Aix-en-Provence.

Orgon im Süden über die N 538 in Richtung Salon-de-Provence verlassen. Nach 3 km rechts auf die D 569 abbiegen.

Castelas de Roquemartine – Malerische Ruinen aus verschiedenen Epochen. Gegen Ende des 14. Jh.s war diese Festung neben Les Baux Stützpunkt der Banden des Raymond de Turenne.

Eyguières – *3 km südlich von Castelas de Roquemartine.* Dieser kleine, typisch provenzalische Ort mit seinen eleganten Brunnen liegt am Rande der Ebene vor Salon-de-Provence.

In Richtung Castelas zurückkehren, links die D 25 und anschließend rechts die D 2 nehmen.

Eygalières – *s. Les ALPILLES*

Chapelle St-Sixte – Die Kapelle aus dem 12. Jh. erhebt sich auf einer felsigen Anhöhe an der Stelle eines heidnischen Quellenheiligtums. Ihre herrliche Apsis ist vom Schiff durch einen Bogen getrennt, der auf mit Wildschweinköpfen geschmückten Konsolen ruht.

Auf der D 24B nach Orgon und Cavaillon zurückfahren.

CHÂTEAUNEUF-DU-PAPE

2 078 Einwohner

Michelin-Karte Nr. 245 Falte 16, Nr. 246 Falte 24 und Nr. 332 B9

Nach diesem Ort ist einer der bekanntesten Weine des Rhonetals benannt. Die Päpste, die hier ihre Zweitresidenz hatten, ließen die Weinberge anlegen. Lange brachte man den Wein zur Veredelung nach Burgund; nach 1880 mußten die Weinberge aufgrund der Zerstörung durch Reblausbefall neu gepflanzt werden. Seit 1923 regeln strenge Bestimmungen die Begrenzung der Anbaugebiete, ihre Bepflanzung, Lese und Auswahl der Trauben (13) und die Art der Weinerzeugung, die Präsentation des Weines und seine Qualitätsstandards.

Von der Festung der Päpste **(Château des Papes)** erstreckt sich der **Blick**★★ über das breite Rhonetal. Man sieht Roquemaure und die Ruine Hers. Avignon mit Kathedrale und Papstpalast zeichnet sich klar vor dem Hintergrund der Alpilles ab; man erkennt auch den Luberon, die Hochebene von Vaucluse, den Mont Ventoux, die Dentelles de Montmirail, die Baronnies und das La Lance-Gebirge.

TIPS UND ADRESSEN

Gastronomie

Gut und preiswert

Le Pistou – 15 Rue Joseph-Ducos – ☎ 04 90 83 71 75 – 31. Dez.-15. Jan., So-abend, Mo und, von Nov.-Ostern außer Sa, abends geschl. – 13,26/22,26 €. Das kleine Lokal liegt im Zentrum des Altstadtviertels in einer Gasse, die zur päpstlichen Festung führt. Schlichter rustikaler Dekor. Die Tagesgerichte werden auf einer Schiefertafel notiert, die Küche bietet Spezialitäten aus dem Südwesten Frankreichs. Sehr zivile Preise.

Unsere Empfehlung

La Garbure – 3 Rue Joseph-Ducos – ☎ 04 90 83 75 08 – garbure@wanadoo.fr – Jan., 1.-12. Nov. und So geschl. – 19/28 €. In dem kleinen, in lebendigen Farben gehaltenen und sorgfältig möblierten Gastraum serviert man vom Chef des Hauses gezauberte regionaltypische Speisen, die auf viel Gefallen stoßen. Wenn man länger bleiben will, stehen einige provenzalische Zimmer zur Verfügung (Haus mit Klimaanlage).

BESICHTIGUNG

Musée des Outils de vignerons ⊙ – Das Winzermuseum illustriert anschaulich die Arbeit des Winzers. Man besichtigt in logischer Reihenfolge zunächst das Gerät, das der Pflege der Reben (Pflüge, Spaten, Schneidgerät, Spritzen) dient; weiter geht es mit der Weinlese (Körbe, Kiepen) und der Arbeit des Kellermeisters (Bottiche, Trichter, Kelter aus dem 16. Jh., Faß aus dem 14. Jh.). Hinzu kommen Informationen über weitere Aspekte des Weinbaus, über die Küferei, das Pfropfen, die Reblaus, über Flaschen und Korken. Ein Raum informiert über den heutigen Weinbau (3 300 ha, 300 Winzer); im Hof ist eine Sammlung alter Pflüge zu sehen.

UMGEBUNG

Roquemaure – 10 km über die D 17 und die D 976. Die Straße durchquert sorgfältig gepflegte Weinberge. Nach etwa 2 km erhebt sich linkerhand die Ruine

Eine Flasche Châteauneuf-du-Pape ...

Dolmaine/PIX

des Schlosses von Hers, deren zinnenbewehrter Turm über die kostbaren Reben zu wachen scheint. Gegenüber, auf dem anderen Rhone-Ufer, liegt Schloß Roquemaure, in dem am 20. April 1314 Papst Klemens V. starb.

Man überquert die Rhone und erreicht nach wenigen Kilometern Roquemaure, wo noch einige alte Häuser erhalten sind, so z. B. bei der Kirche (13. Jh.) das des Kardinals Bertrand. Die Kirche besitzt eine schöne Orgel aus dem 17. Jh.

La CIOTAT ⌂⌂

31 630 Einwohner
Michelin-Karte Nr. 245 Falte 45, Nr. 246 Falte M und Nr. 340 I6

Der an der gleichnamigen Bucht gelegene Ort war einst unter dem Namen *Citharista* eine Siedlung der Griechen von Marseille. Von den Römern besetzt und durch Überfälle zugrunde gerichtet, wurde die Stadt erst im ausgehenden Mittelalter wiederaufgebaut. Ab dem 16. Jh. besaß sie eine Handelsflotte, die Hafenstädte des östlichen Mittelmeerraums anlief. Der Hafen von La Ciotat hatte auch in jüngerer Zeit noch eine große wirtschaftliche Bedeutung, insbesondere dank seiner auf Gas- und Öltanker spezialisierten Werften. Seit einigen Jahren steckt der Schiffsbau jedoch weltweit in einer schweren Krise, und so muß die Stadt sich neuen Wirtschaftszweigen öffnen. Eine wichtige Einkommensquelle ist natürlich der Tourismus, denn die Strände und der kleine Fischereihafen sowie die Steilfelsen, die Calanque-Buchten und das Meer ziehen das ganze Jahr über zahlreiche Besucher an.

In La Ciotat veranstalteten die Brüder **Lumière** am 21. September 1895 in ihrem Haus die erste (private) Filmvorführung; sie zeigten einen in den Bahnhof von La Ciotat einfahrenden Zug.

LA CIOTAT IM ÜBERBLICK

Strände – Jenseits des neuen Jachthafens mit seinen 850 Ankerplätzen erstreckt sich der Badeort **Le Clos des Plages**. Zahlreiche Hotels und Villen, viele Restaurants und Cafés säumen die leicht abschüssigen Sandstrände, die ideal für einen Familienurlaub sind. Auf einem kleinen Platz am Meer steht ein Denkmal, das an die Brüder Lumière, die Pioniere der Filmkunst, erinnert.

Vieux-Port – Mit seinen in warmen Farben getünchten Fassaden und den belebten Restaurants besitzt der alte Hafen noch immer den Charme eines kleinen provenzalischen Fischereihafens.

Parc du Mugel ⊘ – *Anfahrt über den Quai de Roumanie.* Der Park liegt geschützt hinter dem Massiv des Bec de l'Aigle. Ein Lehrpfad führt durch die abwechslungsreiche Vegetation aus Eichen, Mimosen, Lorbeer, Erdbeerbäumen, Kiefern, Kräutern, Wildblumen, Myrten usw. Ein steiler Weg führt zu einer Anhöhe (155 m), von der man La Ciotat und seine Umgebung überblickt.

TIPS UND ADRESSEN

Gastronomie

Unsere Empfehlung

La Fresque – *18 Rue des Combattants* – ☎ *04 42 08 00 60 - 26. Aug.-7. Sept., 22. Dez.-15. Jan., Sa-mittag, So und an Feiertagen geschl. – 29,73/51,83 €.* Die schöne schattige Terrasse dieser ehemaligen Apotheke beherrscht den Alten Hafen. In den Innenräumen sind noch Teile der ursprünglichen Ausstattung erhalten, so die Apothekermöbel aus dem 19. Jh. und ein schönes Deckenfresko im Speiseraum.

Unterkunft

Gut und preiswert

Hôtel R.I.F. – *Calanque de Figuerolles* – ☎ *04 42 08 41 71* – *www.figuerolles.com* – *Nov. geschl. – 9 Z: 36,59/67,08 € – ☲ 6,86 € – Restaurant 39 €.* Steigen Sie die Stufen hinab, die zu diesem in eine einsame Bucht geschmiegten Haus führen. Von den Terrassen hat man einen zauberhaften Blick, und im dem hübschen Garten liegen die Bungalows mit provenzalisch eingerichteten Zimmern. Der Strand ist nur zwei, drei Schritte entfernt; Kanus stehen zur Verfügung.

Unsere Empfehlung

Résidence Motel Camping St-Jean – *30 Avenue de St-Jean* – ☎ *04 42 83 13 01* – *www.asther.com/stjean* – *1. Okt.-23. März geschl. – ▣ – 32 Z: 52/58 € – ☲ 5 €.* Eine praktische Adresse direkt am Meer. Man hat

G. Magnin/MICHELIN

Blick auf das Seebad und die Werften von La Ciotat

Die Calanques – *1,5 km. La Ciotat über den Quai de Roumanie und die Avenue des Calanques verlassen, dann links in die Avenue du Mugel einbiegen. Man kann die Felsbuchten auch in einem Katamaran mit Glasboden vom Meer aus besichtigen.*

Calanque du Mugel – Der Felsen vom Cap de l'Aigle überragt die kleine Bucht. Schöne Sicht auf die Ile Verte.

Der Avenue des Calanques folgen und links in die Avenue de Figuerolles einbiegen.

★**Calanque de Figuerolles** – 🚶 *1/4 Std. hin und zurück.* Durch eine grüne Talmulde kommt man zu einer kleinen Bucht mit klarem Wasser, die von gezackten, durchlöcherten Felsen eingerahmt ist. Der einzeln aufragende Felsblock vorne rechts wird „Le Capucin" (Der Kapuziner) genannt.

★**Ile Verte** ⊘ – *Schiffsausflug: 1/2 Std. hin und zurück ab dem Alten Hafen.* Das alte Fort im Zentrum der „Grünen Insel" bietet einen guten Blick auf das Cap de l'Aigle und seinen Felsen in Form eines Adlerkopfes.

die Wahl zwischen klassischen Hotelzimmern und Apartments mit Küchenzeile, die pro Woche gemietet werden können (Bettwäsche und Handtücher werden gestellt), und einem Campinggelände mit 80 schattigen Stellplätzen und direktem Zugang zum Meer.

Shopping

Märkte – Kunsthandwerkermarkt: Jeden Abend 20-24 Uhr (Juli-Aug.) am Vieux-Port. Wochenmarkt: Di auf dem Place Évariste-Gras, So am Vieux-Port.

Sport und Freizeit

Parc régional marin – Die Bucht von La Ciotat ist berühmt für ihre vielfältige Unterwasserwelt mit ihren zahlreichen Fischarten. Sie ist zum Parc régional erklärt worden, so daß Fischen, Tauchen und Schiffahrt hier äußerst strengen Bestimmungen unterworfen sind. Nur so kann man das Überleben der Pflanzen und Tierarten sichern, deren Vermehrung durch den Einsatz von künstlichen Felsen gefördert wird. Informationen: *Hôtel de ville, 13712 La Ciotat,* ☎ *04 42 83 90 09* oder beim Fremdenverkehrsamt.

Tauchen – **Atelier Bleu du Cap de l'Aigle** – ☎ *04 42 08 65 78.* Einführung in die Unterwasserwelt und Tauchkurse für Anfänger (Ausrüstung wird gestellt) mit Zertifikat über den ersten Tauchgang.

Freizeitschiffahrt – Der neue Hafen verfügt über 25 Ankerplätze. Buchung unter ☎ *04 42 08 62 90.*

Pétanque – *Auskunft unter* ☎ *04 42 08 08 88.* La Ciotat ist die Wiege des Boulespiels. Gratiskurse für Kinder und Jugendliche (7-15 Jahre): Mi 9-12 Uhr; Erwachsene (ab 16 Jahre): So 9-12 Uhr.

BESICHTIGUNGEN

Église Notre-Dame-du-Port – Die im 17. Jh. erbaute Kirche zeigt mit ihrer herrlichen rosafarbenen Barockfassade zum Meer. Der moderne Innenraum wurde von einheimischen Künstlern gestaltet; zu sehen sind ein 22 m langes Fresko von Gilbert Ganteaume mit Szenen aus dem Evangelium und, hinten im Mittelschiff, Gemälde von Tony Roux. Beachtung verdient die *Kreuzabnahme* (1616) des Lyoneser Malers André Gaudion.

Musée ciotaden ⊙ – Das Stadtmuseum enthält Erinnerungsstücke und Dokumente zur Geschichte der Stadt und der Marine.

Chapelle Notre-Dame-de-la-Garde – *2,5 km über den Chemin de la Garde bis zu einer hellweißen Siedlung.*
🚶 *1/4 Std. hin und zurück.* 85 in den Fels gehauene Stufen führen oberhalb der Kapelle zu einer Aussichtsplattform. Der **Blick★★** umfaßt die ganze Bucht von La Ciotat. Die Kapelle ist mit zahlreichen Votivbildern geschmückt.

UMGEBUNG

Parc OK Corral ⊙ – 🅿 Unterhalb der N 8 liegt auf einer großen Lichtung inmitten eines Kiefernwaldes ein außergewöhnlicher Freizeitpark, der von den Kalkfelsen des Ste-Baume-Massivs überragt wird. Liebhaber des Nervenkitzels kommen hier voll auf ihre Kosten. Vorbereitung für den „Looping Star", bei dem es mit dem Kopf nach unten auf die Reise geht, sind die „Titanic", der „Tokaido Express" und die „Montagnes russes" (Achterbahn).
Es gibt aber auch ruhigere Attraktionen: Spiele für alle Altersgruppen, einen kleinen Zug und einen Sessellift zum Überblicken des Geländes. In den Cafés, Snackbars und Crêperien oder auf den Picknickplätzen kann man sich zwischendurch immer wieder stärken.

Grotte de la COCALIÈRE★

Michelin-Karte Nr. 240 Falte 7 und Nr. 339 J3

Die Höhle im Gard-Plateau nordwestlich von Saint-Ambroix besteht aus einem erforschten System von Gängen, die insgesamt über 46 km lang sind. Funde lassen darauf schließen, daß die Höhle vom Mousterien (45 000 Jahre v. Chr.) bis zur Eisenzeit (400 v. Chr.) bewohnt war. Zu besichtigen ist ein 1 200 m langer Gang.

BESICHTIGUNG ⊙ *1 1/4 Std., Innentemperatur 14° C*

Zufahrt: von St-Ambroix kommend über die D 904 (Richtung Aubenas), dann eine kleine Nebenstraße rechts hinter der Abzweigung nach Courry.

Ein Stollen verbindet die verschiedenen Räume der Höhle miteinander. Zu beiden Seiten des Weges *(etwa 1 200 m)* spiegeln sich die vielfältigsten Tropfsteingebilde in kleinen Seen oder Wasserbecken. Zahlreiche Scheiben von enormen Ausmaßen – Formen, deren Entstehen bis heute noch ungeklärt ist – hängen von der Decke herab, wachsen aus der Wand, oder ganz ungewöhnlich, ragen von unten nach oben. Manches Gewölbe weist ein geometrisches Muster aus dünnen Stalaktiten auf, die, wenn es sich um reines Kalzit handelt, weiß, oder, im Falle beigemischter Metalloxide, farbig sind. Hinter dem Lager der Höhlenforscher gelangt man in den „Salle du Chaos", dessen Decke durch die Erosion zu bizarren Formen und kunstvollen Faltenwürfen zerfurcht wurde. Schächte führen zu tiefer liegenden Wasserläufen. Schließlich durchquert man eine prähistorische Lagerstätte, bevor man mit einer kleinen Bahn zum Ausgangspunkt zurückkehrt. In unmittelbarer Umgebung der Höhle sind ein Dolmen und Tumuli (Erd- bzw. Steinhaufen über Gräbern) sowie kleine Bauten aus Feldstein und typische Erscheinungen einer Karstlandschaft (Spalten, Klüfte) zu sehen.

Tip

Unsere Empfehlung

La Bastide des Senteurs – *30500 St-Victor-de-Malcap – 8 km von der Grotte über die D 904 und die D 51ᶜ – ☎ 04 66 60 24 45 – Jan., Herbstferien, Mo und Mi außer abends in den Monaten Juli-Aug. und So-abend von Sept.-Juni geschl. – 25,92/64,03 €.* Die jungen Besitzer haben aus einer einst verfallenen „Bastide" ein charmantes gastliches Haus hergerichtet. Die Küche ist gut, die elegante Schlichtheit des Dekors angenehm und die Betreuung freundlich. Alles steht im Zeichen südlicher Düfte und Farben. Hübsche Zimmer, Swimmingpool und schöne Terrasse.

Chaîne de L'ESTAQUE★

Michelin-Karte Nr. 246 Falten P, Q und Nr. 340 F5-G5

Die kaum besiedelte Kalksteinkette zwischen dem See von Berre und dem Mittelmeer weist an ihrer Südseite tiefe Einschnitte auf, in denen winzige Häfen liegen. Die Küste mit dem in kobalt- und saphirblauen Schattierungen schillernden Meer wird auch „Côte Bleue" genannt.

AUSFLUG

Von Marseille nach Port-de-Bouc – 74 km – etwa 4 Std.

Ab Marseille der Küstenautobahn folgen; Ausfahrt in Richtung St-Henri-L'Estaque.

L'Estaque – *s. MARSEILLE, Umgebung*
Die N 568 westlich in Richtung Rove nehmen, vor der Eisenbahnbrücke rechts auf die kleine Straße einbiegen, die zum Steinbruch Chagnaud führt. Durch die Unterführung der Bahnlinie und über eine Rampe geht es nun zum Eingang des unterirdischen Kanals.

Canal souterrain du Rove – Der Kanal (15,40 m hoch und 22 m breit), der Schiffe mit einem Tiefgang von 4,50 m (1 200 t) aufnehmen konnte, verband in gerader Linie durch einen unterirdischen, über 7 km langen Tunnel durch das Estaque-Gebirge den Hafen von Marseille mit dem See von Berre. Infolge eines Einsturzes wurde der Kanal 1963 gesperrt.

TIPS UND ADRESSEN

Zufahrt

Mit dem Auto – Im Sommer ist die Zufahrt zur Calanque de Niolon und zur Calanque de la Redonne oft untersagt (vor allem am Wochenende). Man will eventuellen Bränden vorbeugen, die das empfindliche Ökosystem zerstören könnten.

Mit dem Zug – Zwischen Port-de-Bouc und Marseille verkehrt ein Zug, der in vielen Badeorten an der Côte Bleue hält. Auf der Schienenstrecke, die oft von verantwortungslosen Wanderern benutzt wird, ergeben sich, von einem Tunnel zum anderen, wunderbare Blicke auf das Meer.

Gastronomie

Unsere Empfehlung

Les Girelles – 3 Avenue Adolphe-Fouque – 13960 Sausset-les-Pins – ☎ 04 42 45 26 16 – 2.-17. Jan., 3.-17. Sept., Mo-mittag, Di-mittag und Mi-mittag von Juni-Aug., So-abend und Mo von Sept. bis Mai geschl. – 21,04/44,21 €. Von Einheimischen frequentiertes Restaurant mit Strandterrasse. Im Innenraum schönes Schiffsmodell und große Fensterflächen, die den Blick auf das Schauspiel der Badenden freigeben. Hübsch präsentierte Speisen.

Sport und Freizeit

Parc marin de la Côte Bleue – *Club de la Mer, BP 37, 13690 Sausset-les-Pins,* ☎ *04 42 45 45 07.* Der 70 ha große „Meerpark der Blauen Küste" erstreckt sich zwischen den Häfen Niolon und Carro zu Füßen des Nerthe-Massivs. *Fischen, Ankern und Tauchen sind verboten.*

Freizeitschiffahrt – Ankerplätze in den Häfen Carry-le-Rouet *(☎ 04 42 45 25 13),* Carro *(☎ 04 42 07 00)* und Sausset-les-Pins *(☎ 04 42 44 55 01).*

Tauchen – **Centre UCPA,** *Niolon, 13740 Le Rove,* ☎ *04 91 46 90 16.* Das größte Tauchzentrum Europas (Anfänger, Fortgeschrittene und Kurse für Tauchlehrer).

Besondere Termine

Oursinades – Vielleicht haben Sie Lust, an einem der herrlichen Winterwochenenden, die es in der Provence geben kann, an den „Oursinades", einer Art Volksfest im Zeichen des Seeigels, teilzunehmen. Das Fest findet im Januar in Sausset und im Februar in Carry statt. An diesen Tagen sind die Straßen und das Hafengelände voller Klapptische und Stände, an denen man Platz nehmen und bei einem oder zwei Glas Weißwein Seeigel oder andere Meeresfrüchte genießen kann. Es herrscht immer eine tolle Stimmung!

Jenseits des Dorfes, das für seinen Joghurt aus Ziegenmilch *(brousse)* bekannt ist, links die D 5 und dann wieder links die D 48 nehmen. In der Nähe von Niolon schlängelt sich die Straße steil nach unten zum Hafen.

★**Niolon** – Das kleine Dorf an den Felsen der gleichnamigen Calanque hat seine typische Atmosphäre bewahrt und ist darüber hinaus als Tauchzentrum bekannt.

Auf die D 5 zurückkehren, links einbiegen und durch eine dürre Landschaft bis Ensuès fahren. Am Ortseingang links auf die D 48° abbiegen.

Calanque de Niolon

La Madrague-de-Gignac – Der Ort liegt in zauberhafter Landschaft am Ende einer kleinen Calanque. Herrlicher Blick auf Marseille. Vom Hafen führt eine schmale Straße *(alternierender Verkehr)* zur **Anse de la Redonne** genannten Bucht.

Zurück in Ensuès links die D 5 nehmen, die am von Pinien und Steineichen beschatteten **Vallon de l'Aigle** entlangführt.

Le Rouet-Plage – Hübsche Bucht mit kleinem Hafen und Strand. Unter Pinien stehen elegante Häuser.

Carry-le-Rouet – Kleines Seebad und Fischerhafen. Seine Villen liegen verstreut am Rand einer von bewaldeten Berghängen umrahmten Bucht. Am Hafen liegen zahlreiche kleine Lokale, in denen man Seeigel essen kann.

Sausset-les-Pins – Der Ferienort und Fischerhafen hat eine schöne Strandpromenade mit herrlicher Aussicht auf Marseille und seine Umgebung.

Die D 49 verläßt die Küste und schlängelt sich durch das Gebirgsmassiv. Wenn man auf der D 49⁹ in La Couronne angekommen ist, vor der Kirche rechts zum Cap Couronne fahren.

Cap Couronne – Vom Kap mit dem Leuchtturm blickt man weit über die Bergketten Estaque und Étoile, das Marseilleveyre-Massiv und auf Marseille. Der weite Strand von La Couronne ist vor allem bei den Jugendlichen aus den nördlichen Vororten von Marseille sehr beliebt.

Carro – Netter kleiner Fischerei- und Jachthafen, der geschützt in einer Felsenbucht liegt.

Carro auf der D 49 verlassen und bis Les Ventrons fahren.

Die Strecke führt durch eine typisch mediterrane Landschaft aus dunkelgrünen Pinien und hellem Stein. Bei einem Turm in 120 m Höhe reicht der Blick über die Hafenanlagen von Lavéra, Port-de-Bouc und Fos.

Hinter Les Ventrons rechts auf die D 5 abbiegen.

St-Julien – Am Ortsausgang führt links ein Weg zu einer Kapelle. Auf ihrer linken Seite ist ein gallo-römisches Relief (1. Jh.) mit einer aus acht Figuren bestehenden Bestattungsszene in die Mauer eingelassen.

Von Saint-Julien nach Les Ventrons zurückfahren und rechts auf D 5 in Richtung Martigues abbiegen.

Martigues – s. dort

Links auf die N 568 fahren.

Port-de-Bouc – Der Hafen liegt im Schutz einer Festung, die Vauban im Jahre 1664 im Süden der Fahrrinne errichtete. Einen zur Befestigungsanlage gehörenden Turm aus dem 12. Jh. baute man zum Leuchtturm um. Das an der westlichen Ausfahrt des Ortes an der N 568 gelegene **Musée Moralès** ⊘ zeigt 600 Metallskulpturen von **Raymond Moralès**, die teils amüsant, teils verwirrend und manchmal geradezu beängstigend wirken.

Chaîne de L'ÉTOILE★

Michelin-Karte Nr. 114 Falten 16, 29, 30, Nr. 246 Falten K, L und Nr. 340 H5

Diese Bergkette zwischen der Arc-Senke im Norden und der Huveaune-Senke im Osten ist die Verlängerung des Estaque-Massivs in östlicher Richtung. Trotz ihrer relativ bescheidenen Höhe – der höchste Gipfel (Tête du Grand Puech) erreicht 781 m – bietet die Étoile-Kette eindrucksvolle Ausblicke auf die Marseiller Ebene.

AUSFLUG

Von Gardanne nach Aubagne

61 km – etwa 3 1/2 Std., ohne Aufstieg zum Étoile-Gipfel

Gardanne – In der Ebene zwischen dem Étoile- und Sainte-Victoire-Massiv hat sich diese bedeutende Industriestadt entwickelt (Bauxit, Zement, Kohle).

In südl. Richtung auf der D 58 und der D 8 weiterfahren. Nach 7 km rechts nach Mimet abbiegen.

Mimet – Dorf am Berghang. Von der Terrasse im alten Ortsteil erstreckt sich der **Blick★** über das Luynes-Tal bis zu den Hochöfen von Gardanne.

Auf die D 8 zurückkehren und rechts abbiegen. Die D 7 und die D 908 führen um die Étoile-Kette. In Logis-Neuf links nach Allauch fahren.

Allauch – Der große Vorort von Marseille am Ausläufer der Étoile-Kette ist ein günstiger Ausgangspunkt für Ausflüge ins Hügelland Garlaban, in dem mehrere Romane von **Marcel Pagnol** spielen.

Vor der **Esplanade des Moulins** (hier standen einst fünf Windmühlen, von denen eine restauriert wurde) bietet sich eine schöne **Aussicht★** auf Marseille.

Wenn Sie die Lokalgeschichte interessiert, sollten Sie dem **Musée du Vieil Allauch** ⊘, dem Heimatmuseum unweit der Kirche, einen Besuch abstatten.

⚐ *1/2 Std. hin und zurück.* Vom Vorplatz der Kapelle **Notre-Dame-du-Château** – Überreste einer Burg aus dem 11. und 12. Jh., von der noch Befestigungen zu sehen sind – hat man einen reizvollen Blick auf Marseille.

Nordwestlich von Allauch der D 44e folgen.

Nach Plan-de-Cuques erreicht man **Château-Gombert**, ein Marseiller Stadtviertel, das noch seinen alten dörflichen Charakter bewahrt hat.

Musée des Arts et Traditions du terroir marseillais ⊘ – Das volkskundliche Museum der Marseiller Region befindet sich an einem großen, von Platanen beschatteten Platz. Zu sehen ist die Nachbildung eines traditionellen provenzalischen Hauses. In der Küche mit charakteristischem Kamin und Spülbecken *(pile)* befinden sich zahlreiche Fayencen aus Marseille und Moustiers, Zinngegenstände, Tonwaren und typische Gebrauchsgegenstände wie z. B. ein Mörser zur Herstellung von Aïoli. In der Wohnstube und im Schlafzimmer stehen schöne regionale Möbel – u. a. eine große Sitzbank *(radassier)*, wie es sie früher in den provenzalischen Häusern gab.

Château-Gombert in Richtung Marseille verlassen und nach rechts in Richtung la Baume-Loubière abbiegen. Den Wagen an der Loubière-Grotte parken und einem Fußweg bergauf folgen.

Eine der fünf Mühlen von Allauch

Étoile-Gipfel – ⚐ *4 Std. hin und zurück.* Der Weg windet sich durch felsiges Gelände bis zum **Grande Étoile** (590 m), wo ein Fernmeldeturm steht; danach erreicht man den **Étoile-Gipfel** (651 m). Zwischen diesen beiden Gipfeln eröffnet sich ein weiter **Blick★★** über das Gardanne-Becken im Norden und den zerklüfteten Südhang der Étoile-Kette.

Auf demselben Weg nach Allauch zurückkehren, dann in südl. Richtung auf der D 4ᴬ weiterfahren; bei Quatre-Saisons links und anschließend nochmals links abbiegen.

Camoins-les-Bains – Hübscher kleiner Kurort im Grünen.

La Treille – Auf dem Friedhof am Ortseingang befindet sich das Grab von Marcel Pagnol.

Nach Camoins-les-Bains zurückfahren; die D 44ᴬ führt nach zurück nach Aubagne.

FONTAINE-DE-VAUCLUSE
610 Einwohner
Michelin-Karte Nr. 245 Süden der Falte 17, Nr. 246 Falte 11 und Nr. 332 D 10

Der winzige Ort in einem Talkessel am Fuße des Plateaus von Vaucluse (*vallis clausa*, das „geschlossene Tal") besitzt mit der Sorgue-Quelle eines der ungewöhnlichsten Naturdenkmäler der Provence. Im Winter oder im Frühling, wenn der Wasserstand die Feigenbäume an der steilen Felswand erreicht und das smaragdgrüne Wasser der Sorgue schäumend über den Rand des Quelltopfes sprudelt und zu Tal stürzt, ist das Naturschauspiel kaum zu überbieten.

EIN BESONDERES HIGHLIGHT

★★Fontaine de Vaucluse

Vom Place de la Colonne, auf dem eine Säule an den 500. Geburtstag (1304-1804) des Dichters Petrarca erinnert, dem Weg folgen, der in leichter Steigung zur Quelle führt.
Die Fontaine de Vaucluse ist eine der größten Karstquellen der Welt: hier tritt ein weitverzweigter unterirdischer Fluß zutage, der von den Schmelz- und Regenwassern gespeist wird, die auf dem zerklüfteten Kalksteinplateau von

TIPS UND ADRESSEN

Gastronomie

Unsere Empfehlung

Bar-Restaurant Philip – ☎ *04 90 20 31 81 – Okt.-März und abends außer Juli-Aug. geschl. – 19,82/27,44 €.* Die Küche ist einfach und frisch, im Lokal aus den 1920er Jahren geht es familiär zu. Einfach umwerfend ist seine Lage am Weg zur Quelle, am Fuße der Wasserfälle, zwischen Felsen und inmitten üppiger Vegetation! Im vorderen Bereich „Bar-Glacier" für Getränke und Eis.

Sport

Kayak Vert – *Viertel La Baume* – ☎ *04 90 20 35 44 – www.canœfrance.com – tgl. 9-19 Uhr; mehrere Abfahrtszeiten – Mitte Nov.-Febr. geschl.* Vielleicht wäre das etwas für Sie – eine Fahrt im Kanu oder im Kajak in einer der schönsten Gegenden des Vaucluse. Es geht auf etwa 10 km die Sorgue hinab, und ein paar aufregende Momente sind unter Garantie auch dabei.

Kunsthandwerk

Neben dem Musée Casteret befindet sich das **Centre artisanal Vallis Clausa**, in dem man eine von den Wassern der Sorgue betriebene Mühle besichtigen kann, in der handgeschöpftes Papier nach Methoden aus dem 16. Jh. hergestellt wird. Zu demselben Komplex gehört ein **Santon-Museum** mit einer bedeutenden Sammlung von Santons und Krippen von heute und früher. ♿ *10-12.30 und 14-18 Uhr (Juli-Aug.: 10-19 Uhr), 3,05 € (Kinder: 1,52 €).* ☎ *04 90 20 83.*

La Cristallerie des Papes – *Avenue Robert-Garcin* – ☎ *04 90 20 32 52 – tägl. 11-13 und 14-19 Uhr.* In dieser Glasfabrik wird man in die Geheimnisse der Glasbläserkunst eingeführt, und man kann herrliche Werke aus mundgeblasenem Glas sehen. Direkt daneben, im Geschäft, bietet man eine große Auswahl an Glasgegenständen feil.

An der Fontaine de Vaucluse treten unergründliche Karstquellen zutage

Vaucluse versickern. Bisher haben die Höhlenforscher jedoch vergeblich nach dieser unterirdischen Sorgue gesucht: 1878 war ein Taucher bis in 23 m Tiefe vorgedrungen; der letzte Rekord lag 1985 bei 315 m, mit Hilfe eines ferngelenkten, mit Videogeräten ausgerüsteten U-Boots. Der tiefe Schacht, aus dem die Sorgue heraustritt und der im Sommer an seiner Oberfläche ein friedliches, smaragdgrünes Wasserbecken bildet, liegt hinter Geröll und Felsbrocken an einer steilen Felswand.

BESICHTIGUNGEN

★**Église St-Véran** – Das von einem Tonnengewölbe überspannte Schiff des kleinen romanischen Baus endet in einem halbrunden Chor, der von antiken kannelierten Säulen flankiert wird. In der Krypta steht der Sarkophag des hl. Véran, eines Bischofs von Cavaillon (6. Jh.), der die Gegend von dem Coulobre-Untier befreit haben soll.

Gegenüber steht ein mit Weinreben geschmücktes provenzalisches Haus aus alten rosa-orangefarbenen Steinen.

Musée-Bibliothèque Pétrarque ⊘ – Das Museum befindet sich am vermeintlichen Orte des Wohnhauses von Petrarca. Es enthält eine Sammlung von Zeichnungen und Graphiken, die Petrarca, Laura, Avignon und Fontaine-de-Vaucluse zum Thema haben, sowie alte Werkausgaben und Schriften zur Petrarcaforschung. Im Erdgeschoß werden Werke von Künstlern und Schriftstellern gezeigt, die mit Fontaine-la-Vaucluse in Verbindung stehen (von Zao Wou-Ki, Braque und Vieira da Silva illustrierte Gedichte von René Char).

> ### Petrarca
>
> Der italienische Dichter und Humanist Petrarca lebte 16 Jahre in Fontaine-de-Vaucluse, wo er in Erinnerung an seine unerfüllte Liebe zu **Laure de Noves**, die er am 6. April 1327 zum ersten Male in einer Kirche in Avignon erblickt hatte, den „Canzoniere" schrieb.

Le Monde souterrain de Norbert Casteret ⊘ – In einer Höhle wird die **Sammlung Casteret**★, das Resultat 30jähriger Forschertätigkeit, gezeigt, so z. B. schöne Fundstücke aus Kalkspat, Gips und Aragonit. Außerdem gibt es Nachbildungen von Tropfsteinhöhlen, Karstschlünden, Kaskaden, Höhlen mit menschlichen Spuren usw. – kurzum alles, was ein Speläologe in der unterirdischen Welt antrifft.

Musée d'Histoire (1939-1945) ⊘ – *Links, auf der Höhe von Vallis Clausa.* Das in einem schlichten, funktionellen Gebäude untergebrachte Geschichtsmuseum gibt in modernem Rahmen einen Überblick über Geschichte, Literatur und Kunst der Jahre 1939-1945. Der Rundgang durch das Museum führt durch verschiedene

Abteilungen: Als erstes wird der Alltag der Franzosen zur Zeit der deutschen Besatzung behandelt, dann die Résistance im Departement Vaucluse. Audiovisuelle Hilfsmittel ermöglichen es schließlich, die lokalen Ereignisse in den nationalen Kontext einzuordnen.

UMGEBUNG

Saumane-de-Vaucluse – *4 km. Fontaine-de-Vaucluse über die D 25 verlassen, dann nach rechts auf die D 57 abbiegen.* Die an den Hängen der Berge von Vaucluse in den Kalkstein gehauene Straße führt in ein malerisches Dorf, das wie ein Adlerhorst das Sorgue-Tal überragt. Hier steht die im 15. Jh. erbaute Burg der **Marquis de Sade**. Die von einem Glockengiebel gekrönte Kirche Saint-Trophime geht zwar auf das 12. Jh. zurück, wurde aber mehrmals umgebaut. Vom Platz bietet sich ein weiter **Blick** über das Sorgue-Tal, den Luberon und die Alpilles.

FOS-SUR-MER

13 922 Einwohner
Michelin-Karte Nr. 245 Falten 42, 43, Nr. 246 Falten 13, 14, 27, 28 und Nr. 340 E5

Der Ort, der auf einem von einer Burgruine beherrschten Felsplateau liegt, erinnert an die typischen Dörfer der provenzalischen Krippen. Sein Name geht auf einen im Auftrage des Feldherrn Marius 102 v. Chr. gebauten Kanal zurück. Dieser wurde *Fossae Marianae* genannt und verband Arles mit dem Mittelmeer.
Die Hafenanlage, die den Marseiller Hafen ergänzt und die größte in Südeuropa ist, entwickelte sich seit 1965 rund um die Bucht von Fos. Denkbar günstige Bedingungen dafür waren ein tiefer Kanal als Zufahrtsweg, fehlende Gezeiten und die umgebende Crau-Ebene, in der ein Gewerbegebiet von 10 000 ha entstanden ist.

AUF ENTDECKUNGSTOUR

★**Alter Dorfkern** – Das alte Dorf besitzt noch Reste einer **Burg** (14. Jh.), die den Viscomtes von Marseille gehörte, und die Kirche **St-Sauveur** mit ihrem romanischen Kirchenschiff. Eine Terrasse und verschiedene Aussichtspunkte in den Gärten der Befestigungsanlage bieten weite **Blicke** auf die Umgebung.

Hafen – Mit einem jährlichen Umschlag von 90 Mio. t ist der Hafenkomplex Marseille-Fos der größte französische und der drittgrößte europäische Hafen.

Centre d'Information du Port Autonome de Marseille (CIPAM) ⊘ – *In La Fossette, an der Schnellstraße (Hinweisschilder).* Das CIPAM informiert über die Anlagen und Aktivitäten des Autonomen Hafens Marseille-Fos. Es gibt ein Modell des Hafens und der umliegenden Industriegebiete sowie eine Videopräsentation, die der Führung durch den Hafen vorausgeht.

Hafenbesichtigung ⊘ – Die Busfahrt führt zur Môle Graveleau, zum Terminal Minéralier und zum Ölhafen von Fos.

UMGEBUNG

Port-Saint-Louis-du-Rhône – *15 km südwestlich.* Im Mündungsgebiet der Großen Rhone haben sich um den im 18. Jh. errichteten Tour St-Louis der Ort und der Hafen angesiedelt (1863). Letzterer ist dem Marseiller Hafen-Komplex angeschlossen und kann dank seiner Schleuse und dem Fos-Rhône-Kanal sowohl Flußschiffe als auch Hochseetanker aufnehmen. Hier werden Erdöl, chemische Produkte, Holz, Wein u. a. m. umgeschlagen.

Port-de-Bouc – *s. Chaîne de l'ESTAQUE*

GORDES★

2092 Einwohner

Michelin-Karten Nr. 245 S der Falte 17, Nr. 246 Falte 11 und Nr. 332 E 10

Gordes liegt malerisch an einem Steilhang am Rande des Plateaus von Vaucluse über den Tälern der Flüsse Imergue und Coulon mit Blick auf den Luberon. Der Ort war schon in der Jungsteinzeit besiedelt. Die ersten Einwohner, die einem keltisch-ligurischen Volksstamm angehörten, nannten ihn „Vorda", woraus mit der Zeit Gordes wurde.

Neben der D 15 (Richtung Cavaillon) befindet sich etwa 1 km vor Gordes eine Aussichtsterrasse *(kein Geländer!)*. Von hier lassen sich die **Lage**★ des Ortes und seine schönen Häuser aus Trockenmauerwerk am besten bewundern.

Vom malerischen Gordes aus hat man einen großartigen Panoramablick in die Ebene

TIPS UND ADRESSEN

Gastronomie

Unsere Empfehlung

L'Estellan – *Route de Cavaillon – 1 km von Gordes –* ☎ *04 90 72 04 90 – 28. Nov.-1. Febr., Do-Mittag und Mi geschl. – 30,49/44,21 €.* Kleines provenzalisches Restaurant außerhalb des malerischen, am Hang klebenden Dorfes. Die Terrasse mit Blick auf die Landschaft lädt zum Dolcefarniente ein, und die meisten Gäste setzen dieser Einladung keinen Widerstand entgegen.

Unterkunft

Unsere Empfehlung

Chambre d'hôte La Badelle – *7 km südl. von Gordes über die D 104 Richtung Goult –* ☎ *04 90 72 33 19 – www.guideweb.com/provence/bb/badelle – Jan. geschl. – ✉ – Im Winter Reserv. – 5 Z: 70/74 €.* Die Zimmer sind in den ehemaligen Wirtschaftsgebäuden dieses alten Bauernhofs eingerichtet. Ihr schlichter Dekor und die Terrakottafliesen bilden einen schönen Rahmen für die antiken Möbel. Im Sommer steht eine Küche zur Verfügung.

Spitzenkategorie

Chambre d'hôte Le Mas de la Beaume – ☎ *04 90 72 02 96 – www.guideweb.com/provence/bb/beaume - Jan. und Febr. geschl. – ✉ – 5 Z: 104/150 €.* Die Ruhe des Ortes, der Blick auf Gordes und der Gesang der Zikaden verzaubern die Gäste immer wieder. Dieses hübsche Landhaus steht in einem Garten mit Lavendel, Oliven- und Mandelbäumen und bietet geräumige, provenzalisch dekorierte Zimmer. Swimmingpool und Whirlpool.

Für zwischendurch

Le Renaissance – *Place du Château* – ☎ *04 90 72 02 02* – *tgl. 8-24 Uhr – Mitte Nov.-Mitte Febr. geschl.* Hotel, Bar und Restaurant. Besonders reizvoll ist die Terrasse an einer der Gassen des alten Ortskerns mit Blick auf das Renaissanceschloß.

Besondere Termine

Festival – An den Sommerabenden in den Monaten Juli und August finden im Schloßhof Theateraufführungen und Konzerte statt.

Shopping

Kunsthandwerk – Am Osterwochenende kommt man von weither zum großen Kunsthandwerkermarkt in den Straßen von Gordes.

Handweberei – **Annie Sotinel**, *Les Pourquiers, Route de Goult*, ☎ *04 90 72 05 71.*

AUF ENTDECKUNGSTOUR

★**Der alte Ort** – Reizvoll ist ein Bummel durch die gepflasterten Gassen *(calades)* mit doppelten, zuweilen treppenförmigen Rinnsteinen, überwölbten Durchgängen, Arkaden hoher alter Häuser und Resten der Stadtmauer; Geschäfte, Verkaufsstände von Kunsthandwerkern und der Markt beleben die äußerst malerische Kulisse.

Schloß – Das Renaissanceschloß wurde von Bertrand de Simiane errichtet. Es erhebt sich an der Stelle einer Burg und hat ein besonders strenges, monumentales Äußeres, das mit dem hübsch dekorierten Interieur kontrastiert. So beachte man z. B. im Hof das schöne Renaissanceportal sowie den mit Giebeln, Muscheln, Blumendekor und Pilastern geschmückten **Kamin★** (1541) im 1. Stock. In den drei letzten Stockwerken sind in einem **Museum** ⊙ Werke des zeitgenössischen belgischen Malers Pol Mara ausgestellt.

AUSFLUG

Von Les Bories zum Sanctuaire de Répit

Rundfahrt 12 km – etwa 2 Std. Gordes auf der D 15 in Richtung Cavaillon verlassen. Kurz nach der Einmündung der D 2 rechts den asphaltierten Weg nehmen, der zwischen Trockenmauern zum Parkplatz führt.

★★**Village des Bories** ⊙ – In diesem Freilichtmuseum stehen rund um einen Backofen zwanzig restaurierte Bories *(Erläuterung s. S. 201)*. Die Steinhütten sollen zwischen 200 und 500 Jahre alt sein; sie wurden mit vor Ort gefundenen Materialien (insbesondere Kalkplatten) mörtellos erbaut. Die Bories dienten als Behausung, Schafstall, Schuppen usw.; bis ins frühe 19. Jh. waren sie in Gebrauch. Man weiß aber nicht, ob sie nur zeitweise benutzt wurden oder ständige Wohnsitze waren.

Zur D 2 zurückfahren, rechts einbiegen und dann links die D 103 nach Beaumettes nehmen; nochmals links, auf die D 148 in Richtung Saint-Pantaléon, abbiegen und bis „Moulin des Bouillons" fahren.

S. Sauvignier/MICHELIN

Die Bories dienten als Behausung, Stall und Scheune

Les Bouillons – In diesem Weiler verdienen zwei Museen Beachtung, das Glasmuseum und das Olivenöl-Museum.

Musée de l'Histoire du Verre et du Vitrail – Das moderne, der Landschaft angepaßte Gebäude des Glasmuseums enthält Gläser und Öfen des Mittleren Orients, alte Kirchenfenster, moderne Buntglasfenster und Skulpturen von Frédérique Duran sowie Werkzeug und eine reiche Dokumentation zur Geschichte der Glasmalerei.

Musée du Moulin des Bouillons ⌚ – Im selben Park wie das Glasmuseum liegt auch das kleine Landhaus „Moulin des Bouillons" aus dem 16. und 18. Jh., das als Olivenöl-Museum eingerichtet wurde. Glanzstück der Sammlung ist die mächtige gallorömische **Ölpresse★** aus einem 7 t schweren Eichenstamm, das älteste und einzige unversehrte erhaltene Exemplar dieser Art. Außerdem werden Öllampen gezeigt, Geräte für den Anbau der Olivenbäume, Gefäße und Gewichte; auch die Verwendung des Olivenöls im Wandel der Zeiten wird illustriert.

Auf der D 148 in Richtung St-Pantaléon fahren.

St-Pantaléon – Das Dorf besitzt eine winzige romanische **Felsenkirche**. Die umliegenden Gräber sind ebenfalls in den Fels gehauen. Da sie überwiegend der Größe Neugeborener entsprechen, kann man annehmen, daß es sich um eine der Begräbnisstätten für Säuglinge handelt, wie man sie verschiedentlich in der Provence antrifft. Für Säuglinge, die vor der Taufe gestorben waren, hielt man hier eine Messe ab. Während dieses Gottesdienstes standen die Kinder symbolisch wieder von den Toten auf, und man taufte sie, bevor sie sozusagen erneut starben und begraben wurden.

Saint-Pantaléon in nördlicher Richtung verlassen; die D 104^A und die D 2 führen zurück nach Gordes.

Le GRAU-DU-ROI

5 875 Einwohner

Michelin-Karte Nr. 240 Falte 23 und Nr. 339 J7

Der Badeort entwickelte sich um einen malerischen kleinen Fischereihafen, der an der Öffnung eines vor der Küste liegenden Landstreifens (im Languedoc *Grau* genannt) angelegt wurde. Diese Öffnung war 1570 zwischen den Mündungen der Flüsse Vidourle und Rhone entstanden. Le Grau-le-Roi besitzt einen insgesamt 18 km langen Sandstrand und viele Sporteinrichtungen, die im Sommer von den zahlreiche Feriengästen gern genutzt werden.

TIPS UND ADRESSEN

Gastronomie

Gut und preiswert

Le Chalut – *2 Rue du Cdt-Marceau – ☎ 04 66 53 11 61 – 12. Nov.-10. Dez., So-abend und Mo von Okt.-April geschl. – 13 € Mittagsmenü – 20/36 €.* Das Restaurant liegt gegenüber der Drehbrücke, so daß man die vorbeifahrenden Lastkähne und Freizeitschiffe beobachten kann. Es gibt zwei übereinander angeordnete Gasträume, die hübsch in den Farben Blau und Gelb dekoriert sind, und eine kleine Terrasse. Die Mittelmeerküche mit Fisch und Meeresfrüchten nimmt einen großen Platz auf der Karte ein. Gut und preiswert.

Unsere Empfehlung

L'Amarette – *Centre commercial Camargue 2000 – 30240 Port-Camargue – 3 km südl. von Le Grau-du-Roi über die D 62^B – ☎ 04 66 51 47 63 – Jan., Dez. und, außer in der Saison, Mi geschl. – 28,97/39,64 €.* Das Lokal befindet sich im 1. Stock eines Hauses aus den 1970er Jahren. Wenn man auf der Terrasse sitzt, kann man den Magen mit Fischgerichten verwöhnen und gleichzeitig das Geschehen an der Küste verfolgen.

Unterkunft

Gut und preiswert

Camping Le Boucanet – *Route de la Grande-Motte – 1 km nordwestl. von Le Grau-du Roi – ☎ 04 66 51 41 48 – campingboucanet@wanadoo.fr – 29. Apr.-29. Sept. – Reserv. – 458 Plätze: 25,92 €.* Auf diesem Campingplatz sind einige Stellplätze nur 5 m vom Meer entfernt! Der Swimmingpool ist ebenfalls angenehm. Kinder und Erwachsene fühlen sich hier wohl; es gibt Tennisplätze, Surfmöglichkeiten, einen Club für Kids und vieles mehr. Vermietung von Zeltbungalows und Mobile Homes.

Unsere Empfehlung

Oustau Camarguen – *3 Route des Marines – 30240 Port-Camargue – 3 km südl. von Le Grau-du-Roi über die D 62^B – ☎ 04 66 51 51 65 – 15. Okt.-29. März geschl. – P – 37 Z: 80,80/89,94 € – ☕ 8,38 € – Rest. 25 €.* Kleines, für die Camargue typisches Landhaus an der Straße zum Südstrand. Geräumige, im provenzalischen Stil eingerichtete Zimmer, von denen einige kleine Gärtchen besitzen. Restaurant mit Terrasse am Rand des Swimmingpools. Klassische Küche, mittags Grill. Hammam und Wellnessbereich.

Cafés, Kneipen und Bars

Trotz Tourismus hat Le Grau du Roi eine gewisse Authentizität bewahren können. Der Ort knüpfte an seine Tradition als alter Fischereihafen an, als er das Freizeitzentrum „Palais de la Mer" schuf, dessen Aquarien von den Fischern bestückt werden. Und auch in Gewerbebetrieben wie dem „Maison Méditerranéenne des Vins et Produits Régionaux" legt man großen Wert darauf, die einheimische Produktion an Wein und anderen Köstlichkeiten bekannt zu machen. Für Liebhaber der Housemusik gibt es übrigens einen sehr originellen Club, „l'Appart".

Ausgehtips

Casino du Grau-du-Roi – *3 Avenue du Ceinturion – Port Camargue –* ☎ *04 66 53 40 95 – www.groupetranchant.com – tgl. 10-4 Uhr.* 2 Black Jack, 2 englische Roulettes und zahlreiche Spielautomaten stehen zur Verfügung. Eine Diskothek mit DJ und eine Restaurant-Bar (Freitag Abendessen mit Show, Samstagabend und Sonntagnachmittag Musik) sind ebenfalls ganz in der Nähe.

Espace Jean-Pierre-Cassel – *Allée Victor-Hugo –* ☎ *04 66 51 10 70.* Shows, Variétés und Theater außerhalb der Saison.

Für zwischendurch

Maison Méditerranéenne des Vins et Produits Régionaux – *Domaine-de-l'Espiguette –* ☎ *04 66 51 52 16 – www.mdv30.com – Mitte Juni-Mitte Sept.: 9-13 Uhr, 14.30-20 Uhr; Mitte Sept.-Mitte Juni: 9-12.30 Uhr, 14.30-18 Uhr – Weihnachten und Neujahr geschl.* Auf über 2 000 m² kann man Erzeugnisse der Region entdecken, kosten und erwerben, so z. B. Weine aus der Provence und dem Languedoc-Roussillon, Olivenölvariationen, Fertiggerichte, Honig und Seife. Zu den Produkten sind auch Informationen erhältlich.

Besichtigung

Salins du Midi und Caves de Listel – Besichtigung der Salinen und des Weinguts von Listel. *Juli-Aug. – Di und Do um 14 Uhr: Busfahrt und Führung (2 1/2 Std.) – an Feiertagen geschl. – 7,62 €. Anmeldung 2-3 Tage vorher beim Office du tourisme (☎ 04 66 51 67 70).*

Sport und Freizeit

Ausritte – Am Strand und in den Dünen von Espiguette: 1-2 Std. oder den ganzen Vormittag (4 Std.). An der Route de l'Espiguette gibt es mehrere Anbieter: **Écurie des Dunes** (☎ *04 66 53 09 28),* **Mas de l'Espiguette** (☎ *04 66 51 51 89),* **Ranch du Phare** (☎ *04 66 53 10 87)* und **Lou Seden** (☎ *04 66 51 74 75).*

Freizeitschiffahrt – Bootsvermietung (mit und ohne Bootsführerschein) für Fahrten auf den Kanälen: **Cap 2000** *(ZA Port de Pêche,* ☎ *04 66 51 41 54)* oder **CIL** in Port-Camargue (☎ *04 66 51 41 50).*
Für Bootsliebhaber findet Anfang April eine Messe für gebrauchte Boote, die „Nautiques de Port-Camargue", statt.

Triebwagen – Ein „gemütliches" Verkehrsmittel, mit dem man von Nîmes durch das Teichgebiet nach Le Grau-du-Roi fahren kann.

Thalassotherapie – **Thalassa Port-Camargue**, *Route des Marines, Plage Sud, Port-Camargue (☎ 04 66 73 60 60).*

Besondere Termine

Stierkämpfe und Stierspiele – Von April bis Oktober finden in der Arena zahlreiche der bei der Bevölkerung überaus beliebten *Courses Camarguaises* statt, insbesondere während des Votivfestes Mitte September, wenn um die „Trophée de la Mer" gerungen wird. *Abrivados* in den Straßen, auf der Drehbrücke und (außerhalb der Saison) am Strand von Le Boucanet. Corridas und *Novilladas* in der Arena (im Sommer).

LE GRAU-DU-ROI IM ÜBERBLICK

Der Ort – Auch wenn es in der Saison an den von niedrigen Häusern gesäumten, rechtwinklig angelegten Straßen nur so von Boutiquen und Restaurants wimmelt, das wirkliche Zentrum des Ortes ist der Kanal mit seiner Brücke und dem alten Leuchtturm, dem Wahrzeichen des Städtchens.

Vom Ende der Mole bietet sich ein schöner **Ausblick** auf den Golf von Aigues-Mortes: links die Pointe de l'Espiguette und Port-Camargue, rechts der Badeort Grande-Motte unterhalb des Pic Saint-Loup, das Gardiole-Gebirge und Sète zu Füßen des Berges Saint-Clair.

Die Strände – Sie ziehen sich 18 km lang zwischen der Passage der Abymes und den Baronnets hin. Baden kann man an beiden Ufern des Kanals (rechts: Le Boucanet). Im Winter, wenn nur ganz Wagemutige den Sprung ins kalte Wasser wagen, kann man lange Spaziergänge unternehmen und die prachtvollen Sonnenuntergänge genießen.

Seaquarium et Musée de la Mer ⓥ – *Zufahrt über den Boulevard du Front-de-Mer und Fußgängerpromenade.* Haie und Mittelmeerfische faszinieren nicht nur Kids. Das kleine Museum verdient einen Besuch: Es birgt zahlreiche Schiffsmodelle, informiert über Fischereimethoden und vermittelt einen Überblick über die Geschichte des Badeorts.

Port-Camargue – *Anfahrt über die D 62ᴬ.* Dieser 170 ha große Jachthafen zwischen Le Grau und L'Espiguette wurde 1969 angelegt und bietet etwa 4 300 Sportbooten Platz. Um die beiden Becken – eins für Freizeitkapitäne, die hier mit ihrem Schiff einen Zwischenstop einlegen und eins zum Überwintern von Jachten – gruppieren sich die Hafenmeisterei, eine Werft, Schuppen und Bootswerkstätten.

Le Grau-du-Roi: früher ein kleiner Fischerhafen, heute beliebt bei Feriengästen

Leuchtturm und Strände von l'Espiguette – *6 km südlich; die Straße zweigt am Kreisverkehr am Ortseingang von Port Camargue ab. Im Sommer gebührenpflichtiger Parkplatz.* Die Straße zwischen Stränden und Lagunen führt durch eine typische Camargue-Landschaft, ein ideales Gebiet für Vögel, die man immer wieder sieht (Beobachtungsstation am Ufer des Étang des Baronnets, gegenüber dem Maison des vins du Domaine de l'Espiguette). Der Leuchtturm (Phare de l'Espiguette) wacht über Tamarisken, Rauken und Disteln, die auf den Dünen wachsen. Die weitläufigen Strände sind ein FKK-Paradies.

GRIGNAN★

Michelin-Karte Nr. 245 Falte 3, Nr. 246 Falten 8, 22 und Nr. 332 C7

Auf einem Felsen erhebt sich das imposante Schloß Grignan – eine Art literarischer Wallfahrtsort, denn **Madame de Sévigné** (1626-1696) hielt sich hier häufig zu Besuch bei ihrer Tochter auf. Die **Marquise de Sévigné** wurde durch die Briefe an ihre Tochter bekannt, die mit einem Grafen von Grignan verheiratet war. Diese in einem ungekünstelten, lebendigen Stil geschriebene Korrespondenz gibt einen guten Einblick in die Sitten und das Pariser Leben der damaligen Zeit.

TIPS UND ADRESSEN

Gastronomie

Wenn Madame de Sévigné von den saftigen Feldhühnern schreibt, die „von Thymian, Majoran und den anderen Gewürzkräutern der Provence" genährt wurden, oder von den ausgezeichneten Waldtauben, den Melonen, Feigen und Trauben, läuft einem das Wasser im Mund zusammen!

Unsere Empfehlung

Le Relais de Grignan – *1 km westl. von Grignan über die D 541 –* ☎ *04 75 46 57 22 – Mi-abend außer in den Monaten Juli-Aug., So-abend und Mo geschl. – 23,17/48,78 €.* Das wuchtige Haus am Rand eines Olivenhains besitzt eine schöne Terrasse unter Bäumen. Wenn Sie im Winter einkehren, sollten Sie sich die Trüffeln nicht entgehen lassen, die hier auf dem Speisezettel stehen.

Besondere Termine

Literaturtreffen – Alljährlich wird in Grignan ein Kolloquium zur Briefliteratur *(Journées de la Correspondance)* durchgeführt, zu dem Schriftsteller und Verleger zusammenkommen. In diesen Tagen finden auch verschiedene Konzerte statt. Informationen beim Office de tourisme.

EIN BESONDERES HIGHLIGHT

Auf den Spuren der Marquise de Sévigné

★★**Château** ⊙ – Das auf das Mittelalter zurückgehende Schloß Grignan wurde 1545-58 von Louis Adhémar, Gouverneur der Provence, zum ersten Mal umgebaut. Später ließ der Schwiegersohn von Madame de Sévigné es noch einmal umgestalten (1668-1690). Zunächst sieht man die große südliche Renaissancefassade (1913 restauriert) und den Brunnenhof, der sich zu einer Terrasse öffnet. Diese ist links von einem spätgotischen Pavillon, rechts und im Hintergrund von Renaissancehäusern umgeben.

Schloß Grignan

Der Rundgang durch die Innenräume führt zur Ehrentreppe, durch die Salons, den Audienzsaal, die Gemächer des Grafen von Grignan, das Zimmer und das Kabinett der Madame de Sévigné, das Betzimmer, die gotische Treppe und die getäfelte Galerie der Familie Adhémar. In allen Räumen stehen antike **Möbel★**. Besonders sehenswert sind das Louis-treize-Mobiliar, der italienische Sekretär (Audienzsaal) sowie die Régence- und Louis-quinze-Einrichtung der gräflichen Räume mit ihren herrlichen Parkettböden und **Wandteppichen** aus Aubusson (mythologische Szenen, 17. Jh.).

Madame de Sévigné und Grignan

Porträt der Madame
de Sévigné
(Musée Carnavalet, Paris)

Als im Jahre 1669 die Tochter der Madame de Sévigné den Grafen von Grignan heiratete, schrieb sie an ihren Cousin: „Das schönste Mädchen Frankreichs ehelicht nicht den schönsten, aber den aufrichtigsten Jungen des Königreichs." Madame de Sévigné begann einen zwanzig Jahre andauernden Briefwechsel mit ihrer „exilierten" Tochter, der einer der Höhepunkte der Briefliteratur des 17. Jh.s ist. 1696 starb die Marquise während eines ihrer zahlreichen Aufenthalte in Grignan. Sie wurde in der Schloßkirche bestattet. 1793 schändete man das Grab; eine Rippe wurde in ein Medaillon gefaßt, einer ihrer Zähne zierte einen Ring, den Schädel schickte ein Amateurphrenologe (Phrenologen glaubten, aus der Schädelform bestimmte seelische Anlagen ableiten zu können) nach Paris, um ihn dort untersuchen zu lassen. Seither verliert sich seine Spur.

Église St-Sauveur ⊙ – Im Inneren der Kirche (16. Jh.) befindet sich auf der linken Seite des Kirchenschiffes eine kleine Empore, die vom Schloß aus direkt erreichbar war. Bemerkenswert sind der **Orgelprospekt** aus dem 17. Jh. und die schöne Holztäfelung im Chor. Links vom Hauptaltar (Aufsatz aus dem 17. Jh.) der Grabstein von Madme de Sévigné, die 1696 in Grignan starb.

Von der Terrasse ergibt sich ein weites **Panorama★**, das die Gebirge von Rachas und La Lance, den Mont Ventoux, die Dentelles de Montmirail, die Rhone-Ebene und die Alpilles, Suze-la-Rousse und den Turm von Chamaret, den Wald von Grignan und die Berge des Vivarais umfaßt.

Beffroi – Das ehemalige Stadttor aus dem 12. Jh. wurde im 17. Jh. zu einem Uhrturm umgebaut.

Grotte de Rochecourbière – *1 km. Bei der Südausfahrt aus Grignan auf der Höhe eines Kreuzes von der D 541 abbiegen. Nach etwa 1 km das Auto auf dem Parkplatz abstellen und zur Steintreppe (rechts) zurückgehen.* Diese Treppe führt zu der Grotte, in der sich Madame de Sévigné häufig aufhielt, um auszuruhen oder zu schreiben.

UMGEBUNG

Taulignan – *7 km nordwestl. über die D 14 und die D 24.* Das alte Dorf liegt an der Grenze zwischen dem Dauphiné und der Provence. Seine kreisrunde, mittelalterliche Umfassungsmauer – 11 Türme, davon neun runde und zwei viereckige, die durch teilweise noch maschikulierte Kurtinen miteinander verbunden sind – ist fast ganz erhalten.

Beim Bummel durch die Gassen entdeckt man alte Fassaden mit verzierten Türen und Kreuzstockfenstern (Rue des Fontaines). Im Nordosten erhebt sich das einzige erhaltene Stadttor (Porte d'Anguille).

L'ISLE-SUR-LA-SORGUE

16 971 Einwohner
Michelin-Karte Nr. 245 Falten 17, 30, Nr. 246 Falte 11 und Nr. 332 D 10

Das Städtchen mit seinen breiten Platanenalleen liegt auf einer Sorgue-Insel am Fuß des Plateaus von Vaucluse. Lange nutzten hier zahlreiche Handwerksbetriebe (Webereien, Färbereien, Gerbereien, Papier-, Getreide- und Ölmühlen) die Wasserkraft der Sorgue.
In L'Isle-sur-la-Sorgue wurde der Dichter **René Char** (1907-1988) geboren.

TIPS UND ADRESSEN

Gastronomie

Unsere Empfehlung

Le Carré d'Herbes – *13 Avenue des Quatre-Otages* – ☎ *04 90 38 62 95* – *www.carredherbes.com* – *Jan., Di und Mi außer Juli-Aug. geschl.* – *21,50/26,50 €.* Das kleine Restaurant befindet sich in einem Hof und ist von Antiquitätengeschäften umgeben. Moderner Dekor mit roten Wänden und einer Decke aus oxydiertem Blech. Holzbänke, Terrasse in einer Voliere. Provenzalische Küche.

L'Oustau de l'Isle – *21 Avenue des Quatre-Otages* – ☎ *04 90 38 54 84* – *Anfang Jan.-Ende Febr., 7.-14. Juni, 14.-21. Okt., Do außer abends im Juli-Aug. geschl.* – *22,11/31,25 €.* Ganz in der Nähe der Altstadt liegt dieses Restaurant im provenzalischen Stil mit bemalten Möbeln, Tischdecken in sonnigen Farben und südländischen Gerichten.

Unterkunft

Unsere Empfehlung

Chambre d'hôte Le Mas de la Coudoulière – *1854 Route de Carpentras* – *2 km nördl. von l'Isle-sur-la-Sorgue an der D 938 Richtung Carpentras* – ☎ *04 90 38 16 35* – *avignon-et-provence.com/mas-coudouliere/* – *Nov. geschl.* – *6 Z: 61/79 €* – *Mahlzeit 29 €.* Der Wille zur Authentizität stand bei der Renovierung der Zimmer dieses Klosterguts aus dem 17. Jh. Pate. Einst wurden hier Hanf und Färberkrapp angebaut. Die Mahlzeiten werden entweder an der „Table d'hôte" im überwölbten Speiseraum oder im Sommer unter dem hundertjährigen Kastanienbaum serviert. Ferienwohnungen.

Cafés, Kneipen und Bars

Au Rendez-vous des Marchands – *91 Avenue de la Libération* – ☎ *04 90 20 84 60* – *tgl. außer Di 10-1.30 Uhr.* Man weiß nicht genau, ob es sich bei diesem Lokal in erster Linie um einen Trödelladen in einem Café oder um ein Café in einer Antiquitätenboutique handelt. Das macht aber gar nichts, der Zauber liegt genau in diesem nicht Bestimmbaren. Terrasse an der Sorgue.

Le Caveau de la Tour de l'Isle – *12 Rue de la République* – ☎ *04 90 20 70 25* – *Di-Sa 9-13 Uhr, 15-20.30 Uhr, So: 9-13 Uhr; Juli-Aug.: Mo-Sa 9-13 Uhr, 15-20.30 Uhr, So 9-13 Uhr.* Dieser Keller erinnert an spanische Bodegas. Hinter der Theke befindet sich ein Raum für Weinproben, in dem man über 120 Weine, darunter zahlreiche regionale Varietäten, kosten und kaufen kann.

Für zwischendurch

Le Café de France – *14 Place de la Liberté* – ☎ *04 90 38 01 45* – *tgl. 7-1.30 Uhr.* Genießen Sie diese Terrasse gegenüber der schönen Fassade der Stiftskirche Notre-Dame-des-Anges. Im Café liebt man auch die Philosophie (philosophische Diskussionen am ersten Sonntag des Monats) und die Musik (jeden Mittwoch Sommerkonzerte, Winterkonzerte einmal monatlich am Freitag).

Shopping

Antiquariate und Antiquitätengeschäfte – L'Isle-sur-la-Sorgue rühmt sich, in seinen Mauern rund 160 Antiquitätengeschäfte zu beherbergen, die sich auf 5 sogen. „Dörfer" (villages) aufteilen.

Le Village des Antiquaires – *2bis Avenue de l'Égalité* – ☎ *04 90 38 04 57* – *www.villagegare.com* – *Sa/So und an Feiertagen 10-19 Uhr.* Das „Dorf der Antiquitätenhändler" mit 80 Boutiquen befindet sich in einer ehemaligen Weberei.

Messen und Märkte – Antiquitätenmarkt am Osterwochenende und um den 15. August; Trödelmarkt jeden Sonntag.

AUF ENTDECKUNGSTOUR

„L'Isle" ist eine Stadt, in der man gerne spazierengeht: Am schattigen Ufer der Sorgue entlang, die von kleinen Bücken überspannt ist, durch die Gassen des alten jüdischen Viertels, vorbei an Antiquitätengeschäften... mit kleiner Unterbrechungspause in einem der sehr reizvollen Cafés.

Von den vielen malerischen **Wasserrädern**, die einst die Maschinen der Handwerksbetriebe antrieben, sind nur noch wenige erhalten: unweit des Place Gambetta, an der Ecke des Parks (Jardin de la Caisse d'Épargne), am Place Émile-Char, am Boulevard Victor-Hugo, in der Rue Jean-Théophile und am Quai des Lices.

Die Wasserräder in L'Isle-sur-la-Sorgue sind im Sommer sehr erfrischend

BESICHTIGUNGEN

Collégiale Notre-Dame-des-Anges ⊙ – Das Innere der einschiffigen Stiftskirche besitzt eine ungewöhnlich reiche **Ausstattung**★ aus dem 17. Jh., die an italienische Barockkirchen erinnert. Eine geschnitzte und vergoldete Glorie schmückt die Westwand; sie wird, wie die Figuren der Tugenden unter der Balustrade, Jean Péru zugeschrieben.

In den Seitenkapellen findet man eine schöne Holztäfelung und Gemälde von Mignard, Sauvan, Simon Vouet und Parrocel. Im Chor rahmt ein großer Altaraufsatz ein von Reynaud Levieux geschaffenes Gemälde mit der Darstellung der Himmelfahrt Mariens.

Hôtel Donadeï de Campredon (Centre Xavier Battini) ⊙ – Dieses herrliche Stadtpalais aus dem 18. Jh. ist ein schönes Beispiel für den Stil des französischen Klassizismus. Heute finden hier kulturelle Veranstaltungen, insbesondere interessante Wechselausstellungen, statt.

Hôpital – *Wegen Restaurierung vorübergehend geschlossen.* Das Gebäude steht in der Rue Jean-Théophile, am Ufer eines Arms der Sorgue. In der Halle des Spitals steht eine Marienstatue aus vergoldetem Holz; die große Treppe weist ein schönes schmiedeeisernes Geländer aus dem 18. Jh. auf. Ebenfalls aus dieser Zeit stammen die Holztäfelungen der Kapelle. Die Apotheke enthält Gefäße aus Moustiers-Fayence. Der Brunnen im Garten datiert ebenfalls vom 18. Jh.

UMGEBUNG

Le Thor – *5 km westlich über die N 100 in Richtung Avignon.* Das Städtchen ist gewissermaßen die alte Hauptstadt des Anbaugebiets der **Chasselas-Tafeltraube**, hat aber seine landwirtschaftlichen Aktivitäten heute diversifiziert und lebt vom Wein, Gemüse- und Obstanbau. Die mittelalterliche Sorgue-Brücke, der Fluß und die Kirche bieten ein malerisches Bild. Vom Mittelalter sind Reste der Stadtmauer und ein Tor erhalten geblieben.

★**Kirche** ⊙ – Das Gebäude aus dem frühen 13. Jh. ist insgesamt romanisch, zeigt aber im Kirchenschiff ein gotisches Gewölbe, das zu den ältesten der Provence gehört. Außen stützen starke Strebepfeiler das hohe Langhaus, Blendarkaden schmücken die Apsis; der Glockenturm blieb unvollendet. Die Portale lassen deutlich den Einfluß der Antike erkennen.

Grotte de Thouzon ⊙ – *3 km nördl. über die D 16 und eine Nebenstraße (links) zur Höhle.* Die Höhle liegt am Fuß des Hügels, auf dem das verfallene Schloß von Thouzon und ein Kloster stehen. Sie wurde durch Zufall 1902 bei Sprengungen in einem ehemaligen Steinbruch entdeckt. Der 230 m lange Gang entstand durch einen unterirdischen Fluß und endet in einer nicht allzu tiefen Kluft. Von dem an einigen Stellen 22 m hohen Gewölbe hängen außergewöhnlich feine Stalaktiten, der Boden ist mit farbigen Tropfsteinen in bizarren Formen bedeckt.

LABEAUME★

493 Einwohner
Michelin-Karte Nr. 245 S der Falte 1 und Nr. 331 H7

Von weitem sieht es so aus. als seien die Häuser des alten Dorfes Labeaume, das an eine Felswand in der Beaume-Schlucht gebaut wurde, mit den Felsen verwachsen.

AUF ENTDECKUNGSTOUR

Alter Dorfkern – Sehr angenehm ist ein Bummel durch die abschüssigen Gassen des Ortes, durch die überwölbten Durchgänge und die Laubengänge der Häuser, die teilweise von Künstlern restauriert wurden. Links neben der Kirche, deren Portalturm des 19. Jh.s auf zwei runden Säulen ruht, führt eine Gasse am Fluß entlang zu einer schattigen Esplanade. Überquert man die Brücke und folgt einige Meter dem Weg am gegenüberliegenden Ufer, genießt man den besten Überblick über das Dorf.

★**Gorges de la Beaume** – Ein schöner Spazierweg führt am linken Ufer stromauf am klaren Wasser des Flusses entlang und bietet Sicht auf die zu phantastischen Formen ausgewaschene Kalkstein-Steilwand der Schlucht.

AUSFLUG

Ruoms und Umgebung

11 km – etwa 1 Std. Labeaume auf der D 245 verlassen, dann nach links auf die D 4 abbiegen.

★**Défilé de Ruoms** – Auf dieser Strecke wechseln Tunnelpassagen mit freien Ausblicken auf das klare grüne Wasser der Ardèche. Nach der Ruoms-Klamm folgt die Ligne-Schlucht. Am Zusammenfluß der beiden Flüsse, den 100 m hohe Felsen überragen, eröffnet sich ein hübscher **Ausblick** talauf auf die Ardèche. Die Regelmäßigkeit der Gesteinsschichten ist beeindruckend. Bei der Rückfahrt erhebt sich hinter dem Tunnel in der Verlängerung des Tals die Silhouette des Sampzon-Felsens.

Die Ardèche links in Richtung Ruoms überqueren.

Ruoms – In dem Handelsstädtchen lohnt sich ein Bummel durch das alte, von einer viereckigen Mauer mit sieben Rundtürmen umgebene Viertel, in dessen Mittelpunkt die romanische Kirche mit arkadenverziertem Glockenturm und Schmuckmotiven aus Vulkangestein steht. Von der vom Kirchplatz ausgehenden Ruelle St-Roch sieht man sie am besten.

Ruoms auf der D 579 in Richtung Vallon verlassen, dann rechts die schmale D 161 nehmen, die nach der Überquerung der Ardèche in Haarnadelkurven zum Felsen aufsteigt. Unterhalb der Kirche des alten Dorfes parken.

★**Rocher de Sampzon** – 🚶 *3/4 Std. hin und zurück, zunächst auf einem geteerten Weg, dann auf einem Pfad, der auf der Höhe des Wendeplatzes abzweigt.* Oben angekommen (Fernsehrelaisstation), umfaßt der **Rundblick** die Niederung von Vallon, das Plateau von Orgnac und die Windungen der Ardèche.

Le LUBERON★★★

Michelin-Karten Nr.°114 Falten 1, 2, 3, Nr. 245 Falten 30 bis 32 und Nr. 332 E11 bis G11

Auf halbem Weg zwischen den provenzalischen Alpen und dem Mittelmeer erstreckt sich der lange Bergrücken des Luberon mit seinen einsamen Wäldern, lichtdurchfluteten Landschaften, verborgenen, zum Teil unwegsamen Schluchten, alten Bergdörfern und von Trockenmauern umgebenen Feldern.

HINTERGRUNDINFOS

Naturlandschaft, Flora und Fauna – Der im Tertiär entstandene Luberon verläuft, wie die anderen Gebirge der Provence, in Ost-Westrichtung. Die Combe (Taleinschnitt) von Lourmarin teilt den Luberon in zwei ungleiche Teile. Der Petit Luberon im Westen ist etwa 700 m hoch, während der östliche Grand Luberon im Mourre Nègre (1 125 m) gipfelt. Am feuchten Nordhang mit seinen steilen Hängen und Schluchten gedeihen Flaumeichen, der Südhang hingegen weist eine mediterrane Vegetation auf (Steineichen, Rosmarin).
Die vielfältige Flora wird den Naturfreund begeistern. Außer Eichen gedeihen hier zahlreiche andere Baumarten: Atlaszedern (1862 gepflanzt) auf den Gipfeln des Petit Luberon, Buchen und Kiefern. Es gibt Heideflächen mit Ginster, Buchsbaum und der

typischen Garrigue-Vegetation; zahllose Kräuter wachsen fast überall an steinigen Hängen. Durch den hier oft heftig blasenden Mistral haben sich in der Vegetation Verschiebungen ergeben, so daß Steineichen gewissermaßen auf die Nordhänge *(ubacs)* „transportiert" wurden, und Flaumeichen auf die Südhänge *(adrets)*. Im Winter fällt der Kontrast zwischen den immergrünen und den sommergrünen Eichen besonders auf.

Dem aufmerksamen Wanderer wird die artenreiche Fauna (sieben verschiedene Natternarten, Eidechsen, Grasmücken, Blauamseln, Eulen, Adler usw.) nicht entgehen.

Leben und Überleben in den Luberondörfern – Der Luberon war schon in der Frühgeschichte besiedelt. Im Mittelalter entstanden Dörfer, die sich meist an einem Felshang um eine Wasserstelle bildeten. Eng drängen sich die hohen Häuser mit dicken Mauern zu Füßen einer Schutzburg oder einer Kirche, und fast alle besitzen Räume, die direkt in den Fels gehauen sind. Die Menschen bestellten das umliegende Land und wohnten für einige Zeit, wenn es ihre Arbeit erforderte, in den *Bories* genannten Steinhütten aus Trockenmauerwerk. Ihren Lebensunterhalt bestritten sie mit der Schafzucht, dem Anbau von Olivenbäumen, Getreide und Wein; später kamen Lavendelfelder und die Seidenraupenzucht hinzu. Jedes Stück Land wurde sorgsam von Steinen befreit, die man zu den sogen. *Clapiers* aufschichtete und dann zu kleinen Steinmauern zusammensetzte, die verhindern sollten, daß das Regenwasser den Ackerboden fortschwemmte. Auch die Tierpferche bestanden aus niedrigen Steinmauern. Diese traditionelle Landwirtschaft verschwand durch die tiefgreifenden Änderungen des 19. und 20. Jh.s: Die Dörfer entvölkerten sich und verfielen. Heute ist eine gegenläufige Entwicklung zu beobachten; die Anzahl der Dorfbewohner nimmt fortwährend zu, und die meisten Dörfer wurden restauriert.

Parc naturel régional du Luberon

Der 165 000 ha große **Naturpark** wurde 1977 gegründet. Er liegt in den beiden Departements Vaucluse und Alpes-de-Haute-Provence und umfaßt etwa 67 Gemeinden zwischen Manosque und Cavaillon sowie den Tälern von Coulon (oder Calavon) und Durance. Ziel des Parks ist es, die Lebensbedingungen der Dorfbewohner zu verbessern und die verschiedenen Sparten der Landwirtschaft durch Bewässerung, Mechanisierung und Flurbereinigung zu optimieren. Für den Fremdenverkehr wurden Informationszentren und Museen (in Apt, Buoux und La Tour-d'Aigues) eingerichtet. Auf Lehr- und Wanderpfaden kann man Natur, Landwirtschaft und Geschichte (Zedernwald von Bonnieux; Ockerfelsen von Roussillon; das restauriertes *Village des Bories*; auf Terrassen angelegte Felder und Plantagen von Goult) entdecken. Es wurden ebenfalls touristische Themenstrecken wie z. B. die „Route des Vaudois" (Straße der Waldenser) angelegt.

Die Bories – An den Hängen des Luberon und auf der kargen Hochebene von Vaucluse sieht man immer wieder eigenartige, ein- oder zweistöckige, mörtellos gebaute Steinhütten, die sogen. *Bories*, in anderen Gegenden der Provence heißen sie auch *Cabanons*. Sie stehen entweder einzeln oder in malerischen Gruppen. Manche der insgesamt 3 000 Bories dienten lediglich als Geräteschuppen oder als Schafstall, viele waren jedoch auch bewohnt. Die ersten entstanden in der Eisenzeit; man errichtete sie bis ins 18. Jh. hinein, wobei man feststellen kann, daß die jüngeren Hütten sorgfältiger gebaut sind. Als Baumaterial dienten Platten, die sich vom Kalksteinfels gelöst hatten, oder Feldsteine. Die etwa 10 cm dicken Steinplatten *(lauzes)* wurden ohne Mörtel aufeinandergesetzt. Die Mauerstärke variiert zwischen 0,80 und 1,60 m, die Basis ist immer breiter als der Aufbau. Nach oben schließen die Bauten mit einem „falschen Gewölbe" ab. Bei dieser Technik ragt jede Steinschicht ein we-

G. Magnin/MICHELIN

Mit ihren gegenseitig sich abstützenden Steinen sind die *Bories* ein kleines technisches Wunder

TIPS UND ADRESSEN

Gastronomie

Unsere Empfehlung

L'Auberge du Cheval Blanc – *La Canebière* – *84460 Cheval-Blanc* – *5 km von Cavaillon* – ☎ 04 32 50 18 55 – ▱ – 14,94/39,64 €. Angenehmer Gasthof an der Straße. Der in Sonnenfarbe strahlende Gastraum ist ganz neu. Die klassischen Gerichte haben zuweilen eine provenzalische Note.

La Table des Mamées – *1 Rue du Mûrier* – *84360 Lauris* – *4,5 km südwestl. von Lourmarin über die D 27* – ☎ 04 90 08 34 66 - 15. Nov.-15. Dez. und Mo geschl. – Reserv. empf. – 22,11 €. Die „Großmutterküche" kommt in diesem Dorfrestaurant mit seinen beiden überwölbten Räumen aus dem 14. und 15. Jh. zu ganz besonderen Ehren. Am Wochenende gibt's Musik. Tolle Stimmung!

Maison Gouin – *84660 Coustellet* – *7 km nordwestl. von Ménerbes über die D 103 und die N 100* – ☎ 04 90 76 90 18 – 15. Febr.-10. März, 15. Nov.-10. Dez., Di-abend von Okt.-März und Mi geschl. – 22,87/25,92 €. Zu der 1928 gegründeten Metzgerei (Familienbetrieb) gehört diese Gaststätte hinter dem Laden. Küche mit marktfrischen Zutaten und Weinen, die man direkt im Keller aussucht. So etwas gibt's selten!

Unterkunft

Gut und preiswert

Hôtel L'Aiguebelle – *Place de la République* – *04280 Céreste* – ☎ 04 92 79 00 91 – 16. Nov.-14. Febr. und Mo außer Juli-Aug. geschl. – 17 Z: 28,97/50,31 € – ▱ 5,79 € – Restaurant 14/34 €. Vor oder nach der Besichtigung der mittelalterlichen Bauten kann man sich in diesem einfachen Hotel-Restaurant in der Dorfmitte stärken. Die gut ausgestatteten Zimmer sind hell und schlicht. Einfache, reichhaltige und schmackhafte Regionalküche zu zivilen Preisen.

Unsere Empfehlung

Chambre d'hôte La Maison des Sources – *Chemin des Fraisses* – *84360 Lauris* – *4,5 km südwestl. von Lourmarin über die D 27* – ☎ 04 90 08 22 19 – ▱ – 4 Z: 56,41/68,60 € – Mahlzeit 21 €. An einen Felsen mit Spuren von Höhlenwohnungen gelehnt, bietet dieser renovierte Bauernhof farbig gekalkte Zimmer; im originellsten stehen gleich vier Himmelbetten. Die beiden überwölbten Räume im Erdgeschoß dienen als Salon und als Speiseraum.

Hôtel L'Oustau dï Vins – *La Font du Pin* – *84460 Cheval-Blanc* – *7 km westl. von Mérindol in Richtung Cavaillon* – ☎ 04 90 72 90 90 – ▱ – 6 Z: 58 € – ▱ 7,50 €. Alter, gut restaurierter Bauernhof zu Füßen des Luberon in einem 20 ha großen Gut. Die schönen, in Ockertönen gestalteten Zimmer atmen das Flair der Provence und sind alle individuell eingerichtet. Hübscher Ofen und schmiedeeiserne Möbel im Frühstücksraum. Der Eigentümer des Hauses, ein Weinfachmann, macht Sie mit den Weinen der Region bekannt. Swimmingpool.

Chambre d'hôte Les Grandes Garrigues – *84160 Vaugines* – *3 km westl. von Cucuron über die D 56 und die D 45 (Richtung Cadenet)* – ☎ 04 90 77 10 71 – ▱ – 5 Z: 60/100 € – Mahlzeit 20 €. In einem 11 ha großen Gut am Fuße des Luberon liegt dieser schöne Besitz mit seinen ockerfarbenen Wänden und komfortablen Zimmern. Von Ostern bis September gibt es für die Hausgäste auch eine „table d'hôte", einen Gasttisch, der draußen, mit Blick auf die Alpilles und die Montagne Ste-Victoire, aufgestellt wird.

Chambre d'hôte Domaine de Layaude Basse – *Chemin de St-Jean* – *84480 Lacoste* – *1,5 km nördl. von Lacoste (Richtung Roussillon) und Nebenstraße* – ☎ 04 90 75 90 06 – www.luberon-news.com/doMaine-layaude – 1. Dez.-1. März geschl. – ▱ – 6 Z: 74,70/91,50 € – Mahlzeit 22,90 €. Inmitten eines Weinguts, das sich dem Mont Ventoux gegenüber ausdehnt, warten in diesem Landhaus aus dem 18. Jh. hübsche Zimmer auf Sie. Zu den Mahlzeiten trinkt man den Wein des Gutes, zum Frühstück gibt's Konfitüre und Honig aus Eigenproduktion.

Sport und Freizeit

Wandern – Der französische Wanderverband FFRP (Fédération Française de la Randonnée Pédestre) hat einen Luberon-Wanderführer herausgegeben: *Tour du Luberon, GR 9 und 20, Balades dans le Parc naturel régional du Luberon.* Das „Maison du Parc" informiert über geführte Wanderungen *(kostenlos)* und Übernachtungsmöglichkeiten in Hütten. Es gibt auch einen „Topo-guide", in dem eine Wanderung durch die historischen Waldenserdörfer beschrieben ist.

Radsport – Das „Maison du Parc" hat eine Fahrradstrecke von Cavaillon nach Forcalquier angelegt und an den Kreuzungen mit Hinweisschildern (weiß in Richtung Cavaillon-Forcalquier, und ockerfarben in der entgegengesetzten Richtung) ausgestattet. Darüber hinaus gibt es in etwa 20 Dörfern weitere Informationstafeln. Die Vereinigung „Vélo-loisirs en Luberon" (☎ 04 92 79 05 82) gibt Auskunft über Unterkunftsmöglichkeiten für Radtouristen.

Wanderreiten – *Das „Comité départemental du tourisme" hat eine Karte (Tourisme équestre en Vaucluse) herausgegeben.*

Klettern – Einige Felsen von Buoux wurden für diesen Sport ausgerüstet.

Höhenflüge – Man kann den Luberon an Bord einer Montgolfiere erkunden, ab Roussillon (☎ 04 90 05 76 77) und Joucas (☎ 04 90 05 76 77), oder mit einem Segelflugzeug überfliegen (**Association vélivole du Luberon**, *26 Avenue de la Fontaine, 13370 Mallemort,* ☎ *04 90 57 43 86*). Paragliding: **École de Rustrel**, ☎ *04 90 04 42 00*.

Regionale Erzeugnisse

Es gibt nichts Besseres, als über die bunten und lebendigen Märkte von Le Coustellet (So-vormittag), Lacoste (Di), Lourmarin (Fr) und Oppède (Sa) zu streifen, wenn man in die typisch provenzalische Atmosphäre eintauchen will.

Lavendel – **Ferme lavandicole**, *Château du Bois, 84400 Lagarde-d'Apt,* ☎ *04 90 76 91 23*. Besichtigung der insgesamt 80 ha umfassenden Lavendelfelder. **Distillerie bio Lavande 1100**, *84400 Lagarde-d'Apt,* ☎ *04 90 75 01 42*. Führung nach Terminabsprache möglich.

---

nig nach innen über die untere hinaus, so daß in 3 oder 4 m Höhe nur noch eine kleine Öffnung bleibt, die mit einer Platte verschlossen wird. Die leicht nach außen geneigte Lage verhindert das Eindringen von Regenwasser.

Von innen wirkt das Gewölbe wie eine Rundkuppel auf Trompen (Gewölbezwickel), mit deren Hilfe man vom viereckigen Grundriß zum Kreis oder zum Kegel übergehen kann. Die Bories haben ganz unterschiedliche Formen. Die einfachsten – rund, oval oder viereckig – bestehen aus nur einem Raum (1-8 m Durchmesser) und einer Öffnung nach Osten oder Südosten. Die einzige Einrichtung im Inneren besteht aus Mauernischen, die zum Aufbewahren von Gegenständen dienten. In diesen Bauten herrscht das ganze Jahr über eine konstante Temperatur. Es gibt auch einige größere Bories; sie sind rechteckig, haben mehrere schmale Öffnungen, und ihre Sattel- oder Zeltdächer sind als Tonnen- oder Spitztonnengewölbe bzw. wie ein umgekehrter Schiffsrumpf geformt. Die Innenaufteilung gleicht der eines traditionellen Bauernhofs: An einem von einer hohen Mauer umgebenen Hof findet man neben dem Wohnraum (mit gepflastertem Boden, Sitzbänken und Kamin in den komfortableren Bories) einen Backofen und die verschiedenen Wirtschaftsräume.

AUSFLÜGE

★★ 1 Le Grand Luberon

Rundfahrt ab Apt – 119 km – 1/2 Tag, ohne Aufstieg zum Mourre Nègre. Apt in südöstl. Richtung auf der D 48, Avenue de Saignon, verlassen

Apt – *s. dort*

Die ansteigende Straße bietet schöne Aussichten auf das Bergdorf Saignon, das Becken von Apt, das Vaucluse-Plateau und den Mont Ventoux.

Saignon – Das hübsche Dorf auf einem Bergvorsprung besitzt eine romanische Kirche.

Auf der D 48 weiterfahren.

Die Straße erreicht eine landwirtschaftlich bebaute Fläche. Rechts, auf dem Plateau von Claparèdes, stehen mehrere Bories.

Den Wagen in Auribeau parken. Den Ort in nördlicher Richtung verlassen und links der unbefestigten Forststraße zum Mourre Nègre folgen; diese trifft auf den Wanderweg GR 92, der zum Gipfel des Mourre Nègre führt.

★★★ Mourre Nègre – 🚶 *1/2 Tag hin und zurück.* Mit 1 125 m ist der Mourre Nègre („Schwarzes Gesicht") die höchste Erhebung des Luberon. Der **Rundblick★★★** umfaßt das Lure-Gebirge und die Voralpen von Digne im Nordosten, das Durance-Tal und das Ste-Victoire-Massiv im Südosten, den See von Berre und die Alpilles im Südwesten, und schließlich die Beckenlandschaft von Apt, das Plateau von Vaucluse und die typische Silhouette des Mont Ventoux im Nordwesten.

Auf die D 48 zurückkehren und Auribeau durchqueren.

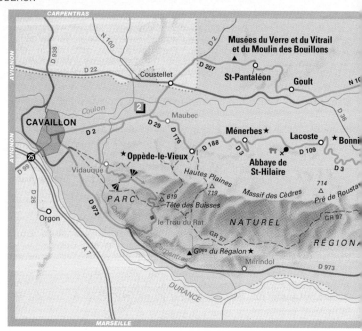

Castellet – In dem kleinen Weiler am Berghang gibt es einige Lavendel-Destillerien. Bei Castellet erreicht man nach einer Garrigue-Landschaft das Calavon-Tal.

Rechts auf die N 100 abbiegen. Unmittelbar nach Überqueren des Calavon rechts in eine kleine Straße einbiegen und 2 km weiterfahren.

Kurz nach dem **Tour d'Embarbe**, einem Turm mit einer eindrucksvollen, fast fensterlosen Fassade, erreicht man Céreste.

Céreste – Die ehemalige Römersiedlung an der *Via Domitia* hat einen Teil ihrer mittelalterlichen Befestigungsanlagen bewahrt. Der Boden rund um den Ort ist reich an interessanten Fossilien (Fische, Pflanzen), die sich in den schiefrigen Kalken gebildet haben *(das Sammeln dieser Fossilien ist untersagt)*.

Céreste in Richtung Forcalquier verlassen und links in die Avenue du Pont-Romain einbiegen.

Rechts erscheint die den Fluß Encrème überspannende „Römerbrücke", die aber erst im Mittelalter errichtet wurde. Unterhalb von Céreste, nicht weit vom Encrème entfernt, befindet sich ein merkwürdiger, von einem Becken verlängerter Zisternenbrunnen unter einem Steingewölbe; er wird von zwei aus dem Felsen sprudelnden Quellen gespeist und trägt wahrscheinlich deshalb den Namen *Nid d'amour* (Liebesnest).

Der schmalen Straße auf den ersten Ausläufern des Plateaus von Vaucluse folgen. Nach 3,5 km links in eine abschüssige Straße einbiegen.

Prieuré de Carluc ⊘ – In einem friedlichen Tal stehen die Ruinen des im 12. Jh. erbauten Priorats Carluc, das der Abtei von Montmajour unterstand. An der linken Seite des Kirchleins öffnet sich ein in den Felsen gehauener Gang, in dem sich in den Boden eingelassene Gräber in Form menschlicher Körper befinden. Dieser Gang führte einst zu einer zweiten Kirche, von der nur der in den Felsen geschlagene Teil erhalten ist.

Nach Céreste zurückkehren und links auf die D 31 abbiegen.

Die Straße führt am Nordhang des Großen Luberon entlang: Ausblick auf das Calavon-Tal und das Plateau von Vaucluse.

Man fährt den Südhang hinunter in Richtung Vitrolles und erreicht auf der D 42 die Ebene; auf der D 27 (in die man kurz vor St-Martin-de-la-Brasque einbiegt) geht es dann an dem kleinen Étang de la Bonde entlang.

Cucuron – Werfen Sie einen Blick in die **Dorfkirche**, die noch ihr romanisches Mittelschiff besitzt. In der Taufkapelle befindet sich eine farbig gefaßte Schnitzfigur (Christus als Schmerzensmann; 16. Jh.); für die Kanzel wurde verschiedenfarbiger Marmor verwendet. Das gegenüber der Kirche liegende Hôtel de Bouliers (17. Jh.) beherbergt im ersten Stock ein kleines Museum, das **Musée archéologique Marc Deydier** ⊘. Es ist der Frühgeschichte, der gallorömischen Zeit

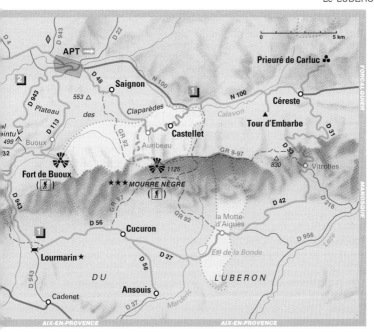

und dem Brauchtum der Region gewidmet. Von der kleinen Terrasse am Donjon hat man einen schönen Blick über Cucuron bis hin zum Sainte-Victoire-Massiv.

Ansouis – *s. dort*

★**Lourmarin** – Dieser Ort am Fuße des Luberon wird von seinem Schloß überragt. Auf dem Friedhof ruhen die Schriftsteller **Henri Bosco** (1888–1976) und **Albert Camus** (1913-60). Beide wohnten eine Weile im Schloß.

★**Château** ⊙ – Das Schloß besteht aus einem älteren, im 15. Jh. errichteten Gebäudeteil und einem sehr harmonisch wirkenden Renaissance-Trakt. Schöne Kamine mit Karyatiden oder korinthischen Säulen schmücken zahlreiche Räume. Besonders interessant ist die große Treppe, in deren Abschluß eine schlanke Säule die steinerne Kuppel trägt. Der ältere Gebäudeteil enthält die Bibliothek und die an hübschen Stein- oder Holzgalerien liegenden Gästezimmer.

Die kurvenreiche D 943 folgt in nordwestlicher Richtung der Combe de Lourmarin.

Diese enge Schlucht hat der Aigue Brun in die steilen Felswände des Bergmassivs gegraben. Nach einigen Gebäuden (ehemaliges Schloß des 16. und 18. Jh.s, heute eine Feriensiedlung der Stadt Marseille) überquert die Straße eine Brücke und führt zu einer Häusergruppe.

Schloß Lourmarin am Fuße des Luberon

Kurz vor dieser Häusergruppe zweigt rechts ein Weg ab (Parkplatz).

Fort de Buoux ⊙ – 🏛 – *1/2 Std. hin und zurück, zuzgl. 3/4 Std. Besichtigung.
Das Tor durchqueren. Der Weg führt unter einem vorspringenden Felsen hin zum
Haus des Pförtners.* Die Felsnase, auf der die Ruinen des Forts liegen, hat schon
seit eh und je Festungen getragen. Sie war von Ligurern, dann von Römern besetzt
und erlebte die Glaubenskämpfe zwischen Katholiken und Protestanten; 1660 ließ
Richelieu die Verteidigungsanlagen schleifen. Heute sieht man noch die Reste von
drei Mauerringen, eine romanische Kapelle, verschiedene Wohnbauten, direkt in
den Felsen geschlagene Vorratsräume, einen Wehrturm, einen ligurischen
Opferstein und eine Geheimtreppe. Von der Spitze des Felssporns bietet sich eine
schöne Aussicht auf den Oberlauf des Aigue Brun.

Zur Feriensiedlung zurückkehren und rechts die D 113 nehmen.

Die Straße führt über Buoux und durch eine malerische Landschaft nach Apt
zurück.

★★ 2 Le Petit Luberon

*Rundfahrt ab Apt – 101 km – etwa 6 Std. Apt auf der D 943 verlassen. Dann
sofort rechts die D 3 nehmen, die sich durch Weinberge schlängelt.*

★**Bonnieux** – *s. dort*

*Bonnieux in südl. Richtung auf der D 3 verlassen, dann rechts auf die D 109
abbiegen.*

Die kurvenreiche Straße führt am Nordhang des Petit Luberon entlang. Im
Vordergrund taucht Lacoste auf.

Lacoste – Dieses Bergdorf wird von den mächtigen Bauten der teilweise restaurierten Überreste eines Schlosses beherrscht, das einst dem Adelsgeschlecht de
Sade gehörte. Dieser Familie entstammte der berühmt-berüchtigte **Marquis de Sade**
(1740-1814), dessen literarisches Werk lange sehr umstritten war. Nahezu
30 Jahre lang war de Sade, der das Schloß mit einem luxuriösen Festsaal ausstatten ließ, Herr von Lacoste. Der adelige Schriftsteller und Lebemann war
mehrfach im Gefängnis, und wenn es ihm gelang zu entkommen, fand er in Lacoste
Unterschlupf.

Auf der D 109 in Richtung Ménerbes weiterfahren.

Man kommt an mehreren Steinbrüchen vorbei, in denen ein renommierter Haustein
abgebaut wird.

Abbaye de Saint-Hilaire ⊙ – Das sehr schön am Fuße eines Höhenzuges gelegene ehemalige Kloster *(heute Privatbesitz)* wurde vom 13. bis zum 18. Jh. von
Karmelitern bewohnt. Erhalten geblieben sind drei Kapellen aus dem 12., 13. und
14. Jh. sowie einige Klostergebäude aus dem 17. Jh.

★**Ménerbes** – *s. dort*

Auf der D 3 in südl. Richtung weiterfahren und dann der D 188 folgen.

★**Oppède-le-Vieux** – *Hinter dem Ort den Wagen auf dem Parkplatz abstellen und
zu Fuß weitergehen.* Das alte Bergdorf zieht sich in malerischer **Lage**★ an einem
Felsen hoch. Nachdem es lange Zeit unbewohnt war und verfiel, füllt es sich dank
der Initiative einiger Künstler heute langsam wieder mit Leben. Den Dorfplatz
umgeben restaurierte Häuser. Vom alten Dorfplatz gelangt man durch ein ehemaliges Stadttor zum Oberdorf, das von der Kirche (13. Jh., Umbauten im 16. und
19. Jh.) und der **Burgruine** überragt wird. Schöne **Ausblicke**★ auf das Tal des Coulon,
das Hochplateau von Vaucluse und das Dorf Ménerbes bieten sich vom Vorplatz
der Kirche. Hinter der Burgruine – die Grafen von Toulouse errichteten eine Burg,
die im 15. und 16. Jh. wiederaufgebaut wurde – ergibt sich ein freier Blick auf
die wilden Schluchten im Nordhang des Luberon.

*Nachdem man das Gebiet um Maubec (D 176 und D 29) durchquert hat, rechts
auf die D 2 abbiegen.*

Ein Umweg, der sich lohnt!

*Links in die D 2 einbiegen und am Ortsausgang von Robion links auf die
D 31 und dann wieder links in Richtung Vidauque abbiegen.* Die sehr steile
und kurvenreiche Straße *(Einbahnstraße, Höchstgeschwindigkeit: 30 km/h)*
führt an einem wilden Erosionstal (Combe de Vidauque) entlang und bietet
herrliche **Ausblicke**★★ auf die umliegende Landschaft: Im Norden sieht man
die Spitze des Plateaus von Vaucluse und das Coulon-Tal, im Süden und
Westen die Alpilles, das Durance-Tal und, gegenüber, die Ebene bei Cavaillon
mit ihren von Zypressen- und Schilfreihen eingefaßten Gemüsefeldern. *Die
Abfahrt über die „Route du Trou-du-Rat" führt zur D 973, auf die man
rechts in Richtung Cavaillon abbiegt. Dort nimmt man rechts wieder die D 2.*

Coustellet – Das **Musée de la Lavande** ⊙ *(rechts an der Straße nach Gordes)* zeigt verschiedene alte Destilliergeräte aus reinem Kupfer. Die angebotenen Erzeugnisse werden aus dem Echten Lavendel gewonnen, der im Château du Bois (Gemeinde Lagarde d'Apt) angebaut wird.

3 km hinter Coustellet zweigt rechts die D 207 nach Les Bouillons ab.

Musée de l'Histoire du Verre et du Vitrail und Musée du Moulin des Bouillons – *Beschreibung der beiden Museen s. S. 192.*

Saint-Pantaléon – *s. S. 193*

Auf der D 104 und der D 60 gelangt man nach Goult.

Goult – In diesem Bergdorf, das von einer Burg und einer restaurierten Mühle beherrscht wird, befindet sich ein Heimatverein *(conservatoire des terrasses)* zum Schutz und Erhaltung der Trockenmauern und Terrassenkulturen (Lehrpfad). **Notre-Dame-de-Lumières**, eine bekannte provenzalische Wallfahrtskirche (17. Jh.), liegt in einem hübschen Park. Zu sehen sind zahlreiche Votivgaben.

Auf der N 100, die durch das Coulon-Tal führt, geht es nach Apt zurück. Linkerhand erstreckt sich das Gebiet der Ockervorkommen (s. S. 106).

MARSEILLE★★★

Marseille blickt auf eine 2 600 Jahre alte Geschichte zurück und ist damit die älteste der großen französischen Städte. Schon immer ging die Stadt ihre eigenen Wege und isolierte sich (bis ins 19. Jh.) von der regionalen und nationalen Gemeinschaft. Obwohl sie inzwischen, was die Einwohnerzahl angeht, die zweitgrößte Stadt Frankreichs ist, hat sie ihr typisches Gepräge, eine Mischung aus Echtem und Klischeehaftem, bewahrt. Die charakteristischen Übertreibungen, das Marktgeschrei der Fischverkäufer am Alten Hafen, die Boule-Spieler, aber auch zweifelhafte Geschäfte und immer wieder Gerichtsaffären – all das macht die alte Hafenstadt am Mittelmeer aus. Marseille bietet jedoch mehr als nur diese volkstümliche Seite. Die Stadt geht mit der Zeit und verwirklicht mehrere große Projekte, vor allem kultureller Art (ein Dutzend Museen und Kulturzentren wie die Vieille Charité, die Oper, das Théâtre de la Criée, die fortschrittliche Kunstschule Luminy, eine dynamische junge Kunstszene etc.).
Bevor man sich der Lebhaftigkeit und Buntheit der Stadt hingibt, sollte man ihre außergewöhnliche **Lage** bewundern. Vom Vorplatz der Basilika Notre-Dame-de-la-Garde und in der nächsten Umgebung der Kirche offenbart sich ein einzigartiger **Blick★★★** auf die Dächer der Stadt, den Hafen und die umliegenden Berge. Links ragen der Inseln Pomègues und Ratonneau sowie die Festung If empor; weiter entfernt liegt das Marseilleveyre-Massiv; gegenüber der Hafen, dann die Festung Saint-Jean (14., 17. Jh.) und der Pharo-Park. Weiter rechts dehnt sich die Stadt aus, im Hintergrund liegen die Estaque-Gebirgskette und (dahinter) das Étoile-Massiv.

Marseille – Fort St-Jean und Cathédrale de la Major

HINTERGRUNDINFOS

Ursprung der Stadt – Etwa 600 v. Chr. landeten einige Galeeren der Phokäer (Griechen aus Kleinasien) in der Bucht des heutigen Alten Hafens.
Die Griechen brachten als erfahrene Kaufleute die Stadt bald zu Wohlstand. Nach der Zerstörung von Phokea durch die Perser (540 v. Chr.) dehnten sie ihre Besitzungen aus und gründeten Handelsniederlassungen an der Küste (Arles, Nizza, Agde, Antibes, La Ciotat, Hyerische Inseln) sowie im Hinterland (Glanum, Cavaillon, Avignon, vielleicht St-Blaise am See von Berre). Sie brachten den Olivenbaum mit und ihre Gesetze, das Geldwesen sowie die Technik und Kunst ihrer zivilisatorisch hochstehenden Heimat. Massalia wurde als Stadtrepublik organisiert, mit deren Verfassung sogar Plato sich auseinandersetzte.
Die einheimischen Kelto-Ligurer erwarben bei den Griechen hauptsächlich Waffen, Bronzegegenstände, Öl, Wein, Salz, Keramik und wahrscheinlich auch Sklaven. Da kühne Seefahrer aus Massalia im 4. Jh. ferne Gestade erkundet hatten – im Süden waren sie bis Senegal, im Norden bis zur Ostsee und Island gelangt – waren die Massalioten führend im Handel mit Kupfer (aus Etrurien), Keramik aus dem Mittelmeerraum, Bernstein, Silber und Zinn, das aus Spanien und der Bretagne importiert wurde.
Dank der Ausgrabungen am Alten Hafen und im Börsenviertel hat man heute ein genaueres Bild des griechischen Marseille. Die Stadt erstreckte sich über 50 ha auf den heute Saint-Laurent, Butte des Moulins und Butte des Carmes genannten Hügeln. Es gab einen Artemis- und einen Apollo-Tempel, ein Amphitheater und wahrscheinlich weitere Monumente sowie einen schützenden Mauerring.

Die Römer in der Provence – Der Reichtum der Eingewanderten erweckte bald den Neid der ligurisch-keltischen Urbevölkerung, und angesichts dieser Bedrohung erbaten die Griechen, die im 2. Punischen Krieg (154 v. Chr.) mit Rom verbündet waren, römi-

DAS ANTIKE MARSEILLE

Ausdehnung der griechischen und römischen Stadt
Erhaltene Partien
Heutige Straßen
Küstenverlauf zur Zeit der Griechen
Küstenverlauf zur Zeit der Römer
Heutiger Küstenverlauf

sche Militärhilfe. Die Römer befreiten Massalia von dieser Bedrohung und unterwarfen in harten Kämpfen gegen die Einheimischen auch die übrige Provence. Sie errichteten 122 v. Chr. die Provinz *Gallia narbonensis* mit den Stützpunkten Aix und Narbonne. Massalia blieb weiterhin eine mit den Römern verbündete Republik und behielt, entlang der Küste, einen schmalen Landstreifen.

Schwierigkeiten mit den Römern ergaben sich erst im 1. Jh. v. Chr., als die Stadt für Pompejus Partei ergriff und dessen Gegner Cäsar siegte. Sechs Monate dauerte die Belagerung im Jahre 49 v. Chr., dann hatte Massalia seine Flotte und all seinen Reichtum verloren. Es wurde wirtschaftlich von Arles überflügelt, und nur seine Universität bewahrte als Pflegestätte griechischen Geistesgutes noch bis ins 3. Jh. hinein einen ausgezeichneten Ruf. Im 3. Jh. verlor Marseille seinen Sonderstatus als unabhängige Republik.

Die Wirren der Völkerwanderung brachten West- und Ostgoten sowie Franken hierher. Im 6. Jh. trat eine erste Pestseuche in Gallien auf; im 7. Jh. schließlich führten die Plünderungen durch Sarazenen, Griechen und Karl Martel zum vorläufigen Niedergang Marseilles. Die Stadt wurde – wie Arles – eine Zeitlang Teil des Burgundischen Reichs und von Vizegrafen *(Vicomtes)* regiert. Ihre Bedeutung ging stark zurück.

Der Aufschwung – Ab dem 11. Jh. entwickelte sich die Stadt zusammen mit ihren Schiffswerften zu einer neuen Blüte. 1214 konnte sie sich wieder unabhängige Republik nennen, allerdings nur für kurze Zeit, denn 1252 fiel Marseille nach einer Belagerung an Karl von Anjou. 1481 ging es, wie die übrige Provence, in den Besitz des französischen Königs über.

In der von den Kreuzzügen geprägten Blütezeit (12.-14. Jh.) aber stattete Marseille in Konkurrenz zu Genua die Kreuzfahrer mit Schiffen und Provision aus. Wie die großen italienischen Republiken besaß auch Marseille in Jerusalem ein eigenes Viertel. Marseiller Seeleute kamen nach Pisa und Genua und reisten in den Orient, nach Ägypten und Nordafrika.

Victor und Cassianus

Das Christentum trat in Marseille sehr früh auf: Der hl. Victor, ein römischer Beamter, erlitt schon um 290 v. Chr. den Märtyrertod; man fand Katakomben an den Hängen des La Garde-Hügels. In diesem christlichen Viertel außerhalb der Stadtbefestigung ließ der armenische Mönch Cassianus im 5. Jh. zwei Klöster errichten, die zu den ältesten des Abendlandes gehören.

TIPS UND ADRESSEN

Stadtbesichtigung

Stadtführungen (visites guidée de la ville) – *s. Öffnungszeiten und Eintrittspreise*

„Histobus" – Kommentierte Stadtrundfahrten im Bus (3 Std.). So: 14.30 Uhr; tgl. Juli-Okt.

„Taxis Tourisme" – Kommentare auf Audiokassette (1 Std. und 1 Tag). 30,49 € bis 86,90 €. Reservierung beim Office de tourisme.

Touristenbähnchen – Zwei Strecken: Basilika St-Victor bis Notre-Dame-de-la-Garde oder durch die Altstadt (Stadtviertel Le Panier und Vieille Charité. Abfahrt: Quai des Belges. 4,57 € eine Strecke (Kinder 2,29 €); beide Strecken 7,62 € (die zweite Strecke nur Ostern bis Mitte Okt.).

Verkehrsmittel

Métro – Die U-Bahn ist das praktischste Verkehrsmittel in Marseille. Die beiden U-Bahnlinien verkehren zwischen 5 und 21 Uhr; ab 21 Uhr werden sie vom sogen. „Fluobus" abgelöst. Fahrscheine gibt es für eine einzige Fahrt *(Carte solo)*, als Tageskarte *(Carte journée)* oder als Mehrfahrtenkarte *(Carte liberté;* 7,62 € oder 15,24 €*)*. Einen U-Bahn-Plan erhält man kostenlos an den Fahrkartenschaltern. *Auskunft:* ☎ 04 91 91 92 10

LIGNE DU FERRY BOAT

PLACE AUX HUILES - MAIRIE

S. Sauvignier/MICHELIN

Mit dem Ferry Boat zur anderen Seite des Hafens

Auto – Wer sich in Marseille mit dem Auto fortbewegen möchte, benötigt eine gehörige Portion Geduld, Mut und Gelassenheit. Ständig sind die Straßen verstopft, immer wieder trifft man auf Fahrer, die gleich in die Luft gehen und nicht unbedingt rücksichtsvoll mit jenen umgehen, die sich in Marseille nicht auskennen.

Ferry Boat – Vom Place aux Huiles zum Rathaus verkehrt eine **Fähre***: 8-18.30 Uhr, an Sommerwochenenden 8-20.30 Uhr. 0,76 € (hin und zurück), 0,46 € (einfache Fahrt).*

Gastronomie

Spezialitäten – Neben der berühmten *Bouillabaisse*, dem Fischgericht, das in den meisten Restaurants angeboten wird, und der mindestens ebenso bekannten *Aïoli* (scharfe Knoblauchsauce), kann man auch *Pieds-et-paquets* (Kuttelspezialität) kosten.

Gut und preiswert

Dégustation Toinou – *3 Cours St-Louis* – ☎ 04 91 33 14 94 – *Aug. geschl.* – *9,91/18,29 €*. Nur wenige Schritte vom Alten Hafen befindet sich dieses von den Mareillern fast zur Institution erhobene Lokal, in dem Austern und Krustentiere auf riesigen Platten durch die Etagen getragen werden. Der Dekor des Hauses ist modern, Holz und poliertes Metall geben den Ton an. Und außerdem sind die Preise bei Toinou erschwinglich!

Salon de thé Couleur des Thés – *24 Rue Paradis* – ☎ 04 91 55 65 57 – *15. Aug.-1. Sept. und So geschl.* – *10,67 €*. Hübsch eingerichteter Teesalon in einer stattlichen Wohnung im 1. Stock eines Gebäudes der Innenstadt. Auf dem Programm stehen Salatbüfett, Wurstspezialitäten, salzige Kuchen, hausgemachte Patisserien und fünfzig verschiedene Teesorten, die man auch zum Mitnehmen kaufen kann.

La Cloche à Fromage – *27 Cours d'Estienne-d'Orves* – ☎ 04 91 54 85 38 – *8,99 € Mittagsmenü* – *15,09 €*. Haben Sie Lust auf eine Käseplatte und etwas Wein? Das Wasser läuft dem Käseliebhaber im Mund zusammen, wenn er die vielen cremigen, kräftigen und pikanten Käsesorten sieht, die in diesem Restaurant unter der großen Käseglocke aufbewahrt werden. Lassen Sie sich auf der Terrasse nieder, im Sommer ist sie sehr schön. Es gibt auch einige Gerichte ohne Käse.

Chez Vincent – *25 Rue de Glandeves* – ☎ *04 91 33 96 78* – *Aug. und Mo geschl.* – 🍴 – *22,87/30,49 €*. Schlichte Fassade, einfacher Bistro-Dekor und Rose, die Chefin des Hauses, die seit den 40er Jahren am Herd steht – „Chez Vincent" ist eine Marseiller Institution! Regionaltypische Küche mit großzügigen Portionen.

Les Arcenaulx – *25 Cours d'Estienne-d'Orves* – ☎ *04 91 59 80 30* – *8.-23. Aug. und So geschl.* – *23,63/44,97 €*. Speisen Sie in der Umgebung von Büchern – die bedecken nämlich die Wände des an eine Buchhandlung und einen Verlag angeschlossenen Restaurants. Das Ganze befindet sich in ehemaligen Bootsschuppen des 17. Jh.s. Große Terrasse am Cours d'Estienne-d'Orves. Südliche Küche.

Shabu Shabu – *30 Rue de la Paix-Marcel-Paul* – ☎ *04 91 54 15 00* – *28. Juli-1. Sept., Mo-mittag und So geschl.* – *Sa/So Reserv. empf.* – *22 € Mittagsmenü* – *27,45 €*. Alle Fische des Mittelmeeres werden vor Ihren Augen als Sushis zubereitet! Der französische Chef des Hauses hegt eine Leidenschaft für die fernöstliche Küche. Japanischer Dekor. Ein Lokal, das sich von der übrigen Restaurantszene in Marseille abhebt.

Chez Fonfon – *140 Vallon-des-Auffes* – ☎ *04 91 52 14 38* – *2.-24. Jan., So-abend und Mo-mittag geschl.* – *28,97/46,50 €*. Vom Gastraum dieses renommierten Restaurants überblickt man den kleinen Hafen Vallon des Auffes, von dem allmorgendlich die Fischer aufbrechen, um für Liebhaber von Mittelmeerfisch und Meeresfrüchten das Richtige zu finden.

L'Épuisette – *156 Vallon-des-Auffes* – ☎ *04 91 52 17 82* – *20. Aug.-2. Sept., Sa-mittag, So-abend und Mo geschl.* – *29,73/57,93 €*. An stürmischen Tagen hat man hier einen richtigen Logenplatz, denn dieses Restaurant gegenüber den Frioul-Inseln ragt – getrieben von den im Gastraum gespannten Segeln? – weit ins Meer hinein. Zeitgenössische Küche.

Unterkunft

Chambre d'hôte Villa Marie-Jeanne – *4 Rue Chicot* – ☎ *04 91 85 51 31* – 🍴 – *3 Z: 27,44/53,36 €*. Das geschmackvoll ausgestattete Landhaus aus dem 19. Jh. liegt inzwischen in einem Wohnviertel. Der Dekor verbindet die traditionellen provenzalischen Farben mit antiken Möbeln, schmiedeeisernen Gegenständen und zeitgenössischen Gemälden. Im Garten stehen Platanen und ein Zürgelbaum.

Hôtel Edmond Rostand – *31 Rue du Dragon* – ☎ *04 91 37 74 95* – *21. Dez.-6. Jan. geschl.* – *16 Z: 44,21/48,78 €* – 🍵 *5,49 €* – *Restaurant 12 €*. In einer Straße des bürgerlichen Marseille erinnert der Name dieses (komplett renovierten) Hotels an den aus Marseille stammenden Dramatiker, der Endes des 19. Jh.s die Figur des Cyrano de Bergerac schuf. Hinter der Hausteinfassade und den blauen Fensterläden verbergen sich schlichte und gepflegte Zimmer. Imbißgastronomie nur für Hausgäste.

Hôtel St-Ferréol's – *19 Rue Pisançon* – ☎ *04 91 33 12 21* – *19 Z: 51,83/88,42 €* – 🍵 *6,86 €*. Traditionelles Haus mitten in der Fußgängerzone, im belebtesten Teil Marseilles. Ein jedes der kleinen, mit Marmorbädern ausgestatteten Zimmer, die sich mit englischen Stoffen schmücken, trägt den Namen eines impressionistischen Malers.

New Hôtel Vieux Port – *3bis Rue de la Reine-Élisabeth* – ☎ *04 91 90 51 42* – *47 Z: 70,13/83,85 €* – 🍵 *9,15 €*. Das Gebäude ist alt, im Innern aber teilweise renoviert. Seine Lage am Alten Hafen ist ideal. Unter den Fenstern einiger Zimmer sieht man Fischerboote, und man hört geradezu den Herzschlag der Stadt. Zweckmäßige Ausstattung, gute Geräuschisolierung.

Cafés, Kneipen und Bars

Café Parisien – *1 Place Sadi-Carnot* – ☎ *04 91 90 05 77* – *Mo-Mi: 4-21 Uhr, Do-Fr bis 1 Uhr* – *feiertags geschl.* An den Wochenenden finden in diesem Café mit barockem Dekor Konzerte statt, die mit dem Thema der gerade laufenden monatlichen Ausstellung in Verbindung stehen. Der Torcida Brésil hat hier sein Stammquartier aufgeschlagen. Auf dem Programm stehen auch die sogen. „apéro Tango"-Abende.

Le Pelle-Mêle – *8 Place aux Huiles* – ☎ *04 91 54 85 26* – *www.pele-mele.com* – *Di-Sa ab 18 Uhr* – *Aug. geschl.* In diesem herrlichen Lokal, dessen hinterer Saal überwölbt ist, treten von Dienstag bis Samstag Jazzgruppen von internationalem Rang auf.

O'Brady's Irish Pub – *378 Avenue de Mazargues* – ☎ *04 91 71 53 71* – *www.obradys.com* – *tgl. 11-1.30 Uhr* – *Weihnachten und Neujahr geschl.* Dieser prämierte Pub liegt in der Nähe des Sitzes des Marseiller Fußballclubs Olympique Marseille und des Stadions und ist daher ein beliebter Treffpunkt der OM-Fans. Auf dem Großbildschirm kann man die Spiele des OM verfolgen; an diesen Abenden ist hier besonders viel los.

O'Malley's – *9 Quai Rive-Neuve* – ☎ *04 91 33 65 50* – *tgl. 16-2 Uhr.* Irischer Pub mit von Meer und Seefahrt inspiriertem Dekor. Typisch irisches Ambiente, auch dank des irischen Akzents der Kellner. Mittwochs ab 21.30 Uhr irische Musikabende.

Shopping

Märkte – **Fischmarkt**: jeden Morgen am Quai des Belges. **Traditionelle Märkte** (tgl. außer So): Cours Pierre-Puget, Place Jean-Jaurès (la Plaine), Place du Marché-des-Capucins und Avenue du Prado. **Blumenmarkt**: Di- und Sa-vormittag auf der Canebière und Fr-vormittag in der Avenue Prado.

Buchmarkt (2. Samstag des Monats): Cours Julien; antiquarische Bücher und CDs tgl. vor dem Palais des Arts.

Flohmarkt: So-vormittag in der Avenue du Cap-Pinède.

Santonmarkt: Ende Nov.-Weihnachten auf der Canebière (Allées Gambetta).

Four des Navettes – *136 Rue Sainte* – ☎ *04 91 33 32 12* – *www.fourdesnavettes.com* – *tgl. 7-20 Uhr* – *1. Mai, Neujahr geschl.* In der ältesten Bäckerei der Stadt kann man dieses mit Orangenblütenwasser parfümierte Gebäck (*Navette* = Schiffchen) kaufen, das traditionell an Mariä Lichtmeß gebacken wird, um das Haus vor Krankheit und Unglück bewahren. Seit über 200 Jahren wird das Geheimnis des Rezepts streng gehütet. Man findet hier aber auch Schokolade mit Lavendelgeschmack, Canistellis, Gibassiers, Mandelgebäck und zahlreiche Brotsorten.

La Compagnie de Provence – *1 Rue Caisserie* – ☎ *04 91 56 20 94* – *lcdp@free.fr* – *Mo-Sa 10-13 Uhr, 14-19 Uhr.* Hier gibt es typisch Provenzalisches, darunter „Savon de Marseille" (eine Art Kernseife mit verschiedenen Duftnoten) und andere Naturprodukte, Körperpflegemittel, Accessoires für's Badezimmer, Dekorationsgegenstände etc.

Santons Marcel Carbonel – *47 Rue Neuve-Ste-Catherine* – ☎ *04 91 54 26 58* – *www.santonsmarcelcarbonel.com* – *Ladengeschäft: Di-Sa 10-12 Uhr, 14-19 Uhr; Werkstattführung: Mo-Fr 8-13 Uhr, 14-17.30 Uhr.* Wie die Santons hergestellt werden, erfahren Sie bei der Führung. Angeschlossen ist ein kleines Santon-Museum.

Bücher – **Librairie-galerie-restaurant des Arcenaulx**, *Place d'Estienne-d'Orves.* Sitz des auf regionale Literatur spezialisierten Verlags von Jeanne Laffitte.

Galerien – Alle künstlerischen Sparten sind in den ehemaligen Lagerhäusern der **Friche de la Belle-de-Mai**, *Rue Jobin*, vertreten. Zahlreiche Galerien findet man auch in der Rue Sainte und in der Rue Neuve-Ste-Catherine, im Arcenaulx-Viertel und am Cours Julien.

G. Magnin/MICHELIN

Hier stellt man „Navettes" her

Kräuter – **Au Père Blaise**. Bei diesem „Krautkrämer" gibt es Sternanis, Majoran, Thymian, Pistou, Rosmarin und zahllose andere Heil- und Gewürzkräuter. Das Geschäft sieht noch genauso aus wie 1780.

Provenzalische Stoffe – **Souleïado**, *101 Rue Paradis* und in den Geschäften der *Rue Vacon*.

Boule – **La Boule bleue**, *ZI La Valentine, Montée de St-Menet, 13396 Marseille cedex 11*, ☎ *04 91 43 27 20.* Hier kann man die Kugeln kaufen, die darüber entscheiden, wer die Pastis-Runde zur blauen Stunde zahlt.

Olympique Marseille – ein Kult

Die Marseiller hängen mit Leib und Seele an ihrem berühmten Fußballclub OM, und wer eine Karte ergattern kann, schaut sich die Spiele direkt im **Stade Vélodrome** *(Boulevard Michelet)* an. Fast genauso temperamentvoll wie im Stadion geht es im **Café OM** am Quai des Belges zu, wo, wie in vielen anderen Kneipen und Cafés, die Spiele direkt übertragen werden. Fanartikel – Schals, T-Shirts, Stirnbänder u. a. in den Farben der Mannschaft – gibt es in den **Boutiques de l'OM** *(Boulevard Michelet, gegenüber dem Stadion oder an der Canebière)*.

Sport und Freizeit

Badevergnügen – In Marseille laden zahlreiche öffentliche und private Strände zum Baden ein. Wählen Sie zwischen dem (kostenpflichtigen) Plage des Catalans (wo Unerschrockene nach einem alten Brauch am frühen Morgen des 1. Januar das neue Jahr mit einem sicher sehr erfrischenden Bad beginnen!) und den Stränden von Pointe-Rouge und Montredon oder jenen von Malmousque und des Prado, an denen man auf Gleichgesinnte trifft, wenn man seinen Winddrachen steigen lassen will.

Thalassotherapie – Marseille besitzt drei Thalassotherapie-Zentren.

Les bains de mer chauds – *96 Corniche du Prés.-J.-F.-Kennedy, 13007 Marseille,* ☏ *04 91 52 01 03.*

Bains de mer de l'Estaque – *149 Plage de l'Estaque, 13016 Marseille,* ☏ *04 91 04 06 69.*

Thalassa-Form Le Grand Large – *42 Avenue du Grand-Large, 13008 Marseille,* ☏ *04 91 73 25 88.*

Ausgehtips

Das Veranstaltungsprogramm wird in der lokalen Tagespresse *(La Provence, La Marseillaise)* veröffentlicht, sowie in der Wochenzeitschrift *Taktik*, die kostenfrei beim Office de tourisme, in Kulturzentren und am Sitz der Zeitschrift selbst *(55 Cours Julien)* erhältlich ist. Das Fremdenverkehrsamt gibt darüber hinaus alle drei Monate ein kleines Heft mit dem Titel *In Situ* heraus.

Place du Général-de-Gaulle

„Pastorales" – **Krippenspiele** (darunter die berühmte Pastorale Maurel) kann man in den Monaten Dezember und Januar in den Theatern **Mazenod** *(88 Rue d'Aubagne)* und **Nau** *(9 Rue Nau) sehen.*

Schauspiel – Marseille darf sich rühmen, über 20 Theater in seinen Mauern zu besitzen. Klassische und zeitgenössische Stücke gibt es im von Gildas Bourdet geleiteten **Théâtre National de Marseille-la-Criée** *(30 Quai de Rive-Neuve),* im **Gymnase** *(4 Rue du Théâtre-Français)* und im **Toursky** (Dichtung und Treffen von Theatertruppen der Mittelmeeranrainer, *16 Passage Léo-Ferré*) sowie im **Lenche** *(4 Place de Lenche).* Avantgarde und Experiment sind im **Merlan-Scène nationale** *(Avenue Raimu),* im Théâtre des **Bernardines** *(17 Boulevard Garibaldi)* und im **Chocolat-Théâtre** *(59 Cours Julien)* angesagt.

Klassische Musik und Tanz – Klassische Musik und Oper bietet die **Opéra municipal** *(2 Rue Molière),* Tanz das **Ballet National** *(20 Boulevard de Gabès),* das von Marie-Claude Pietragalla geleitet wird. Die **Cité de la Musique** *(4 Rue Bernard-du-Bois)* und das Auditorium du Pharo bieten den Rahmen für ganz unterschiedliche Programme.

Moderne Musik – Rock, Jazz, Reggae usw. gibt's im **Espace Julien** *(39 Cours Julien).* Große Konzerte finden im **Dôme de Marseille** statt, der von einem gewaltigen Betonbogen überragt wird. Dieser Konzertsaal, in dem die Stars der Stars auftreten, kann 8 000 Zuschauer aufnehmen.

Kino – Programmkinos: **Le César** *(Place Castellane),* **Breteuil** *(Rue Breteuil),* **Paris** *(Rue Pavillon)* und **Les Nouvelles Variétés** *(Canebière).* An der Canebière und in der Avenue du Prado (in der Nähe des Rond-Point) gibt es zahlreiche Kinokomplexe mit mehreren Sälen.

Besondere Termine

Foire de Marseille – Große internationale **Handelsmesse** im Parc Chanot (Ende Sept.-Anfang Okt.).

Fiesta des Suds – Ein großes Festival im Oktober und an einigen anderen Wochenenden, ein Fest des Völkergemischs von Marseille und der verschiedenen Kulturen, Traditionen und Musikrichtungen des Südens. Vorstellungen und Aufführungen finden derzeit am Dock J4, am Eingang des Joliette-Hafenbeckens, statt.

Fischmarkt am Quai des Belges

Festivals – Theater und Tanz an verschiedenen Stellen in der Stadt (Juni-Juli). Festival der Inseln im Juli.

Pétanque – *Mondial de La Marseillaise*, ein internationaler Pétanque-Wettkampf im Juli; die Ausscheidungsspiele finden im Parc Borély statt, das Finale am Vieux Port. Massenveranstaltung mit zahlreichen Stars aus dem Show-Business, die nach einigen Runden das Feld den Champions des Pétanque-Sports überlassen.

Folklore – Festival International du Folklore in Château-Gombert (Anfang Juli).

Hintergrundwissen auf vergnügliche Art ...

Bücher – Marseille ist der Schauplatz einer ganzen Kategorie von Krimis, die hier „Bouillabaisse-Krimis" *(polars bouillabaisse)* genannt werden. Jean-Claude Izzo *(Casino totale* und *Chourmo)* und Philippe Carrese *(Trois jours d'engatse)* sind die (teilweise ins Deutsche übersetzten) Autoren, die man lesen sollte. Als Comics gibt es *Les Aventures de Léon Loden*, die Abenteuer eines Marseiller Privatdetektivs.

Filme – Neben der nostalgischen Trilogie von Marcel Pagnol seien die Filme von Robert Guédiguian genannt, darunter der berühmte *Marius et Jeanette*; aber auch weniger bekannte Filme wie *Transit* von René Allio und *Bye-Bye* von Karim Dridi geben Marseiller Atmosphäre wiede.

Die große Pest von 1720 – Zu Beginn des 18. Jh.s zählte Marseille etwa 90 000 Einwohner. Der große Hafen, der seit 1669 Freihafen war, hatte das Monopol über den Handel der Levante und war ein riesiges Lager von Importwaren (Textilien, Lebensmittel, Drogen und „Kuriositäten") geworden. 1720 wurde Marseille Opfer einer Pestkatastrophe. Ein aus Syrien kommendes Schiff hatte während der Überfahrt mehrere Pestfälle zu beklagen. Bei der Ankunft in Marseille wurde die *Grand St-Antoine* auf einer kleinen Insel, der Ile de Jarre (s. S. 160), in Quarantäne gelegt. Trotz dieser und anderer Vorsichtsmaßnahmen breitete sich die Epidemie unter bis heute nicht geklärten Umständen auch auf die Stadt aus, wo sie fürchterlich wütete. Obwohl das Parlament von Aix den Marseillern unter Androhung der Todesstrafe jeglichen Kontakt mit dem Rest der Provence verboten hatte, erreichte der „schwarze Tod" auch Aix, Arles, Toulon – und das Comtat Venaissin, das der päpstliche Gesandte mit einer 28 km langen Pestmauer hatte schützen wollen. Insgesamt forderte die Pest 100 000 Opfer, davon allein 50 000 in Marseille.

Wirtschaft und Geschichte im 18. und 19. Jh. – Die Stadt erholte sich rasch; bereits 1765 hatte sie wieder etwa 90 000 Einwohner. Der Handel fand in Lateinamerika und auf den Antillen neue Märkte; importiert wurden Zucker, Kaffee und Kakao. In den Fabriken wurden Seife, Glas, Rohrzucker, Fayence und Textilien hergestellt. Reeder und Händler stellten ihren neu erworbenen Reichtum zur Schau, während die Masse der kleinen Handwerker und Arbeiter im Rhythmus der eintreffenden Schiffsladungen lebte. Die Französische Revolution wurde in Marseille freudig begrüßt. Ein Marseiller Freiwilligenkorps machte das 1792 von Rouget de Lisle in Straßburg komponierte „Lied der Rheinarmee" in Paris unter dem Namen „Marseillaise" bekannt. Wie jeder weiß, ist es heute die französische Nationalhymne. Marseille forderte im übrigen als eine der ersten Städte die Abschaffung der Monarchie. Bald sollte sich jedoch die freiheitsliebende Bevölkerung gegen das Terrorregime des Nationalkonvents auflehnen. Die Hafenaktivitäten litten sehr unter der Kontinentalsperre der napoleonischen Ära, und Marseille wurde monarchistisch.

Die Schaffung des französischen Kolonialreiches, insbesondere der Handel mit Algerien und die Eröffnung des Suezkanals (1869), gaben der Stadt neue wirtschaftliche Bedeutung. Napoleon III. ließ damals im Rahmen seiner großen Bauprogramme neue Straßenzüge anlegen, Hafenbecken bauen und Monumente errichten, die noch heute das Stadtbild prägen.

Der Zweite Weltkrieg und die Nachkriegszeit – Besonders große Zerstörungen und viele Opfer forderten die Bombardierungen der deutsch-italienischen Streitkräfte im Juni 1940 und die der Alliierten, als sie 1943/44 die Landung in der Provence vorbereiteten. Im Januar 1943 ließ die deutsche Besatzung die Bevölkerung – es heißt 40 000 Menschen – des alten Viertels zwischen der Rue Caisserie und dem Alten Hafen evakuieren und die Gebäude abreißen.

Der Wiederaufbau nach dem Zweiten Weltkrieg erfolgte nach Plänen Auguste Perrets (1874-1954). Als die architektonisch und vom Konzept her interessanteste Schöpfung der Nachkriegszeit gilt die **Cité Radieuse**, die **Le Corbusier** von 1947–52 am Boulevard Michelet errichtete. Diese riesige Wohnanlage vereint in sich alle Komponenten einer Kleinstadt: Es gibt verschiedene Servicebetriebe, Sport- und Freizeitanlagen sowie Räume für gesellschaftliche Veranstaltungen.

In unseren Tagen macht sich in Marseille die wirtschaftliche Krise bemerkbar. Die Stadt versucht, Atem zu schöpfen, z. B. durch neue Gebäude und Strukturen wie das sogen. „Vaisseau bleu", das futuristische, von Will Asop entworfene Hôtel du Département oder aber durch das Projekt „Euroméditerranée", das sich über 25 Jahre erstreckt und den Vierteln zwischen Belle de Mai, Bahnhof St-Charles und la Joliette, in den Bereichen Kultur, Wirtschaft, Handel und Hafenaktivitäten zu neuem Gesicht verhelfen soll.

AUF ENTDECKUNGSTOUR

1 Altstadt

Vom Alten Hafen zum Stadtviertel „Le Panier" – etwa 3 Std. ohne Besichtigung der Museen.

★★Vieux Port – Hier, am heutigen Alten Hafen, landeten die Griechen 600 v. Chr., hier konzentrierte sich bis zum 19. Jh. der gesamte Schiffsverkehr. Im 19. Jh. baute man zwei neue Becken, da die Tiefe für die nun einlaufenden Tonnagen nicht mehr ausreichte.

Alle Wege führen zum Alten Hafen, dem Hauptanziehungspunkt der vielen Besucher; er ist von zahlreichen Cafés und Restaurants gesäumt, die Bouillabaisse und andere Fischspezialitäten anbieten. Die vielen Segel- und Motorboote bedecken an manchen Stellen regelrecht die Wasseroberfläche. Der **Quai des Belges** ist Ausgangspunkt für Ausflüge aufs Meer; vom Quai du Port setzt das von Marcel Pagnol beschriebene **Ferry Boat** „Le César" zum Quai de Rive-Neuve über. Hier findet auch jeden Morgen der **Fischmarkt** statt, ein buntes, lebhaftes Geschehen, wo man den echten Marseiller Dialekt hören kann.

Église Saint-Ferréol – Die gegenüber dem Alten Hafen gelegene Augustinerkirche besitzt eine 1804 wiederaufgebaute Renaissancefassade, im Inneren ein gotisches Mittelschiff und einen Marmoraltar aus dem 18. Jh.

Der „Corps-de-Ville" am **Quai du Port**, ein typisches Viertel des alten Marseille, wurde von den Deutschen 1943 gesprengt. Nur wenige Bauwerke, darunter das Rathaus, blieben verschont. Die heutigen Gebäude rechts und links des Rathauses entstanden nach dem Krieg nach Plänen von Fernand Pouillon (1912-86).

Über den alten Hafen von Marseille wacht Notre Dame de la Garde

MARSEILLE

Hôtel de Ville – Bereits ab dem 13. Jh. wurde die Stadt von hier verwaltet. Der jetzige Rathausbau und seine sehenswerte Fassade, ein Beispiel für die Barockarchitektur der Provence, stammen aus der Mitte des 17. Jh.s. Das Medaillon mit dem königlichen Wappen über dem Haupteingang ist der Abguß eines Werks von Pierre Puget (Original im Musée des Beaux-Arts).

Geht man links um das Rathaus herum, gelangt man zum **Maison Diamantée** („Diamantenhaus"; 16. Jh.), das seinen Namen den facettierten Steinen seiner Fassade verdankt. Es beherbergt das Museum des Alten Marseille, das **Musée du Vieux Marseille**★ *(s. Besichtigungen)*.

Bis zur Rue Caisserie gehen, rechts einbiegen und zur Grand-Rue weitergehen. Dort steht (Nr. 27ᵇⁱˢ) das Hôtel de Cabre (Sitz der Bank Crédit Agricole).

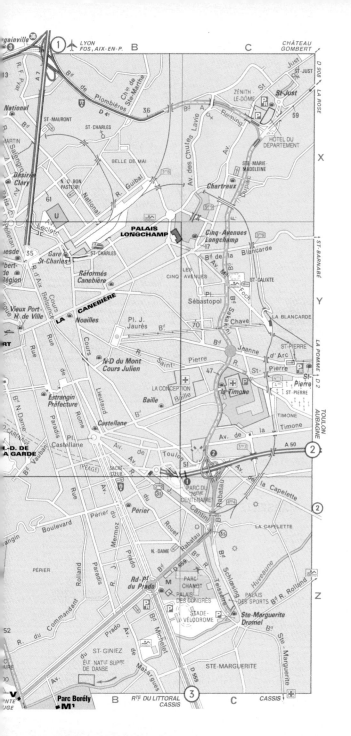

Hôtel de Cabre – Das 1535 errichtete Gebäude, das bei der Zerstörung des Viertels (1943) verschont blieb, gehört zu den ältesten der Stadt. In seiner Architektur sind verschiedene Stile zu erkennen. Das gotische Element hielt sich in den Kommunal- und Bürgerbauten von Marseille länger als anderswo.

Auf den Place Daviel zurückkehren.

Pavillon Daviel und Hôtel-Dieu – Der Pavillon Daviel (Mitte 18. Jh.), ehemals Justizpalast, hat eine pilastergeschmückte Fassade mit schönem schmiedeeisernem Balkon, dessen „Margeritendekor" der Marseiller Tradition entspricht.

Das über dem Hafen aufragende, eindrucksvolle Hôtel-Dieu ist mit seinen beiden übereinander liegenden Bogengängen typisch für die Krankenhausarchitektur der zweiten Hälfte des 18. Jh.s.

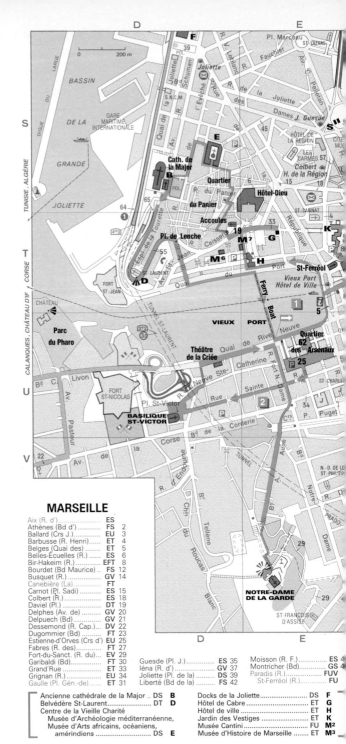

MARSEILLE

Verzeichnis der Straßen und Sehenswürdigkeiten s. auch S. 220

Clocher des Accoules – Dieser Glockenturm ist der einzige Überrest von einer der ältesten Kirchen der Stadt.

Von hier geht es in das Stadtviertel Le Panier.

★**Le Panier** – Das an der Stelle des antiken *Massalia* auf der Butte des Moulins erbaute „**Quartier du Panier**" ist der einzige Rest des alten Marseille. Hier lebten früher, in schmalen, hohen Häusern auf winzigen Grundstücken, kleine Leute, meist Fischer und Matrosen. Nachdem das Viertel immer mehr verfiel, führte man ein umfangreiches Sanierungsprogramm durch, das auch die Restaurierung der Vieille

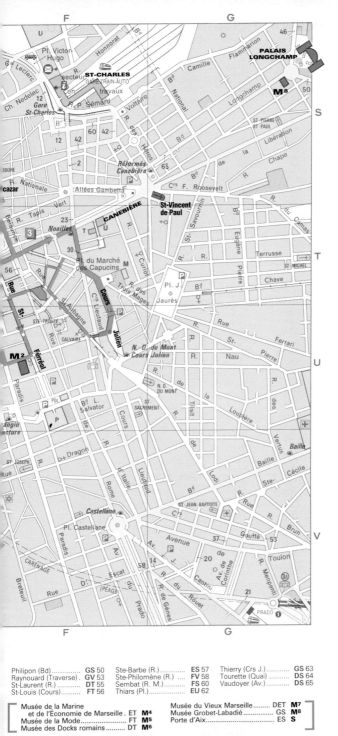

Verzeichnis der Straßen und Sehenswürdigkeiten s. auch S. 220

Charité und ihren Umbau zum Museum umfaßte. Am besten erkundet man die verwinkelten Gassen und Treppen zu Fuß, und zwar möglichst am späten Vormittag. Die hohen Fassaden der alten Häuser haben inzwischen ihre ursprünglichen Farben zurückerhalten. Besonders typisch sind die **Montée des Accoules**, das Wahrzeichen des Viertels, aber auch die **Rue du Panier**, die Rue Fontaine de Caylus, die Rue Porte-Baussenque, die Rue du Petit Puits, die Rue Sainte-Françoise, die Rue du Poirier und die zum Place des Moulins führende Rue des Moulins. Hier leben, bunt gemischt, Einwanderer aus Süditalien, Katalonien und allen anderen Mittelmeerländern, von den Antillen, aus Vietnam und von den Komoren. Das

STRASSEN UND SEHENSWÜRDIGKEITEN IN MARSEILLE

Viertel ist lebendig, malerisch: Wäsche hängt vor den Fenstern, ein angenehmer Duft nach Basilikum und Ratatouille liegt in der Luft, auf den Türschwellen sitzend lesen die shanghai-blau gekleideten „Cacous" die lokale Presse, und von überallher hört man Wortfetzen im melodischen „Marseiller Französisch".

Nun geht es hinauf zur Vieille Charité.

★★**Vieille Charité** – 1671-1749 entstand nach Plänen des berühmten Barockbildhauers und Architekten Pierre Puget unter Mitarbeit von Jean Puget diese schöne, vorbildlich restaurierte Anlage, die ursprünglich als Armenhaus diente. Die einzelnen Gebäude umgeben eine von Pierre Puget entworfene, sehr schöne **Barockkapelle**★ mit elliptischer Kuppel. Besonders harmonisch wirken die von dreigeschossigen Arkaden gegliederten Hoffassaden aus rosafarbenem und gelblichem Sandstein.

Heute beherbergt der Komplex das **Musée d'Archéologie méditerranéenne**, das Musée d'Arts africains, océaniens amérindiens **(MAAOA)**, ein Zentrum der Poesie sowie unterschiedliche Wechselausstellungen *(s. Besichtigungen)*.

Vieille Charité

Wenn man links um die Vieille Charité herumgegangen ist, nach links und dann nochmals links in die Rue de l'Evêché abbiegen und schließlich rechts auf die Cathédrale de la Major zugehen.

Cathédrale de la Major ⊙ – Das mächtige Bauwerk wurde ab 1852 in romanisch-byzantinischem Stil errichtet. Auftraggeber war der spätere Napoleon III., der sich damit die Kirche und die Marseiller gewogen machen wollte. Dabei wurden bedauerlicherweise Teile der alten Kathedrale **(Ancienne Major**★**)** abgerissen. Von dem schönen romanischen Gotteshaus aus der Mitte des 11. Jh.s sind nur noch der Chor, das Querhaus und ein Joch (der einst mehrschiffigen) Anlage erhalten.

Über die Esplanade de la Tourelle gelangt man zur kleinen Laurentiuskirche.

Belvédère Saint-Laurent – Saint-Laurent ist die Pfarrkirche der Fischer und Seeleute des Saint-Jean-Viertels. Der Aussichtspunkt auf dem Kirchenvorplatz bietet einen reizvollen **Blick**★ auf den Alten Hafen und den Anfang der Canebière, auf die Étoile-Bergkette, Notre-Dame-de-la-Garde und die beiden **Forts Saint-Nicolas und Saint-Jean**, die auf Veranlassung Ludwigs XIV. errichtet wurden, um die Stadt in Schach zu halten. In das Fort St-Jean wurden ältere Bauteile einbezogen, darunter der an ein Minarett erinnernde ehemalige Leuchtturm (Tour du Fanal bzw. Tourette genannt).

Place de Lenche – Am vermutlichen Standort der griechischen Agora befindet sich heute dieser belebte Platz, dessen Häuserfassaden mit schmiedeeisernen Balkons verziert sind. Von einer der Caféterrassen aus ergibt sich ein interessanter Blick auf Notre-Dame-de-la-Garde und das Théâtre de la Criée.

Am Hafenkai (Quai du Port) bis zur Anlegestelle der legendären Fähre „Ferry Boat" gehen, die zum Quai de Rive-Neuve übersetzt.

② Rive neuve

Den Quai de Rive-Neuve erreicht man bei der Büste des Operettenkomponisten Vincent Scotto, gegenüber dem Place aux Herbes. Der Kai, an dem einige schöne Häuser im neoklassizistischen Stil stehen, trägt den Namen „**Neues Ufer**", weil dieser Teil des Hafens erst spät von Geröll befreit und sein Ufer erst danach ausgebaut wurde.

Vom Place aux Herbes gelangt man ins **Quartier des Arcenaulx**.

Der an der Stelle eines Kanals aus dem Jahre 1787 im Stil eines italienischen Platzes angelegte **Cours Honoré-d'Estienne-d'Orves** ist von Cafés und Restaurants mit einladenden Terrassen gesäumt. Die Fassade der „Capitainerie des galères" (Nr. 23) und die „Librairie-galerie des Arcenaulx" (Nr. 25) sind die letzten sichtbaren Überreste der Gebäude des Arsenals.

Am Standort der ehemaligen Schiffswerft des Arsenals wurde Ende des 18. Jh.s das **Carré Thiars** um den gleichnamigen Platz angelegt. In den rechtwinklig verlaufenden Straßen, insbesondere an der Kreuzung zwischen der Rue Saint-Saëns und der Rue Fortia, bieten zahlreiche Restaurants Gerichte aus aller Welt, aber auch die typische Bouillabaisse an. Die Nachtclubs und Diskotheken sind bis in die frühen Morgenstunden geöffnet und tragen zum lebendigen Ambiente dieses Viertels bei.

Durch die Rue Marcel-Paul (Treppen) und die Rue Sainte (rechts) gelangt man zur Basilika.

★**Basilique St-Victor** – Die Kirche ist der letzte Überrest eines berühmten Klosters, das Anfang des 5. Jh.s von dem aus dem Orient gekommenen hl. Cassianus gegründet und in der Revolution zerstört wurde. Sie ist dem hl. Viktor geweiht, einem Märtyrer, der im 3. Jh. in Marseille zwischen zwei Mühlsteinen zermahlen wurde und daher als Schutzheiliger der Müller und Seeleute gilt. Nach einem Sarazeneneinfall wurde die Kirche gegen 1040 neu erbaut und befestigt. Von außen gesehen wirkt das Gotteshaus wie eine Festung. Der Portalvorbau des Tour d'Isarn ist mit wuchtigen Spitzbögen von 1140 überwölbt, die zu den ältesten Südfrankreichs zählen. Auf jeden Fall sollten Sie die **Krypta**★★ besichtigen, eine frühchristliche Kirche, die beim Bau der Kirche des 11. Jh.s unterirdisch wurde. Daneben befinden sich die Grotte des hl. Viktor und der Eingang zu den Katakomben, in denen seit dem Mittelalter der in Saintes-Maries-de-la-Mer gestrandete Lazarus und seine Schwester Maria-Magdalena verehrt werden. Antike, heidnische und frühchristliche Sarkophage sind in den benachbarten Krypten aufgestellt. 1965 entdeckte man in der mittleren Kapelle, unweit des sogen. „Sarkophags des hl. Cassianus", das Grab (3. Jh.) zweier Märtyrer; über diesem Grab war einst die Abtei erbaut worden.

Die Rue Neuve-Ste-Catherine hinuntergehen, dann eine Fußgängerbrücke überqueren und auf einer Treppe zum Quai de Rive-Neuve hinaufsteigen.

Théâtre de la Criée – Das Theater wurde im alten Fischmarkt untergebracht, nachdem dieser 1975 in die Nähe von L'Estaque verlegt worden war.

Zur Basilika Notre-Dame-de-la-Garde kann man natürlich auch zu Fuß gehen. Der Weg beginnt an der Rue du Bois-Sacré und führt durch einen hübschen Park (98 Stufen!). Ansonsten bietet sich der Bus Nr. 60 (Haltestelle Cours Jean-Ballard) an, es sei denn, Sie erkunden Marseille mit einem Wagen (auf dem Plateau de la Croix sind Parkplätze angelegt).

Basilika Notre-Dame de la Garde

S. Sauvignier/MICHELIN

Basilique de Notre-Dame-de-la-Garde ⊙ – Die Kirche wurde Mitte des 19. Jh.s von Henri Espérandieu in dem damals beliebten, romanisch-byzantinischen Stil an der Stelle einer alten Wallfahrtskapelle aus dem 13. Jh. errichtet. Sie erhebt sich auf einem 162 m hohen Kalkfelsen. Auf dem Glockenturm (60 m) wacht die riesige vergoldete Marienfigur mit dem Kind, in Marseille „La Bonne Mère et son minot" genannt, über die Stadt. Der mächtige Bau ist im Inneren mit verschiedenfarbigem Marmor verkleidet und mit Mosaiken und Wandgemälden der Düsseldorfer Schule geschmückt; unzählige Votivtafeln bedecken die Wände. Die *Mater Dolorosa* (Schmerzensmutter) aus Marmor (in der Krypta) schuf Carpeaux.

Vom Vorplatz der Basilika bietet sich ein herrlicher **Rundblick**★★★.

3 La Canebière *etwa 2 Std.*

Die bekannteste Straße von Marseille entstand im 17. Jh., als die Stadt sich ausdehnte. Ihr Name leitet sich von einer Hanfseilerei ab (Hanf auf Provenzalisch: *canèbe*), die sich früher an dieser Stelle befand.

Ausgangspunkt: der Alte Hafen auf dem linken Bürgersteig.

Rechts der Rue St-Ferréol führen eine überdachte Passage und eine Rolltreppe zum Einkaufszentrum Centre Bourse, in dem das **Musée d'Histoire de Marseille**★ *(s. Besichtigungen)* untergebracht ist. Von dort gelangt man zum Jardin des

Glanz und Verfall

Seeleute aus aller Herren Länder, die in Marseille an Land gingen, haben die Canebière überall in der Welt bekannt gemacht. Die Operetten von Vincent Scotto *(Einer von der Canebière, 1938)* und die volkstümlichen Sänger der 1920er bis 1930er Jahre machten die Canebière zum Wahrzeichen Marseilles. Diese Straße, in der sämtliche öffentlichen Verkehrsmittel zusammenlaufen, erlebte mit ihren vielen Cafés, Kinos und Kaufhäusern im 19. und frühen 20. Jh. ihre Glanzzeit. Heute ist davon nicht mehr viel übrig. Der „Plan Canebière" sieht jedoch eine Renovierung, Neugestaltung und Aufwertung der Straße vor: So sollen hier z. B. Verwaltungsgebäude angesiedelt werden. Ein Indiz für die – langsame – Neuentwicklung ist die Wiedereröffnung eines der großen Cafés der 1930er Jahre, der *Nouvelles Variétés*, als Programmkino.

Vestiges, einem archäologisch interessanten Gelände, das bei Bauarbeiten im Viertel freigelegt wurde.

Jardin des Vestiges – Die Befestigung des griechischen Massalia, Kais vom Hafen aus dem 1. Jh. und eine Zufahrtsstraße aus dem 4. Jh. sind zu sehen. Zur Zeit der Phokäer lag dieses Viertel am Rand eines Sumpfes, der im 3. und 2. vorchristlichen Jahrhundert allmählich trockengelegt wurde. In der 2. Hälfte des 2. Jh.s v. Chr. zog man einen neuen Mauerring um den Ort, von dem noch Vierecktürme, Bastionen und Zwischenwälle erhalten sind; alle sind aus großen Blöcken des rosa Kalksteins von Cap Couronne errichtet. Eine Römerstraße führt durch ein aus dem 2. Jh. v. Chr. stammendes Stadttor, von dessen Flankentürmen einer auch heute noch gut zu erkennen ist.

Weiter auf der Canebière flanierend, kommt man an mehreren Stadtpalais (vor allem auf der rechten Seite) vorbei, die sich durch ihre Architektur auszeichnen und an die ruhmreiche Vergangenheit der Straße erinnern. Zwischen der Rue St-Ferréol und dem Cours St-Louis fallen mehrere Rokokofassaden auf, die auf die Mitte des 18. Jh.s zurückgehen: Der Barockbau an der Ecke des Cours St-Louis (Nr. 1-3) wurde 1671-72 errichtet und sollte eine Seite des von Pierre Puget entworfenen aber nie vollendeten Place Royale werden; die Gebäude Nr. 53 (C&A) und Nr.62 (Hôtel Noailles) sind typische Stadtpalais des Zweiten Kaiserreichs. Am Cours Belsunce sieht man an einem Gebäude das Glasdach des **Alcazar**, des illustren, prestigeträchtigen Revuetheaters; das lange Zeit vernachlässigte Gebäude soll demnächst die **Bibliothèque de Marseille** aufnehmen.

Der obere Teil der Canebière ist nicht von großem Interesse, es sei denn, man hält sich in der Adventszeit in Marseille auf. Dann findet nämlich dort der Marseiller *Santon-Markt* statt.

Zum Einkaufsviertel im Süden der Canebière gehen. Rechts in den Boulevard Garibaldi und dann direkt nach links einbiegen.

Das „Alcazar" von Marseille

Das berühmte, längst geschlossene *Alcazar* ist in den Herzen der Marseiller lebendig geblieben. Es wurde 1857 am jetzigen Cours Belsunce eröffnet und war mehr als ein Jahrhundert lang die Marseiller Varieté-Hochburg. Hier wurden vor einem maurisch inspirierten Bühnenbild Pantomimen, Hirtenspiele und „Marseiller Revuen" aufgeführt, es traten Schlagersänger, Witzemacher, Komiker, lokale Kabarettisten und zuletzt auch Rock'n Roll-Gruppen auf. Die Operetten von Vincent Scotto und Sarvil entwickelten hier, unter Mitwirkung solch geschätzter Künstler wie Alibert, Rellys und Charpin, ihren eigenen Stil. Das *Alcazar* inspirierte Marcel Pagnol zu einem seiner zündendsten Dialoge.

Die Bühne erfreute sich zwischen 1920 und 1950 besonders großer Beliebtheit, als hier Mayol, La **Mistinguett**, **Maurice Chevalier** (der dem *Alcazar* seit seinem ersten Auftritt im Alter von 16 Jahren treu geblieben war) und Rina Ketty gastierten. Raimu, **Fernandel**, **Tino Rossi** und **Yves Montand** begannen hier ihre Karriere. Letzterer spielte in einer Art Western-Programm und wurde 1941 als vielversprechendes junges „Swing-Talent" ausgezeichnet. Ein Auftritt im *Alcazar* war eine echte Belastungsprobe vor einem unerbittlichen Publikum, das weder hier noch in der nahegelegenen Oper einen falschen Ton oder eine Stimmschwäche zuließ und bei der kleinsten Gelegenheit gleich johlte, spöttische Bemerkungen machte oder in Gelächter ausbrach. Aber die Künstler wußten den Sachverstand und die Großzügigkeit des Marseiller Publikums zu schätzen. Häufig testeten die Stars ihre Darbietungen im *Alcazar*, bevor sie sich dem Pariser Publikum stellten. Anfängern, die vor diesem Publikum bestehen konnten, war der spätere Ruhm so gut wie sicher. 1964 schloß das *Alcazar* seine Pforten. Als einer der letzten feierte der in Frankreich sehr populäre Sänger Johnny Halliday hier einen großen Triumph.

Cours Julien – Bis 1972 fand in dieser Straße in den Lagerhallen der Großhändler der Obst- und Gemüsemarkt von Marseille statt. Der inzwischen renovierte Komplex ist mit seinen Spezialitätenrestaurants, Antiquitätenhändlern und Modeboutiquen (*Madame Zaza of Marseille, Fille de Lune* usw.) ein angenehmer Ort zum Bummeln und Flanieren. Die östlich auf den Cours stoßenden Straßen (Rue de Bussy l'Indien, Rue Pastoret, Rue Crudère, Rue Vian) haben mit ihren mehr oder weniger künstlerisch angehauchten Graffitis auf den Hausfassaden (z. B. Maison Hantée, Rue Vian), ihren Clubs und Cafés, die sich abends mit Leben füllen, einen leicht „alternativen" Einschlag.

Eine Fußgängerbrücke über den Cours Lieutaud führt zur Rue d'Aubagne, in der es auch nicht an ausgefallenen Läden fehlt (z. B. das Geschäft in der Nr. 34), und kommt dann in den – auch wenn er seine frühere wirtschaftliche Bedeutung verloren hat – lebendigsten Teil der Stadt. In der Rue du Musée und der Rue Rodolphe-Pollack findet man Läden, die sich auf „exotische Frisuren und Afro-Kosmetik" spezialisiert haben. Der **Place du Marché-des-Capucins** gegenüber der U-Bahn-Station „Noailles" (kleines Transportmuseum) ist das Reich der Gemüsehändler *(partisanes)*, die ihre Zitronen, Bohnen usw. laut und wortreich feilbieten. In der engen **Rue Longue-des-Capucins**, deren Atmosphäre eher an einen orientalischen Markt oder an einen Flohmarkt erinnert, vermischt sich das Aroma der Gewürze mit dem Duft von Kaffee, Oliven, Sardellen, Kräutern und getrockneten Früchten.

Die Rue des Halles-Charles-Delacroix, der ehemalige Fischmarkt, ist von Lebensmittelläden und Geschäften mit exotischen Artikeln gesäumt; sie mündet in die kleine Rue Vacon (provenzalische Stoffe) und führt zur sogen. „Saint-Fé", d. h. zur **Rue St-Ferréol**, der größten Fußgängerzone der Stadt, in der es zahlreiche Boutiquen (Bekleidung, Schuhe, Lederwaren), Eissalons und Kaufhäuser wie die Galeries Lafayette, Virgin Megastore usw. gibt.

Nach einem Besuch im **Musée Cantini★** *(s. Besichtigungen)* im früheren Hôtel de la Compagnie du Cap Nègre (17. Jh.), das der Stadt gestiftet wurde, erreicht man rechts über die Rue Paradis (viele Geschäfte) wieder die Canebière.

La Corniche

Man kann diese Strecke mit dem Auto abfahren, aber es wäre fast ein Wunder, wenn man irgendwo einen Parkplatz fände.

Parc du Pharo – Von dem auf einem Kap gelegenen Park bietet sich von der Terrasse am Palais du Pharo (für Napoleon III. erbaut) eine sehr schöne **Aussicht** auf den Alten Hafen. Im Park gibt es auch einen unterirdischen Veranstaltungssaal.

★★**Corniche Président John-F.-Kennedy** – Die 5 km lange Küstenstraße, die fast durchgehend unmittelbar am Meer entlangführt, ist von eleganten Villen aus dem 19. Jh. gesäumt.

Beim **Monument aux Morts de l'Armée d'Orient** (Denkmal für die im Orient gefallenen Soldaten) bietet sich ein herrlicher Ausblick auf die Küste und auf die Inseln (zum Greifen nahe, wenn der Mistral bläst). Ein Viadukt überquert das malerische Vallon des Auffes.

Vallon des Auffes – *Anfahrt über den Boulevard des Dardanelles, unmittelbar vor dem Viadukt*. Ein kleiner Fischerhafen mit vielen alten Booten und kleinen Häusern, der schon den Operettenkomponisten Vincent Scotto inspirierte. Ein Abendessen bei Sonnenuntergang auf einer der zahlreichen Terrassen wird stets in Erinnerung bleiben.

Vallon des Auffes

Promenade de la Plage – Diese Straße verlängert die Corniche nach Süden; sie führt am **Plage Gaston-Defferre**, einer Anlage aus mehreren Hafenbecken und künstlichen Badestränden mit Grünanlagen, entlang. Auf der anderen Seite der Straße gibt es zahlreiche Restaurants.

Hinter dem Rondell der Avenue du Prado, auf dem sich eine Replik des *David* von Michelangelo erhebt, befindet sich die große Segelschule „Pointe Rouge".

Château und Parc Borély ⊙ – Das zwischen 1767 und 1778 von der wohlhabenden Kaufmannsfamilie Borély erbaute **Schloß** hat nach umfangreichen Restaurierungsarbeiten das Marseiller Museum für Kunsthandwerk aufgenommen. Der **Park**, der sich im Osten im schönen **Botanischen Garten** (Jardin botanique) fortsetzt, ist alljährlich Schauplatz der beliebten Boule-Turniere der Clubs *Provençal* und Marseillaise, die wichtige Ereignisse im Leben der Stadt sind.

Wenn man bis zum kleinen Strand von Montredon weiterfährt, kommt man zur „Campagne Pastré", einer schönen Villa aus dem 19. Jh., in der das herrliche **Musée de la Faïence★** *(s. Besichtigungen)* untergebracht ist. Weiter südlich schließen sich die Calanque des Goudes und die Calanque de Callelongue an.

Der Hafen

Als der Alte Hafen 1844 zu klein wurde, um die zahlreichen Schiffe abzufertigen, die teilweise in Vierer- oder Fünferreihen warten mußten, wurde das Hafenbecken Joliette angelegt. In den darauffolgenden Jahren entstanden auch die Becken Lazaret und Arenc. Aus dieser Zeit sind noch einige wenige Reste des „Marseiller Wirtschaftssystems" erhalten, das auf dem Dreigespann Industrie-Handel-Seefahrt beruhte: die Öl- und Seifenproduktion, die Mehl- und Grießherstellung sowie die Metallverarbeitung.

Die beiden Weltkriege, die ständig größer werdenden Schiffe, die den Suezkanal nicht mehr benutzen konnten, und die Unabhängigkeit der Kolonien hatten zu erheblichen Einbußen geführt. Die Modernisierung und Umstellung auf die petrochemische und chemische Industrie waren nur durch den Standortwechsel bedeutender Industrieanlagen an den See von Berre und den Golf von Fos möglich. Durch diese neuen Hafenanlagen, die alle von der Autonomen Marseiller Hafenbehörde verwaltet werden, gehört Marseille zu den drei größten europäischen Häfen.

> ### Der Hafenbetrieb
>
> Nahrungs- und Futtermittel nehmen noch immer einen bedeuten Platz ein. Marseille ist ein Transithafen für Obst und Gemüse; Zucker und Getreide können direkt hier verarbeitet werden. Für die Industrie sind die Importe von Aluminium und Baustoffen bestimmt.
>
> Mehr als 1 Mio. Passagiere und 300 000 Fahrzeuge werden jährlich in Marseille zur Weiterreise in Richtung Korsika und Nordafrika (Seebahnhof La Joliette) bzw. zu Kreuzfahrten in den gesamten Mittelmeerraum (Seebahnhof Nord) abgefertigt. Die Modernisierungsbestrebungen im Rahmen des Projekts **Euroméditerranée** werden die Hafenanlage auf modernsten Stand bringen und sie in renovierte Stadtviertel einbetten.

Hafenbecken – Nur von der Küstenautobahn (autoroute du littoral) bietet sich ein interessanter *Überblick* über die Hafenanlagen und die ein- und auslaufenden Schiffe.

Docks de la Joliette – *Anfahrt mit der U-Bahn, Station Joliette. Eingang Place de la Joliette durch das Verwaltungsgebäude (Hôtel d'Administration).* Die von 1858–1863 nach englischem Vorbild gebaute Anlage ist auf einer Länge von nahezu 400 m eine einzige Folge von Lagerhäusern. Die Baumaterialien – Ziegel, Haustein und Gußeisen –, die diesen Bauten heute ihren etwas nostalgischen Reiz verleihen, wurden einst aus Sicherheitsgründen gewählt, da sie relativ feuerbeständig waren. Abgesehen von den spezifischen Hafenaktivitäten sind die Docks mit ihren schönen Gewölben heute Veranstaltungsorte.

BESICHTIGUNGEN

Museen in der Altstadt

★**Musée du Vieux Marseille** ⊙ – Ein Saal im Erdgeschoß enthält provenzalische Möbel aus dem 18. Jh. sowie Gegenstände aus Kupfer oder Fayence. Eine schöne Treppe mit Kassettendecke führt in den 1. Stock, wo zahlreiche Krippen (18. Jh.) und eine umfangreiche Sammlung von Krippenfiguren (von 1830 bis Anfang des 20. Jh.s) ausgestellt sind. Zwei weitere Räume sind Alt-Marseille (Stadtmodell von 1848) und der Pest von 1720 gewidmet. Im 2. Stock zeigt ein Saal Trachten, Stiche und Gemälde, die das Leben in Marseille im 19. Jh. veranschaulichen. Bemerkenswert ist auch die Sammlung der Stiftung Camoin (größter Hersteller von Marseiller Spielkarten im 18. Jh.), die über die Spielkartenherstellung und ihre verschiedenen Techniken Auskunft gibt.

★**Musée des Docks romains** ☉ – Beim Wiederaufbau alter Viertel am Hafen entdeckte man römische Lagerhäuser aus dem 1. bis 3. Jh. n. Chr., in denen heute das Museum untergebracht ist. Die Exponate sind hier gefundene Gegenstände und ein verkleinertes Modell der römischen Lagerhäuser – Räume im Erdgeschoß zum Hafenkai hin mit großen Tonbehältern *(dolia)* für Getreide, Wein und Öl und ein Obergeschoß, das wahrscheinlich durch einen Säulengang mit der Hauptstraße (heute Rue Caisserie) der damaligen Stadt verbunden war. Weitere Exponate (Keramik, Münzen, Amphoren) sind der Handelsgeschichte von Marseille gewidmet, die in Schiffswracks gefunden wurden. Außerdem sind römische Meßgeräte und Münzen ausgestellt. Das Modell eines Töpferofens illustriert die Herstellungstechnik von Amphoren.

★★**Centre de la Vieille Charité** ☉ – Hier findet sich eine der vielfältigsten und reichhaltigsten archäologischen Sammlungen Frankreichs. Mit Exponaten aus dem nahen Osten, Griechenland, Etrurien und Rom bietet das Museum einen Einblick in fast alle antiken Kulturen des Mittelmeerraums.

★★**Musée d'Archéologie méditerranéenne** – *1.Stock, Nordflügel.* **Ägypten:** Von den Anfängen des Alten Reichs (2700 v. Chr.) bis zur koptischen Periode (3.-4. Jh. n. Chr.) bietet die Sammlung einen kompletten Überblick über Kunst, Bestattungsriten, Religion und Alltag der Pharaonen. Man sieht kleine Grabfiguren *(uschebtis)*, zwei Osiris-Masken aus getriebenem Blattgold, einen großen Ibis aus Silber und vergoldetem Holz aus der ptolemäischen Zeit, eine Statue der Kriegsgöttin Neith aus schwarzem Granit (Neues Reich, 18. Dynastie) sowie einen Opfertisch mit 34 Kartuschen von Königen (Neues Reich, 19. Dynastie).

Aus dem **Nahen Osten** zeigt man assyrische Ausstellungsstücke aus dem Palast Sargons II. in Dur-Scharukin (dem heutigen Khorsabad) und dem Palast des Assurbanipal in Ninive. Aus dem 4. vorchristlichen Jahrtausend ist sehr feine Keramik erhalten. Die aus 185 Exponaten bestehende Sammlung aus **Zypern** ist die bedeutendste Frankreichs. Die ältesten Ausstellungsstücke sind die Töpferwaren aus der frühen zypriotischen Bronzezeit (2300 bis 2000 v. Chr.). Sie haben eine glänzende, rote Oberfläche und sind mit eingeritzten bzw. applizierten Bändern verziert. Die jüngere Bronzezeit (1600 bis 750 v. Chr.) ist durch Grabbeigaben des mykenischen Typs vertreten. Aus der geometrischen Periode Zyperns (1050-750 v. Chr.) stammt die mit konzentrischen Kreisen verzierte Töpferkeramik.

In der **Griechenland und Großgriechenland** gewidmeten Abteilung ziehen die marmornen Götterbilder von den Kykladen die Aufmerksamkeit auf sich, wie auch die mit bandförmigen geometrischen Mustern verzierten Keramiken, Parfümgefäße mit Tier- oder Blumenmotiven, schwarzfigurige und rotfigurige Keramik, nackte Jünglingsgestalten, „Kuroi" genannt, und bekleidete Mädchenfiguren („Koren"). Aus der Zeit des **klassischen Griechenlands** (5.-4. Jh. v. Chr.) gibt es Exponate der rotfigurigen Technik wie auch Salbgefäße mit weißem Grund und Grabstelen. Aus **Etrurien und Rom** sind schwarzglänzende **Bucchero-Vasen** mit erhabenem oder eingepreßtem Relief, Silber- und Goldschmiedearbeiten, Malerei aus Chiusi und Tarquinia, Skulpturen aus Vulci und Koren aus Cerveteri und Veies zu sehen. In der Abteilung der **Keltoligurer von Roquepertuse** (Oppidum im Norden von Vitrolles) kann man den herrlichen **doppelköpfigen Hermes★** (zwei mit Nut und Feder aneinan-

---

Die Marseillaise

Am 20. April 1792 erklärt das revolutionäre Frankreich Österreich den Krieg. In Straßburg bittet General Kellerman den Hauptmann und Gelegenheitskomponisten Claude Joseph , ein „ganz neues Stück" für den Abmarsch der Freiwilligen" zu schreiben. Die *Kriegslied für die Rheinarmee* entsteht in der Nacht vom 25. auf den 26. April. Nachdem es unmittelbar darauf von einem Bataillon aus der Region Rhône-et-Loire übernommen worden ist und durch Handelsreisende nach Südfrankreich gekommen ist, erklingt das Lied am 17. Juni zum ersten Mal in Montpellier. Am 20. Juni wird es von einem jungen Patrioten aus Montpellier bei einem Bankett im Club des Jacobins in Marseille vorgetragen. Die Begeisterung ist so groß, daß der Text an die 500 Marseiller Nationalgardisten verteilt wird, die sich an der Verteidigung von Paris beteiligen. Das *Kriegslied der Rheinarmee* wird bei jeder der 28 Etappen auf der Reise nach Paris mit zunehmendem Erfolg und wachsender Virtuosität vorgetragen. Am 30. Juli werden die von den Südfranzosen im Pariser Arbeiterviertel Faubourg St-Antoine angestimmten Verse für die begeisterte Menge zum *Lied der Marseiller*. Einige Tage später erhält die neue Hymne beim Angriff auf die Tuilerien ihren endgültigen Namen. Die *Marseillaise* wird am 26. Messidor des Jahres III (14. Juli 1795) und nach einer langen Pause erneut am 14. Februar 1879 zur Nationalhymne erklärt.

dergefügte Häupter) bewundern und den sogenannten „Säulengang der abgeschlagenen Köpfe" *(Portique des Têtes coupées)* betrachten, der aus drei
Monolithpfeilern besteht, die in ihrem oberen Teil kleine kopfförmige Nischen zur
Aufnahme von Schädeln aufweisen. Darüberhinaus sind mehrere bemalte, skulp-
tierte und gravierte Fragmente, Statuen sitzender Krieger und ein großer Vogel zu
sehen.

★★ **Musée d'Arts africains, océaniens, amérindiens (MAAOA)** – *2. Stock des Nord-
und des Ostflügels.* Mit seinen
Sammlungen aus Afrika, Ozeanien
und Amerika ist das *Museum für
afrikanische, ozeanische und india-
nische Kunst* nach dem Musée de
l'Homme in Paris das zweitgrößte
Völkerkundemuseum Frankreichs.
Die Exponate stehen vor schwarzem
Hintergrund und werden indirekt
beleuchtet; auf der ihnen gegenüberliegenden Seite befinden sich
Tafeln mit den entsprechenden
Erläuterungen. Im **Salle Pierre-Guerre**
sind hauptsächlich aus Westafrika
stammende Masken, Skulpturen,
Reliquienkästchen und Gebrauchsgegenstände ausgestellt. Die Gegenstände im **Salle Antonin-Artaud** – Ri-
tual-Paddeln, Maske der Wayana
(Brasilien), Schrumpfköpfe („Tsant-
sas" der Jivaro-Indianer, Ecuador)
und andere Kultobjekte – illustrieren
die Kulturen Ozeaniens und Ameri-
kas. Die einzigartige Gastaut-Samm-

Holzmaske der Tsimshian
(Nordwestküstenindianer in Britisch-Kolumbien)

lung menschlicher Schädel, die durch Schnitzerei, eingeritzte Verzierungen oder plastischen Schmuck verändert wurden, gibt einen Einblick in die alten Kulturen
Ozeaniens und des Amazonasgebiets. Die **Collection François-Reichenbach** schließlich
zeigt Volkskunst aus Mexiko.

Museen rund um die Canebière

★ **Musée d'Histoire de Marseille** ⊘ – Im hinteren Bereich des Jardin des Vestiges
befindet sich dieses stadtgeschichtliche Museum, in dem archäologische
Fundstücke, Dokumente und historische Stadtmodelle die Entwicklung Marseilles
von der Vorgeschichte bis zum Mittelalter vor Augen führen. Das Modell der
Griechensiedlung Massalia (3. und 2. Jh. v. Chr.) zeigt die Lage des antiken Hafens
mit seinen Ablaufbahnen.
Das ligurisch-keltische Brauchtum ist durch die nachgebildete Säulenhalle mit den
„abgeschlagenen Köpfen" des Heiligtums von Roquepertuse (2. Jh. v. Chr.) illustriert. Die griechische Stadt, der Totenkult, die Metallverarbeitung – alle Themen
werden klar und detailliert dargestellt. Interessant sind auch die verschiedenen
Amphoren und Gefäße, die zur Aufbewahrung oder dem Transport von Wein, Öl
und Fisch dienten.
Das Wrack eines römischen Handelsschiffes aus dem 3. Jh., das durch
Gefriertrocknung konserviert wird, zeigt, daß man damals zum Schiffbau verschiedene Holzarten verwendete, nämlich Zypressenholz für den Kiel, Pinie für den
Vordersteven, Olivenholz für Dübel und Bolzen, Immergrüne Steineiche für die
Beplankung, Lärche und Aleppo-Kiefer für die Innenverkleidung.
Der Ausstellungsbereich „**Le temps des découvertes – de Protis à la Reine Jeanne**" (Die Zeit
der Entdeckungen – Von Protis bis zur Königin Johanna) ist Funden aus den jüng-
sten Ausgrabungen gewidmet.

Musée de la Marine et de l'Économie de Marseille ⊘ – Das Marine- und
Handelsmuseum zeigt zahlreiche Modelle von Segel- und Dampfschiffen, Aquarelle,
Ölgemälde, Stiche und Pläne, die die Geschichte der Marine und des Marseiller
Hafens, insbesondere vom 17. Jh. bis in die Gegenwart, illustrieren.

Musée de la Mode ⊘ – Ausstellungsstätte für wechselnde Ausstellungen zum
Thema Mode und Kleidung.

★ **Musée Cantini** ⊘ – Das Museum ist der Kunst der ersten Hälfte des 20. Jh.s
(bis 1960) gewidmet. Ein besonderer Schwerpunkt ist die fauvistische, frühe
kubistische, expressionistische und abstrakte Malerei, wie sie von Matisse, André
Derain *(Pinède, Cassis)*, Raoul Dufy *(Usine à l'Estaque)*, Alberto Magnelli *(Pierres
n° 2, 1932)*, Dubuffet *(Venus du trottoir, 1946)*, Kandinsky, Chagall, Jean Hélion
und Picasso gepflegt wurde. Da sich zahlreiche Surrealisten während des Zweiten

Weltkriegs in Marseille aufhielten und in der Villa Air-Bel bei André Breton zusammenkamen, nimmt diese Bewegung im Musée Cantini einen Ehrenplatz ein. So werden Werke von André Masson (*Antille*, 1943), Max Ernst (*Monument aux oiseaux*, 1927), Wilfredo Lam, Victor Brauner, Jacques Hérold, Joan Miró und einige der wenigen Zeichnungen des Marseillers Antonin Artaud gezeigt. Der Hafen von Marseille und der Vorort L'Estaque sind Themen, die auf den Gemälden von Marquet und Signac oft zu sehen sind; man findet sie auch bei dem Marseiller Maler Louis-Mathieu Verdilhan (1875-1928), der geradezu ein Spezialist für diese Motive war. Die Sammlung enthält auch einige Werke von Außenseitern der Kunstströmungen des 20. Jh.s, die keiner Stilrichtung zugeordnet werden können, darunter *Le Baigneur* (Der Badende) von Balthus, ein Bildnis von Giacometti, *Portrait de Diego*, und ein Selbstbildnis von Francis Bacon.

Museen im Quartier Longchamp

★★**Musée Grobet-Labadié** ⊘ – Das großbürgerlich ausgestattete Stadtpalais zeigt flämische und französische Wandteppiche (16.-18. Jh.), Möbel, Fayencen aus Marseille und Moustiers (18. Jh.), Goldschmiedearbeiten und schmiedeeiserne Gegenstände. Schöne Gemälde schmücken die Wände, alte flämische, deutsche und italienische Meister, französische Schule des 17.-19. Jh.s. Das Museum besitzt außerdem eine umfangreiche graphische Sammlung mit Zeichnungen europäischer Malerschulen aus dem 15. bis 19. Jh.

★**Palais Longchamp** – Das imposante Palais erbaute der aus Nîmes gebürtige Architekt Henri Espérandieu von 1862-1869 im eklektizistischen Stil. Der Mitteltrakt ist eine Art Wasserschloß mit bezaubernden Wasserspielen. Säulengänge verbinden die beiden Flügel, in denen die **Gemäldegalerie** (links) und das **Naturhistorische Museum** (rechts) untergebracht sind.

★**Musée des Beaux-Arts** ⊘ – *Im linken Flügel des Palais Longchamp.* Die große Gemäldegalerie auf der 1. Ebene ist der **Malerei des 16. und 17. Jh.s** gewidmet. Die französische Schule ist mit Vouet *(Madonna mit der Rose)* vertreten, die italienische mit Werken von Cariani, Carracci, und Guercino, die flämische mit Gemälden von Snyders, Jordaens, Rubens *(Die Wildschweinjagd)*. Auch provenzalische Maler wie Michel Serre, Jean Daret, Finson und Meiffren Comte sind ausgestellt. Ein großer Saal hebt das Werk des Marseillers **Pierre Puget** hervor; man sieht eine große Auswahl seiner Gemälde (u.a. *Schlaf des Kindes Jesu*), Skulpturen *(Faun)* und zahlreiche Flachreliefs *(Pest in Mailand; Ludwig XIV. zu Pferde)*. Im Treppenaufgang befinden sich Wandbilder von Puvis de Chavannes, die Marseille als griechische Kolonie und als Tor zum Orient darstellen.

Auf der 2. Ebene ist eine Reihe von Sälen ausschließlich der **französischen Malerei des 18. und 19. Jh.s** gewidmet. Aus dem 18. Jh. stammen die schönen Gemälde von Nattier, Verdussen, Watteau de Lille, Carle van Loo, Françoise Duparc, Greuze, Joseph Vernet *(Sturm)*, Mme Vigée-Lebrun *(Bildnis der Herzogin von Orléans)*. Unter den hier vertretenen Künstlern des 19. Jh.s verdienen insbesondere Courbet *(Hirsch am Wasser)*, Millet, Corot, Girodet, Gros, Gérard, Ingres, David sowie die Provenzalen Guigou und Casile besondere Erwähnung. Im **Cabinet des dessins** werden turnusweise Zeichnungen italienischer und französischer Künstler gezeigt.

★**Muséum d'Histoire naturelle** ⊘ – *Im rechten Flügel des Palais Longchamp.* Das Naturhistorische Museum umfaßt Sammlungen für Liebhaber von Vor- und Frühgeschichte, Geologie und Zoologie. Es werden 400 Millionen Jahre Geschichte der Regionen Provence, Seealpen und Côte d'Azur abgedeckt. Ein „Safari-Museum" zeigt die Tierbevölkerung der Erde, ein Saal die provenzalische Pflanzen- und Tierwelt.

Die **Aquarien** im unteren Bereich bieten in der Dauerausstellung „Wildbäche vom Verdon bis zu den Calanques" Einblicke in den dargestellten Lebensraum.

Museen in den südlichen Stadtvierteln

Musée d'Art Contemporain ⊘ **(MAC)** – *Außerhalb des Plans. Von der Promenade de la Plage zur Escale Borély fahren und dort in die Avenue de Bonneveine einbiegen. Bis zur Kreuzung mit der Avenue d'Haïfa weiterfahren, wo ein von César geschaffener großer Metalldaumen steht.* Das 1994 eingeweihte und den Einwohnern von Marseille unter dem Namen „MAC" vertraute Museum ist in einem aus mehreren identischen Baukörpern errichteten ebenerdigen Gebäude untergebracht. Seine Sammlung, Werke französischer Künstler (vorzugsweise gebürtige Marseiller oder Künstler mit Lebensmittelpunkt in Marseille), zeigt, beginnend mit den 1960'r Jahren, die Tendenzen der zeitgenössischen Kunst. Man findet Werke der Bewegungen und Gruppen Nouveau Réalisme, Support-Surfaces, Arte Povera, Exponate im Eklektizismus der 1980'r Jahre sowie Kunstobjekte, die keiner Richtung zugeordnet werden können. Zu sehen sind z. B. die *Kompressionen* und *Expansionen* von César, Kompositionen von Richard Baquié *(Amore Mio*, 1985), Jean-Luc Parent *(Machines à voir,* 1993) und Daniel Burren *(Cabane éclatée n 2)*,

Schöpfungen von Martial Raysse *(Bird of Paradise, 1960)*, Arman, Jean-Pierre Raynaud, die *Rotazaza-Maschine* von Tinguely, die „Anthropometrie" von Yves Klein und Werke von Robert Combas und Jean-Michel Basquiat.

★**Musée de la Faïence** ⊙ – *Außerhalb des Plans. Am Parc Borély vorbei in Richtung Pointe Rouge fahren. Das Museum befindet sich hinten im Montredon-Park; man kann es mit einem Touristenbähnchen (**Petit train du musée de la Faïence** ⊙) erreichen.* Das Château Pastré, eine am Fuß des Marseilleveyre-Massivs gelegene Bastide aus dem 19. Jh., enthält jetzt eine Keramiksammlung, die den Zeitraum von der jüngeren Altsteinzeit bis in unsere Tage abdeckt. Die **Marseiller Fayence** ist besonders gut vertreten: Die chronologisch geordnete Ausstellung beginnt mit sehr schönen Stücken aus der Manufaktur Clérissy. Diese begann Ende des 17. Jh.s als erste in Marseille mit der Herstellung von Fayence. Sie benutzte für den Dekor ausschließlich Scharffeuerfarben, die hohe Brenntemperaturen vertragen (Blau- und Brauntöne). Es folgten die Manufakturen von Madeleine Héraud, Louis Leroy und Fauchier (Rocailleornamente, gelbe Glasur). Im 18. Jh. waren die bedeutendsten Marseiller Manufakturen die der **Veuve Perrin** (Fischdekor, Chinoiserien, große Blumen mit einem Insekt), Gaspard , Honoré Savy (typisches Grün) und Antoine Bonnefoy. Auf die Marseiller Fayence folgen die Kreationen der anderen provenzalischen Produktionszentren – Moustiers, La Tour d'Aigues, Aubagne (Glasur in Gelb und Grün), Apt und Le Castellet (verschiedenfarbige vermischte Tone). Prachtvolle Stücke des späten 19. Jh.s, aus Avisseau im Stil des Bernard Palissy, mit Emailfarben bemaltes Steinzeug von Ernest Chaplet, Vasen von Théodore Deck (*Art Nouveau*, französische Variante des Jugendstils) sowie Werke von Émile Decoeur (1930er Jahre), Georges Jouve (nach 1954) und Claude Varlan (1990) zeigen, daß die Keramik der neueren Zeit den Vergleich mit der des 18. Jh.s nicht zu scheuen braucht.

UMGEBUNG

Îles du Frioul ⊙ – *Abfahrt: Quai des Belges.*

★★**Château d'If** – Die Festung wurde 1524-28 in kürzester Zeit als Vorwerk zum Schutz der Marseiller Bucht erbaut. Ende des 16. Jh.s errichtete man auf den Felsen am Wasser einen mit Bastionen verstärkten Mauergürtel. Später diente die Zitadelle als Staatsgefängnis, in dem Hugenotten, der geheimnisvolle „Mann mit der eisernen Maske" und Oppositionelle des Staatsstreichs von 1851 einsaßen. Bei der Führung besichtigt man die Zellen von politischen Gefangenen. Durch Alexandre Dumas' Roman *Der Graf von Monte-Cristo* erlangte die Festung literarischen Ruhm, da Monte-Christo und der Abbé Faria hier eingekerkert waren. Von der Höhe des Felsens herrlicher **Blick**★★★ auf die befestigte Insel, das gegenüberliegende Marseille und die Nachbarinseln Ratonneau und Pomègues, die durch den neuen Jachthafen von Frioul miteinander verbunden sind. Auf **Pomègue**, wo man einmal ein Stadtviertel ansiedeln wollte, steht das **Hôpital Caroline**, eine ehemalige Quarantänestation, die z. Zt. restauriert wird.

★★**Les Calanques** – *s. Les CALANQUES*

Musée des Arts et Traditions populaires du terroir marseillais (Château-Gombert) – *s. Chaîne de l'ÉTOILE*

L'Estaque – *9 km nördlich. Marseille über die Autoroute du Littoral verlassen.* „Es ist wie eine Spielkarte: rote Dächer vor blauem Meer." Mit diesen Worten pries Paul Cézanne im Juli 1876 Camille Pissaro gegenüber die Vorzüge dieses malerischen Fischerdorfes voller Farbkontraste, in dem sich auch einige Industriebetriebe niedergelassen hatten. L'Estaque wurde zwischen 1870 und

Château d'If und Frioul-Inseln

1914 durch eine Gruppe avantgardistischer Maler berühmt. Hier malten Cézanne, Renoir, Braque, Dufy, Derain, Marquet und Othon Friesz und legten die Grundlagen der modernen Malerei, insbesondere des zwischen 1908 und 1910 aufkommenden Kubismus. Heute hat der Ort nicht mehr die gleiche Ausstrahlung. Lediglich einige Fischgeschäfte (der Marseiller Fischmarkt hat sich ganz in der Nähe, in der Bucht von Saumaty, niedergelassen) und Restaurants ziehen noch die Städter an, sowie die aneinandergereihten „Baraques", in denen die „Chichi frégi" genannten länglichen Krapfen zubereitet werden, die köstlich schmecken, aber etwas schwer im Magen liegen. Dennoch, wenn man ins alte Dorf bis zum Kirchplatz spaziert, hat man einen weiten Blick auf die Bucht von Marseille mit ihren Inseln. Und wenn man dann die Dächer des alten Dorfes im Vordergrund sieht, so kann man sich wirklich vorstellen, warum die Maler einst so begeistert von L'Estaque waren.

★Chaîne de l'Estaque – *s. Chaîne de l'ESTAQUE*

MARTIGUES

43 493 Einwohner (Martigues und Umgebung)
Michelin-Karte Nr. 245 Falte 43, Nr. 246 Falten 13, 14 und Nr. 340 F5
Kartenskizze s. Étang de BERRE

Martigues, das durch den Caronte-Kanal mit dem Meer verbunden ist, liegt am See von Berre. Um die Jahrhundertwende zog der damals noch kleine Fischerort, den man auch das „Venedig der Provence" nannte, Schriftsteller und Maler (Corot, Félix Ziem) an, die versuchten, Licht und Atmosphäre dieses idyllischen Fleckens einzufangen. Der nahe Erdölhafen Lavéra-Étang-de-Berre schuf Arbeitsplätze und ließ das Dorf zur Stadt anwachsen.

Das Martigues von damals mit seinem typisch provenzalischen Ambiente findet man noch auf der kleinen Insel Brescon.

AUF ENTDECKUNGSTOUR

Führungen durch das alte Viertel organisiert das Fremdenverkehrsamt (s. Öffnungszeiten und Eintrittspreise).

Auf der kleinen Insel Brescon, durch die der Canal St-Sébastien fließt, kann man noch etwas von der Atmosphäre spüren, die in Martigues herrschte, als es noch ein kleiner Fischerhafen war.

★Miroir aux oiseaux – Von der **St-Sébastien-Brücke** bietet sich ein hübscher **Blick** auf den Malerwinkel, den Ziem, Corot und viele andere Maler so liebten.

Église Sainte-Madeleine-de-l'Île – Die am Canal Saint-Sébastien errichtete Kirche (17. Jh.) besitzt eine Fassade im korinthischen Stil. Im reich dekorierten Innenraum (Pilaster, Gesimse etc.) befindet sich ein eindrucksvoller Orgelprospekt.

Martigues – das „Venedig der Provence"

TIPS UND ADRESSEN
Gastronomie

Unsere Empfehlung

Le Bouchon à la Mer – *19 Quai L.-Toulmond* – ☎ *04 42 49 41 41* – *1.-25. Jan., So-abend von Sept.-Juni, Sa-mittag Juli-Aug. und Mo geschl.* – *18,29/28,20 €.* Das kleine, einfache Restaurant zeigt auf Kanal und Hafen. Farbenfroher Gastraum im Obergeschoß. Klassische Küche mit gutem Preis-Leistungsverhältnis. Nach dem Essen bietet sich ein Spaziergang auf der Insel Brescon an.

Unterkunft

Gut und preiswert

Le Cigalon – *37 Boulevard du 14-Juillet* – ☎ *04 42 80 49 16* – *www.lecigalon.fr* – ▣ – *18 Z: 34/51,22 €* – ☲ *6,10 €* – *Restaurant 30 €.* Der Blick fällt automatisch auf die lebhaften Farben der Fassade dieses Familienhotels, das nur wenige Minuten vom Zentrum des „provenzalischen Venedig" entfernt ist. Die Zimmer sind einfach, aber gepflegt und klimatisiert. Dem mediterranen Dekor entspricht die provenzalische Küche, die hier serviert wird.

Cafés, Kneipen und Bars

Le Cours – *8 Cours du 4-Septembre* – ☎ *04 42 81 56 14.* Dieses Lokal muß man einfach besuchen, wenn man in Martigues ist. Es besteht aus einer ganzen Folge von Bars, Kneipen und Terrassen, auf denen man sich im Sommer ausgiebig sonnen und süßem Nichtstun hingeben kann.

Le San Giov' – *14 Cours du 4-Septembre* – ☎ *04 42 07 38 37* – *tgl. 7-1 Uhr.* Das San Giov', an seiner roten Fassade leicht erkennbar, ist zur Zeit sehr *à la mode.* Gehen Sie nach 21 Uhr mal in den 1. Stock. Verrückt, mit welcher Leidenschaft Karaoké betrieben werden kann!

Besondere Termine

Wasserschlacht – Ende Juni finden die „Fêtes de la Mer et de la St-Pierre" mit großem Wasserstechen und Bootssegnung statt. In einer spaßigen Wasserschlacht mißt man Stärke und Standvermögen: Die Teilnehmer stehen an der Spitze eines Bootes, das von Ruderern gelenkt wird, und versuchen, mittels einer Art Lanze den Schild des Gegners zu treffen, ihn dadurch ins Wanken zu bringen und seinen Sturz ins Wasser zu verursachen.

BESICHTIGUNGEN

Musée Ziem ⊘ – Die Enkelin des Landschaftsmalers Félix Ziem (1821-1911) vermachte der Stadt einen großen Teil seiner Werke (Gemälde, Zeichnungen, Reiseskizzen), die zusammen mit Bildern von provenzalischen Künstlern des 19. Jh.s (Guigou, Manguin, Monticelli, Hurard, Loubon) und 20. Jh.s (Seyssaud) in diesem Museum ausgestellt sind. Neben einer Abteilung, die Dufy, Rodin, Camille Claudel und André Derain gewidmet ist, umfaßt das Museum auch archäologische und ethnologische Abteilungen sowie eine Sammlung zeitgenössischer Kunst.

Chapelle de l'Annonciade ⊘ – Die zu Beginn des 17. Jh.s für die Bruderschaft der Weißen Büßer erbaute Kapelle ist barock ausgestattet (vergoldete Täfelungen, Deckenmalereien im venezianischen Stil).

UMGEBUNG

Chapelle Notre-Dame-des-Marins – *3,5 km nördl.* Martigues auf der N 568 verlassen. Bei einer großen Kreuzung, *1,5 km vom Zentrum entfernt, die D 50ᶜ in Richtung Krankenhaus (hôpital) nehmen; nach weiteren 1,2 km rechts auf einen Weg abbiegen, der zur Kapelle führt (Parkplatz).* Bei der Kapelle bietet sich ein schöner **Blick★** auf Port-de-Bouc, den Golf von Fos mit den Häfen Fos und Lavéra, auf Port Saint-Louis, die Eisenbahn- und Autobahnbrücke von Caronte, das Estaque-Massiv, Martigues, den See von Berre, das Étoile-, das Vitrolles- und das Sainte-Victoire-Gebirge, auf den Mont Ventoux (bei klarem Wetter) sowie auf die Orte Berre und Saint-Mitre-les-Remparts.

Fos-sur-Mer – *9 km über die N 568* – *s. FOS-SUR-MER*

AUSFLUG

★Étang de Berre – *Rundfahrt ab Martigues* – *113 km* – *s. Étang de BERRE*

MÉNERBES★

Das malerische Bergdorf am Nordhang des Luberon *(s. dort)* war zur Zeit der Religionskriege (1562-1598) durch seine Lage auf einem Felsvorsprung eine fast uneinnehmbare Festung und letztes Refugium der Waldenser und Hugenotten, die sich erst nach einer harten, über fünfjährigen Belagerung ergaben.

Ménerbes sollte man zu Fuß erkunden (am Dorfeingang befindet sich ein Parkplatz).

AUF ENTDECKUNGSTOUR

Oben im Dorf liegt der hübsche, vom Rathausturm mit schmiedeeisernem Glockenkäfig *(barbarotte)* überragte **Place de l'Horloge**. Zum hübschen Bild trägt an einer Ecke des Platzes ein Renaissancebau mit Rundbogenportal bei. Von der Terrasse bietet sich ein eindrucksvoller **Blick★** auf das Coulontal, Gordes, das Ockerdorf Roussillon und den Mont Ventoux in der Ferne. Die **Kirche** (14. Jh.) am Dorfausgang gehörte als Priorat zu Saint-Agricol von Avignon.

Die aus dem 13. Jh. stammende (im 16. und 19. Jh. wiederaufgebaute) **Zitadelle** spielte eine wichtige Rolle in den Religionskriegen. Vom Verteidigungssystem sind noch maschikulierte Ecktürme erhalten.

> ### Tip
>
> **Unsere Empfehlung**
>
> **Auberge de la Bartavelle** – Rue du Cheval-Blanc – 84220 Goult – 6 km nordöstl. von Ménerbes über die D 218 und die D 145 – ☎ 04 90 72 33 72 – Ende Nov.-März und Di von Sept.-Mai sowie mittags außer So und Mi geschl. – 22,11/27,44 €. Der Wirt selbst hat dieses alte provenzalische Haus renoviert. Der überwölbte Gastraum ist hübsch mit alten Möbeln eingerichtet; im Sommer gibt es eine Terrasse in der Fußgängerstraße. Regionaltypische Küche mit frischen Zutaten.

BESICHTIGUNG

Korkenzieher für Gewichtheber

Musée du Tire-bouchon, Ménerbes

Musée du Tire-bouchon ⊘ – *Am westlichen Ortsausgang, an der D 3 in Richtung Cavaillon.* Das **Korkenziehermuseum** befindet sich im Weingut der Citadelle. Seine Sammlung umfaßt den Zeitraum vom 17. Jh. bis heute. Die ausgestellten Korkenzieher sind nicht nur im Material, sondern auch in der Form sehr verschiedenartig. Neben der klassischen T-Form findet man Tiergestalten sowie solch kuriose Exemplare wie z. B. den Korkenzieher mit dem Bildnis des amerikanischen Senators Volstead, der in den 1920er Jahren in den Vereinigten Staaten die Prohibitionsgesetze einführte! Auch die verschiedenen Systeme zum Herausziehen des Korkens werden dargestellt. Nach dem Museumsbesuch kann man den Keller des Weinguts besichtigen und Côtes-du-Luberon-Weine probieren.

Abbaye de MONTMAJOUR★

Auf der felsigen Anhöhe über der Ebene von Arles liegt die Abtei Montmajour, die aus einem mittelalterlichen Komplex und einem Ensemble aus dem 18. Jh. besteht.

HINTERGRUNDINFOS

Trockenlegung der Sümpfe – Ursprünglich war der Hügel von Sümpfen umgeben und diente als christlicher Friedhof. Im 10. Jh. gründeten einige Eremiten, die die Grabstätten hüteten, hier eine Benediktinerabtei und machten sich die Trockenlegung der Sümpfe zur Aufgabe. So entstand Schritt für Schritt zwischen den Alpilles und der Rhone festes Land.

Niedergang – Im 17. Jh. lebten nur noch etwa 20 Mönche im Kloster, einschließlich der Laienmönche, darunter einige Kronbeamte, denen die Könige ein Amt in der Ordensgemeinschaft und vor allem einen Teil der Güter verliehen hatten. Dadurch hatte das Ordensleben solch lockere Züge angenommen, daß zur Disziplinierung des Klosters eine neue Gruppe Mönche in das Kloster gesandt wurde. Die alten Klosterinsassen widersetzten sich, wurden vertrieben und legten aus Rache einen Brand. Da die Gebäude in Verfall geraten waren, begann die neue Mönchsgemeinschaft 1703 mit dem Bau neuer, großzügiger Anlagen. Diese waren um die Mitte des 18. Jh.s fertiggestellt. Die Verwicklung des Abtes, Cardinal de Rohan, in die skandalöse Halsbandaffäre um Marie Antoinette führte 1786 jedoch zur endgültigen Schließung des Klosters durch Ludwig XVI.

Aufteilung nationalen Guts – 1791 wurden Gebäude und Einrichtung bei einer Versteigerung von einer Trödlerin erworben. Diese verkaufte die Möbel und Dekorationselemente des Anwesens, konnte jedoch ihre Schulden nicht begleichen; so kam Montmajour in den Besitz eines Maklers, der den schönen Haustein verkaufte und die älteren Trakte in Wohnungen aufteilte. Im 19. Jh. kaufte die Stadt Arles auf Betreiben einer Vereinigung zur Erhaltung alter Bauwerke das Kloster zurück, restaurierte Schritt für Schritt die mittelalterliche Bausubstanz und sicherte die Ruinen aus dem 18. Jh. Heute ist Montmajour Staatsbesitz.

BESICHTIGUNG ⊙ *3/4 Std.*

*Église Notre-Dame – Der Kirchenbau stammt im wesentlichen aus dem 12. Jh. Er besteht aus einer Oberkirche und einer Krypta, die auch Unterkirche genannt wird.

Die Oberkirche wurde nie vollendet und besitzt daher nur den Chor, ein Querschiff und ein Hauptschiff mit zwei Jochen. Die **Krypta**★ wurde, um die Hanglage auszugleichen, teilweise in den Fels gebaut, teils erhöht.

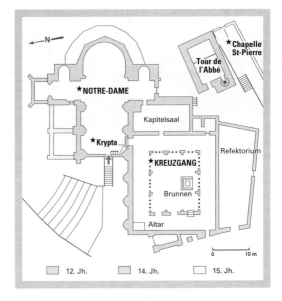

*Kreuzgang – 12. Jh. Drei Flügel des Kreuzgangs wurden später verändert; nur der Ostflügel ist noch original romanisch. Die Inspiration für die Figuren- und Bestienkapitelle ist wahrscheinlich dem Kreuzgang St-Trophime in Arles entlehnt.

Angrenzende Baulichkeiten – Der **Kapitelsaal** besitzt ein schönes Tonnengewölbe; über dem **Refektorium** mit Flachtonne *(Zugang von außen)* befand sich früher der Schlafsaal.

Tour de l'Abbé – Von der oberen Plattform *(124 Stufen!)* des mächtigen Donjon (1369) reicht der **Rundblick**★ über die Alpilles, die Crau-Ebene, Arles, die Cevennen, Beaucaire und Tarascon.

*Chapelle-St-Pierre – Die teilweise in den Felsen gebaute, zweischiffige Kapelle stammt aus der Gründungszeit des Klosters. In der Verlängerung befindet sich die Einsiedelei in natürlichen Höhlen.

*Chapelle Sainte-Croix ⊙ – *200 m rechts in Richtung Fontvieille.* Die bezaubernde romanische Kapelle (12. Jh.) liegt außerhalb der Klosteranlage inmitten der in den Felsboden gehauenen Gräber. Grundriß ist der eines griechischen Kreuzes: ein Quadrat mit vier kleinen Konchen. Die Heilig-Kreuz-Kapelle war die Friedhofskapelle des Klosters.

Die bezaubernde Landschaft der durch Erosion zu Graten und Felsnadeln gezackten und abgeschliffenen „Spitzen von Montmirail" ist ein Treffpunkt der Maler, ein Paradies für Botaniker, Wanderer, Kletterer und Liebhaber von guten lokalen Weinen und alten Gemäuern.

Der Höhenzug aus Kalkstein ist der letzte westliche Ausläufer des Ventoux-Massivs. Die Bergkette ist mit 734 m (Mont St-Amand) sehr viel niedriger als ihr Nachbar, der mächtige Mont Ventoux (1 909 m), hat aber einen stärker ausgeprägten alpinen Charakter.

Die schönsten Monate für einen Besuch sind Mai und Juni, wenn der Ginster einen duftenden gelben Blütenteppich über die Hügel ausbreitet. Der Ort Montmirail ist ein winziges Dorf südlich des Massivs, 2 km von Vacqueyras entfernt.

Weingärten am Fuße der Dentelles de Montmirail

AUSFLUG

Rundfahrt ab Vaison-la-Romaine

60 km – etwa 1/2 Tag.

Vaison-la-Romaine – *s. dort*

Vaison-la-Romaine auf der D 977 verlassen und nach 5,5 km links auf die D 88 abbiegen.

Die Straße führt bergan in das Bergmassiv der Dentelles de Montmirail und bietet schöne Ausblicke auf das Ouvèze-Tal.

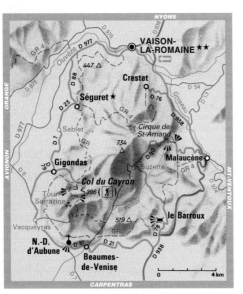

★Séguret – Das Dorf schmiegt sich an eine zerklüftete Anhöhe. Auf der Hauptstraße geht es, an einem hübschen Brunnen (15. Jh.) und einem Wehrturm (14. Jh.) vorbei, zur Kirche St-Denis (12. Jh.), von deren Platz sich ein weiter **Blick** *(Orientierungstafel)* auf die „Dentelles", auf die Ebene des Comtat Venaissin und auf das in der Ferne liegende Zentralmassiv bietet. Eine Burgruine und enge, steile Gassen, die von alten Häusern gesäumt werden, ergänzen das malerische Ortsbild.

Links die D 23 nach Sablet nehmen und dann auf der D 7 und der D 79 nach Gigondas fahren.

TIPS UND ADRESSEN
Gastronomie

Gut und preiswert

La Bastide Bleue – *Route de Sablet* – *84110 Séguret* – ☎ *04 90 46 83 43* – *7. Jan.-8. Febr., Mi außer abends im Aug. und Di von Okt.-Mai geschl.* – *15 € Mittagsmenü* – *21,50 €.* Die Stallungen der alten Postkutschenhalterei sind zu diesem Restaurant umfunktioniert worden. Im Sommer kann man die schmackhaften Gerichte der Region auf der Terrasse im angenehm schattigen Hof zu sich nehmen. Die Zimmer haben Atmosphäre, und hinter dem Gebäude befindet sich in einem Garten ein schöner Swimmingpool.

Unsere Empfehlung

L'Oustalet – *Place du Portail* – *84190 Gigondas* – ☎ *04 90 65 85 30* – *15. Nov.-28. Dez., Mo von Mitte Aug.-Juni und So geschl.* – *21 € Mittagsmenü* – *34,30/57,93 €.* Das alte Haus steht an einem kleinen Platz des zauberhaften Winzerdorfes, das für seinen Wein bekannt ist. Im rustikalen Gastraum oder auf der Terrasse aus Teakholz gibt es einfache Gerichte aus marktfrischen Zutaten und natürlich, im Ausschank, Weine der Region.

Unterkunft

Gut und preiswert

Chambre d'hôte La Farigoule – *Le Plan-de-Dieu* – *84150 Violès* – *10 km westl. von Gigondas über die D 80 Richtung Orange, die D 8 und die D 977 Richtung Violès* – ☎ *04 90 70 91 78* – *Nov.-März geschl.* – *5 Z: 33,54/50,31 €.* Dieses Winzerhaus aus dem 18. Jh. hat seine Authentizität bewahrt. Die Gastgeber, ehemalige Buchhändler, gaben jedem Zimmer den Namen eines provenzalischen Dichters und stellen den Gästen auch gern deren Werke zur Verfügung. Das Frühstück wird in einem überwölbten Raum serviert.

Chambre d'hôte Mas de la Lause – *Chemin de Geysset* – *84330 Le Barroux* – ☎ *04 90 62 33 33* – *www.provence-gites.com* – *1. Nov.-1. April geschl.* – ✉ – *5 Z: 43/68 €* – *Mahlzeit 15 €.* Das Landhaus von 1883 liegt inmitten von Weingärten und Aprikosenbäumen. Die renovierten Zimmer sind im provenzalischen Stil eingerichtet. Auf der Grundlage von lokalen Erzeugnissen bereitet man schmackhafte Speisen zu, die in der Laube gegenüber dem Schloß serviert werden.

Sport und Freizeit

Klettern – Informationen beim Office de tourisme von Gigondas – ☎ *04 90 65 85 46*

Wandern – Ein regionaler Wanderweg (GR) führt durch die Dentelles. Führer und Karten gibt es beim *Comité départemental du Tourisme de Vaucluse,* ☎ *04 90 80 47 00.*

Marathon – Im Juni können trainierte Jogger an dem 21 km langen Lauf durch die „Dentelles" teilnehmen (ab Gigondas).

Besondere Termine

Weinfeste – Am Samstag nach Christi Himmelfahrt finden in vielen Weindörfern, von Séguret bis Vacqueyras, Winzerfeste statt.

Gigondas – Der kleine Ort stellt einen der besten **Rotweine** der Bezeichnung Côtes-du-Rhône her. Es gibt zahlreiche Möglichkeiten, beim Winzer Wein zu probieren und zu kaufen.

Über Les Florets (Hütte des Club Alpin Français) zum Cayron-Paß fahren.

Col du Cayron – 396 m. Der Paß liegt im Herzen der „Dentelles", deren steile, bis zu 100 m hohe Felswände Klettersportlern alle Schwierigkeitsgrade bieten. Es empfiehlt sich, das Auto zu parken und zu Fuß weiterzugehen.

🚶 *1 Std. hin und zurück.* Rechts windet sich ein unbefestigter Weg durch die "Dentelles", mit herrlichen **Ausblicken**★ auf die Rhone-Ebene, die Cevennen, auf den Mont Ventoux und das Plateau von Vaucluse.

Zum Auto zurückkehren, die D 7 nehmen und links in Richtung Vacqueyras abbiegen.

Chapelle Notre-Dame d'Aubune – *In der Nähe der Ferme Fontenouilles.* Die romanische Kapelle liegt zu Füßen der Dentelles de Montmirail auf einer Bergterrasse. Von schlichter Eleganz ist der hohe quadratische **Glockenturm★**; die vier Rundbogenöffnungen an jeder Seite sind von Pilastern oder kleinen, unterschiedlich dekorierten Säulen (gerade oder gewundene Kannelüren, Weinranken, Akanthus oder Fratzen) gerahmt.

Auf der D 81 (links) weiterfahren. Die Straße schlängelt sich zwischen Weingärten und Olivenhainen dahin.

Beaumes-de-Venise – Hübsche Lage an den Ausläufern der Dentelles de Montmirail. Von hier kommt ein sehr aromatischer Muskateller.

Beaumes in östl. Richtung auf der D 21 verlassen; danach links auf die D 938, dann wieder links auf die D 78 abbiegen.

Le Barroux – *Parkplatz am Dorfeingang.* Der malerische Ort mit seinen abschüssigen Gassen wird von der hohen Silhouette seines **Château** ⊘ beherrscht. Der weitläufige, von Rundtürmen eingefaßte viereckige Bau war ursprünglich (12. Jh.) eine Festung, die dem Umland Schutz bieten sollte. Sie wurde in der Renaissance umgebaut, brannte während des Zweiten Weltkriegs aus und wurde erneut restauriert. Man kann die Kapelle, das Untergeschoß und den Gardesaal besichtigen. Die Räume im Obergeschoß sind Ausstellungen moderner Kunst vorbehalten. Von den Gärten des Schlosses hat man eine weite Sicht.

Le Barroux in nördlicher Richtung (Suzette) verlassen und die D 90 nehmen.

Hinter Suzette beginnt der Bergkessel von St-Amand mit seinen steilen Felswänden. Von der kleinen Paßhöhe bietet sich ein schöner **Blick★**: auf der einen Seite sieht man die Dentelles de Montmirail, auf der anderen Seite den Mont Ventoux, das Ouvèze-Tal und die Baronnies.

Malaucène – Der Ort ist nahezu vollständig von einem Wasserlauf umgeben, an dem hohe Platanen stehen.
Die **Wehrkirche** (Anfang des 14. Jh.s am Standort eines romanischen Bauwerks errichtet) war einst Teil der Stadtbefestigung. Im Inneren ein Hauptschiff im Stil der provenzalischen Romanik und ein Orgelprospekt (18. Jh.) mit schönem Schnitzwerk (Musikinstrumente).
Durch das Stadttor (Porte Soubeyran) neben der Kirche gelangt man in das Gassengewirr der **Altstadt**, in der man beim Umherschweifen schöne alte Häuser, Brunnen, Waschplätze, Betkapellen und (im Zentrum) einen alten Stadtturm mit einem schmiedeeisernen Glockenkäfig entdecken kann.
🚶 Links der Kirche führt ein Weg zu einem Bildstock, von dem der Blick über die Berge der Drôme und den Mont Ventoux schweifen kann.

Die D 938 folgt dem fruchtbaren Groseau-Tal in nordwestlicher Richtung. Links die D 76 nehmen.

Crestet – *Den Wagen auf dem Parkplatz bei der Burg abstellen.* Ein kleiner Dorfplatz mit einer Arkade, einem Brunnen und dem Portalvorbau der Kirche (14. Jh.), enge, von Renaissancehäusern gesäumte Gassen, die zum Hügel hinaufführen, auf dem die **Burg** aus dem 12. Jh. thront ... kurzum, ein bezauberndes Vaucluse-Dorf. Von der Burgterrasse bietet sich ein reizvoller **Blick** auf das Dorf und den grünen Hügel, auf den Fluß Ouvèze, den Mont Ventoux und die Baronnies.

Zur D 938 zurückkehren und links nach Vaison-la-Romaine abbiegen.

NÎMES★★★

Nîmes, am Rande der karg bewachsenen Kalkhügel und der flachen „Kleinen Camargue" gelegen, ist eine von Kunst und Kultur durchdrungene Stadt, die auf ihr reiches gallorömisches Erbe stolz ist, sich aber keineswegs den zeitgenössischen Kunstströmungen verschließt.

Nîmes zeigt immer zwei Gesichter: ein katholisches und ein protestantisches. Es kann sich verschlossen zeigen oder im Rausch der *Ferias* ein ungezügeltes Temperament an den Tag legen. Selbst das Klima zeigt sich von zwei Seiten: Meistens ist es trocken, plötzlich brechen jedoch Gewitter aus, die mit verheerenden Wolkenbrüchen erhebliche Schäden anrichten.

> ### Spezialitäten und Weine
>
> Die bekannteste kulinarische Spezialität aus Stadt und Umgebung ist die **Brandade de morue**, ein Gericht aus Stockfischmus, Öl und Knoblauch. Kosten sollte man auch die eingelegten Oliven, das *Caladon* genannte Mandelgebäck und den *Croquant Villaret*, der noch in demselben Ofen wie vor zweihundert Jahren hergestellt wird. Die Weiß-, Rot- und Roséweine der benachbarten „Costières" haben in den letzten Jahren einen ausgezeichneten Ruf erworben.

HINTERGRUNDINFOS

Colonia Augusta Nemausus – Eine keltische Siedlung (4. Jh. v. Chr.) aus 24 kleinen befestigten Orten *(Oppida)* ist der Ursprung der heutigen Stadt. Sie lag an der Quelle *Nemausus*, auf die der Name „Nîmes" zurückgeht. Der Zeitpunkt der Gründung einer römischen Siedlung ist umstritten. Als wahrscheinlichste Vermutung gilt, daß Octavian (der spätere Augustus) nach seinem Sieg über Antonius und Kleopatra hier Land an die Veteranen verteilte. Das Stadtwappen, ein an eine Palme gekettetes Krokodil, erinnert an die Bezwingung des Nils. Andere Forscher gehen jedoch davon aus, daß Nîmes schon um 44 v. Chr. von Cäsar gegründet wurde.

Wie auch immer – Augustus verlieh dem Ort einen gewissen Wohlstand, indem er dem das Privileg gewährte, sich mit einer (16 km langen) Stadtmauer zu umgeben. Nîmes war ein bedeutender Verkehrsknotenpunkt an der Via Domitia. Die Stadt schmückte sich nach und nach mit einem Forum, an dessen Südseite das Maison Carré errichtet wurde, mit einem Amphiteater und einem Zirkus sowie mit Thermen und Brunnen, die von einem großen Aquädukt (der Pont du Gard ist Teil davon) gespeist wurden; täglich wurden 20 000 m³ Wasser nach Nîmes geleitet. Im 2. Jh. genoß Nîmes die Gunst der Kaiser Hadrian und Antoninus Pius (dessen Mutter aus Nîmes stammte). Neue Bauten entstanden (Basilika des Plotinus, Fontaine-Viertel) und die Einwohnerzahl stieg auf 25 000.

G. Guittot/PHOTONONSTOP © Ph. Stark

Das Krokodil –
Emblem der Stadt Nîmes

Religionskriege – Neben der römischen Kultur prägten Glaubenskämpfe die Stadtgeschichte von Nîmes. Diese begannen bereits im 5. Jh. mit dem Arianismus (diese Bewegung leugnete die Wesensgleichheit von Christus mit Gott) der Westgoten, die von Toulouse aus auch Nîmes beherrschten. Im 13. Jh. schloß sich die Stadt, als Besitz der Grafen von Toulouse, der Albigenserbewegung an, gegen die Papst Innozenz III. und König Ludwig VIII. zum Kreuzzug (1209-1229) aufgerufen hatten. Beim Erscheinen der nordfranzösischen Ritter unter Führung von Simon de Montfort ergab sich die Stadt (1213). Im 14. Jh. kam es zur Vertreibung der Juden, die in Nîmes freies Niederlassungsrecht genossen hatten und in Handel und Wissenschaft eine Rolle spielten. Im 16. Jh. war Nîmes eine der Hauptfestungen der Protestanten in Südfrankreich – drei Viertel der Stadtbevölkerung hatten das neue Religionsbekenntnis angenommen; folglich wurde Nîmes in den Religionskriegen (1562-1598) stark heimgesucht. Die Epoche der religiösen Unruhen forderte ihre Opfer unter beiden Glaubensgemeinschaften. Nach der Aufhebung des Edikts von Nantes spielte Nîmes eine aktive Rolle im Krieg der protestantischen Kamisarden. Die Revolution wurde hier als Revanche der Protestanten aufgefaßt. Der katholische „weiße Terror" der Restauration hingegen setzte die Protestanten unter Druck.

TIPS UND ADRESSEN

Wann man Nîmes (nicht) besuchen sollte

Wer die Hitze nicht gut verträgt, sollte den August meiden. Da ist Nîmes im wahren Sinne des Wortes ein Backofen; selbst bei Nacht kühlt es nicht ab. Das Pfingstwochenende ist nur für jene geeignet, die sich für Corridas und Stierkämpfe interessieren und die große Menschenmengen nicht scheuen. Die Plätze und Lokale sind dann übervoll, man findet kaum eine Unterkunft. Mit anderen Worten: Wer gerade diese Atmosphäre liebt und eine der originellen *Bodegas (s. u.)* besuchen möchte, sollte seinen Nîmes-Besuch unbedingt rechtzeitig vorbereiten!

Stadtbesichtigung

Stadtführungen – *s. Öffnungszeiten und Eintrittspreise am Ende dieses Bandes*

Pass – Mit dem drei Tage gültigen Besichtigungspaß hat man Zutritt zu allen Sehenswürdigkeiten und Museen der Stadt. Erhältlich am Schalter der ersten Besichtigung. *9,15 € (Kinder: 4,57 €).*

Spaziergänge durch Nîmes – Wenn Sie Nîmes ohne Führungen besichtigen möchten, folgen Sie dem am Boden markierten **Krokodil mit der Palme**, dem von Philippe Stark entworfenen Symbol der Stadt.

Gastronomie

Gut und preiswert

Bistrot des Arènes – *11 Rue Bigot* – ☎ *04 66 21 40 18 – Aug., Sa-mittag und So geschl. – 9,50 € Mittagsmenü – 16,50/19,50 €.* Nur einen Katzensprung von der Arena entfernt kann man in diesem Restaurant mit seinem originellen Dekor Lyoneser Spezialitäten essen.

Le Bistrot au Chapon fin – *3 Place du Château-Fadaise* – ☎ *04 66 67 34 73 – Aug., Sa-mittag und So geschl. – 11 € Mittagsmenü – 27,44/35,06 €.* Hinter der Kirche St-Paul erhebt sich die einladende Fassade dieses Restaurants, dessen Tagesgerichte auf einer Schiefertafel notiert werden. Feria- und Filmplakate, Bilder mit regionalen Motiven und eine beachtliche Sammlung von Hähnen bilden den Dekor.

Unsere Empfehlung

Le Bouchon et L'Assiette – *5ᵇⁱˢ Rue Sauve* – ☎ *04 66 62 02 93 – 2.-17. Jan., 29. Apr.-2. Mai, 29. Juli bis 23. Aug., Di-mittag und Mi geschl. – 19,06/36,59 €.* Eine besonders gepflegte Einrichtung, Gemälde und Antiquitäten sowie die überaus freundliche Bedienung bilden den Rahmen für die schmackhaften Gerichte aus frischen Zutaten der Saison, die hier auf den Teller kommen.

Aux Plaisirs des Halles – *4 Rue Littré* – ☎ *04 66 36 01 02 – 12.-20. Aug., Mo außer abends im Juli/Aug. und So-abend geschl. – 21,34/38,11 €.* Jeder in der Stadt kennt dieses Lokal, das sich hinter einer zurückhaltenden Fassade verbirgt. In dem hübschen, in Gelb gehaltenen Gastraum oder auf der angenehmen Terrasse im Innenhof werden qualitätvolle, traditionelle Gerichte serviert. Auch die Weinkarte kann sich sehen lassen.

Unterkunft

Gut und preiswert

Hôtel Amphithéâtre – *4 Rue des Arènes* – ☎ *04 66 67 28 51 – 2.-15. Jan. geschl. – 16 Z: 32,78/49,55 € – ☲ 5,64 €.* In einer Fußgängerstraße unweit des Amphitheaters verbirgt sich hinter einer unscheinbaren Fassade dieses kleine Hotel. Die mittelgroßen Zimmer sind rustikal eingerichtet. Eine gute Adresse für kleinere Geldbeutel.

Chambre d'hôte La Mazade – *30730 St-Mamert-du-Gard – 17 km westl. von Nîmes über die D 999 und die D 1* – ☎ *04 66 81 17 56 – www.bbfrance.com/couston.html – ☲ – 3 Z: 38/45 € – Mahlzeit 14 €.* Eine wirklich originelle kleine Familienpension mit Zimmern, in denen sich Design, mexikanische Kunstgegenstände und üppige Grünpflanzen auf malerische Weise ergänzen. Das Abendessen nimmt man unter dem Weinspalier gegenüber dem Garten ein.

Unsere Empfehlung

New Hôtel la Baume – *21 Rue Nationale* – ☎ *04 66 76 28 42 – 34 Z: 79,27/88,42 € – ☲ 8,38 € – Restaurant 12/21 €.* In dem Stadtpalais aus dem 17. Jh., das den Kern dieses Hotels bildet, gehen Altes und Neues eine schöne Harmonie ein. Eine monumentale Steintreppe führt zu den schlichten Zimmern – davon einige mit klassischem Deckendekor im französischen Stil.

Cafés, Kneipen und Bars

Der Schatten des Weingottes Bacchus verbirgt sich hinter den zahlreichen anti-ken Bauten, die es in Nîmes gibt, und man ist versucht, das Leben als ein ein-ziges Fest zu betrachten. Das Jahr vergeht im Rhythmus der Ferias, in der Stadt bieten unterschiedliche Cafés und Kneipen in großer Zahl vielfältige Möglichkeiten der Zerstreuung. Ob Kleinkunstkneipen oder Bodegas, irische Pubs oder große Kaffeehäuser im Stil der Belle Époque – alle Lokale finden hier eine treue Gästeschar.

Haddock Café – *13 Rue de l'Agau* – ☎ *04 66 67 86 57* – *haddock.cafe@liber-tysurf.fr* – *Mo-Fr 11.30-15 Uhr, 19-2 Uhr, Sa 19-3 Uhr.* Kulinarische Genüsse und kulturelle Freuden bietet diese Weinbar mit Restaurant, denn hier gibt es Wein im Ausschank, ein Menü zu moderatem Preis und noch dazu Konzert- und Theaterabende, Lesungen, philosophische Diskussionsrunden und Kunstausstellungen. Motor des Ganzen ist der Wirt Philippe, ohne den das kul-turelle Leben von Nîmes definitiv um einiges ärmer wäre.

La Grande Bourse – *2 Boulevard des Arènes* – ☎ *04 66 67 21 91* – *tgl. 7-1 Uhr.* Die Kassettendecke im Stil Napoléon III, eine Terrasse gegenüber dem Amphitheater sowie die tiefen und bequemen Rattansessel trügen nicht – wir befinden uns hier in einem der prestigeträchtigsten Cafés von Nîmes. Der gedie-gene Service und die Professionalität des Hauses ziehen Gäste jeder Schicht und jeden Alters an.

Bar Hemingway – *15 Rue Gaston-Boissier* – ☎ *02 66 21 90 30* – *hotel.impe-rator@wanadoo.fr* – *tgl. 8-23 Uhr.* Die Bar des Hôtel Imperator Concorde zeigt auf einen Garten mit exotischen Bäumen (Mammutbäume, Libanonzedern und Ginkgos), Skulpturen und einem Brunnen. Ein magischer Ort. Einige Fotos erin-nern an den Besuch von Ava Gardner und von Ernest Hemingway (*Tod am Nachmittag*, 1962, Buch über den Stierkampf), die beide Liebhaber der Tauromachie waren.

Le Diagonal – *41bis Rue Émile-Jamais* – ☎ *04 66 21 70 01* – *Di-Do 17-2 Uhr, Sa/So und Vorabend von Feiertagen 17-3 Uhr – 3 Wochen im Aug. geschl.* Die große Bar im Stil der 1950er Jahre gehört einem Ehepaar. Der schalkhafte Ehemann stellt sei-nen Stammgästen manchmal Rätsel. Die Stimmung ist gemütlich, freundlich, nicht selten stimmen die Gäste ein Lied an. Es gibt jede Menge Gesellschaftsspiele und Gemäldeausstellungen (Vernissage jeweils am 1. Donnerstag des Monats), Tapas und hausgemachten Punch, lateinamerikanische oder afrikanische Musik, Jazz oder Salsa.

Shopping

Gebäck (Croquants) – Die Mandelplätzchen gibt's im **Maison Villaret**, *13 Rue de la Madeleine.*

Brandade – **Brandade Raymond**, *34 Rue Nationale.* Ein Geschäft, das sich seit 100 Jahren auf die Brandade von Nîmes spezialisiert hat!

Provenzalische Stoffe – **Les Olivades**, *4 Place de la Maison-Carrée* – Unter Ludwig XI. entstand in Nîmes die erste Textilmanufaktur. Im 18. Jh. beschäftig-ten die Webereien in Nîmes (Serge und Seide) etwa 10 000 Arbeiterinnen an über 300 Webstühlen. Die Tradition hat sich, mit Höhen und Tiefen, bis in unsere Zeit gerettet. Die Marke Cacharel ist in Nîmes zuhause; schöne Indiennes-Stoffe gibt es bei **Indiennes de Nîmes**, *2 Place des Arènes.* Im Geschäft der Arena (unter dem Portikus) kann man herrliche Tücher mit alten Mustern kaufen.

Regionale Weine – **La Vinothèque**, *18 Rue Jean-Reboul.*

Bücher – **Librairie Goyard**, *Boulevard Victor-Hugo.* Die Buchhandlung ist speziali-siert auf Bücher über Stierkampf und regionale Themen allgemein. Allgemeine Literatur und Kinderbücher: **Teissier**, *Rue Régale.*

Märkte – **Großer Wochenmarkt**: Mo am Boulevard Gambetta. **Bio-Markt**: Fr-vormit-tag in der Avenue Jean-Jaurès. **Flohmarkt**: Sa-vormittag auf dem Parkplatz „Stade des Costières". „**Nächtlicher Markt**": Juli-Aug. Do 18-22 Uhr (Les jeudis de Nîmes).

„Brot und Spiele" im Amphitheater

Überdachung der Arena – Seit 1988 wird die Arena von Oktober bis April mit einem transparenten Luftkissen überdacht, das von einem elliptischen Stahlträger gestützt wird, der wiederum auf Pfosten ruht, die am modernen Teil des Monuments befestigt sind. Auf diese Weise entsteht ein großartiger Veranstaltungsraum (7 000 Plätze) für die Wintermonate – Konzerte (Rock, Pop), Messen, Ausstellungen, Shows und Sportveranstaltungen wie der Davis Cup etc).

Tauromachie – Nîmes ist eine Hochburg des Stierkampfs. Die in der Arena nach allen Regeln der Kunst abgehaltene Corrida erfreut sich hier ebenso großer Beliebtheit wie das gefährliche Spiel, das darin besteht, daß beim *Lâcher de taureaux* versucht, den durch die Straßen der Stadt rasenden Stieren eine an deren Stirn befestigte Kokarde zu entreißen.

Ferias – Es gibt drei Ferias in Nîmes: die **Frühlingsferia** (Primavera) Ende Februar, mit zahlreichen *Novilladas* am Wochenende; die bekanntere **Pfingstferia** (Do-Mo) mit einer *Pégoulade* auf den Boulevards, *Abrivados*, *Novilladas* und *Corridas* (vormittags und abends) und diversen Attraktionen in der Stadt. Das größte Lokalkolorit bietet die **Weinleseferia** (Feria des Vendanges) Mitte September.
Angeboten werden zwei Arten von **Eintrittskarten** für die Ferias: entweder ein Abonnement für alle Corridas – hier hat man die besten Chancen auf gute Plätze – oder Einzelkarten. Für die Pfingstferia (Wochenende) oder die Weinleseferia (Sonntag) lohnt es sich nicht, auf eine Karte in letzter Minute zu hoffen, es sei denn, Sie sind bereit, auf dem Schwarzmarkt astronomische Summen zu zahlen. Am Schalter variieren die Preise zwischen 15,24 € und 76,22 € für eine *Corrida* und zwischen 4,57 € und 7,62 € für eine *Novillada*.
Kartenvorverkauf: *1 Rue Alexandre-Ducros* (☎ *04 66 67 28 02*).

Kulturprogramm

Veranstaltungskalender – Über das Veranstaltungsprogramm informieren die Tageszeitung *Midi-Libre*, die Wochenzeitschrift *La Semaine de Nîmes*, ihre Mitbewerberin *La Gazette de Nîmes* oder aber *Le César*, ein Heft, das man kostenlos beim Fremdenverkehrsamt erhält.

Festival – **Le Printemps du jazz** (3. Märzwoche): Jazzkonzerte an verschiedenen Orten (Theater, Museen, Gymnasien, Krankenhäuser, sogar im Gefängnis). Informationen: ☎ 04 66 36 65 10

Horas Latinas – Im Oktober treffen sich Vertreter hispano-amerikanischer Musik in Nîmes, das dann im Rhythmus von Flamenco, Salsa, Tango usw. lebt.

Kino – Programmkino: *Le Sémaphore, 25 Rue Porte-de-France*, ☎ *04 66 67 83 11*. Weitere, kommerzieller ausgerichtete Kinos befinden sich in der Rue Émile-Jamais (Complexe Caméra, Nr. 8, und Cinémajestic, Nr. 14), in der Rue Poise (Le Forum) und am Square de la Couronne (Vox).

Theater – Théâtre municipal mit angeschlossener Bühne des Odéon. Im L'Armature, *12 Rue de l'Ancien-Vélodrome*, ☎ *04 66 82 20 52*, das in einem ehemaligen Hangar untergebracht ist, finden Konzerte, Theateraufführungen und Ausstellungen statt.

Das Hugenottenkreuz

Blue Jeans – ein Stoff aus Nîmes eroberte Amerika – Schon im Mittelalter war der „Serge" genannte Stoff aus Nîmes in ganz Europa für seine Festigkeit bekannt. Eine Legende, die man in Nîmes gern erzählt, besagt, daß Kolumbus die Segel seiner Schiffe nur aus jenem Stoff angefertigt haben wollte. Tatsache ist, daß der Drillich, aus dem man die Hosen der Seeleute nähte, nach Genua exportiert wurde. 1873 kam ein gewisser Lévy-Strauss, ein Bayer, der in die Vereinigten Staaten emigriert war, auf die Idee, die Solidität dieses Stoffes zu nutzen und für die Goldsucher und Pioniere des amerikanischen Westens unverwüstliche Hosen zu produzieren. Der Name „Blu di Genova" (Blau von Genua) wurde, amerikanisch ausgesprochen, zu Blue Jeans, und die Marke **Denim** (de Nîmes = aus Nîmes) erinnert an den Beitrag der Stadt Nîmes zur Eroberung des Wilden Westens.

Ferias und Stierkämpfe – Im Mittelpunkt der nach dem Vorbild der spanischen Ferias 1952 ins Leben gerufenen **Pfingstferia** stehen selbstverständlich die „Arènes" und die dort vormittags, nachmittags und manchmal auch abends veranstalteten *Corridas* und *Novilladas*. Alles in der Stadt dreht sich um die Stiere. Das Loslassen der Stiere auf den Boulevards, Stierkämpfe mit Amateuren in den Arenen am Stadtrand, Konzerte, Ausstellungen, Folkloreumzüge, Bälle und spontane Attraktionen ziehen Menschenmengen von überallher an. Bei dieser Gelegenheit treffen sich viele Stierkampf-

Fanclubs **(Aficionados)**, um die letzten Corridas zu besprechen oder der Begeisterung für einen bestimmten Torero Ausdruck zu geben. Sie richten in der Innenstadt kleine Gaststätten *(Bodegas)* ein, in denen *Tapas*, *Paëlla* und spanischer Wein (vor allem Jerez, der berühmte „Fino") angeboten werden.

Der Zorn Jupiters – Am 8. Oktober 1988 ging in den frühen Morgenstunden über der Stadt eines der Unwetter nieder, deren Geheimnisse nur Nîmes kennt. Unglaublich heftige Regengüsse trieben in wenigen Minuten die normalerweise trockenen Bäche *(cadereaux)* aus ihrem Bett, während die unterirdischen Bäche die Kanalisation zum Bersten brachten. Bald war die Route d'Alès ein einziger Schlammstrom, der in die Stadt eindrang, Bäume umstürzte, Autos gegen Mauern schob und den Tod von 8 Menschen verursachte. Nîmes war vollkommen verwüstet.

AUF ENTDECKUNGSTOUR

☐ Römische und mittelalterliche Baudenkmäler

Dieser Spaziergang führt zu den wichtigsten römischen Monumenten sowie durch das mittelalterliche „Écusson"-Viertel, dessen Gassengewirr von den von Zürgelbäumen beschatteten Boulevards umgürtet ist. An den alten Straßen liegen schöne Geschäfte und herrliche Stadtpalais.

Esplanade – *In der Tiefgarage parken.* Dieser weite Platz, der von den Säulen des Justizpalastes und zahlreichen Terrassencafés gesäumt ist, liegt an der schönen Avenue Feuchères. Die Fontaine Pradier in der Mitte des Platzes wurde 1848 errichtet.

Über den Boulevard de la Libération zum Place des Arènes gehen.

An dem weitläufigen Vorplatz des Amphitheaters, auf dem die Statue von El Nimeño II, dem berühmtesten französischen Matador, steht, sieht man die Überreste (Turm und Kurtinen) der Augusteischen Stadtmauer. Im nahegelegenen Park der Clinique St-Joseph befinden sich ein weiterer Abschnitt der Stadtmauer und ein Turm.

***Arènes ⊙ – *Zugang zum Amphitheater am Ende der Rue de l'Aspic.* Das Amphitheater von Nîmes, das wahrscheinlich aus der gleichen Zeit (Ende 1., Anfang 2. Jh.) stammt wie das von Arles und auch ähnliche Dimensionen hat, gehört zu den besterhaltenen römischen Theatern. Von dem Arler Bau unterscheidet es sich nur durch architektonische Details wie z. B. das römische Tonnengewölbe der Galerien. Was seine Größe und Aufnahmekapazität betrifft (133 x 101 m; 24 000 Plätze), so belegt es unter den 20 erhaltenen Amphitheatern, die in Gallien freigelegt wurden, den 9. Platz.

Corrida in Nîmes

L. Giraudou/EXPLORER

An seinem oberen Rand sind noch durchlöcherte Kragsteine zur Aufnahme der Masten für das Sonnensegel (Velum) zu sehen. Außen ist das Bauwerk in zwei übereinanderliegende Arkadenbögen (Gesamthöhe 21 m) gegliedert, mit jeweils 60 Arkaden; darüber liegt das Attikageschoß. Das Mauerwerk aus großen Kalksteinblöcken wirkt schlicht; den einzigen Schmuck bilden Pilaster in der unteren Arkadenreihe, darüber dorische Wandsäulen. Es gibt vier Eingänge; das Haupttor im Norden besitzt noch seinen mit Stieren verzierten Giebel.

Bei der Besichtigung des Theaterovals kann man das ausgetüftelte System aus Gängen, Galerien und Treppen ermessen, die es dem Publikum ermöglichten, in wenigen Minuten das Amphitheater zu verlassen. Von den obersten Rängen der Cavea bietet sich der beste Blick auf die Anlage.

Nachdem im Jahre 404 die Gladiatorenkämpfe durch den Einfluß des Christentums verboten worden waren, wurde das Amphitheater von den Westgoten in eine Festung verwandelt. Man vermauerte die Arkaden, fügte Türme hinzu, umgab das Oval mit einem tiefen Graben und möglicherweise mit einer kleinen Mauer (im Untergeschoß des Justizpalastes sind noch Spuren zu sehen). Im Ostteil des Bauwerks erhob sich später das Schloß der Vicomtes von Nîmes (zwei vermauerte Arkaden mit kleinen romanischen Fensteröffnungen blieben erhalten). Danach füllten Häuser, Straßen und zwei Kapellen das Bauwerk, das im 18. Jh. 700 Einwohner beherbergte. Im 19. Jh. schließlich führte man das Theater wieder zu seiner ursprünglichen Funktion zurück. Der erste Stierkampf fand 1853 statt.

Das Maison Carrée in Nîmes ist zu Recht einer der berühmtesten römischen Tempel

J.P. Lescourret/EXPLORER

★★★**Maison Carrée** ⊘ – Dieser besterhaltene aller römischen Tempel überhaupt wurde Ende des 1. Jh.s v. Chr. unter Kaiser Augustus nach dem Modell des Apollotempels von Rom errichtet. Der einst von einer offenen, schön verzierten Säulenhalle umgebene Bau am Forumsplatz diente wahrscheinlich dem Kaiserkult und war den jung verstorbenen Enkeln des Augustus, Caius und Lucius, geweiht. Wie alle klassischen römischen Tempel besteht er aus einer von Säulen begrenzten Vorhalle und einer *Cella*, dem Raum der Gottheit, zu dem eine Treppe mit 15 Stufen hinaufführt. Die reinen Linien und die sorgfältige Ausführung des Bauwerks, seine harmonischen Proportionen und die eleganten kannelierten Säulen weisen auf griechischen Einfluß hin, der sich auch in der Dekoration wiederfindet.

In die schmale Rue de l'Horloge einbiegen, dann rechts auf den Place de l'Horloge gehen und schließlich links die Rue de la Madeleine nehmen.

Eine wechselvolle Geschichte

Obwohl der Tempel auf eine bewegte Geschichte zurückblickt, blieb er erstaunlich gut erhalten. Im Mittelalter diente er als Versammlungsraum der Konsuln, 1546 kam er in Privatbesitz der Herzöge von Uzès, dann zögerte ein neuer Besitzer nicht, ihn als Pferdestall zu benutzen. 1670 richteten Augustinermönche ihre Kirche in der *Cella* ein, allerdings ohne die Mauern zu verändern. Colbert hatte den verwegenen Plan, den Tempel Stein für Zeit abzubauen, um ihn in Versailles zu Ehren Ludwigs XIV. wieder zu errichten! Nach der Revolution wurde hier das Archiv des Departements untergebracht, anschließend ein Kunstmuseum, im archäologische Museum ... und heute eine Ausstellung zu Architektur und Geschichte des Bauwerks. Man beachte auch das herrliche Mosaik, das bei Bauarbeiten in der Nähe des Jardin de la Fontaine entdeckt wurde.

Rue de la Madeleine – In der Hauptgeschäftsstraße von Nîmes befindet sich die Bäckerei Villaret (Nr. 13), die sich rühmt, seit zwei Jahrhunderten die berühmten *Croquants* (Plätzchen aus Mandeln und Honig) herzustellen. Das Haus Nr. 1, das sogen. **Maison romane** mit seinem herrlichen Fassadenschmuck, ist das älteste Haus der Altstadt. Nun erreicht man den charmanten **Place aux Herbes**, wo man in einem der Terrassencafés ein Päuschen machen sollte, schon allein um in aller Ruhe die Fassade der **Cathédrale Notre-Dame-et-St-Castor** zu bewundern, die trotz aller Umgestaltungen einen romanischen Fries mit Szenen des Alten Testaments bewahrt hat.

Von der schmalen Straße links der Kathedrale geht es durch die Rue Curaterie und über den Place du Grand-Temple zum Boulevard Amiral-Courbet.

Porte d'Auguste – Das Augustustor, an der die Via Domitia die Stadt erreichte, gehörte zur Augusteischen Mauer. Es war ursprünglich von zwei halbrunden Türmen flankiert, zwischen denen ein Innenhof lag, und bildete so eine wirksame Verteidigungsanlage, die der Porta Nigra in Trier ähnelte. Die beiden mittleren Passagen dienten den beiden Richtungen des Wagenverkehrs, die kleineren Durchgänge an der Seite waren für die Fußgänger gedacht. Man beachte die Bronzereplik einer Augustusstatue.

Auf den Boulevard Amiral-Courbet zurückkehren und nach dem ehemaligen Jesuitenkolleg (heute Archäologisches Museum) rechts in die Rue des Greffes und dann wieder rechts in die Grand'Rue einbiegen.

Chapelle des Jésuites – Die Kapelle des Jesuitenkollegs aus dem 18. Jh. besticht durch ihre harmonischen Proportionen. Die eindrucksvolle, von einem Dreiecksgiebel gekrönte zweigeschossige Fassade ist durch Pilaster, eingebundene Säulen und Nischen gegliedert. Der durch Oberlichter erhellte **Innenraum★** besteht aus einem kurzen, von Emporen gesäumten Hauptschiff und einem Querhaus; die Vierung wird von einer Flachkuppel, der Chor von einer mächtigen Rippenkuppel überspannt. Pilaster, Gesimse und Kapitelle schmücken den Raum.

Links in die Rue du Chapitre einbiegen.

Rue du Chapitre – Das **Hôtel de Régis** (Nr. 14) besitzt eine Fassade aus dem 17. Jh. und einen schönen gepflasterten Innenhof.

Der Rue de la Prévôté folgen; sie mündet auf den Place du Chapitre.

Nach dem alten Bischofspalast, in dem heute das Musée du Vieux-Nîmes untergebracht ist, erreicht man wieder den Place aux Herbes und biegt dann links in die **Rue des Marchands** ein; hier kann man an den Schaufenstern einer malerischen Einkaufspassage, der „Passage des Marchands", entlangschlendern.

Rechts geht die Rue de Bernis ab.

Rue de Bernis – Wenn man an der Kreuzung mit der **Rue de l'Aspic** nach rechts abbiegt, sieht man das **Hôtel Meynier de Salinelles** (Nr. 8), in dessen Torbau drei frühchristliche Sarkophage eingemauert sind. Weiter links kann man die herrliche Treppe des **Hôtel Fontfroide** ⏲ (Nr. 14) bewundern. Das **Hôtel de Bernis** (Nr. 3) zeigt eine elegante Fassade aus dem 15. Jh.

Man geht nun links durch die Rue Fresque und gelangt zu einer überwölbten Passage, die zum **Place du Marché** führt. Dort erhebt sich die Palme, das Symbol der Stadt, und das Krokodil spiegelt sich im Wasser eines Brunnens (von Martial Raysse).

Über den Place de l'Hôtel-de-Ville (schöner Innenhof und Treppe) und die Rue Régale (rechts) geht es zur Esplanade zurück.

② Parks und Brunnen

Vom Place de la Maison Carrée aus den Boulevard Daudet hinaufgehen bis zum **Place d'Assas**, einem weiten Platz, der von Martial Raysse umgestaltet wurde. Auf einer Seite des Platzes reihen sich mehrere Restaurants und ihre Terrassen aneinander.

Nun geht es rechts zum vornehmen, von herrlichen Stadtpalais gesäumten **Quai de la Fontaine**.

Dem Kanal folgen, in dessen ruhigem Wasser sich die Schatten spendenden Zürgelbäume spiegeln und sich hin und wieder stolze Schwäne zeigen.

★★ Jardin de la Fontaine – *Eingang am majestätischen Gitter an der Avenue Jean-Jaurès.* Die barocke Parkanlage des 18. Jh.s am Fuße der Ausläufer des vom Tour Magne gekrönten Mont Cavalier geht auf den Festungsbaumeister J.-P. Mareschal zurück, der den antiken Plan der keltischen Nemaususquelle respektierte. Die heilige Quelle, aus der das in den umliegenden Kalkhügeln der Garrique eingesickerte Regenwasser wieder zutage tritt, war ein Quellheiligtum, um das sich der Ort einst ausbreitete. Heute speist das Wasser des Beckens noch mehrere Brunnen des Parks und den Kanal.

NÎMES

Arènes	CV	
Carré d'Art	CU	
Castellum	AX	
Cathédrale Notre-Dame-et-St-Castor	CU	
Chapelle des Jésuites	DU	B
Façade romane	CU	D
Fontaine Pradier	DV	
Hôtel de Bernis	VC	E
Hôtel de Régis	DU	F
Hôtel Fonfroide	VC	G
Hôtel Meynier de Salinelles	CU	K
Jardin de la Fontaine	AX	

In der gallorömischen Epoche umfaßte dieser heilige Bezirk außer der Quelle ein Theater, einen Tempel und Thermen, von denen noch einige Spuren sichtbar sind. Kürzlich wurde bei Ausgrabungen ein Teil der Umgebung des Heiligtums freigelegt – ein prächtiges Haus aus dem 2. Jh. (Rue Pasteur), ein Wohnviertel der einheimischen Bevölkerung und ein prächtiges öffentliches Gebäude (Boulevard Jaurès Ecke Rue de Sauve), dessen damalige Funktion ins Dunkel der Geschichte gehüllt ist. Links der Quelle befindet sich in romantischer Umgebung die Ruine des römischen **Temple de Diane** aus der 1. Hälfte des 2. Jh.s. Der in den Religionskriegen von 1577 zerstörte Tempel wird zwar Dianatempel genannt, seine wirkliche Funktion ist jedoch unbekannt. Einige Forscher vermuten sogar, das Gebäude sei ein Freudenhaus gewesen. Auf jeden Fall sollte man diesen „Tempel" besichtigen, bevor man auf den von mediterranen Pflanzen bewachsenen Mont Cavalier, den höchsten Punkt von Nîmes, hinaufsteigt. Von der Aussichtsterrasse des **Tour Magne★** ⊘, dem bedeutendsten Überrest der mächtigen, im Jahre 15 v. Chr. erbauten Stadtmauer, hat man einen weiten **Blick★** auf die rosafarbenen Ziegeldächer von Nîmes vor dem Hintergrund des Mont Ventoux und der Alpilles. Der polygonale, ehemals dreigeschossige Turm, der noch Teile vorrömischer Bausubstanz aufweist, ist seit der zerstörerischen Schatzsuche Traucats im 16. Jh. nur noch 34 m hoch.

Den Park verlassen und durch die Rue de la Tour-Magne wieder in Richtung des Canal de la Fontaine gehen; links in die Rue Pasteur einbiegen.

Castellum – Dieses ehemalige römische Sammelbecken, das der Verteilung des Wassers in der Stadt diente, ist einzigartig. Es handelt sich um den Endpunkt des langen Aquädukts, der das Quellwasser der Eure nach Nîmes leitete.

Darüber erhebt sich das Fort Vauban, die 1687 errichtete Zitadelle, die heute Institute der Universität beherbergt.

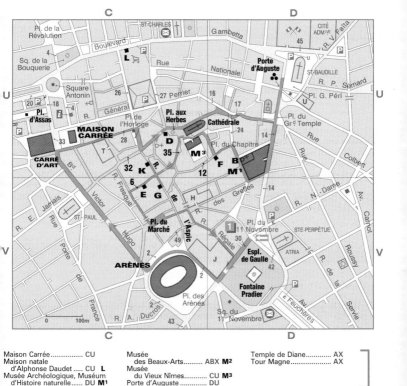

Zum Boulevard Gambetta zurückkehren, an dem Literaturfreunde einen Blick auf das **Geburtshaus von Alphonse Daudet** (Nr. 20; Maison natale de Daudet) werfen können. Über den Square Antonin und die Rue Auguste gelangt man wieder zum Maison Carrée.

BESICHTIGUNGEN

Musée des Beaux-Arts ⊘ – Unter der Leitung des Architekten J.-M. Wilmotte wurde das Museum der Schönen Künste im Jahre 1986 umgebaut. Im Erdgeschoß zeigt ein großes römisches Mosaik, das 1883 in Nîmes entdeckt wurde, die Hochzeit des Admetos. Das Museum birgt Werke der italienischen, holländischen, flämischen und französischen Malerei (15.-19. Jh.). Besonders sehenswert sind die Gemälde von Bassano *(Susanna im Bade)*, Rubens *(Mönchsbildnis)*, Seghers *(Abschied Christi von seiner Mutter)*, Jean-François de Troy *(Schlafende Schnitterin)*, Natoire *(Venus und Adonis)* und Delaroche *(Cromwell am Sarg Karls I.)*. Der Holländer Jan Miel (1599-1663) ist mit *Der Zahnzieher* vertreten. Weiterhin einige Porträts von Nicolas Largillière und Hyacinthe Rigaud, die *Madonna mit dem Kinde* (genannt „Madone Foulc") und ein Maskaron aus Keramik von Andrea della Robbia. Liebhaber des Theatralischen werden von *Cromwell vor dem Grab Karls VII.* (Paul Delaroche) begeistert sein. Die regionale Malerei ist mit zarten Porträts von Xavier Sigalon (1787-1837) aus Uzès, mit einem Seestück von Joseph Vernet, Historienbildern von Natoire und mit einer *Landschaft in der Umgebung von Nîmes* (1869; J.-B. Lavastre) vertreten.

★**Carré d'Art** ⊘ – Dieses imposante Gebäude, das Sir **Norman Foster** als Heimstätte für die Mediathek und das Städtische Museum für zeitgenössische Kunst entwarf, erhebt sich gegenüber dem Maison Carrée, dessen schlichte Linienführung sowie einige architektonische Elemente übernommen wurden. Im Carré d'Art ist Kunst aus der Zeit nach 1960 ausgestellt. Es gibt drei Schwerpunkte – Kunst in Frankreich von 1960 bis heute; Werke englischer, amerikanischer und deutscher Künstler sowie Kunst des Mittelmeerraums. Gezeigt werden vor allem die Hauptströmungen der zeitgenössischen Kunst: Neuer Realismus, Supports/Surface, BMPT-Gruppe (Buren, Mosset, Parmentier, Toroni), Figuration Libre, Nouvelle Figuration. Martial Raysse, Claude Viallat, Arman usw.). Es besteht ein reges Interesse an der Avantgarde der Nachbarländer (Arte Povera, Transavantgarde usw.). Der Fundus des Museums wird turnusmäßig ausgestellt. Man sieht u. a. Werke von César, Jean Tinguely, Martial Raysse, Claude Viallat (aus Nîmes gebürtig), Arman, Annette Messager, Yves Klein, Gerhard Richter, Sigmar Polke, Christian Boltanski, Gérard Garouste und J.C. Blais, Claude Viallat, Arman, Thomas Struth (Fotograf).

Musée du Vieux Nîmes ⊘ – Das Heimatmuseum ist im ehemaligen Bischofspalais (17. Jh.) im Herzen der Altstadt untergebracht. Es wurde 1920 von einem Weggefährten Frédéric Mistrals gegründet und zeigt zahlreiche regionale Erinnerungsstücke. Da Nîmes zugleich eine Stadt des Languedoc und der Provence ist, sind hier für diese beiden Gegenden charakteristische Möbel zu sehen. Besonders interessant sind das **Eßzimmer** und das **Billardzimmer**.

★**Musée archéologique** ⊘ – Das Archäologische Museum befindet sich im ehemaligen Jesuitenkolleg. Im Erdgeschoß sieht man Skulpturen aus vorrömischer Zeit, aber auch viele römische Steindenkmäler mit Inschriften, z. B. Meilensteine. Die Exponate im Obergeschoß umfassen Gegenstände aus gallorömischer Zeit (Utensilien zur Körperpflege, Schmuck, Küchengerät, Grabstelen, Öllampen), Glas und Keramik aus hellenistischer, etruskischer und punischer Zeit, eine Sammlung antiker Münzen, darunter das berühmte „As" von Nîmes, sowie interessante Modelle der bedeutendsten antiken Monumente der Stadt.

Muséum d'Histoire naturelle ⊘ – Das Naturgeschichtliche Museum ist auch im ehemaligen Jesuitenkolleg untergebracht. Der Besucher geht an zahlreichen Schaukästen mit präparierten Tieren vorbei. In diesem altehrwürdigen Rahmen finden bisweilen herausragende Sonderausstellungen statt.

UMGEBUNG

Aire de Caissargues – *An der Autobahn A 54, zwischen den Ausfahrten Nîmes-Centre und Garon.* Am Ende des von Zürgelbäumen gesäumten Promenadenwegs erhebt sich die hier aufgestellte, klassizistische Kolonnade des alten Theaters von Nîmes (vormals neben dem Maison Carrée). Im ganzjährig geöffneten Ausstellungsgebäude kann man Nachbildungen von Funden sehen, die beim Bau der Autobahn zu Tage gebracht wurden, so z. B. die „Dame de Caissargues": Es handelt sich um das Skelett einer 25-30 Jahre alten Frau aus der Zeit um 5000 v. Chr., die in embrionaler Lage mit einer Muschelkette um den Hals bestattet wurde.

AUSFLUG

La Vaunage

Rundfahrt 44 km – etwa 2 1/2 Std. Von der Esplanade in die Rue de la République einbiegen und dann, nach der Avenue Jean-Jaurès (Kreisverkehr), gegenüber in die Rue Arnavielle fahren und deren Verlängerung (D 940 in Richtung Sommieres) folgen.

Caveirac – In dem Schloß (17. Jh.), einem hufeisenförmigen Bau mit Ecktürmchen und glasierten Ziegeln, Kreuzstockfenstern, Wasserspeiern und einer Freitreppe (schmiedeeisernes Geländer), ist das Bürgermeisteramt untergebracht. Interessantes Detail: Die D 103 führt durch das weite Torhaus des Schlosses!

Auf der D 40 weiterfahren und in Höhe von St-Dionisy links auf die D 737 (Richtung Nages-et-Solorques) abbiegen. Ein Kiesweg führt zur Ausgrabungsstätte des Oppidums (ausgeschildert).

Oppidum de Nages – Nages war eines der fünf keltisch-ligurischen Oppida (800-50 v. Chr.) in der Vaunage-Ebene. Die Häusergruppen lagen am Hang (in Fließrichtung des Flusses) und waren durch parallele, 5 m breite Straßen voneinander getrennt. Deutlich erkennt man die Reihen kleiner, gleichartiger Häuser mit zum Teil sehr hohen Mauern aus Feldstein. Jedes Haus bestand aus einer Feuerstelle und (ursprünglich) aus nur einem Raum; im 2. Jh. v. Chr. wurde dieser größer und unterteilt, wobei der Komfort weiterhin äußerst begrenzt blieb. Ein Teil der alten Festungsmauer (es gab vier aufeinanderfolgende) ist freigelegt. Außer einem kleinen Tempel *(fanum)* aus dem Jahre 70 v. Chr. wurde kein öffentliches Bauwerk gefunden. Die römische Kolonisierung hatte keinen Einfluß auf die Entwicklung der Siedlung, die zwischen 70 und 30 v. Chr. ihre größte Ausdehnung erlebte; zu dieser Zeit gab es wohl auch eine erste Form der wirtschaftlichen Spezialisierung (Vorhandensein einer Schmiede).

Bei der Rückkehr führt die 1. Straße links am Ortseingang zu einem römischen Brunnen, der noch heute mehrere andere Brunnen des Ortes mit Wasser versorgt.

Ziegeldächer in Calvisson

Nages-et-Solorgues – Im 1. Stock des Bürgermeisteramtes wurde das **Musée Archéologique** ⊘ eingerichtet, in dem Keramiken und andere Fundstücke aus der Gegend von Castels vom Alltag der Bewohner des Oppidums erzählen. Man sieht Geräte und Gegenstände aus den Bereichen Ackerbau, Viehzucht, Jagd, Handwerk (Metallverarbeitung, Keramik, Weberei), Verteidigung (Waffen), Körperpflege und Totenkult.

Zur D 40 zurückkehren und dort links weiterfahren.

Calvisson – Das kleine Winzerdorf im Zentrum der Vaunage-Ebene ist für sein Osterkorso berühmt.

In der Ortsmitte der CD 107 in Richtung Fontanès folgen; am Ortsausgang führt links eine ausgeschilderte Straße nach Le Roc de Gachonne.

Von einem Turm (Orientierungstafel) hat man einen malerischen **Ausblick** über die roten Ziegeldächer des Dorfs auf das Vidourle-Tal im Südwesten und auf den Pic St-Loup im Osten.

Wieder geht es auf die D 40 und dann links auf die D 249, der man bis Aubais folgt.

Die D 142 (links) führt nach **Aigues-Vives**. Nachdem man die Autobahn unterquert hat, erreicht man **Mus**, das, wie das benachbarte **Gallargues**, einen Besuch wert ist. Der nächste Ort ist Vergèze.

Die D 139 führt zur Mineralquelle und Abfüllanlage Perrier.

Source Perrier ⊘ – Von einem hohen Laufgang aus überblickt man eine riesige Werkshalle, in der sich Ströme von hellgrünen Flaschen klirrend auf Fließbändern bewegen. Das mit einer Temperatur von 15 °C zutage tretende Wasser der Bouillens-Quelle setzt Kohlensäure frei. Diese wird aufgefangen und dem auf 2 °C abgekühlten Wasser wieder zugeführt. Der Arzt Perrier entdeckte die heilenden Kräfte dieses Quellwassers; vermarktet wurde es jedoch von dem Engländer Harmosworth, was vielleicht der Grund für den Erfolg von Perrier in den angelsächsischen Ländern ist – und für das Landhaus im viktorianischen Stil auf dem Gelände. Die Marke gehört mittlerweile zum Nestlé-Konzern; jährlich werden 700 Mio. Flaschen verkauft. Bei der Führung durch die Fabrik kommt man an allen Stationen der Produktionskette vorbei (Flaschenherstellung, Abfüllen, Etikettieren, Verpacken und Lagern).

Rückfahrt nach Nîmes über die D 135 und die D 613 (an der Domaine de la Bastide links abbiegen).

Für alle Olivenbäume der Welt ist Nyons ein Paradies, aber nicht nur für diese! Wegen der geschützten Lage am Ausgang des Eygues-Tals wachsen in den milden Wintermonaten sogar exotische Pflanzen unter freiem Himmel. Neben dem herausragenden Olivenöl ist Nyons auch für seine Trüffeln bekannt.

EIN BESONDERES HIGHLIGHT

Nyons und seine Oliven

Die **Ölmühlen** sind zwischen November und Februar in Betrieb.

Moulin Ramade ⊘ – *Anfahrt über* ③ *des Plans und die 4. Straße links.* Im 1. Raum sind Mühlsteine und Pressen zur Herstellung von Olivenöl zu sehen; der 2. Raum dient der Veredelung und Lagerung.

TIPS UND ADRESSEN

Gastronomie

Gut und preiswert

La Charrette Bleue – *7 km nordöstl. von Nyons an der D 94 (Richtung Gap)* – ☎ 04 75 27 72 33 – *29. Okt.-7. Nov., 17. Dez.-31. Jan., Di-abend von Sept.-Juni, So-abend von Mitte Sept.-März und Mi geschl.* – *14,94/27,75 €.* Auf dem Dach dieses hübschen, mit Ziegeln gedeckten Landhauses thront tatsächlich ein „Blauer Wagen". Wenn die Sonne auf der Terrasse zu sehr brennt, kann man sich in den kühlen Gastraum zurückziehen, der mit seinen Holzbalken und alten Bodenplatten sehr schön ist. Regionaltypische Küche nach allen Regeln der Kunst.

Unterkunft

Unsere Empfehlung

Hôtel Picholine – *Prom. Perrière* – *1 km nördl. von Nyons über die Promenade des Anglais* – ☎ 04 75 26 06 21 – *Febr. und 15. Okt.-6. Nov. geschl.* – ▯ – *16 Z: 49,55/62,50 €* – ☲ *6,86 €* – *Restaurant 21/35 €.* Das ruhige Hotel steht auf den Hügeln von Nyons an einem Privatweg. Der Garten, der Swimmingpool im Schatten der Olivenbäume und die schöne Terrasse sind genau das Richtige für eine Zeit süßen Nichtstuns.

Typische Erzeugnisse der Region

Nyons hat sich besonderen Genüssen verschrieben. Die **Olivenbäume** der Umgebung von Nyons bringen vor allem schwarze, *tanche* genannte Früchte hervor, deren Öl Feinschmeckern ein Begriff ist. Die **Trüffeln,** die in der Gegend gedeihen, sind ebenfalls eine ganz besondere Gaumenfreude. Und als ein Zentrum der Destillation von Lavendel und anderen Duftpflanzen trägt Nyons zum allgemeinen Wohlbefinden zahlreicher Zeitgenossen bei.

Shopping

Moulin Autrand-Dozol – *4 Promenade de la Digue* – *Le Pont Roman* – ☎ 04 75 26 02 52 – *www.Moulin-Dozol.com* – *Sept.-Juni: Mo-Sa 9-12 Uhr, 14-18.30 Uhr; Juli-Aug.: Mo, So-morgen, Okt. und an Feiertagen nachmittags geschl.* Die aus dem Jahre 1750 stammende Mühle produziert ein Olivenöl mit dem AOC-Label (geprüfte Herkunftsbezeichnung). Es wird vor Ort – wie auch andere Produkte der Region – verkauft. Direkt daneben kann man in einem Museum Ölmühlen aus dem 18. und 19. Jh., eine Seifenfabrik des 18. Jh.s und eine alte provenzalische Küche sehen.

Distillerie Bleu Provence – *58 Promenade de la Digue* – ☎ 04 75 26 10 42 – *Juli-Aug.: Mo-Sa 10.30 und 17 Uhr* – *Apr.-Juni und Sept.: Mo-Sa 17 Uhr* – *2,74 €.* Besichtigung und Verkauf. *In den Monaten Juni bis September kann man den Destilliervorgang beobachten.*

Jardin des Arômes – *Promenade de la Digue* – ☎ 04 75 26 10 35. Sammlung von Duft- und Heilpflanzen.

Märkte – Wochenmarkt: Do-vormittag. Provenzalischer Markt: So-vormittag von Mitte Juni-Mitte Sept. Kunsthandwerk und regionale Produkte.

Vieux moulins ☉ – *Anfahrt über die Avenue de la Digue.* In mehreren **alten Ölmühlen** (18. und 19. Jh.) wird noch nach überlieferten Methoden Olivenöl hergestellt. Auch eine alte Seifenfabrik kann besichtigt werden.

Coopérative oléicole et viticole ☉ – *Place Olivier-de-Serres. Anfahrt in westlicher Richtung über* ③ *des Plans.* In der **Öl- und Weingenossenschaft** kann man die Herstellung des Extra-vergine-Öls (erste Kaltpressung) verfolgen.

Musée de l'Olivier ☉ – *Avenue des Tilleuls. Anfahrt über* ③ *des Plans, dann nordwestlich des Place Olivier-de-Serre.* Das **Olivenbaum-Museum** zeigt Gerät zur Pflege der Olivenbäume und zur Ölherstellung. Zahlreiche Gegenstände illustrieren die vielfältigen Verwendungsmöglichkeiten des Olivenöls (z. B. Öllampen); Dokumente vervollständigen die Sammlung. Sehenswert ist ein auch riesiges, 148 kg schweres Fossil.

Oliven, Olivenöl und Tapenade

B. Kaufmann/MICHELIN

AUF ENTDECKUNGSTOUR

★**Altstadt** – Ausgangspunkt des Rundgangs ist der von Arkaden eingefaßte **Place du Dr-Bourdongle**. Durch die Rue de la Résistance und die Rue de la Mairie geht es in die Rue des Petits-Forts, ein schmales Gäßchen, das von niedrigen Häusern aus dem frühen 14. Jh. gesäumt ist. Am Ende, auf einem Platz, erhebt sich der **Tour Randonne** (13. Jh.); der Turm beherbergt die winzige Kapelle Notre-Dame-de-Bon-Secours. Nun links in die Rue de la Chapelle einbiegen und zur **Rue des Grands Forts**★ gehen, eine lange überdachte Passage, deren dicke Mauern durchfenstert sind. Durch das hohe Torgewölbe (Überrest der mittelalterlichen Burg) gelangt man links in die Treppenstraße Maupas, die zur Rue de la Mairie zurückführt. Über die Plätze St-Cézaire und Barillon und durch die Rue des Déportés gelangt man ans Ufer des Eygues.

★**Pont Roman** – Die auch **Vieux Pont** genannte, einbogige Alte Brücke des 13. und 14. Jh.s zählt mit 40 m Spannweite zu den kühnsten Brückenkonstruktionen im Süden Frankreichs.

NYONS

Autiero (Pl.) 2

UMGEBUNG

Aussichtspunkt – *Die Neue Brücke (Nouveau Pont) überqueren, links auf die D 94 abbiegen; danach rechts durch den Tunnel fahren und nochmals rechts abbiegen.* Von dem Felsen umfaßt der **Blick** das alte Nyons und das Angèle-Gebirge (1 606 m); der tiefe Einschnitt des Eygues-Tals (rechts) kontrastiert mit dem weiten Becken, in dem sich die Neustadt ausbreitet (links).

Promenade de Vaulx – *8 km hin und zurück. Nyons über die Promenade des Anglais (nordwestl.) verlassen und nach 300 m rechts abbiegen. Bei der Rückfahrt auf der abschüssigen Strecke zur D 538 am Weg nach Venterol (rechts) vorbeifahren; Nyons ist ausgeschildert.* Die schmale, kurvenreiche, aber gut befahrbare Straße führt zwischen Olivenbäumen am Hang entlang. Es bieten sich schöne Ausblicke auf Nyons, das Eygues-Tal und das Massiv der Baronnies.

ORANGE★★

27 989 Einwohner
Michelin-Karte Nr. 245 Falte 16, Nr. 246 Falte 24 und Nr. 332 B9

Orange, das Tor zum französischen „Midi", bietet dem Besucher zwei prächtige Baudenkmäler aus der Römerzeit: den Triumphbogen und das antike Theater, das die einzigartige Kulisse für die 1869 gegründeten Festspiele **Chorégies** bildet.
Die eindrucksvollste Anfahrt nach Orange ist die N 7 ab Montélimar, auch wenn das römische Monumentaltor auf einer Verkehrsinsel heute vom Verkehr umbraust wird.

HINTERGRUNDINFOS

Die Römer – *Arausio* war bereits eine keltische Siedlung, als Augustus hier 35 v. Chr. eine Veteranensiedlung für die II. Gallische Legion gründete. Die neue Stadt (70 ha) wurde nach einem regelmäßigen Grundriß angelegt, mit öffentlichen Bauten ausgestattet und von einer Mauer umgürtet. Die guten Grundstücke wurden in erster Linie den Veteranen zugeteilt, weniger wertvolle wurden vermietet, und der Rest blieb Allgemeinbesitz. So verfuhr der römische Staat im allgemeinen, um die eroberten Gebiete zum Nachteil der einheimischen Bevölkerung zu besiedeln und den Boden urbar zu machen. Bis zum Jahre 412, als die Stadt von den Westgoten geplündert wurde, erlebte Orange, das auch Bischofssitz geworden war, eine Zeit des Wohlstands.

Die Oranier – In der zweiten Hälfte des 12. Jh.s wurde Orange Sitz eines kleinen Fürstentums, das mitten im Comtat Venaissin lag. Sein Fürst, **Raimbaut d'Orange**, war ein bekannter Troubadour, der seine Liebe zur „Comtesse de Die" besang. Aufgrund

Chorégies im antiken Theater

TIPS UND ADRESSEN

Stadtbesichtigung – *s. Öffnungszeiten und Eintrittspreise*

Gastronomie

Gut und preiswert

Le Yaca – 24 Place Silvain – ☎ 04 90 34 70 03 – 2.-28. Nov., Di-abend außer Juli-Aug. und Mi geschl. – 10,67/19,82 €. Hier setzt der Wirt alles in Bewegung, um seine Gäste zufriedenzustellen! Alles in diesem kleinen Restaurant, das nur wenige Schritte vom antiken Theater entfernt ist, ist hausgemacht, frisch und wirklich nicht teuer. Kleiner überwölbter Raum im provenzalischen Stil, mit Lampen und Blumen auf den Tischen. Sommerterrasse.

Les Acacias – *Place de la Mairie – 84100 Uchaux – 9 km nördl. von Orange Richtung Bollène, über die N 7, die D 976 und die D 11 – ☎ 04 90 40 60 59 – Di-abend und Sa-mittags geschl. – 9,90/16,76 €.* Anstelle der alten Schmiede wird hier nun ein Pizzaofen betrieben, und der Gastraum befindet sich in den alten Stallungen. Zu essen gibt leckere Gerichte nach Hausfrauenart. Ein solides, einfaches Lokal mit südlicher Atmosphäre.

Unterkunft

Gut und preiswert

Hôtel St-Florent – *4 Rue du Mazeau – ☎ 04 90 34 18 53 – www.multimania.com/saintflorent – Dez. geschl. – 18 Z: 25/55 € – ☕ 6 €.* Nur wenige Schritte vom antiken Theater entfernt liegt dieses originelle kleine Hotel, dessen Gemälde alle vom Eigentümer des Hauses stammen. Jedes Zimmer ist individuell eingerichtet, die Möbel passen zum Dekor.

Cafés, Kneipen und Bars

Bowling d'Orange – *Route de Jonquière – ☎ 04 90 51 02 00 – tgl. 13-3 Uhr.* Das Bowling hat fünf Bahnen, eine Bar und mehrere Billardtische. Einmal pro Monat gibt es einen Bowling-Wettbewerb.

Shopping

Provenzalischer Markt und Kunsthandwerk – *Place de la République – Mitte Juni-Mitte Sept.: Sa 9-19 Uhr.* Hier findet man provenzalische Stoffe, Keramik, Santons usw.

Chorégies

Von Mitte Jui bis Anfang August ist das antike Theater Schauplatz der Chorégies, eines Festivals mit den Schwerpunkten Oper und symphonische Musik. Als Festivalbesucher kommt man nicht nur in den Genuß herrlicher Konzerte; man hat auch die Gelegenheit, den majestätischen Bau des Theaters zu bewundern. **Kartenvorverkauf**: Place Silvain (neben dem antiken Theater), *☎ 04 90 34 24 24.*

von Heiraten und Erbschaften gelangte das Fürstentum an die Familie Baux *(s. BAUX-DE-PROVENCE)* und fiel 1544 an Wilhelm I. von Nassau, den „Schweiger". Dieser Prinz von Oranien ging als erster Statthalter der Niederlande in die Geschichte seines Landes ein. Orange entschied sich für die Reformation und wurde von der ganzen Härte der Religionskriege getroffen, ohne jedoch seine Autonomie zu verlieren.

1622 ließ Moritz von Nassau die Stadt mit einer gewaltigen Mauer umgeben und ein geräumiges Schloß errichten. Leider wurden dazu die Steine der römischen Baudenkmäler verwendet, die von den Verwüstungen aus der Zeit der Völkerwanderungen übriggeblieben waren. Bis auf das innerhalb der Festungsmauer liegende antike Theater und den in eine Festung verwandelten Triumphbogen wurde alles zerstört.

Besitzerwechsel – Als **Ludwig XIV.** gegen Holland in den Krieg zog, wurde die Stadt vom Comte de Grignan, dem Schwiegersohn der Madame de Sévigné *(s. GRIGNAN)*, eingenommen. Burg und Stadtmauern wurden geschleift. Durch den Frieden zu Utrecht (1713) fiel der Besitz der Oranier endgültig an Frankreich.

ORANGE

EIN BESONDERES HIGHLIGHT

Das römische Orange *Besichtigung: 2 Std.*

★★Arc de Triomphe – *Zufahrt in die Stadt über die N 7; an der Kreuzung kostenfreier Parkplatz.* Der Triumphbogen erhebt sich im Norden der Stadt an der ehemaligen Via Agrippa, die Lyon mit Arles verband. Mit 22 m Höhe, 21 m Breite und 8 m Tiefe ist es das drittgrößte der noch erhaltenen römischen Monumentaltore dieses Typs. In besonders gutem Zustand ist die Nordseite (die Westseite wurde stark restauriert).

Der später Tiberius geweihte Bogen (20 v. Chr.) verherrlicht die Siege der in der Stadt angesiedelten Veteranen der zweiten gallischen Legion. Die drei Durchgänge sind von Säulen gerahmt; der mittlere trägt einen Giebel, darüber ein doppeltes

Triumphbogen von Orange

Attikageschoß. Ursprünglich krönte eine von zwei Trophäen flankierte Quadriga aus Bronze das Bauwerk. Die überreiche Dekoration ist sowohl von der römischen Klassik wie auch von der hellenistischen Plastik beeinflußt. Die Kriegsszenen und Trophäen erinnern an die Eroberung Galliens, während die Attribute der Seefahrt wohl auf den Sieg des Augustus über Antonius bei Actium hinweisen.

★★★**Théâtre antique** ⊘ – Das in augusteischer Zeit entstandene Theater von Orange, Ruhm und Glanz der Stadt, ist das einzige römische Theater, dessen Bühnenwand noch erhalten ist. Die eindrucksvolle, 103 m breite und 36 m hohe Wand, die der Stadt zugekehrt ist, wurde von Ludwig XIV. als „schönste Mauer seines Königreiches" bezeichnet. In den oberen Etagen sieht man zwei Reihen von vorkragenden Steinen, die einst die Masten für das Sonnensegel trugen. Durch die neunzehn Arkaden im unteren Bereich gelangte man zu den Kulissen und Logen. Das Halbrund der *Cavea*, die bis zu 9 000 Zuschauer fassen konnte, war durch Absätze in drei Ränge mit insgesamt 37 Stufen unterteilt, auf denen die Zuschauer entsprechend ihrer sozialen Stellung Platz nahmen. Auf den ersten drei Rängen um die halbrunde *Orchestra* wurden Sitze für bedeutende Persönlichkeiten aufgestellt. Beiderseits der Bühne dienten große übereinanderliegende Räume (z. Zt. betritt man das Theater durch den unteren westlichen Saal) dem Empfang des Publikums und der Aufbewahrung von Kulissen. Die 61 m breite und 9 m tiefe Bühne lag etwa 1,10 m höher als die *Orchestra*; unter ihrem Bretterboden befanden sich die Maschinen. Sie wurde von einer niedrigen Mauer gestützt, hinter der sich der Graben für den Vorhang befand (der während der Vorstellungen gesenkt wurde). Die Bühnenwand war ebenso hoch wie die Zuschauerränge und reich mit Marmor, Stuck, Mosaiken, Säulenreihen und Nischen mit Statuen – darunter das 3,55 m hohe Standbild des Augustus, das 1952 wieder hier an seinem ursprünglichen Ort aufgestellt wurde – geschmückt. In der Wand öffnen sich drei Türen, die ganz bestimmte Funktionen hatten: Durch die mittlere betraten die Hauptdarsteller die Bühne, durch die beiden Seitentüren kamen die Nebendarsteller.

Von den oberen Stufen aus kann sich der Besucher auch heute noch von der unglaublichen Akustik des Theaters überzeugen. Zum einen fungierten die während der Aufführung von den Schauspielern aufgesetzten Masken als „Lautsprecher", andererseits gab es auch als Resonanzkörper dienende konkave Türen, Decken und Vasen.

AUF ENTDECKUNGSTOUR

Die Altstadt

Vom Theater aus in die Rue Caristie einbiegen und bis zur Rue de la République, der Hauptstraße des Viertels, gehen.

Man biegt links in die Straße ein, überquert den Place de la République (Statue des „fürstlichen" Troubadours Raimbaut d'Orange) und begibt sich, durch die Rue Fusterie und, nach dem Place du Cloître, durch die Rue Renoyer (links), zur **Cathédrale Notre-Dame**. Der romanische Bau wurde während der Religionskriege stark beschädigt und danach zum größten Teil wiederaufgebaut.

Mehrere Cafés und andere Lokale haben ihre Tische auf den Place Georges-Clemenceau gestellt, an dem sich das **Hôtel de ville** (Rathaus) mit seinem Turm aus dem 17. Jh. erhebt.

Vom Place de la République führt die Rue Stassart zum kleinen, von Platanen beschatteten **Place aux Herbes**. Diesen überquert man, bevor man durch die Rue du Mazeau zum Theater zurückkehrt.

Colline St-Europe

Mit dem Wagen über die Montée des Princes d'Orange-Nassau bis zum Stadtpark (Parc municipal) fahren und dort auf dem Parkplatz parken. Die Hauptallee überquert die Gräben der ehemaligen Oranierburg, von der bedeutende Überreste freigelegt wurden (links des Square Reine-Juliana). Am Nordrand des Parks steht neben einer Marienstatue eine Orientierungstafel. Der **Blick**★ umfaßt das antike Theater, Orange mit seinen Ziegeldächern, die Anlage von Marcoule und die Rhone-Ebene.

BESICHTIGUNG

Musée municipal ⊘ – Im Hof und im Erdgeschoß des Städtischen Museums sind Steinskulpturen ausgestellt, die von römischen Bauwerken stammen bzw. einst zur Oranierburg gehörten. Ein Saal enthält die minutiös zusammengefügten Fragmente des römischen **Katasterplans** von Orange, der in Frankreich einzigartig ist. Auf den Marmortafeln entdeckten Historiker ein Straßennetz (mit den Hauptachsen *cardo* und *decumanus*), topographische Details (Straßen, Berge, Flüsse, Sümpfe) und Anmerkungen zum juristischen und fiskalischen Status der Ländereien.

Die übrigen Säle sind der Stadtgeschichte und den Traditionen der Region vorbehalten. Besonders interessant sind Räume, die der aus der Schweiz stammenden Familie Wetter gewidmet sind. In ihren Werkstätten waren im Jahre 1764 über 500 Arbeiter beschäftigt, deren Baumwollstoffe nach ganz Europa exportiert wurden.

UMGEBUNG

Caderousse – *6 km westlich über die D 17.* Der kleine, von einer Mauer mit nur zwei Toren umgebene Ort hatte häufig unter Überschwemmungen der Rhone zu leiden. An der Rathausfassade zeigen links von der Tür vier Schilder die höchsten Wasserstände an. Seit 1856 wird Caderousse von einem Deich geschützt. Die im Stil der provenzalischen Romanik errichtete Kirche **Saint-Michel** besitzt eine im 16. Jh. angebaute Kapelle (Chapelle St-Claude) mit einem bemerkenswerten spätgotischen Gewölbe.

Harmas J.-H. Fabre ⊘ – *8 km über die N 7 und die D 976.* Bei der Einfahrt nach Sérignan befindet sich rechts das Haus des bekannten Insektenforschers J.-H. Fabre (1823-1915). 36 Jahre lang lebte und arbeitete er hier. Zu besichtigen sind das Arbeitszimmer mit Vitrinen, in denen die Sammlungen des Forschers (Insekten, Muscheln, Fossilien, Mineralien) ausgestellt sind, und ein Raum mit Aquarellen von Fabre. Man kann durch den Botanischen Garten spazieren, der zur Zeit von Fabre ein der Natur überlassenes Gelände (*harmas* = Brachland) war.

Aven d'ORGNAC★★★

Michelin-Karte Nr. 245 Falte 14, Nr. 46 Falte 23 und Nr. 331 I8
Kartenskizze s. Gorges de l'ARDÈCHE

Bis zum 19. August 1935 maßen die Bewohner von Orgnac-l'Aven dieser Höhle, die sie „le Bertras" nannten, keine besondere Bedeutung zu. An jenem Tag aber stieg der Höhlenforscher **Robert de Joly** (1887-1968) in den Schacht und entdeckte dort ein weitläufiges System von Kammern, das auch heute noch nicht vollständig erkundet ist. Der Aven von Orgnac ist höchst interessant, denn unterirdische Ströme und Sickerwasser schufen riesige Hohlräume und Tropfsteinformationen von bis zu 10 m Durchmesser, die gegen Ende des Tertiärs, vor etwa 50 Mio. Jahren, bei einem schweren Erdbeben zerfielen: Steine brachen von der Decke, die Wasserläufe suchten sich andere Wege, auf zerborstenen, umgekippten Säulen wuchsen neue Stalagmiten.

BESICHTIGUNG ⊘

Der Obere Saal **(Salle Supérieure)** erstaunt durch seine Größe (17-40 m hoch, 250 m lang und 125 m breit) und bezaubert durch den bläulichen Schimmer, der durch die natürliche Öffnung fällt und die herrlichen Stalagmiten in ein unwirkliches Licht taucht. Die dicksten Tropfsteine (in der Mitte) wirken durch ihre seitlichen „Auswüchse" wie Tannenzapfen. Aufgrund der Höhe des Raumes wuchsen sie nicht mit den Stalaktiten zu Säulen zusammen, sondern verdickten sich zu bisweilen ein-

TIPS UND ADRESSEN

Besichtigung der Höhle

Empfehlungen – Da in der Höhle eine (ständige) Temperatur von 13 °C herrscht, sollte man eine Jacke oder einen Pullover anzuziehen, vor allem im Sommer, wenn es draußen sehr heiß ist!
Es sei auch darauf hingewiesen, daß Sie im Laufe Ihrer Höhlenerkundung nicht weniger als 788 (genau gezählte!) Stufen hinab- oder hinaufsteigen müssen!

Unterirdische Safari – Ganz besonders kühne und interessierte Amateurspeläologen können von April bis September 2 1/2 Std. auf den Spuren Robert de Jolys wandeln und vielleicht die Gefühle des Höhlenentdeckers nachvollziehen, wenn sie Teile der Höhle besichtigen, die normalerweise der Öffentlichkeit nicht zugänglich sind. Führung nach Terminabsprache und Anmeldung: ☎ 04 75 38 62 51.

Gastronomie und Unterkunft

Gut und preiswert

Les Stalagmites – *07150 Orgnac-l'Aven* – ☎ *04 75 38 60 67* – *16. Nov.-28. Febr. geschl.* – *10,37/17,53 €.* Familiärer, freundlicher und wirklich nicht teurer Gasthof im Dorf selbst. Die reichhaltige traditionelle Küche des Hauses wird im Sommer auf der schattigen Terrasse serviert. Kindermenü. Einige Zimmer und Apartments.

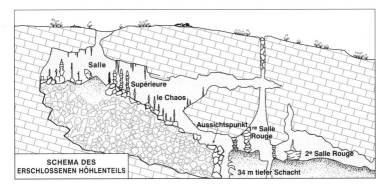

drucksvollen Durchmessern an der Basis. Darüber gibt es jüngere Tropfsteine, die aufgestapelten Tellern ähneln. Am äußeren Rand des Saales stehen dünne Säulen, die erst nach dem Erdbeben entstanden sind und teilweise eine beachtliche Höhe erreichen.

Der **„le Chaos"** genannte Saal ist mit Tropfsteintrümmern aus dem oberen Raum angefüllt; herrliche Draperien mit unterschiedlichen Farbtönen hängen aus einer Spalte in der Decke herab. Auf der Höhe des ersten **„Salle Rouge"** schuf das Wasser, das sich auf seinem Weg durch die Kalkschicht mit Kalziumkarbonat angereichert hat, zahllose Formationen. In der Nähe öffnet sich der mit 34 m tiefste Schacht der Höhle, der in einen Raum in 180 m Tiefe führt.

Musée de Préhistoire Ⓥ – In dem Vorgeschichtlichen Museum sind Fundstücke von Grabungen in der Region ausgestellt. Nachbildungen von Behausungen, Werkstätten (Werkstatt für die Bearbeitung von Feuerstein) oder der mit dem Löwenkopf geschmückten Höhle geben einen Einblick in das tägliche Leben der Steinzeitmenschen.

Stalagmiten im Oberen Saal, sog. „Tannenzapfen"
(Pommes de pin)

S. Van Poucke/AVEN d'ORGNAC

Bois de PAÏOLIVE★

Michelin-Karte Nr. 240 Falte 7 und Nr. 331 H7

Ein riesiges Felsenmeer, bizarre Felsformationen, Steineichen, eine enge, bisweilen eindrucksvolle Schlucht und wohltuende Stille. Dieser geheimnisvolle Landstrich mit seinen Wanderwegen ist für Naturliebhaber wie geschaffen.

HINTERGRUNDINFOS

Lage und Geologie – Das Kalksteinplateau des südlichen Vivarais erstreckt sich südöstlich von Les Vans beiderseits des Chassezac über etwa 16 km².

So hart und widerstandsfähig dieses graue Juragestein gegenüber mechanischen Einflüssen ist, so anfällig ist es für chemische Erosion: Mit Regenwasser dringt Kohlensäure in die natürlichen Spalten und löst Kalziumkarbonat aus dem Stein; auf diese Weise bilden sich tiefe Aushöhlungen und Felsformationen, die an Ruinen erinnern. Der bei diesem Prozeß entstandene Lehmboden ergab zusammen mit alten Ablagerungen einen Untergrund, auf dem hauptsächlich Steineichen und Kastanien wachsen.

Royalistischer Widerstand in Jalès – Die Ebene im Südosten von Les Vans war zwischen 1790 und 1792 Schauplatz blutiger Ereignisse. Damals versammelten sich im Schloß von Jalès die Anhänger des Ancien Régime. Am 21. Juni 1792 wurden die Revolutionäre in Berrias geschlagen. Der aus dem Dauphiné stammende **Comte de Saillans**, in der Region allgemein als Chef der Royalisten anerkannt, zog daraufhin das Datum eines geplanten Aufstandes vor. Sein Komplott wurde aber entdeckt; am

11. Juli konnte eine Truppe von Revolutionären in der Nähe von Courry *(18 km südlich von Les Vans)* die Männer von de Saillans schlagen; der Graf suchte im Schloß von Banne Zuflucht und floh dann mit einigen Gefährten. Sie kamen nicht weit. Man griff sie auf der Straße nach Villefort auf und brachte sie nach Les Vans, wo die Menschenmenge, die Saillans die Tötung zahlreicher „Patrioten" vorwarf, den Grafen mitten auf der Straße lynchte. Die Überlieferung will, daß einige seiner Anhänger sich im Wald von Païolive verstecken konnten, dort aber verhungerten.

AUSFLUG *etwa 2 Std.*

Die D 252 durchquert den Wald von West nach Ost.

Wenn man von Les Vans kommt, sieht man, etwa 300 m von der D 901 und etwa 20 m rechts von der Straße entfernt, einen markanten Felsen, der „l'Ours et le Lion" (Bär und Löwe) genannt wird. Kletterfelsen.

★**Lichtung** – Die „Clairière" ist mit dem Wagen ab der D 252 über eine nicht geteerte Auffahrt in einer Rechtskurve erreichbar. Sie liegt in einer sogen. Doline, in deren unmittelbarer Umgebung man sich die Beine vertreten und dabei interessante Felsformationen entdecken kann. Im Schatten der hohen Bäume läßt sich gut rasten.

★★**Corniche du Chassezac** – 🚶 *1/2 Std. hin und zurück. Das Auto auf dem ersten großen Parkplatz links von der Straße nach Mazet-Plage abstellen. Ein mit „Corniche" ausgeschilderter Fußweg führt an den Rand schroffer Felsen oberhalb einer tiefen Schlucht.* Man sieht das spektakuläre Flußbett des Chassezac, der sich zwischen ausgehöhlten Felswänden seinen Weg sucht. Die „Corniche" führt 80 m oberhalb der Schlucht flußaufwärts links weiter zu einem Aussichtspunkt.

Auf demselben Weg zurückgehen.

Mazet-Plage – 🚶 *1/4 Std. hin und zurück. Von der D 252 zweigt ein befestigter Weg zum Fluß ab.* Nach 300 m erreicht man einen Campingplatz in Flußnähe. Am Ausgang der Chassezac-Schlucht liegt Mazet, ein gern genutzter Ausgangspunkt für Erkundungen der Schlucht. Nach links läßt sich ein etwa 500 m langer Spaziergang am Fluß entlang zwischen dicken Kieselsteinen und kleinen Weiden gegenüber den steilen, an der Basis ausgehöhlten Felswänden machen. Um entferntere Stellen der Schlucht (Bademöglichkeiten und Kletterfelsen) zu erreichen, muß man den Fluß in Richtung **Casteljau** überqueren (dort stehen Parkplätze zur Verfügung).

Banne – *6 km nach der Kreuzung von D 901 und D 252. Den Wagen auf dem Platz abstellen und hinter dem Bildstock den Hang hinaufgehen.* Man gelangt zu einem kleinen Plateau oberhalb der Senke von Jalès. Die Felsen tragen noch Reste einer alten Festung: Von dort reicht das **Panorama**★ bis zu den Grenzen der Departements Gard und Ardèche. An der Südwestseite sieht man, halb im Boden verborgen, einen langen überwölbten Gang, der bis ins späte 18. Jh. als Stallung des Schlosses von Banne diente.

PERNES-LES-FONTAINES★

10 170 Einwohner

Michelin-Karte Nr. 245 Falte 17, Nr. 246 Falte 11 und Nr. 332 D10

In diesem Städtchen am Fuße ihres hohen Donjon scheint die Zeit stillzustehen. Auf kleinen Plätzen plätschern Brunnen, das Gassengewirr lädt zum Bummeln ein, und das Restaurant „Dame l'Oie" bietet mittags oder an einem lauen Sommerabend seine Spezialitäten an.

Das am Rande der Vaucluse-hochebene gelegene Pernes-les-Fontaines war von 968 bis 1320 die Hauptstadt des Comtat Venaissin. Im Ort wurde der Prediger Esprit Fléchier (1632-1710) geboren, der vor allem durch seine Trauerreden (z. B. für Maria Theresia) zu Ruhm gelangte. Wie viele Orte in seiner Umgebung besitzt auch Pernes-les-Fontaines einige Konservenfabriken. Die Region lebt vom Obstanbau; Kirschen, Erdbeeren, Melonen und Trauben gedeihen hier besonders gut.

Tip

Gut und preiswert

Dame l'Oie – **Le Troubadour** – *56 Rue Troubadour-Durand* – ☎ 04 90 61 62 43 – *15.-28. Febr., Di außerhalb der Saison und Mo geschl.* – *12 € Mittagsmenü* – *18/23 €.* Auf dem Steinbrunnen thront eine wirklich fette Gans! Zum provenzalischen Dekor in Gelb und Blau gehört eine umfangreiche Sammlung von Miniaturgänsen, und auch auf der Speisekarte macht man der „Dame Gans", so der Name des Restaurants, alle Ehre. Klassische Küche und Wein der Region.

PERNES-LES-FONTAINES

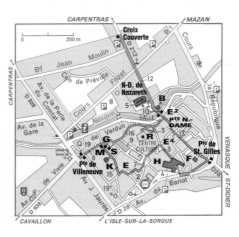

AUF ENTDECKUNGSTOUR

Pernes-les-Fontaines ist mit seinen 36 „Fontaines" die Stadt der Brunnen, von denen die meisten Mitte des 18. Jh.s angelegt wurden, nachdem man in der Nähe der Kapelle Saint-Roch eine große Quelle entdeckt hatte.

Etwa 1 1/2 Std., wenn man den Spaziergang durch einen Abstecher in das malerische Gassengewirr der Altstadt verlängern möchte. Ausgangspunkt ist die Kirche Notre-Dame-de Nazareth.

Église Notre-Dame-de-Nazareth – Die ältesten Teile der Kirche datieren vom Ende des 11. Jh.s. Der (leider beschädigte) Schmuck des Südportals läßt antiken Einfluß erkennen.
Gegenüber fließt im Schatten von Weiden die Nesque; eine alte Brücke überspannt sie und führt zum Tor Notre-Dame.

★ **Porte Notre-Dame** – An das aus dem 16. Jh. stammende Tor schließt sich die Nesque-Brücke mit der kleinen Kapelle Notre-Dame-des-Grâces (ebenfalls 16. Jh.) an. Sie wird vom Uhrturm mit seinem eleganten schmiedeeisernen Glockenkäfig beherrscht.
Rechts des Tors befindet sich eine Markthalle aus dem 17. Jh. Die gegenüberliegende **Fontaine du Cormoran** ist wohl der interessanteste Brunnen von Pernes; er ist nach dem Kormoran benannt, der ihn mit seinen ausgebreiteten Flügeln überragt.

Rechts weiter auf der Rue Victor-Hugo, die parallel zur Nesque verläuft. In die Rue de Brancas gehen und dann sogleich rechts abbiegen.

Tour de l'Horloge ⊘ – Der alte Donjon (heute Uhrturm genannt) ist der einzige Überrest der Burg der Grafen von Toulouse. Von oben bietet sich ein weiter **Rundblick** nach Westen über die Comtat-Ebene und die Gegend von Avignon; in der Ferne erkennt man im Norden und Osten die Dentelles de Montmirail, den Mont Ventoux und die Berge des Vaucluse.

Weiter geht es durch die Rue Victor-Hugo. Man kommt am Clos de Verdun vorbei, einem idyllischen öffentlichen Garten, der am Standort einer alten Ölmühle angelegt wurde.

Tour Ferrande ⊘ – Der zinnenbewehrte, von Häusern eingerahmte Turm (13. Jh.) steht an einem kleinen Platz, auf dem sich der Guilhaumin-Brunnen, auch „Fontaine du Gigot" genannt, befindet.
Eine schmale Treppe führt zum 3. Stock, der mit schönen Fresken des 13. Jh.s ausgemalt ist. Diese stellen Maria mit dem Kind, den hl. Christophorus und Szenen der Kämpfe Karls von Anjou in Süditalien dar.
Ein Überrest der Stadtmauer aus dem 16. Jh. ist die **Porte de Villeneuve** am Ende der Rue Gambetta. Das Stadttor ist von zwei Rundtürmen mit Pechnasen flankiert.

Zur Rue de la République zurückkehren, in die man rechts einbiegt.

Das Magasin Drapier an der Ecke hat noch das Aussehen eines Modegeschäfts aus dem 18. Jh. bewahrt; es beherbergt heute ein hübsches kleines Trachten-

LAUROS-GIRAUDON

Fresken im Tour Ferrande

257

museum. Gegenüber steht das **Hôtel de Vichet** (16. Jh.), ein Stadtpalais, über dessen Portal ein eleganter, schmiedeeiserner Balkon angebracht ist. Die Nonnen (Sœurs de la Retraite Chrétienne), die hier leben, stellen Hostien her, die in ganz Frankreich sowie in den französischsprachigen afrikanischen Ländern verkauft werden. Nun kommt man rechts an dem ein wenig zurückgesetzten Hôtel de Villefranche (17. Jh.) vorbei.

Links die Rue Barrau nehmen.

Fontaine de l'Hôpital – Der Brunnen stammt aus dem Jahre 1760. Er verdankt seinen Namen seiner Lage gegenüber dem Stadthaus (17. Jh.) der Herzöge von Berton und Seigneurs von Crillon, in dem sich einst ein Spital befand.
Bald erreicht man den Place Louis-Giraud. Hier steht die ehemalige Augustinerkirche (19. Jh.), die in ein Kulturzentrum umgewandelt wurde.

Rechts in die schmale Rue Brancas einbiegen.

Hôtel de Ville – Das Bürgermeisteramt ist im ehemaligen Stadtpalais (17. Jh.) der Herzöge von Brancas untergebracht. Ein Mitglied dieser Adelsfamilie war Marschal von Frankreich und Botschafter Ludwigs XIV. in Spanien. Den Hof schmücken ein eindrucksvoller, an eine Mauer angelehnter Brunnen und ein großer Säulengang (1750).

Links die Rue du Bariot nehmen und zur Porte St-Gilles gehen.

Porte St-Gilles – Dieser mit Pechnasen versehene Viereckturm war Teil der Stadtmauer des 14. Jh.s.

Durch das Tor gehen und die Rue Raspail nehmen.

Das **Hôtel de Jocas** (Nr. 214) besitzt ein schönes Louis-quinze-Portal. Dann kommt man am Reboul-Brunnen (Ende 17. Jh.) mit Fischschuppendekor vorbei. Bevor man zur Porte Notre-Dame zurückkehrt, sollte man noch links abbiegen und sich das **Maison Fléchier** ansehen. In diesem Haus wurde der berühmte Redner geboren.

Die Brücke überqueren und (nach dem Cours Frizet) 200 m weitergehen.

Croix Couverte – Dieses elegante, quadratische Monument soll von Pierre de Boét, einem gebürtigen Perner, im 15. Jh. erbaut worden sein.

PONT DU GARD★★★

Michelin-Karte Nr. 245 Falte 15, Nr. 246 Falte 25 und Nr. 339 M5

Dieser Bau ist eines der Wunderwerke der Antike. Der Aquädukt wurde in der Regierungszeit von Kaiser Claudius (zwischen 40 und 60 n. Chr.) errichtet, um das Quellwasser der Eure (bei Uzès) nach Nîmes zu leiten. Seit fast 2 000 Jahren widersteht der Pont du Gard der Zeit.

HINTERGRUNDINFOS

Ein Aquädukt für Nîmes – Die Römer legten großen Wert auf die Qualität des Wassers. Meistens faßten sie es auf den Nordhängen der Hügel, um eine Erwärmung in den Sammelbecken zu vermeiden. Über vollständig ausgemauerte und überwölbte mit Steinplatten abgedeckte Leitungskanäle, in denen kleine Öffnungen für den nötigen Sauerstoff sorgten und die mit Reinigungsvorrichtungen (z. B. Filtern) versehen waren, brachte man das Wasser in die Städte. Dort, wo das Gelände uneben war

Der Pont du Gard gehört zu den großen Leistungen der römischen Zivilisation

TIPS UND ADRESSEN
Gastronomie

Unsere Empfehlung

L'Amphitryon – *Place du 8-Mai-1945 – 30210 Castillon-du-Gard – 4 km nord-östl. von Pont-du-Gard über die D 19 und die D 228 –* ☎ *04 66 37 05 04 – 15.-28. Febr., 15.-30. Nov., Di und Mi außer abends im Juli-Aug. geschl. –* 24,39/50,31 €. Gewölbe und unverputztes Mauerwerk prägen das in einer ehemaligen Schäferei eingerichtete Restaurant. Im Sommer speist man im hübschen Patio. Moderne Regionalküche und gemütliches Ambiente.

Unterkunft

Unsere Empfehlung

Chambre d'hôte Vic – *Mas de Raffin – 30210 Castillon-du-Gard – 4 km nord-östl. von Pont-du-Gard über die D 19 und die D 228 –* ☎ *04 66 37 13 28 –* 🖃 – 5 Z: 51/84 €. Modern ausgestattete, in Rot und Gelb gehaltene Zimmer in dem alten Gemäuer eines renovierten Weinguts. Einige Zimmer sind überwölbt, andere besitzen ein Mezzanin. Im Sommer genießt man das Frühstück unter dem Maulbeerbaum. Swimmingpool.

Chambre d'hôte Le Grand Logis – *Place de la Madone – 30210 Vers-Pont-du-Gard – 4 km nordwestl. vom Pont-du-Gard über die D 981 –* ☎ *04 66 22 92 12 – Mitte Nov.-Anfang April geschl. –* 🖃 – *3 Z: 53,35/68,60 €.* Dieses Haus aus dem 15. Jh. steht neben dem Bürgermeisteramt. Die geräumigen Zimmer erstrahlen in den provenzalischen Farben, Directoire-Malereien zieren den Salon. Sonnenterrasse im letzten Stock.

Sport und Freizeit

Kayak Vert – *Rue Traversière-Les berges du Gardon – 30210 Collias –* ☎ *04 66 22 80 76 – www.canoefrance.com – Apr.-Okt.: tgl. 9-19 Uhr – Nov.-März geschl. – 14,48 € bis 22,87 € pro Person.* Seit seiner Gründung (1978) bietet der Sportclub Kanu- oder Kajakfahrten auf dem Gardon ab Collias an. Dieser Fluß der Kategorie 1 ist ungefährlich, und jedermann kann diese erfrischende Fahrt unbedenklich unternehmen.

Wandern – Der Fernwanderweg GR 6 folgt durch Garrigue-Landschaft den Spuren des Aquädukts von Nîmes.

Baden – An den Ufern des Gardon sind einige künstliche Strände angelegt worden. Achtung! Es gibt Strudel, und bei Regen steigt der Wasserspiegel gefährlich an.

baute man Brücken bzw. unterirdische Tunnel oder Schächte. Der etwa 50 km lange Aquädukt nach Nîmes, zu dem der Pont-du-Gard gehört, hatte eine Neigung von 34 cm pro km. Die tägliche Wasserdurchflußmenge betrug rund 20 000 m³.

Vom 4. Jh. an wurde der Aquädukt nicht mehr in Stand gehalten, und die Kalkablagerungen verengten die Wasserrinne im Lauf der Zeit um zwei Drittel. Im 9. Jh. war der Pont-du-Gard gänzlich unbrauchbar geworden. Die Anwohner errichteten mit einem Teil der Steine und Platten private Bauten. 1743 wurde auf der ersten Bogenstellung eine Straßenbrücke erbaut, die inzwischen für den Verkehr gesperrt ist.

BESICHTIGUNG ☉

Linkes Ufer – *Man erreicht das linke Ufer über die D 981 (von Uzès nach Remoulins); großer Parkplatz (gebührenpflichtig).* Wenn man das Auto geparkt hat, begibt man sich zu einem großen Empfangsbereich *(Le Portal)* mit Cafeteria, Bibliothek, Vorführraum *(Le Studio)*, einem Raum speziell für Kinder *(Le Ludo)* und einer Multimedia-Ausstellung. Alle diese Einrichtungen informieren über Geschichte und Bautechniken des Aquädukts sowie über die römische Zivilisation.
Über einen Fußgängerweg gelangt man zur „Brücke".

★★★Le Pont – Die Bezeichnung „Pont" (Brücke) ist irreführend, da der Bau Teil einer Wasserleitung war. Der honiggelbe Farbton der Steine der „Brücke", die das Tal des Gardon überspannt, harmoniert wunderbar mit den Felsen, dem klaren Wasser und den Bäumen in ihrer Umgebung. Unzählige Dichter, Künstler und Archäologen haben die ebenmäßige Schönheit des Baus gerühmt.
Der Pont du Gard besteht aus mörtellos gefügten Steinen, die 6 bis 8 t schwer sind und bis in eine Höhe von mehr als 40 m hochgezogen wurden. Die an der Fassade vorstehenden Blöcke trugen das Baugerüst. Zum Bewegen der Blöcke

benutzte man hohle Holztrommeln, die von im Inneren laufenden Sklaven gedreht wurden und wie Flaschenzüge arbeiteten.

Um jeden Eindruck von Eintönigkeit zu vermeiden, sind die drei Bogenreihen jeweils eine von der anderen zurückgesetzt worden. Die technischen Daten dieses Bauwerks sprechen ihre eigene, monumentale Sprache – Gesamthöhe: 49 m über dem Niedrigstwasserstand; untere Etage (6 Bögen), Höhe: 22 m, Breite: 6 m, Länge: 142 m; mittlere Etage (11 Bögen), Höhe: 20 m, Breite: 4 m, Länge: 242 m; obere Etage mit der Wasserleitung (35 Bögen), Höhe: 7 m, Breite: 3 m, Länge: 275 m. Auf ein- und derselben Etage gelang es den Architekten, die Dimensionen der Bögen zu variieren und durch zusammengefügte, unabhängige Ringe eine große Elastizität (angesichts von Erdbeben oder Hochwasser) zu erreichen. Die unter den Bögen vorkragenden Steine dienten als Stützen für die Lehrgerüste bei der Errichtung der Gewölbe.

Rechtes Ufer – *Erreichbar über eine Brücke in Remoulins; gebührenpflichtiger Parkplatz.* Das in den Hügel hineingebaute **Empfangsgebäude** links vom Zufahrtsweg bietet hinter seiner gläsernen Fassade *(La Baume)* ein „Panoramaspektakel" *(le sceno)*, in dem illustriert wird, wie die Menschen seinerzeit hier gelebt und die Landschaft umgestaltet haben. Auf Treppen und Fußwegen gelangt man unter die „Brücke" oder nach oben.

PONT-SAINT-ESPRIT

9 265 Einwohner
Michelin-Karte Nr. 245 Falte 15, Nr. 246 Falte 23 und Nr. 339 M3

Zwischen 1265 und 1309 errichtete die Bruderschaft der Brückenbauer vom Hl. Geist diese berühmte Brücke, die dem Ort seinen Namen gab und ihn zu einem wichtigen Rhone-Übergang machte. Das Städtchen hat noch weitere schöne Bauten aus dem Mittelalter bewahrt.

AUF ENTDECKUNGSTOUR

Parkplatz auf den Seitenalleen der Rue Jean-Jaurès. Natürlich ist die Hauptattraktion die kühne Brücke über die Rhone, doch weist das Städtchen, das im Mittelalter ein wichtiger Etappenort war, noch andere Sehenswürdigkeiten auf. Die **Rue St-Jacques** ist von alten Wohngebäuden gesäumt – man beachte insbesondere das **Hôtel de Roubin** aus dem 17. Jh. (Nr. 10) und das Maison des Chevaliers (Nr. 2).

Maison des Chevaliers – Das von einem hübschen romanischen Zwillingsfenster geschmückte Haus, das 8 Jahrhunderte lang von derselben Familie (Piolenc) bewohnt wurde, beherbergt heute das Museum für Sakrale Kunst *(s. Besichtigungen)*. Beim Besuch des Museums hat man Gelegenheit, die beiden Prunkräume von Guillaume de Poulenc (mit Wappen bemalte Decken) zu bewundern.

Nun geht man, vorbei am alten Gemeindehaus, in dem das Musée Paul-Raymond *(s. Besichtigungen)* untergebracht ist, über die Rue du Haut-Mazeau zum **Place St-Pierre**. Die **Terrasse** an der Ostseite des Platzes ist im Norden von der Pfarrkirche (15. Jh.), im Südwesten von der Barockfassade der Büßerkapelle und im Süden von der kuppelgekrönten, ehemaligen Kirche St-Pierre (17. Jh.) gerahmt. Von dieser Terrasse hier hat man eine freie Sicht auf die Rhone-Brücke.

Eine zweiläufige Monumentaltreppe führt zum Quai de Luynes, dem man bis zur Brücke folgt. Werfen Sie auf der linken Seite, kurz vor der Brücke, einen Blick auf die Renaissancefassade des **Maison du Roy**.

TIPS UND ADRESSEN

Gastronomie

Unsere Empfehlung

Le St-Pancrace – *Route de Barjac – 3 km nordwestl. von Pont-St-Esprit Richtung Gorges de l'Ardèche – ☎ 04 66 39 47 81 - Mitte März-Okt. geschl. – 17,60/38,17 €.* Die Einheimischen kennen dieses Haus sehr gut, denn es ist für seine qualitätvolle Küche und die Freundlichkeit der Wirtsleute bekannt. Man speist in schönen hellen Räumen. Im Sommer stehen Tische im Garten.

Musik

Rencontres musicales internationales de Pont-Saint-Esprit (**Internationales Musiktreffen**) – Konzerte klassischer Musik in der 2. Augustwoche (☎ 04 66 39 28 31).

PONT-ST-ESPRIT

Ancienne collégiale
    du Plan .... **N**
Hôtel de Roubin .... **B**
Maison des Chevaliers
    (Musée d'Art sacré
    du Gard) .... **M²**
Maison du Roy .... **K**
Musée Paul-Raymond .... **M¹**

Pont-St-Esprit – Die fast 1 000 m lange Brücke ist leicht gegen den Strom gekrümmt. Ursprünglich besaß sie an beiden Enden Bastionen und in der Mitte zwei Türme. 19 der 25 Bögen sind alt; zwischen den beiden ersten wurde der Pfeiler entfernt, um den Schiffen die Passage zu erleichtern. Es lohnt sich, auf die Brücke zu gehen, um von dort die Aussicht auf die Rhone und auf die Stadt zu genießen.

Auf dem freien Platz nördlich der Brücke befand sich die Stadtfestung, die im 17. Jh. von Vauban verstärkt wurde; einige Überreste sind noch vorhanden. Vom Mittelpunkt der Esplanade bietet sich ein guter Blick auf das spätgotische Portal (15. Jh.) der ehemaligen Stiftskirche, der **Collégiale du Plan**, die nur zum Teil freigelegt wurde. Wenn man die Treppe hinuntergeht, kann man die Details gut erkennen.

Zurückkehren, in die alte Rue des Minimes einbiegen und dann die Rue du Couvent nehmen, um über die Rue Bas-Mazeau, die Rue Haut-Mazeau und die Rue St-Jacques wieder zum Auto zu gelangen.

BESICHTIGUNGEN

Musée d'Art sacré du Gard ⊘ – Eines der Ziele des Museums für Sakrale Kunst ist es, den Besuchern die tiefere Bedeutung kirchlicher Zeremonien nahezubringen. Man sieht liturgisches Gerät (Kelch; Hostienteller aus vergoldetem Silber, eine Arbeit von 1650 aus dem Languedoc) und liturgische Gewänder. Die interaktive Computeranimation zeigt den Priester bei der Vorbereitung zur Messe. In den Räumen zum Garten hin wird eine Konfrontation der Bibel mit den Erkenntnissen der Wissenschaft versucht. Im Gartenturm sind Krippen und Krippenfiguren des 18. und 19. Jh.s ausgestellt. Ein Saal enthält Haus-Reliquiare, darunter auch sogen. *paperolles* (Bilder mit einer Reliquie, die von einem Dekor aus gerolltem Papier umrahmt ist). Unter den hier ausgestellten Kunstwerken sind ein farbig gefaßter *Christus in seiner Todesstunde* (17. Jh.) und die *Anbetung der Hl. Drei Könige* von Nicolas Dipre (um 1495) besonders bemerkenswert. Die alte Apotheke des Heiligen-Geist-Hospitals mit einem herrlichen Ensemble hispanomaurischer Gefäße aus dem Mittelalter sowie ein kleines Apothekerkabinett schließen den Besuch ab.

Musée Paul-Raymond ⊘ – Ein Bürgerhaus zeigt auf zwei Stockwerken die Werke des auf religiöse Themen spezialisierten Malers Benn (1905–89). Im Untergeschoß ist der ehemalige städtische Eiskeller (1780) zu besichtigen.

ROCHEFORT-DU-GARD

5 821 Einwohner
Michelin-Karte Nr. 245 Süden der Falten 15, 16, Nr. 246 Falte 25 und Nr. 339 N5

Dieses hoch gelegene Dorf mit seinen steilen Gassen und den schattigen kleinen Plätzen lädt zum Flanieren ein. Das Bürgermeisteramt wurde 1825 in der ehemaligen, im Jahre 1733 errichteten Kapelle St-Joseph eingerichtet. Gegenüber erhebt sich ein mit geometrischen Mustern verzierter Brunnen aus dem 19. Jh., der von einem Dreiecksgiebel überragt wird.

Tip

Gut und preiswert

L'Olive Noire – *Rue de l'Église* – ☎ *04 90 31 72 11 – 6.-20. Jan. und So geschl. – 10,68 € Mittagsmenü – 13,73/21,35 €.* Die ehemalige Ölmühle ist ein idealer Ort für ein Diner. Von der Terrasse bietet sich ein schöner Blick auf das geschickt beleuchtete Mauerwerk. Küche mit überwiegend regionalen Erzeugnissen.

Von der alten Burg *(castellas)* im Osten von Rochefort ist nur die mächtige romanische Kapelle erhalten. Von der Plattform ergibt sich ein weiter **Blick★** auf die Wallfahrtskirche Notre-Dame-de-Grâce, auf den ausgetrockneten See Pujaut und auf die Berge, die sich in der Ferne abzeichnen.

UMGEBUNG

Sanctuaire Notre-Dame-de-Grâce ⏲ – *2 km. Rochefort über die D 976 in Richtung Roquemaure verlassen. Nach 700 m links auf eine schmale, ansteigende Straße abbiegen.* Auf einer Anhöhe am Rande des Waldes von Rochefort erhebt sich die Wallfahrtskirche Notre-Dame-de-Grâce. Sie wurde an der Stelle eines 798 gegründeten Benediktiner-Priorats erbaut, im 18. Jh. verwüstet und im 19. Jh. von den Maristen restauriert. Seit 1964 ist hier das „Foyer de Charité", eine Einrichtung für Bedürftige, untergebracht.

Einziger Schmuck der schlichten Kapelle sind das schmiedeeiserne Chorgitter und der farbige Marmoraltar mit der Gnadenmadonna. Die Votivtafel am rechten Pfeiler vor dem Chor spendete Anna von Österreich 1666 nach der Geburt des späteren Ludwig XIV. Ein Saal neben der Kapelle enthält rund hundert Votivtafeln vom 17. bis zum 20. Jh. Im sogen. Echo-Saal des Kreuzgangs können sich zwei Personen, die sich in gegenüberliegenden Ecken befinden und einander den Rücken zukehren, leise unterhalten. Auf diese Weise wurde den Leprakranken früher die Beichte abgenommen.

Rechts um das Empfangsgebäude herumgehen und den Stationen des Kreuzwegs folgen.

Von der Terrasse bietet sich ein herrlicher **Blick★** auf das Lance-Gebirge, den Mont Ventoux und das Plateau von Vaucluse, auf das Montagnette- und Alpilles-Bergland sowie auf die Rhone-Ebene.

ROUSSILLON★★

1 161 Einwohner
Michelin-Karte Nr. 245 Falten 18, 31, Nr. 246 Falte 11 und Nr. 332 E 10 –
Kartenskizze s. APT

Rostrot ist die Umgebung, und Roussillon, das rote Dorf, bezaubert mit seinen von Ockergelb bis Rostrot leuchtenden Fassaden. Das malerische Roussillon erfreut sich einer ganz besonderen Lage am höchsten Punkt des Hügellands zwischen dem Tal des Coulon und dem Vaucluseplateau.

EIN BESONDERES HIGHLIGHT

Durch die Ockerbrüche

Ein Aufenthalt in Roussillon lohnt sich einmal wegen des hübschen Dorfes selbst, zum anderen aber auch, weil er die Gelegenheit bietet, den Ocker in allen seinen Stadien kennenzulernen, von den Brüchen, in denen er abgebaut, über die Fabriken, in denen er verarbeitet wird bis hin zu den Mauern, die er schließlich verschönt.

★Sentier des ocres – 🚶 *Ausgangspunkt vor dem Friedhof, gegenüber dem Place Pasquier. Von Palmsonntag bis 1. November wird Eintritt erhoben. 1 km, etwa 1 Std. Bei Regen ist der „Ockerpfad" gesperrt.* Auf diesem mit Erläuterungstafeln versehenen Weg kann man die besondere Pflanzenwelt der Ockerfelsen kennenlernen (u. a. Steineichen und Wacholder) und die ungewöhnliche, aus stillgelegten Ockerbrüchen bestehende Landschaft erkunden. Durch anschließende Erosion haben sich hoch aufragende „Nadeln" gebildet wie die **„Aiguilles des fées";** besonders beeindruckend ist die **Chaussée des géants★★** (Straße der

TIPS UND ADRESSEN

Gastronomie

Le Bistrot – *Place de la Mairie* – ☎ *04 90 05 74 45* – *15. Nov.-15. März und Mi außer Juli-Aug. geschl.* – *21,34 €.* Einfach wunderschön ist der Blick, der sich von der Terrasse hinter dem Haus auf die Dächer des Dorfes und auf das „Feental", ergibt. In diesem Rahmen das von der Wirtin selbst zubereitete, provenzalisch geprägte Menü zu genießen und dazu einen Wein aus der Umgebung zu trinken, ist eine wahre Freude. Ein in Ocker gehaltener Gastraum und eine zweite Terrasse an dem belebten Platz stehen ebenfalls zur Verfügung.

Unterkunft

Unsere Empfehlung

Chambre d'hôte Mamaison – *Quartier Les Devens* – *4 km südl. von Roussillon Richtung Goult über D 149* – ☎ *04 90 05 74 17* – *www.mamaison-provence.com* – *15. Okt.-31. März geschl.* – *6 Z: 70/130 €.* Das provenzalische Landhaus aus dem 18. Jh. könnte auf dem Titelfoto einer Zeitschrift für Schönes Wohnen stehen. Die Eigentümer sind Maler und haben an alles gedacht, um Augen und Seele zu erfreuen. Park, Obstgarten, Swimmingpool, individuell eingerichtete Zimmer mit Holzbalken, Terrakottafliesen und schöne Möbel warten auf Sie.

Riesen). Die herrliche Farbsymphonie der an die etwa 17 verschiedenen Ockertöne ist am schönsten in den ersten Morgenstunden oder gegen Ende des Nachmittags.

★**Conservatoire des ocres et pigments appliqués** ⊘ – *An der Straße nach Apt (D 104), etwa 1 km vom Place Pasquier entfernt.* In der 1963 geschlossenen Fabrik Mathieu wurde der Ocker verarbeitet, den man in den nahen Brüchen abbaute und mit Loren hierherbrachte. Die erste Phase der Verarbeitung bestand darin, den Ocker so weit wie möglich von Sand zu befreien, indem man ihn mit Wasser spülte. Nach dem Vermischen setzte sich der größte Teil des Sandes am Boden ab. Durch ein ausgetüfteltes System wurde die Mischung aus Tonerde und Ocker in Klärbecken geleitet, nachdem man den Sandgehalt durch eine Geschmacksprobe! eingeschätzt hatte. In der folgenden Phase trennte man die Mischung nach Farben in weiteren Becken, bis sich die Tonerde am Boden absetzte; dann wurde das Wasser abgelassen. Bis zum Winterende enthielten die Becken auf diese Weise unterschiedliche Schichten, die im Sommer getrocknet waren. Wenn sie die Konsistenz von Knete hatten, wurden sie in Stücke geschnitten und im Ofen endgültig getrocknet – manche rottonigen Ockerfarben erreichte man durch Erhitzen des gelben Ockers auf 450 °C! Zuletzt wurden die nun ganz trockenen Stücke gemahlen und das Pigment in Säcke oder Fässer abgefüllt.

AUF ENTDECKUNGSTOUR

Das **Dorf★** mit seinen engen Gassen, Treppen und den aneinandergereihten Häusern, deren mit Ocker verputzten Fassaden die schönsten Farbharmonien bilden, mit seinen Boutiquen, in denen Künstler und Töpfer ihre Kreationen feilbieten, übt auf den Besucher einen unwiderstehlichen Zauber aus – ganz besonders gegen Abend, wenn die letzten Sonnenstrahlen die Farben der umliegenden Ockerbrüche so richtig zum Leuchten bringen.

ROUSSILLON

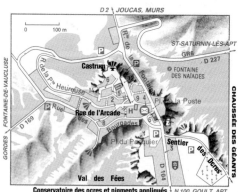

Conservatoire des ocres et pigments appliqués

Farbpalette der Ockerpigmente

Der Rundgang beginnt am Fremdenverkehrsamt, von dem man links in die Rue des Bourgades einbiegt und bis zur Rue de l'Arcade, einer teilweise überdachten Gasse mit Treppenstufen, spaziert. Der Weg zum **Castrum** — unter dem Turm (Tour du Beffroi) hindurch — ist ausgeschildert. Von der Aussichtsterrasse bietet sich ein herrlicher Blick nach Norden auf den Mont Ventoux, nach Süden auf den Großen Luberon mit dem Mourre Nègre und nach Nordwesten auf Gordes, das sich an einem Felsen hochzieht. Jenseits des Place Pignotte beginnt der Wehrgang, von dem sich am Ende ein bezaubernder Blick auf die „Nadeln des Feentals" — **Aiguilles du Val des Fées** — öffnet. Der Farbkontrast der senkrechten Einschnitte in einen Ockerfelsen mit den grünen Steineichen gegen den blauen Himmel ist hinreißend. Die Rue des Bourgades führt zum Ausgangspunkt zurück.

SAINT-BLAISE

Michelin-Karte Nr. 245 Falte 43, Nr. 246 Falte 13 und Nr. 340 E5

Der Ort unweit von Saint-Mitre-les-Remparts am Étang de Lavaduc liegt in der Nähe des Mittelmeers, der Rhone, des Sees von Berre und der weiten Crau-Ebene. **Saint-Blaise** ist ein geschichtsträchtiger Platz, dessen Bevölkerung Jahrhunderte lang von der Salzgewinnung und dem Salzhandel lebte.

Man erreicht das alte Oppidum ab Martigue über die D 51 und dann links über die D 5.

BESICHTIGUNG ⏱ *3 bis 4 Std.*

Vom Parkplatz aus folgt man links dem ansteigenden Weg und gelangt so zur Ausgrabungsstätte, die von einer mittelalterlichen Umfassungsmauer umgeben ist.

Das Oppidum, dessen antiker Name möglicherweise *Heraclea* oder *Mastralaba* war, liegt auf einem Gebirgsvorsprung. Die mächtigen senkrechten Felswände, die einen natürlichen Schutz boten, wurden auf der leichter zugänglichen Seite zum Lavalduc-Tal hin durch eine Umfassungsmauer verstärkt.

Das etruskische Saint-Blaise — Die frühesten Spuren menschlicher Besiedelung weisen ins frühe 5. Jtsd. v. Chr. zurück. An diesem keltoligurischen Oppidum — Ausgrabungen legten ein Heiligtum mit einem „Schädel"-Portikus und Votivstelen frei, das Ähnlichkeiten mit den Kultstätten der Oppida in Entremont oder in Glanum aufweist — gründeten Etrusker im 7. Jh. v. Chr. eine Handelsniederlassung und tauschten das an Ort und Stelle gewonnene Salz gegen Wein aus Etrurien. Zahllose kleine Seen, die den östlichen Rhone-Arm mit dem See von Berre verbinden, erleichterten ihnen den Zugang. Gegen 600 v. Chr. bedeutete das Erscheinen der Phokäer in Marseille eine ernste Konkurrenz, doch entwickelte sich die Siedlung weiter, wie zahlreiche Keramikfunde etruskischer, korinthischer und ionischer Herkunft bezeugen. Ab der 2. Hälfte des 7. Jh.s v. Chr. entstand eine städtische Vorform, die von einer Mauer umgeben war. Wie in Entremont gab es eine Ober- und eine Unterstadt. Die Steinhäuser hatten einen rechteckigen Grundriß; in der Unterstadt sind die 0,90 m hohen Mauern eines Hauses erhalten. Nach einem Brand folgte eine lange Übergangszeit (475-200 v. Chr.), in der die Etrusker ihre Handelsniederlassung verließen und Marseille die Stelle von Saint-Blaise einnahm; Spuren menschlicher Besiedelung aus jener Periode fehlen jedoch.

★**Die hellenistische Wehrmauer** — Vom Ende des 3. Jh.s bis zur Mitte des 1. vorchristlichen Jh.s erlebte das Oppidum seine Blütezeit: Der Handel lebte wieder auf, wobei Saint-Blaise von Marseille abhängig blieb, ohne Kolonie zu werden. Bedeutende Nivellierungsarbeiten gingen städtischen Bauten und der Errichtung einer mächtigen Wehrmauer voraus. Die **hellenistische Wehrmauer** wurde zwischen 175 und 140 v. Chr. unter der Leitung griechischer Baumeister in Quadermauerwerk errichtet. Sie erstreckt sich auf mehr als 1 km und besteht aus einer Reihe von Kurtinen mit Festungstürmen, drei Schlupfpforten und einem Wagentor. Diese erstaunliche Mauer besaß darüber hinaus Traufen zur Ableitung des Regenwassers. Als der Bau der Mauer gerade beendet war, wurde die Siedlung belagert (man fand zahlreiche Kugeln von Belagerungsmaschinen), der genaue Zeitpunkt ist jedoch unklar. Eine neuere Hypothese besagt, daß die „Salzstadt" Saint-Blaise, kurz nachdem sie sich von der Kontrolle durch Marseille befreit hatte, um 125-123 v. Chr. von den Römern erobert wurde. Danach folgte der totale Niedergang. Bis auf eine kurze Wiederbesiedelung in der Mitte des 1. Jh.s v. Chr. blieb der Ort 400 Jahre verlassen.

Das frühchristliche und mittelalterliche Saint-Blaise – Angesichts der wachsenden Unsicherheit gegen Ende des Römischen Reiches wurde das alte Oppidum erneut bewohnt, seine hellenistische Wehranlage

Hellenistische Wehrmauer in Saint-Blaise

wieder benutzt und im 5. Jh. durch einen Aufsatz aus unregelmäßigem Mauerwerk erhöht. Zwei Kirchen entstanden, Saint-Vincent (deren Apsis man unweit des ehemaligen Haupttores sieht) und Saint-Pierre (im 9. Jh. zerstört). Im Süden lagen die Felsgräber der Nekropole. Inmitten der übrigen Spuren lassen sich die Grenzen der damaligen Siedlung nicht eindeutig festlegen. 874 fiel Ugium, wie der Ort damals hieß, den Sarazenen zum Opfer. Er erholte sich nur langsam; Saint-Pierre wurde im 10. Jh. wiederaufgebaut, danach in Brand gesteckt und im 11. Jh. neu errichtet (Unterbau neben der Saint-Blaise-Kapelle). 1231 schützte eine neue Mauer am Nordende des Plateaus den Ort, der nun Castelveyre hieß, sowie seine Kirche Notre-Dame-et-Saint-Blaise, um die sich die Häuser scharten. 1390 plünderte die Truppe des Raymond de Turenne die Siedlung, die nie wieder bewohnt wurde; ihre letzten Einwohner flüchteten nach Saint-Mitre.

Von der Felsspitze genießt man eine schöne **Aussicht** auf den See Lavalduc und den Hafen Fos.

SAINT-GILLES★

11 626 Einwohner
Michelin-Karte Nr. 83 Falte 9, Nr. 245 Falte 28, Nr. 246 Falte 26 und Nr. 339 L6
Kartenskizze s. La CAMARGUE

Saint-Gilles, ein Zentrum für Obst- und Weinbau, ist das Tor zur Camargue. Die Fassade seiner alten Abteikirche hat die romanische Bildhauerkunst der Provence und des Rhonetals maßgeblich beeinflußt.

HINTERGRUNDINFOS

Der Eremit und der Hirsch – Um das 8. Jh. verteilte der hl. Ägidius *(St-Gilles)* in Griechenland sein Hab und Gut an die Armen, bestieg ein Schiff und überließ es der Strömung – die ihn an die Küste der Provence trieb. Dort lebte er einsam in einer Höhle, von Nahrung, die ihm eine Hirschkuh brachte. Diese wurde eines Tages von einem vornehmen Herrn gejagt und flüchtete zu Ägidius, der den Pfeil des Jägers im Fluge aufhielt. Da beschloß der reiche Jäger, am Ort des Wunders eine Abtei zu gründen. Der Heilige fuhr nach Rom, um die Gründung vom Papst bestätigen zu lassen. Dieser schenkte ihm zwei geschnitzte Türflügel, die Ägidius in den Tiber warf: Sie gelangten ins Meer, trieben bis zur Küste der Provence, schwammen die Kleine Rhone hinauf und erreichten gleichzeitig mit dem hl. Ägidius die Höhle.

Union von Glauben und Handel – Ägidius wurde in der Kirche, die er errichtet hatte, bestattet. Bald verehrte man sein Grab als Pilgerziel, zumal Saint-Gilles an einem der vier Hauptwege der Jakobspilger nach Santiago de Compostela lag. Französische Könige und Päpste unterstützten das Benediktinerkloster, das seine Blütezeit im 12. Jh. erlebte. Die Stadt, die es umgab, bestand damals aus neun Pfarrgemeinden, der Hafen empfing Waren aus dem gesamten Orient, und zahlreiche Pilger schifften sich hier zu ihrer Fahrt ins Heilige Land ein. Erst die Konkurrenz des königlichen Hafens Aigues-Mortes führte im 13. Jh. zu einer Minderung des Wohlstands von St-Gilles.

Ruhm und Fall der Grafen von Toulouse – In St-Gilles nahm Ende des 11. Jh.s das abenteuerliche Leben von **Graf Raimund IV. von Toulouse** seinen Anfang. Dank geschickter Heirat und aufgrund von Erbfolgeregelungen war der eigenwillige Graf Herr über ein großes Territorium, die „États de St-Gilles", die sich von Cahors bis zu den Lérins-Inseln ausdehnten. 1096 empfing Graf Raimund Papst Urban II., und er gelobte, sein Leben der Eroberung des Heiligen Landes zu widmen. Bei der Belagerung von Tripolis (1105) kam er ums Leben.

Der Großenkel Raimunds IV., **Graf Raimund VI.**, sollte in der Stadt bittere Stunden erleben. Angesichts der Albigenserkrise befahl Papst Innozenz III. dem Grafen, gegen seine häretischen Untertanen vorzugehen. In St-Gilles, an der äußersten Grenze der Grafschaft, übergab der päpstliche Abgesandte Pierre de Castelnau am 14. Januar 1208 die Forderungen des Heiligen Stuhls; es kam zu einer heftigen Auseinandersetzung. Am nächsten Tag wurde der Vertreter des Papstes ermordet aufgefunden. Innozenz III. exkommunizierte Raimund sofort. 1209 unterwarf sich der Graf jedoch dem Papst: Er begab sich nackt vor das Tor von St-Gilles, wo er dem hl. Vater Gehorsam gelobte. Man legte Raimund eine Stola um den Hals, und der neue Abgesandte zog ihn durch die Kirche, wobei er ihn heftig geißelte. In der Krypta setzte man die Züchtigung Raimunds vor dem Grab de Castelnaus fort – und dann vergab man ihm. Der Graf war wieder frei. Diese Unterwerfung dauerte aber nicht lange: Raimund VI. sollte danach noch gnadenlos gegen die Kreuzfahrer des Simon de Monforts kämpfen. In der Schlacht von Muret (1213) wurde er getötet.

EIN BESONDERES HIGHLIGHT

Die Kirche Saint-Gilles ⊙

Ab Ende des 11. und im Verlauf des 12. Jh.s besaß die Abtei gewaltige Ausmaße, die man sich heute nur noch schwer vorstellen kann: Der Chor der alten Abteikirche lag jenseits des heutigen Chors; rechts erstreckte sich der Kreuzgang, um den sich Kapitelsaal, Refektorium, Küche und im Untergeschoß ein Keller gruppierten, während die übrigen Klostergebäude bis zur Rue de la République und zur Rue Victor-Hugo reichten.

Das Kloster und seine Bewohner wurden Opfer der Religionskriege. 1562 stürzten Protestanten die Mönche in den Brunnen der Krypta und setzten die Gebäude in Brand, dem die Gewölbe der Kirche nicht standhielten. 1622 zerstörte man den hohen Glockenturm. Im 17. Jh. schließlich wurde das Kirchenschiff beim Wiederaufbau um die Hälfte verkürzt und das Gewölbe gesenkt. So sind heute von dem großartigen mittelalterlichen Bauwerk nur noch die Fassade, einige Reste des Chors sowie die Krypta zu sehen.

TIPS UND ADRESSEN

Besichtigung

Führungen – s. Öffnungszeiten und Eintrittspreise

Gastronomie

Gut und preiswert

Le Clément IV – *36 Quai du Canal* – ☎ *04 66 87 00 66* – *Mo-abend außer im Sommer und So geschl.* – *14,48/22 €.* Meeresfrüchte und Spezialitäten der Camargue gibt es in diesem ländlichen Restaurant auf der Veranda oder auf der Terrasse. Der Blick auf den kleinen Freizeithafen am Kanal im Sumpfgebiet ist einer Postkarte würdig.

Kulinarische Spezialität

Rindfleisch nach St-Giller Art, auch *„Gardiane des mariniers"* genannt, ist eine köstliche Variante des berühmten Stierbratens der Camargue.

Shopping

Maison des métiers – *Grand-Rue.* ☎ *04 66 87 09 05.* Keramik, Schmuck, Glaswaren und Dekorationsstoffe gibt es in den Werkstattläden des „Hauses der Handwerker".

Besondere Termine

Feria – Natürlich hat auch St-Gilles, eine Stadt mit alter Stierzucht- und Stierkampftradition, seine Feria. Sie findet am dritten Augustwochenende statt, steht unter dem Zeichen von „Pfirsich und Aprikose" und bietet mit den Corridas und den Stierrennen in den Straßen Aufregung und Vergnügen.

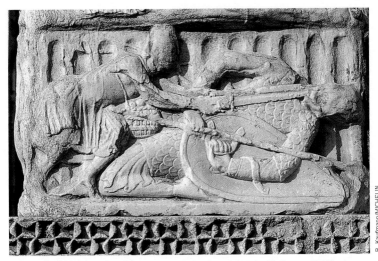

Flachrelief vom sog. Meister des hl. Thomas am Portal der Kirche von St-Gilles

B. Kaufmann/MICHELIN

★★ Fassade – Die herrliche Portalanlage, die Mitte des 12. Jh.s entstanden ist, gilt als eines der schönsten Beispiele romanischer Bildhauerei im Süden Frankreichs. Das Werk wurde in einem Zug von mehreren Steinmetzhütten ausgeführt, wobei sich der anfängliche Plan im Verlauf der Arbeiten änderte. Dargestellt ist die Heilsgeschichte mit Szenen aus dem Leben Christi. An der Technik des Hochreliefs, der Darstellung der anatomischen Proportionen sowie der Formen (Gewandfalten) erkennt man deutlich, daß sich die Künstler direkt von der Antike, insbesondere von frühchristlichen Sarkophagen, inspirieren ließen.

Der große Fries zeigt (von links nach rechts) das Geschehen der Karwoche, vom Palmsonntag bis zum Ostermorgen, sowie die Heiligen Frauen am leeren Grab.

Fünf Künstler für ein Meisterwerk

Die Kunsthistoriker unterscheiden fünf Stilgruppen; namentlich bekannt ist nur der Künstler Brunus.

– Brunus: Matthäus, Bartholomäus, der Evangelist Johannes, Jakobus der Ältere, Paulus. Strenger, antikisierender Stil.

– Meister des hl. Thomas: Thomas, Jakobus der Jüngere, Petrus, Flachrelief des Mittelportals. Dieser Künstler wirkte wahrscheinlich in Westfrankreich; romanische, von bewegten Linien bestimmte Darstellung.

– Meister des „weichen Stils": Apostel, linkes Gewände des Mittelportals, Tympanon und Sturz des Nordportals. Weiche Drapierung der Gewandfalten um Arme und Beine.

– Meister des „harten Stils": Apostel, Südportal. Lange Drapierungen mit teilweise spiralförmigen Gewandfalten; Kontrast von Licht und Schatten.

– Meister des hl. Michael: Gebälk beiderseits des Mittelportals, hl. Michael mit dem Drachen. Bewegter, sehr ausdrucksvoller Stil.

Ehemaliger Chor – Der Chor wurde im 17. Jh. zerstört und in der Französischen Revolution geschleift. Außerhalb der heutigen Kirche lassen jedoch die Pfeilerbasen und Mauerreste den Grundriß mit Chorumgang und fünf Kranzkapellen gut erkennen. Von den beiden seitlichen Glockentürmen mit Wendeltreppen ist der linke – „Schraube" (vis) von St-Gilles" genannt – erhalten.

★ Vis de St-Gilles – Die Wendeltreppe des nördlichen Glockenturmes (1142) galt seit jeher unter Steinmetzen als Meisterwerk, wurde studiert (man achte auf die „Graffiti"!) und oft nachgeahmt.

Beim Aufstieg der sich spiralförmig nach oben „schraubenden" 50 Stufen erkennt man, wie präzise die einzelnen Steine behauen und aneinandergefügt sind. Die Stufen ruhen auf dem mittleren Teil und auf der Tonnenwölbung mit neun Schlußsteinen.

★ Krypta – Diese 50 m lange und 25 m breite Unterkirche mit dem Grab des hl. Ägidius gehörte zu den großen Wallfahrtszielen der Christenheit. In drei Tagen besuchten etwa 50 000 Pilger das Grab des Heiligen.

Früher besaß sie ein Klostergewölbe, das noch in einigen Jochen rechts vom Eingang zu sehen ist. Den übrigen Raum überspannt ein Kreuzrippengewölbe aus der Mitte des 12. Jh.s, das zu den ältesten Frankreichs zählt. Über die Treppe und eine Schräge gelangten die Mönche zur Oberkirche. Sehenswert sind mehrere Sarkophage, antike Altäre und romanische Kapitelle.

BESICHTIGUNG

Maison romane ⊘ – Im „Romanischen Haus" soll Guy Foulque, der spätere Papst Klemens IV. (1265), geboren worden sein.
Ein volkskundlicher Raum illustriert Leben und Arbeit der Stadtbewohner von früher: Geräte und Gegenstände alter Berufe (Schäfer, Küfer, Wein- und Olivenbauer). Im mittelalterlichen Raum (herrlicher Kamin) sind Fragmente des plastischen Dekors aus der alten Abtei, u. a. ein Tympanon, Kapitelle, Schlußstein, ein Flachrelief aus dem 12. Jh. mit den Aposteln sowie Sarkophage ausgestellt.

AUSFLUG

★Die „Camargue gardoise"

73 km – etwa 1/2 Tag

Zwischen den Costières und der Kleinen Rhone, Saint-Gilles und Aigues-Mortes dehnt sich die sogen. „Camargue gardoise" aus, deren Landschaft aus Sümpfen und Schilfpflanzen zu den unberührtesten und einsamsten des Rhone-Deltas gehört. Die Liebe zur Tradition (und insbesondere zu allem, was mit dem Stier zu tun hat), die hier gepflegt wird, macht sie zu einer erhaltenswerten und interessanten Gegend.

St-Gilles auf der N 572 in Richtung Montpellier verlassen.

Die Straße schlängelt sich auf den Hängen der Hügel dahin und durchquert die Costières de Nîmes (zahlreiche Weinkellereien, in denen man Wein kaufen kann), wobei sie links oberhalb der schilfbewachsenen Teiche von Scamandre und von Charnier verläuft.

Links die D 779 in Richtung Gallician nehmen und nach dem Winzerdorf rechts auf die kleine D 381 abbiegen. Nach dem Mas Teissier links auf die D 104 abbiegen und bis zum Canal du Rhône à Sète fahren.

Pont des Tourradons – Von dieser Brücke inmitten der Sumpflandschaft, umgeben von Stille und Einsamkeit, hat man einen interessanten **Rundblick**★ auf die typische Landschaft der Petite Camargue – schnurgerade Kanäle, Teiche und Schilf scheinen in den Himmel überzugehen. Im Sommer grasen schwarze Stiere auf den Weiden von Le Cailar. Hier erhält man wahrscheinlich den besten Eindruck von dem, was die Camargue eigentlich ausmacht.

Nun die D 104 in entgegengesetzter Richtung nehmen und rechts auf die D 352 in Richtung Vauvert abbiegen.

Vauvert – Dieses Winzerstädtchen, heute Wohnvorort von Nîmes, hat sein altes Zentrum noch bewahrt. Die frühere Markthalle ist heute eine Ausstellungsstätte.

Der N 572 nach Aimargues folgen.

Auf der Höhe des Kreisverkehrs, der Zufahrt zum Dorf Le Cailar (dessen Logo von dem Maler François Boisrond entworfen und realisiert wurde), befindet sich das Grab des berühmten Camargue-Stiers „Le Sanglier" *(dt. Wildschwein).*

Vor Aimargues links auf die D 979 in Richtung Aigues-Mortes abbiegen.

Château de Teillan – *s. AIGUES-MORTES, Umgebung*

Saint-Laurent-d'Aigouze – In diesem großen Winzerdorf finden während des Votivfestes (Ende August) die unblutigen *Courses camarguaises* in der Arena statt. Diese befindet sich direkt neben der Kirche auf dem von alten Platanen beschatteten Dorfplatz.

An der D 46 liegt der **Tour Carbonnière** *(s. AIGUES-MORTES, Umgebung).*

Zur D 58 weiterfahren und links in Richtung Arles abbiegen.

Die Straße führt an Weingütern *(vins des sables)* und Spargelfeldern vorbei. Immer zahlreicher tauchen große Landhäuser *(Mas)* inmitten von Sternkiefern auf.

Nach 9,5 km links auf die kleine D 179 in Richtung Montcalm und St-Gilles abbiegen.

Im Weiler **Montcalm** besaß Marquis de Montcalm (er befehligte 1756 als General die französischen Truppen in Kanada gegen die Engländer) ein heute verfallenes, weitläufiges Landhaus aus dem frühen 18. Jh. Aus derselben Zeit stammt die Kapelle rechts in einem Weingut.

Die sehr schmale Straße führt nun am Canal des Capettes entlang bis zum Mas des Iscles. An der Kreuzung das Auto auf dem Parkplatz des Centre de Scamandre abstellen.

Centre de découverte du Scamandre ⊘ – Hauptanliegen dieses im **Naturschutzgebiet** Scamandre eingerichteten Zentrums sind der Schutz und die Verwaltung des Sumpfgebiets. Darüber hinaus macht es die Besucher mit diesem sehr empfindlichen Ökosystem bekannt.

Die D 179 rechts führt nach Gallician an dem bei Anglern sehr beliebten Canal des Capettes entlang; dieser Kanal verläuft zwischen den Teichen Charnier und Scamandre durch einen regelrechten Schilfwald.

Wenn man den Rhône-Sète-Kanal überquert und Gallician durchquert hat, kehrt man über die N 572 (rechts) nach Vauvert zurück.

Schilfernte in der Camargue

SAINT-MAXIMIN-LA-SAINTE-BAUME★★

12 402 Einwohner
Michelin-Karte Nr. 114 Falte 18, Nr. 245 Falte 33 und Nr. 340 K5

Schon von weitem grüßt die eindrucksvolle Basilika, die das provenzalische Städtchen überragt. Saint-Maximin, das im Norden von waldigen Hügeln und Weinbergen und im Süden vom Sainte-Baume-Massiv gesäumt ist, liegt im Becken eines ausgetrockneten Sees. Eine reizvolle Etappe auf der Ferienroute, besonders am Samstag- und Sonntagvormittag, wenn auf dem Grand-Place ein bunter provenzalischer Markt lockt.

HINTERGRUNDINFOS

Am Standort einer kleinen Merowingerkirche wurden 1279 die Gräber von Maria Magdalena und dem hl. Maximin gefunden, deren Gebeine im Jahre 716 aus Furcht vor den die Gegend verwüstenden Sarazenen versteckt worden waren. 1295 anerkannte Papst Bonifatius VIII. die Reliquien, worauf Karl von Anjou, König von Sizilien und Graf der Provence, eine Basilika und, an diese anschließend, ein großes, dreigeschossiges Klostergebäude errichten ließ. Dort zogen die Dominikaner ein, die sich als Hüter der Gräber und Organisatoren der berühmten Wallfahrt betätigten.

Während der Französischen Revolution wurden die Dominikanermönche vertrieben, doch fanden Klostergebäude und Basilika einen Beschützer in Lucien Bonaparte. Der jüngere Bruder Napoleons hatte am Orte einen bescheidenen militärischen Posten inne. Er war als intelligenter Kopf und guter Redner bekannt und wurde Vorsitzender des Jakobinerklubs. Dank seiner Initiative, in der Kirche ein Lebensmittellager einzurichten, konnten das Gotteshaus und die herrliche Orgel gerettet werden, auf der man nun die *Marseillaise* spielte.

TIPS UND ADRESSEN

Gastronomie

Gut und preiswert

Du Côté de Chez Nous – *Place Malherbes* – ☎ 04 94 86 52 40 – *Mo von Okt.- April geschl.* – *16,77 €*. Unter diesem Dach ehelichte Lucien Bonaparte, der Bruder Napoleons, im Jahre 1794 Christine Boyer, die Tochter des damaligen Gastwirts. Holz, schmiedeeiserne Möbel und die Farbe Rot bilden heute den Dekor des Gastraums. Die gebotenen Gerichte sind fest in der regionalen Tradition verankert. Terrasse und Veranda zum Platz hin.

Unterkunft

Unsere Empfehlung

Hôtellerie du Couvent Royal – *Place Jean-Salusse* – ☎ 04 94 86 55 66 – *www.hotelcouventstmaximin.com* – *So-abend und Mo geschl.* – 🄿 – *29 Z: 44,21/73,18 €* – 🍽 *9,15 €* – Rest. 37,35 €. Ein ungewöhnliches Hotel in einem Kloster. Einige Zimmer an der Mauer der Basilika sind in den Mönchszellen des ehemaligen Klosters eingerichtet, andere liegen in einem modernen Flügel des Hotels. Die Mahlzeiten werden im alten Kapitelsaal oder im Kreuzgang serviert.

AUF ENTDECKUNGSTOUR

Das auf dem Grundriß eines Schachbretts angelegte Wallfahrtsstädtchen mit seinen kleinen schattigen Plätzen und plätschernden Brunnen lädt zu einem Bummel ein. Südlich der Abteikirche gelangt man durch eine Passage in das alte jüdische Viertel, heute die Rue Colbert, die an einer Seite von Arkaden aus dem 14. Jh. gesäumt ist. Auf der anderen Seite stehen das ehemalige Spital und das Haus, in dem Lucien Bonaparte wohnte. Weiter hinten liegt ein Plätzchen, an dem sich ein Uhrturm mit Glockenstuhl erhebt. Rechts, in Richtung Rue du Général-de-Gaulle, steht ein hübsches Haus aus dem 16. Jh. mit einem Erkertürmchen.

BESICHTIGUNGEN

★★ **Basilika** – *3/4 Std.* Das Gotteshaus ist der größte gotische Sakralbau der Provence, wobei sich einige nordfranzösische Stilformen (hauptsächlich von Bourges) mit der traditionellen regionalen Architektur verbinden. Der Bau wirkt von außen eher gedrungen: Die Fassade ist unvollendet, die wuchtigen Strebepfeiler sind hoch angesetzt, es gibt weder einen Chorumgang noch ein Querhaus, und vor allem wurde auf Türme verzichtet.

> ### Eine wunderliche Entdeckung
>
> Die hl. Maria Magdalena war Karl von Anjou im Traum erschienen und hieß ihn, einen Ort aufzusuchen, an dem sich eine grüne Fenchelpflanze befinde. Der edle Herr ordnete sofort Ausgrabungen an und fand einen Sarkophag, dem Anisduft entströmte. Seither gehen Gläubige davon aus, daß dies das Grab der Maria Magdalena sein müsse, und an der Fundstelle wurde zu Ehren der duftenden Heiligen eine Basilika errichtet.

Der dreischiffige **Innenraum** überrascht durch seine außerordentliche Raumwirkung, die sich aus der klaren Schlichtheit der Architekturformen und der Breite ergibt. Das 29 m hohe Mittelschiff (zweizoniger Aufbau) weist ein Kreuzrippengewölbe auf, dessen Schlußsteine mit Wappen der Grafen der Provence und der französischen Könige verziert sind. Eine polygonale Apsis schließt den Chor ab. Die Hochfenster der 18 m hohen Seitenschiffe, die ebenfalls in polygonalen Apsiden enden, erhellen den Innenraum.

Man beachte insbesondere die folgenden Elemente der Ausstattung:

1) Orgel mit doppeltem Gehäuse von Bruder Isnard de Tarascon, eine der schönsten französischen Orgeln des 18. Jh.s

2) Vergoldete Holzfigur Johannes' d. Täufers

3) Altar der Vier Heiligen (15. Jh.)

4) Rosenkranzaltar

5) Chorschranke (17. Jh.) mit schmiedeeisernen Verzierungen und dem französischen Wappen

6) Geschnitztes Chorgestühl (94 Stallen; 17. Jh.) von Bruder Vincent Funel

7) Stuckdekoration (17. Jh.) von J. Lombard

8) Geschnitzte Kanzel (1756) mit Szenen aus dem Leben der hl. Maria Magdalena; das aus einem Stück gearbeitete Treppengeländer ist ein Meisterwerk der Schnitzkunst.

9) Predella (15. Jh.): Enthauptung des Täufers; hl. Martha, die auf der Brücke in Tarascon das Untier Tarasque bezwingt; Christus erscheint Maria Magdalena (*Noli me tangere*).

10) Altarretabel★ (16. Jh.; Ronzen) aus farbig gefaßtem Holz; das mittlere Bild (Kreuzigung) ist von 18 Medaillons umgeben.

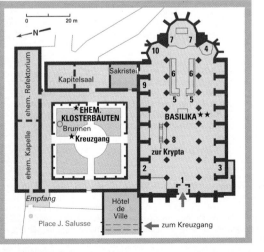

Die **Krypta**, eine frühchristliche Betkapelle, birgt vier Sarkophage aus dem 4. Jh. (Magdalena, Marcella und Susanna, Maximinus, Sidonius) mit Reliefdarstellungen, die zu den ältesten christlichen Zeugnissen Frankreichs gehören. Das Reliquiar aus vergoldeter Bronze (19. Jh.) enthält einen Schädel, welcher als der Maria Magdalenas verehrt wird. Vier Platten (Stein oder Marmor) sind mit eingravierten Figuren verziert, in denen man Maria, Abraham und Daniel erkennen kann (um 500).

★**Ehemalige Klosterbauten (Couvent royal)** ⊙ – Das Kloster (Bauzeit 13.-15. Jh.) schließt sich im Norden an die Basilika an. Der elegante **Kreuzgang**★ besteht aus

Reliefs am Sarkophag des hl. Sidonius – Basilique de Saint-Maximin

32 Jochen. In seinem Garten, der im Sommer Schauplatz von Konzerten ist, gedeiht eine vielfältige und üppige Vegetation (Buchsbaum, Eiben, Linden, Zedern). An den Flügeln des Kreuzganges liegen mehrere Räume: eine ehemalige Kapelle mit schönem Flachtonnengewölbe und das Refektorium (Lesebühne an der Nordwand). Eine von zwei Fenstern gerahmte Tür führt zum **Kapitelsaal**, dessen schönes gotisches Gewölbe auf schlanken Säulen mit Blattkapitellen ruht. Im Gästehaus, einem großen Gebäude aus dem 17. Jh., ist heute das Rathaus untergebracht.

SAINT-MICHEL-DE-FRIGOLET

Michelin-Karte Nr. 245 Falte 29, Nr. 246 Falte 25 und Nr. 340 D2 –
18 km südl. von Avignon

Das Kloster liegt reizvoll in einer Talmulde der Montagnette inmitten von Kiefern, Olivenbäumen und Zypressen. Man kann die Mönche von Montmajour verstehen, die diesen beschaulichen Ort wählten, an dem immer ein Hauch von Thymian, Lavendel und Rosmarin in der Luft liegt.

HINTERGRUNDINFOS

Zehn Jahrhunderte wechselvoller Geschichte – Die Abtei St-Michel wurde im 10. Jh. von Mönchen aus Montmajour *(s. dort)* gegründet, die in der reinen Luft Erholung suchten von den Anstrengungen bei der Trockenlegung der Sümpfe und von der Malaria. Sie errichteten damals die der „Jungfrau vom Guten Heilmittel" (Notre-Dame-du-Bon-Remède) geweihte Kapelle, die sich zum vielbesuchten Wallfahrtsort entwickelte.
Verschiedene Mönchsorden lösten sich in den Mauern des Klosters ab. Während der Französischen Revolution wurde es als Staatsgut verkauft und in ein Internat umgewandelt, in dem Frédéric Mistral *(s. S. 299)* zwei Jahre, wie es heißt, wenig studierte und sich um so mehr amüsierte. Das Lehrinstitut schloß 1841 seine Pforten, und die Abteigebäude verfielen. Im Jahre 1858 erwarb Pater Edmond das Gebäude und siedelte einige Prämonstratensermönche an. 1880 wurde die Ordensgemeinschaft nach einer regelrechten Belagerung vertrieben, ein weiteres Mal 1903. Erst 1918 konnten die Prämonstratenser das Kloster wieder in Besitz nehmen.

BESICHTIGUNG

Église abbatiale und Notre-Dame-du-Bon-Remède ⊙ – *3/4 Std.* Die neugotische Klosterkirche wurde im 19. Jh. rund um die Kapelle Notre-Dame-du-Bon-Remède errichtet, deren romanische Struktur hinter den vergoldeten (von Anna von Österreich gestifteten) **Täfelungen**★ und Gemälden aus dem Atelier Nicolas Mignards (1606-1670) verborgen ist. In der Halle, an der das Refektorium liegt, sind die schönen Santon-Figuren aus Olivenholz sehenswert, die ein Judo-Lehrer (!) aus Noves in seiner Freizeit anfertigte.

Kreuzgang – Im Nordflügel des Kreuzgangs (Anfang 12. Jh.) hat man Funde aus römischer Zeit – Friese, Kapitelle, Masken – zusammengetragen.

Museum – Es enthält provenzalische Möbel, eine Renaissancetür der Kapelle Notre-Dame-du-Bon-Remède sowie eine Sammlung von alten Apothekertöpfen.

Église Saint-Michel – Die Kirche der alten Abtei (12. Jh.) ist ein schlichter, frühromanischer Bau. Bemerkenswert ist das mit Steinplatten belegte und mit einem hübschen First abgeschlossene Dach.

SAINT-RÉMY-DE-PROVENCE★

9 806 Einwohner

Michelin-Karte Nr. 245 Falte 29, Nr. 246 Falte 26 und Nr. 340 D3 –
Kartenskizze s. Les ALPILLES

Saint-Rémy, das Tor zu den Alpilles, ist eine typische Provence-Stadt mit schattenspendenden Platanen, brunnengeschmückten Plätzen und alten Gassen. An Markttagen oder an einem der zahlreichen traditionellen Feste herrscht hier eine ganz besondere Atmosphäre.

HINTERGRUNDINFOS

Der Ort entstand nach der Zerstörung des antiken Glanum *(s. u.)* und wuchs unter dem Schutz der Abtei Saint-Rémi de Reims, die ihm auch seinen Namen gab. In dieser Gegend der Obst- und Gemüsebauern haben sich zahlreiche Betriebe auf Herstellung und Vertrieb von Sämereien für Blumen und Gemüse spezialisiert. Wichtigste Einnahmequelle der Stadt ist jedoch – dank der schönen Umgebung und der nahen römischen Baudenkmäler – der Tourismus.

In Saint-Rémy wurde 1503 Nostradamus geboren. Vincent van Gogh und mehrere provenzalische Dichter ließen sich hier inspirieren.

TIPS UND ADRESSEN

Gastronomie

Gut und preiswert

Le Monocle – *48 Rue Carnot – 20. Dez.-31. Jan., Sa und So geschl. –* ✍ *– 5,80 € Mittagsmenü – 8,85/14,96 €.* Dieses kleine Restaurant ist absolut originell. Science-Fiction-Atmosphäre und Wände mit Zukunftsvisionen. Die reichhaltigen, regionalen Gerichte hingegen sind durchaus real. Um einen Platz zu ergattern, sollte man recht früh kommen.

La Cassolette – *53 Rue Carnot –* ☎ *04 90 92 40 50 – 7. Nov.-1. Febr., Mo-abend außerhalb der Saison und Di außer feiertags geschl. –* ✍ *– 9 € Mittagsmenü – 12/26 €.* Mitten im alten St-Rémy muß man dieses kleine Lokal suchen, in dem die jungen Köche eine authentische Regionalküche zubereiten. Zwei ansprechende Speisesäle.

Unsere Empfehlung

La Maison Jaune – *15 Rue Carnot –* ☎ *04 90 92 56 14 - 8. Jan.-8. März, So-abend im Winter, Di-mittag von Juni-Sept. und Mo geschl. – Reserv. – 27,44/48,02 €.* Die Farbe Gelb des Hauses im Stadtzentrum – Fassade und Fliesen der hübschen, zweistöckigen und windgeschützten Terrasse (Teakholz und schmiedeeisernes Mobiliar) – ist allgegenwärtig. Schöner Blick auf die Kirche. Marktfrische Küche mit den Aromen der Provence.

Unterkunft

Gut und preiswert

Cheval Blanc – *6 Avenue Fauconnet –* ☎ *04 90 92 09 28 – Nov.-Febr. geschl. –* ▣ *– 22 Z: 39,64/48,78 € –* ☕ *5,34 €.* Familiäres Haus im Herzen der Stadt. Der Empfang ist im Obergeschoß. Die rustikalen Zimmer werden nach und nach renoviert, und im Salon stehen einige typische Möbel aus der Region. Frühstück auf der Veranda.

Unsere Empfehlung

L'Amandière – *Avenue Plaisance du Touch – 1 km nordöstl. von St-Rémy (Richtung Avignon und dann Noves –* ☎ *04 90 92 41 00 – Anfang Jan.-Mitte März und Ende Okt.-Mitte Dez. geschl. –* ▣ *– 26 Z: 45,73/55,64 € –* ☕ *6,40 €.* Der Garten und der Swimmingpool sind angenehm, das Viertel ist ruhig, das Gebäude jung, der Empfang freundlich... Was will man mehr? Einige der (mittelgroßen) Zimmer besitzen eine kleine Terrasse oder einen Balkon. Das gepflegte Frühstück wird auf der Veranda oder im Freien serviert.

Chambre d'hôte La Chardonneraie – *60 Rue Notre-Dame – 13910 Maillane – 7 km nordwestl. von St-Rémy über die D 5 –* ☎ *04 90 95 80 12 – Dez. und Jan. geschl. –* ✍ *– 4 Z: 56,41/73,18 €.* Aus einem alten provenzalischen „Mas" entstand dieses Haus, das mit seinen warmen Farben und dem antiken Mobiliar, mit dem schönen Garten und dem Swimmingpool keine Wünsche offenläßt. Beim Frühstück gibt der Hauswirt Ihnen Tips, auf welchen malerischen Straßen und Pfaden man die Region erkunden kann.

EIN BESONDERES HIGHLIGHT

★★Plateau des Antiques – *Besichtigung: 2 Std.*

1 km südlich von Saint-Rémy. Parkplatz rechts vor dem „Stadtbogen".

Das Plateau der Römischen Denkmäler liegt zu Füßen der letzten Ausläufer der Alpilles. An diesem idyllischen Ort mit Blick über die Ebene des Comtat, auf das Durance-Tal und den Mont Ventoux, dehnte sich einst die wohlhabende Stadt Glanum aus, die im 3. Jh. durch einen Germaneneinfall fast völlig zerstört wurde. Nur zwei herrliche Monumente – das Mausoleum und der Stadtbogen – scheinen fast intakt über das Ruinenfeld zu wachen.

★★Mausoleum – Das 18 m hohe Monument ist einer der schönsten und besterhaltenen römischen Bauten dieser Art; nur der Pinienzapfen fehlt, der einst die Kuppel krönte. Lange glaubte man, daß es die Grabstätte eines reichen Bürgers und seiner Frau sei, doch wiesen die Arbeiten von H. Rolland nach, daß es sich um ein Kenotaph handelt. Flachreliefs mit Schlachten- und Jagdszenen schmücken die vier Seiten des quadratischen Sockels. Das 1. Geschoß mit vier Bögen zeigt unter dem Fries (Motive der Seefahrt) des nördlichen Architravs eine Inschrift: SEX (tius) L(ucius) M(arcus) JULIEIC(aii) F(ilii) PARENTIBUS. Es handelt sich um eine Widmung von drei Brüdern aus der Familie der Julier (wahrscheinlich einflußreiche Persönlichkeiten

Shopping

Santonnier Laurent Bourges – *Route Maillane – D 5 –* ☎ *04 90 92 20 45 – Tgl. 9-19 Uhr.* Laurent Bourges widmet sich seit 44 Jahren der Herstellung von Santons. Sein Atelier liegt mitten auf dem Land. Er zeigt den Gästen die Werkstatt und weiß einiges von den Techniken des traditionsreichen Metiers zu erzählen.

Le Petit Duc – 🖥 – *7 Boulevard Victor-Hugo –* ☎ *04 90 92 08 31 – www.petit-duc.com – Do-Di 10-13 Uhr, 15-19 Uhr.* Die süßen Köstlichkeiten des „Kleinen Herzogs" werden auf der Grundlage von Rezepten hergestellt, die man in alten Büchern fand. Verführerisch sind nicht nur die Leckereien selbst; auch ihre Namen – Ohren der guten Göttin *(oreilles de la bonne déesse)*, Liebesperlen und vor allem die Spezialität der Stadt, der „Pignolat de Nostradamus" (eine Art türk. Honig mit Pinienkernen) – sind vielversprechend.

Für zwischendurch

Café des Arts – *30 Boulevard Victor-Hugo –* ☎ *04 90 92 13 41 – Im Sommer: tgl. außer Di 7.30-2 Uhr; im übrigen Jahr: 7.30-0.30 Uhr – Febr. und 1.-15. Nov. geschl.* Stars und Berühmtheiten aus dem Showbusiness kommen gerne in dieses Café, das als künstlerisches Zentrum der Stadt gilt. Man mag das Lokal, in dem seit Jahrzehnten Maler der Region ihre Werke ausstellen. Achten Sie auf den Dekor des Speiseraums.

Besondere Termine

Festivals

Festival Organa: Internationales Orgelfestival (August) in der Stiftskirche St-Martin

Nuits d'été saint-rémoises: Sommernächte mit Theater- und Kinovorstellungen unter freiem Himmel im Espace Dourguin (Mitte Juni bis Mitte September)

Glanum en fête: Theater in Glanum (Juni)

Jazz dans les Alpilles: Espace Dourguin

Traditionelle Feste

Fête de la transhumance: Fest der Transhumanz (Pfingstmontag). Ziegen und Schafe werden durch die festliche Stadt geführt, in der an diesem Tag auch ein Käsemarkt, ein Flohmarkt und eine Ausstellung von Eseln aus der Provence stattfinden.

Feria provençale: Mitte August. *Courses camarguaises* (typische Stierspiele), *Abrivados, Encierros* (Freilassen der Stiere in den Straßen) und *Carreto ramado* (geschmückter, von vierzig Pferden gezogener Wagen).

Weihnachten – Auf dem „Marché du gros souper" kann man all das besorgen, was man in Frankreich für das „großes Abendessen" am 24.12. benötigt. Hirten- und Krippenspiele unter Mitwirkung der Bürger von Saint-Rémy.

Straßenfeste der Maler – Die *„Fêtes de la route des peintres"* finden zwischen Mai und September an 4 Wochenenden statt. Über 200 Maler ganz unterschiedlicher Stilrichtungen stellen ihre Werke auf den Straßen und in den Gassen aus. Auskunft erteilt das Office de tourisme.

Stadtführungen – *s. Öffnungszeiten und Eintrittspreise*

Detail des Mausoleums

jener Zeit) zu Ehren ihrer Vorfahren, deren Statuen im 2. Geschoß von einem Kranz aus korinthischen Säulen umgeben sind.

★**Stadtbogen (Arc municipal)** – Dieses Monument, das auf dieselbe Epoche zurückzugehen scheint wie das Mausoleum, d. h. in die Regierungszeit des Augustus zu datieren ist, ist der älteste Bogen seiner Art in Frankreich. Das Monumentaltor stand an der Straße zu den Alpen und bildete den Eingang zur Stadt Glanum. Seine vollkommenen Proportionen (12,50 m Länge, 5,50 m Breite, 8,60 m Höhe) und die außergewöhnliche Qualität seines plastischen Schmucks weisen auf griechischen Einfluß hin, der im übrigen überall in Glanum erkennbar ist. Den Bogen schmückt eine wunderschöne Fruchtgirlande; das Tonnengewölbe ist mit fein gearbeiteten, sechseckigen Kassetten verziert. Beiderseits der Öffnung sind in den Zwickeln Siegeszeichen zu erkennen, und auf den Seiten Zweiergruppen von Gefangenen, Männer und Frauen, zu Füßen von Waffentrophäen. Besonders lebensnah ist die Darstellung der Niedergeschlagenheit der Personen. Kunsthistoriker nehmen an, daß dieses schon früh beschädigte Tor mehrere romanische Portale des 12. Jh.s (z. B. das von Saint-Trophime in Arles) beeinflußt hat.

★**Glanum** ⊙ – Das Ruinenfeld, das seit 1921 ausgegraben wird, liegt am Ausgang der Hauptdurchgangsstraße der Alpilles, die direkt im Hintergrund aufragen. Da dieses Gelände mehrfach besiedelt war (Archäologen unterscheiden drei verschiedene Perioden), sind die vorhandenen Spuren äußerst vielschichtig.

Von Glanum I bis Glanum III

Ursprünglich stand hier das Heiligtum eines keltoligurischen Stammes. Da die Siedlung in der Nähe zweier wichtiger Verkehrswege lag, war bald Kontakt zu den Marseiller Händlern hergestellt. Im 3. und 2. vorchristlichen Jahrhundert entwickelte sich Glanon (bzw. Glanum I) unter hellenistischem Einfluß, der sich insbesondere in den Bautechniken auswirkte – so z. B. im Trockenmauerwerk und seinen großen, exakt behauenen Quadern, die ohne Mörtel zusammengefügt sind. Die hellenisierte Siedlung besaß öffentliche Gebäude (Tempel, Marktplatz, Versammlungssaal sowie eine mächtige Schutzmauer) und Häuser mit von Säulengängen umgebenen Innenhöfen. Die 2. Periode (Glanum II) begann mit der römischen Eroberung (Ende 2. Jh.) und der Besetzung des Landes durch die Armeen des Marius nach seinem Sieg über die Kimbern und Teutonen. Die öffentlichen Gebäude verschwanden nach und nach und machten neuen Bauwerken aus unregelmäßigem Mauerwerk Platz.
Die letzte Periode (Glanum III) folgte auf die Einnahme Marseilles durch Cäsar 49 v. Chr. *(s. MARSEILLE)*. Die Romanisierung intensivierte sich, und unter Augustus erhielt die Stadt ein neues Gesicht. Im Zentrum wurden die alten Bauten abgerissen, die Trümmer eingeebnet und aufgefüllt, um einer weitläufigen, ebenen Esplanade Platz zu machen, auf der sich große öffentliche Gebäude – Forum, Basilika, Tempel, Thermen – erhoben.
Im Eingangsgebäude machen zwei Modelle, rekonstruierte Wandmalereien sowie verschiedene Architekturfragmente und Gebrauchsgegenstände den Besucher mit den verschiedenen geschichtlichen Perioden der Siedlung vertraut.

Gallisches Heiligtum – Die terrassenförmige Anlage (6. Jh. v. Chr.) am Hang ist der aufgehenden Sonne zugewandt. In diesem Bereich hat man Statuen kauernder Krieger und Schädelstelen entdeckt, die denen der großen keltischen Stadtanlagen gleichen.

Großes Becken – Das Becken bezeichnet die Lage der Quelle, die der Ursprung für die Gründung einer Stadt an dieser Stelle gewesen zu sein scheint. Direkt daneben ließ Agrippa im Jahre 20 v. Chr. der Göttin der Gesundheit (Valetudo) einen Tempel errichten, der mit Mauern griechischen Typs erbaut wurde.

Befestigtes Tor – Bei diesem bemerkenswerten Rest der griechischen Wehranlage wurde wie in Saint-Blaise, *(s. dort)* die massaliotische Bautechnik (regelmäßige, mörtellos zusammengefügte Quader, Mauerzacken und Wasserspeier) angewandt. Die Wehrmauer mit einer Ausfallpforte und einem Wagentor diente der Verteidigung des Heiligtums.

Aussichtspunkte – Schöner Blick auf die gesamte Anlage.

Tempel – Südwestlich des Forums (beim Hinuntergehen links) erhoben sich zwei nebeneinander liegende Tempel in einem geschlossenen geheiligten Bezirk, dessen südlicher Teil einen Versammlungssaal mit ansteigenden Sitzreihen umfaßte. Diese römischen Monumente stammen vermutlich aus dem Jahre 30 v. Chr. und sind die ältesten dieser Art in Gallien. Von den reichen Verzierungen wurden bedeutende Fragmente (Gesimsteile, Dachornamente usw.) sowie sehr schöne Skulpturen geborgen, die man im Hôtel de Sade betrachten kann. Den Tempeln gegenüber, vor dem Forum, lag der trapezförmige, von Kolonnaden (die herrlichen Kapitelle sind ebenfalls im Hôtel de Sade zu sehen) umgebene Hof eines Gebäudes aus hellenistischer Zeit; auf dem Hof befand sich ein Monumentalbrunnen **(1)**.

Forum – Das Forum wurde auf den Trümmern vorrömischer Gebäude angelegt, die man noch zu identifizieren versucht. Im Norden schloß die Anlage mit der Basilika ab – einem Mehrzweckbau, der hauptsächlich für Handel und Verwaltung bestimmt war –, von deren Fundament noch 24 Pfeiler erhalten sind. Unter der Basilika fand man Spuren eines Tempel und das Haus des Sulla, aus dem die Mosaiken **(2)**, die ältesten Galliens, stammen. Südlich der Basilika erstreckte sich der große Forumsplatz, der seitlich von überdachten Gängen gesäumt war.

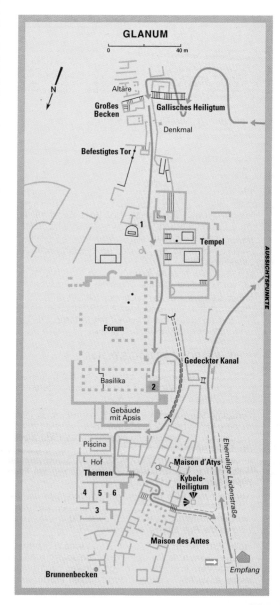

ST-RÉMY-DE-PROVENCE

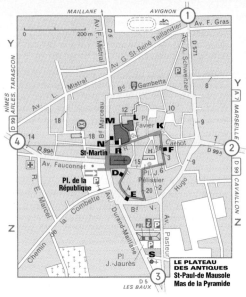

Am südlichen Abschluß sieht man eine hohe Ziermauer mit Apsis. Unter dem Forumsplatz fand man Reste eines Wohnhauses und eines großen hellenistischen Gebäudes.

Gedeckter Kanal – Bei dieser bemerkenswerten Konstruktion handelt es sich wahrscheinlich um einen ehemaligen Abwasserkanal, über dem die mit Steinplatten gepflasterte Hauptstraße von Glanum verlief.

Thermen – Die Aufteilung der Thermen, die aus der Epoche Julius Cäsars stammen, ist immer noch erkennbar: Hypokaustum **(3)**, Kaltwasserbad **(4)**, Abkühlraum **(5)** Warmwasserbad **(6)**, Palästra für körperliche Ertüchtigung und das Schwimmbecken, vielleicht sogar mit fließendem Wasser.

Maison d'Atys – Dieses Haus bestand ursprünglich aus zwei Teilen (Hof mit Säulengang im Norden, südlich ein Wasserbecken), die durch eine breite Tür verbunden waren.
Später wurde dann im Bereich des Säulengangs im Hof ein Kybele-Heiligtum angelegt; der Votivaltar, der den Ohren der Göttin geweiht war, steht noch an seinem Platz.

Maison des Antes – 2. Jh. v. Chr. Es schließt an das obige Haus an. Die Wohnräume dieses schönen, im griechischen Stil erbauten Hauses lagen um den von einem Säulengang gesäumten Innenhof mit Zisterne. Die Tür zu einem der Räume besitzt noch ihre beiden Pilaster (lat. *antes*).

AUF ENTDECKUNGSTOUR

Place de la République – Der Platz an der Ringstraße liegt an der Stelle der mittelalterlichen Befestigung. Er ist mit seinen Caféterrassen und dem bunten Treiben an Markttagen das Herz der Stadt.

Collégiale Saint-Martin – Die nach ihrem Einsturz in den 1820er Jahren wiederaufgebaute Kirche besticht durch ihre eindrucksvolle Fassade. Nur der Glockenturm blieb aus dem 14. Jh. erhalten. Im Inneren ist das 1983 wiederhergestellte schöne Gehäuse der Orgel sehenswert, die jedes Jahr bei den Orgelfestspielen zum Einsatz kommt. In der Rue Hoche, die an Überresten der Stadtmauer aus dem 14. Jh. entlang verläuft, stehen das **Geburtshaus** *(maison natale)* **von Nostradamus** und das ehemalige **Hôpital Saint-Jacques** (17. Jh.).

Nun geht man über den Boulevard Victor-Hugo und nach rechts durch die Rue du 8-Mai-1945 zum **Platz Jules Pélissier**. *Dort befindet sich das Rathaus (in einem ehemaligen Klostergebäude des 17. Jh.s). Durch die Rue Lafayette (rechts) gehen und links in die Rue Estrine einbiegen.*

Hôtel Estrine – *8 Rue Estrine.* Dieses schöne Stadtpalais wurde im 18. Jh. für den Marquis Joseph de Pistoye erbaut und später von Louis Estrine, einem Marseiller Seilermeister, erworben. Die vor kurzem durchgeführten Restaurierungsarbeiten lassen es wieder in seiner ursprünglichen Pracht erscheinen. Die Fassade des aus Quadersteinen errichteten, dreigeschossigen Gebäudes hat einen nach innen gewölbten Mittelteil, in dem sich das von einem eleganten schmiedeeisernen Balkon überragte Portal öffnet. Im Inneren fällt die steinerne Monumentaltreppe auf, die zu den mit Terrakottafliesen ausgelegten und mit Stuckarbeiten verzierten Räumen des 1. Stocks führt. Das Palais beherbergt heute das **Centre d'Art-Présence Van Gogh** ⊘. Audiovisuelle Montagen und Ausstellungen zu bestimmten Themen erinnern an van Goghs Werk und an seinen Aufenthalt in Saint-Rémy-de-Provence. In den oberen Stockwerken werden interessante Ausstellungen zeitgenössischer Kunst gezeigt.

An der Ecke Rue Carnot/Rue Nostradamus steht der **Nostradamus-Brunnen** aus dem 19. Jh., den ein Porträt des berühmten Arztes und Astrologen ziert.

Der nahegelegene Place Favier, der ehemalige Kräutermarkt, ist von schönen Stadtpalais des 15. und 16. Jh.s umgeben, die in Museen umgewandelt wurden. Zu ihnen gehören das **Hôtel de Sade** (15., 16. Jh.) und das **Hôtel Mistral de Mondragon**. Nach ein paar Schritten kann man das **Hôtel d'Almeran-Maillane** bewundern, in dem Charles Gounod zum ersten Mal die Oper *Mireille* aufführte, und dann zum Boulevard Marceau zurückkehren.

Wenn man einen kleinen Umweg macht, kann man sich noch das **Hôtel de Lubières** anschauen, das auch „Haus des Mandelbaums" *(maison de l'amandier)* genannt wird.

BESICHTIGUNGEN

★**Dépôt lapidaire** ⊘ – Das Hôtel de Sade beherbergt eine reichhaltige Sammlung von steinernen Überresten aus Glanum. Man beachte insbesondere den schönen Giebelschmuck vom Tempel der Valetudo und Überreste der Thermen aus dem 4. Jh. sowie ein Baptisterium aus dem 5. Jh. (im Hof). Die Exponate im 2. Stock veranschaulichen das Alltagsleben in Glanum: Werkzeug, Gegenstände aus Bronze und Knochen, Graburnen, Keramik, Öllampen (darunter ein seltener Leuchter aus zwei übereinander angeordneten Lampenreihen), Schmuck (u. a. ein herrlicher Ring aus Bergkristall mit fein gearbeitetem Frauenkopf).

Musée des Alpilles Pierre-de-Brun ⊘ – Das Museum wurde im Hôtel Mistral de Mondragon (16. Jh.) eingerichtet. Seine Säle gruppieren sich um einen Innenhof mit rundem Treppenturm und mehreren Loggien. Neben volkskundlichen Sammlungen (Möbel, Trachten, Santons, Mineralien) zeigt das Museum auch Erinnerungsstücke und Dokumente von Nostradamus.

★**Donation Mario Prassinos (Chapelle Notre-Dame-de-Pitié** ⊘) – **Mario Prassinos** (1916-1985), ein griechischer Künstler, der sich in Eygalières niedergelassen hatte, führte in der Kapelle eine Reihe von Wandgemälden zum Thema des Leidens aus. In früheren Zeiten pilgerten die Menschen zu dieser Kapelle, wenn sie von Seuche oder Hungersnot bedroht waren. Man beachte insbesondere den *Schwanengesang*, ein makabres, in den Farben schwarz und weiß gehaltenes Bild mit Zweigen und Baumstämmen, das an die Kreuzigung Christi erinnert. Kupferstiche, andere Drucke sowie Tuschezeichnungen ergänzen die Sammlung, die der Künstler gestiftet hat.

Monastère de Saint-Paul-de-Mausole ⊘ – Das ehemalige Kloster in der Nähe des Plateau des Antiques wurde von Augustinern, später von Franziskanern geführt, ehe dort in der Mitte des 18. Jh.s eine Heilanstalt eingerichtet wurde. In dieses

Kreuzgang von St-Paul-de-Mausole

G. Magnin/MICHELIN

Krankenhaus zog sich Vincent van Gogh vom 3. Mai 1889 bis zum 16. Mai 1890 freiwillig zurück. Der Künstler, der über ein Atelier im Erdgeschoß und ein Zimmer im 1. Stock verfügte, malte zahlreiche Bilder (Ansichten der Anstalt, Landschaften, Selbstporträts). Die kleine Kirche (Ende 12. Jh.; Fassade: 18. Jh.) besitzt einen quadratischen, mit Lisenen verzierten Glockenturm. Der anschließende romanische **Kreuzgang**★ erinnert im Stil an Montmajour und Saint-Trophime in Arles. Die Kapitelle weisen verschiedene Schmuckmotive auf (Blattwerk, Tiere, Masken etc.).

Mas de la Pyramide ◷ – *200 m vom Kloster Saint-Paul-de-Mausole entfernt.* Diese größtenteils in den Felsen gebaute Höhlenwohnung mit ihrer ungewöhnlichen Innenausstattung wurde in dem ehemaligen römischen Steinbruch eingerichtet, der das nahegelegene Glanum mit Baumaterial versorgte. In den Räumen ist heute ein Museum untergebracht, in dem früher von den Bauern der Gegend verwendetes Werkzeug und landwirtschaftliches Gerät ausgestellt sind.

Die sogen. Pyramide, ein 20 m hoher, steil aufragender Felsen, zeugt von der Höhe des Geländes vor der Ausbeutung des Steinbruchs.

Massif de la SAINTE-BAUME★★

Michelin-Karte Nr. 114 Falten 30, 31, Nr. 245 Falten 45, 46 und Nr. 340 J6

Das ganze Gebirgsmassiv und sein einzigartiger Wald sind nach der Heiligen Grotte (Provenzalisch: *baoumo*) benannt, in die sich, der Legende nach, Maria Magdalena zurückzog. Der Ort St-Maximin-la-Ste-Baume und die Grotte sind ein in ganz Südfrankreich bekanntes Wallfahrtsziel.

Das bewaldete Sainte-Baume-Massiv, das schon in vorchristlicher Zeit ein heiliger Hain der Gallier war, ist mit seinen steilen Felswänden und Naturschönheiten ein Wanderparadies. Vom 994 m hohen Saint-Pilon, einem der höchsten Gipfel des Gebirges, hat man einen herrlichen Rundblick.

HINTERGRUNDINFOS

Das Massiv – Die ausgedehnteste und höchste der provenzalischen Gebirgsketten gipfelt im Signal de la Sainte-Baume (1 147 m). Der dürre, kahle Südhang steigt sanft von der Cuges-Senke bis zur 12 km langen Kammlinie zum Saint-Pilon an. Eine steile, etwa 300 m hohe Felswand charakterisiert den Nordhang, an dem die berühmte Grotte liegt. Unterhalb, in der Nähe des Plateaus Plan d'Aups, dehnt sich das Waldgebiet aus.

★★ **Der Wald** – Das etwa 140 ha große Waldgebiet breitet sich in Höhenlagen zwischen 680 und 1 000 m aus und ist inzwischen ein ökologisches Naturschutzgebiet *(Réserve biologique domaniale)*, d. h. es wird nahezu kein Nutzholz geschlagen; man entfernt hauptsächlich die abgestorbenen Bäume und legt neue Pflanzungen an, um den Bestand zu sichern. Die hohen, knorrigen Buchen, Linden und Ahornbäume bilden mit ihren Zweigen einen grünen Blätterdom, der sich über dem Unterholz aus Taxus, Spindelsträuchern, Efeu und Stechpalmen wölbt. Normalerweise trifft man diese Pflanzengemeinschaft in kühleren und regenreicheren Klimazonen wie z. B. in der Pariser Region an. Die Erklärung dieses Phänomens ist die 300 m hohe, die Waldzone überragende Steilwand, die den Wald immer in einen feuchtkühlen Schatten taucht. Sobald diese Schattenzone überschritten ist, tauchen wieder Steineichen und all die anderen Pflanzen auf, die man sonst auf dem Kalkboden der Provence findet.

Die hl. Maria Magdalena – Maria Magdalena, die der Legende nach die Provence christianisiert haben soll, führte ein unstetes Leben, solange, bis sie Jesus predigen hörte. Nach ihrer Bekehrung folgte sie seinen Spuren. Auf Golgatha saß sie zu Füßen des Gekreuzigten; am Ostermorgen war sie die erste, der sich Jesus nach der Auferstehung zeigte. Nach einer provenzalischen Überlieferung wurde sie in der Zeit der ersten Christenverfolgungen zusammen mit Martha, Lazarus, Maximin und anderen Heiligen aus Palästina vertrieben. Auf einem Floß ohne Segel überquerten sie das Mittelmeer und strandeten schließlich in Saintes-Maries. Als Predigerin gelangte Maria Magdalena quer durch die Provence nach Sainte-Baume. Die Heilige verbrachte 33 Jahre ihres Lebens in der Grotte am St-Pilon in Buße und Gebet. In ihrer Todesstunde soll sie in die Ebene hinuntergegangen sein, wo ihr Reisegefährte Maximin ihr das letzte Abendmahl reichte und sie dann bestattete.

AUSFLUG

Rundfahrt ab Gémenos

69 km – etwa 3 Std., Aufstieg zum St-Pilon nicht mitgerechnet.

Gémenos – Der kleine Ort am Anfang des grünen Tals von St-Pons besitzt ein Schloß aus dem späten 17. Jh.

3 km der D 2 durch das Saint-Pons-Tal folgen (Parkplatz vor der Brücke).

★**Parc de Saint-Pons** – ⚡ Der Weg führt am Bach entlang. In der Provence seltene Baumarten wie Buchen, Hainbuchen, Eschen und Ahorn machen den Reiz dieses Parks aus (im Frühjahr blühen die Judasbäume). Außerdem sieht man eine ver-

TIPS UND ADRESSEN

Gastronomie

Unsere Empfehlung

Lou Pebre d'Aï – *Route Pic-de-Bertagne – 83460 Le Plan-d'Aups –* ☎ *04 42 04 50 42 – 2.-17. Jan., Februarferien, Di-abend und Mi außer 1. Juni-15. Sept. geschl. – 24,39/38,11 €.* Angenehmes Lokal in einem großen Haus dieses Dorfes, das von den Ste-Baume-Steilfelsen beherrscht wird. Hübscher ländlicher Dekor im Restaurant und Terrasse am Garten mit Swimmingpool. Regionaltypische Küche. Einfache und ruhige Zimmer.

Unterkunft

Unsere Empfehlung

Le Parc – *Vallée St-Pons – 13420 Gémenos – 1 km östl. von Gémenos über die D 2 –* ☎ *04 42 32 20 38 –* 🖼 *– 11 Z: 45,73/79,27 P* ☞ *5,79 € –* Restaurant 14/30 €. Das Haus steht abseits der Straße im Grünen. Die schattige Terrasse und der Gastraum zeigen auf den Garten. Hübsche kleine Zimmer in fröhlichen Farben.

Besondere Termine

Wallfahrt – Am Pfingstmontag findet eine Wallfahrt mit Pilgern aus der ganzen Provence statt. Das Fest der Maria Magdalena wird mit einer Vorführung am Abend des 21. Juli und einer Messe am 22. Juli gefeiert.
Weihnachten wird eine Mitternachtsmesse in der Grotte zelebriert.

Sport und Freizeit

Klettern – Kletterfreunde können am Pic de Bertagne ihre Kräfte und Fähigkeiten messen. Wegen des fragilen ökologischen Gleichgewichts des Sainte-Baume-Massiv sollte man den Sport an anderer Stelle nicht ausüben.

---

lassene alte Mühle in der Nähe eines kleinen Wasserfalls, der aus der St-Pons-Quelle gespeist wird, und die Ruinen einer im 13. Jh. gegründeten Zisterzienserabtei.

Die Straße führt anschließend in Serpentinen den Südhang hinauf zum **Col de l'Espigoulier★** (728 m). Der Paß bietet schöne Ausblicke auf das Sainte-Baume-Massiv und die Niederung von Aubagne sowie auf die Bergkette von Saint-Cyr, auf Marseille und auf das Étoile-Gebirge.
Bei der Talfahrt über den Nordhang erfaßt der Blick die Étoile-Kette, das Fuveau-Becken und den Berg Sainte-Victoire.

In La Coutronne rechts auf die D 80 abbiegen.

Plan-d'Aups-Sainte-Baume – Kleiner Luftkurort mit einer hübschen romanischen Kirche.

Hôtellerie (Gästehaus) – 1863 wurde am Waldrand in 675 m Höhe eine neue Unterkunft für die Pilger gebaut (seit 1972 ist in dem überwölbten Saal eine Kapelle eingerichtet). In der Eingangshalle des Kulturzentrums ist die im 16. Jh. von Jean Guiramand angefertigte Tür der heiligen Grotte aufgestellt. Links vom Pilgerzentrum liegt der bescheidene Friedhof der Dominikaner, die während ihres Aufenthalts im Kloster gestorben sind.

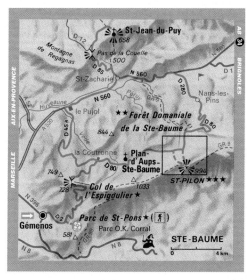

Zugang zur Grotte – ⧖ *1 1/2 Std. hin und zurück.* Es gibt zwei Möglichkeiten, zur Grotte zu gelangen. Man kann ab dem Gästehaus den Weg links des Gebäudes nehmen, der über das Felsenmeer „Le Canapé" führt, oder man geht ab dem „Carrefour des Trois Chênes" (Kreuzung D 80/D 95) über den bequemeren „Chemin des Rois". Beide Wege durchqueren den herrlichen Hochwald und treffen sich beim „Carrefour de l'Oratoire". Hier geht rechts ein Weg ab, der zu einer in den Fels gehauenen Treppe (150 Stufen) führt. In einer Felsnische links erblickt man einen bronzenen Kalvarienberg.

Die Treppe endet an einer **Terrasse**, deren Brüstung von einem steinernen Kreuz (Pietà aus Bronze, 13. Kreuzwegstation) überragt wird. Von hier genießt man einen schönen **Ausblick★** auf das Gebirge Sainte-Victoire, den Mont Aurélien (rechts) und unterhalb auf Plan d'Aups, die Hôtellerie und den dichten Wald.

Die **Grotte** öffnet sich in 946 m Höhe in einem Halbrund an der Nordseite der Terrasse. Rechts des Hauptaltars steht der Schrein mit Reliquien der Maria Magdalena. Hinter dem Hauptaltar befindet sich in 3 m Höhe im Felsen, an der einzigen trockenen Stelle der Grotte, eine Liegefigur der Maria Magdalena. Diese Stelle soll der „Ort der Buße" der Heiligen gewesen sein.

Ein vielbesuchter Wallfahrtsort

Dieser Ort war in heidnischer Zeit ein der Göttinnen der Fruchtbarkeit geweihtes Heiligtum. Diese uralte Tradition setzte sich auch im Christentum fort: Brautpaare begaben sich zur Grotte und häuften auf dem Weg dorthin Steine aufeinander – die Zahl der Steine entsprach ihrem gewünschten Kindersegen. Bereits in den ersten Jahrhunderten n. Chr. war die Grotte ein Ort der Verehrung. Im 5. Jh. ließen sich Mönche von St-Cassien aus Marseille in der Grotte und auch in Saint-Maximin nieder. Der Ruf des Klosters zog unzählige Pilger, illustre Persönlichkeiten – französische Könige (u. a. der hl. Ludwig), mehrere Päpste, weltliche Herren – und einfache Leute an. Eine der ersten öffentlichen Handlungen des guten Königs René war es, sich in Begleitung seines Neffen, des künftigen Königs Ludwig XI., zur Grotte zu begeben. Ab 1295 waren die Dominikaner Hüter der Grotte. Während der Französischen Revolution wurde das Gästehaus an der Grotte in Brand gesetzt. Einige Spuren sind an dem Felsen noch erkennbar. 1859 ließen sich die von Pater Lacordaire geführten Dominikaner in dem neu errichteten Pilgergebäude (Hôtellerie) weiter unten auf dem Hochplateau und in St-Maximin nieder.

★★★Saint-Pilon – ⧖ *2 Std. hin und zurück ab der Kreuzung „Carrefour de l'Oratoire". An der Betkapelle (Oratoire) vorbei rechts den Wanderweg GR 9 (rot-weiße Markierung) einschlagen. Auf dem Weg kommt man an einer verlassenen Kapelle (Chapelle des Parisiens) vorbei und steigt dann in engen Kurven bis zum Paß hinauf. Rechts führt der Weg weiter zum Gipfel des Saint-Pilon.* Auf dem Gipfel befand sich einst eine Art Säule *(pilon)*, an deren Stelle sich heute eine Kapelle erhebt. Der Legende nach trugen Engel die Heilige sieben Mal täglich hier hinauf, wo sie mit Entzücken der „Himmlischen Musik" lauschte. Vom St-Pilon (994 m; Orientierungstafel) bietet sich ein herrlicher **Rundblick★★★**: Man sieht im Norden über die Pilgerherberge hinweg bis zum Mont Ventoux, Luberon, Lure-Gebirge, auf die Gegend von Briançon, den Mont Olympe und, näher gelegen, den Mont Aurélien; im Südosten taucht das Mauren-Massiv auf, im Südwesten erblickt man das Sainte-Baume-Massiv und den Golf von La Ciotat, im Nordwesten die Alpilles und die Montagne Sainte-Victoire.

Zum Wagen zurückkehren und auf der D 80 weiter nach Nans-les-Pins fahren.

Die Strecke führt in Serpentinen durch den Wald bergab und gewährt dann schöne Blicke auf das Regagnas-Gebirge.

In Nans-les-Pins links auf die D 280 abbiegen. Auf der N 560 (links) gelangt man durch das obere Tal der Huveaune nach Saint-Zacharie.

Oratoire de Saint-Jean-du-Puy – *9 km ab St-Zacharie zuzgl. 1/4 Std. zu Fuß hin und* *zurück. In Saint-Zacharie fährt man rechts auf der D 85 bis zum Pas de la Couelle; kurz hinter diesem Sattel zweigt rechts ein schmaler Weg ab, der steil zu einer Radarstation führt (Parkplatz).*

🚶 Dem markierten Fußweg folgen. Bei der Betkapelle schöner **Blick**★ nach Norden auf das Sainte-Victoire-Massiv und die Senke von Saint-Maximin, nach Südosten auf das Mauren- und das Sainte-Baume-Massiv; im Vordergrund sieht man das Regagnas-Gebirge, die Étoile-Kette und die Gegend um Aix (Westen).

Auf der N 560 weiterfahren und in Le Pujol links auf die D 45ᴬ abbiegen. In La Coutronne rechts abbiegen und nach Gémenos zurückfahren.

La SAINTE-VICTOIRE★★★

Michelin-Karte Nr. 114 Falten 16, 17, Nr. 245 Falte 32 und Nr. 340 I4

Das Kalksteinmassiv, dessen charakteristische Silhouette von **Paul Cézanne** (1839-1906) in sechzig Gemälden festgehalten worden ist, liegt östlich von Aix-en-Provence. Es verläuft von Westen nach Osten und gipfelt im Pic des Mouches (1 011 m). Während der Südhang steil über dem Becken des Arc aufsteigt, senkt sich der Nordhang stufenweise in einer Reihe von Plateaus zum Tal der Durance hinunter. Einen starken Kontrast, besonders zwischen Le Tholonet und Puyloubier, bildet der rote Lehmboden im unteren Bereich des Gebirges zum weißen Kalkstein der Gebirgshöhen.

Am Fuße dieses Gebirges wurden die Teutonen vom römischen Feldherrn Marius in der Schlacht von Aquae Sextiae (Aix-en-Provence) vernichtend geschlagen (102 v. Chr.).

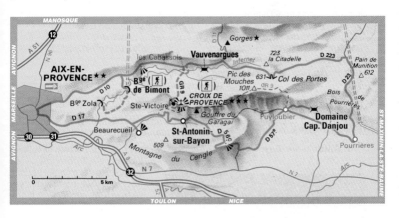

AUSFLUG

Auf den Spuren von Cézanne

Rundfahrt 74 km – 1 Tag (ohne Besichtigung von Aix-en-Provence).

Aix-en-Provence – *s. dort*

Aix in östlicher Richtung auf der D 10 verlassen, dann rechts in Richtung des Staudamms (Barrage de Bimont) abbiegen.

Barrage de Bimont – Der Gewölbestaudamm des Infernet, eine Erweiterung des Verdon-Kanals, liegt in schöner, waldreicher Umgebung am Fuße der Montange Sainte-Victoire.

🚶 1 Std. hin und zurück.
Der Weg führt flußabwärts durch eine Schlucht zum Zola-Damm, der vom Vater des berühmten Schriftstellers errichtet wurde und die Wasserversorgung von etwa 60 Gemeinden sicherstellt.

Zurück zur D 10 und rechts weiterfahren. Bei dem Gehöft „La ferme des Cabassols" das Auto auf einem kleinen Parkplatz rechts der Straße abstellen.

Tip

Gut und preiswert

Au Moulin de Provence – *33 Avenue des Maquisards – 13120 Vauvenargues –* ☎ *04 42 66 02 22 – moulin.de.provence@wanadoo.fr – 16,01/22,87 €.* Kost und Logis, regionaltypische Küche und einfache Zimmer bietet dieses familiäre Haus. Von der Terrasse und vom provenzalisch gehaltenen Speiseraum blickt man auf die Montagne Ste-Victoire.

***Croix de Provence** – 🚶 *3 1/2 Std. hin und zurück. Ein Saumpfad (Chemin des Venturiers) steigt zunächst steil durch ein Kiefernwäldchen auf; anschließend geht es weiter auf einem bequemeren Weg in Serpentinen am Hang entlang.* Man erreicht das 1656 errichtete ehemalige Kloster Notre-Dame-de-Sainte-Victoire, das noch bis 1879 bewohnt war. Es besteht aus der Kapelle, einem Konventsgebäude und einigen Überresten des Kreuzgangs. Von der Terrasse bietet sich ein reizvoller **Blick** auf das Talbecken des Arc und das Étoile-Massiv. Links des Kreuzgangs weitergehen und in einer kleinen Kletterpartie zum 17 m hohen „Kreuz der Provence" (945 m) hinaufsteigen, das auf einem 11 m hohen Sockel steht. Von hier bietet sich ein herrlicher **Rundblick**★★★ auf die Bergketten Sainte-Baume und Étoile im Süden; weiter rechts sieht man die Vitrolles-Kette, die Crau-Ebene, das Durance-Tal, den Luberon und die Alpen sowie, weiter östlich, den Pic des Mouches. Im Osten öffnet sich auf dem Kamm die 150 m tiefe Garagaï-Kluft, **Gouffre du Garagaï**, um die sich zahlreiche Legenden und Sagen ranken.

Vauvenargues – Im Schloß (17. Jh.) dieses Dorfes, das im Tal des Infernet liegt, lebte **Pablo Picasso**. Im Park ruhen die sterblichen Überreste des Malers.

Hinter Vauvenargues führt die Straße an den **Gorges de l'Infernet**★ entlang, einer bewaldeten Schlucht, die von La Citadelle (723 m) überragt wird, und überquert dann einen Paß (Col des Portes). Bei der Talfahrt zeichnet sich am Horizont die Silhouette der Voralpen ab.

In Puits de Rians rechts auf die D 23 abbiegen, die östlich um das Sainte-Victoire-Massiv herumführt und den Bois de Pourrières durchquert. Links reckt sich über dem Wald der Pain de Munition (612 m) in die Höhe.

In Pourrières rechts in Richtung Puyloubier weiterfahren.

Domaine Capitaine Danjou ⊘ – Das nach dem Befehlshaber der Schlacht von Camaron (heute Villa Tejeda, Mexiko; 1863) benannte Schloß ist jetzt ein Heim für die Invaliden der **Fremdenlegion** *(s. AUBAGNE, Umgebung)*. Man kann die Werkstätten (Töpferei, Buchbinderei, Kunstschmiede) sowie ein kleines Museum besichtigen.

Nach Puyloubier zurückfahren und hier zunächst die D 57ᴮ und dann rechts die D 56ᶜ nehmen.

Auf dieser malerischen Strecke genießt man die schönen Ausblicke auf die Montagne Sainte-Victoire, die Senke von Trets und das Sainte-Baume-Massiv; dann überquert man das Cengle-Gebirge. Die D 17 (links) schlängelt sich zwischen dem Montagne Sainte-Victoire und der Montagne du Cengle hindurch.

Saint-Antonin-sur-Bayon ⊘ – In diesem Dorf befindet sich das **Maison de la Sainte-Victoire**, ein Informationszentrum, in dem eine Ausstellung über das Gebirgsmassiv, sein Ökosystem, seine Geschichte sowie über die Aufforstungsanstrengungen nach den verheerenden Bränden von 1989 informiert.

Bevor man nach Aix zurückkehrt, sollte man einen kleinen Abstecher nach **Beaurecueil** machen, das den schönsten Blick auf die Sainte-Victoire gewährt, besonders am Abend, wenn die Sonne mit ihren letzten Strahlen das Gebirge und die Umgebung zum Leuchten bringt.

Rückfahrt nach Aix über Le Tholonet auf der „Route Paul Cézanne".

C. Moirenc/PHOTONONSTOP

Montagne Sainte-Victoire

Les SAINTES-MARIES-DE-LA-MER★

2 478 Einwohner
Michelin-Karte Nr. 245 Falte 41, Nr. 246 Falte 27 und Nr. 340 B5

Les Saintes-Maries-de-la-Mer ist der Hauptort der **Camargue**. Schon bei der Anfahrt von Norden her, lange vor der Ankunft, hat man die Silhouette des weißen Dorfs vor sich, das von seiner Wehrkirche überragt wird. Im Westen liegt der neue Jachthafen.

Ein Aufenthalt in Saintes-Maries ist außerordentlich reizvoll. Man flaniert unter dem Schutz der Kirche durch die Gassen, die von strahlend weißen Häusern gesäumt sind, und man freut sich, daß der Immobilienboom am Mittelmeer vor diesem Dorf Halt gemacht hat. Manchmal ergreift eine Zigeunerin Ihre Hand, um die Zukunft abzulesen... Oder man macht einen Spaziergang auf dem Deich, badet zwischen Buhnen an einem der Strände oder schwingt sich aufs Fahrrad und fährt am Deich entlang in Richtung des Leuchtturms Garcholle, um sich an den langen Stränden der Camargue auszuruhen und bei Sonnenuntergang das Farbschauspiel auf den Teichen zu genießen.

HINTERGRUNDINFOS

Die Heiligen im Boot – Im Jahre 40 n. Chr., so sagt die Legende, strandeten aus Palästina vertriebene Christen, **Maria Jakobäa**, die Schwester der Mutter Gottes, **Maria Salome**, die Mutter der Apostel Johannes und Jakobus, Lazarus (der Auferweckte) und seine beiden Schwestern Martha und **Maria Magdalena** sowie Maximin, Sidonius, der geheilte Blinde, und Sara, die schwarze Dienerin der beiden Marien, an der Küste vor dem heutigen Les-Saintes-Maries. Sie waren als Christen aus Palästina verjagt worden und trieben in einem Boot ohne Segel über das Meer. Eigentlich hatte Sara nicht mit von der Partie sein sollen, aber Maria Salome warf ihren Mantel aufs Meer, der wurde hart und fest und diente als Floß, auf dem Sara das Boot erreichen konnte. Das war das erste Wunder.

Dank göttlicher Fügung erreichte die kleine Gemeinschaft also den Strand, an dem sich heute die Kirche von Les-Saintes-Maries erhebt. Nachdem die Vertriebenen eine einfache Gebetskapelle zu Ehren der Muttergottes errichtet hatten, trennten sie sich, um zu missionieren: Martha ging nach Tarascon, Maximin und Sidonius nach Aix, Lazarus nach Marseille; Maria Magdalena zog sich zur Buße in eine Grotte *(s. Massif de la SAINTE-BAUME)* zurück. Nur Maria Jakobäa und Maria Salome blieben mit Sara in der Camargue und wurden am Ende ihres Lebens dort beerdigt.

Vom Gebetshaus zur Festung – Die Gräber der hl. Marien wurden bald Gegenstand großer Verehrung. Mitte des 9. Jh. soll eine Kirche an der Stelle der alten Gebetskapelle (6. Jh.) errichtet worden sein. Im 11. Jh. errichteten die Mönche von Montmajour ein Priorat, im 12. Jh. bauten sie die Kirche wieder auf, die in die Stadtmauer integriert wurde. Ende des 14. Jh.s verstärkte sich der Festungscharakter der Kirche, denn man fügte einen Pechnasenkranz hinzu. Wie in Tarascon ließ König René 1448 nach den vor den Piraten versteckten Reliquien suchen und sie dann feierlich, in Anwesenheit seiner selbst, der Königin Isabella, der Bischöfe und der edlen Herren der Provence, in Schreine legen.

BESICHTIGUNGEN

★ **Kirche** – Von außen wirkt das Gotteshaus wie eine Festung. Vor Sarazeneneinfällen geschützt werden sollten vor allem die kostbaren Reliquien. Die obere Kapelle gleicht dem Wohnturm einer mittelalterlichen Burg mit **Wehrgang** (chemin de ronde ⊙) und einer von Zinnen bekrönten Plattform. Wirklich lohnend ist der Aufstieg (53 Stufen) zum Wehrgang, der um das mit Steinplatten gedeckte

Die Saintes-Maries-de-la-Mer zwischen Meer und Camargue

TIPS UND ADRESSEN
Gastronomie

Unsere Empfehlung

L'Hippocampe – *Rue Camille-Pelletan* – ☎ *04 90 97 80 91 – 2. Nov.-17. März und Di außer 12. Juli-17. Sept. geschl. – 19,36/30,49 €.* In diesem Restaurant, das sich in einem kleinen Haus etwas abseits des belebten Stadtteils befindet, serviert man eine schmackhafte Küche. Die beiden Gasträume öffnen sich zu einem Innenhof. Im Sommer kann man die lauen Mittelmeerabende auf der Terrasse unter den Arkaden genießen. Vier gepflegte Zimmer.

Unterkunft

Gut und preiswert

Méditerranée – *4 Rue Frédéric-Mistral* – ☎ *04 90 97 82 09 – 3. Januarwoche geschl. – ⊟ – 14 Z: 38,11/42,69 P – ⌂ 4,57 €.* Familiäres, einfaches Hotel mit blumengeschmückter Fassade und schattiger Terrasse, auf der man an schönen Tagen das Frühstück einnimmt. Renovierte Zimmer zu zivilen Preisen und zahlreiche Restaurants in unmittelbarer Nähe.

Unsere Empfehlung

Chambre d'hôte Mazet du Maréchal-Ferrand – *Route du Bac – 5 km von Saintes-Maries über die D 570 Richtung Arles und die D 85 –* ☎ *04 90 97 84 60 – ⊟ – 3 Z: 50,30 €.* Kein Schnickschnack und herzlicher Empfang des Eigentümers. Die einfachen, farbenfrohen Zimmer liegen im Erdgeschoß. Das Frühstück nimmt man unter einem Maulbeerbaum oder in einem kleinen Raum mit provenzalischen Farben ein.

Shopping

Les bijoux de Sarah – *12 Place de l'Église,* ☎ *04 90 97 73 73.* Handgefertigter Schmuck, insbesondere der vor dem bösen Blick schützende und Glück bringende „Zigeuner"-Anhänger, können hier erworben werden.

Wochenmarkt – Mo und Fr auf dem Place des Gitans.

Besondere Termine

Wallfahrt der Heiligen – Jeder der beiden Heiligen ist eine Wallfahrt gewidmet. **Maria Jakobäa**: 24. und 25. Mai; **Maria Salome**: am Sonntag, der dem 22. Oktober am nächsten liegt. Am ersten Tag werden die Reliquien am Nachmittag von der oberen Kapelle in den Chor gebracht. Am nächsten Tag trägt man die Statuen der Heiligen, in Begleitung von *Gardians* und Frauen in Arleser Tracht, in einer Prozession durch die Straßen zum Strand und ins Meer.

R. Mazin/PHOTONONSTOP

Das Boot der Saintes-Maries

Wallfahrt der Zigeuner – Im Mai versammeln sich Sinti und Roma aus der ganzen Welt in der Krypta ihrer Schutzpatronin Sara. Auch ihr Standbild wird am ersten Tag in einer Prozession bis ins Meer getragen. Alle drei, vier Jahre nutzen die Pilger ihr Treffen auch dazu, nach der religiösen Zeremonie ihre Königin zu wählen.

Traditionen der Camargue – Folco de Baroncelli-Javon (1869-1943), der sich um die Bewahrung und Weiterführung der Traditionen in der Camargue verdient gemacht hat und mit Respekt „Lou Marquès genannt wird, ist zwar kein Heiliger, aber auch er wird sehr verehrt. Am 26. Mai findet ein Fest statt, wie es nur in der Camargue gefeiert werden kann, mit Frauen in Arleser Tracht, Farandole-Tänzen, *Ferrade* (Einbrennen des Brandzeichens), *Gardians-Spiele, Abrivados* in den Straßen und *Courses camarguaises* in der Arena.

Weihnachten – Typische Mitternachtsmesse mit *Gardians* und Arleserinnen; schöne Krippe mit *Gardians*, Pferden und Stieren.

Kirchendach herumführt und einen schönen **Blick★** auf den Ort, das Meer und die weite Ebene der Camargue bietet. Alles überragend ist der imposante Glockengiebel. Man beachte an der Südseite die beiden Löwen, die ihre Beute verschlingen – möglicherweise stützten sie früher eine Vorhalle.

Den einschiffigen romanischen **Innenraum** betritt man vom Vorplatz der Kirche. Nach dem gleißenden Licht draußen wirkt das Schiff besonders dunkel. Der Chor wurde beim Bau der Krypta erhöht: Blendarkaden ruhen auf acht Marmorsäulen mit schönen Kapitellen, von denen zwei die Fleischwerdung Christi und Abrahams Opfer darstellen. Am Mittelgang rechts steht der ein Gitter verschlossene Brunnen, der früher bei Belagerungen die Verteidiger mit frischem Wasser versorgte. Unter dem 3. Joch links sieht man über dem Altar das Boot der heiligen Marien, das bei den Prozessionen zum Meer getragen wird. Rechts von diesem Altar ist in eine Säule das „Kissen der Heiligen" eingelassen, ein polierter Stein, der 1448 bei den Reliquien gefunden wurde. Unter dem 4. Joch befindet sich links ein heidnischer Altar. Zu sehen sind weiterhin herzergreifende Votivgaben naiver Faktur.

Einige Stufen führen hinunter zu der niedrigen **Krypta**, auf deren Altarstein (Fragment eines Sarkophags) der Schrein mit den (vermuteten) Reliquien der Sara steht; rechts daneben ihre Statue und Votivgaben von Sinti und Roma.

Die **Obere Kapelle** ist mit Holztäfelung im Louis-quinze-Stil hellgrün und golden ausgeschmückt und birgt die Reliquienschreine der beiden Marien. In diese Kapelle verlegte Fréderic Mistral die Sterbeszene seines Romans *Mireille*. Ein Standbild der Mireille (von Mercié) ziert den Hauptplatz von Les Saintes-Maries).

Musée Baroncelli ⊙ – Das Museum ist im ehemaligen Rathaus (19. Jh.) eingerichtet. Es zeigt von Marquis Folco de Baroncelli (1869-1943) zusammengestellte Dokumente. Baroncelli hatte es sich zur Aufgabe gemacht, die Traditionen der Camargue neu zu beleben. Diese Dokumente schildern das Leben der Bauern und Hirten der Camargue und die Geschichte der Stadt; es gibt Dioramen zur heimischen Fauna, provenzalische Möbel aus dem 18. Jh., Schaukästen, die van Gogh sowie dem Marquis und seinen Freunden, wie z. B. dem russischen Maler Ivan Prashninikoff, gewidmet sind.

SALON-DE-PROVENCE★

37 129 Einwohner
Michelin-Karte Nr. 245 Falte 30, Nr. 246 Falte 12 und Nr. 340 F4

Salon ist das Zentrum eines Landbaugebietes mit weitläufigen Olivenhainen. Schon im 15. Jh. wurde hier die Herstellung von Olivenöl als Gewerbe betrieben – das im 17. Jh. dank der Förderung durch Colbert einen besonderen Aufschwung nahm. Heute ist die Petrochemie die Haupterwerbsquelle der Bevölkerung.

Seit 1936 ist Salon mit der Fliegerschule „École de l`Air" Ausbildungsstätte der französischen Luftwaffe.

Der alte Stadtkern liegt auf einem Hügel, den eine mächtige Burg krönt. Die neueren, von breiten Alleen durchzogenen Viertel erstrecken sich am Fuße der Anhöhe.

Am 11. Juni 1909 wurde die Gegend von einem Erdbeben heimgesucht, das die nahen Dörfer Vernègues und Rognes zerstörte und auch in Salon, Lambesc und St-Cannat große Schäden anrichtete.

AUF ENTDECKUNGSTOUR

Stadtzentrum

2 Std. vom Château de l'Empéri bis St-Laurent (s. grüne Strecke auf dem Stadtplan).

Château de l'Empéri – Die imposante, einen Vor- und einen Hauptbau umfassende Burganlage auf dem Hügel (Rocher du Puech) im Zentrum der Altstadt geht auf eine bereits im 10. Jh. erwähnte Gründung der Erzbischöfe von Arles zurück, die damals das Gebiet beherrschten. Der Name „Empéri" leitet sich aus der Tatsache ab, daß die deutschen Kaiser *(Empereurs du Saint Empire)* des Heiligen Römischen Reichs hier residierten, wenn sie in Salon weilten (die Stadt unterstand zwischen Anfang des 11. Jh.s und Ende des 15. Jh.s der deutschen Krone). Die ältesten Teile der heutigen Bauten stammen aus dem 10. und 13. Jh.; eine Renaissancegalerie wurde im 16. Jh. zum Ehrenhof hin angefügt. Die ehemalige Burgkapelle (12. Jh.), der Festsaal (mit schön behauenem offenen Kamin, 15. Jh.) und etwa 30 weitere Räume beherbergen heute das Musée de l'Empéri *(s. Besichtigungen)*.

Hôtel de ville – Das Rathaus befindet sich in einem eleganten, mit zwei Ecktürmchen und Balkon verzierten Stadtpalais aus dem 17. Jh. Auf dem Rathausplatz steht die Statue des Ingenieurs Adam de Craponne, der den nach ihm benannten Kanal gebaut und damit die Urbarmachung der Böden der Crau *(s. dort)* ermöglicht hat. Die **Porte Bourg-Neuf** gegenüber dem Rathaus war Teil der alten Stadtmauer.

TIPS UND ADRESSEN

Gastronomie

Gut und preiswert

La Fabrique – *75/77 Rue de l'Horloge* – ☎ *04 90 56 07 39* – *la.fabrique@wanadoo.fr* – *So-mittag geschl.* – *Reserv. abends* – *13,41/18,30 €*. Ganz in der Nähe der Porte de l'Horloge befindet sich dieses provenzalisch dekoriertes Restaurant, in dem Nudeln in allen Variationen – hausgemacht und mit Saucen aller Art versehen – im Ambiente einer alten Autowerkstatt mit einem freundlichen Lächeln serviert werden.

Unsere Empfehlung

Le Clos des Arômes – *20 Montée du Château* – ☎ *04 90 56 91 06* – *So-abend und Mi geschl.- 22,11/41,01 €*. In der Fußgängerzone unterhalb der Burg werden Sie dieses Restaurant und seine sympathische Terrasse im Schatten einer Akazie entdecken. Die Köchin ist wirklich in ihrem Element und erfreut die Gäste mit ihren schmackhaften Gerichten.

L'Eau à la Bouche – *Place Morgan* – ☎ *4 90 56 41 93* – *23.-31. Dez., So-abend und Mo geschl.* – *13,72 € Mittagsmenü* – *25,46/42,23 €*. Das Restaurant ist an ein Fischgeschäft angeschlossen. Fisch und die Krustentiere kommen frisch in die Küche und auf den Tisch! Der Speiseraum ist schlicht dekoriert, die Veranda im Sommer sehr angenehm.

Unterkunft

Gut und preiswert

Angleterre – *98 Cours Carnot* – ☎ *04 90 56 01 10* – *22. Dez.-5. Jan. geschl.* – 🅿 – *25 Z: 36,59/47,26 €* – 🍽 *5,64 €*. Das Hotel aus dem frühen 20. Jh. unweit der Museen bietet Zimmer unterschiedlicher Größe mit Doppelfenstern. Frühstücksraum unter einer Glaskuppel.

Unsere Empfehlung

Chambre d'hôte Domaine du Bois Vert – *Quartier Montauban* – *13450 Grans* – *7 km südl. de Salon über die D 16 und die D 19 (Richtung Lançon)* – ☎ *04 90 55 82 98* – *www.multimania.com/leboisvert* - *5. Jan.-15. März geschl.* – 🍽 *- 3 Z: 54/64 €*. Das alte Haus in einem Park mit Eichen und Kiefern bietet rustikale Zimmer mit Terrakottafliesen. Das Frühstück wird im großen Aufenthaltsraum oder auf der Terrasse am Garten serviert. Schöner Swimmingpool.

Cafés, Kneipen und Bars

Le Saint-Michel – *Place des Centuries* – ☎ *04 90 56 27 45* – *Juni-Aug.: tgl. 8-2 Uhr; sonst Mo-Sa 8-20.30 Uhr* – *In den Februarferien, Weihnachten und Neujahr geschl.* Diese Brasserie bietet neben einer großen Auswahl an Bieren eine Terrasse mit herrlichem Blick auf das imposante Schloß (und Museum) Empéri oberhalb der Altstadt.

Le Longchamps – *8 Place Eugène-Pelletan* – ☎ *04 90 56 21 29* – *tgl. 7-1 Uhr* – *Weihnachten und Neujahr geschl.* In diese beliebte Kneipe kommt man für einen Drink oder als OM-Fan (Fußballclub von Olympique Marseille), um die wichtigsten Spiele der bekanntesten südfranzösischen Fußballmannschaft am Fernseher zu verfolgen.

Shopping

Neben Olivenöl ist Salon auch berühmt für seine **Seife**, die ihm im 19. Jh. großen Reichtum bescherte.

Savonnerie Marius Fabre Jeune, *148 Avenue Paul-Bourret*, ☎ *04 90 53 24 77*.

Savonnerie Rampal-Patou, *71 Rue Félix-Pyat*, ☎ *04 90 56 07 28*. *Besichtigung: Di und Do von 10-12 und 16-18 Uhr*.

Märkte – Wochenmarkt: Mittwoch auf dem Place Morgan und an den „Cours". Trödelmarkt: 1. Sonntag des Monats auf dem Place Morgan.

Besondere Termine

Jazzfestival – Das „Festival du Jazz de Salon" findet in der zweiten Septemberwoche statt und belebt die Straßen der Stadt.

Kunstflugstaffel – Die **Patrouille de France** ist in Salon stationiert. Von November bis April fliegt sie Donnerstag und Freitag zwischen 12 und 13 Uhr ihre Übungsrunden. Wenn Sie zuschauen wollen, wenden Sie sich an ☎ *04 90 53 90 90*.

SALON-
DE-PROVENCE

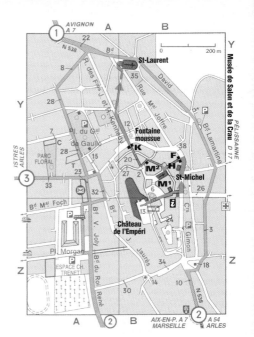

Église Saint-Michel – *Wegen Restaurierungsarbeiten geschlossen.* Die Kirche besitzt einen schönen Glockenturm mit fünf Bogenöffnungen sowie, über dem Portal, ein bemerkenswertes Tympanon mit romanischen Steinmetzarbeiten.

Im Herzen der Altstadt kommt man nun am Haus des Nostradamus *(s. Besichtigungen)* vorbei und geht dann durch die **Porte de l'Horloge** zum Place Crousillat. Seele und Symbol von Salon ist der hübsche Moosbrunnen – **Fontaine moussue** – aus dem 18. Jh.

Collégiale St-Laurent – Die im Stil der provenzalischen Gotik errichtete Stiftskirche beherbergt im Innenraum eine beachtliche, farbig gefaßte **Kreuzabnahme** (15. Jh.), die aus einem einzigen Steinblock gemeißelt wurde. Die dritte Kapelle links birgt das Grabmal des Nostradamus.

Umkehren und durch die Rue des Frères-Kennedy zum Place des Centuries gehen, an dem die Burg liegt.

BESICHTIGUNGEN

★★**Musée de l'Empéri** ⊙ – Das militärhistorische Museum gibt einen Einblick in die Geschichte des französischen Heerwesens von Ludwig XIV. bis 1918. Etwa 10 000 Exponate sind in architektonisch sehr schönen Räumen ausgestellt. Uniformen, Pferdegeschirr, Flaggen, Orden, Waffen (Stahl- und Feuerwaffen), Stiche und Drucke sowie Figuren zu Fuß oder zu Pferde illustrieren die militärische Vergangenheit, insbesondere die Napoleonische Zeit.

Musée Grévin de Provence ⊙
– Wachsfigurenmuseum.
2 600 Jahre provenzalischer
Geschichten und Legenden (von
der Hochzeit von Gyptis und
Protis bis in unsere Tage) sind
in 15 Bildern dargestellt.

Maison de Nostradamus ⊙ –
In diesem Haus verbrachte Nostradamus die letzten neunzehn
Jahre seines Lebens. 10 mit audiovisuellen Hilfsmitteln belebte
Szenen erzählen von seinem Leben und Werk.

*Die Innenstadt über die D 17
verlassen.*

**Musée de Salon et de la
Crau** ⊙ – *Östlich der Stadt
(D 17), dann links in die Route
du Val-de-Cuech und gleich wieder links in die Rue du Pavillon*

Napoleonische Uniformen im Musée de l'Empéri

Musée de l'Empéri, Salon-de-Provence

287

einbiegen (Hinweisschilder). Das volkskundliche Museum, das in einem großen Gebäude aus dem 19. Jh., dem „Pavillon", untergebracht ist, informiert über Geschichte, Volkskunst und Bräuche von Salon und Umgebung im ausgehenden 19. Jh. Man zeigt, wie sich die Natur der Crau im Laufe der Jahre verändert hat und macht mit den traditionellen Aktivitäten (Schafzucht, Seifenherstellung, Devotionalien) und Trachten der Region bekannt. Die Abteilung für Naturgeschichte zeigt in Dioramen zahlreiche ausgestopfte Vögel.

Vom Stetoskop zum Horoskop

Der 1503 in St-Rémy-de-Provence geborene **Nostradamus** verbrachte die letzten 19 Jahre seines Lebens in Salon. Nachdem er in Montpellier Medizin studiert und den Doktortitel erworben hatte, folgten zwölf Wanderjahre, in denen er Europa und den Orient bereiste und sein Wissen erweiterte. Als Arzt wurde er durch die Erfolge bekannt, die er bei den Pestepidemien in Aix und Lyon erzielte. Allerdings zog er dadurch den Neid der Kollegen auf sich. Als die Seuche eingedämmt war, zog er sich nach Salon-de-Provence zurück (1547) und widmete sich der Astrologie. 1555 gab er ein Buch gereimter Prophezeiungen, die *Centuries astrologiques*, heraus, die auf großes Interesse stießen und noch bei der letzten Jahrtausendwende für Ängste und Befürchtungen sorgten. Auch seine in einem *Almanach* veröffentlichten Wettervoraussagen hatten Erfolg.

Nostradamus

AUSFLUG

Im Nordosten von Salon

Rundfahrt 57 km – 1/2 Tag. Salon-de-Provence in östlicher Richtung über die D 572 verlassen.

Hinter Pélissane führt links eine Nebenstraße nach La Barben, das auf einer steilen Anhöhe im Tal der Touloubre liegt.

★ Château de La Barben ⊙ – Die Zufahrt bietet einen guten Überblick über den von Le Nôtre entworfenen französischen Park.

Das aktuelle Schloß geht auf eine Festung zurück, die noch vor dem Jahr 1000 errichtet wurde und Eigentum der Abtei von St-Victor in Marseille war, als solches an König René überging und von diesem an die mächtige Familie Forbin verkauft wurde. Die Forbins lebten fast 500 Jahre an diesem Ort und veränderten ihn mehrmals, besonders im 14. und 17. Jh., als man die Burg in ein Landschloß umwandelte. Der Rundturm, der durch das Erdbeben von 1909 zerstört worden war, wurde erst vor kurzer Zeit wiederaufgebaut. Von der Terrasse (zweiläufige Treppe im Henriquatre-Stil) schöner Blick auf den französischen Park und die provenzalische Landschaft zwischen der Trévaresse-Kette und den Alpilles. Bei der Innenbesichtigung

Château de La Barben

achte man besonders auf die Zimmerdecken im französischen Stil, auf die Wandteppiche aus Aubusson, Flandern und Brüssel (16. und 17. Jh.) sowie auf ein Werk von Largillière. Den Großen Salon schmückt ein Wandteppich aus Aubusson (Second Empire). Der Große Saal ist mit einer **Tapete aus Corduanleder**★ ausgekleidet, die 1680 in der Nähe von Avignon hergestellt wurde. Im 2. Stock befinden sich das Schlafzimmer von Pauline Borghèse (Schwester Napoleons) und das dazugehörige Boudoir, dessen Tapete die *Vier Jahreszeiten* (von Granet) darstellt.

In der überwölbten, ehemaligen Schäferei des Schlosses ist ein **Vivarium** eingerichtet, mit Fischen und Reptilien der europäischen Flüsse und südlichen Meere. In einer Voliere leben Vögel aus fünf Kontinenten.

Eine besondere Attraktion ist der **Zoo** ⊙, ein 30 ha großer Tierpark (600 Tiere in Halbfreiheit). Spielplätze und ein kleiner Zug, der durch die umfriedeten Gehege mit Raubtieren, Elefanten, Giraffen, Bisons, Zebras, Affen und Raubvögeln fährt.

Auf die D 572 zurückkehren, nach links einbiegen.

Die Straße durchquert das grüne Tal der Touloubre; nach dem Viadukt der Eisenbahnlinie TGV Sud-Est bietet sich ein schöner Blick auf die Bergkette der Trévaresse.

Saint-Cannat – In dem Dorf befindet sich das Geburtshaus des Seefahrers Pierre André de Suffren (1729-88), dem ein kleines **Museum** ⊙ im Rathaus gewidmet ist.

St-Cannat auf der N 7 in Richtung Avignon verlassen, dann links auf die D 917 abbiegen.

Lambesc – Hübscher kleiner Ort. Zu sehen sind Herrschaftshäuser (Hôtels particuliers) und Brunnen aus dem 17. und 18. Jh. sowie eine imposante Kirche (18. Jh.) mit einer schönen Kuppel. Der Stadtturm aus dem 16. Jh. besitzt eine Uhr mit Stundenschläger.

Auf der N 7 weiterfahren; in Cazan links auf die D 22 abbiegen. Nach 1 km zweigt die Zufahrtsstraße zum Gut Château-Bas und zu einem Parkplatz ab.

Château-Bas – Im Park befinden sich Überreste eines römischen Tempels **(Temple romain** ⊙**)**, der wahrscheinlich aus dem 1. vorchristlichen Jahrhundert stammt, einer glanzvollen Epoche, in der auch der Triumphbogen von Saint-Rémy-de-Provence und das Maison-Carrée von Nîmes gebaut wurden. Teile des Podiums und der linken Seitenmauer sind noch vorhanden. Den Wandpfeiler an dieser Mauer krönt ein schönes korinthisches Kapitell. Eine 7 m hohe kannelierte Säule hat die zwei Jahrtausende unversehrt überstanden. Die **Chapelle Saint-Césaire** ist direkt an die linke Tempelseite gebaut.

Im Umkreis des Tempels stehen Reste eines weiteren Tempels und einer halbrunden Einfriedung, die vermutlich zu einem Heiligtum gehörten.

Auf der D 22 weiterfahren und rechts in die D 22^c einbiegen.

Vieux-Vernègues – Das alte, hochgelegene Dorf Vernègues wurde beim Erdbeben von 1909 vollkommen zerstört. Der neue Ort Vernègues entstand unterhalb. Die Straße führt um das kleine alte Dorf herum *(Betreten der Ruinen verboten)* zu einem kleinen Aussichtspunkt. Hier hat man einen wunderschönen **Rundblick**★ über einen großen Teil der Provence.

Der Serpentinenstraße bis **Alleins** folgen, das Teile seiner Befestigung bewahrt hat.

Links die D 71^D nehmen und direkt nach der Überquerung des EDF-Kanals erneut links auf die D 17^D in Richtung Lamanon abbiegen.

Site de Calès – *Den Wagen beim Feuerwehrhaus von Lamanon parken und zum gepflasterten Weg hinter der Kirche gehen.*
Zwei Wege stehen zur Auswahl, können aber auch kombiniert werden: Der blau ausgeschilderte Weg (1 1/2 Std. hin und zurück) führt zu den Höhlen und zur Burgruine; der grün ausgeschilderte (2 1/2 Std. hin und zurück) führt zu den Kapellen. In den Monaten Juli und August ist die Stätte nicht zugänglich.

Die Stätte Calès am Défens-Hügel besteht aus Höhlenwohnungen, die von einer Burgruine überragt werden, und mehreren mittelalterlichen Kapellen.

Die **Höhlen** am Fuß eines Felskessels gehen auf Steinbrüche zurück, in denen man den für den Bau der Burg (12. Jh.) verwendeten Stein holte. Später baute man sie zu Wohnzwecken oder als Wirtschaftsräume aus. Noch heute sieht man in den Wänden die Löcher für die Balken, Ablaufrinnen, Treppen, in den Fels gehauene Vorratskammern. Bis zur Zerstörung der Burg Ende des 16. Jh.s waren die Höhlen bewohnt.

Von der Plattform der Burgruine (Marienstatue) bieten sich schöne **Ausblicke** nach Norden auf die Durance-Ebene und den Luberon; im Osten sieht man die Höhlenwohnungen, im Süden die Lamanon-Schlucht (Pertuis de Lamanon), durch die einst die Durance floß, sowie die Ebene um Salon, die Estaque-Gebirgskette, die Crau und den See von Berre.

Beim Abstieg dem grün markierten Weg nach links in Richtung **Chapelle Saint-Denis** folgen. Diese Kapelle, die zur gleichen Zeit wie die Burg errichtet wurde, sieht aus, als sei sie Teil einer provenzalischen Krippe. Wenn Sie nach rechts in Richtung Plateau Saint-Jean weitergehen, gelangen Sie zur Ruine einer Doppelkapelle, die einst ein bedeutendes Wallfahrtsziel war.

Auf der D 12^E und der N 538 nach Salon-de-Provence zurückfahren.

SAULT

Michelin-Karte Nr. 245 Falte 18 und Nr. 332 F9 – Kartenskizze s. Mont VENTOUX

Das von blauen Lavendelfeldern umgebene Sault ist im Sommer ein sinnenbetörendes Schauspiel von Düften und Farben.
Der Ort in 765 m Höhe breitet sich in einem Halbrund auf einem Felsvorsprung aus, der das Vaucluseplateau im Westen abschließt und das Tal der Nesque beherrscht. Sault ist daher ein idealer Ausgangspunkt für Ausflüge zum Mont Ventoux, in die Baronnies und zum Lure-Massiv.

AUF ENTDECKUNGSTOUR

Kirche – Das zwischen dem 12. und 14. Jh. errichtete Gotteshaus besitzt ein schönes romanisches Mittelschiff.

Terrasse – Vom Aussichtspunkt im Norden des Dorfes bietet sich ein schöner **Blick**★ auf das Plateau, den Eingang der Nesque-Schlucht und den Mont Ventoux.

Museum ⊙ – Das im ersten Stock der Bibliothek eingerichtete Museum besitzt zahlreiche Exponate aus vorgeschichtlicher und gallorömischer Zeit: Münzen, Waffen, Mineralien der Region, alte Dokumente und eine (eingeführte!) ägyptische Mumie.

AUSFLÜGE

★★★**Mont Ventoux**

Etwa 2 Std. ab Sault über die D 164 (Anfahrt über den Osthang). Beschreibung s. Mont VENTOUX.

TIPS UND ADRESSEN

Spezialitäten

Lavendelhonig und Türkischer Honig *(frz. nougat)* sollte man unbedingt probieren. Eine andere Spezialität von Sault aber sind Gerichte auf der Grundlage von *„épeautre"* **(Dinkel), dem sogen.** „Getreide der Gallier", das auf der Hochebene angebaut und in den Restaurants der Gegend zubereitet wird. Im September findet in Monnieux das „Fête de l'Épeautre" statt.

Lavendel

„Les Routes de la Lavande" – Eine Broschüre über die „Lavendelstraßen" enthält allgemeine Informationen sowie die Daten von Pauschalangeboten, Aktivitäten und Veranstaltungen von Frühling bis Herbst. Association „Les Routes de la Lavande", 2 Avenue de Venterol, 26111 Nyons Cedex, ☎ 04 75 26 65 91.

Lavendelfest – *Wochenende um den 15. August.* Lavendelkorso und Vorführung traditioneller und maschineller Schnittechniken.

Besichtigung – **Ferme St-Agricol**, *84390 Savoillans*, ☎ 04 75 28 86 57. Besichtigung des Guts und des Botanischen Gartens und Vorführung des Destilliervorgangs.

Jardin des Lavandes – *Hameau de Verdolier, 84390 Sault*, ☎ 04 90 64 14 97. Sammlung verschiedener Lavendelarten. Botanische Führungen.

Maison des Producteurs de Sault – *Rue de la République*, ☎ 04 90 64 08 98. *Apr.-Mitte Nov.* Ausstellung und Verkauf von Lavendelprodukten.

Gastronomie

Gut und preiswert

Le Provençal – *Rue Porte-des-Aires* – ☎ 04 90 64 09 09 – *2. Nov.-1. Jan. und Di außer Mai und Juni geschl.* – ☞ – *14/20 €.* Lassen Sie sich von der einfachen Fassade dieses in der Region beliebten Restaurants nicht täuschen. Hier geht es einfach und herzlich zu. Der junge Koch zaubert regionale Gerichte auf den Tisch, die im Gastraum oder aber auf der sonnengeschützten Terrasse serviert werden.

Ferme-auberge Les Bayles – *84390 St-Trinit* – *9 km östl. von Sault über die D 950 und eine Nebenstraße* – ☎ 04 90 75 00 91 – *Jan. geschl.* – ☞ – *Reserv. 15/22 €.* Die ehemalige Schäferei bietet sich an, wenn man Erholung in der Natur sucht. Auf der Speisekarte der Bauerngaststätte stehen Hähnchen, Perlhühner, Enten und Kaninchen. Fünf einfache Gästezimmer und eine Unterkunft für Wanderer, Radfahrer und Reiter stehen zur Verfügung. Pferdehof und Swimmingpool.

Plateau d'Albion

Rundfahrt 30 km – 1 1/2 Std. Sault auf der D 30 in Richtung Saint-Christol verlassen.

Das zerklüftete Albion-Plateau zeigt alle für den Kalkstein typischen Verwitterungserscheinungen. Seine Oberfläche ist von über 200 Schächten, Höhlen und Klüften durchsetzt. Die oft ausgesprochen engen Schlundöffnungen sind häufig nur schwer ausfindig zu machen. Die Kluft, die von oben am schönsten aussieht, ist die „Crirvi" in der Nähe von Saint-Christol. Die tiefsten Klüfte der Region sind der Aven Jean Nouveau mit einem senkrechten Eingangsschacht von 168 m und der Aven Autran bei Saint-Christol. Beide Höhlensysteme sind 600 m tief und führen reichlich Wasser auf ihrem Grund. Es sammelt sich nämlich dort Regenwasser, das anschließend durch ein weitverzweigtes, tief in das Kalkgestein gegrabenes unterirdisches Netz fließt. Es heißt, dessen Hauptabzweigung münde in die berühmte „Fontaine de Vaucluse" *(s. dort).*

Saint-Christol – In der schönen romanischen **Kirche**, die im 12. Jh. erbaut und im 17. Jh. um ein zweites Langhaus ergänzt wurde, ziehen die Skulpturen des aus karolingischer Zeit stammenden Altars und die mit Fabeltieren geschmückte Apsis die Aufmerksamkeit auf sich.

Wenden und zur D 30 zurückfahren; nach 4 km rechts in die D 95 einbiegen.

Saint-Trinit – Von dem ehemaligen, der Benediktinerabtei Saint-André de Villeneuve-lès-Avignon angeschlossenen mittelalterlichen Priorat ist diese **Kirche** erhalten geblieben.

Über die D 950, die D 1 und die D 95 nach Aurel fahren.

Aurel – Von der D 95 aus erblickt man unvermittelt das Dorf mit den Überresten der ehemaligen Befestigung und der rustikalen Kirche aus hellem Stein. Schöner Blick auf die Lavendelfelder in der Ebene von Sault.

★★Gorges de la Nesque

75 km – etwa 3 Std. Sault auf der D 942 in südöstlicher Richtung verlassen. Panoramastraße am rechten Nesque-Ufer.

Die 70 km lange Nesque entspringt an der Ostflanke des Mont Ventoux und mündet hinter Pernes-les-Fontaines in die Sorgue de Velleron. Bevor sie die Ebene erreicht, bahnt sie sich einen Weg durch die Kalkschichten des Vauclusehochlands. Diese Schlucht bildet den schönsten Abschnitt des Flußlaufs.

Monieux – Ein hoher Turm (12. Jh.), wacht über das alte Dorf oberhalb der Nesque-Schlucht. Überreste des Befestigungswalls und schöne, mittelalterliche Häuser mit alten Türen machen den Reiz von Monieux aus.

★★**Belvedere** – 734 m Höhe. Auf den links der Straße gelegenen Aussichtspunkt weist eine Stele mit einem Gedicht von Mistral hin. Von hier bietet sich ein bemerkenswerter **Ausblick** auf die pittoreske Schlucht und den 872 m hohen, zerklüfteten Felsen (Rocher du Cire).

Bei der Abfahrt unterfährt die Straße drei Tunnel. Hinter jedem Tunnel ergibt sich eine schöne Aussicht auf die Landschaft. Die Nesque verläuft nunmehr in einem tiefen, von einer üppigen Vegetation versteckten Flußbett und macht lediglich durch ihr helles Plätschern auf sich aufmerksam.

Die D 942 entfernt sich ein wenig von der Schlucht und durchquert die Combe de Coste Chaude. Bei der Ausfahrt aus dem vierten Tunnel hat man einen schönen **Blick** zurück auf di*e tiefe Schlucht und den Rocher du Cire. Die Straße führt am Fuß der verlassenen Siedlung Fayol vorbei, die von der Vegetation völlig überwuchert ist. Sobald man in die Ebene des Comtat Venaissin erreicht, ändert sich das Landschaftsbild. Hier bietet sich ein schöner **Blick** auf den Mont Ventoux sowie auf Carpentras und Umgebung. Durch das ausgesprochen schöne Erosionstal (Combe de l'Hermitage) erreicht man **Villes-sur-Auzon**, ein großes Bauerndorf an den Hängen des Mont Ventoux. Um den alten Ortskern führt ein Boulevard mit alten Platanen und schönen Brunnen.

Die D 1 in Richtung La Gabelle nehmen.

Diese Straße führt auf das Plateau hinauf und bietet einen weiten Ausblick auf den Mont Ventoux, die Dentelles de Montmirail und das Becken von Carpentras. Am Eingang zu La Gabelle erfaßt der **Blick** den gegenüberliegenden Berghang mit dem Taleinschnitt der Nesque im Vordergrund und dem Luberon am Horizont.

Von La Gabelle nach Norden fahren, die D 1 überqueren und den Hinweisschildern nach Flassan folgen.

Die Straße führt in ein kühles, mit Kiefern und Fichten bestandenes Tal bis nach **Flassan**, einem hübschen Ort mit ockerfarbenen Fassaden und einem malerischen, typisch provenzalischen Platz.

Die D 217 und die D 1 (links) führen nach Sault zurück.

Abbaye de SÉNANQUE★★

Sehnen Sie sich nach Abgeschiedenheit und meditativer Stille? Nur wenige Kilometer von Gordes entfernt, fühlt man sich in eine andere Zeit versetzt. Plötzlich taucht unterhalb der D 177 die Zisterzienserabtei auf, in einen tiefen Taleinschnitt gebettet, den die Sénancole in das Vaucluseplateau gegraben hat. Im Sommer ist der Anblick auf das graue, schmucklose Klostergebäude in seinem Schrein aus Lavendelfeldern eine Augenweide.

HINTERGRUNDINFOS

Entstehung und Entwicklung – Im Zuge der Ausbreitung der Zisterzienser im 12. Jh. wurde Sénanque im Jahre 1148 von Mönchen der Abtei Mazan (Haut-Vivarais) gegründet. Der hl. Bernhard von Clairvaux, auf den sich die Zisterzienser berufen, predigte das Ideal der Askese und die strenge Beachtung der Benediktinerregel in den Klöstern. Die Lebensbedingungen der Zisterzienser waren also schwierig, ja hart: Gottesdienst, Gebet und fromme Lektüre wechselten mit körperlicher Arbeit ab und füllten den größten Teil des Tages; die Zeit der Ruhe betrug höchstens 7 Stunden. Die kargen Mahlzeiten wurden schweigend eingenommen; der gemeinsame Schlafsaal besaß keinerlei Annehmlichkeiten, die Mönche ruhten in ihren Kleidern. Diese Strenge der Zisterzienser zeigt sich auch im architektonischen und künstlerischen Programm des Ordens. Der hl. Bernhard forderte Gebäude ohne jeden Schmuck, der möglicherweise die Aufmerksamkeit des Betenden ablenken könnte. Bunte Fenster, Statuen oder Malereien, mit Bildhauerarbeit geschmückte Bogenfelder oder stolze Glockentürme waren unerwünscht. Man findet diese Schlichtheit in Sénanque und in den beiden anderen provenzalischen Zisterzienserabteien, die sich bis in unsere Tage erhalten haben: Silvacane *(s. dort)* und Le Thoronet *(s. Grüner Reiseführer CÔTE D'AZUR)*.

Sénanque entwickelte sich so schnell, daß seine Gemeinschaft bereits 1152 groß genug war, um eine zweite Abtei im Vivarais zu gründen. Zahlreiche Schenkungen begünstigten sie; so erhielt Sénanque z. B. die Ländereien der Familie Simiane, anschließend die der Herren von Venasque. Das Kloster errichtete auf seinen teilweise sehr weit entfernten Territorien „Scheunen", um die sich Höfe bildeten, die von Laienbrüdern, ehemaligen Bauern, bewirtschaftet wurden. Die Blütezeit Sénanques fiel ins frühe 13. Jh. Erfolg und Wohlstand führten oft zur Abweichung von der Benediktinerregel. Wie zuvor Cluny, häuften auch die Zisterzienser von Sénanque Reichtümer an, die unvereinbar mit dem Gelübde der Armut waren und letztendlich zum Niedergang führten.

Verfall und Erneuerung – Die Disziplin lockerte sich im 14. Jh., die Zahl der Mönche nahm ab, Sénanque verfiel. Ende des 15. Jh.s besserte sich die Situation dank der energischen Führung eines Abtes, und bis zur Mitte des 16. Jh.s gab es wieder ein Klosterleben, das den Geist des Gründers zu respektieren suchte. Unglücklicherweise fiel Sénanque 1544 der Erhebung der Waldenser zum Opfer; einige Mönche wurden von den Häretikern gehenkt und mehrere Gebäude in Brand gesteckt. Von diesem Schlag konnte sich die Abtei nicht erholen. Ende des 17. Jh.s bestand die Gemeinschaft nur noch aus zwei Mönchen. Dennoch baute man den Südflügel des Klosters zu Beginn des 18. Jh.s wieder auf. 1791 wurde Sénanque als Staatsgut veräußert. Der Käufer

Zisterzienserkloster Sénanque mit Lavendelfeldern

bewahrte die Abtei nicht nur vor der Zerstörung, sondern ließ sie sogar wiederherrichten. 1854 erwarb sie ein Kleriker und führte sie wieder ihrer ursprünglichen Bestimmung zu: Neue Gebäude entstanden neben den alten, und 72 Mönche zogen ein. Die antiklerikale Politik der Dritten Republik (1870-1940) führte zweimal zu ihrer Vertreibung; einige Mönche kamen jedoch wieder zurück und blieben bis 1969. Nach einer Zwischenphase wurde 1989 in Sénanque das Klosterleben wiederaufgenommen.

BESICHTIGUNG ⊘ *etwa 1 Std.*

Das ursprüngliche Kloster, ein sehr schönes Beispiel der Baukunst der Zisterzienser, ist bis auf den Flügel der Laienbrüder, der im 18. Jh. neu erbaut wurde, fast vollständig erhalten. Das Mauerwerk der mittelalterlichen Teile besteht aus Gestein der Region. Die Kirche besitzt noch das originale Schieferdach mit einem quadratischen Glockentürmchen. Anders als üblich, ist der Chor nicht nach Osten, sondern wegen der topographischen Gegebenheiten vor Ort, nach Norden ausgerichtet.

Die Besichtigung beginnt mit dem Schlafsaal, der sich im Nordwesten des Kreuzgangs im 1. Stock befindet.

Schlafsaal – Der weiträumige Saal besitzt ein Spitztonnengewölbe mit Gurtbögen und wird von einem Rundfenster und schmalen Fensteröffnungen erhellt. Hier schliefen die Mönche, jeder auf seinem Strohsack. Der erste Gottesdienst fand mitten in der Nacht statt (2 Uhr), ein weiterer folgte zur Morgendämmerung. Heute befindet sich hier eine Ausstellung, die über die Errichtung der Abtei informiert.

★**Kirche** – Zunächst, ab 1150, baute man den Altarraum und das Querschiff; im frühen 13. Jh. schloß man den Bau mit dem Langhaus ab. Die reinen Linien, die großartige, schlichte Schönheit und das Fehlen jeglicher Ausschmückung schaffen eine Atmosphäre der inneren Einkehr. Vom Ende des Mittelschiffs kann man die Ausgewogenheit der Proportionen und der räumlichen Gliederung am besten ermessen.

Die Vierung überspannt eine weite Trompenkuppel (die sorgfältigen Steinmetzarbeiten der Arkaden, konvexen Steinplatten und kannelierten Pilaster erinnern stilistisch an die Kirchen des Velay und des Vivarais). Der Altarraum endet in einer halbrunden, von drei Fenstern (Symbol der Dreifaltigkeit) durchbrochenen Apsis, an die sich zu beiden Seiten der quadratischen Querschiffarme jeweils zwei kleinere Apsiden anschließen. Steinplatten decken den Boden des Hauptschiffs, des Querhauses und der Seitenschiffe; die Pfeilervorlagen sind direkt auf den Boden geführt.

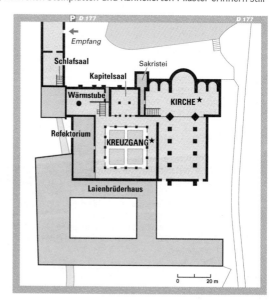

★**Kreuzgang** – Die Flügel des Kreuzgangs (Ende 12. Jh.) besitzen Tonnengewölbe, deren Gurtbögen auf Konsolen ruhen. Man beachte den zurückhaltenden Schmuck der Kapitelle (Blattwerk, Blüten, gedrehte Bänder, Palmblatt- und Flechtornamentik).
Der Kreuzgang steht mit den verschiedenen Räumen der Klostergebäude in Verbindung, die jeweils eine bestimmte Funktion haben.

★**Klostergebäude** – Der **Kapitelsaal** besitzt ein Kreuzrippengewölbe, das auf zwei Mittelpfeilern ruht. Hier versammelte sich die Gemeinschaft unter der Leitung des Abtes, um die Heilige Schrift zu lesen und zu kommentieren, um wichtige Entscheidungen zu fällen, zum Gelöbnis von Novizen oder zur Totenwache.
Durch einen engen Gang gelangt man in die **Wärmstube**, in deren Ecke noch einer der beiden Originalkamine zu sehen ist. Wenigstens ein Raum im Kloster mußte geheizt werden, vor allem für die Mönche, die hier Schriften kopierten.
Das **Refektorium** liegt parallel zum Westflügel des Kreuzgangs. Im 16. Jh. wurde es zerstört, in der Folgezeit wiederaufgebaut und vor wenigen Jahren erst in seinen ursprünglichen Zustand zurückversetzt.
Südlich liegt das im 18. Jh. umgebaute **Laienbrüderhaus**, in dem die Laienbrüder getrennt von der übrigen Klostergemeinschaft lebten, deren Mitglieder sie nur bei der Feldarbeit und zu bestimmten Gottesdiensten trafen.

Abbaye de SILVACANE★★

Michelin-Karte Nr. 114 Falten 1, 2, Nr. 245 Falte 31,
Nr. 246 Falte 12 und Nr. 340 G3
Kartenskizze s. La TOUR-d'AIGUES

Inmitten der ländlichen Umgebung des linken Durance-Ufers zeigen sich die rosafarbenen Dächer und der kleine quadratische Glockenturm der Abtei Silvacane, die sich dem Besucher in schlichter zisterziensischer Architektur präsentiert. Der Ort eignet sich hervorragend für die musikalischen Veranstaltungen, die hier stattfinden.

HINTERGRUNDINFOS

Geschichtliches – Im 11. Jh. gründeten einige Mönche von Saint-Victor aus Marseille in der feuchten Flußniederung der Durance ein Kloster (Sylva cana = Schilfwald). Es trat dem Zisterzienserorden bei und erhielt 1144 eine Schenkung von Guillaume de la Roque und Raymond de Baux, während eine Gruppe von Zisterziensern aus Morimond (ehemalige Abtei an der Grenze von Champagne und Lothringen) die Leitung übernahm.
Unter dem Schutz der provenzalischen Lehnsherren erlebte die Abtei eine Blütezeit. Das umliegende Land wurde nutzbar gemacht, und eine weitere Abtei, Valsainte bei Apt, wurde gegründet. 1289 gab es einen heftigen Konflikt zwischen den Mönchen von Montmajour *(s. dort)* und jenen von Silvacane, von denen einige vertrieben oder gar als Geiseln genommen wurden. Die Angelegenheit endete mit einem Prozeß, und Silvacane wurde seinen legitimen Besitzern, den Zisterziensern, zurückgegeben. Sehr viel schwerwiegender waren die Plünderung von 1358 durch den Lehnsherrn von Aubignan und die strengen Fröste von 1364, welche die Oliven- und Weinernte vernichteten. Danach begann eine Periode des Niedergangs; 1443 schließlich wurde die Abtei dem Domkapitel von Saint-Sauveur in Aix unterstellt. Anfang des 16. Jh.s war sie Pfarrkirche des Dorfes La Roque-d'Anthéron; während der Religionskriege wurde sie beschädigt. Als die Revolution ausbrach, verkaufte man die Gebäude als Staatseigentum und machte aus ihnen einen Bauernhof.
1949 kaufte der Staat die Gebäude zurück, die Schritt für Schritt restauriert wurden. So baute man auf Fundamenten, die man 1989 entdeckte, die Konventsbauten, die Umfassungsmauer aus verputzten Bruchsteinen und den Gästetrakt westlich der Klostergebäude wieder auf.

BESICHTIGUNG ⊙ etwa 1 Std.

Kirche – Die Kirche wurde zwischen 1175 und 1230 auf abschüssigem Gelände errichtet und weist daher Abstufungen auf, die besonders an der Westseite auffallen. Hier gibt es zahlreiche Öffnungen – ein Mittelportal (auf dessen Bogenfeld die Domherren von Saint-Sauveur ihr Wappen hinzugefügt haben), zwei Seitentüren und seitlich darüber kleine Fenster sowie im 1. Geschoß drei Fenster und ein verziertes Rundfenster. Das aus drei Jochen bestehende Langhaus endet mit einem flachen Chorabschluß. Interessant ist, wie der Baumeister das abschüssige Gelände berücksichtigt hat, indem er das Hauptschiff, das südliche Seitenschiff und den Kreuzgang im Niveau abstufte.

Kreuzgang – Obwohl der Kreuzgang aus der 2. Hälfte des 13. Jh.s stammt, sind die Gewölbe seiner Flügel romanischen Stils. Mächtige runde Arkaden öffnen sich zum Kreuzgarten; ursprünglich waren sie mit Zwillingsbögen geschmückt.

Klostergebäude –
Bis auf das Refektorium entstanden die Konventsgebäude zwischen 1210 und 1230. Die langgezogene, schmale **Sakristei** (**2**) liegt neben der **Bibliothek** (**3**), die sich unter dem nördlichen Querhaus befindet; der **Kapitelsaal** mit seinen sechs, auf zwei unterschiedlich gestalteten Mittelpfeilern ruhenden Kreuzgratgewölben erinnert an den

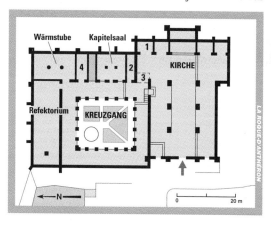

von Sénanque. Neben dem **Parlatorium** (**4**), durch das man nach draußen gelangt, liegt die **Wärmstube** mit Kreuzgratgewölbe und Kamin. Der **Schlafsaal** befindet sich im 1. Stock. Das weiträumige, wunderschöne **Refektorium** wurde um 1425 wiederaufgebaut. Seine Kapitelle sind reicher verziert als die der anderen Säle; hohe Fenster und eine große Fensterrose erhellen den Raum großzügig; das Lesepult ist noch zu sehen.

Das Gebäude der Laienbrüder ist vollständig verschwunden. Bei Ausgrabungen wurden Reste des Torbaus und der Klostermauer freigelegt.

TARASCON★

12 668 Einwohner

Michelin-Karte Nr. 245 Falte 28, Nr. 246 Falte 26 und Nr. 340 C3

Die mächtige Burg am Ufer der Rhone ist einer der besterhaltenen mittelalterlichen Wehrbauten Frankreichs. Der Name der Stadt ist eng mit dem menschenfressenden Ungeheuer **Tarasque** verbunden, das hier der Rhone entstiegen sein soll. Alphonse Daudet machte den Ort über Frankreichs Grenzen hinaus bekannt, denn hier lebte des Schriftstellers Romanfigur *Tartarin*. Der Name der Stadt leitet sich allerdings aus dem Ligurischen *tar* (Felsen) und *asc* (Wasserlauf) ab, also „Felsen am Fluß", sicher ein Hinweis auf den Felsen, auf dem die Burg thront.

Tarascon liegt am Rand einer fruchtbaren Ebene, in der Obst und Frühgemüse angebaut werden, und ist heute Versandort für diese Produkte.

EIN BESONDERES HIGHLIGHT

★★Château du Roi René ☾ *Besichtigung: 1 Std.*

Die Burg ist dank ihrer Lage am Rhone-Ufer und wegen ihres massiven Äußeren, das mit der eleganten Inneneinrichtung kontrastiert, eine der schönsten Frankreichs. Hinzu kommt, daß sie außergewöhnlich gut erhalten ist.

Die Tarasque

Griechen und Römer hatten hier bereits einen Stützpunkt. Dieses *Tarusco* lag auf einer Rhone-Insel und wurde von den Römern durch ein Castrum befestigt, das den Flußübergang sicherte. Wenig später, so erzählt die provenzalische Legende, soll wiederholt eine Art Riesenlurch aus dem Fluß getaucht sein, um Schiffer und Tiere zu töten und Kinder zu verschlingen. Da kam die hl. Martha aus Les Saintes-Maries-de-la-Mer und zähmte das Untier mit dem Kreuzeszeichen, so daß es gefangen werden konnte. König René, der häufig in Tarascon Hof hielt, ließ hier 1474 zum ersten Mal ein großes Tarasque-Fest zu Ehren der hl. Martha feiern. In Erinnerung an die volkstümliche Legende findet heute wieder alljährlich ein solches Fest statt.

G. Magnin/MICHELIN

TIPS UND ADRESSEN

Stadtbesichtigung

Stadtführungen – *s. Öffnungszeiten und Eintrittspreise.*

Gastronomie

Gut und preiswert

Bistrot des Anges – *Place du Marché* – ☎ *04 90 91 05 11 – So geschl.* – 🖻 – *12,97 € Mittagsmenü – 18,32/22,90 €.* Hübsches Restaurant in kräftigen provenzalischen Farben mit schmiedeeisernen Stühlen und Tischen. Es gibt ein einziges Menü, das sich täglich ändert und aus garantiert frischen Zutaten zubereitet wird. Terrasse auf dem Platz.

Unterkunft

Unsere Empfehlung

Chambre d'hôte du Château – *24 Rue du Château* – ☎ *04 90 91 09 99 – yla-raison@wanadoo.fr – Nov.-20. Dez. geschl.* – 🖻 – *5 Z: 66/76 €.* Man begibt sich auf eine Reise in die Vergangenheit, wenn man in diesem geschmackvoll restaurierten Haus aus dem 18. Jh. übernachtet. Es liegt in einer ruhigen Gasse, die zum Schloß von König René führt. Das Frühstück wird im blumengeschmückten Innenhof serviert, an einem Taubenhaus mit ockerroten Mauern. Ein Traum zu erschwinglichem Preis.

Cadran Solaire – *Rue du Cabaret Neuf – 13690 Graveson – 10 km nördl. von Tarascon über die N 570* – ☎ *04 90 95 71 79 – 1.-15. Nov. geschl.* – 🅿 – *12 Z: 45,73/60,98 €* – 🖵 *5,95 €.* Eine Sonnenuhr ziert die schöne Fassade dieses ehemaligen Postkutschenrelais. Beigefarbene Farbtöne herrschen vor, der Bodenbelag besteht aus Schilf, und in den renovierten Zimmern stehen ländliche Möbel.

Shopping

Régis Morin – *56 Rue des Halles* – ☎ *04 90 91 01 17 – Di-So 6.30-13 Uhr, 15-20 Uhr – Mitte-Ende Aug. geschl.* Dieser Konditor stellt köstliche Süßspeisen her, mit Nougat gefüllte Schokolade und die Schokoladenhäppchen „Besuquettes de Tartarin".

Souléïado (Firmensitz) – *39 Rue Prudhon* – ☎ *04 90 91 08 80 – Geschäft: Mo-Fr 8.30-12 und 13.30-18 Uhr (Fr bis 17 Uhr).* Herrliche provenzalische Stoffe und Artikel des Hauses Souléïado.

Markt – Wochenmarkt am Dienstag im Stadtzentrum.

Sport und Freizeit

Base ULM Christine Garcia – *Route d'Arles* – ☎ *04 90 43 51 67, Handy 06 11 94 17 24 – Di-So nach Terminabsprache – Preise je nach Flugdauer zwischen 30,49 und 137,20 € pro Person.* Entdecken Sie die Provence aus der Vogelperspektive. Christine Garcia bietet fünf verschiedene Rundflüge im Ultraleichtflieger an: *Circuit Tartarin* (rund um La Montagnette), *Circuit Daudet* (über die Mühle), *Circuit Van Gogh* (St-Rémy, Glanum), *Circuit Mireille* (Camargue) und *Circuit Altera Roma* (Pont du Gard, Avignon).

Tradition und Brauchtum

Das Tarasque-Fest – Letztes Juniwochenende (Fr-Mo). Bei diesem Volksfest zieht – zum Schrecken der Kinder – eine Nachbildung der Tarasque durch die Straßen der Stadt. Das Untier wedelt gefährlich mit seinem Drachenschwanz, und wer in seinem Weg steht, wird umgeworfen. Natürlich ist auch Tartarin bei diesem Umzug mit von der Partie. Zum Fest gehören aber auch unterschiedliche Sport- und Stierkampfveranstaltungen (Pferderennen und *Novillada* in der Arena) sowie, als krönender Abschluß, ein musikalisches Schauspiel mit Feuerwerk.

Weihnachten – *Santon-Markt* in der letzten Novemberwoche und, am Weihnachtsabend, *Pastrage* (Opfergabe durch Hirten) in der Kirche Ste-Marthe (ebenfalls in St-Michel-de-Frigolet – *s. dort*).

Im 13. Jh. erhob sich am Standort des römischen Castrums eine Burg, die gegenüber dem königlichen Beaucaire die Westgrenze der Provence bewachte. 1399 wurde sie von Raymund de Turenne (*s. Les BAUX-DE-PROVENCE*) eingenommen, wenig später jedoch ihren legitimen Besitzern, dem Haus von Anjou, zurückgegeben. Ludwig II., der Vater des „guten" Königs René, beschloß, sie gänz-

Das imposante Château du Roi René am Ufer der Rhone

lich wiederaufzubauen. Zwischen 1447 und 1449 ließ König René die Anlage vollenden und sie im Inneren mit großer Eleganz ausstatten; sie wurde eine seiner Lieblingsresidenzen.

Die Burg besteht aus zwei unabhängigen Teilen. Im Süden liegen um den Ehrenhof die Prunkgemächer und Appartements des Burgherrn, geschützt durch Rundtürme zur Stadt hin und quadratische Türme an der Flußseite; als zusätzliche Verstärkung dienen wuchtige, bis zu 48 m hohe Mauern. Im Norden befindet sich der Untere Hof, der von viereckigen Verteidigungsbauten bewacht wird.

Unterer Hof (Basse cour) – Ein breiter Graben mit Brücke (früher Zugbrücke) trennt die beiden Burganlagen von der Stadt. Zum Unteren Hof gehören die kürzlich restaurierten Wirtschaftsgebäude. In einem Teil ist die große **Apotheke** (Apothicairerie) des Saint-Nicolas-Spitals untergebracht; in den prachtvoll getäfelten Schränken (18. Jh.) sind zahlreiche Fayencetöpfe ausgestellt.

Ehrenhof – In den „Cour d'honneur" gelangt man über den zickzackförmig angelegten Eingang des Wohnturms. Feine Steinmetzarbeiten und Kreuzstockfenster zieren die Fassaden am Hof. Ein zierliches polygonales Treppentürmchen **(1)** verbindet die einzelnen Etagen miteinander; seitlich birgt eine Nische die Büsten von König René und seiner Gemahlin Jeanne de Laval. Man beachte den spätgotischen Abschluß der Kantorenkapelle **(2)** und die an den Eckturm anschließende untere Kapelle **(3)**, über der die obere Kapelle liegt.

Der stadtseitig gelegene Wohntrakt enthält mehrere, übereinanderliegende Raumfluchten oberhalb einer Galerie **(4)** mit Korbbogengewölbe. Die Räumlichkeiten stehen mit dem Uhrturm (Tour de l'Horloge) in Verbindung.

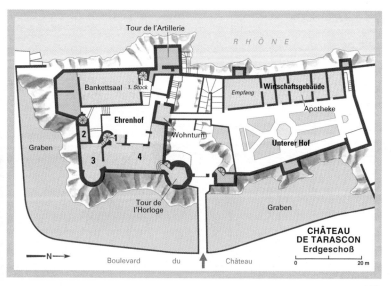

Prunkgemächer – Der Gang durch den Westflügel, der am Fluß liegt, führt zu den Prunkgemächern; man beachte insbesondere im Erdgeschoß den **Bankettsaal** mit zwei Kaminen und im 1. Stock den Festsaal, beides große Räume mit bemalten Holzdecken. Dann folgen das Gemach des Königs (Südwestturm) mit Kamin und Tellerwärmer sowie im 2. Stock Audienz- und Ratssaal, die mit flämischen Tapisserien (17. Jh.) geschmückt sind.

Im Südflügel schließlich besichtigt man die Zimmer des Kaplans (Sakristei, Hostienofen, Kirchenschatz), dann die königliche Kapelle mit den Oratorien, in denen die Herrscher dem Gesang der Kantoren lauschen konnten.

Terrasse – *Zugang über die Treppe des Artillerieturms.* Auf der Dachterrasse bietet sich ein weiter **Blick**★★ über Beaucaire, Tarascon, den Mont Ventoux, die Rhone und den Staudamm von Vallabrègues, auf die Berge der Montagnette, die Alpilles, Fontvieille, die Abtei Montmajour, Arles und die Ebene von Saint-Gilles.

Im Erdgeschoß des Uhrturms befindet sich der sogen. Galeerensaal, in dem Gefangene Inschriften und Schiffszeichnungen hinterließen.

AUF ENTDECKUNGSTOUR

Tarascon ist zwar in erster Linie wegen seiner Burg bekannt, doch sollte man nicht versäumen, einen Spaziergang durch die Straßen und Gassen der Stadt zu machen, die mit alten Gemäuern aus schönem Naturstein und vielen sorgfältig restaurierten Stadtpalais aufwartet. So entdeckt man hier ein hübsches Gesims, dort ein Portal oder einen Fries und oft reizvolle Fassaden.

Durch die Porte St-Jean in die Stadt gehen und in die Rue Pelletan einbiegen.

Rechts sieht man die mit pausbäckigen Putten geschmückte Barockfassade des Theaters.

Der Rue Proudhon folgen.

Das Haus Nr. 39 ist ein schönes Palais, Sitz der Firma **Souleïado**. Im Geschäft werden in warmen, lebendigen Farben bedruckte Stoffe angeboten. Von der Straße zweigt links, direkt nach der Chapelle de la Persévérence (17. Jh.), die vollständig überdachte Rue **Arc-de-Boqui** ab.

Am Ende der Straße rechts in Richtung Place du Marché gehen.

Hôtel de ville – Das Rathaus ist ein eleganter Bau aus dem 17. Jh., dessen reich verzierte Fassade mit einem Steinbalkon geschmückt ist. Eine Skulptur zeigt die hl. Martha, die das Untier Tarasque bezwingt. Man kann im 1. Stock den mit Tafelwerk und Porträts ausgestatteten „Salle des Consuls" anschauen.

Von der Rue du Château geht es in die malerische **Juiverie**, das alte jüdische Ghetto von Tarascon. Am Rand des Viertels erheben sich die Burg und die Kirche Sainte-Marthe.

Über die Rue Robert erreicht man den Place de la Mairie.

Rechts in die **Rue des Halles**, die Hauptstraße des alten Tarascon, gehen. Arkaden und Passagen (15. Jh.) säumen die Straße, in der früher Markt gehalten wurde. In der Rue Ledru-Rollin befindet sich links das **Cloître des Cordeliers** (Kreuzgang), in dessen Gängen hin und wieder Ausstellungen stattfinden.

Über die Rue Ledru-Rollin zum Boulevard Victor-Hugo gehen.

TARASCON

Cloître des Cordeliers......	Z **N**
Hôtel de ville..................	Y **H**
Maison de Tartarin..........	Y **B**
Musée Charles-Deméry (Souleïado).................	Z **M**
Théâtre...........................	Z **T**

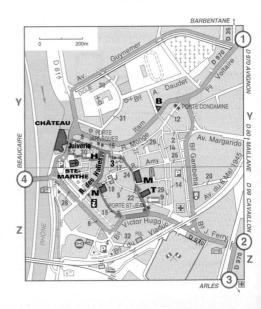

BESICHTIGUNGEN

★Église Ste-Marthe ⓥ – Die im 12. Jh. errichtete Kirche wurde im 14. und 15. Jh. umgebaut. Nach der starken Beschädigung von 1944 restaurierte man große Teile. Besonders harmonisch ist das romanische Südportal, auch wenn dessen herrlicher Skulpturenschmuck im Laufe der Zeit zerstört wurde.

Aufgrund der Dunkelheit, die im Kircheninneren herrscht, kann man die Gemälde von Pierre Parrocel und Nicolas Mignard nicht wirklich betrachten.

Auf der zur Krypta führenden Treppe befindet sich ein Renaissance-Grabmal, das dem Umkreis des Francesco Laurana zugeschrieben wird. Die Krypta birgt den mit Reliefs geschmückten Sarkophag (3.-4. Jh.) der hl. Martha.

★Musée Charles-Deméry (Souleïado) ⓥ – Das interessante Museum zeigt alte bedruckte Stoffe und provenzalische Trachten des 18. und 19. Jh.s sowie eine bedeutende Sammlung von Fayence, Keramik und Bildern.

Maison de Tartarin ⓥ – Das Haus wurde zu Ehren des berühmtesten Bürgers von Tarascon – einer Romanfigur Daudets – eingerichtet. Es enthält drei im Geschmack der Zeit um 1870 ausgestattete Zimmer. Kleiderpuppen, Möbel und Dokumente lassen die Atmosphäre der Zeit Daudets wiedererstehen. Hinter dem Haus wurde ein „exotischer Garten" angelegt. Hier kann man in einem Treibhaus eine Nachbildung der Tarasque und den sie bewachenden „Tarascaire" sehen.

AUSFLUG

La Montagnette

Rundfahrt 45 km – 4 Std. Tarascon in östlicher Richtung (Maillane) auf der D 80 verlassen; nach der N 570 auf der D 80ᴬ weiterfahren und anschließend links auf die D 32 abbiegen.

Maillane – Das charmante Provinzstädtchen mit seinen von Platanen beschatteten Plätzen liegt im Herzen der „Crau de Saint-Rémy". In Maillane wurde der Dichter **Frédéric Mistral** geboren, der das Provenzalische zu neuem Leben erweckte und 1904 für sein Gesamtwerk mit dem Nobelpreis für Literatur ausgezeichnet wurde. Auf dem Friedhof befindet sich an der Hauptallee, in der Nähe des Kriegerdenkmals, Mistrals Mausoleum, das er schon zu Lebzeiten nach dem Vorbild des Pavillons der Königin Johanna bei Les Baux erbauen ließ.

Museon Mistral ⓥ – Das Museum wurde in dem Haus eingerichtet, das sich der Dichter erbauen ließ und ab 1876 bis zu seinem Tod im Jahre 1914 bewohnte. In den unveränderten Räumen können Liebhaber der *„langue d'oc"* Erinnerungsstücke, Gemälde und Bücher betrachten.

Über die D 5 und die D 28 (links) erreicht man Graveson.

Frédéric Mistral

Der Dichter wurde 1830 als Sohn eines Landadligen geboren. Seine Jugend verbrachte er im Mas du Juge an der Straße nach Graveson. Nachdem er die Schule von Maillane und das Internat von Saint-Michel-de-Frigolet besucht hatte, studierte er am königlichen Kolleg von Avignon (wo er Roumanille kennenlernte) und an der Juristischen Fakultät in Aix. Danach kehrte Mistral in sein Elternhaus zurück – der Reiz der provenzalischen Sprache zog ihn mehr an als die Spitzfindigkeiten des „Code Napoléon". Nach dem Tod seines Vaters bewohnte er mit seiner Mutter das kleine Maison du Lézard *(am Ortseingang, dem Museum gegenüber)*. Dort vollendete er sein Volksstück *„Mirèio"*. 1876 heiratete er und bezog ein neues Haus, das heute als Museum zu Ehren des Dichters dient.

Graveson – Die romanische Apsis der Dorfkirche, die sich inmitten von Obstgärten erhebt, ist mit zierlichen Arkaden geschmückt. Am Ende des Cours National befindet sich das **Musée Auguste-Chabaud★** ⓥ, das Werke des 1882 in Nîmes geborenen und 1955 in Graveson verstorbenen Malers, Bildhauers und Dichters zeigt. Nach mehreren Aufenthalten in Paris zog Auguste Chabaud in den Mas de Martin am Fuß der Montagnette und ließ sich von der Natur, dem Landleben und den Volksfesten der östlichen Provence inspirieren. 1902 malte er *Das Haus am Kanal* im Stil des Postimpressionismus. Aufgrund der flächig aufgetragenen reinen Farben und der schwarzen Konturen wurde er mit dem Fauvismus in Verbindung gebracht, aber wegen der Ausdruckskraft und Intensität seiner Werke ist er vielleicht eher dem Expressionismus zuzuordnen. Besondere Beachtung verdienen folgende Werke: *Les Vieilles Provençales* (1909; Alte provenzalische Frauen), *Berger appuyé sur un bâton* (Hirte auf einen Stock gestützt), *Filles au vent* (Mädchen im Wind) und *La Roubine* (1912; Platanen, die sich im Kanal spiegeln).

Im Süden des Ortes erreicht man über die D 80 das **Musée des Arômes et du Parfum** , das in ein ehemaligen Gut der Mönche von St-Michel-de-Frigolet eingerichtet wurde. Hier sind alle Düfte der Provence und Geräte zur Herstellung essentieller Öle vereint (u. a. Destilliergeräte, Flakons und Duftgefäße).

Bis zur N 570 weiterfahren, dann rechts in Richtung Graveson und anschließend links in Richtung Tarascon abbiegen. Dann sofort links auf die D 81 abbiegen.

Sobald man die D 970 überquert hat, führt die Straße in Kurven zwischen Zypressen, Pinien und Olivenbäumen zur Abtei Saint-Michel-de-Frigolet. Ein Kreuzweg (ausgeschildert und nur zu Fuß zu begehen) zweigt vor dem Kloster ab.

Abbaye de Saint-Michel-de-Frigolet – *s. SAINT-MICHEL-DE-FRIGOLET*

Auf der D 80 in nördlicher Richtung weiterfahren, dann die D 35ᴱ nehmen.

Barbentane – *s. dort*

Barbentane südlich auf der D 35 verlassen.

Boulbon – Die Ruine einer mächtigen Burg überragt den Ort an der Montagnette. Die romanische Kapelle **Saint-Marcellin** auf dem Dorffriedhof birgt schöne Skulpturen (Liegefigur und Klagende aus dem 14. Jh.).

Über die D 35 nach Tarascon zurückfahren.

La TOUR-D'AIGUES

3 860 Einwohner
Michelin-Karte Nr. 114 Falte 3, Nr. 245 Falte 32 und Nr. 332 G11

Die Götter scheinen diese von den Wassern der Durance durchflossene Region Aigues gesegnet zu haben. Der fruchtbare Boden bringt Wein, Obst (Kirschen) und Gemüse hervor und bildet einen Kontrast zur wilden Kargheit der nahen Berge des Luberon. Der im 10. oder 11. Jh. gegründete Ort ist nach einem Turm benannt, der an der Stelle des heutigen Schloßturms stand.

BESICHTIGUNG

Château – Das Schloß wurde von dem italienischen Baumeister Ercole Nigra (1555-75) im Renaissancestil errichtet. Mit einer Fläche von 1 400 m² thront es auf einer Terrasse über dem Fluß Lèze. Katharina von Medici hielt sich 1579 mit ihrem Gefolge in La Tour-d'Aigues auf. 1782 geriet das Schloß in Brand; 1792 wurde es erneut ein Opfer der Flammen und verfiel zur Ruine. Das Departement Vaucluse unternimmt z. Zt. Restaurierungsarbeiten.

Das monumentale **Eingangsportal** hat die Form eines Triumphbogens: Säulen und korinthische Pilaster, Friese mit Kriegsattributen und Dreiecksgiebel schmücken es. Auf den beiden Seiten des Tores erheben sich zwei mächtige rechteckige Pavillons mit drei Fensterreihen; der linke besitzt noch seinen hohen Dachkamin.

Monumentales Eingangsportal von La Tour-d'Aigues

Im Herzen des von der Umfassungsmauer begrenzten Bezirks steht der Wohnturm, der so instandgesetzt wurde, wie er im 16. Jh. aussah. In einer Ecke befindet sich die Kapelle. Das Untergeschoß beherbergt Ausstellungs- und Veranstaltungsräume sowie die Sammlungen von zwei Museen.

> **Tip**
>
> Gut und preiswert
>
> **Auberge de la Tour** – *Rue A.-de-Tres* – ☎ *04 90 07 34 64* – *Nov., So-abend und Mo geschl.* – *15,09/27,44 €.* In diesem Restaurant mitten im Dorf herrscht eine entspannte, lockere Atmosphäre. Regionale Küche mit aromatischen Gerichten der Provence.

Musée des Faïences ⊘ – Als man die Kellerräume des Schlosses restaurierte, fand man zahlreiche glasierte Keramiken, deren schönste Exemplare hier zusammengestellt wurden. Sie stammen zum größten Teil aus der Manufaktur von Jérôme Bruny in La Tour d'Aigues (1750-1785). Es handelt sich um schöne weiße Fayencen mit Zinnglasur, wappengeschmückte (Tafelservice mit dem Wappen der Familie de Bruny) und bunt bemalte Fayence (ovaler Teller mit einer Jagdszene in verschiedenen Orangetönen, nach einem Stich von J.-B. Oudry). Die Sammlung wird ergänzt durch Porzellan und Fayence des 18. Jh.s aus Europa (Delft, Moustiers, Marseille) und Asien (China, Japan), Marmormedaillons aus dem 16. Jh. (mit lorbeerbekränzten Häuptern verziert) und glasierte Terrakottafliesen aus dem 17. und 18. Jh.

Musée de l'Histoire du Pays d'Aigues ⊘ – Das Museum erzählt mit Hilfe audiovisueller Mittel die Geschichte des Pays d'Aigues von der kelto-ligurischen Besiedlung bis in die heutige Zeit. Transparente, Fotografien, Leuchtkarten, Gegenstände (alte Abgüsse, Werkzeuge, Nachbildung einer Seidenraupenzucht usw.) und Modelle illustrieren die Entwicklung des Landlebens.

AUSFLUG

An den Ufern der Durance – *112 km – etwa 1 Tag*

Zu Füßen des Luberon folgt die Durance ihrem unregelmäßigen Lauf parallel zum Mittelmeer bis zur Rhone, in die sie bei Avignon mündet. Während der letzten Eiszeiten bildete der Fluß einen Bogen auf der Höhe von Lamanon und floß direkt ins Meer. Dabei trug er gewaltige Mengen an Kieseln und Steinen mit sich, die zur Crau wurden.
Unregelmäßige Wasserstände und spektakuläre, zerstörerische Hochwasser prägten die Geschichte der Durance, die sich nur nach und nach zähmen ließ. Heute dient das Reservoir von Serre-Ponçon der Regulierung des Flußlaufs und der Bewässerung der Ebene der Basse-Durance in Trockenzeiten.
Zwischen der Durance und dem Meer wurden zahlreiche Kanäle angelegt, die der Wasserversorgung der Städte, der Bewässerung der landwirtschaftlichen Produktion (so z. B. der älteste Kanal, der Canal de Craponne, 16. Jh.) oder der Stromerzeugung dienen.
Fische, Kormorane, Reiher und Biber sind zu dem wieder sauberen Wasser der Durance zurückgekehrt.

La Tour-d'Aigues in östlicher Richtung über die D 135 nach Mirabeau verlassen.

Nach dem Dorf führt die N 96 (links) in Richtung Manosque durch die Engstelle des **Défilé de Mirabeau**, der der Fluß hier am Übergang von der Haute Provence zum Departement Vaucluse in den Fels gegraben hat.
Nachdem man den Fluß über den **Pont-Mirabeau** und danach die Autobahn überquert hat, rechts, auf der Höhe der **Centrale de Jouques**, in die N 96 einbiegen und dem **Canal d'EDF** folgen, der am Stausee von Cadarache beginnt und parallel zur Durance bis Mallemort verläuft.

Peyrolles-en-Provence – Von der mittelalterlichen Befestigung des Dorfes sind nur ein Belfried mit schmiedeeisernem Glockenkäfig und eine Turmruine in der Nähe der Kirche erhalten.

Schloß – Die ehemalige Residenz von König René wurde im 17. Jh. mehrfach um und ausgebaut. Sie beherbergt heute das Bürgermeisteramt von Peyrolles. Einige Stuckverzierungen und das majestätische Treppenhaus sind noch aus dem 18. Jh. erhalten. Von der mit dem „Gladiatorenbrunnen" geschmückten Ostterrasse am Hauptgebäude blickt man auf das Durance-Tal.

Église Saint-Pierre ⊘ – Die im 15. und 17. Jh. mehrfach umgebaute Kirche besitzt noch ihr romanisches Schiff.

Chapelle du St-Sépulcre –
Peyrolles-en-Provence

Chapelle du Saint-Sépulcre – Die über dem Grundriß eines griechischen Kreuzes errichtete Hl.-Grab-Kapelle (12. Jh.) liegt auf einem Felssporn. An den Wänden sind Fresken erhalten. Man erkennt die Erschaffung Adams und Evas (über der Tür) und eine Prozession von Heiligen.

Meyrargues – Das mächtige Schloß (17. Jh.) ist heute ein Hotel. Ein Spazierweg führt an den Ruinen des römischen Aquädukts vorbei, der Aix-en-Provence mit Wasser versorgte, und dann weiter zur wilden Schlucht des Étroit.

Am Ortsausgang von Meyrargues rechts die D 561 in Richtung La Roque-d'Anthéron nehmen und dann links in die D 15 nach Le Puy-Ste-Réparade einbiegen.

Rognes – Man kennt den Ort wegen des nach ihm benannten Bau- und Dekorationssteins, der in seiner Umgebung abgebaut wird *(die Steinbrüche sieht man von der D 15 aus bei der Fahrt in Richtung Lambesc.).*

In letzter Zeit ist er auch wegen seiner Trüffeln zu Bekanntheit gelangt.
Die **Dorfkirche** ⊘ aus dem frühen 17. Jh. besitzt 10 sehenswerte **Retabel★** (17. und 18. Jh.).

Über die malerische D 66 auf die D 561 fahren und links abbiegen.

Centrale de St-Estève-Janson – Nach dem Elektrizitätswerk **St-Estève-Janson**, an dem der im 19. Jh. zur Trinkwasserversorgung der Stadt Marseille gebaute Canal E.D.F. beginnt, fährt man am **Bassin de St-Christophe** vorbei, einem 22 ha großen Speichersee in hübscher Landschaft aus Felsen und Kiefern am Fuß der Côtes-Bergkette.

Die Straße überquert den Canal E.D.F. und folgt ihm dann.

★★**Abbaye de Silvacane** – *s. Abbaye de SILVACANE*

La Roque-d'Anthéron – In der Ortsmitte erhebt sich **Schloß Florans** (17. Jh.), ein mächtiges Anwesen mit runden Ecktürmen, das dem internationalen Klavierfestival im Sommer den passenden Rahmen bietet. Am Place Paul-Cézanne befindet sich das **Musée de Géologie provençale** ⊘ mit einer interessanten paläontologischen und mineralogischen Sammlung.

Der D 561 und anschließend rechts der D 23ᶜ bis Mallemort folgen. Dort die D 32 nehmen, die über die Durance führt, und links in die D 973 einbiegen. Nach 2 km rechts auf eine Straße fahren, die an einem Steinbruch entlang zu einem Parkplatz unter Olivenbäumen führt.

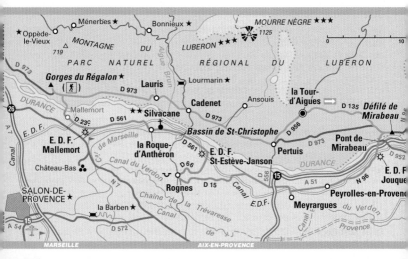

★**Gorges du Régalon** – 🚶 *1 1/4 Std. hin und zurück. Man folgt zunächst einem Pfad oberhalb des Bachbetts. Bald durchquert man links einen Olivenhain und kommt zu einer engen Stelle am Eingang der Schlucht.* Achtung! Bei Gewittern wird das schmale Rinnsal zu einem reißenden Wildbach, dem man in der engen Schlucht nicht mehr entkommen kann. Gute Schuhe sind wichtig, da es in der steinigen Schlucht (im Sommer herrlich kühl!) bisweilen sehr rutschig ist.

Man geht im Bachbett hinauf und gelangt zur einer sehr engen Stelle, an der ein riesiger Felsblock zwischen den Felswänden eingeklemmt ist. Nach einer kleinen Klettertour erreicht man den schönsten (und engsten!) Teil der Schlucht, einen grottenartigen Tunnel, der in einen 100 m langen, 30 m hohen und stellenweise nur 80 cm breiten Gang übergeht. Am Ende des Gauges kann man rasten, bevor man den Rückweg in umgekehrter Richtung antritt.

Anschließend mit dem Wagen links auf die D 973 abbiegen.

Lauris – Das malerische Dorf mit seinen alten, winkligen Gassen und Häusern aus dem 16., 17. und 18. Jh. besitzt eine Kirche (Anfang 18. Jh.), deren Turm von einem der schönsten schmiedeeisernen Glockenkäfige (Barbarotte) der Region gekrönt ist. Von der Promenade de la Roque blickt man auf die Terrassengärten des Schlosses, das vom höchsten Punkt des Ortes das weite Tal der Durance kontrollierte.

Cadenet – Hübsche kleine Ortschaft am Felshang, den eine Burgruine aus dem 11. Jh. krönt. Cadenet war ein bedeutendes Zentrum der Korbmacherei. In der nahen Durance pflanzte man vom frühen 19. bis zur Mitte des 20. Jh.s die Weiden an. Nach der Blütezeit der Korbmacherei (1920-1930) ging die Produktion wegen der Konkurrenz des Rattans aus Fernost zurück. Der letzte Betrieb schloß 1978 seine Pforten.

Musée de la Vannerie ⊘ – *Avenue Philippe-de-Girard.* Das Museum in der alten Werkstatt „La Glaneuse" zeigt Werkzeuge des Korbmachers, Gebrauchsgegenstände, Korbflaschen, Sessel im Kolonialstil, Kinderwagen und Wiegen, Truhen und Koffer. Mit Hilfe von audiovisuellen Mitteln wird dem Besucher das Alltagsleben von Cadenet in der Vergangenheit nahe gebracht.

Kirche ⊘ – Die im 14. Jh. errichtete und mehrmals umgebaute Kirche besitzt einen schönen quadratischen Glockenturm. Im Inneren birgt sie ein schönes **Taufbecken**★, das aus einem mit Flachreliefs geschmückten römischen Sarkophag (3. Jh.) gestaltet wurde.

Pertuis – Das Städtchen, Hauptort der Region Aigues und Geburtsstadt des Vaters von Mirabeau, weist heute noch mehrere interessante Zeugen seiner Vergangenheit auf: Tour St-Jacques (14. Jh.), Tour de l'Horloge (13. Jh.) und die im 16. Jh. wiederaufgebaute Kirche **Saint-Nicolas (**Flügelaltar aus dem 16. Jh. und zwei schöne Marmorstatuen aus dem 17. Jh.).

Auf der D 956 nach La Tour-d'Aigues zurückkehren.

UZÈS★★

8 007 Einwohner

Michelin-Karte Nr. 245 Falte 14, Nr. 246 Falte 25 und Nr. 339 L4

Wenn man vom Pont du Gard oder vom Pont St-Nicolas durch die Garrigue ankommt, bietet sich der schönste Blick auf die von Türmen gespickte Stadtsilhouette von Uzès, das sich am Ende eines Kalksteinplateaus hoch über dem Tal des Alzon ausbreitet. Im Sommer steht Uzès ganz im Zeichen seines Musikfestivals.

Die Stadt, einst Sitz von Herzögen und Bischöfen, läßt noch immer den befestigten Platz des Mittelalters erkennen. Im 17. und 18. Jh. wurde Uzès, das durch die Herstellung von Tuch, Futterstoffen und Seide zu Wohlstand gelangt war, mit schönen Gebäuden geschmückt.

HINTERGRUNDINFOS

Herzogtum Uzès – Das ehemalige Herzogtum von Uzès geht in weiblicher Linie auf Karl d. Großen zurück. 1486 ehelichte die letzte Erbin der Herren von Uzès den Grafen de Crussol, Gouverneur des Dauphiné. Einem ihrer Nachkommen, Antoine de Crussol, verlieh Karl IX. 1565 den Titel Duc d'Uzès. Nach der Hinrichtung des Herzogs von Montmorency (1632) in Toulouse wurde Antoine de Crussol der „erste Herzog des Königreichs".

Ein Dichter im Exil – Uzès gelangte zu einer gewissen Bekanntheit in der Literaturgeschichte, weil der große französische Schriftsteller **Jean Racine** sich im Alter von 22 Jahren (1661) hier niederließ. Nachdem er die Strenge und die Disziplin jansenistischer Bildungsinstitutionen in Paris erlebt hatte, dachte der junge Racine tatsächlich daran, sein Leben dem Theater zu widmen. Die Familie schickte ihn zu seinem Onkel, der als Kanoniker und Generalvikar in Uzès lebte; hier sollte er von seiner Leidenschaft fürs Theater geheilt werden. Der Onkel versuchte ihn zu überzeugen, einem Orden beizutreten – ohne Erfolg. Über ein Jahr blieb Racine in Uzès, Zeit genug, sich für den Süden Frankreichs zu begeistern und die *Briefe aus Uzès* zu verfassen, die eine herrliche Beschreibung der damaligen Lebensumstände in der Stadt sind.

TIPS UND ADRESSEN

Stadtbesichtigung

Stadtführungen – *s. Öffnungszeiten und Eintrittspreise*

Gastronomie

Gut und preiswert

Le San Diego – *10 Boulevard Charles-Gide* – ☎ *04 66 22 20 78* – *Mo und So-abend geschl.* – *12,50/25,15 €*. Eine Adresse an der Ringstraße um die Altstadt. Der Wirt hat, wie auch die Küche, einen deutlichen provenzalischen Akzent. Man speist in zwei überwölbten und mit bunten Bildern geschmückten Gasträumen mit Steinmauerwerk.

Les Fontaines – *6 Rue Entre-les-Tours* – ☎ *04 66 22 41 20* – *20. Jan.-6. März, 15. Nov.-8. Dez., Mi und Do. außer abends in den Monaten Juli-Aug. geschl.* – *14,48/18,29 €*. Das aus dem 16. Jh. stammende Haus empfängt seine Gäste im überwölbten Gastraum provenzalischen Stils oder im reizenden Patio, der mit Bodenplatten ausgelegt und von Arkaden umgeben ist. Einfache Küche.

Zaïka – *Passage Marchand* – ☎ *04 66 03 27 37* – *15. Dez.-31. Jan., So-abend, Mo und Di geschl.* – *Reserv.* – *16,25 € Mittagsmenü* – *17/25 €*. Zaïka bedeu-tet „Geschmack", und in diesem indischen Restaurant, in dem pikante Aromen das Sagen haben, erfaßt man so richtig den Sinn des Wortes. Die wirklich schmackhaften Gerichte genießt man im exotischen Ambiente – sogar die bun-ten Stühle kommen aus Indien!

Unterkunft

Gut und preiswert

Le Mas de Caroubier – *684 Route de Vallabrix* – *30700 St-Quentin-la-Pote-rie* – *5 km nordöstl. von Uzès über die D 982 und die D 5* – ☎ *04 66 22 12 72* – *contact@mas-caroubier.com* – *Jan. geschl.* – ⌾ – *4 Z: 45,73/60,98 €* – *Mahl-zeit 22,87 €*. Am Ende eines Weges taucht das beschauliche Landhaus auf, und alles lädt hier zu Ruhe und Gelassenheit ein: Der Empfang ist überaus freund-lich, der Garten entspannend, die mit hübschen, von überall zusammengetra-genen Möbeln eingerichteten Zimmer sind charmant, das Wasser des Swim-mingpools blau und erfrischend. Wer aktive Erholung sucht, kann an einem der verschiedenen Kurse – Töpfern, Malen oder provenzalische Kochkünste – teil-nehmen.

Unsere Empfehlung

Hôtel d'Entraigues – *8 Rue de la Calade* – ☎ *04 66 22 32 68* – 🅿 – *19 Z: 68,60/106,71 €* – ⌾ *9,15 €* – *Restaurant 21/43 €*. Das aus dem 15. Jh. stammende Haus steht in der Altstadt gegenüber dem Tour Fenestrelle. Seine schöne Terrasse und der mit Mosaiken verzierte Swimmingpool erfreuen das Auge. Der Komfort der alten Zimmer ist zwar unterschiedlich, aber sie sind nicht ohne Charme.

Spitzenkategorie

Chambre d'hôte Le Mas Parasol – *Rue Damon* – *30190 Garrigues-Ste-Eulalie* – *10 km südwestl. von Uzès über die D 982* – ☎ *04 66 81 90 47* – *www.maspa-rasol.fr* – *15. Nov.-Febr. geschl.* – *7 Z: 85/155 €* – *Mahlzeit 25 €*. Sehr schö-ner provenzalischer „Mas" mit farbenfrohen, eleganten Zimmern. Besonderheiten sind die Sammlung von Werbe-Aquarellen und der restaurierte Zigeunerwohnwagen. Der junge Hausherr bietet auch Aufenthalte mit Programm an.

Für zwischendurch

La Sorbetière – *Place Albert-1er* – ☎ *04 66 22 34 32* – *Okt.-Mai: Mo-Fr, So 8-20 Uhr, Sa 8-23 Uhr; Juni-Sept.: tgl. 8-23 Uhr*. So richtig zum Naschen geeignet ist die Terrasse an einem hübschen Brunnen. Über 60 Tee- und Eissorten und andere Süßspeisen gibt es hier zu kosten, natürlich auch im überwölbten, mit niedrigen Tischen und gemütlichen Sesseln möblierten Innenraum. Ein Bereich ist Crêperie und Salatrestaurant. Ausstellungen und Konzerte.

Shopping

Feste und Märkte – Am 3. Januarsonntag findet auf dem Place aux Herbes der Tag der Trüffeln statt. Dieser Platz ist auch die Bühne für den Knoblauchmarkt (mit traditionellem Johannisfeuer) am 24. Juni sowie für zwei Wochenmärkte am Mittwochmorgen (nur Produkte aus Uzès und Umgebung) und am Samstag. Um den 15. August findet auf der Esplanade ein Weinmarkt statt.

Olivenöl – Zwei Mühlen (Collorgues und Martignargues) stehen der Besichtigung und zum Kauf von Olivenöl offen.

Trüffeln – Hier erfährt man alles über den Anbau von Trüffeln: **Les Truffières du Soleil**, *Mas du Moulin de la Flesque, ☎ 04 66 22 08 41*. Besichtigung der Plantagen und Verkostung.

Traditionelle Keramik – **Atelier Pichon** *(1802 gegründet) – 6 Rue St-Étienne und 18 Rue Jacques-d'Uzès.*

Bemalte Möbel – Alte Tradition der Gegend, die wahrscheinlich von Avignon übernommen wurde. Jährliche Ausstellung am Osterwochenende.

Sport und Freizeit

Parc Aquatique de la Bouscarasse – ⬛ *Route d'Alès – ☎ 04 66 22 50 25 – Ende Mai-Mitte Sept.: Mo-Fr 10-19 Uhr, Sa/So 10-20 Uhr – Mitte Sept.-Ende Mai geschl.* Die Wasser- und Planschbecken (insgesamt 2 500 m²) liegen in einem großen schattigen Park mit üppiger Vegetation. Holzbänke und —tische laden zum Picknick ein, und ein kleiner Imbißstand wartet auf Familien mit ihren Kindern. Es gibt sogar ein Freilichttheater. Am letzten Wochenende im Mai gibt es immer eine Ausstellung zu einem botanischen Thema.

Kayak Vert – *Rue Traversière-Les berges du Gardon – 30210 Collias – ☎ 04 66 22 80 76 – www.canœfrance.com – März-Okt.: tägl. 9-19 Uhr.* Seit 1978 bietet Kayak Vert ab Collias Kanu- oder Kajak-Abfahrten auf dem Gardon am. Auf diesem Fluß, der keine besonderen Gefahrenstellen kennt *(classe 1)*, finden Anfänger und Experten ihr Vergnügen.

Besondere Termine

Festival de la Nouvelle danse – Zweite Junihälfte. Dieses Festival ist neuen Formen des Tanzes gewidmet. Die Aufführungen finden im Ehrenhof des Bischofspalasts um im mittelalterlichen Garten statt.

Musikalische Nächte – Zweite Julihälfte. Renommierte Interpreten der Renaissance- und Barockmusik geben Konzerte in den historischen Bauten von Uzès und Umgebung (Uzège). Zu dieser Veranstaltung gesellt sich das Festival **Autres rivages"** (Mitte Juli bis Mitte August), in dem traditionelle Musik aus der ganzen Welt vorgestellt wird; die Bandbreite der Teilnehmer reicht von tanzenden Derwischen des Mittleren Orients über Trommler aus Burundi bis zu Vertretern der korsischen Polyphonie.

AUF ENTDECKUNGSTOUR

★★**Altstadt** *2 1/2 Std.*

Von der Avenue de la Libération rechts dem Boulevard des Alliés folgen.

Église Saint-Étienne ⊙ – Die dem hl. Stefan geweihte Kirche wurde im 18. Jh. im Jesuitenstil am Standort einer Vorgängerkirche errichtet, die während der Religionskriege zerstört worden war. Das Gebäude zeigt eine geschwungene Fassade, die mit Wandpfeilern und Ziervasen geschmückt ist. Der viereckige Glockenturm stammt als einziger Bauteil noch aus dem 13. Jh.

Auf dem Kirchplatz erhebt sich das reizvolle Gebäude, in dem der Volkswirtschaftler Charles Gide (1847-1932), Onkel des berühmten Schriftstellers **André Gide**, geboren wurde. André Gide beschreibt in seinem Werk *Stirb und werde*, wie er bei seinem Onkel die Ferien verbrachte und welchen Einfluß Uzès auf seine geistige Entwicklung und sein Werk hatte.

In die Rue St-Étienne einbiegen und in Richtung Place d'Herbes gehen.

Rue Saint-Étienne – Am Haus Nr. 1 Türeinfassung aus Glaserdiamant (Louis-treize-Stil). Etwas weiter links steht in einer Sackgasse ein Gebäude mit schöner Renaissancefassade.

★**Place aux Herbes** – Dieser malerische, asymmetrische angelegte Platz ist von Platanen beschattet und von Lauben *(Les Arceaux)* eingerahmt, in denen sich hübsche Boutiquen und einige Restaurants eingerichtet haben.

UZÈS

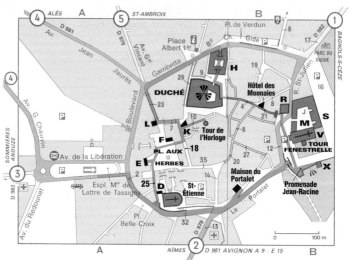

Die mittelalterlichen Häuser wurden im 17. und 18. Jh. umgebaut. Bemerkenswert sind insbesondere das (ein wenig zurückgesetzte) **Hôtel de la Rochette** (17. Jh.) und im Norden ein **Eckhaus** mit Erkertürmchen.

Vor diesem Eckhaus geht ein Gäßchen ab, das in die schmale Rue Pélisserie führt, in die man links einbiegt. Anschließend rechts die Rue Entre-les-Tours nehmen.

Tour de l'Horloge – Der Uhrturm (12. Jh.) mit einem schmiedeeisernen Glockenkäfig war ursprünglich der „Turm des Bischofs". Gegenüber erhoben sich der „Turm des Herzogs" und der „Turm des Königs". In jener Zeit wollten die drei Mächte ihre Herrschaft über Uzès offenkundig demonstrieren.

An der Ecke Rue Jacques-d'Uzès/Place Dampmartin steht das **Hôtel Dampmartin** mit einer prächtigen Renaissancefassade und einem runden Eckturm. Werfen Sie einen Blick in den Hof mit seiner schönen Treppe.

Den – ebenfalls von Laubengängen gerahmten – Place Dampmartin überqueren und in die Rue de la République gehen.

Das **Hôtel de Joubert et d'Avéjan** (Nr. 12) hat eine schöne Fassade aus der Epoche Heinrichs II.

Weitergehen und rechts dem Boulevard Gambetta bis zum Rathaus folgen.

Hôtel de ville – Das Rathaus stammt aus dem 18. Jh. und besitzt einen schönen Hof. Von der Hauptfassade hat man einen reizvollen Ausblick auf die mächtige Silhouette des Herzogsschlosses (Duché) und auf das mit glasierten Ziegeln gedeckte Dach der Kapelle.

Links in die Rue Boucairie einbiegen (einst die Straße der Gerber und Lederwerkstätten).

An der Ecke Rue Rafin steht das **Hôtel des Monnaies**, die ehemalige Münze. Eine Gedenktafel erinnert daran, daß die Bischöfe hier bis zum 13. Jh. Münzen prägten. Etwas weiter, unter einem Bogen, der die Straße überspannt, blickt man hinter einer Kolonnade auf die Fassade des **Hôtel du Baron de Castille**.

Jenseits der Rue St-Julien erhebt sich das ehemalige Bischofspalais **(Ancien palais épiscopal)**, in dem heute das Stadtmuseum Georges-Borias *(s. BESICHTIGUNGEN)* untergebracht ist.

Cathédrale St-Théodorit – Die Kirche wurde im 17. Jh. am Standort des in den Religionskriegen zerstörten romanischen Vorgängerbaus errichtet. Sie besitzt eine herrliche **Orgel**★ im Louis-quatorze-Stil; die beiden bemalten Flügel verdecken die Orgel in der Fastenzeit.

★★**Tour Fenestrelle** – Der Turm (12. Jh.) ist das einzige Zeugnis der alten romanischen Kathedrale. Die Vielfalt seiner Bogenöffnungen macht diesen Typus des runden Glockenturmes zu einem in Frankreich einzigartigen Bauwerk.

Promenade Jean-Racine – Diese Straße bietet einen weiten Blick auf die Garrigue und auf das Tal der Alzon, in dem die Eure entspringt. Das Quellwasser wurde über einen römischen Aquädukt (und den Pont du Gard) nach Nîmes geleitet. Links taucht der **Pavillon Racine** auf, ein Turm der einstigen Stadtbefestigung.

Zurückgehen und weiter auf der Le Portalet genannten Straße.

Das **Maison du Portalet** (Nr. 19) ist ein hübscher Renaissancebau.

Über den Boulevard Victor-Hugo in die Avenue de la Libération gehen.

F. Gégot/MICHELIN

Der Tour Fenestrelle in Uzès besticht durch seine harmonische Architektur

BESICHTIGUNGEN

★**Duché** ⊘ – Von außen gesehen wirkt das Herzogsschloß wie ein einziger wehrhafter Block. Die verschiedenen Bauten zeugen vom Aufstieg des Hauses Uzès. Im Hof erkennt man von links nach rechts den Turm der Vizegrafschaft aus dem 14. Jh. mit einem achteckigen Türmchen (der Lehnsherr von Uzès wurde 1328 Vizegraf.) und den Bermonde-Turm, einen quadratischen Wohnturm (Donjon) aus dem 11. Jh. Rechts erstreckt sich, im rechten Winkel anschließend, die **Renaissance-Fassade**★, die der erste Herzog um 1550 nach Plänen von Philibert Delorme errichten ließ. Die gotische Kapelle an ihrem Ende wurde im 19. Jh. restauriert. Über eine Wendeltreppe mit 135 Stufen gelangt man auf den **Tour Bermonde**. Von der Dachterrasse des Turms genießt man einen herrlichen **Rundblick**★★ über die alten Häuser von Uzès, den Glockenkäfig des Uhrturms und die umliegenden Hügel der Garrigue.

In dem großen überwölbten **Keller** aus dem 11. Jh. ist die Hochzeit (1486) des Grafen von Crussol mit Simone d'Uzès, der letzten Erbin der Herren von Uzès, mittels Wachsfiguren nachgebildet.

Man gelangt zu den einstigen **Gemächern** der Herzöge über eine schöne Ehrentreppe im Renaissancestil, deren Gewölbe mit Kassetten und Glaserdiamant geschmückt sind. Die Besichtigung führt durch den Großen Salon Louis XV (Stuckarbeiten und eine blattvergoldete Konsole mit einer schönen Delfter Vase), die Bibliothek, den Speisesaal (schönes Mobiliar im Renaissance- und Louis-treize-Stil) und die Kapelle des 15. Jh.s (im 19. Jh. umgestaltet).

Links vom Ausgang erhebt sich der **Tour de la Vigie**, ein Wachtturm aus dem 12. Jh.

Musée municipal Georges-Borias ⊘ – In diesem Museum sind unterschiedliche Sammlungen ausgestellt: archäologische Fundstücke, Urkunden, Terrakotta aus St-Quentin-la-Poterie, Gemälde von Sigalon und Chabaud sowie Erinnerungsstücke an den Schriftsteller André Gide (Manuskripte, seltene Ausgaben).

UMGEBUNG

Haras national d'Uzès (Gestüt) ⊘ – *3,5 km nordwestlich von Uzès über die Straße in Richtung Alès. Nach 2 km links in den Weg zum Mas des Tailles (ausgeschildert) einbiegen.* Zu dem 1974 in einem alten Gutshof gegründeten staatlichen Gestüt gehören mehrere moderne Einrichtungen, darunter eine Reithalle, Reitbahnen im Freien und ein Gelände mit Hindernissen für das Zureiten und die Dressur von Hengsten, Pferden oder Eseln der Provence.

Musée du bonbon Haribo ⊘ – *Pont-des-Charrettes, am Ortseingang von Uzès über die D 981 (Straße nach Remoulins).* Dieses Museum zum Thema Bonbon, unter besonderer Berücksichtigung von Gummibärchen und anderen Gummitierchen, macht garantiert Kinder froh (und Erwachsene ebenso...). In einem Bereich kann man seinen Geruchssinn testen und von den Leckereien kosten.

Moulin de Chalier ⊘ – *4 km westlich von Uzès über die D 982 (Richtung Anduze). Kurz vor Arpaillargues rechts in eine abschüssige Straße einbiegen.* Das in einem Steinhaus aus dem 18. Jh. eingerichtete **Musée 1900** ⊘ zeigt eine Sammlung von typischen Fahrzeugen, Plakaten und Gegenständen der Belle Époque. Der Besucher verfolgt die Entwicklung der Transportmittel – vom großen Bi aus dem Jahre 1870 bis zu den Limousinen der 1950er Jahre. Mehrere Exemplare einer Laterna magica (1870), ein Vergrößerungsgerät für Fotografien aus dem Jahre 1880 und verschiedene Apparate veranschaulichen die Anfänge des Kinos, der Fotografie und des Rundfunks. Ein Ausstellungsbereich ist der traditionellen Landwirtschaft der Provence vorbehalten (Ölmühle, 18. Jh.).
In dem 100 m entfernten **Musée du Train et du Jouet** ⊘ (Züge und Spielzeug) kann der Besucher vor einer hübschen Bahnhofskulisse eine Miniatur-Eisenbahn mit einem Schienennetz von insgesamt 400 m bewundern. In der nachgebildeten Landschaft der Cevennen und der Camargue finden sich einige der berühmten Sehenswürdigkeiten, die den Stolz der Region ausmachen – das Amphitheater von Nîmes, der Pont du Gard und Aigues-Mortes mit seiner Stadtmauer.

St-Quentin-la-Poterie – *5 km nordwestlich von Uzès über die Straße nach Bagnols-sur-Cèze. Nach 2 km links auf die D 5 und anschließend auf die D 23 abbiegen.* Dank der ausgezeichneten Qualität der hier gewonnenen Tonerde kann St-Quentin auf eine lange Töpfertradition zurückblicken. Berühmt wurde der Ort im 14. Jh., als hier mehr als 110 000 glasierte Fayencekacheln hergestellt wurden, die für die Gemächer des Papstpalastes in Avignon bestimmt waren. Bis zum Beginn des 20. Jh.s wurden hier in großen Mengen Gebrauchsgegenstände (wie die berühmten gelbglasierten „Toupins"), Ziegel, Tonpfeifen usw. hergestellt. Die letzte Fabrik stellte 1974 ihre Tätigkeit ein.
Seit 1983 haben sich jedoch wieder Töpfer im Dorf niedergelassen, um die Tradition weiterzuführen. Darüber hinaus werden auch von den im Ort ansässigen Glasbläsern Dekorations- und Gebrauchsgegenstände angeboten.
In einer alten Ölmühle in der Ortsmitte befindet sich das Maison de la Terre. Neben einer Werkstatt, wo man Töpfern von überall her bei der Arbeit zuschauen kann, zeigt die **Galerie Terra Viva** ⊘ Ausstellungen zeitgenössischer Keramikkunst. Das im ersten Stock befindliche kleine **Musée des Terrailles** ⊘ erläutert die Geschichte der Töpferei in St-Quentin ab der Steinzeit.
Alle zwei Jahre findet die bedeutende Keramikmesse **Terralha** statt, die mit etwa 100 Ausstellern Tausende von Besuchern anzieht.

AUSFLUG

La Gardonnenque – *51 km – etwa 6 Std.*

Auf der Fahrt von Uzès nach Remoulins folgt man dem Tal des Gardon und lernt eine typisch provenzalische Landschaft, die Garrigue, kennen. Regen, Frost, Trockenheit und Wind haben die dünne Erdschicht auf den Felsen aufgelöst und ein wenig überallhin verstreut. In der Garrigue wachsen Kermeseichen, Zistrosen, Stechginster, Affodill und Gewürzkräuter. In dieser kargen Kalksteinzone gibt es mehrere malerische Schluchten, die von den Flüssen gegraben wurden.

Uzès in südlicher Richtung verlassen und rechts in die D 979 nach Nîmes einbiegen. Die Straße schlängelt sich durch die Landschaft und bietet herrliche Blicke auf Uzès.

Pont St-Nicolas – Die neunbogige Brücke über den Gardon wurde im 13. Jh. von der Gemeinschaft der Brückenbauer („Frères Pontifes") errichtet, die auch die Brücke von Avignon gebaut hat.
Die Straße steigt an und gibt den Blick auf den Gardon frei. In einer Rechtskurve *(Parkmöglichkeit)* bietet sich eine herrliche **Aussicht★** auf die Schlucht.

Links in die D 135 einbiegen und am Ortseingang von Poulx links auf die D 127 fahren; diese Straße hat teilweise noch alten Straßenbelag.

★**Site de la Baume** – *Parkplatz nach der letzten Kurve.* 🕐 *1 Std. hin und zurück.*
Der Pfad führt in die Schlucht hinunter. Zunächst kommt man an den Überresten einiger Bauten vorbei, dann erreicht man einen reizvollen Flecken in der Gardon-Schlucht, der im Sommer zahlreiche Badende anzieht. Auf dem gegenüberliegenden Ufer sieht man im Steilfelsen den Eingang der Baume-Grotte.

Poulx – Der Wohnvorort von Nîmes besitzt eine hübsche romanische Kirche.

Der D 427 folgen, die eine Landschaft aus Garrigue, Wein- und Obstgärten durchquert. In Cabrières links auf die D 3 in Richtung des Gardon-Tals abbiegen.

Collias – Durch diesen Ort verläuft der Fernwanderweg GR 63, auf dem man der Gardon-Schlucht folgen kann. Darüber hinaus ist Collias ein Zentrum für Pferde- und Wassersport. Erfahrene Kletterer können sich an seinen Steilfelsen messen.

Auf der D 3 weiterfahren, die das Tal des Alzon hinaufführt, dann rechts in die D 981 einbiegen.

Château de Castille – Eine romanische Kapelle und ein von Säulen umgebenes Mausoleum stehen rechts neben einer Eibenallee, die zum Schloß *(keine Besichtigung)* führt. Dieses im 16. Jh. errichtete Schloß wurde im 18. Jh. vom Baron de Castille umgebaut; es ist mit Säulen und Balustraden geschmückt.

Auf der D 981 weiterfahren.

★★★**Pont du Gard** – *s. dort*

Nach links auf die D 228 abbiegen.

★**Castillon-du-Gard** – Hochgelegenes Dorf mit herrlich restaurierten Häusern aus rötlichem Stein. Von dem Dorf hat man den schönsten Blick auf den Pont du Gard.

*Zur D 981 zurückkehren und bis nach **Remoulins** (Reste der alten Stadtbefestigung und eine kleine romanische Kirche mit provenzalischem Glockengiebel) fahren.*

In Remoulins auf die N 100 Richtung Avignon fahren und dann rechts auf die D 108 nach Domozan abbiegen.

★**Musée du Vélo et de la Moto** 🕐 **(in Domozan)** – Das **Zweirad-Museum** zeigt auf humoristische Weise eine außergewöhnliche Sammlung. Es beginnt mit den ersten Draisinen und endet mit den High-Tech-Rennrädern unserer Tage. In der großen Galerie des Museums sind einzigartige Exemplare ausgestellt, so z. B. ein ziseliertes Veloziped (1869), das Yves Montand gehörte, ein Fahrrad mit umformbaren Lenker, ein Vorfahr des Scooters, ein „Autosessel", ein Mofa speziell für Priester, ein Propellerfahrrad (das man liegend fährt) sowie ein leider nur theoretisch funktionierendes, solarbetriebenes Dreirad.

VAISON-LA-ROMAINE★★

5 904 Einwohner
Michelin-Karte Nr. 245 Falte 17, Nr. 246 Falte 9 und Nr. 332 D8

Bewaldete Hügel umgeben den hübschen Ort am Ufer der Ouvèze. Vaison „die Römische" besitzt ein riesiges Gelände mit römischen Altertümern, und eine Provence-Fahrt auf den Spuren der Römer wäre ohne den Besuch von Vaison unvollständig. Das Städtchen hat aber auch eine romanische Kathedrale mit Kreuzgang und das von der Burg beherrschte alte Dorf aufzuweisen. Vaison, das im Sommer ein Musikfestival ausrichtet, lebt außerdem vom Wein- und Obstanbau und dem Handel mit Honig, Lavendel und Trüffeln.

HINTERGRUNDINFOS

Hauptort der Vocontier – Ende des 4. vorchristlichen Jahrhunderts war die Siedlung der südliche Hauptort der Vocontier. Nach der Unterwerfung dieses keltischen Stammes durch die Römer im 2. Jh. ließen sich wohlhabende Patrizier in Vasio Vocontiorum nieder und übermittelten den alteingesessenen Bewohnern ihre Kultur und Lebensweise. Vaison, das damals den Bereich der heutigen Unterstadt umfaßte, gehörte zu den bedeutendsten Städten der Provinz Gallia Narbonensis und genoß als „föderierte Stadt" erhebliche Privilegien.
Es erstreckte sich über etwa 70 ha und hatte fast 10 000 Einwohner. Anders als die kolonisierten Orte wie Arles, Nîmes und Orange wurde die Stadt nicht nach römischer Art angelegt. Da bereits eine ländliche Siedlung bestand, fehlen ein regelmäßiges Straßennetz, eigens angelegte Wohnviertel und öffentliche Gebäude; das Ergebnis ist ein höchst unregelmäßiges Stadtbild. Große Anwesen fanden als Nachfolger früherer Bauten im Zentrum Platz. Erst unter den Flaviern (Ende des 1. Jh.s n. Chr.) legte man geradlinige Straßen an: Grundstücke und Häuserfluchten wurden entsprechend ausgerichtet, Säulenhallen und Kolonnaden entstanden. Wie die Archäologen feststellten, waren die luxuriösen Häuser weitläufiger als die von Pompeji; sie stammen aus mehreren Bauphasen, die sich über insgesamt 250 Jahre erstrecken. Die Stadt war nicht einheitlich; kleine Paläste, bescheidene Wohnhäuser, Katen und winzige Hinterlädchen existierten nebeneinander. Mit Ausnahme des Theaters und der Thermen sind keine öffentlichen Bauten bekannt.

TIPS UND ADRESSEN

Stadtbesichtigung

Stadtführungen – *s. Öffnungszeiten und Eintrittspreise*

Gastronomie

Gut und preiswert

Auberge d'Anaïs – *84340 Entrechaux – 5 km südöstl. von Vaison über die D 938 und die D 54 –* ☎ *04 90 36 20 06 – auberge.anais.free.fr – 15. Nov.-1. März, Mo von April-Sept. sowie Sa im März und Okt.-15. Nov. geschl. – 14,48/25,92 €.* Inmitten von Weingärten und Olivenbäumen liegt dieses Gasthaus mit seinem gemütlichen und farbenfrohen Gastraum. Die Speisen sind lecker, für Stimmung sorgt der Sohn des Hauses. Es stehen einige Zimmer und ein Swimmingpool zur Verfügung.

Unsere Empfehlung

Brin d'Olivier – *4 Rue Ventoux –* ☎ *04 90 28 74 79 – 21.-31. Jan., 25. März-4. April, 20. Juni-4. Juli, 23. Sept.-4. Okt., 25. Nov.-6. Dez., Mi, Do-mittag und Sa-mittag geschl. – 21,34/45,73 €.* In der Nähe der römischen Brücke bietet dieses Lokal in zwei rustikalen, im provenzalischen Stil eingerichteten Gasträumen und im Patio mit seinem schönen Olivenbaum Speisen der Provence.

Le Girocèdre – *Im Dorf – 84110 Puyméras – 6 km nordöstl. von Vaison in Richtung Nyons und St-Romain (D 71) –* ☎ *04 90 46 50 67 – 3.-31. März, 15. Nov.-15. Dez., Di außerhalb der Saison und Mo geschl. – 18,30 €.* Oben im Dorf steht dieses Gasthaus auf einem „Safre"-Hügel, dessen einst für die Seidenraupenzucht gegrabenen Gänge heute als Weinkeller dienen. Im Sommer lockt eine von Zedern, Tamarisken, Oliven- und Feigenbäumen beschattete Terrasse. Zwei kleine Ferienwohnungen.

Unterkunft

Gut und preiswert

Chambre d'hôte L'Oliveraie – *Route de St-Roman – 84280 Cairanne – 17 km westl. von Vaison über die D 975, die D 69 und die D 51 –* ☎ *04 90 30 72 85 –* ▱ *– 5 Z: 37/45 €.* Am Hang des Hügels steht dieses recht junge, von Olivenbäumen umgebene Haus. Die zeitgenössisch eingerichteten Zimmer mit Terrasse zeigen auf die Cairanne und das Rhône-Tal. Bei Sonnenuntergang, mit einem guten Glas Côtes-du-Rhône, läßt sich der Blick besonders gut genießen... Swimmingpool.

Chambre d'hôte Domaine le Puy de Maupas – *Route de Nyons – 84110 Puyméras – 7 km nordöstl. von Vaison über die D 938 und die D 46 –* ☎ *04 90 46 47 43 – 1. Nov.-15. März geschl. –* ▱ *– 5 Z: 43/48 € – Mahlzeit 20 €.* Das Haus steht inmitten von Weinbergen und lehnt gewissermaßen am Keller des Weinguts. Nachts hört man das Konzert der Frösche im Teich. Das Frühstück nimmt man gegenüber dem Mont Ventoux ein. An manchen Abenden gibt es eine Mahlzeit am Gästetisch (Table d'hôte), eine gute Gelegenheit, von den Weinen des Gutes zu kosten. Swimmingpool.

Unsere Empfehlung

Chambre d'hôte L'Évêché – *Rue de l'Évêché –* ☎ *04 90 36 13 46 – eveche@aol.com – 15. Nov.-15. Dez. geschl. –* ▱ *– 4 Z: 56/73 €.* Das aus dem 16. Jh. stammende Haus in der Oberstadt war früher Teil des bischöflichen Gebäudekomplexes. Gepflegte, hübsch möblierte Zimmer auf mehreren Etagen. Schöne Sammlung von Stichen aus einem Werk über die Schlosserei. Von der Terrasse wunderbarer Blick auf die Unterstadt.

Chambre d'hôte La Calade – *Rue Calade – 84110 St-Romain-en-Viennois – 4 km nordöstl. von Vaison über die D 938 und die D 71 in Richtung Nyons –* ☎ *04 90 46 51 79 – Ende Okt.-Ende März geschl. –* ▱ *– 4 Z: 60/75 €.* Die ehemalige Scheune an der Befestigungsanlage des Dorfes beherbergt die klösterlich einfachen Gästezimmer. An schönen Tagen nimmt man sein Frühstück im bezaubernden Hof ein. Die Terrasse auf der Turmspitze bietet einen schönen Blick.

Chambre d'hôte Les Auzières – *84110 Roaix – 6 km westl. von Vaison über die D 975 in Richtung Orange –* ☎ *04 90 46 15 54 – Nov.-März geschl. –* ▱ *– 5 Z: 60,98/68,60 € – Mahlzeit 22,87 €.* Eine abgelegenere Übernachtungsstätte wird man kaum finden! Dieses riesige Haus, das inmitten von Weinbergen und Olivenhainen steht, bietet seinen Gästen schöne geräumige und kühle Zimmer. Am großen Holztisch im Eßzimmer genießt man provenzalische Küche. Swimmingpool.

Wandern

Auf zwei gekennzeichneten Wanderwegen (18 km und 37 km) kann man die Umgebung von Vaison auf Schusters Rappen erkunden. Auskunft erteilt das Fremdenverkehrsamt.

Besondere Termine

Choralies – Alle drei Jahre heißt Vaison beim sogen. Choralies-Festival, das in seiner Art einzig ist, Chorsänger unterschiedlicher musikalischer Formationen willkommen. Das nächste Festival findet im August 2004 statt.
Auskunft erteilt die Vereinigung **À cœur joie**, ☎ *04 90 36 00 78.*

„L'été de Vaison" und „Journées gourmandes" – Musik und gutes Essen sind nicht unvereinbar, im Gegenteil: In den Monaten Juli und August kommen jedes Jahr Musiker und Gastronomen zusammen, um mit den Gästen der Stadt den „Sommer von Vaison und die Feinschmeckertage" zu feiern.

Im Wechsel der Zeiten – Die Stadt, die Ende des 3. Jh.s teilweise zerstört worden war, wurde zu Beginn des 4. Jh.s christianisiert. Nach dem Zusammenbruch des Römischen Reiches übernahmen die Bischöfe die Regierung des Gemeinwesens; zwei Konzile (442 und 529) fanden hier statt. In den unruhigen Zeiten der Völkerwanderung erlebte Vaison eine Periode des Niedergangs, muß jedoch zu Beginn des 12. Jh.s noch bedeutend genug gewesen sein, um zum Streitobjekt zwischen dem damaligen Bischof und den Grafen von Toulouse zu werden. Nach einer Belagerung besetzten die Grafen das linke Ufer der Ouvèze und bauten eine Burg, in deren Schutz sich vom 14. Jh. an, eine neue Siedlung entwickelte, während die alte verfiel. Im 18. Jh. verlagerte sich das Stadtgebiet erneut, und ein Großteil der Bevölkerung kehrte in die bereits von den Römern gewählte Zone der Unterstadt zurück, wo schließlich die heutige Stadt entstand.

BESONDERE HIGHLIGHTS

★★ Die römischen Ruinen ⊘ *Besichtigung: etwa 2 Std.*

Die beiden Ausgrabungsfelder (insgesamt 15 ha) Puymin und La Villasse umfassen den peripheren Bereich des gallorömischen *Vasio*, wohingegen das Zentrum der alten Stadt (Forum etc.) im Lauf der Jahrhunderte überbaut worden ist. Die freigelegten Außenviertel geben reichen Aufschluß über das Leben in *Vasio* in den ersten Jahrhunderten unserer Zeitrechnung. Die Ausgrabungen werden einerseits im Villasse-Viertel, in Richtung der Kathedrale, fortgesetzt, andererseits um den Puymin-Hügel, wo man ein Geschäftsviertel und die prächtige **Villa du Paon** (**Haus des Pfaus**) mit Mosaikschmuck freilegte.
An der Nordgrenze der antiken Stadt zeigte die Ausgrabung der Thermen (etwa 20 Räume), daß diese bis zu ihrer Zerstörung im späten 3. Jh. benutzt wurden.

VAISON-LA-ROMAINE

Cloître .... Y **B**
Musée archéologique
  Théo-Desplans .... Y **M**

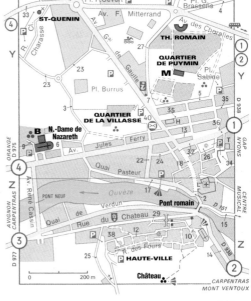

Quartier de Puymin

Maison des Messii – Dieses große Patrizierhaus gehörte einer reichen Familie aus Vaison. Es vermittelt eine gute Vorstellung von dem Luxus und dem Komfort, in dem die damaligen Eigentümer lebten. Vom Eingang an der Römerstraße führen ein Vorraum und ein Gang zum *Atrium* (**1**), um das sich die verschiedenen Wohnräume gruppieren, u. a. das *Tablinum* (Arbeitsraum, Bibliothek), das dem Hausherrn vorbehalten war. Das Atrium besaß ein zentrales quadratisches Sammelbecken für Regenwasser *(Impluvium)*, dem eine Öffnung im Dach entsprach *(Compluvium)*. Man beachte das Zimmer (**2**), in dem der Apollokopf gefunden wurde *(im Museum ausgestellt)*, den großen Empfangsraum bzw. Oecus (**3**), den Säulenhof *(Peristylium)* mit Wasserbecken, die Küche (**4**) mit doppelter Feuerstelle und das private Bad (**5**) mit drei Räumen *(Caldarium, Trepidarium, Frigidarium)*.

Portique de Pompée – Das eingefriedete, 64 m lange und 52 m breite Rechteck auf der rechten Seite des Säulenhofes war eine Art öffentlicher Park. Seine ursprünglich überdachten Galerien mit halbrunden Nischen umgaben einen Garten mit Wasserbecken, in dessen Mitte ein quadratisches Häuschen stand. In den drei Nischen der freigelegten Nordgalerie stehen Abgüsse von Standbildern – der Wettkämpfer Diadumenos (die römische Replik des Polyklet-Werks befindet sich im British Museum, London), Hadrian und seine Frau Sabina. Auch die Westseite ist fast vollständig freigelegt, während die beiden anderen Galerien unter modernen Bauten liegen.

Maisons de rapport (Mietshäuser) – In solchen Mietshäusern wohnten weniger betuchte Bürger. Man beachte die große Vase *(dolium)*, die der Aufbewahrung von Vorräten diente.

Nymphäum – Verschiedene Reste eines Brunnenhauses stehen um eine Quelle, die in einem länglichen Becken gefaßt wurde.
Ein wenig weiter östlich hat man das **Geschäftsviertel** und die „**Villa du Paon**" *(keine Besichtigung)* freigelegt.

★**Musée archéologique Théo-Desplans** ⊘ – Das Archäologische Museum zeigt die Fundstücke aus Vaison in übersichtlicher Weise. Eine thematisch gestaltete Anordnung bringt verschiedene Aspekte der gallorömischen Kultur zur Geltung: Religion (Altäre, Grabinschriften, Widmungen), Wohnung, Keramik, Glaswaren, Waffen, Werkzeug, Gegenstände der Körperpflege. Bemerkenswert sind die **Statuen aus weißem Marmor**. In zeitlicher Reihenfolge sieht man Claudius (43 n. Chr.) mit einer dichten Eichenlaubkrone, Domitian im Harnisch; den unbekleideten Hadrian (121 n. Chr.), der auf hellenistische Weise die Majestät verkörpert; seine Frau Sabina, konventioneller als vornehme Dame im Prunkgewand.
Weitere Stücke sind erwähnenswert: der lorbeerbekrönte Apollokopf aus Marmor (2. Jh.), die Silberbüste eines Patriziers aus dem 3. Jh. sowie Mosaiken aus der „Villa du Paon".
Am Osthang des Puymin entlanggehen.

★**Théâtre Romain** – Das römische Theater stammt aus dem 1. Jh. n. Chr., wurde im 3. Jh. instandgesetzt und im 5. Jh. abgetragen. Mit 95 m Durchmesser und 29 m Höhe ist es um weniges kleiner als das von Orange (103 x 36 m). Wie bei diesem wurde der Hügel für die ansteigenden Sitzreihen (heute erneuert) genutzt;

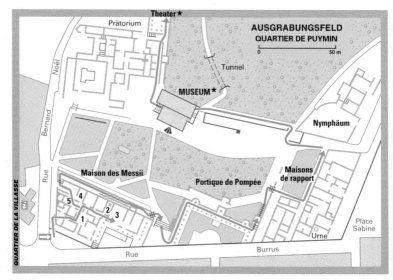

6 000 Zuschauer finden dort Platz. Unter den Trümmern der Bühne hat man die schönen Statuen entdeckt, die nun im Museum ausgestellt sind.

Eine Besonderheit des Theaters von Vaison ist die z. T. noch erhaltene oberste Säulengalerie, die bei den anderen antiken Theatern der Provence nicht mehr vorhanden ist.

Quartier de la Villasse

Beim Eintritt in das Ausgrabungsgebiet trifft man auf eine breite, mit Platten belegte **Hauptstraße**, unter der ein Abwasserkanal in Richtung Ouvèze verläuft. Die Ladenstraße war von Kolonnaden gesäumt, Fußgängern vorbehalten und führte an Geschäften vorbei, die in Anbauten von Wohnhäusern untergebracht waren. Links liegen die Reste der zentralen **Thermen**, die von tiefen Kanalisationen umgeben sind. Im großen, 12,50 m breiten Saal blieb eine Arkade mit Pilastern erhalten.

Den Thermen gegenüber öffnet sich in der Ladenstraße der Portikus **(1)** eines weitläufigen Stadthauses (5 000 m²); diesem *Domus*, in dem die Silberbüste (im Museum ausgestellt) seines reichen Besitzers gefunden wurde, gab man den Namen **Maison au Buste d'argent**. Der Domus ist sehr gut erhalten: Vestibül mit Plattenboden, *Atrium* **(2)**, *Tablinum* **(3)**, ein erstes *Peristylium* mit Garten und Wasserbecken und danach ein zweites von größeren Ausmaßen, ebenfalls mit Garten und Becken. Im Süden schließt sich ein weiteres Haus an, in dem mehrere Mosaiken **(4)** und Fresken des Atriums gefunden wurden. Im Norden des zweiten Peristyls liegt hinter einem Hof ein Privatbad **(5)**. Seitlich dehnte sich eine große Gartenterrasse (Jardin suspendu) aus.

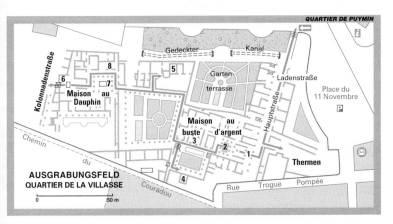

Wenn man weitergeht, kommt man zum **Maison au Dauphin** (Haus des Delphins, 40 v. Chr.), das im Nordosten eines großen Bezirks lag, der noch nicht zur städtischen Anlage gehörte. Der Mittelteil dieses 2 700 m² großen Hauses umgibt ein Peristyl **(7)** mit einem Becken aus Quadersteinen. Im Norden befindet sich das 50 m² große und älteste in Gallien bekannte Privatbad **(8)**, an das im Westen das *Triclinium* (Fest- und Bankettsaal) anschließt. Das Atrium **(6)** an der Kolonnenstraße hin ist einer der beiden Hauseingänge. Im Süden befinden sich ein weiteres Peristyl und ein großes, mit weißem Marmor verkleidetes Becken.

Die nur auf einer Strecke von 43 m freigelegte **Kolonnadenstraße** verläuft parallel zur Hauptstraße vor dem Maison au Dauphin. Sie war nicht mit Platten, sondern mit einer Kiesschicht bedeckt.

AUF ENTDECKUNGSTOUR

Neben den archäologischen Ausgrabungsstätten bietet Vaison interessante mittelalterliche Bauten, darunter die **ehemalige Kathedrale**, zu der man über die Avenue Jules-Ferry gelangt.

Notre-Dame-de-Nazareth – Dieses schöne Beispiel provenzalischer Romanik hat noch ein Chorhaupt und Chorkapellen aus dem 11. Jh. Die Mauern wurden im 12. Jh. verstärkt, als das Mittelschiff mit einem Spitztonnengewölbe versehen wurde. Der Fund mehrerer Gebäudefragmente des ausgehenden 1. Jh.s läßt vermuten, daß die Kirche auf den Überresten eines gallorömischen Bauwerks errichtet wurde. Antikisierende Gesimse und Friese aus Laubwerk zieren das rechteckige Chorhaupt.

Das Mittelschiff des dreischiffigen Innenraums ist in drei Joche gegliedert. Über der Vierung (drittes Joch) wölbt sich eine achteckige Kuppel, deren Trompen mit den Evangelistensymbolen geschmückt sind. Fenster am Ansatz des Gewölbes erhellen den Innenraum.

Römische Brücke über der Ouvèze

★Cloître ⊘ – Der an die Nordseite der Kathedrale angrenzende Kreuzgang wurde im 12. und 13. Jh. errichtet. Lediglich der Südflügel wurde im 19. Jh. erneuert. Besonders schön sind die Kapitele des Ostflügels mit ihren stilvollen, fein gearbeiteten Verzierungen aus Akanthusblättern, Flechtwerk und Figuren.

Auf die Avenue zurückkehren und rechts den Quai Pasteur nehmen, der am rechten Ufer der Ouvèze entlang verläuft.

Pont Romain – In einem einzigen Bogen (17,20 m Weite) überspannt die 2 000 Jahre alte römische Brücke in 12 m Höhe die Ouvèze. Nach dem dramatischen Hochwasser vom 22. September 1992 brauchte nur die steinerne Brüstung erneuert zu werden, die Brücke selbst hielt stand.

★Haute Ville (Oberstadt) – Vom Place du Poids aus erreicht man die Oberstadt durch ein befestigtes Stadttor, das von einem Belfried mit schmiedeeisernem Glockenkäfig überragt wird. Steine aus den römischen Ruinen fanden Verwendung in der Stadtmauer um den mittelalterlichen Ortskern. Wenn man durch die alten Gassen (Rue de l'Église, Rue de l'Évêché, Rue des Fours...) und über die mit hübschen Brunnen geschmückten Plätze (z. B. Place du Vieux-Marché) flaniert, entdeckt man viele historische, typisch provenzalische Steinhäuser mit alten Rundziegeldächern.

Vom Vorplatz der **Kirche** bietet sich ein schöner **Blick** auf den Mont Ventoux.

Ein recht beschwerlicher Fußweg führt zur **Burg**, die im 12. Jh. von den Grafen von Toulouse auf dem Felsen der Oberstadt errichtet wurde.

Die Ouvèze außer Rand und Band

Am 22. September 1992, um 11 Uhr vormittags, ergossen sich plötzlich riesige Wassermassen über die Stadt und verwandelten die Ouvèze in einen reißenden Strom. Dabei kamen 37 Menschen ums Leben; 150 Häuser wurden zerstört, das Gewerbegebiet dem Erdboden gleichgemacht. Lediglich die römische Brücke konnte dem reißenden Fluß widerstehen (mit Ausnahme der steinernen Brüstung, die erneuert werden mußte). Die Stadt, deren Bewohner sich unverzüglich an den Wiederaufbau machten, hat mittlerweile ihr reizvolles Aussehen wiedererlangt.

★Chapelle St-Quenin ⊘ – *Nordwestlich des Puymin-Viertels.* Romanische Kapelle aus dem 12. Jh. Das dreieckige, wirklich ungewöhnliche Chorhaupt entstand unter Verwendung von Spolien; bemerkenswert ist die außergewöhnlich reiche Ornamentik.

UMGEBUNG

Rasteau – *10 km westlich über die D 975.* Auf den sonnigen Hügeln des Dorfes gedeihen vorzügliche Weine (Côtes-du-Rhône und der Süßwein Rasteau). Das Winzermuseum **(Musée du Vigneron** ⊘**)** enthält neben alten Winzergeräten eine bedeutende Sammlung alter Flaschen. In der „Vinothèque" kann man die Weine kosten und kaufen.

Brantes – *20 km östlich über die D 938; dann links die D 54 bis Entrechaux, die D 13 Richtung Mollans und schließlich rechts die D 40.* Brantes erfreut sich einer ausgesprochen malerischen **Lage★** am Fuß des Mont Ventoux auf dem steilen Nordhang des Toulourenc-Tals und ist einen Besuch wert. Man betritt das befestigte Dorf durch das Tor im höhergelegenen Ortsteil und entdeckt nacheinander die kleine Kapelle der Weißen Büßer (Chapelle des Pénitents Blancs; 18. Jh.), in der heute Ausstellungen stattfinden, die Reste eines Renaissancepalais mit schön verziertem Portal und die reich ausgeschmückte Kirche.

VALLON-PONT-D'ARC

2 027 Einwohner
Michelin-Karte Nr. 245 Falte 1, Nr. 246 Falte 23 und Nr. 331 I7

Der auf sportliche Aktivitäten ausgerichtete Ort Vallon ist der beste Ausgangspunkt für Fahrten durch die Ardèche-Schlucht, zu Wasser oder zu Lande. Südöstlich liegen am Hang eines Hügels die Ruinen des mittelalterlichen Dorfes Vieux Vallon.

BESICHTIGUNGEN

Mairie ⊘ – Das Bürgermeisteramt befindet sich in der ehemaligen Residenz der Grafen von Vallon (17. Jh.). Das Standesamt (Salle des Mariages) im Erdgeschoß birgt sieben **Aubusson-Tapisserien** (18. Jh.), deren leuchtende Farben erstaunlich gut erhalten sind.

Exposition Grotte Chauvet-Pont d'Arc ⊘ – Im Gebiet der Combe-d'Arc in der Ardèche-Schlucht wurde Ende 1994 ein Ensemble herrlicher über 30 000 Jahre alter Höhlenmalereien entdeckt. Die nach einem der drei Entdecker (Jean-Marie Chauvet) benannte Grotte, die nur Forschern zugänglich ist, zeigt auf ihren Wänden 300 schwarze oder rote Malereien und Ritzzeichnungen, die ein erstaunliches Bestiarium darstellen; man erkennt Pferde, Mammuts, Höhlenbären, Wollhaarnashörner, Katzen, Auerochsen sowie, ein ganz seltenes Beispiel, eine Hyäne und eine Eule. Diese Ausstellung erlaubt dem Besucher, sich eine Vorstellung von den Schätzen der Höhle zu machen. Fotografien, Filme und Erläuterungstafeln informieren über die Höhlenkunst im Einzugsgebiet der Ardèche und rekonstruieren das tägliche Leben der altsteinzeitlichen Jäger und Sammler.

> ### Tip
>
> **Gut und preiswert**
>
> **Mondial-Camping** – *1,5 km südöstl. von Vallon-Pont-d'Arc* – ☎ *04 75 88 00 44* – *25. März-10. Okt.* – *Reserv. empf.* – *244 Plätze: 26,37 €*. Angenehmer Campingplatz mit weitläufigen, gut abgetrennten und grünen Stellplätzen. Restaurant, Spielraum und Bar mit Diskothek sorgen für das leibliche Wohl und für Zerstreuung. Zum Baden stehen ein von Palmen gesäumter Swimmingpool und natürlich die Ardèche zur Verfügung.

UMGEBUNG

Magnanerie ⊘ **(Seidenraupenzucht)** – *3 km auf der D 579 in Richtung Ruoms. Kommt man aus Richtung Vallon-Pont-d'Arc, zweigt der Zufahrtsweg links ab.* In **Les Mazes** kann man die letzte Seidenraupenfarm des Vivarais besichtigen, die noch bis vor nicht allzu langer Zeit in Betrieb war. Sie befindet sich in einem für diese Gegend typischen „Mas" mit überdachter Terrasse *(couradou)*. Von dort gelangt man in einen großen Raum, in dem die Seidenraupen auf Holzgestellen mit Schilfgeflecht gezüchtet wurden. Hier wird dem Besucher die Entwicklung der Tiere gezeigt – von den nadelkopfgroßen Wesen beim Ausschlüpfen über das Wachsen der Raupen bis zu den aus Seidenfäden gesponnenen Kokons.

★★**Pont-d'Arc** – *5 km südöstlich über die D 290 (s. Gorges de l'ARDÈCHE, Ausflug).*

VALRÉAS

9 425 Einwohner
Michelin-Karte Nr. 245 Falten 3, 4, Nr. 246 Falte 9 und Nr. 332 C7

Valréas liegt im fruchtbaren Tal der Coronne und lebt von Landwirtschaft und Industrie (Papierfabriken, Kunststoffverarbeitung, Druckereien, Möbelfabriken).
Im 14. Jh., zur Zeit des Schismas der Kirche, wurde das Gebiet, das Nachbar des Comtat Venaissain war, Besitzung der Gegenpäpste von Avignon. Später gingen auch die Orte Visan und Richerenches *(s. u.)* in den Besitz der Päpste über. Einer weiteren territorialen Ausdehnung des Kirchenstaats widersetzte sich König Karl VII. von Frankreich dann aber, und so entstand die Enklave. 1791 fiel Valréas nach einer Volksabstimmung an Frankreich.
Heute gehört die Enklave Valréas zum Departement Vaucluse, während die Umgebung Teil des Departements Drôme ist.

AUF ENTDECKUNGSTOUR

Wo früher Befestigungsanlagen die Stadt umgaben – von ihnen blieb nur der **Tivoli-Turm** übrig – erstreckt sich heute eine Platanenallee. In der Altstadt sind noch schöne Stadtpalais erhalten, so das **Hôtel d'Aultane** *(36 Grande-Rue)* mit wappenverzierter Tür, das **Hôtel d'Inguimbert** *(an der Ecke der Rue de l'Échelle)* mit Kreuzstockfenstern und das **Château Delphinal** *(Place Gutenberg)* mit Pechnasenkranz.

VALRÉAS

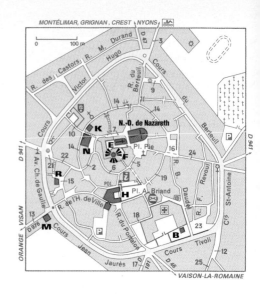

Hôtel de ville ⏱ – Das Rathaus befindet sich in einem Stadtpalais aus dem 18. Jh. Eindrucksvoll ist die Fassade am Place Aristide-Briand. In der Bibliothek im 1. Stock sind Holztäfelungen (17. Jh.) aus dem alten Spital zu sehen sowie päpstliche Siegel, Pergamente und Inkunabeln (Wiegendrucke). Im 2. Stock beachte man den Saal mit der schönen Balkendecke.

TIPS UND ADRESSEN

Gastronomie

Gut und preiswert

Délice de Provence – *6 La Placette (Stadtzentrum)* – ☎ *04 90 28 16 91 – 27. Okt.-9. Nov., Di-abend und Mi geschl. – 14,33/32,78 €*. Hier kann man sich bei klassischer Küche stärken. Das Lokal liegt zentral und bietet eine schöne Auswahl an Menüs zu sehr zivilen Preisen.

Unterkunft

Unsere Empfehlung

Le Grand Hôtel – *28 Avenue du Général-De-Gaulle* – ☎ *04 90 35 00 26 – 21. Dez.-28. Jan., Mo-mittag in der Saison, Sa-abend von Nov.-März und So geschl. –* 🅿 *– 15 Z: 42,69/59,46 € –* ☕ *7,62 € – Restaurant 15,09/45,73 €*. Großer Bau am Ring, der die Innenstadt umgibt. Der Dekor ist überholt, aber die Adresse kann Durchreisenden, die nur eine einfache Übernachtungsmöglichkeit suchen, von Nutzen sein. Regional inspirierte Küche; einfache Zimmer.

Shopping

Trüffelmärkte – Richerenches, die französische „Trüffelhauptstadt", erhielt den kulinarischen Ehrentitel „Site remarquable du goût". Um diese Auszeichnung feierlich zu begehen, versammelt sich alljährlich im Januar die Bruderschaft des „schwarzen Diamanten" zu einer Messe und zu einer Opfergabe, die natürlich frische Trüffeln sind! Auf zwei Märkten, dem von Richerenches (Samstag) und dem von Valréas (Mittwoch), kann man sich die Köstlichkeiten von Mitte November bis Mitte März besorgen.

Besondere Termine

Der Kleine St. Johannes – Seit fünf Jahrhunderten besteht die Tradition, am Abend des 23. Juni einen Jungen zwischen 3 und 5 Jahren zum „Petit St-Jean" zu wählen. Er vertritt symbolisch den Schutzpatron der Stadt und wird, in ein Lammfell gehüllt und von Fackelträgern begleitet, in einer Sänfte durch die Straßen der Stadt getragen, um die Menschen zu segnen. Dem Umzug folgen 400 Bewohner des Städtchens in traditionellen Trachten. Ein Jahr lang steht die Stadt dann unter seiner Obhut.

Das Südportal von **Notre-Dame-de-Nazareth** ist ein schönes Beispiel der provenzalischen Romanik.

Chapelle des Pénitents Blancs ⊘ – Zur Kapelle der Weißen Büßer (17. Jh.) gelangt man vom Place Pie durch ein schönes schmiedeeisernes Tor und eine Allee. Der Chor ist mit geschnitztem Gestühl und einer mit Blumenmotiven geschmückten Kassettendecke ausgestattet. Im kleinen Park steht der einstige Turm von Schloß Ripert, heute Tour de l'Horloge. Von der Parkterrasse bietet sich ein schöner **Blick** auf das alte Valréas und die Hügel des Tricastin.

Musée du Cartonnage et de l'Imprimerie ⊘ – Valréas ist ein bedeutendes Zentrum der Kartonherstellung und lädt den interessierten Besucher dazu ein, in seinem Kartonage- und Druckereimuseum die verschiedenen, seit dem 19. Jh. verwendeten Fertigungstechniken kennenzulernen.

AUSFLUG

Zwischen Trüffeln und Tempeln

Rundfahrt: 40 km – etwa 2 Std. Valréas in westlicher Richtung auf der D 941 verlassen.

★**Grignan** – *s. dort*
Der D 541 folgen, dann links die D 71 nehmen.

Chamaret – Ein imposanter Bergfried, Überrest eines mächtigen Schlosses, beherrscht von seinem Felsen aus die Ebene. Von den Ruinen gleitet der Blick über das Tricastin.

Auf der D 71 weiterfahren.

Die Straße führt an Lavendelfeldern, Trüffeleichen und Zypressen entlang.

Montségur-sur-Lauzon – *Vor dem Rathaus des Ortes die Straße links nehmen, dann rechts abbiegen und einem ansteigenden Weg folgen, der ins alte Dorf führt.* Bei einem Spaziergang durch das Gassengewirr entdeckt man die alte romanische Burgkapelle. Vom Wehrgang aus bietet sich ein schöner **Rundblick** über das Tricastin, die Baronnies und den Mont Ventoux.

Auf der D 71ᴮ in östlicher Richtung weiterfahren.

Aussicht auf das Lance-Gebirge und das Gebiet um Nyons.

Richerenches – Die ehemalige Komturei wurde im 12. Jh. auf einem rechteckigen Grundriß vom Templerorden als Stätte des Gebets und der Arbeit gegründet. Einst züchtete man hier Schafe und Pferde, trieb Handel mit Wolle und Getreide; heute ist vor allem die Trüffelernte von Bedeutung. Erhalten sind die Wehrmauer mit vier runden Ecktürmen. Eingang durch den rechteckigen, maschikulierten Torturm (mit Nägeln beschlagene Tür).

Links der Kirche befinden sich eindrucksvolle Überreste des alten Templer-Gotteshauses.

Die D 20, im Südosten, durchquert Visan und führt zu einer Kapelle.

Chapelle Notre-Dame-des-Vignes ⊘ – Die aus dem 13. Jh. stammende Kapelle birgt im Chor eine farbig gefaßte, hölzerne Marienstatue (13. Jh.), die am 8. September Ziel einer Wallfahrt ist. Im Kirchenschiff Tafelwerk aus dem 15. Jh.

VENASQUE★

966 Einwohner
Michelin-Karte Nr. 245 Falte 17, Nr. 246 Falte 11 und Nr. 332 D10

Das teilweise noch befestigte Dorf liegt auf einem nach drei Seiten hin schroff abfallenden Felsen über der Ebene von Carpentras. Es war früher Bischofssitz und gab der Grafschaft Venaissin ihren Namen. Venasque, das mit kleinen Plätzen, plätschernden Brunnen und einer bemerkenswerten architektonischen Einheit aufwartet, gehört zu den schönsten Dörfern Frankreichs.

HINTERGRUNDINFOS

Das Gebiet zwischen Rhone, Durance und Mont Ventoux unterstand den Grafen von Toulouse, deren Besitztümer in der Folge der Albigenserkreuzzüge (1209–29) an die französische Krone fielen. 1274 trat Philipp III. der Kühne das „Comtat Venaissin" an Papst Gregor X. ab (das Gebiet stand bis 1791 unter päpstlicher Herrschaft). Der Sitz von Verwaltung und Rechtsprechung der Grafschaft wurde zunächst nach Pernes-les-Fontaines, 1320 nach Carpentras verlegt.

Die ehemalige Grafschaft umfaßt die fruchtbare Vaucluse-Ebene, die südlichste und größte Niederung des Rhonetals. Auf ihrem bewässerten Kalkboden gedeihen Frühobst und Frühgemüse, mit denen von Orange, Avignon, Cavaillon und Carpentras aus der französische Markt beliefert wird.

AUF ENTDECKUNGSTOUR

Beim Bummel durch die ruhigen Straßen des Dorfes entdeckt man Läden und Ateliers von Künstlern und Kunsthandwerkern (Maler, Töpfer, Keramiker) sowie schön restaurierte Häuser mit Pergola.

Bestimmt kommt man zum **Place des Comtes-de-Toulouse**, der nach den Grafen von Toulouse benannt ist, die aus Venasque einen Bischofssitz machten.

Von der Esplanade der **Planette** und von den **Tours sarrasines**, den Überresten der mittelalterlichen Befestigungsanlage oben im Dorf, ergeben sich schöne Blicke auf den Mont Ventoux und die Dentelles de Montmirail.

★**Baptisterium** ⊘ – *Eingang rechts vom Pfarrhaus.* Die Taufkapelle, die mit der Kirche Notre-Dame durch einen langen Korridor verbunden ist, gilt als eines der ältesten kirchlichen Baudenkmäler Frankreichs. Die Anfänge gehen wahrscheinlich auf die merowingische Zeit (6. Jh.) zurück; im 11. Jh. erfolgten Umbauarbeiten. Es handelt sich um einen Vierkonchenbau (quadratischer Raum mit Kreuzgratgewölbe und vier Apsiden mit Halbkuppel). Die Blendarkaden ruhen auf Marmorsäulen mit antiken oder merowingischen Kapitellen. Im Zentrum des Raums befindet sich im Fußboden ein Becken.

Merowingisches Baptisterium

Église Notre-Dame – Die mehrmals umgestaltete Kirche besitzt einen schönen geschnitzten Altaraufsatz (17. Jh.) und vor allem ein **Kreuzigungsgemälde★** (1498) der Schule von Avignon.

UMGEBUNG

Route des gorges – *10 km östl. auf der D 4 in Richtung Apt.* Die Straße führt durch den Wald von Venasque auf dem Vaucluseplateau parallel zu einer malerischen **Schlucht** (flußaufwärts). Nach etwa 400 m Höhenunterschied erreicht man einen Sattel (Col de Murs; 627 m). Wenige Kurven hinter der Paßhöhe Richtung Murs bietet sich eine weite Aussicht auf die Senke von Apt und auf Roussillon.

Mont VENTOUX★★★

Michelin-Karte Nr. 245 Falten 17, 18, Nr. 246 Falte 10 und Nr. 332 E8

Der pyramidenförmige Berg ist mit seinem kahlen, im Winter schneebedeckten Gipfel die höchste Erhebung im Gebirgssystem der Provence, und er wirkt, wie er sich da konkurrenzlos über der Ebene von Carpentras und dem Plateau von Vaucluse, über dem Rhone-Tal und dem Baronnies-Massiv aufbaut, sehr majestätisch. Die Fahrt zum Gipfel ist einer der schönsten Ausflüge, den die Provence zu bieten hat. Aus der Höhe seiner 1 909 m bietet sich ein herrlicher Rundblick. Der „Riese der Provence" wurde kürzlich von der UNESCO als geschützte Biosphäre eingestuft.

G. Gsell/PHOTONONSTOP

Auf dem Mont Ventoux wurde und wird so manches Kapitel der Tour de France geschrieben

HINTERGRUNDINFOS

Pflanzenwelt – Nachdem man auf den unteren Hängen auf die typische Pflanzenwelt der Provence trifft, werden an Botanik Interessierte begeistert sein, auf dem Gipfel Exemplare der Flora des Hochgebirges und des Polarkreises vorzufinden, wie z. B. Flechten und Moose, die kleine Gelbe Mohnblume *(papaver aurantiacum)* und den Goldblumigen Steinbrech *(saxifraga hirculus)*. Die günstigste Zeit für den Botaniker ist von Anfang bis Mitte Juli, wenn die Pflanzen in voller Blüte stehen. Eine Herbstwanderung durch die bunten Wälder des Ventoux hat aber auch ihren Reiz. Die Hänge des Mont Ventoux waren für den Bau der Werften von Toulon ziemlich kahl geschlagen worden. Seit 1860 wird jedoch wieder aufgeforstet, und heute trägt der Ventoux wieder die verschiedensten Baumarten, Aleppokiefern, Steineichen, amerikanische Eichen, Zedern, Buchen, Bergkiefern, Tannen und Lärchen. Diese machen ab 1 600 m Höhe einer grauweißen Steinwüste Platz.

Klima – Wer etwas Französisch kann, wird im Namen Ventoux das Wort *vent* (Wind) erkannt haben. Tatsächlich bläst der Mistral auf dem Gipfel besonders heftig, so daß die Temperatur in der Höhe im Durchschnitt um 11°C niedriger ist als am Fuße des Berges. Es regnet doppelt so viel wie in der Ebene. Während der kalten Jahreszeit fällt das Thermometer der Wetterstation auf dem Gipfel bis auf minus 27 °C!
Im Sommer ist der Mont Ventoux in den Mittagsstunden oft dunstverhangen. Wenn man den Blick vom Gipfel wirklich genießen will, sollt man recht früh aufbrechen – oder man bleibt bis zum Sonnenuntergang. Auch bei Dunkelheit ist der Blick über die provenzalische Ebene mit den glitzernden Ortschaften bis hin zu den Leuchtfeuern der Küste äußerst reizvoll. Meist ist im Winter die Luft wesentlich klarer, der Gipfel dann allerdings nur auf Skiern erreichbar.

AUSFLUG

★★Rundfahrt zum „Riesen der Provence"

63 km ab Vaison-la-Romaine – 1 Tag

Auch wenn der Südhang dieselben Charakteristika wie der Nordhang aufweist, so ist die Fahrt zum Gipfel vom Norden her in den warmen Monaten wegen der erfrischenden Winde angenehmer. Gewitter können auf den letzten drei Kilometern manchmal etwas Geröll auf die Straße treiben, ohne jedoch den Straßenverkehr unmöglich zu machen; man sollte dann nur besonders vorsichtig fahren.

Vaison-la-Romaine auf der D 938 in südöstlicher Richtung verlassen. Nach 3,5 km links in die D 54 einbiegen.

Entrechaux – Das von den Burgruinen beherrschte Dorf befand sich ehemals im Besitz der Bischöfe von Vaison.

TIPS UND ADRESSEN

Anfahrt – *s. Öffnungszeiten und Eintrittspreise*

Gastronomie

Unsere Empfehlung

Le Vieux Four – *Im Dorf* – *84410 Crillon-le-Brave* – ☎ *04 90 12 81 39* – *15. Nov.-1. März, Mo und in der Woche mittags geschl.* – 🍽 – 22 €. Die junge dynamische Köchin hat ihr Lokal in der ehemaligen Dorfbäckerei eingerichtet. Die Gäste lassen sich in der alten Backstube nieder – der ursprüngliche Backofen ist noch vorhanden – oder auf der Terrasse, die sich auf der Befestigungsmauer befindet. Blick auf den Mont Ventoux.

La Maison – *84340 Beaumont-du-Ventoux* – ☎ *04 90 65 15 50* – *Nov.-5. April, Mo und Di von Sept.-Juni und mittags in den Monaten Juli-Aug. außer So geschl.* – 24,39/35,83 €. Altes, schön restauriertes Bauernhaus, das von Wein- und Obstgärten umgeben ist. Sobald man die Terrasse unter Linden überquert hat, erliegt man schon dem Zauber des Ortes. Im Gastraum herrscht die Farbe Gelb vor, die Küche ist provenzalisch. Drei einfache, hübsche Zimmer stehen zur Verfügung.

Le Mas des Vignes – *Route du Mont-Ventoux* – *84410 Bédoin* – *6 km östl. von Bédoin* – ☎ *04 90 65 63 91* – *2. Nov.-30. März, mittags außer Sonn- und Feiertagen in den Monaten Juli-Aug., Di-mittag und Mo geschl.* – 🍽 – 25,92/38,11 €. Von diesem hübschen Landhaus, das über dem Tal und der berühmten Rennstrecke des Mont Ventoux liegt, reicht das Panorama bis zu den Felsspitzen von Montmirail und zur Ebene des Comtat. Im Speisesaal oder auf der Terrasse stillt man seinen Hunger an Gerichten aus frischen Zutaten.

Unterkunft

Gut und preiswert

Hôtel Garance – *84410 Ste-Colombe* – *4 km östl. von Bédoin über die Route du Mont-Ventoux* – ☎ *04 90 12 81 00* – 🖪 – *13 Z: 38,11/45,73 €* – 🍵 5,95 €. Altes, restauriertes Bauernhaus inmitten eines von Wein- und Obstgärten umgebenen Dorfes, das vom Mont Ventoux beherrscht wird. Die in provenzalischen Farben gehaltenen Zimmer haben alte Böden, sind aber modern möbliert. Die nach hinten gelegenen Zimmer bieten den Vorteil eines schönen Blicks auf den „Riesen der Provence", wie der Mont Ventoux genannt wird. Swimmingpool.

Spitzenkategorie

Hostellerie de Crillon le Brave – *Place de l'Église* – *84410 Crillon-le-Brave* – ☎ *04 90 65 61 61* – *2. Jan.-8. März geschl.* – 🖪 – *18 Z: 160,07/327,77 €* – 🍵 14,48 € – *Restaurant 38/70 €.* In dieser aus dem 17. Jh. stammenden Bastide gegenüber dem Mont Ventoux fühlt man sich an die Gemälde von Cézanne erinnert. Provenzalisch eingerichtete Zimmer, zauberhafter Speisesaal unter dem Gewölbe der ehemaligen Stallungen, schöne schattige Terrasse und anmutiger Garten im italienischen Stil. Südliche Küche und Weine.

Sport und Freizeit

Auf Skiern – Von Dezember bis April ist der Ventoux in einer Höhe von 1 300/1 400 m schneebedeckt und bietet optimale Pisten für den Wintersport. Am Nordhang, am Mont Serein, kann man auf Schnee und – an wärmeren Tagen – auf Gras Ski fahren. Es gibt mehrere Skilifte und auch Möglichkeiten zum Schneeschuhwandern (Hütte an der Piste ☎ 04 90 41 91 71). Die Hänge des Chalet-Reynard am Südhang sind für den Skisport besonders geeignet.

Mit dem Fahrrad – Der Aufstieg auf den Ventoux per Fahrrad ist für die här- testen Radsportler eine Herausforderung. Kontakt: Office de tourisme von Bédoin.

Auf Schusters Rappen – Durch den Wald von Bédoin oder direkt hinauf auf den „Riesen der Provence" führen die Fernwanderwege GR 91 und 91 B. Genaue Führer *(topo-guides)* gibt es bei Fremdenverkehrsämtern und Touristeninformationen.

Auf der D 13 zur Straße nach Malaucène fahren.

Malaucène – *s. Dentelles de MONTMIRAIL*

Chapelle Notre-Dame-du-Groseau – *Keine Besichtigung*. Die Kapelle ist der einzige Überrest einer Benediktinerabtei, die Saint-Victor in Marseille unterstand. Das quadratische Gebäude ist der ehemalige Chor der Abteikirche aus dem 12. Jh., deren Langhaus nicht mehr existiert.

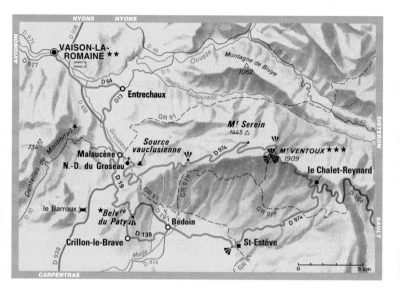

Source vauclusienne du Groseau – Links der Straße liegt zu Füßen eines über 100 m hohen Felsens die **Groseau-Quelle**, die einen kleinen See bildet, dem schöne Bäume Schatten spenden. Die Römer hatten einen Aquädukt errichtet, der ihr Wasser nach Vaison brachte.

Von den Serpentinen der Straße genießt man eine schöne Sicht über das Plateau von Vaucluse; danach führt sie den Nordhang des Ventoux hinauf, die steilste und am stärksten ausgewaschene Seite des Berges. Es geht durch Weideland und kleine Tannengehölze an der Schutzhütte des Mont Serein vorbei. Vom Aussichtspunkt hinter dem Forsthaus Les Ramayettes bietet sich ein herrlicher **Blick★** auf die Täler der Ouvèze und des Groseau sowie auf die dahinter aufsteigenden Bergzüge der Baronnies und auf den Gipfel La Plate.

Mont Serein – Wintersportort (zahlreiche Skilifte), der auch im Sommer als Ausgangspunkt für Wanderungen beliebt ist. Der Rundblick reicht bis zu den Dentelles de Montmirail, den Höhen des rechten Rhone-Ufers und den Alpen. Nach zwei großen Serpentinen erreicht die Straße den Gipfel.

★★★Gipfel des Mont Ventoux – Hier oben befinden sich eine Radarstation der französischen Luftwaffe und im Norden ein TV-Sendeturm.

Der **Rundblick★★★** von der im Süden angelegten Plattform (Orientierungstafel) ist überwältigend. Man sieht vom Massiv des Pelvoux bis zu den Cevennen, auf den Luberon, die Montagne Sainte-Victoire, die Hügel von l'Estaque, Marseille und den See von Berre, auf die Alpilles und das Rhone-Tal. Bei besonders klarem Wetter erkennt man sogar den Pyrenäengipfel Canigou. Abends ist der Blick auf die Lichter der Ebene und der Küste von ganz besonderem Zauber.

Die Talfahrt erfolgt über den Südhang. Zunächst durchquert man ein weißes Geröllfeld. Diese Straße entstand gegen 1885 gleichzeitig mit dem Observatorium, zu dem sie führt; vom Gipfel (1 909 m) bis Bédoin (310 m) überwindet sie auf 22 km ein Gefälle von 1 600 m.

Chalet-Reynard – Vor allem die Einwohner von Avignon, Carpentras und Umgebung schätzen diesen Wintersportort zwischen herrlichen Skihängen.

Die Straße führt zunächst durch Wald (Tannen, Buchen und Eichen sowie eine Reihe schöner Zedern); anschließend folgt die typische Pflanzenwelt der Provence – Weinberge, Pfirsich- und Kirschbäume sowie Olivenhaine. Die Sicht reicht bis zum Vaucluseplateau, mit dem Luberon im Hintergrund.

An der D 164 (links) vorbeifahren – diese Straße führt nach Sault (s. dort) durch das Hochtal der Nesque.

Saint-Estève – Vor dem Ort bietet sich rechts ein schöner **Blick★** auf die Bergkette der Dentelles de Montmirail und das Comtat Venaissin, links auf die Vauclusehochebene.

Bédoin – Durch malerische Gassen gelangt man zu der im Jesuitenstil errichteten Kirche (schöne Barockaltäre).

Weiter auf der D 138.

Crillon-le-Brave – Die reizvolle Ortschaft liegt hoch auf einem Bergvorsprung des Ventoux. Von der alten Befestigung sind noch Reste erhalten. Neben dem Bürgermeisteramt kann man im **Maison de la Musique mécanique** ⊘ eine „Serinette" von 1740 hören: Das Instrument diente dazu, Kanarienvögel *(serins)* und andere Artgenossen zum Singen anzuregen. Außerdem gibt es ein Orchestrion von 1900 mit 9 Instrumenten, Drehorgeln und das mechanische Musikinstrument eines Karussells.

Im Norden des Dorfes führt eine nicht befestigte Straße zum Paty-Aussichtspunkt.

★**Belvédère du Paty** – Von diesem Aussichtspunkt hat man einen herrlichen **Blick** auf Crillon-le-Brave und die Ockerbrüche. Rechts zeichnen sich die Alpilles ab, gerade aus überblickt man das Comtat Venaissin und das Vaucluseplateau, links taucht der Mont Ventoux auf.

Die D 19 und die D 938 führen nach Vaison-la-Romaine zurück.

VILLENEUVE-LÈS-AVIGNON★

11 791 Einwohner

Michelin-Karte Nr. 245 Falte 16, Nr. 246 Falte 25 und Nr. 339 N5

Ein Ausflug nach Villeneuve ergänzt auf natürlichste Weise den Besuch von Avignon. Der Blick vom rechten Ufer der Rhone auf die alte Papststadt gehört, besonders am späten Nachmittag und bei Sonnenuntergang, zu den schönsten Bildern, die das Rhone-Tal zu bieten hat. Doch auch die Kunst- und Bauwerke der ehemaligen „Stadt der Kardinäle" sind den kleinen Umweg wert.

VILLENEUVE-LÈS-AVIGNON

Chapelle
  N.-D.-de-Belvézet .... **D**
Musée municipal
  Pierre de Luxembourg **M**
Porte fortifiée .... **B**

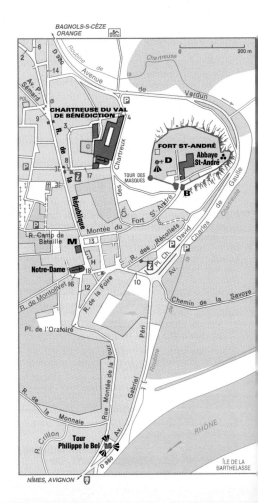

TIPS UND ADRESSEN

Stadtbesichtigung

Stadtführungen – *s. Öffnungszeiten und Eintrittspreise*

Carte-Pass – Mit dieser Karte erhält man beim Besuch von Avignon und Villeneuve-lès-Avignon 15 Tage lang interessante Ermäßigungen (Museen, Stadtführungen, Schiffsausflüge, Touristenbähnchen, Busausflüge). Man muß nur für eine der Sehenswürdigkeiten oder Veranstaltungen, die auf der Karte verzeichnet sind, den vollen Eintritt zahlen.

Gastronomie

Unsere Empfehlung

Le St-André – *4bis Montée du Fort* – ☎ *04 90 25 63 23* – *Nov., Di-mittag und Mo geschl.* – *22,11/25,15 €.* Auf dem Weg zum Fort St-André können Sie sich im provenzalischen Dekor dieses sympathischen Restaurants stärken. Das Lokal liegt an der schmalen Straße zum Fort.

Unterkunft

Unsere Empfehlung

Hôtel de l'Atelier – *5 Rue de la Foire* – ☎ *04 90 25 01 84* – *1. Nov.-Mitte Dez. geschl.* – *19 Z: 42,62/70 €.* Haus aus dem 16. Jh., das seinen Charakter – antike Möbel, Holzbalken, sichtbares Steinmauerwerk – bewahrt hat. Die recht geräumigen Zimmer sind individuell eingerichtet. Im Winter erwärmt der große Kamin den Salon; in der schönen Jahreszeit wird das Frühstück auf der schattigen Terrasse serviert.

Kunst und Kultur

Rencontres de la Chartreuse – Theaterfestival im Umkreis des berühmten Festivals von Avignon (☎ 04 90 15 24 24).

Konzertstätten – Der Kreuzgang der Collégiale (Stiftskirche) und die Kartause beherbergen die meisten Aufführungen, die in Villeneuve-lès-Avignon stattfinden.

Klausen für Autoren – In der Kartause Val de Bénédiction ist das Centre National des Écritures du Spectacle (CNES) untergebracht, ein Zentrum zur Förderung von Texten für Theater, Oper, Chanson usw. Ausgewählte Autoren können in den ehemaligen Zellen der Kartäuser wohnen.

HINTERGRUNDINFOS

Als Gebiet der Grafen von Toulouse wurde Villeneuve nach dem verlorenen Albigenserkrieg vom französischen König konfisziert, der dadurch einen Stützpunkt am rechten Rhone-Ufer gewann. Auf der gegenüberliegenden Seite lag die Provence, Territorium des Hl. Römischen Reiches.

Ende des 13. Jh.s gründete Philipp der Schöne in der Ebene die „Neue Stadt" *(ville neuve)* und ließ sie militärisch ausbauen, indem er den Eingang zur Rhone-Brücke (Pont Saint-Bénézet) stark befestigte. Zur Zeit der Päpste wurde Villeneuve zum eleganten Vorort Avignons, denn Kardinäle, die in der Papststadt selbst keine ihrem Rang entsprechenden Paläste mehr gefunden hatten, erhielten hier Land zugeteilt und erbauten fünfzehn prachtvolle Palais (*Livrées* genannt). Die Könige Johann der Gute und Karl V. wiederum errichteten das Fort St-André, um die Päpste besser kontrollieren zu können. Auch nach der Rückkehr der Päpste nach Rom blieb der Wohlstand der Stadt erhalten; im 17. und 18. Jh. entstanden in der Hauptstraße zahlreiche Adelshäuser, und die Klöster blieben weiterhin aktiv. Erst die Revolution setzte dieser Glanzzeit des Adels und der kirchlichen Institutionen ein Ende.

AUF ENTDECKUNGSTOUR

Wenn man von Nîmes oder Avignon auf der D 980 kommt, links die Zufahrtsstraße zum Turm nehmen.

Tour Philippe-Le-Bel ⏱ – Der zwischen 1293 und 1307 auf einem Felsen unweit der Rhone errichtete Turm bildete den Kern der (königlichen) Verteidigungsanlage, von der die St-Bénézet-Brücke überwacht werden konnte.

Von der obersten Plattform (176 Stufen) ergibt sich ein wunderschöner **Blick**★★ auf Villeneuve und das Fort St-André, auf die Rhone mit dem Pont St-Bénézet, auf Avignon und den Papstpalast sowie auf das Ventoux-Massiv und die Berge der Montagnette und der Alpilles.

Bis zum Place de l'Oratoire weitergehen und dann die Rue de l'Hôpital nehmen.

Église Notre-Dame ☉ – Die ehemalige Stiftskirche wurde 1333 von Kardinal Arnaud de Via, einem Neffen Papst Johannes' XXII., gegründet. Ihr Ostturm war früher ein Wachtturm, dessen Arkaden im Erdgeschoß als öffentlicher Durchgang dienten. Später erhielten die Kanoniker die Erlaubnis, diese Passage zu schließen. Daraufhin gestalteten sie ihn zum Chorraum um und verbanden den Turm durch ein zusätzliches Joch mit dem Langhaus.

Die Kirche enthält zahlreiche Kunstwerke. Vom Chor ausgehend, sieht man das wiederhergestellte Grab von Kardinal Arnaud de Via mit der originalen Liegefigur aus dem 14. Jh., eine Kopie der berühmten *Pietà*, die sich seit 1904 im Louvre in Paris befindet (3. Kapelle rechts) sowie ein Gemälde von Nicolas Mignard *(Hl. Bruno)* und eine *Kreuzigung* von Reynaud Levieux (über dem Choreingang).

Rue de la République – Die Straße ist von mehreren ehemaligen Kardinalspalästen *(Livrées)* gesäumt (Nr. 1, 3, 4, 45 und 53). In dem Palais des Kardinals Pierre de Luxembourg ist das **Städtische Museum** untergebracht. Die Kartause Val de Bénédiction erreicht man durch ein Portal (Nr. 60).

BESICHTIGUNGEN

★**Musée municipal Pierre-de-Luxembourg** ☉ – Das Städtische Museum befindet sich im Palais des Kardinals Pierre de Luxembourg, der 1387 im Alter von 19 Jahren starb. In vier Stockwerken sind großartige Kunstwerke zu sehen.

Im Erdgeschoß ist eine **Madonna**★★ aus farbig gefaßtem Elfenbein (14. Jh.) ausgestellt: Die Figur der Maria ist unter Einbeziehung der Krümmung in einen Stoßzahn geschnitzt und gehört zu den schönsten Kunstwerken dieser Art. Beachtenswert sind auch die marmorne Madonna (14. Jh.) aus der Nürnberger Schule, der Marmorkopf der Königin Jeanne (ein Werk von Laurana), ein Innozenz VI. zugeschriebenes Pluviale (18. Jh.) sowie ein zartes, mit feinen Perlen verziertes Tuch *(Voile du Saint-Sacrement)* aus dem 17. Jh.

Marienkrönung von Enguerrand Quarton

Im 1. Stock befindet sich das Glanzstück der Sammlung, die **Marienkrönung**★★ (1453) von Enguerrand Quarton, einem aus Laon gebürtigen Maler, der ab 1447 in Avignon und Aix tätig war. Leuchtende Farben und ein symmetrischer Aufbau charakterisieren das Gemälde, auf dem eine Schutzmantelmadonna zwischen Himmel und Erde als zentrale Figur der Komposition dargestellt ist. Hingewiesen sei auch auf die Gemälde von Nicolas Mignard *(Jesus im Tempel*, 1649), Philippe de Champaigne *(Heimsuchung*, um 1644), Reynaud Levieux *(Kreuzigung)*, Simon de Châlons und Parrocel *(Hl. Antonius und das Jesuskind)*.

★**Chartreuse du Val de Bénédiction** ☉ – *60 Rue de la République.* Das Kartäuserkloster wurde 1352 von Innozenz VI. gestiftet. Der Papst dankte damit einem Ordensgeneral der Kartäuser, der aus Bescheidenheit die Papstkrone abgelehnt und dadurch die Besteigung des Papstthrons durch Innozenz erst möglich gemacht hatte. Der frisch gewählte Papst ließ das Kloster, das zum bedeutendsten Kartäuserkloster Frankreichs werden sollte, auf dem Gelände seiner *Livrée* errichten.

Diese „Stadt in der Stadt", die eine doppelt so große Fläche einnimmt wie der Papstpalast in Avignon, verdient allein ihrer Architektur wegen einen Besuch.

Nachdem man die **Klosterpforte** zwischen dem Place des Chartreux und der Allée des Mûriers durchschritten hat, sollte man sich umdrehen, um die architektonische Gestaltung und die Ornamentik näher zu betrachten, bevor man sich zum Empfang und zur Kasse am Ende der Allee begibt. Danach gelangt man in das Hauptschiff der **Kirche**, von deren eingestürzter Apsis sich ein herrlicher **Blick**★ auf das Fort Saint-André *(s. u.)* bietet. Rechts, in der Apsis des anderen Kirchenschiffes,

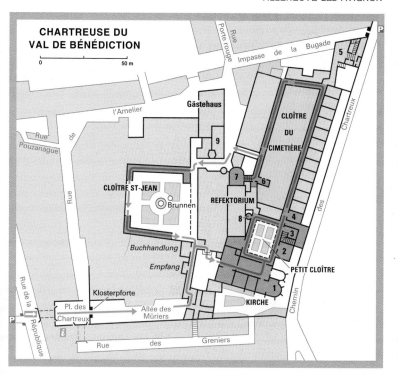

CHARTREUSE DU VAL DE BÉNÉDICTION

0 ____ 50 m

befindet sich unter einem Joch das Grabmal von Papst Innozenz VI. **(1)**, dessen Liegefigur aus weißem Marmor auf einem Sockel aus dem Gestein von Pernes ruht. Am Ostflügel des **Petit Cloître** (Kleiner Kreuzgang) liegen der **Kapitelsaal (2)** und der **Mesnerhof (3)** mit Brunnen und einer hübschen Treppe. Das **Brunnenhaus (8)** ist ein kleiner Rundbau mit einer hübschen Kuppel aus dem 18. Jh.

Man gelangt anschließend zum 20 m x 80 m **Großen Kreuzgang des Friedhofs** (Cloître du Cimetière), an dem die Mönchszellen liegen. Nur die erste Zelle **(4)** kann besichtigt werden. Die übrigen (restaurierten) Zellen werden von den Autoren des CNES *(s. Tips und Adressen, Klausen für Autoren)* bewohnt. Am Nordostende des Kreuzgangs führt ein Gang zur **Waschküche (5)**, deren Brunnen und Kamin zum Trocknen noch vorhanden sind. Vom Westflügel, unweit der kleinen **Totenkapelle (6)**, gelangt man zur **Kapelle (7)** der „Livrée" von Innozenz VI. Die herrlichen **Fresken**★ von Matteo Giovanetti (14. Jh.) illustrieren Szenen aus dem Leben Jesu (Darbietung im Tempel, Grablegung) und Johannes des Täufers.

Im **Refektorium** (Festsaal im 18. Jh.) finden heute Veranstaltungen statt *(keine Besichtigung)*. Nachdem man das zinnenbewehrte Chorhaupt der Kapelle umrundet hat, erreicht man die Bäckerei **(9)** mit ihrem sechseckigen Turm. Im Nordosten liegt das im 18. Jh. umgebaute Gästehaus, die **Hôtellerie**, mit sehr schöner Nordfassade. Auch wenn die Flügel des **Cloître Saint-Jean** nicht mehr vorhanden sind, gibt es noch mehrere Mönchszellen am Kreuzgang und einen mächtigen Brunnen (18. Jh.) in der Mitte.

★**Fort St-André** ⊘ – Das Fort bestand einst aus einer Abtei, der romanischen Kapelle **Notre-Dame-de-Belvézet** und einem Dorf, von dem noch einige Überreste zu sehen sind. Die Anlage wurde im 14. Jh. von Johann dem Guten und Karl V. auf einer ehemaligen, im Mittelalter versandeten Rhone-Insel errichtet. Das **befestigte Tor**★ mit Flankentürmen ist ein herausragendes Beispiel mittelalterlicher Befestigungsarchitektur. Die Besichtigung des westlichen Torturmes führt zu dem Saal, von dem aus die Fallgatter betätigt wurden, und zur Backstube (18. Jh.). Von der Terrasse (85 Stufen) schweift der **Blick**★★ über die Rhone und Avignon mit dem Papstpalast, die Ebene des Comtat Venaissin, den Mont Ventoux und die provenzalischen Gebirgsketten Luberon und Alpilles. Hinter dem Park der Abtei erhebt sich die massige Silhouette des Turms Philippe-le-Bel.

Abbaye Saint-André ⊘ – Von der im 10. Jh. gegründeten Benediktinerabtei sind nach den Zerstörungen der Französischen Revolution nur das Eingangsportal, der linke Gebäudeflügel und die auf Gewölben ruhende Terrasse übrig geblieben. Der herrliche **Park**★ im italienischen Stil bietet reizvolle **Ausblicke**★ auf Avignon. Wenn Sie die 85 Stufen des **Westturms** erklommen haben, werden Sie mit einem **Ausblick**★★ belohnt: Mont Ventoux, Rhone, Avignon und der Papstpalast, die Ebene des Venaissin, Luberon, Alpilles und der Turm Philippe le Bel.

Öffnungszeiten und Eintrittspreise

Die nachstehend genannten Preise und Öffnungszeiten gelten für die Sehenswürdigkeiten, die im Hauptteil durch das Zeichen ⊙ kenntlich gemacht sind. Die Informationen entsprechen dem Stand zur Zeit der Redaktion. Preise und Öffnungszeiten ändern sich jedoch sehr häufig. In diesem Zusammenhang möchten wir Sie insbesondere darauf aufmerksam machen, daß es sich bei fast allen in Euro angegebenen Preisen um Umrechnungen seitens unserer Redaktion handelt, und zwar auf der Grundlage der uns mitgeteilten Preise in FF (Umrechnungskurs 1 € = 6,55957 FF). Für eventuelle Unstimmigkeiten können wir daher nicht haftbar gemacht werden. Wir bitten um Ihr Verständnis.

Die Angaben gelten für Einzelbesucher (ohne Ermäßigung); für Gruppen können im allgemeinen bei Voranmeldung besondere Bedingungen vereinbart werden.

Kirchen sollte man während des Gottesdienstes nicht besichtigen. Viele Kapellen und Kirchen sind nicht immer geöffnet. Ist das Innere von Interesse, sind genauere Besichtigungszeiten angegeben. Oft wird der Reisende von der Person, die den Schlüssel aufbewahrt, auch durch die Gotteshäuser geführt; in diesem Fall sollte man eine kleine Spende vorsehen. Die Museen schließen oft während der Mittagszeit. Staatliche Museen sind meistens dienstags geschlossen. Letzter Einlaß, besonders bei Führungen, 1 oder 1/2 Stunde vor Schließung.

In einigen Städten, besonders in den durch 🅰 *hervorgehobenen „Villes d'Art" und „Villes d'Art et d'Histoire", werden in der Reisezeit von den Fremdenverkehrsämtern (Office de Tourisme oder Syndicat d'Initiative, in der folgenden Liste mit* 🅱 *gekennzeichnet) regelmäßig Stadtführungen organisiert.*

Die Reihenfolge der Sehenswürdigkeiten entspricht ihrer Auflistung im Hauptteil des Führers; bei Beschreibungen von Sehenswürdigkeiten in der Umgebung von Städten, innerhalb einzelner Gebieten bzw. im Rahmen von Rundfahrten u. ä. folgt sie der Auflistung im Text.

Sehenswürdigkeiten, die über behindertengerechte Einrichtungen verfügen, sind mit ♿ *gekennzeichnet.*

A

AIGUES-MORTES 🅱 Porte de la Gardette – 30220 Aigues-Mortes – ☎ 04 66 53 73 00

Stadtführungen – Zugang zur Chapelle des Pénitents Blanc und zur Chapelle des Pénitents Gris, die anderenfalls nicht zugänglich sind. Juli-Aug. Mo, Mi und Fr. 10 Uhr. Dauer: 2 Std. 4,57 €. Nur mit Voranmeldung (24 Std. im voraus) beim Fremdenverkehrsamt (Office de tourisme).

Chapelle des Pénitents Blancs – Führungen Mo, Mi, Fr 10-11.30 Uhr auf Anfrage beim Fremdenverkehrsamt (Office de tourisme).

Chapelle des Pénitents Gris – Juli-Aug. Führungen Mo, Mi, Fr 10-11.30 Uhr auf Anfrage beim Fremdenverkehrsamt (Office de tourisme).

Les Fortifications – Mai und Sept. 9.30-19 Uhr (Juni-Aug. 20 Uhr); Okt. und Febr.-Apr. 10-18 Uhr, Anfang Nov.-Ende Jan. 10-17 Uhr. 1. Jan., 1. Mai, 1. und 11. Nov., 25. Dez. geschl. 5,49 €. ☎ 04 66 53 61 55

Salins du Midi – Juni-Aug. Führungen (4 Std.) mit dem Bähnchen, Abfahrt um 10, 11.15, 14.30, 15.45, 17.15 und 18.30 Uhr; Apr.-Mai und Sept. Abfahrt um 11.15, 14.30, 15.45 und 17.15 Uhr. 5,34 € mit dem Bähnchen (Kinder: 3,05 €). 1 Tag im Voraus beim Fremdenverkehrsamt (Office de tourisme) reservieren. ☎ 04 66 53 85 20

Caves de Listel – ♿ Mitte Apr.-Mitte Okt. Führungen (1/2 Std., letzte Führung 3/4 Std. vor Schließung) 10-18.30 Uhr; Mitte Okt.-Mitte Apr. tgl. außer Sa/So und Feiertage 10-12 und 14-17 Uhr. Eintritt frei. ☎ 04 66 51 17 00

Château de Teillan – Mitte Juni-Mitte Sept. Führungen durch die Innenräume (1 Std.) tgl. außer Mo 15-19 Uhr. 4,57 €. ☎ 04 66 88 02 38

AIX-EN-PROVENCE 🅱 2 Pl. du Gén.-de-Gaulle (La Rotonde) – 13100 Aix-en-Provence – ☎ 04 42 16 11 61

Stadtführungen – Aix ist „Ville d'Art et d'Histoire" (Stadt der Kunst und Geschichte). Es werden Führungen (2 Std.) angeboten, die von offiziell vom frz. Ministerium für Kultur und Kommunikation anerkannten Stadtführern durchgeführt werden. Auskunft beim Fremdenverkehrsamt (Office de tourisme) oder im Internet unter www.vpah.culture.fr

Atelier Paul-Cézanne – Mitte Juni-Ende Sept. (letzter Einlaß 1/4 Std. vor Schließung) 10-18.30 Uhr; Apr.-Mitte Juni 10-12 und 14.30-18 Uhr; Okt.-März 10-12 und 14-17 Uhr. 1. Jan., 1. Mai, 25. Dez. geschl. 5,50 €. ☎ 04 42 21 06 53

Cloître St-Sauveur – Tgl. außer während der Messe 8-12 und 14-18 Uhr. Führungen möglich. Auskunft ☎ 04 42 96 12 25

Muséum d'Histoire naturelle – 10-12 und 13-17 Uhr, Juli-Aug. 10-18 Uhr. 1. Jan., 1. Mai, 24., 25. und 31. Dez. geschl. 2 €. ☎ 04 42 27 91 27

Musée des Tapisseries – Tgl. außer Di 10-12 und 14-18 Uhr. 1. Jan., 1. Mai, 25. und 26. Dez. geschl. 1,52 €. ☎ 04 42 23 09 91

Musée Granet – Tgl. außer Di 10-12 und 14-18 Uhr. An Feiertagen geschl. 1,52 €. ☎ 04 42 38 14 70

Musée du Vieil Aix – Apr.-Okt. tgl. außer Mo 10-12 und 14.30-18 Uhr; Nov.-März tgl. außer Mo 10-12 und 14-17 Uhr. An Feiertagen geschl. 2,29 €. ☎ 04 42 21 43 55

Musée bibliographique et archéologique Paul-Arbaud – 14-17 Uhr. So und an Feiertagen geschl. Weitere Öffnungszeiten telefonisch erfragen. 2,29 €. ☎ 04 42 38 38 95

Pavillon Vendôme – März-Okt. tgl. außer Di 10-12 und 14-17.30 Uhr; Okt.-Febr. tgl. außer Di 10-12 und 13.30-17 Uhr. 1. Jan., 1. Mai, 25. Dez. geschl. 2 €. ☎ 04 42 21 05 78

Fondation Vasarely – 10-13 und 14-19 Uhr, Sa/So 10-19 Uhr (Nov.-März 18 Uhr). 1. Jan., 1. Mai, 25. Dez. geschl. 6,10 €. ☎ 04 42 20 01 09, www.fondationvasarely.com

Oppidum d'Entremont – Tgl. außer Di 9-12 und 14-18 Uhr. 1. Jan., 1. Mai, 1. und 11. Nov., 25. Dez. geschl. Eintritt frei. ☎ 04 42 21 97 33

Jardins d'Albertas – Mai-Ende Okt. Sa/So und Feiertage 14-18 Uhr (Juni-Aug. tgl. 15-19 Uhr). 3,50 €. ☎ 04 42 22 29 77

Les ALPILLES

Fontvieille: Moulin de Daudet – Apr.-Sept. 9-19 Uhr. Febr.-März und Okt.-Dez. 10-12 und 14-17 Uhr. Jan. außer So geschl. 1,52 €. ☎ 04 90 54 60 78

Chapelle St-Gabriel – Kapelle geschl., doch der Schlüssel ist an Wochentagen beim Fremdenverkehrsamt (Office de tourisme) von Tarascon erhältlich. 9-12.30 und 14-18 Uhr. ☎ 04 90 91 03 52

ANSOUIS
🖪 84240 Ansouis – ☎ 04 90 09 86 98

Château – Febr.-Ende Dez. Führungen (3/4 Std.) 14.30-18 Uhr (Mitte Juli-Ende Aug. 11-12 und 14.30-18 Uhr); Allerheiligen-Ostern tgl. außer Di 14.30-18 Uhr. Jan. geschl. 5 € (Kinder: 3 €). ☎ 04 90 09 82 70

Musée Extraordinaire – Führungen (3/4 Std.) tgl. außer Di 14-18 Uhr (Apr.-Sept. 19 Uhr). Jan.-Febr. geschl. 3,50 €. ☎ 04 90 09 82 64

APT
🖪 20 Av. Philippe-de-Girard – 84400 Apt – ☎ 04 90 74 03 18

Cathédrale Ste-Anne – Die Öffnungszeiten wechseln je nach Saison und der Verfügbarkeit der Personen, die für den Empfang der Besucher zuständig sind. ☎ 04 90 04 61 71

Trésor – ⅃ Juli-Aug. Führungen (1/4 Std.) tgl. außer Mo 11-12 und 17-18 Uhr. Eintritt frei. ☎ 04 90 04 61 71

Musée archéologique – Tgl. außer Di und So 14-17.30 Uhr, Sa 10-12 und 14-17.30 Uhr (Juni-Sept. tgl. außer Di 10-12 und 14-17.30 Uhr, So 14.30-18 Uhr). An Feiertagen geschl. 2 €. ☎ 04 90 74 78 45

Maison du Parc naturel régional du Luberon – Maison du Parc naturel régional du Luberon – 60 pl. Jean-Jaurès, BP 122, 84400 Apt. Anfang Apr.-Ende Sept. tgl. außer So 8.30-12 und 13.30-19 Uhr; Okt.-März: tgl. außer So 8.30-12 und 13.30-18 Uhr, Sa 8.30-12 Uhr. An Feiertagen geschl. ☎ 04 90 04 42 00, www.parcduluberon.com

Colorado de Rustrel – Führer und Pläne beim Maison du Colorado erhältlich. ☎ 04 90 04 96 07

Gorges de l'ARDÈCHE

Grotte des Huguenots – Mitte Juni-Ende Aug. 10-19 Uhr. 3,4 € (Kinder: 2,1 €). ☎ 04 74 88 06 71

Grotte de la Madeleine – Apr.-Ende Okt. Führungen (1 Std.) 10-18 Uhr (letzter Einlaß 1/2 Std. vor Schließung). 6,10 € (Kinder: 3,66 €). ☎ 04 75 04 22 20

Aven de Marzal – Apr.-Okt. Führungen (1 Std.) 10-18 Uhr. März und Nov. So und Feiertage 11-17 Uhr. 6,71 € (Kinder: 4,42 €). ☎ 04 75 55 14 82 oder 04 75 04 12 45

Musée du monde souterrain – ♿ s. Aven de Marzal. Eintritt frei.

Zoo préhistorique – ♿ s. Aven de Marzal. 6,71 € (Kinder: 4,42 €).

Grotte de St-Marcel – Mitte März-Ende Sept. Führungen (3/4 Std.) 10-18 Uhr (Juli-Aug. Schließung um 19 Uhr); Okt.-Mitte Nov. 10-17 Uhr. 7 €. ☎ 04 75 04 38 07

Aven de la Forestière – Apr.-Sept. Führungen (1 1/4 Std.) 10-18 Uhr (Juli-Aug. 10-19 Uhr); Okt.-März Schulferien, Sa/So und Feiertage 10-12 und 14-18 Uhr. 1. Jan., 25. Dez. geschl. 5,18 €. ☎ 04 75 38 63 08

Labastide-de-Virac: Château des Roure – Ostern-Ende Sept. tgl. außer Mi 14-18 Uhr (Juli-Aug. tgl. 10-19 Uhr). 4,73 €. ☎ 04 75 38 61 13

ARLES
🄸 Bd. des Lices – 13200 Arles – ☎ 04 90 18 41 20

Stadtführungen – Arles ist „Ville d'Art et d'Histoire" (Stadt der Kunst und Geschichte). Es werden Stadtführungen (1 1/2 Std.) angeboten, die von offiziell vom frz. Ministerium für Kultur und Kommunikation anerkannten Stadtführern durchgeführt werden. Juli-Ende Sept. Mi und Sa um 17.30 Uhr. 4 €. Auskunft beim Fremdenverkehrsamt (Office de tourisme) oder im Internet unter www.vpah.culture.fr

Théâtre antique – s. Alyscamps.

Arènes – Mai-Sept. 9-18.30 Uhr. März-Apr. und Okt. 9-17.30 Uhr. Nov.-Febr. 10-16.30 Uhr. 1. Jan., 1. Mai, 1. Nov., 25. Dez. geschl. 3,10 € (Sammelbillet mit den übrigen Sehenswürdigkeiten 9,90 €). ☎ 04 90 49 38 20

Palais Constantin – s. Alyscamps.

Cryptoportiques – s. Alyscamps.

Cloître St-Trophime – s. Arènes.

Espace Van-Gogh – 7.30-19 Uhr. Eintritt frei. ☎ 04 90 49 38 05

Les Alyscamps – Mai-Sept. 9-18.30 Uhr. März-Apr. und Okt. 9-11.30 und 14-17.30 Uhr. Jan.-Febr. und Nov.-Dez. 10-11.30 und 14-16.30 Uhr. 1. Jan., 1.Mai, 1. Nov., 25. Dez. geschl. 3,10 €. ☎ 04 90 49 35 67

Musée de l'Arles antique – ♿ 9-19 Uhr (Nov.-Febr. 10-17 Uhr). 1. Jan., 1. Mai, 1. Nov., 25. Dez. geschl. 5,30 € (Kinder: 3,79 €). ☎ 04 90 18 88 88

Musée Réattu – Apr.-Sept. letzter Einlaß 1/2 Std. vor Schließung. 10-12:30 und 14-19 Uhr. März und Okt. 10-12.30 und 14-17.30 Uhr. Nov.-Febr. Auskunft einholen). 1. Jan., 1. Mai, 1. Nov., 25. Dez. geschl. 3,05 €. ☎ 04 90 49 37 58

Museon Arlaten – Juni-Aug. 9.30-13 und 14-18.30 Uhr (letzter Einlaß 1 Std. vor Schließung, Juni tgl. außer Mo); Sept.-Mai tgl. außer Mo; Okt.-Mai 9.30-12.30 und 14-17 Uhr (Apr.-Mai und Sept. 18 Uhr). 1. Jan., 1. Mai, 1. Nov., 25. Dez. geschl. 4 €. ☎ 04 90 93 58 11

Fondation Vincent-Van-Gogh-Arles – Apr.-Mitte Okt. 10-19 Uhr. Mitte Okt.-Ende März tgl. außer Mo 14.30-17.30 Uhr. 1. Jan., 25. Dez. geschl. 4,57 €. ☎ 04 90 49 94 04

St-Martin-de-Crau: Écomusée de la Crau – 9-12 und 14-18 Uhr. 1. Jan., 25. Dez. geschl. Eintritt frei. ☎ 04 90 47 02 01

Marais du Vigueirat – Apr.-Sept. Mi-Do, Sa/So und Feiertage 16-19.30 Uhr; Okt.-März Mi-Do, Sa/So und Feiertage 10-15 Uhr (Picknick mitnehmen). 8,38 € (Kinder: 4,57 €). Feste Schuhe anziehen. ☎ 04 90 98 70 91

AUBAGNE
🄸 Av. A.-Boyer – 13400 Aubagne – ☎ 04 42 03 49 98

Ateliers Thérèse Neveu – ♿ Tgl. außer Mo 10-12 und 14-18 Uhr. 25. Dez., 1. Jan. geschl. Eintritt frei. ☎ 04 42 03 43 10

Musée de la Légion étrangère – Juni-Sept. tgl. außer Mo 10-12 und 15-19 Uhr, Fr 10-12 Uhr; Okt.-Mai Mi und Sa/So 10-12 und 14-18 Uhr. Eintritt frei. ☎ 04 42 18 82 41

AVIGNON
🄸 41 Cours Jean-Jaurès – 84000 Avignon – ☎ 04 32 74 32 74

Stadtführungen – Avignon ist „Ville d'Art et d'Histoire" (Stadt der Kunst und Geschichte). Es werden Stadtführungen (2 Std.) angeboten, die von offiziell vom frz. Ministerium für Kultur und Kommunikation anerkannten Stadtführern durchgeführt werden. Apr.-Okt. Di, Do und Sa um 10 Uhr; Nov.-März: Sa um 10 Uhr. 8 €. Auskunft beim Fremdenverkehrsamt (Office de tourisme) oder im Internet unter www.vpah.culture.fr

Palais des Papes – Mitte März-Ende Okt. (letzter Einlaß 1 Std. vor Schließung) 9-19 Uhr; Juli-Sept. 20 Uhr; Anfang Nov.-Mitte März 9.30-17.45 Uhr. 9,50 € (7,50 € Anfang Nov.-Mitte März. ☎ 04 90 27 50 73

Pont St-Bénézet – Mitte März-Ende Okt. (letzter Einlaß 1 Std. vor Schließung) 9-19 Uhr (Juli-Sept. 20 Uhr); Nov.-Mitte März 9.30-17.45 Uhr. 3,50 € (3 € Nov.-Mitte März). ☎ 04 90 85 60 16

Palais du Roure – Führungen (1 1/4 Std.) Di um 15 Uhr oder auf Anfrage 1 Woche im Voraus. Aug. geschl. 3,05 €. ☎ 04 90 80 80 88

Chapelle des Pénitents Gris – Tgl. außer Sa/So 9-11.30 und 15-18 Uhr.

Chapelle des Pénitents Noirs – So 10 und 18 Uhr. An Wochentagen, Auskunft beim Fremdenverkehrsamt (Office de tourisme).

Petit Palais – Okt.-Ende Mai tgl. außer Di 9.30-13 und 14-17.30 Uhr. Juni-Ende Sept. tgl. außer Di 10-13 und 14-18 Uhr. 1. Jan., 1. Mai, 14. Juli, 1. Nov., 25. Dez. geschl. 6 €. ☎ 04 90 86 44 58

Musée Calvet – Tgl. außer Di 10-13 und 14-18 Uhr. 6 €. 1. Jan., 1. Mai, 25. Dez. geschl. ☎ 04 90 86 33 84

Fondation Angladon-Dubrujeaud – Tgl. außer Mo und Di 13-18 Uhr, Feiertage 15-18 Uhr (Juli-Sept. tgl. außer Mo). 5 €. ☎ 04 90 82 29 03

Musée lapidaire – ♿ Tgl. außer Di 10-13 und 14-18 Uhr. 1. Jan., 1. Mai, 25. Dez. geschl. 2 €. ☎ 04 90 86 33 84

Musée Louis-Vouland – Mai-Okt. tgl. außer Mo 10-12 und 14-18 Uhr, So und Feiertage 14-18 Uhr. Nov.-Apr. tgl. außer Mo 14-18 Uhr. 1. Jan., 1. Mai, 25. Dez. geschl. 4 €. ☎ 04 90 86 03 79

Muséum Requien – Tgl. außer So und Mo 9-12 und 14-18 Uhr. An Feiertagen geschl. Eintritt frei. ☎ 04 90 82 43 51

Parc du soleil et du Cosmos – März-Ende Okt. Führungen (1 1/2 Std.) tgl. außer Mo um 14.30 und 16 Uhr; Nov.-Ende Febr. tgl. außer Mo um 14.30 Uhr. Mitte Dez.-Mitte Jan. geschl. 6,10 € (Kinder: 4,50 €). ☎ 04 90 25 66 82

Châteaurenard

🅑 1 Rue Roger-Salengro – 13160 Châteaurenard– ☎ 04 90 94 23 27

Musée d'histoire locale – Juni-Sept. Führungen (1/2 Std.) tgl. außer Fr 10-12 und 15-18.30 Uhr, Sa 15-18.30 Uhr, So und Feiertage 10-12 und 15-18.30 Uhr; Okt. und Apr. tgl. 10-12 und 15-17 Uhr, Fr 15-17 Uhr; Nov.-März tgl. 15-17 Uhr, Sa/So und Feiertage 10-12 und 15-17 Uhr. 1. Jan., 1. Mai, 1. Nov., 25. Dez. geschl. 3,05 €. ☎ 04 90 24 25 50

Chartreuse de Bonpas – Sommer: tgl. außer So 9-12 und 14.30-18 Uhr, Feiertage 14.30-18 Uhr; Winter: tgl. außer So 9-12 und 14-17 Uhr; Feiertage 14-17 Uhr. 1. Jan., 25. Dez. geschl. 2,29 €. ☎ 04 90 23 09 59

B

BAGNOLS-SUR-CÈZE

🅑 Espace St-Gilles – 30200 Bagnols-Sur-Cèze – ☎ 04 66 89 54 61

Musée d'Art moderne Albert-André – Tgl. außer Mo 10-12 und 14-18 Uhr (Mitte Juni-Mitte Sept. tgl. außer Mo 10-12.30 und 14-18.30 Uhr). Febr. und an Feiertagen geschl. 3,05 €. ☎ 04 66 50 50 56

Musée d'Archéologie Léon-Alègre – ♿ Mo, Di, Mi 10-12 und 14-18 Uhr (Mitte Juni-Mitte Sept. Mo, Di, Mi 10-12.30 und 14-18.30 Uhr). Febr. und an Feiertagen geschl. 3,05 €. ☎ 04 66 89 74 00

Centre d'information de Marcoule – Juli-Aug. 10-12 und 15.30-19.30 Uhr; Sept.-Juni Mi und Sa/So 14.30-17 Uhr. 1. Jan., 25. Dez. geschl. Eintritt frei. ☎ 04 66 79 52 97

Chartreuse de Valbonne – Sept.-Mitte Okt. 10-12 und 13.30-17.30 Uhr (Juli-Aug. 10-19 Uhr); Mitte Okt.-Mitte März 10-12 und 13.30-17.30 Uhr, Sa 13.30-17.30 Uhr. 1. Jan., 25. Dez. geschl. 2,74 €. ☎ 04 66 90 41 21

BARBENTANE

🅑 13570 Barbentane – ☎ 04 90 90 85 86

Château – ♿ Ostern-Okt. Führungen (3/4 Std.) tgl. außer Mi 10-12 und 14-18 Uhr (Juli-Sept. tgl.); Nov.-Ostern So und Feiertage 14-18 Uhr (letzter Einlaß 1/2 Std. vor Schließung). 1. Jan., 25. Dez. geschl. 5,35 €. ☎ 04 90 95 51 07

Les BAUX-DE-PROVENCE

🅑 Îlot „Post Ténébras Lux" – 13520 Les Baux-de-Provence – ☎ 04 90 54 34 39

Musée d'Histoire des Baux – Frühling-Herbst: 9-18.30 Uhr; Sommer: 20.30 Uhr; Winter: 9-17 Uhr. 6,50 € (Kinder: 3,50 €). ☎ 04 90 54 55 56, www.chateau-baux-provence.com

Musée Yves-Brayer – Tgl. außer Di 10-12.30 und 14-17.30 Uhr (Apr.-Sept. tgl. bis 18.30 Uhr). Jan.-Mitte Febr. geschl. 4 €. ☎ 04 90 54 31 43

BEAUCAIRE

🛈 24 Cours Gambetta – 30300 Beaucaire – ☎ 04 66 59 26 57

Stadtführungen – Beaucaire ist „Ville d'Art et d'Histoire" (Stadt der Kunst und Geschichte). Es werden Stadtführungen (1 1/2 bis 2 Std.) angeboten, die von offiziell vom frz. Ministerium für Kultur und Kommunikation anerkannten Stadtführern durchgeführt werden. Juni-Sept. 1. und 3. Sa im Monat um 10 Uhr; Okt.-Mai 1. und 3. Mi im Monat um 15 Uhr. 3 €. Auskunft beim Bürgermeisteramt (Mairie) oder im Internet unter www.vpah.culture.fr

Château – Burgbesichtigung am 1. und 3. Mi im Monat ab 10.15 Uhr auf Anfrage beim Service Culturel, ☎ 04 66 59 71 34 (Treffpunkt place Raymond VII)

Musée Auguste-Jacquet – Apr.-Okt. tgl. außer Di 10-12 und 14.15-18.45 Uhr; Nov.-März tgl. außer Di 10.15-12 und 14-17.15 Uhr. An Feiertagen geschl. 2,13 €. ☎ 04 66 59 47 61

Le Monde merveilleux de Daudet – ♿ Apr.-Sept. 14-18 Uhr (Juli-Aug. 10-12 und 14-19 Uhr). Dez.-März geschl. 6 € (Kinder: 4,50 €). ☎ 04 66 59 30 06

Abbaye de St-Roman – Apr.-Sept. 10-18 Uhr (Juli-Aug. 18.30 Uhr); Okt.-März Sa/So, Feiertage, Schulferien 14-17 Uhr (März 18 Uhr). 4,57 €. ☎ 04 66 59 52 26

Mas gallo-romain des Tourelles – ♿ Apr.-Okt. 14-18 Uhr (Juli-Aug. 10-12 und 14-19 Uhr, So 14-19 Uhr); Nov.-März Sa 14-17 Uhr. 4,6 €. ☎ 04 66 59 19 72

Étang de BERRE

Istres 🛈 30 Allée Jean-Jaurès – 13800 Istres – ☎ 04 42 55 51 15

Musée – 14-18 Uhr. 1. Jan., 1. Mai, 25. Dez. geschl. 1,52 € (bei Ausstellungen 2,29 €). ☎ 04 42 55 50 08

Marignane 🛈 4 boulevard Frédéric-Mistral – 13700 Marignane – ☎ 04 42 09 78 83

Château des Covet – Führungen (1 Std.) tgl. außer Sa/So 9.30-11 und 14.30-16.30 Uhr auf Anfrage 7 Tage im Voraus. An Feiertagen geschl. Fremdenverkehrsamt (Office de tourisme). ☎ 04 42 77 04 90

Musée d'Arts et Traditions populaires – Di und Sa 9-12 Uhr, Mi 14-17 Uhr (letzter Einlaß 1 Std. vor Schließung), Do und Fr auf Anfrage beim Fremdenverkehrsamt (Office de tourisme). An Feiertagen geschl. 1,52 €. ☎ 04 42 77 04 90

BOLLÈNE

🛈 Pl. Reynaud-de-la-Gardette – 84500 Bollène – ☎ 04 90 40 51 45

Collégiale St-Martin – Auskunft beim Fremdenverkehrsamt (Office de tourisme).

Mornas: Forteresse – Führungen mit Vorführung (1 Std.): Juli-Aug. 10.30-12.30 und 13.30-18.30 Uhr; März-Juni und Sept. So und Feiertage 10.30-12.30 und 13.30-18.30 Uhr. 5,50 €. Nur Besichtigung: Juli-Aug. 10-17 Uhr. März-Juni und Sept. tgl. außer Sa/So 10-17 Uhr; Okt. tgl. 13.30-17 Uhr; Febr. und Nov. So 13.30-17 Uhr. 3 €. Dez.-Jan. geschl. ☎ 04 90 37 01 26

Suze-la-Rousse: Château – Führungen (3/4 Std.) 9.30-11.30 und 14-17.30 Uhr. (Juli-Aug. 18 Uhr. Nov.-März tgl. außer Di). 1. Jan., 25. Dez. geschl. 2,74 €. ☎ 04 75 04 81 44

Université du Vin – ☎ 04 75 97 21 30

BONNIEUX

🛈 Pl. Carno – 84480 Bonnieux – ☎ 04 90 75 91 90

Musée de la Boulangerie – Apr.-Okt. tgl. außer Di 10-12.30 und 14.30-18 Uhr Juli-Aug. 10-13 und 14-18.30 Uhr. 3,05 €. ☎ 04 90 75 88 34

C

La CAMARGUE

Musée camarguais – ♿ Juli-Aug. (letzter Einlaß 1 Std. vor Schließung) 9.15-18.45 Uhr; Apr.-Juni und Sept. 9.15-17.45 Uhr; Jan.-März und Okt.-Dez. tgl. außer Di 10.15-16.45 Uhr. 1. Jan., 1. Mai, 25. Dez. geschl. 4,50 €. ☎ 04 90 97 10 82

Château d'Avignon – 3,05 €. Auskunft ☎ 04 90 97 58 60 oder ☎ 04 90 97 58 58

Centre d'information de Ginès – Apr.-Sept. 9-18 Uhr. Okt.-März tgl. außer Fr 9.30-17 Uhr. 1. Jan., 1. Mai, 25. Dez. geschl.

Parc ornithologique du Pont de Gau – ♿ Apr.-Sept. 9 Uhr bis Sonnenuntergang (Kassenschluß 1 1/2 Std. vor Einbruch der Dunkelheit); Okt.-März 10 Uhr bis Sonnenuntergang. 6 € (Kinder: 3 €). 25. Dez. geschl. ☎ 04 90 97 82 62

Méjanes – Der Gutshof organisiert Ausritte: 12,20 € (1 Std.); Fahrten mit dem Bähnchen: 3,96 € (Kinder: 3,05 €).

La Capelière – Apr.-Sept. 9-13 und 14-18 Uhr; Okt.-März tgl. außer Di 9-13 und 14-17 Uhr. 1. Jan., 25. Dez. geschl. 3 €. ☎ 04 90 97 00 97

Salin-de-Badon – März-Okt. tgl. außer Mi-vormittag von Sonnenaufgang-10 Uhr und von 16 Uhr-Sonnenuntergang; Nov.-Febr. von Sonnenaufgang bis 11 Uhr und von 15 Uhr bis Sonnenuntergang. Genehmigung einholen bei La Capelière (Informationszentrum des Naturschutzgebiets Camargue). 3 € (Kinder: 1,50 €). ☎ 04 90 97 00 97 oder ☎ 04 90 97 20 74

Domaine de la Palissade – 9-17 Uhr. An Feiertagen geschl. 2,29 €. ☎ 04 42 86 81 28

Musée du Riz – 9-12 und 13.30-17.30 Uhr. 3,05 €. ☎ 04 90 97 20 29

CARPENTRAS

🛈 170 Av. Jean-Jaurès – 84200 Carpentras – ☎ 04 90 63 00 78

Stadtführungen – *Mai-Sept. tgl. außer So und Mo um 10, 15.30 und 17 Uhr – 1 1/2 Std. – 3,81 €.* Carpentras und Umgebung gehören zum Kreis der „Städte der Kunst und der Geschichte" *(Pays d'Art et d'Histoire)*. Auskunft erteilt der „Service de Culture et de Patrimoine".

Palais de justice – Apr.-Okt. und Osterferien Führungen (1 Std.) auf Anfrage beim Fremdenverkehrsamt (Office de tourisme). Bei Gerichtssitzungen keine Führungen. ☎ 04 90 63 00 78

Musée Sobirats – s. Museen.

Hôtel-Dieu – Besichtigung auf vorherige Anfrage Mo, Mi, Do 9-11.30 Uhr. 1,22 €. ☎ 04 90 63 80 00

Synagogue – Tgl. außer Sa/So 10-12 und 15-17 Uhr (Fr 16 Uhr). An gesetzl. und jüdischen Feiertagen geschl. 3,81 €. ☎ 04 90 63 00 78

Museen – Tgl. außer Di 10-12 und 14-16 Uhr (Apr.-Sept. 18 Uhr). 27. Nov. und an Feiertagen geschl. 0,30 €. ☎ 04 90 63 04 92

Mazan: Musée communal – Mitte Juni-Mitte Sept. Führungen (1/2 Std.) tgl. außer Di 15-18 Uhr. Eintritt frei. ☎ 04 90 69 70 19 oder 04 90 69 74 27

CASSIS

🛈 Pl. Baragnon – 13260 Cassis – ☎ 04 42 01 71 17

Musée municipal méditerranéen d'Arts et Traditions populaires – Mi, Do, Sa 14-17.30 Uhr (Apr.-Sept. 15.30-18.30 Uhr). An Feiertagen geschl. Eintritt frei. ☎ 04 42 01 88 66

CAVAILLON

🛈 Pl. François-Tourel – 84300 Cavaillon – ☎ 04 90 71 32 01

Musée de l'Hôtel-Dieu – 1Juni-Sept. tgl. außer Di 9.30-12.30 und 14.30-18.30 Uhr; Okt.-Mai auf Anfrage. 1. Jan., 1. Mai, 25. Dez. geschl. 3 €. ☎ 04 90 76 00 34

Synagogue et musée juif comtadin – Apr.-Sept. tgl. außer Di 9.30-12.30 und 14.30-18.30 Uhr; Okt.-März tgl. außer Di. und Sa/So 9-12 und 14-17 Uhr. 1. Jan., 1. Mai, 25. Dez. geschl. 3 €. ☎ 04 90 76 00 34

CHÂTEAUNEUF-DU-PAPE

🛈 Pl. Portail – 84230 Châteauneuf-du-Pape – ☎ 04 90 83 71 08

Musée des Outils de vignerons – Apr.-Anfang Okt. 9-12.30 und 14-19 Uhr, Sa/So und Feiertage 10-12.30 und 14-19 Uhr; Anfang Okt.-Ende Dez. 9-12 und 14-18 Uhr. 1. Jan., 1. Nov., 25. Dez. geschl. Eintritt frei. ☎ 04 90 83 70 07

La CIOTAT

🛈 Bd. Anatole-France –13600 La Ciotat – ☎ 04 42 08 61 32

Parc du Mugel – Apr.-Sept. 8-20 Uhr; Okt.-März 9-18 Uhr. Eintritt frei.

Île Verte – Mai-Sept. tgl.; Apr. Sa/So bei guten Wetterverhältnissen. Auskunft bei den Schifffahrtsgesellschaften an der Anlegestelle. 5,34 € Hin- und Rückfahrt (Kinder: 2,29 € Hin- und Rückfahrt).

Musée ciotaden – Tgl. außer Di 15-18 Uhr (Mitte Juni-Mitte Sept. 16-19 Uhr). Ostern, 1. Mai, 25. Dez. geschl. 3,05 €. ☎ 04 42 71 40 99

Parc OK Corral – Mitte Juni-Anfang Sept. tgl.; Anfang-Ende Apr. tgl.; Mai-Mitte Juni Mi, Sa/So, Feiertage, Schulferien Zone B; Sept. Mi, Sa/So; März und Okt. So; Nov. die ersten 2 Sa/So und an Feiertagen. Mitte Nov.-Mitte März geschl. Die genauen Öffnungszeiten erfragen. 13,72 € (Kinder unter 1,40 m: 11,43 €). ☎ 04 42 73 80 05

Grotte de la COCALIÈRE

♿ Mitte März-Ende Okt. Führungen (1 Std.) 10-12 und 14-17 Uhr (Juni-Aug. 9.30-18 Uhr). 6,86 € (Kinder: 3,66 €). ☎ 04 66 24 34 74

E

Chaîne de l'ESTAQUE

Port-de-Bouc: Musée Moralès – Tgl. außer Di 9-12 und 14.30-17.30 Uhr. 1. Jan., 25. Dez. geschl. 5 €. ☎ 04 42 06 49 01

Chaîne de l'ÉTOILE

Allauch: Musée du Vieil Allauch – wg. Renovierung geschl. Wiedereröffnung Ende 2001. Auskunft beim Fremdenverkehrsamt (Maison du Tourisme), ☎ 04 91 10 49 20

Musée des Arts et Traditions populaires du terroir marseillais – Tgl. außer Di 9-12 und 14.30-18.30 Uhr, Sa/So 14.30-18.30 Uhr. An Feiertagen geschl. 3,1 €. ☎ 04 91 68 14 38

F

FONTAINE-DE-VAUCLUSE
🛈 Chemin du Goufre – 84800 Fontaine-de-Vaucluse – ☎ 04 90 20 32 22

Musée-bibliothèque Pétrarque – Juni-Sept. tgl. außer Di 10-12.30 und 13.30-18 Uhr. Apr.-Mai tgl. außer Di 10-12 und 14-18 Uhr. Okt. tgl. außer Di 10-12 und 14-18 Uhr (Mitte-Ende Okt. 17 Uhr). Nov.-März, 1. Mai geschl. 3,05 €. ☎ 04 90 20 37 20

Le Monde souterrain de Norbert-Casteret – ♿ Führungen Febr.-Mai und Okt.-Nov. (3/4 Std.) 9.30-12 und 14-18 Uhr; Juli-Sept. 9.30-19.30 Uhr. 4,73 € (Kinder: 3,20 €). ☎ 04 90 20 34 13

Musée d'Histoire (1939-1945) – ♿ Apr.-Okt. tgl. außer Di 10-12 und 14-18 Uhr (Juli-Sept. tgl. außer Di 10-19 Uhr); Nov.-Dez. und März Sa/So 10-12 und 14-18 Uhr. 1. Mai, 25. Dez. geschl. 3,05 €. ☎ 04 90 20 24 00

FOS-SUR-MER
🛈 Pl. de l'Hôtel-de-Ville – 13270 Fos-sur-Mer – ☎ 04 42 47 71 96

Centre d'Information du Port Autonome de Marseille (CIPAM) – tgl. außer Sa/So 9-12 und 13-17 Uhr auf vorherige Anfrage (10-14 Tage im Voraus) beim Fremdenverkehrsamt von Marseille: Office du tourisme de Marseille, 4 La Canebière, 13000 Marseille. An Feiertagen geschl. ☎ 04 91 13 89 00, Fax 04 91 13 89 20

Visite du port – Hafenrundfahrt mit dem Autobus (2 1/2 Std.). Anmeldung 10-14 Tage im Voraus beim Fremdenverkehrsamt: Office du tourisme de Fos, place de l'Hôtel-de-Ville, BP 528, ☎ 04 42 47 71 96, Fax 04 42 05 59 42

G

GORDES
🛈 Pl. du Château – 84220 Gordes – ☎ 04 90 72 02 75

Château: Musée Pol Mara – 10-12 und 14-18 Uhr. 4 €. ☎ 04 90 72 02 75

Village des Bories – Uhr-Sonnenuntergang. 1. Jan., 25. Dez. geschl. 5,50 €. ☎ 04 90 72 03 48

Musée du Moulin de Bouillons – ♿ Apr.-Okt. tgl. außer Di 10-12 und 14-18 Uhr (Sommer: 19 Uhr). 4,57 €. ☎ 04 90 72 22 11

Le GRAU-DU-ROI
🛈 30 Rue Michel-Rédarès – 30240 Le Grau-du-Roi – ☎ 04 66 51 67 70

Seaquarium et Musée de la Mer – ♿ Mai-Sept. 9.30-19 Uhr; Juli-Aug. 10-23 Uhr; Okt.-Apr. 10-18 Uhr. 8,38 € (Kinder: 5,64 €). ☎ 04 66 51 57 57

GRIGNAN
🛈 Grand'Rue – 26230 Grignan – ☎ 04 75 46 56 75

Château – Apr.-Okt. Führungen (1 Std.) 9.30-11.30 und 14-17.30 Uhr (Juli-Aug. 18 Uhr); Nov.-März tgl. außer Di 9.30-11.30 und 14-17.30 Uhr. 1. Jan., 25. Dez. geschl. 4,57 €. ☎ 04 75 46 51 56

Église St-Sauveur – 1. Jan., Ostermontag und im Sommer Orgelkonzerte; zur Weihnachtszeit eine lebende provenzalische Krippe und die sogenannte „Pastorale de Grignan". Auskunft beim Fremdenverkehrsamt (Office de tourisme).

I

L'ISLE-SUR-LA-SORGUE
🛈 Pl. de l'Église – 84800 L'Isle-sur-la-Sorgue, ☎ 04 90 38 04 78

Collégiale N.-D.-des-Anges – Di, Mi, Do und Fr 10-12 und 15-18 Uhr. Auskunft im Pfarrhaus, ☎ 04 90 38 03 26

Hôtel Donadeï de Campredon (Centre Xavier-Battini) – ♿ Anfang Juli-Mitte Okt. tgl. außer Mo 10-13 und 15-18.30 Uhr; Mitte Okt.-Mitte Juni 9.30-12 und 14-18 Uhr. Geschl., wenn keine Ausstellung gezeigt wird. (bitte vorher erkundigen), 1. Jan., 25. Dez. 5,34 € (Kinder: Eintritt frei). ☎ 04 90 38 17 41

Le Thor: Kirche – Tgl. 9.30-12 Uhr. Führung auf vorherige Anfrage beim Fremdenverkehrsamt (Office de tourisme).

Grotte de Thouzon – Apr. bis Allerheiligen Führungen (3/4 Std.) 10-12 und 14-18 Uhr (Juli-Aug. 10-19 Uhr); März So und Feiertage 14-18 Uhr. 6,25 € (Kinder: 4 €). ☎ 04 90 33 93 65

L

LUBERON 🖪 Maison du P.N.R du Lubéron – 60 Pl. Jean-Jaurès – 84400 Luberon (Parc Naturel Régional du) – ☎ 04 90 04 42 00

Prieuré de Carluc – Besichtigung ganzjährig auf vorherige Anfrage (Juli 15-19.30 Uhr). 1,52 €. ☎ 04 42 54 22 70

Cucuron: Musée archéologique de Marc Deydier – Apr.-Sept. tgl. 10-12 und 15-18 Uhr, Di 15-18 Uhr; Okt.-März 14-17 Uhr. Eintritt frei. ☎ 04 90 77 25 02

Lourmarin 🖪 17 avenue Philippe-de-Girard – 84160 – ☎ 04 90 68 10 77

Château – Juli-Aug. (alle 1/2 Std.) 10-11.30 und 15-18 Uhr; Mai-Juni und Sept. um 10, 11, 14.30, 15.30, 16.30 und 17.30 Uhr; Okt.-Dez. und Febr.-Apr. um 11, 14.30, 15.30 und 16.30 Uhr. Jan. außer Sa/So und 25. Dez. geschl. 4,57 €. ☎ 04 90 68 15 23

Fort de Buoux – Sonnenaufgang bis Einbruch der Dunkelheit. 2,29 €. ☎ 04 90 74 25 75

Lacoste: Abbaye de St-Hilaire – 9-19 Uhr (Winter: 10-18 Uhr). Eintritt frei.

Coustellet: Musée de la lavande – ♿ 10-12 und 14-18 Uhr (Juni-Sept. 19 Uhr). Jan.-Febr. geschl. 2,29 €. ☎ 04 90 76 91 23

M

MARSEILLE 🖪 4 La Canebière – 13001 Marseille – ☎ 04 91 13 89 00

Stadtführungen – Marseille ist „Ville d'Art et d'Histoire" (Stadt der Kunst und Geschichte). Es werden Stadtführungen angeboten, die von offiziell vom frz. Ministerium für Kultur und Kommunikation anerkannten Stadtführern durchgeführt werden. Auskunft beim Fremdenverkehrsamt (Office de tourisme) oder im Internet unter www.vpah.culture.fr

Cathédrale de la Major – Mitte Juni-Ende Aug. tgl. außer So und Mo 9-18.30 Uhr. Nebensaison Mo-Do 9-12 und 14-17.30 Uhr, Fr und Sa/So 9-12 und 14.30-18 Uhr.

Basilique de N.-D.-de-la-Garde – Führung auf Anfrage. ☎ 04 91 13 40 80

Château und Parc Borély – ♿ Tgl. außer Sa/So 13-17 Uhr. 1. und 8. Mai, Ostermontag, Christi Himmelfahrt, Pfingstmontag, 25. Dez. geschl. 1,52 €. ☎ 04 91 55 24 96

Musée du Vieux Marseille – wg. Renovierung geschl. ☎ 04 91 55 10 19

Musée des Docks romains – Juni-Sept. tgl. außer Mo 11-18 Uhr. Okt.-Mai tgl. außer Mo 10-17 Uhr. An Feiertagen geschl. 1,83 €. ☎ 04 91 91 24 62

Centre de la Vieille Charité – Juni-Sept. tgl. außer Mo 11-18 Uhr. Okt.-Mai tgl. außer Mo 10-17 Uhr. An Feiertagen geschl. Musée d'Archéologie méditerranéenne: 1,83 €; Musée des Arts Africains, Océaniens et Amérindiens: 1,83 €; Wechselausstellungen: 2,74 €; Sammelbillet (beide Museen und Wechselausstellungen) 4,57 €. ☎ 04 91 14 58 80

Musée d'Histoire de Marseille – ♿ Tgl. außer So 12-19 Uhr. An Feiertagen geschl. 1,83 €. ☎ 04 91 90 42 22

Musée de la Marine et de l'Économie de Marseille – 10-18.30 Uhr. 1,83 €. ☎ 04 91 39 33 33

Musée de la Mode – ♿ Tgl. außer Mo 12-19 Uhr. An Feiertagen geschl. 2,74 €. ☎ 04 91 56 59 57

Musée Cantini – 16 Juni-Sept. tgl. außer Mo 11-18 Uhr; Okt.-Mai tgl. außer Mo 10-17 Uhr. An Feiertagen geschl. 1,83 €. So Eintritt frei. 10-12 Uhr (außer bei Wechselausstellungen). ☎ 04 91 54 77 75

Musée Grobet-Labadié – Juni-Sept. tgl. außer Mo 11-18 Uhr; Okt.-Mai 10-17 Uhr. An Feiertagen geschl. 1,83 €. ☎ 04 91 62 21 82

Musée des Beaux-Arts – Juni-Sept. tgl. außer Mo 11-18 Uhr; Okt.-Mai tgl. außer Mo 10-17 Uhr. An Feiertagen geschl. 1,83 €. So Eintritt frei 10-12 Uhr (außer bei Wechselausstellungen). ☎ 04 91 14 59 30

Muséum d'Histoire naturelle – Tgl. außer Mo 10-17 Uhr. An Feiertagen geschl. 1,8 €. ☎ 04 91 14 59 50

Musée d'Art contemporain – & Juni-Sept. 11-18 Uhr; Okt.-Mai 10-17 Uhr. Mo und an Feiertagen geschl. 2,74 €, So-vormittag Eintritt frei, außer bei Wechselausstellungen. ☎ 04 91 25 01 07

Musée de la Faïence – & Juni-Sept. tgl. außer Mo 11-18 Uhr; Okt.-Mai 10-17 Uhr. An Feiertagen geschl. 1,83 €. ☎ 04 91 72 43 47.

Petit train du musée de la Faïence – Juni-Sept. tgl. außer Mo (Abfahrt alle 1/2 Std.) 11-17.30 Uhr; Okt.-Mai 10-16.30 Uhr. 1,37 € Hin- und Rückfahrt.

Îles du Frioul: Château d'If – Sommer: Abfahrt stündl.; Winter: Abfahrt alle 1 1/2 Std. 8 €. Apr.-Sept. 9-17.40 Uhr; Okt.-März 9.15-18.45 Uhr. 3,96 € (Besichtigung der Festung). Pauschale Île d'If und Île du Frioul: 13 €. Groupement des Armateurs Côtiers Marseillais, 1 quai des Belges, 13001 Marseille. ☎ 04 91 55 50 09

MARTIGUES   🛈 2 Quai Paul-Doumer – 13500 Martigues – ☎ 04 42 42 31 10

Stadtführungen – Entdeckungstour durch die Altstadt von Martigues auf der Île Brescou (1 1/2 Std.). Juli-Aug. Fr 10.30-12 Uhr. 2,28 €. Nach Anmeldung beim Fremdenverkehrsamt (Office de tourisme).

Musée Ziem – Juli-Aug. Tgl. außer Mo 10-12 und 14.30-18.30 Uhr; Sept.-Juni tgl. außer Mo und Di 14.30-18.30 Uhr. An Feiertagen geschl. Eintritt frei. ☎ 04 42 80 66 06

Chapelle de l'Annonciade – Führung (1 Std.) Mi 10.30-12.30 Uhr auf Anfrage. Eintritt frei. ☎ 04 42 42 31 10

MÉNERBES

Musée du Tire-bouchon – Apr.-Okt. 9-12 und 14-19 Uhr, Sa/So und Feiertage 10-12 und 15-19 Uhr Juli-Aug. 9-19 Uhr; Nov.-März tgl 9-12 und 14-18 Uhr, Sa 10-12 und 14-18 Uhr, bis zum 31. Dez. So 14-18 Uhr. 3,66 €. ☎ 04 90 72 41 58

Abbaye de MONTMAJOUR

Apr.-Sept. 9-19 Uhr. Okt.-März tgl. außer Di 10-13 und 14-17 Uhr. 1. Jan., 1. Mai, 1. und 11. Nov., 25. Dez. geschl. 5,49 € 1. So im Okt.-Ende Mai Eintritt frei. ☎ 04 90 18 41 22

Chapelle Ste-Croix – Besichtigung auf vorherige Anfrage. ☎ 04 90 54 64 17

Dentelles de MONTMIRAIL

Le Barroux: Château – Juni-Sept. 10-19 Uhr. Apr.-Juni und Okt. 14-18 Uhr. Nov.-März geschl. 3 €. ☎ 04 90 62 35 21

N

NÎMES   🛈 6 Rue Auguste – 30000 Nîmes – ☎ 04 66 67 29 11

Stadtführungen – Nîmes ist „Ville d'Art et d'Histoire" (Stadt der Kunst und Geschichte). Es werden Führungen (2 Std.) angeboten, die von offiziell vom frz. Ministerium für Kultur und Kommunikation anerkannten Stadtführern durchgeführt werden. Dabei kann insbesondere das Hôtel Fontfroide besucht werden, das sonst nicht zu besichtigen ist. Ganzjährig: Sa 14.30 Uhr (Juli-Sept. 10 Uhr); in Schulzeiten: Di, Do, Sa 14.30 Uhr. 5,34 €. Auskunft beim Fremdenverkehrsamt (Office de tourisme) oder im Internet unter www.vpah.culture.fr

Arènes – Apr.-Sept. 9-18.30 Uhr. Okt.-März 9-17.30 Uhr. 1. Jan., 1. Mai, 25. Dez. und bei Veranstaltungen geschl. 4,27 €. ☎ 04 66 58 38 00

Maison Carrée – Apr.-Sept. 9-19 Uhr. Okt.-März 9-17 Uhr. 1. Jan., 1. Mai, 25. Dez. geschl. Eintritt frei. ☎ 04 66 58 38 00

Hôtel Fontfroide – Besichtigung nur mit Führung.

Tour Magne – Juni-Sept. 9-19 Uhr. Okt.-Mai 9-17 Uhr. 1. Jan., 1. Mai, 25. Dez. geschl. 2,29 €. ☎ 04 66 67 65 56

Musée des Beaux-Arts – & Apr.-Sept. tgl. außer Mo 10-18 Uhr, Okt.-März tgl. außer Mo 11-18 Uhr. 1. Jan., 1. Mai, 1. Nov., 25. Dez. geschl. 4,27 €. ☎ 04 66 67 38 21

Carré d'Art – & Tgl. außer Mo 10-18 Uhr. 1. Jan., 1. Mai, 1. Nov., 25. Dez. geschl. 4,27 €. ☎ 04 66 76 35 70

Musée du Vieux-Nîmes – Tgl. außer Mo 11-18 Uhr (Apr.-Sept. 10-18 Uhr). 1. Jan., 1. Mai, 1. Nov., 25. Dez. geschl. 4,27 €. ☎ 04 66 76 73 70

Musée archéologique – Tgl. außer Mo 11-18 Uhr (Apr.-Sept. tgl. außer Mo 10-18 Uhr). 1. Jan., 1. Mai, 1. und 11. Nov., 25. Dez. geschl. 4,27 €. ☎ 04 66 76 74 80

Muséum d'Histoire naturelle – Tgl. außer Mo 11-18 Uhr (Sommer: 10-18 Uhr). 1. Jan., 1. Mai, 1. Nov., 25. Dez. geschl. 4,27 €. ☎ 04 66 76 73 45

Nages-et-Solorgues: Musée Archéologique – Auskunft beim Sekretariat des Bürgermeisteramts von Nages-et-Solorgues tgl. außer Sa/So. ☎ 04 66 35 05 26

Source Perrier – Juli-Aug. 9.30-10.30 und 13-18 Uhr, Sa/So 9.30-10 und 13-16.30 Uhr; Sept.-Juni bitte nachfragen. Jan. und 1. Mai geschl. Voranmeldung empfohlen. 4,12 €. ☎ 04 66 87 61 01

NYONS
🛈 Pl. de la Libération – 26110 Nyons – ☎ 04 75 26 10 35

Moulin Ramade – Nov.-März tgl. außer So und Feiertage (außer am 1. So im Febr.) 9-12 und 14-18.30 Uhr, Sa 10-12 und 14-18 Uhr. Apr.-Okt. 8-12 und 14-19 Uhr, Feiertage 10.30-12 und 15-18 Uhr. Eintritt frei. ☎ 04 75 26 08 18

Vieux moulins – Führungen (1/2 Std.) tgl. außer So und Mo um 10.30, 11.30, 15, 16 und 17 Uhr (Juli-Aug. tgl. außer So). Jan. und an Feiertagen geschl. 3,51 €. ☎ 04 75 26 11 00

Coopérative oléicole et viticole – ♿ 9-12 und 14-17 Uhr. 1. Jan., 1. Mai, 25. Dez. geschl. Eintritt frei. ☎ 04 75 26 95 00

Musée de l'Olivier – ♿ März-Okt. tgl. außer So 14.45-18 Uhr; Nov.-Febr. tgl. außer So und Mo 14.45-18 Uhr. 1,83 €. ☎ 04 75 26 12 12

O

ORANGE
🛈 Cours Aristide-Briand – 84100 Orange – ☎ 04 90 34 70 88

Stadtführungen – Orange ist „Ville d'Art et d'Histoire" (Stadt der Kunst und Geschichte). Es werden Stadtführungen angeboten, die von offiziell vom frz. Ministerium für Kultur und Kommunikation anerkannten Stadtführern durchgeführt werden. Auskunft beim Fremdenverkehrsamt (Office de tourisme) oder im Internet unter www.vpah.culture.fr

Théâtre antique – Apr.-Sept. 9-18.30 Uhr. Okt.-März 9-12 und 13.30-17 Uhr. 1. Jan., 25. Dez. geschl. 4,57 €. ☎ 04 90 34 70 88

Musée municipal – Apr.-Sept. 9.30-19 Uhr, Okt.-März 9.30-12 und 13.30-17.30 Uhr. 1. Jan., 25. Dez. geschl. 4,57 €. Die Eintrittskarte berechtigt auch zur Besichtigung des Théâtre Antique. ☎ 04 90 51 18 24

Harmas J.-H. Fabre – Wird z. Z. renoviert.

Aven d'ORGNAC

Apr.-Sept. Führungen (1 Std.) 9.30-12 und 14-18 Uhr (Juli-Aug. 9.30-18 Uhr); Okt. 9.30-12 und 14-17 Uhr. 7,32 € (Kinder: 4,73 €); Höhle und Museum 8,84 € (Kinder: 5,64 €). ☎ 04 75 38 62 51

Musée de Préhistoire – ♿ Apr.-Sept. 10-12 und 14-18 Uhr (Juli-Aug. 10-19 Uhr); Okt. 10-12 und 14-17 Uhr. 1. Nov.-28. Febr. geschl. 4,95 € (Sammelbillet für Museum und Höhle 8,84 €). ☎ 04 75 38 65 10

P

Bois de PAÏOLIVE
🛈 Pl. Léopold-Ollier – 07140 Les Vans – ☎ 04 75 37 24 48

PERNES-LES-FONTAINES
🛈 Pl. Gabriel-Moutte – 84210 Pernes-les-Fontaines – ☎ 04 90 61 31 04

Tour de l'Horloge – 10-17 Uhr. Eintritt frei. ☎ 04 90 61 31 04

Tour Ferrande – Führungen (1/2 Std.). Mai-Ende Sept. 9-11.15 und 14.30-18 Uhr auf vorherige Anfrage beim Fremdenverkehrsamt (Office de tourisme). 2,3 €. ☎ 04 90 61 31 04

PONT DU GARD
🛈 Pl. des Grands-Jours – 30210 Remoulins – ☎ 04 66 37 22 34

Besichtigung – Mitte Apr.-Mitte Sept. 9-21 Uhr. Mitte Sept.-Mitte Apr. 9-18 Uhr. Parkmöglichkeit auf jeder Uferseite 7-1 Uhr. 3,05 € die ersten beiden Std. Juli-Aug. 20-1 Uhr. (4,57 €). Freier Zutritt zur Brücke. Aktivitäten: 12,20 €. ☎ 0825 01 30 30

PONT-ST-ESPRIT 🔒 Résidence Welcome – 30130 Pont-St-Esprit – ☎ 04 66 39 44 45

Musée d'Art sacré du Gard – ♿ Tgl. außer Mo 10-12 und 14-18 Uhr; Mitte Juni-Mitte Sept. tgl. außer Mo 10-12 und 15-19 Uhr). Febr., 1. Jan., Ostern, 1. Mai, Christi Himmelfahrt, Pfingsten, 14. Juli, 1. und 11. Nov., 24. und 31. Dez. geschl. 3,05 €. ☎ 04 66 39 17 61

Musée Paul-Raymond – Tgl. außer Mo und Sa 10-12 und 14-18 Uhr (Juli-Aug. tgl. außer Mo 10-12 und 15-19 Uhr). Febr. und an Feiertagen geschl. 1,83 €. ☎ 04 66 39 09 98

R

ROCHEFORT-DU-GARD

Sanctuaire N.-D.-de-Grâce – Mi, So und Feiertage 15-17 Uhr (Winter: 16 Uhr). ☎ 04 90 31 72 01

ROUSSILLON 🔒 Rte. de la Poste (Ecke Place Pasquier) – 84220 Roussillon – ☎ 04 90 05 60 25

Conservatoire des ocres et pigments appliqués – ♿ Führungen (1 Std.), tgl. außer Mo 9-13 und 14-18 Uhr (Juli-Aug. tgl. 9-19 Uhr). 5 €. ☎ 04 90 05 66 69

S

Site archéologique de ST-BLAISE

Tgl. außer Mo und Di 9.30-12.30 und 13.30-17.30 Uhr (Okt.-März 16.30 Uhr). An Feiertagen geschl.

ST-GILLES 🔒 Pl. Frédéric-Mistral – 30800 St-Gilles – ☎ 04 66 87 33 75

Führungen – Auskunft beim Bureau d'Accueil aux Monuments, Place de la République. ☎ 04 66 87 41 31

St-Gilles: Chor, Krypta und Vis de St-Gilles – Tgl. außer So 9-12 und 14-17 Uhr (letzter Einlaß 1/2 Std. vor Schließung), Apr.-Sept. 10-13 und 14-19 Uhr, So 14.30-19 Uhr (Juli-Sept. 10-19 Uhr). An Feiertagen geschl. 3,05 €. ☎ 04 66 87 33 75

Maison romane – Tgl. außer So 9-12 und 14-17 Uhr (Juli-Aug. 9-12 und 15-19 Uhr). Jan. und an Feiertagen geschl. Eintritt frei. ☎ 04 66 87 40 42

Centre de découverte du Scamandre – Nov.-Apr. Mi-Fr 9-17 Uhr. Mai-Okt. Mi-Sa 9-17 Uhr. So und an Feiertagen geschl. Sich vorher erkundigen. 1,82 €. ☎ 04 66 73 52 05

ST-MAXIMIN-LA-STE-BAUME 🔒 Hôtel de ville – Accueil du Couvent Royal – 83470 St-Maximin-la-Ste-Baume – ☎ 04 94 59 84 59

Couvent royal – 9-18 Uhr. Eintritt frei. ☎ 04 94 86 55 66

Abbaye de ST-MICHEL-DE-FRIGOLET 🔒 Hôtellerie – Abbaye St-Michel-de-Frigolet – 13150 Tarascon Abbaye de St-Michel-de-Frigolet – ☎ 04 90 90 52 70

Abteikirche, Kreuzgang und Notre-Dame-du-Bon-Remède – ♿ Führungen (1 Std.) tgl. um 15 Uhr, So um 16 Uhr. An Feiertagen geschl. 4 €. ☎ 04 90 95 70 07

ST-RÉMY-DE-PROVENCE 🔒 Pl. Jean-Jaurès – 13210 St-Rémy-de-Provence – ☎ 04 90 92 05 22

Stadtführungen – (1 1/2 Std.) – Sie werden von dem Fremdenverkehrsamt (Office de tourisme) in der Altstadt organisiert. Fr 10 Uhr. Reservierung erforderlich. 5,33 €

Glanum – Apr.-Sept. 9-19 Uhr. Okt.-März 9-12 und 14-17 Uhr (letzter Einlaß 1/2 Std. vor Schließung). 1. Jan., 1. Mai, 1. und 11. Nov., 25. Dez. geschl. 5,49 €. ☎ 04 90 92 23 79

Centre d'Art – Présence Van Gogh – Mitte März-Ende Okt. und Dez. tgl. außer Mo 10.30-12.30 und 14.30-18.30 Uhr. 3,2 €. ☎ 04 90 92 34 72

Dépôt lapidaire: Hôtel de Sade – Apr.-Sept. 10-18 Uhr, Okt.-März 10-12.30 und 14-17 Uhr. 1. Jan., 1. Mai, 1. und 11. Nov., 25. Dez. geschl. 2,50 €. ☎ 04 90 92 64 04

Musée des Alpilles Pierre-de-Brun – März-Okt. 10-12 und 14-18 Uhr (Juli-Aug. 19 Uhr); Nov.-Dez. 10-12 und 14-17 Uhr. Jan.-Febr., 1. Mai, 25. Dez. geschl. 2,74 €. ☎ 04 90 92 68 24

Chapelle N.-D.-de-Pitié – März-Dez. tgl. außer Mo 14-18 Uhr (Juli-Aug. tgl. außer Mo 11-13 und 15-19 Uhr). Jan.-Febr., 1. Mai, 1. und 11. Nov., 25. Dez. geschl. Eintritt frei. ☎ 04 90 92 35 13

Monastère de St-Paul-de-Mausole – ♿ Apr.-Okt. tgl. 9.30-18 Uhr, Sa/So und Feiertage 10.30-19 Uhr; Nov.-Ende März tgl. 10.30-13 und 13.30-17 Uhr. 2,59 €. ☎ 04 90 92 77 00

Mas de la Pyramide – ♿ 9-12 und 14-17 Uhr (Apr.-Sept. 9-19 Uhr). 3 €. ☎ 04 90 92 00 81

La STE-VICTOIRE

Domaine Capitaine Danjou – ♿ Tgl. 10-12 und 14-17 Uhr. Eintritt frei. ☎ 04 42 66 38 20

St-Antonin-sur-Bayon: Maison de la Ste-Victoire – 10-18 Uhr, Sa/So und Feiertage 10-19 Uhr. 1. Jan., 25. Dez. geschl. Preis nicht bekannt. ☎ 04 42 66 84 40

Les STES-MARIES-DE-LA-MER 🛈 5 Av. Van Gogh – 13730 Stes-Maries-de-la-Mer – ☎ 04 90 97 82 60

Eglise: chemin de ronde – Sept.-Ende Juni 10-12 und 14-18 Uhr (Juli-Aug. 10-20 Uhr). 1,52 €. ☎ 04 90 97 82 55

Musée Baroncelli – März-Mitte Nov. 10-12 und 14-18 Uhr. 1,52 €. ☎ 04 90 97 82 55

SALON-DE-PROVENCE 🛈 56 Cours Gimon – 13300 Salon-de-Provence – ☎ 04 90 56 27 60

Stadtführungen – Auskunft beim Fremdenverkehrsamt (Office de tourisme).

Musée de l'Empéri – Juli-Aug. tgl. außer Di 10-18 Uhr. Sept.-Juni tgl. außer Di 10-12 und 14-18 Uhr. 1. Jan., 1. und 8. Mai, 1. Nov., 24., 25. und 31. Dez. geschl. 3,06 €. ☎ 04 90 56 22 36

Musée Grévin de Provence – ♿ 9-12 und 14-18 Uhr, Sa/So 14-18 Uhr (Juli-Aug. 18.30 Uhr). Ostern, 1. und 8. Mai, Christi Himmelfahrt, 14. Juli, 24.-25. Dez., 31. Dez. und 1. Jan. geschl. 3,05 €. ☎ 04 90 56 36 30

Maison de Nostradamus – 9-12 und 14-18 Uhr, Sa/So 14-18 Uhr (Juli-Aug. 18.30 Uhr). Ostern, 1. und 8. Mai, Christi Himmelfahrt, 14. Juli, 24.-25. Dez., 31. Dez., 1. Jan. geschl. 3,05 €. ☎ 04 90 56 64 31

Musée de Salon et de la Crau – Tgl. außer Di 10-12 und 14-18 Uhr, Sa/So 14-18 Uhr (Juli-Aug. 18.30 Uhr). An Feiertagen geschl. 3,04 €. ☎ 04 90 56 28 37

Château de La Barben – Juni-Aug. Führungen (3/4 Std.) 10-12 und 14-18 Uhr; März-Mai und Sept. tgl. außer Di 10-12 und 14.30-17.30 Uhr; Okt.-Febr. tgl. außer Di 10.30-12 und 14.30-17 Uhr. 1. Jan., 25. Dez. geschl. 6,86 €. ☎ 04 90 55 25 41

Zoo – ♿ 10-18 Uhr. 9,15 € (Kinder: 4,57 €). ☎ 04 90 55 19 12

St-Cannat: Musée Suffren – Mai-Sept. Di-Fr und 1. So im Monat 15-18.30 Uhr. An Feiertagen geschl. Eintritt frei. ☎ 04 42 50 82 00

Château-bas: Temple romain – Tgl. 9.30-12.30 und 13.30-18.30, So und Feiertage 10-12.30 und 14.30-18.30 Uhr. 1. Jan., 25. Dez. geschl. Zugang zum Tempel auf Anfrage beim Caveau. Eintritt frei. ☎ 04 90 59 13 16

SAULT 🛈 Av. de la Promenade – 84390 Sault – ☎ 04 90 64 01 21

Musée – Juli-Aug. tgl. außer So 15-18 Uhr. Eintritt frei. ☎ 04 90 64 02 30

Abbaye de SÉNANQUE

Febr.-Okt. 10-12 und 14-18 Uhr (letzter Einlaß 1/2 Std. vor Schließung), So und Feiertage 14-18 Uhr. Nov.-Jan. 14-17 Uhr. Karfreitag und an kirchlichen Feiertagen geschl. (vormittags), 25. Dez. 5 €. ☎ 04 90 72 05 72 www.senanque.fr

Abbaye de SILVACANE

♿ Apr.-Sept. 9-19 Uhr. Okt.-März tgl. außer Di 10-13 und 14-17 Uhr. 1. Jan., 1. Mai, 25. Dez. geschl. 5,49 €, 1. So im Okt.-Ende Mai Eintritt frei. ☎ 04 42 50 41 69

T

TARASCON 🛈 59 Rue des Halles – BP 9, 13150 Tarascon – ☎ 04 90 91 03 52

Stadtführungen – Entdeckung des Stadtzentrums und seiner Sehenswürdigkeiten (je nach Wunsch 1-2 Std.). Juli-Aug. Mo, Do um 9.30 und 16.30 Uhr. 1,52 € pro Std. und pro Pers.

Château du Roi René – Apr.-Sept. 9-19 Uhr. Okt.-März 9-12 und 14-17 Uhr. 1. Jan., 1. Mai, 1. und 11. Nov., 25. Dez. geschl. 5,49 €. ☎ 04 90 91 01 93

Église Ste-Marthe – Führungen auf Anfrage beim Fremdenverkehrsamt (Office de tourisme) oder der Association des Amis de la Collégiale. ☎ 04 90 91 09 50

Musée Charles-Deméry (Souleïado) – Mai-Sept. 10-18 Uhr (letzter Einlaß 1 Std. vor Schließung); Okt.-Apr. tgl. außer Mo, So und Feiertage 10-17 Uhr. 1. Jan., 1. und 11. Nov., 25. Dez. geschl. 6,10 €. ☎ 04 90 91 50 11

Maison de Tartarin – Mitte März-Mitte Dez. tgl. außer So 10-12 und 13.30-17 Uhr (Mitte Apr.-Mitte Sept. tgl. außer So 10-12 und 14-19 Uhr). 1. Mai geschl. 1,52 €. ☎ 04 90 91 05 08

Maillane: Museon Mistral – Apr.-Sept. Führungen (3/4 Std.) tgl. außer Mo 9.30-11.30 und 14.30-18.30 Uhr; Okt.-März tgl. außer Mo 10-11.30 und 14-16.30 Uhr. An Feiertagen geschl. 3,50 €. ☎ 04 90 95 74 06

Graveson: Musée Auguste-Chabaud – Juni-Sept. 10-12 und 13.30-18.30 Uhr; Okt.-Mai 13.30-18.30 Uhr. 1. Jan., 25. Dez. geschl. 4 €. ☎ 04 90 90 53 02

Musée des Arômes et du Parfum – 10-12 und 14-18 Uhr (Juli-Aug. 10-18 Uhr). 3,05 €. ☎ 04 90 95 81 55

La TOUR-D'AIGUES   🚹 Le Château – 84240 La Tour-d'Aigues – ☎ 04 90 07 50 29

Musée des Faïences – Juli-Aug. 10-13 und 14.30-18.30 Uhr; April-Okt. 9.30-12 und 14-18 Uhr, Di, Sa/So und Feiertage 14-18 Uhr; Nov.-März 9.30-12 und 14-17 Uhr, Di, Sa/So und Feiertage 14-17 Uhr. 1. Jan., 24., 25. und 31. Dez. geschl. 3,81 €. ☎ 04 90 07 50 33

Musée de l'Histoire du Pays d'Aigues – Vorübergehend geschl.

Peyrolles-en-Provence: St-Pierre – Führung 9-11.30 Uhr auf vorherige Anfrage bei Frau Chaïb. Bürgermeisteramt (Mairie). ☎ 04 42 57 89 82

Rognes: Kirche – Auskunft beim Fremdenverkehrsamt (Office de Tourisme). ☎ 04 42 50 13 36

La Roque-d'Anthéron: Musée de Géologie provençale – Juli-Mitte Sept. tgl. außer Sa/So 10-12 und 15-19 Uhr; Mitte Sept.-Ende Juni Di, Mi, Do, So (außer letzter So im Monat) 10-12 und 14-18 Uhr. 1,52 €. ☎ 04 42 50 47 87

Cadenet   🚹 11 Place du Tambour-d'Arcole – 84160 – ☎ 04 90 68 38 21

Musée de la Vannerie – ♿ Apr.-Ende Okt. tgl. außer Di 10-12 und 14.30-18.30 Uhr, Mi und So 14.30-18.30 Uhr. 1. Mai geschl. Preis nicht bekannt. ☎ 04 90 68 24 44

Kirche – Juli-Ende Aug. Mo-Mi und Sa 10.30-12 und 17.30-19 Uhr. ☎ 04 90 68 06 79

U

UZÈS   🚹 Chapelle des Capucins – 30700 Uzès – ☎ 04 66 22 68 88

Stadtführungen – Uzès ist „Ville d'Art et d'Histoire" (Stadt der Kunst und Geschichte). Es werden Stadtführungen (2 Std.) angeboten, die von offiziell vom frz. Ministerium für Kultur und Kommunikation anerkannten Stadtführern durchgeführt werden. Juni-Sept. Mo und Fr um 10 Uhr, Mi um 16 Uhr. Die Besichtigung der Kirche St-Étienne (s. „Auf Entdeckungstour") ist in der Führung inbegriffen. Auskunft beim Fremdenverkehrsamt (Office de tourisme) oder im Internet unter www.vpah.culture.fr

Église St-Étienne – Nur mit Führung (s. Stadtführungen).

Duché – Mitte Sept.-Ende Juni Besichtigung des Donjons, Führung durch die Innenräume (3/4 Std.) 10-12 und 14-18 Uhr (Juli-Mitte Sept. 10-13 und 14-18.30 Uhr). 25. Dez. geschl. 9,50 €. ☎ 04 66 22 18 96

Musée Georges-Borias – Febr.-Okt. tgl. außer Mo 15-18 Uhr; Nov.-Dez. tgl. außer Mo 14-17 Uhr. Jan., 1. Nov., 25. Dez. geschl. 1,52 €. ☎ 04 66 22 40 23

Haras national d'Uzès – Juli-Febr. Führungen (1 Std.) 14-17 Uhr; März-Juni tgl. außer So und Feiertage 14-17 h. 2,29 €. ☎ 04 66 22 68 88

Musée du bonbon Haribo – ♿ Juli-Sept. 10-19 Uhr. Okt.-Juni tgl. außer Mo 10-13 und 14-18 Uhr. Die ersten 3 Jan.-Wochen geschl. 3,81 € (unter 15 Jahren: 2,29 €). ☎ 04 66 22 74 39

Moulin de Chalier: Musée 1900, Musée du Train et du Jouet – ♿ März-Okt. 10-12 und 14-19 Uhr (Juli-Aug. 9-19 Uhr); Nov.-Febr. Schulferien, Mi und Sa/So 10-12 und 14-18 Uhr. 2. Jan.-Woche geschl. 5,34 € (Kinder: 3,81 €), 8,99 € für beide Museen (Kinder: 5,95 €). ☎ 04 66 22 58 64

St-Quentin-la-Poterie: Galerie Terra-Viva und Musée des Terrailles – ♿ Ende März-Ende Dez. tgl. außer Mo 10-13 und 14.30-18 Uhr (Mai-Ende Sept. tgl. 10-13 und 14.30-19 Uhr). Anfang Jan.-Mitte März und 25. Dez. geschl. Eintritt frei. ☎ 04 66 22 48 78

Musée du Vélo et de la Moto – Vorübergehend geschl.

V

VAISON-LA-ROMAINE
🄸 Pl. du Chanoine-Sautel – 84110 Vaison-la-Romaine – ☎ 04 90 36 02 11

Stadtführungen – Vaison ist „Ville d'Art et d'Histoire" (Stadt der Kunst und Geschichte). Es werden Stadtführungen (1 1/2 Std.) angeboten, die von offiziell vom frz. Ministerium für Kultur und Kommunikation anerkannten Stadtführern durchgeführt werden. Kostenlos bei Vorlage der Eintrittskarte für eine der folgenden Sehenswürdigkeiten (Fouilles romaines, Musée archéologique oder Kreuzgang der Kathedrale N.-D.). Auskunft beim Fremdenverkehrsamt (Maison de tourisme) oder im Internet unter www.vpah.culture.fr

Ruines romaines (Puymin, Villasse) – Juli-Aug. Puymin 9.30-18.45 Uhr, Villasse 9.30-12.30 und 14-18.45 Uhr. Juni und Sept. Puymin 9.30-18 Uhr, Villasse 9.30-12.30 und 14-18 Uhr. März-Mai und Okt. 10-12.30 und 14-18 Uhr. Nov.-Febr. 10-12 und 14-16.30 Uhr (Di von Nov.-Ende Jan. außer Schulferien geschl.). 1. Jan., 25. Dez. geschl. 6,25 € (Kinder: 2,13 €), Sammelbillet für alle Sehenswürdigkeiten der Stadt. ☎ 04 90 36 02 11

Musée archéologique Théo-Desplans – ♿ Juli-Aug. 9.30-18.45 Uhr. Juni und Sept. 9.30-18.30 Uhr. März-Mai und Okt. 10-13 und 14.30-18 Uhr. Nov.-Febr. 10-12 und 14-16.30 Uhr (Febr. 17 Uhr. Di von Nov.-Ende Jan. außer Schulferien geschl.). 1. Jan., 25. Dez. geschl. 6,25 €, Sammelbillet für alle Sehenswürdigkeiten der Stadt (Kinder: 2,13 €). ☎ 04 90 36 51 38 oder ☎ 04 90 36 02 11

Cloître – Juli-Aug. 10-12.30 und 14-18.45 Uhr; Juni und Sept. 10-12.30 und 14-18 Uhr. März-Mai und Okt. 10-12.30 und 14-18 Uhr. Nov.-Febr. 10-12 und 14-16.30 Uhr. 1. Jan., 25. Dez. geschl. 1,22 €. ☎ 04 90 36 02 11

Chapelle de St-Quenin – Die genauen Öffnungszeiten beim Fremdenverkehrsamt (Office de tourisme) erfragen. ☎ 04 90 36 02 11

Rasteau: Musée du Vigneron – Juli-Aug. tgl. außer Di 10-18 Uhr. Ostern-Juni und Sept. tgl. außer Di 14-18 Uhr. Okt.-Ostern geschl. 2 €. ☎ 04 90 46 11 75

VALLON-PONT-D'ARC
🄸 Cité Administrative – 07150 Vallon-Pont-d'Arc – ☎ 04 75 88 04 01

Mairie – ♿ Tgl. außer Sa/So 10-11 und 15.30-16.30 Uhr. Sa/So und Feiertage auf vorherige Anfrage. 2,29 € ☎ 04 75 88 02 06

Exposition „Grotte Chauvet-Pont-d'Arc" – ♿ Mitte März-Mitte Nov. tgl. außer Mo 10-12 und 14-17.30 Uhr (letzter Einlaß 3/4 Std. vor Schließung; Juni-Aug. tgl. außer Mo 10-13 und 15-20 Uhr). 4 € (Kinder: 2,3 €). ☎ 04 75 37 17 68

Magnanerie – Mitte Apr.-Ende Sept. Führungen (3/4 Std.) 10-12 und 14-18 Uhr. So geschl. 4,50 € (Kinder: 2,30 €). ☎ 04 75 88 01 27

VALRÉAS
🄸 Château de Simiane – 4600 Valréas – ☎ 04 90 35 04 71

Stadtführungen – Auskunft beim Fremdenverkehrsamt (Office de tourisme).

Hôtel de ville – Juli-Aug. Besichtigung im Rahmen des Salon d'Arts Plastiques tgl. außer Di 10.30-12.30 und 16-20 Uhr; Sept.-Juni Führungen (1/2 Std.) tgl. außer So 15-17 Uhr. An Feiertagen geschl. Eintritt frei. ☎ 04 90 35 00 45

Chapelle des Pénitents Blancs – Besichtigung auf Anfrage beim Fremdenverkehrsamt (Office de tourisme). ☎ 04 90 35 04 71

Musée du Cartonnage et de l'Imprimerie – Apr.-Ende Okt. tgl. außer Di 10-12 und 15-18 Uhr, So 15-18 Uhr. Feiertage außer 14. Juli und 15. Aug. geschl. 3,05 €. ☎ 04 90 35 58 75

Visan: Chapelle N.-D.-des-Vignes – Sommer: 10-11.30 und 15-18 Uhr.

VENASQUE
🄸 Grand'rue – 84210 Venasque – ☎ 04 90 66 11 66

Baptistère – Mitte März-Mitte Nov. tgl. außer Mi 10-12 und 14-18 Uhr, So 14-18 Uhr (Juni-Sept. 10-12 und 15-19 Uhr); Mitte Nov.-Mitte März tgl. außer Mi 10-12 und14-17 Uhr, So 14-17 Uhr. 25. Dez. - 1. Jan. geschl. 2,29 €. ☎ 04 90 66 62 01

Mont VENTOUX

Anfahrt – Genaue Informationen über den Straßenzustand bei Schneefall im Massif du Ventoux (möglicherweise zugeschneite Straßen von Nov.-Mai) erhältlich unter 08 92 68 02 84 (Météo France).

Crillon-le-Brave: Maison de la Musique mécanique – ♿ Ostern-Sept. Führungen (1 Std., letzter Einlaß 1 Std. vor Schließung) 15-19 Uhr. 4,57 €. ☎ 04 90 65 61 59

VILLENEUVE-LES-AVIGNON   🇮 1 Pl. Charles-David – 30400 Villeneuve-lès-Avignon – ☎ 04 90 25 61 33

Stadtführungen – Villeneuve ist „Ville d'Art et d'Histoire" (Stadt der Kunst und Geschichte). Es werden Stadtführungen (2 Std.) angeboten, die von offiziell vom frz. Ministerium für Kultur und Kommunikation anerkannten Stadtführern durchgeführt werden. Juli-Aug. Di und Do um 17 Uhr. 4 €. Auskunft beim Fremdenverkehrsamt (Office de tourisme) oder im Internet unter www.vpah.culture.fr

Tour Philippe-le-Bel– s. Église Notre-Dame. 1,52 €

Église Notre-Dame – ♿ Apr.-Sept. tgl. außer Mo 10-12.30 und 15-19 Uhr (Mitte Juni-Mitte Sept. tgl.); Okt.-März tgl. außer Mo 10-12 und 14-17.30 Uhr. Febr., 1. Jan., 1. Mai, 1. und 11. Nov., 25. Dez. geschl. ☎ 04 90 25 61 33

Musée municipal Pierre-de-Luxembourg – ♿ Apr.-Aug. tgl. außer Mo 10-12.30 und 15-19 Uhr (Mitte Juni-Anfang Sept. tgl.); Okt.-März tgl. außer Mo 10-12 und 14-17.30 Uhr. Febr., 1. Jan., 1. Mai, 14. Juli, 1. und 11. Nov., 25. Dez. geschl. 3,05 €. ☎ 04 90 27 49 66

Chartreuse du Val de Bénédiction – 9.30-17.30 Uhr (Apr.-Sept. 9-18.30 Uhr). 1. Jan., 1. Mai, 1. und 11. Nov., 25. Dez. geschl. 5,49 €. ☎ 04 90 15 24 24

Fort St-André – Apr.-Sept. 10-18 Uhr, Okt.-März 10-13 und 14-17 Uhr. 1. Jan., 1. Mai, 1. und 11. Nov., 25. Dez. geschl. 4 €, Eintritt frei vom 1. So im Okt.-Ende Mai. ☎ 04 90 25 45 35

Abbaye St-André – Apr.-Sept. tgl. außer Mo 10-12.30 und 14-18 Uhr. Okt.-März tgl. außer Mo 10-12.30 und 14-17 Uhr. Juli-Ende Sept. Führungen (1 1/2 Std.) durch den Abtspalais Mi und Sa um 16 Uhr. 3,05 € (5,34 € mit Führung). ☎ 04 90 25 55 95

Register

Sehenswürdigkeiten wie Schloß (Château), Kloster/Abtei (Abbaye), Felsen (Roche), Paß (Col), See (Lac), Tal (Vallée), Wald (Forêt), Wasserfall (Cascade) etc. – sowie Städtenamen in Verbindung mit einem französischen Artikel erscheinen unter ihrem Eigennamen.